ESQUERDAS E DIREITAS

A SUPERIORIDADE DA SOCIEDADE ABERTA

JOACI GÓES

ESQUERDAS E DIREITAS

A SUPERIORIDADE DA SOCIEDADE ABERTA

Copyright © 2022 Joaci Góes

EDITOR
José Mario Pereira

EDITORA ASSISTENTE
Christine Ajuz

REVISÃO
Cárita Ferrari
Márcio Dias Medrado
Olivia Yumi Gushiken Duarte
Sandra Garcia Cortés

PRODUÇÃO
Mariângela Felix

CAPA
Miriam Lerner | Equatorium Design

DIAGRAMAÇÃO
Arte das Letras

CIP-BRASIL. CATALOGAÇÃO NA FONTE.
SINDICATO NACIONAL DOS EDITORES DE LIVROS, RJ.

Góes, Joaci
    Esquerdas e direitas: a superioridade da sociedade aberta / Joaci
Góes. – 1. ed. – Rio de Janeiro: Topbooks Editora, 2022.

    Bibliografia.
    ISBN: 978-65-5897-017-0

    1. Capitalismo 2. China – História – Revolução, 1913 3.
Comunismo 4. Direita e esquerda (Ciência política) 5. Guerra Fria –
História 6. Rússia – História – Revolução 1905 7. Partidos políticos 8.
Sociedade I. Título.

22-120765   CDD-324.1

TODOS OS DIREITOS RESERVADOS POR

Topbooks Editora e Distribuidora de Livros Ltda.

Rua Visconde de Inhaúma, 58 / gr. 203 – Centro

Rio de Janeiro – CEP: 20091-007

Telefax: (21) 2233-8718 e 2283-1039

topbooks@topbooks.com.br

Registro meu maior agradecimento à minha mulher, Lídice, e a Joaci Góes Filho, pelas críticas a este livro, destinadas a melhorá-lo e a eliminar suas fragilidades maiores, estendendo a eles a dedicatória que faço aos filhos e netos, Alex, Valtécio, Gabriela, Daniel e Maria Eduarda.

SUMÁRIO

PREFÁCIO 19
INTRODUÇÃO 25

PRIMEIRA PARTE
ESQUERDAS E DIREITAS

Origem da díade esquerda-direita 29
Evolução do conceito da díade esquerda-direita 36
Mikhail Bakunin (1814-1876) e a internacionalização
   do Operariado Unido 37
Divergências no Comunismo 39
Três posições de esquerda e três de direita 40
Significado de Fascismo 42
Características do Fascismo 44
Conceito de esquerda 45
Experiências das diferentes versões da esquerda e da direita 53
A preferência dos millenials 55
Esquerda e capitalismo 63
A topografia das percepções políticas 65
Percepção do valor dos componentes da
   díade esquerda-direita 69
Paternidade da corrupção 70
Novos elementos da díade igualdade-desigualdade 72
Igualdade e diversidade 74
Liberdade, igualdade, fraternidade: aspiração geral 75
Novos componentes da díade esquerda-direita 77

Aversão à democracia 78

A propriedade como fator da desigualdade 81

Redução das desigualdades....................... 82

O conhecimento como indutor da igualdade 86

O valor positivo atribuído à esquerda 88

Liberalismo e Socialismo: pontos de aproximação 89

Ideal e ideia 89

Liberdade c igualdade: o que é meio e o que é fim? 90

O fim da história....................... 90

As boas razões de Fukuyama 93

O desequilíbrio dinâmico do contraditório:
tese × antítese = síntese 93

Limitações do mercado....................... 94

A igualdade como farol 96

Democracia totalitária 98

Perda de prestígio da esquerda 100

A direita gramcista....................... 101

Bioética....................... 104

Erro sociológico de Marx....................... 105

O fim do Comunismo....................... 110

Traços comuns ao Fascismo e Comunismo 111

Superioridade x Igualdade....................... 112

A Revolução Francesa como matriz ideológica 113

Outras visões 117

O ódio, a justiça e a lei 119

A diversidade como fonte da igualdade....................... 122

O econômico é apenas um dos fatores da desigualdade....... 124

A díade igualdade-liberdade....................... 126

A força das paixões....................... 129

Evolução e Revolução 131

Egoísmo × sociabilidade 133

Identidade entre guerras e revoluções 134

Causas da implosão do Império Soviético 135

A desigualdade como origem do Estado....................... 135

A origem da Democracia 137

O mundo sem problemas de Keynes....................... 139

ESQUERDAS E DIREITAS

A educação como fator de nivelamento social e econômico.... 141

Sociedades abertas 142

Prestígio crescente do Liberalismo.................................... 144

A moralidade para as pessoas e as instituições 144

Fascínio e riscos das utopias 145

Autoritarismo e totalitarismo 149

James Madison e a sociedade aberta como objetivo final.... 150

Teóricos e práticos 151

A propriedade privada e o interesse público 153

Intolerância 154

Topografia da segurança social no mundo moderno............ 154

A racionalidade como substituto do experimento............... 155

Mudanças produzidas pela Covid-19 156

A flexibilidade da democracia 157

Tempo do avanço do conhecimento e o crescimento
de sua importância... 160

Felix qui potuit rerum cognoscere causas (afortunado seja
quem conhecer a razão das coisas) 161

Parâmetros de julgamento.. 163

Karl Popper... 164

Teste democrático 168

Sobre Sócrates e a democracia 168

Platão, pai do Fascismo.. 169

Lugar de Heráclito 170

A moral e a política 173

Aliviar o sofrimento × aumentar a felicidade...................... 175

Teoria e prática das ideologias 179

Estigmatização do Fascismo... 182

Estudos do Fascismo.. 183

O Fascismo no mundo.. 190

O Integralismo na Península Ibérica................................... 191

Fascismo na Itália 193

Marcha sobre Roma 193

Uma era de totalitarismo.. 194

O Integralismo... 196

O Integralismo em Portugal 197

O Estado Novo e o Fascismo 199
Filosofia do Integralismo 200
Nacionalismo 204
Presença integralista 205
Levante integralista 207
O Integralismo e o Fascismo europeu 208
A maioria oprimida dos negros e mulheres no integralismo 210
Imortalidade de Plínio Salgado 211
Síntese do pensamento de Plínio Salgado 214
Universalismo necessário 215
Estado integralista 217
Economia integralista 218
Repondo a verdade 219
Tentativa de renascimento 224
O Fascismo na França, segundo
    Zeev Sternhell (1935-2020) 224
O Fascismo e a Segunda Grande Guerra 230
O Comunismo e a Social democracia 233
Reconhecimento acadêmico de Zeev Sternhell 235
O grande vexame francês 235
A dolorosa derrota da França 244
A força do individualismo 247
Solidão e isolamento 248
Marxismo e religião 249
Crítica de Hannah a Karl Marx 250
Paixão e racionalidade 251
Consciência política 252
A esquerda e a corrupção 256
Lavagem cerebral 258
Nacionalismo e antinacionalismo 258
Costumes e ideologia 260
Conflitos entre o indivíduo e a sociedade 260
Amoralidade do totalitarismo 262
Democracia totalitária 264
As diferentes formas de governo 266
A sociedade aberta de Popper 268

Historicismo ou historismo 269
Inviabilidade do comunismo 270
Uma conquista definitiva 271

SEGUNDA PARTE
O PODER DESTRUTIVO DA INVEJA

O ser humano altera os papéis de invejoso e invejado 277
A inveja como fonte do igualitarismo 283
Semelhanças e diferenças entre a inveja e
outros sentimentos! 284
A inveja e a psicanálise 289
Para o invejoso, o talento é um crime imperdoável 292
Algumas opiniões sobre a inveja 296
Comentários sobre a inveja 320
A inveja e o indivíduo 334
A importância dos hábitos para vencer a inveja 341

TERCEIRA PARTE
A REVOLUÇÃO RUSSA

Rússia Revolucionária: 1891-1991 347
Origens de Lenin 349
A derrota russa contra os japoneses 350
O estopim da Revolução Soviética 351
A inaptidão do Czar para exercer o poder 352
Os melhores momentos do Czar Nicolau 358
Nicolau entra na guerra 359
Sequência da queda do Czar 361
O palácio na atualidade 364
A vida privada da Czarina Alexandra Feodorovna
(1872-1918) 364
A Revolução de 1917 367
A fatal impossibilidade do desterro e o governo Kerensky 372
A crise do governo provisório 373
A tradição totalitária da Rússia 377

Joaci Góes

Os Gulags 382
Retornando a Kamenev e Ryutin 383
O problema habitacional 386
Primeira Guerra Mundial 388
Fase final do Czarismo 388
Localização dos restos mortais da família Romanov 394
A Primeira Grande Guerra e a Revolução Russa 395
Bastidores da vitória Bolchevique 396
Conflitos históricos 398
O golpe 399
Começo do genocídio 401
Uma aliança que nunca se realizaria 404
Racionamento 407
Atentado contra Lenin 409
A tortura e o terror na Revolução Russa 411
A transferência de responsabilidade 413
A sucessão de Lenin 414
As várias Rússias 418
Sistema sucessório 419
Início do absolutismo de Stalin 422
O culto de Lenin 423
A crise do desabastecimento 424
Desempenho dos três PDE 432
Os expurgos 436
A adoção da produtividade 440
A morte da segunda esposa de Stalin 443
A suspeição psicopatológica de Stalin 444
A pantomima da prosperidade stalinista 453
O caso Pavel (Pavlik) Morozov 458
Stalin como patriarca da grande família soviética 461
O papel dos escritores na construção do
     futuro da humanidade 462
Militância romântica: o fim precoce de um revolucionário 464

ESQUERDAS E DIREITAS

QUARTA PARTE
A GUERRA FRIA

Guerra fria 469
A expansão do Comunismo 471
A reação americana 473
Vontade imperial soviética 476
Mais sacrifícios para o povo russo 478
Nos bastidores do Kremlin 479
Stalin e Israel 483
O começo do fim 484
O conselho que substituiu Stalin 485
Krushchev assume o poder 487
Morte redentora 488
Consolidação da liderança de Krushchev...........................490
O fim do mito Stalin...495
Início do colapso do Império Soviético...............................498
Relações entre Krushchev e Gorbachev...............................502
A invasão da Baía dos Porcos 505
A era Brejnev 507
Fracasso da coletivização das propriedades
    e da produção rural..511
Richard Edgar Pipes (1923-2018), um grande
    assessor dos americanos...513
A chegada de Gorbachev...515
O genocida pacto nazi-comunista 524
O salto para a liberdade..525
Andrei Gromyko 528
Condições de trabalho e qualidade de vida na
    União Soviética 534

QUINTA PARTE
A REVOLUÇÃO CHINESA

Mao Tsé-Tung (1893-1976)..541
Origens 541

15

Adolescência 546
Divulgação da China 548
Segundo, terceiro e quarto casamentos de Mao 549
A Gangue dos Quatro e a Revolução Cultural 549
Mao e Chiang Kai Shek 551
Vitória comunista 554
A campanha antidireitista 555
Segunda onda 556
A ascensão de Deng Xiaoping 560
A morte de Mao 565
Morte de Jiang Qing 568
Retornando à sucessão de Mao 570
A Grande Fome 573
Queda na produção 574
A ilusão da abundância 575
O Grande Salto Adiante 576
Programa Industrial 577
Repressão 578
O constrangimento do trágico fracasso do Grande Salto 581
Campanha das Quatro Pragas 583
Campanha de Educação Socialista 585
Deng Xiaoping (1904-1997) 586
Antecedentes 587
Primeira onda 588
Segunda onda 589
Revisionismo pós-Mao 589
A corda bamba de Deng 591
Reforma e abertura 594
Abertura econômica 596
   Período Sun Yat-sen 597
   Período Chiang Kai-shek 598
   Período Mao Tsé-Tung 598
   Era Deng Xiaoping (1976-1997) 599
   Governo Jiang Zemin 601
   Governo Hu Jintao 601
Era Moderna 602

PARTE I – ESQUERDAS E DIREITAS

Abertura cultural..603
Culinária...604
Literatura e esporte 604

SEXTA PARTE

ASSASSINATOS EM MASSA SOB REGIMES COMUNISTAS NO SÉCULO XX

Os Livros Negros do Comunismo e do Capitalismo 609
Algumas opiniões sobre a violência comunista....................618
Genocídio na Iugoslávia 625
Genocídio na Albânia 626
O fim do Marxismo-Leninismo...628
O Marxismo-Leninismo no Brasil..629
O envelhecimento precoce do Marxismo 634

UMA REFLEXÃO FINAL

A disputa pela bandeira ambiental......................................643
Uma nova realidade 649
O individual e o coletivo 654
O papel da Universidade 656
A defesa do *status quo* 657

ANEXO I

ALGUNS CASOS DE INVEJA ALTAMENTE DESTRUTIVA

A inveja de Mozart 666
Irineu Evangelista de Souza, Barão de Mauá (1813-1889)......670
O Holocausto como produto da inveja de Hitler
    e do povo alemão 676
Os judeus e a Segunda Guerra 683
O papa de Hitler 696

JOACI GÓES

A posição dos inimigos de Hitler 711
Apoio internacional ao Nazismo 716
O caso IBM 718
O antissemitismo no Brasil 719
A inveja dos alemães 722
Uma palavra final 743
Ahasverus e o Gênio 745
Bill Clinton 747

ANEXO II
ALGUNS IDEÓLOGOS DO SOCIALISMO E DO CAPITALISMO

Origens do socialismo 757
Proudhon 758
Karl Marx 762
Frederick Engels 768
John Locke 769
Bernard de Mandeville (1670-1733) e a força do egoísmo 775
Alexander Hamilton 777
Ludwig von Mises (1881-1973) 778
Teoria austríaca do ciclo econômico 783
O cálculo econômico 784
Adeptos e críticos de Mises 784
Hannah Arendt 788
Eric Hobsbawm (1917-2012) 793

BIBLIOGRAFIA 797

PREFÁCIO

Augusto Aras*

Joaci Góes encanta a todos com o vasto conhecimento, teórico e prático, que acumulou ao longo de uma vida riquíssima de estudos e experiências, no Brasil e no exterior, contando com os maiores e melhores professores de sua época (historiadores, geógrafos, economistas, juristas, sociólogos, filósofos e jornalistas).

Integrante de importantes Instituições, está o autor imortalizado em dezenas de notáveis livros. Sua evidente erudição proporcionou-lhe diálogos com Papas e altas autoridades políticas e acadêmicas, intercambiando informações e conhecimentos necessários ao aprimoramento da sociedade pós-moderna.

Resultado de sua valiosa jornada existencial, ostenta reconhecida contribuição à sociedade e ao Estado, com notório sucesso profissional nas atividades de jurista, empresário, político, acadêmico, jornalista, fundador e diretor do cinquentenário jornal Tribuna da Bahia. E, como titã dessa quadra da vida, como Antoine de Saint-Exupéry, sempre ousou alçar voos pilotando seu avião, singrando mares e ensinando Belov a navegar, assim como transmitindo lições de sabedoria em cumprimento à recomendação do Divino Mestre: Ide e Ensinai!

---

* Professor Doutor da Faculdade de Direito da Universidade de Brasília e Procurador-Geral da República.

A presente obra, grandiosa, traz uma longa incursão no espaço e no tempo, amparada em bibliografia em cujo estudo o autor se aprofundou no isolamento forçado pela pandemia. Dada a relevância do tema e a profunda e extensa acuidade do autor, registre-se a importância da leitura da magnífica obra, que o autor humildemente considera mais um ensaio, entre vários que já escreveu sobre temas polêmicos, como a inveja e o ódio.

Impressiona o número e a qualidade das análises lucubradas a partir de renomados pensadores, pesquisados e citados pelo autor, que explicam a imposição da igualdade, sem levar em conta o mérito, como derivada do sentimento da inveja que atuou contra o avanço do progresso humano, a merecer atenta leitura como um capítulo à parte (*vide*, também do autor, a *Inveja Nossa de Cada Dia*).

Nesta obra de fôlego, Joaci Góes apresenta alentada pesquisa sobre os conceitos das categorias políticas de esquerda e de direita. Traz análise comparativa com o que ocorre nos países mais desenvolvidos, onde considera que as diferenças foram atualizadas a partir de movimentos como a implosão da União Soviética e o avanço do comunismo para o capitalismo na China, em um regime que ele considera fascista. Lança, assim, novas luzes em derredor de tema tão candente, em especial, na contemporaneidade, em que a polarização aparece como o mal deste tempo.

A partir do reconhecimento da superioridade da Sociedade Aberta, como definida por Karl Popper, no clássico *A sociedade aberta e seus inimigos,* em seis alentados volumes, o autor tece robustos argumentos, como polímata que é. Toma por exemplo o que ocorre com as nações de melhor IDH, como Estados Unidos, Canadá, países europeus, mormente os escandinavos. Menciona, ainda, os casos da Nova Zelândia, da Austrália, do Japão, da Coreia do Sul e dos Tigres Asiáticos, analisando a marcha, ainda que vagarosa, mas firme, da China, nessa direção, como ocorreu com Singapura.

Na avaliação do aprofundado estudo do autor, os países que aderiram ao comunismo fracassaram depois dos que se converteram ao capitalismo totalitário, fascista, indicando que tal parece ser o desfecho de Cuba e da Coreia do Norte.

A representação topográfica de esquerda x direita é apresentada como circular e esférica, nunca linear, para permitir que, na base, as extremidades da esquerda e da direita se toquem, ensejando a passagem, sem derramamento de sangue, da esquerda para a direita, como ocorreu com o comunismo da Rússia e da China.

O autor examina cada um desses segmentos (esquerda e direita) a partir de três variáveis: esquerda democrática, esquerda autoritária e esquerda totalitária, o mesmo ocorrendo com a direita; uma dimensão democrática, outra autoritária e uma terceira totalitária. O centro é composto por direita democrática e esquerda democrática, também chamadas de centro-direita e centro-esquerda, que vêm se alternando no poder das sociedades abertas, fenômeno destacado por Bobbio, especialmente na monografia *"Direita e Esquerda"*. O autor propõe-se a atualizar as conclusões de Norberto Bobbio (1909-2004), a partir da última revisão pelo próprio professor italiano em 1995, quando se aprofundou a conclusão no meio acadêmico a respeito do ocaso do socialismo marxista, substituído pela crítica às contradições do liberalismo, sem que, até o momento, se tenha chegado a um sucedâneo.

Na obra, há um olhar permanente sobre o que sucede no Brasil. Em geral, consoante sua declarada posição de esquerda democrática, o autor vê o aparato estatal como uma grande agência reguladora, com a responsabilidade precípua de garantir aos cidadãos igualdade na largada com base na meritocracia, garantidora da promoção da riqueza, sem a qual não se produzirão os meios que possibilitem as condições de dignidade existencial aos que se situam na base da pirâmide social. Sem isso, o discurso populista da esquerda e da direita estratifica amplos bolsões de pobreza, constitutivos da massa amorfa que oscilará na preferência eleitoral, de acordo com a predominância ocasional dos ventos da política, a exemplo do que vem ocorrendo em algumas regiões brasileiras.

JOACI GÓES

O problema, portanto, segundo o autor, não está na existência de maior ou menor desigualdade, mas na garantia de um piso social mínimo capaz de satisfazer um padrão elevado de cidadania, como já ocorre com os países mais desenvolvidos. Essa elevação do piso social já vem ocorrendo desde o início do capitalismo. Lembra Joaci Góes que no ano de 1800, 90% da população planetária, de dois bilhões de pessoas, viviam abaixo da linha de pobreza, percentual que foi, firme e gradativamente, diminuindo, para os 10% da atualidade, quando a população subiu para 7,8 bilhões de almas, estando 90% acima da linha de pobreza. Quanto mais abertas, mais ricas as sociedades, hoje muito mais diversas do que as sociedades do tempo em que se formularam as teorias em torno do maior ou menor grau de controle do Estado sobre os indivíduos.

Enquanto, no passado, as vantagens competitivas se restringiam ao dinheiro, berço ou poder, cada vez mais se amplia o número desses fatores distintivos. Daí pergunta o autor: o que mais importa, ser um grande poeta ou um ganhador de medalha olímpica? E entre o ganhador da medalha ou um grande atleta, no tênis, no futebol, basquete ou esqui no gelo? Governador de Estado ou Desembargador? A diversidade, portanto, sustenta o autor, é notável fonte de redução das desigualdades, e não do seu aprofundamento.

Como receita para assegurar a menor desigualdade, sem comprometimento da liberdade, Joaci Góes reiteradamente aponta dois fatores prioritários: acesso a educação de qualidade para todos, inclusive para os segmentos mais carentes da sociedade, bem como acesso a saneamento básico, cuja falta acarreta doenças e redução da longevidade. Os dados que aponta, produzidos por algumas das mais respeitáveis instituições nacionais e estrangeiras, dão sustentação à sua reiterada confiança nesse receituário.

Em sua larga travessia histórica pelos regimes políticos e suas crises e marchas, o autor expõe que, até a independência norte-americana, no século XVIII, o fascismo foi o regime que governou todos os povos, no espaço e no tempo, ilustrando com a conclusão de que a denominação fascismo foi dada por Benito Mussolini em 1919.

Outra inovadora percepção do autor é a de que todo totalitarismo de esquerda terminará por converter-se em totalitarismo de direita, levando à conclusão de que os povos terão que escolher entre a sociedade aberta e o fascismo, como etapa vestibular que, em sua maturidade, se consolidará na sociedade de mercado.

Como um dos componentes que asseguram a superioridade da sociedade aberta, lembra o autor que nunca houve uma guerra entre duas democracias, porque a discórdia depende, para triunfar sobre o entendimento, que ao menos uma das partes seja intolerante.

Para manter a dimensão humana de que são impregnadas as suas obras, o imortal Joaci Góes nos dá conta ainda de aspectos íntimos dos conflitos gerados pela intolerância ideológica que lavaram com muito sangue três quartos do século XX, penetrando no âmago das personalidades dos seus maiores protagonistas, como Lenin, Trotsky, Kautsky, Stalin, Hitler e Mao Tsé-Tung e centenas de outros, com marcante assento na História.

O leitor não está diante de uma obra de ocasião, mas da culminância de uma longevidade octogenária dedicada ao estudo continuado para compreender a complexidade do mundo em que vivemos, buscando colaborar para o aperfeiçoamento do nosso processo civilizatório.

É com satisfação que prefacio esta obra do imortal Joaci Góes, certo de que a sua prazerosa e enriquecedora leitura contribui para robustecer os debates sobre a ainda controvertida concepção esquerda x direita, em um mundo binário ora posto à prova sob o desafio da polarização ideológica, em seu devir pela superação que se anuncia com a inauguração da era quântica.

Boa e proveitosa leitura!

INTRODUÇÃO

A partir da queda do Muro de Berlim e do desmoronamento da União Soviética, abundam as discussões sobre o novo conceito da esquerda político-ideológica, variando desde os que anunciaram o seu fim até os que afirmam que o seu conceito foi, apenas, ampliado, para caber novas dimensões, uma vez que haverá, sempre, uma esquerda, enquanto houver desigualdades entre as pessoas. Conceito que vai muito além na opinião de Richard Rorty (1931-2006), para quem esquerda e direita existirão enquanto houver pobres e ricos. Filio-me a essa corrente de pensamento. De tal maneira, porém, grassam equívocos nessa discussão, cometidos, inclusive, por emproados membros de academias, de modo, até, surpreendentemente primário, que decidimos escrever sobre o assunto, com o propósito de anatomizá-lo, numa linguagem que esteja ao alcance de um público de escolaridade média, sem prejuízo de sua abrangência, isenção e profundidade. Para alcançar essa difícil combinação de densidade, clareza e simplicidade, decidimos consultar os mais qualificados pensadores que versaram a matéria, no tempo e no espaço. Só não estamos seguros de conseguirmos ser breves, tarefa de cujo cumprimento o Padre Antônio Vieira desculpou-se, por não ter sido capaz, com o argumento de não ter tido tempo de aprender a sê-lo.

PRIMEIRA PARTE

ESQUERDAS E DIREITAS

ORIGEM DA DÍADE ESQUERDA-DIREITA

Em face da insatisfação social reinante, que resultaria na *Revolução Francesa*, em 1789, mas já em pleno estágio de ebulição, a Realeza convocou os Estados Gerais, *États Généraux*, inertes desde 1614, quando do reinado absolutista de Luis XIII, na tentativa, que se revelou vã, de pacificar os ânimos incendiados pela indignação popular, vitimada pela injustiça e a fome crônicas. A Assembleia se instalou num hotel em Versalhes, cidade próxima de Paris, sede do majestoso Palácio do mesmo nome, no dia 05/5/1789. Os Estados Gerais tiveram origens parecidas com as do Parlamento Inglês, das Cortes Gerais do Reino da Espanha, do Sacro Império Romano-Germânico, das Cortes do Reino de Portugal e das Dietas dos Estados Alemães. Eram compostos de três segmentos: Nobreza, Clero e Povo, cada um com direito a um voto. Historicamente, a Nobreza e o Clero se uniam contra o Povo, derrotando-o por dois votos contra um, em qualquer votação, de modo a assegurar a manutenção do *status quo*. Numericamente, porém, o Povo contava com um contingente humano muito superior à soma do Clero e da Nobreza. Foi a partir da percepção da força derivada dessa ostensiva superioridade numérica que o Terceiro Estado, o Povo, resolveu impor seu poder, transformando a Assembleia dos Estados Gerais em Assembleia Nacional Constituinte, começando pela proposta

JOACI GÓES

de substituir a Monarquia Absolutista pela Monarquia Constitucional, a exemplo da vigorante na Inglaterra, já havia mais de um século. No plenário da Assembleia, enquanto o Clero e a Nobreza ocuparam as cadeiras à direita do Rei, o Terceiro Estado, o Povo, se sentou à esquerda do Monarca. A partir de então, esquerda política significa estar a favor dos mais fracos e, necessariamente, contra o *status quo*, o sistema de forças dominantes, enquanto a direita defende sua manutenção. Como decorrência natural, a esquerda defende a diminuição e/ou a extinção das desigualdades, em confronto com a direita que mantém uma atitude compreensiva diante dela, por considerá-la uma condição inelutável da vida.

O Rei e sua família encabeçavam, em seus assentos elevados, a parte central do grande auditório, coberta com amplos dosséis, de frente para os membros dos três estados, representando a nobreza, o clero e o povo, ou terceiro estado, integrado pela burguesia, composta de pequenos comerciantes, artesãos e a plebe. O Rei se destacava entre todos pela maior elevação de sua cadeira, sentando-se a família real num nível um pouco abaixo, ficando a rainha e as princesas à sua esquerda, os membros da família real que não poderiam herdar o trono; à sua direita, sentavam-se os príncipes, herdeiros potenciais da coroa. Na base da plataforma central, um nível abaixo da família real, havia um banco comprido, com uma extensa mesa à frente, onde se sentavam os ministros reais. Desse modo, o Rei, sua família e seus ministros estavam ostensivamente separados dos membros dos três estados que se postavam de pé, em filas ordenadas da esquerda para a direita. Da parte central para a direita ficavam a nobreza e o clero, enquanto o Terceiro Estado se comprimia à esquerda do olhar do Rei. O prestígio dos grupos era aferido pela maior proximidade do Rei, crescendo da esquerda para a direita.

Nos dias que se seguiram à abertura dos trabalhos, os três grupos se reuniram, separadamente, para definir sua posição perante o reinado. O Terceiro Estado, porém, fugindo à tradição e ignorando as instruções reais, a partir da percepção de sua

PARTE I – ESQUERDAS E DIREITAS

grande maioria numérica, decidiu que se manteria em permanente Assembleia Nacional Constituinte, até que fosse votada uma constituição para o Reino, para o que convidaram a Nobreza e o Clero. Em 22 de junho, uma parcela expressiva do clero aceitou o convite. Os membros do Terceiro Estado, reunidos na Igreja São Luiz, em Versalhes, desocuparam a ala direita da igreja, o lado mais nobre, para receber o numeroso clero que já estava a caminho. Três dias mais tarde, a 25 de junho, foi a vez da minoria da nobreza aderir. Dois dias depois, a 27 de junho, ao perceber o curso inevitável dos acontecimentos, o Rei ordenou que toda a nobreza atendesse ao convite do Terceiro Estado. Foi quando aconteceu o imprevisto que mudou o rumo dos acontecimentos: contrariando a habitual liturgia, alguns aristocratas e muitos do baixo clero postaram-se à esquerda do Rei, lado historicamente destinado ao Terceiro Estado, ficando a ala à direita do Rei ocupada pelo alto clero e membros da alta aristocracia.

Antes mesmo desse encontro, o clima de animosidade já fervia entre as diferentes e numericamente crescentes facções da esquerda e da direita, cujos encontros primavam pela indisciplina, onde cada qual tentava, aos berros, impor sua palavra. Em tal ambiente, vozes solitárias, sem o apoio de grupos expressivos, perdiam-se no ensurdecedor alarido dissonante. Um deputado, o Barão de Gauville, falou sobre a reunião dos Estados Gerais: "Nós começamos a nos reconhecer uns aos outros: aqueles que eram leais à religião e ao rei ficaram sentados à direita, de modo a evitar os gritos, os juramentos e indecências que tinham rédea livre no lado oposto".

A crescente coesão dos membros da esquerda e da direita extremas viabilizava a contagem em bloco das opiniões, expressas nos movimentos de sentar e levantar. Sem perda de tempo, o Presidente da Assembleia passou a anunciar os vencedores como da esquerda ou da direita. A imagem da direita passou logo a desfrutar de uma avaliação negativa, por sua fidelidade aos interesses da realeza, em contraposição ao grupo da esquerda, afinado com os anseios populares. Esse maniqueísmo

JOACI GÓES

rapidamente transbordou do Congresso para as ruas, sendo cada vez mais incorporado à linguagem popular, conforme registros na imprensa da época, a exemplo da edição do jornal *L´Ami des Patriotes*, do dia 27 de agosto de 1791: "Desta vez os panfleteiros não poderão dizer que houve acordo entre a esquerda da Assembleia e o grupo da direita." Pouco mais de um mês depois, a 1º de outubro de 1791, o jornal *Mercure de France*, em longo artigo, discorreu sobre as diferentes tendências ideológicas na Assembleia, a partir de uma perspectiva de centro-direita:

> *Do lado direito da Assembleia ficam os aristocratas que têm tantos membros quantos são os seus apoiadores. O grupo inclui um pequeno número de homens que odeiam a Revolução em razão de sua fidelidade ao velho regime e seus vícios; eles também sacrificam a liberdade pelo seu amor à paz. Eles têm saudade da época em que a nação não sofria outra influência que não fosse o declinante efeito da opinião pública sobre o governo; sentem falta do tempo em que a Coroa, suprema, diante do indivíduo, era, contudo, frágil diante das pressões de poderosos grupos corporativos; são saudosistas de quando honras, posições e recompensas confrontavam a monarquia, em favor da satisfação dos interesses de umas poucas famílias. Um segundo grupo, ocupando também a ala direita da Assembleia, defende uma verdadeira monarquia, com a presença dos Estados Gerais, integrados por três grupos; uma monarquia em que o parlamento assegure a estabilidade do trono e controle as finanças. O grupo deseja também um sistema político que assegure aos dois grupos tradicionais metade da soberania, ficando o Terceiro Grupo, juntamente com o Monarca, com a outra metade; O grupo é composto pela maioria do clero e da nobreza, incluídos os militares, os profissionais e a nobreza rural, sobretudo os proprietários de terras, desde os pequenos até os latifundiários. À vista dessas informações, é fácil compreender o grau de litigiosidade e inflexibilidade desse grupo. Um terceiro grupo, tão hostil a uma realeza democrática como o segundo, assumiu postura distinta. Queriam devolver ao Terceiro Estado um grau de autoridade, força e independência*

PARTE I – ESQUERDAS E DIREITAS

que o colocasse no mesmo nível de poder do monarca e dos outros dois grupos: o clero e a nobreza. Foram surpreendidos, porém, com a absorção da totalidade do poder pelo Terceiro Estado que decidiu eliminar as condições vigorantes para se alcançar a democracia. O clero seria reformado, mas não destruído. Este, O Terceiro Partido que Paris quis apedrejar, e que será vingado pela história, já se misturou com os ocupantes da ala direita da Assembleia. Um quarto grupo, de não mais do que dez pessoas da ala direita, se diz decidido a apoiar, integralmente, a nova constituição, excetuada a retirada de qualquer dos poderes reais.

Vejamos, agora, o que se passa na ala esquerda. A primeira facção que encontramos é composta por uma agregação de grupos heterogêneos que se uniram mais por interesses do que por afinidades ou princípios; nela se encontram moderados que esposaram, entre todas as doutrinas republicanas, aquela que lhes pareceu minimamente incompatível com a manutenção do governo monárquico. Eles são modestos, mas honrados; não são capazes de fazer o jogo duplo de ficar ora na ala direita e ora na esquerda. Entre eles, há alguns pedantes que gostam de exibir conhecimento questionável a partir da leitura mal digerida de algumas páginas de Rousseau, tornando-se defensores da democracia real. Quanto aos sectários, que formam o galho de uma mesma árvore, são super economistas ou mentes obscuras que, a partir dos excessos da geometria metafísica, transportados para as ciências morais, confundem os homens com blocos de mármore, confundem paixões com interesses materiais, e trocam a arte de legislar pelo manuseio de um cinzel... Um terceiro grupo no interior da maioria compreende todos para quem fracassos universais e revoluções diárias são indispensáveis. Entre esses, há também homens de princípios, fiéis ao seu genuíno entusiasmo, aptos a usar da violência para transgredir as normas em vigor. De modo inquestionável, de todos os grupos da esquerda, este é o mais consistente no propósito de fazer da França uma democracia, a partir da aplicação rigorosa dos dogmas da soberania popular. Compreendeu a evidência de que a constituição tem que ser republicana, fato que torna a monarquia uma perigosa hors'd'oeuvres. *Esta*

JOACI GÓES

facção deitou raízes profundas que se nutrem, em parte, dos elementos de uma constituição similar à dos Grisons e, de outra parte, do comportamento depravado, da destruição de tradicionais contenções, legitimadas pela moralidade, sentimento de honra e valores religiosos, e apoiados, ainda, pela lealdade de cônjuges independentes, de filhos, auxiliares e jovens. Os homens liberados dos seus deveres, suas afeições e seus sentimentos, de um modo geral, rapidamente se despem de qualquer autoridade... O momento chegará em que a França será dividida entre eles e a realeza.

A partir do seu berço, em Versalhes, a díade esquerda-direita se espraiou pela Europa e daí para o mundo, através dos parlamentos e do discurso socialista. Como a Inglaterra e os Estados Unidos já possuíam considerável experiência com um bipartidarismo estável, não dependeram da díade como fator de coesão para a formação de coalisões sob um arco político bipolar de governo x oposição, como ocorreu, particularmente, na França, tomada por Jacobinos, *Feuillants*, Legitimistas, Orleanistas, Republicanos, Doutrinários, e tantos outros, como o Partido da Ordem, Partido da Mudança que, gradativamente, eram absorvidos pela simplificação proporcionada pela dualidade esquerda-direita. Como natural desfecho do maniqueísmo esquerda-direita, surgiu a noção de centro político, como uma espécie de leme para imprimir direção aos movimentos políticos, logo conhecido como o Terceiro Partido. Para a esquerda e para a direita dessa posição central, equidistante dos extremos, foram se aninhando, ao longo do tempo, expressões partidárias com nuanças específicas. Em 1835, a *Revue des deux mondes* listou os grupos políticos que faziam oposição ao governo, classificando-os em sete categorias: extrema-direita, direita, direita moderada, centro-esquerda, esquerda moderada, esquerda e extrema-esquerda.

Em meados do século XIX, na sequência do golpe de estado que transformou a Segunda República Francesa no Império de Napoleão III, a díade esquerda-direita desapareceu, temporariamente, por esfriamento das tensões político-partidárias. Pouco

34

PARTE I – ESQUERDAS E DIREITAS

tempo depois, a oposição entre liberais e clericais, nacionalistas e defensores do *status quo*, monarquistas e republicanos, conservadores e radicais, passou a ser referida com os termos direita, centro-direita, centro-esquerda e esquerda, muito mais expressivos de seu conteúdo ideológico do que os partidos convencionais, como o Liberal, o Conservador ou o Democrata, sujeitos a frequentes subdivisões internas e a migrações de políticos de um partido para outro.

Ao longo dos anos, sobretudo em sua fase inicial, o conteúdo ideológico da díade esquerda-direita variou, sensivelmente, no tempo e no espaço, como aconteceu na França e na Itália, sem falar nas diferenças de nascimento das duas Repúblicas, tendo a francesa nascido da esquerda, enquanto a italiana nasceu da direita, ao tempo em que diferiam os respectivos olhares históricos: o francês mirando o passado e o italiano voltado para o futuro. Apesar dessas diferenças, havia similitudes, como a conceituação da República, em ambos os países, figurar como um instrumento da esquerda, enquanto a monarquia servia à direita. O mesmo acontece com o clericalismo que é associado à direita, ao tempo em que o anticlericalismo é inspirado pela esquerda. O gradualismo e a harmonia figuram em ambas as nações como atributos do centro. Tanto na França como na Itália, críticas à Igreja são consideradas movimento de esquerda, como continua sendo, mundo e tempo afora.

Com o fim do Segundo Império Francês, em 1870, o restabelecimento da democracia parlamentar ensejou o retorno do uso frequente da díade esquerda-direita, quando os monarquistas e os bonapartistas passaram a se sentar à direita do Presidente, os republicanos à esquerda e os socialistas, ao substituírem os republicanos, na extrema-esquerda. Daí em diante a díade ganhou a Europa, instalando-se, sobretudo na Escandinávia e na Alemanha. Essa prática se prolongou até a emergência da Primeira Grande Guerra, quando chegou a Luxemburgo. Com maior frequência, a díade foi usada como qualificativo de coalizões do que como nomes de partidos. Em meados da década de

35

1970, como nomes próprios, só havia os partidos de Esquerda e da Direita da Noruega e da Dinamarca. Quanto à frequência da identidade topográfica, a maior pertence à esquerda, a menor à direita, e entre as duas, o centro. Ao afirmar o seu prestígio como expoente da extrema-esquerda, o partido socialista deparou o dilema de juntar-se à burguesia para expandir-se, ou manter-se autêntico, mas limitado. Essa continua sendo sua escolha de Sofia. O pragmatismo operacional da atividade política chancelou a alternativa esquerda-direita como a dominante na definição de rumo ideológico.

EVOLUÇÃO DO CONCEITO DA DÍADE ESQUERDA-DIREITA

Nos precisos duzentos anos compreendidos entre a *Revolução Francesa* e a implosão do *Império Comunista Soviético*, a esquerda foi representada, de modo quase absoluto, pela defesa do socialismo, baseado na extinção parcial ou total da propriedade privada, apontada como a causa essencial das infamantes desigualdades sociais, proposta que se adensou com o socialismo marxista, a partir de meados do século XIX. O Estado, representando os interesses da massa dos trabalhadores, passaria a ter o monopólio da produção de todos os bens e serviços, caminho seguro para alcançar a "democrática ditadura do proletariado", contorcionismo semântico e epistemológico que conduz a um oximoro expressivo de invencível contradição de valores, já que uma coisa não pode ser e não ser, ao mesmo tempo. Quem a isso se opusesse compunha o largo espectro da direita, inclusive os sociais democratas. Entre 1917 e 1989, essa foi a polarização maniqueísta que dividiu a humanidade de todos os quadrantes, num contexto de grande otimismo relativamente ao domínio do marxismo, possibilidade verbalizada no *slogan* "O mundo marcha para o socialismo"! O resultado é o que se viu: o duplo e brutal genocídio praticado, sequencialmente, por Stalin, na União Soviética, e Mao Tsé-Tung, na China, ambos

PARTE I – ESQUERDAS E DIREITAS

buindo para deixar em terceiro lugar o também psicopata Adolf Hitler, entre os três maiores assassinos da História. Enquanto o comunismo soviético faliu, a China abandonou o comunismo e abraçou o fascismo, no maior salto ideológico de que se tem memória, no espaço e no tempo.

O uso do termo "esquerda" tornou-se mais popular após a restauração da monarquia, na França, em 1815, para designar os independentistas. Em seguida, passou a qualificar uma série de movimentos sociais como o republicanismo, o anarquismo, o socialismo e o comunismo. Após 1989, com o colapso do comunismo, o termo passou a designar uma série de movimentos heterodoxos, discrepantes do padrão dominante, independentemente de seu conteúdo ideológico, uma tática muito inteligente da esquerda marxista, larga e intensamente desacreditada pelos seus sucessivos fracassos. Além de muitos outros, são abarcados no novo conceito de esquerda movimentos pelos direitos civis, pela paz, pela preservação ambiental, pelos homossexuais, pelas mulheres, pelos imigrantes e por todos que sofrem handicap na corrida existencial, tudo isso compondo o largo espectro da esquerda identitária, concebida como mecanismo para substituir o marxismo econômico, inteiramente rejeitado pelos seus reiterados, inúteis e sanguinários resultados.

MIKHAIL BAKUNIN (1814-1876) E A INTERNACIONALIZAÇÃO DO OPERARIADO UNIDO

A partir da segunda metade do século XIX, após a publicação de O Manifesto Comunista, a esquerda incorporou as várias correntes em que se dividiram o socialismo e o comunismo. O Manifesto dizia que, até então, a História humana se resumia a uma contínua luta de classes. Tudo isso chegaria ao fim com a derrocada da ordem burguesa, protagonizada pelo levante do "operariado unido" em todos os quadrantes, ocasionando o fim da propriedade privada. Seria o estágio final da história, sob a 'ditadura democrática" da classe operária, uma versão pioneira do Fim da História preconizado por Francis Fukuyama, em livro intilutado *O Fim da História e o Último Homem*, de 1992, em consequência da implosão da União Soviética e da passagem do comunismo chinês para o fascismo, a partir de quando o mundo viveria, em caráter dominante, sob a égide do Liberalismo.

A Associação Internacional dos Trabalhadores (1864-76), conhecida como Primeira Internacional, com representantes em diversos países, coordenaria aquele trabalho de internacionalização do "operariado unido". A cisão entre os grupos de Marx e Mikhail Bakunin, na Primeira Internacional, resultou na criação, pelos anarquistas, da Associação Internacional dos Trabalhadores. Mikhail A. Bakunin foi um anarcossocialista russo, fundador do "anarquismo coletivo", área em que figura como um dos nomes mais célebres, bem como do "socialismo revolucionário". Seu prestígio como revolucionário tornou-o um dos mais festejados ideólogos, com influência em toda a Europa. Conheceu Marx e Joseph Proudhon, em Paris, sofrendo grande influência do radicalismo do último. Sua objeção à ocupação da Polônia pela Rússia resultou em sua expulsão de Paris. Em 1849, foi repatriado da Alemanha por participar da Rebelião Tcheca de 1848, ficando preso em São Petersburgo, e depois enviado para a Sibéria, em 1857, de onde escapou, pelo Japão, para chegar aos Estados Unidos, de onde retornou a Londres, colaborando no jornal *The Bell* (O Sino), sob a liderança do jornalista, político e filósofo russo Alexander Herzen (1812-1870), um dos mais importantes escritores do século XIX, pela qualidade de sua prosa. Ficou conhecido como o pai do socialismo russo. Antes, em Paris, colaborou com Proudhon. Seus artigos contra o czarismo venceram a censura e repercutiram na Rússia. Isaiah Berlin foi um dos seus influenciados.

PARTE I – ESQUERDAS E DIREITAS

DIVERGÊNCIAS NO COMUNISMO

O Congresso de Haia, em 1872, foi marcado pelas posições divergentes entre Bakunin e Marx, personalidade central do evento. Enquanto Marx defendia que ao Estado cabia a implantação e comando do Socialismo, Bakunin e a facção anarquista defendiam que em lugar do Estado deveriam figurar a federação autônoma dos trabalhadores e a das comunidades, representadas pelos sindicatos. Como Bakunin não conseguiu participar das discussões, a facção anarquista, apesar de mais numerosa, perdeu o debate, em razão de sua ausência, do que Marx se aproveitou para expulsá-lo da Internacional, com base no argumento de que ele mantinha dentro da Internacional uma organização secreta, ao tempo em que fundou, em caráter preventivo, a Internacional Anti-Autoritária. A partir de então, até sua morte, em 1876, Bakunin escreveu a parte mais substancial de sua obra, a exemplo de *Estatismo e Anarquia* e *O Império Knuto Germânico e a Revolução Social*, do qual o capítulo *Deus e o Estado* tornou-se amplamente divulgado, sem descurar de sua participação nos movimentos europeus de operários e camponeses. *Deus e o Estado* continua sendo editado nos mais influentes idiomas. É sensível a influência de Bakunin sobre pensadores modernos, como Herbert Marcuse, Noam Chomsky, Neil Postman, E. P. Thompson e vários outros.

O principal ponto de conflito entre Bakunin e Marx foi sua rejeição à ditadura do proletariado, além de sua premonição de que o comunismo, em lugar de implantar a "ditadura do proletariado", implantaria a "ditadura sobre o proletariado", por outras pessoas que não os operários.

A segunda Internacional, 1888-1916, também se dividiu em razão de divergências provocadas pela emergência da Primeira Grande Guerra, em 1914, quando Lenin e Rosa Luxemburgo se opuseram ao conflito, ficando na extrema-esquerda. Os favoráveis ao conflito criaram a social-democracia. Só a partir da década de 1960, com Stalin já morto e rejeitado, o movimento dissidente, denominado Nova Esquerda, iniciou um processo de críticas ao marxismo, em geral, particularmente em sua versão leninista, denominada velha esquerda.

TRÊS POSIÇÕES DE ESQUERDA E TRÊS DE DIREITA

O espectro da esquerda política varia da centro-esquerda ou esquerda democrática à extrema-esquerda, tendo entre as duas a social-democracia. A centro-esquerda ou esquerda democrática é uma posição vizinha à centro-direita ou direita democrática, representativa do conservadorismo, arejado pela validação da busca da redução das desigualdades. À esquerda da centro--esquerda ou esquerda democrática, temos a social-democracia ou esquerda autoritária, onde o liberalismo sofre restrições, sem grave comprometimento do espírito democrático, do mesmo modo como ocorre com a direita autoritária, à esquerda da direita radical ou extrema-direita totalitária e antidemocrática. Ambas, a direita autoritária e a direita totalitária são liberticidas, em graus variados, na imposição do mérito. Dessas seis modalidades, a única que não funciona é a extrema-esquerda totalitária, como se viu do seu reiterado fracasso onde quer que tenha sido implantada. Seus poucos, mas fundamentalistas, adeptos recorrem ao uso de expressões carregadas de contradições inconciliáveis, como mecanismo de atração daqueles que, ainda que conservadores no plano político-econômico, apreciam ser enquadrados no amplo espectro da esquerda, quando não seja mais para brilhar nos salões, pejados de pessoas de baixa maturidade política ou inocentes úteis, acovardados pelo patrulhamento ideológico dos semicultos com vocação totalitária. A crescente expansão dos componentes da esquerda identitária, mesmo em países onde o capitalismo os tornou líderes da sociedade de mercado, induz à adesão pública a uma esquerda de conteúdo indefinido, palavroso, para ficar de bem com a corrente majoritária, integrada, em sua esmagadora maioria, por inocentes úteis.

PARTE I – ESQUERDAS E DIREITAS

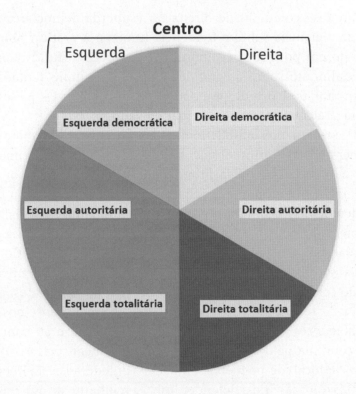

Ao longo da sua existência, a esquerda tem estado associada a distintos sistemas econômicos. No século XIX, a esquerda republicana e o liberalismo, em sua feição radical, defendiam (ou pelo menos aceitavam) o liberalismo econômico (sobretudo contra os privilégios "feudais" e mercantilistas). Alguns anarquistas individualistas também consideravam-se continuadores do "liberalismo de Manchester", fase áurea da Revolução Industrial, cultivando o entendimento de que os rendimentos do capital só eram viabilizados através da ação do Estado, percepção que ainda perdura junto a anarcocapitalistas, como o norte-americano Roderick T. Long (1964-), que considera a intervenção do Estado na Economia benéfica para as grandes empresas. Tudo aponta na direção do reconhecimento do keynesianismo, associado a políticas sociais redutoras de desigualdades, como um elemento de significado fundamental para o melhor desempenho das economias de direita ou esquerda democráticas. A eterna vigilância sobre a tendência humana a praticar abusos, quando em posições hegemônicas é de preceito fundamental, especialmente sobre as grandes empresas, sempre tentadas a conquistar posições de monopólio ou oligopólio. Os países de ponta já alcançaram esse patamar elevado.

O projeto dos autodenominados socialistas de mercado, cooperativistas e mutualistas, baseia-se em uma economia de mercado socializada pela propriedade coletiva, gerida por voluntárias e autogestionadas empresas e cooperativas, com base na democracia econômica e industrial. Enquanto os socialistas de mercado podem apoiar um Estado de bem-estar social, os mutualistas dão ênfase a posicionamentos libertários. Comunistas, socialistas, anarquistas e alguns humanistas defendem a gestão centralizada do processo econômico por sindicatos, cooperativas, municípios e distritos urbanos, além de conselhos dos trabalhadores. Opõem-se, também, ao Governo e ao controle da economia pelo setor privado. Em seu lugar, preferem um controle local, de pequenas unidades confederadas. Também a Nova Esquerda viria a defender linha semelhante de ação, associada à contracultura da década de 1960.

SIGNIFICADO DE FASCISMO

A palavra fascismo vem do latim *fascio* (feixe), daí um dos símbolos fascistas ser o *fascio littorio*, consistente de um machado envolvido por um feixe de varas, usado nas cerimônias do Império Romano como símbolo de união. A origem é etrusca, um dos povos mais cultos entre os que compuseram o Império Romano. Viveram na Etrúria, na península Itálica, onde hoje se situa a Toscana. O símbolo que deu origem ao vocábulo passou a figurar em monumentos, selos e documentos oficiais. Outros símbolos, como o vestuário e a saudação com o braço levantado, passaram a compor a liturgia da proposta política que de

PARTE I – ESQUERDAS E DIREITAS

nova só tinha o nome, uma vez que, na prática, tratava-se de reavivar o regime político que vigeu ao longo de toda a História, só interrompido pela democracia norte-americana do século XVIII. A prática democrática no Império de Péricles, em Atenas, se restringiu a algumas poucas experiências embrionárias, tão merecidamente aplaudidas pela posteridade. A reiteração sistemática e ritualística de certos valores fundamentais, como Crer, Obedecer e Combater, presentes no fascismo moderno, figurava em todos os discursos e solenidades, bem como em medalhas, quadros, diplomas e documentos oficiais.

Em sua essência, o fascismo é um regime totalitário, em torno de um líder que se apresenta como ditador carismático, com apoio militar e do setor produtivo, dominado por privilegiadas organizações privadas, ou empresas campeãs, em torno dos quais gravitam os demais componentes do setor produtivo e a grande maioria da população. Esse modelo, que continua vivo, com as adaptações requeridas por marcantes peculiaridades regionais, esteve presente, na vida de todos os povos. De novo só tem o batismo recente, como veremos.

Com o fim da Primeira Guerra Mundial, o sistema liberal e democrático foi seriamente questionado, ensejando a emergência de propostas de natureza socialista que inquietaram a burguesia e os conservadores, em geral. O fascismo se caracterizava por ser um sistema político nacionalista, totalitário, anti-burguês, antissocialista e antiliberal. Sua proposta era controlar todas as manifestações da vida individual e nacional de um povo, através do Estado Totalitário em que a autoridade do líder é indiscutível, em razão do seu superior conhecimento de tudo que a sociedade necessita. Como a Nação é o bem supremo, todo sacrifício é pequeno e, por isso, justificado, para satisfazer os seus propósitos. A partir de 1945, com o fim da Segunda Grande Guerra, a palavra fascismo passou a ser usada em caráter pejorativo, com o propósito de desqualificar oponentes políticos. Na atualidade, o fascismo é identificado com métodos violentos na resolução de problemas sociais, estendendo-se o conceito para problemas de qualquer natureza, ampliando, cada vez mais, seu significado original, em que o recurso à violência era meio para alcançar o poder.

CARACTERÍSTICAS DO FASCISMO

Independentemente das polêmicas definições epistemológicas, o fascismo é constituído por uma massa humana, hierarquicamente organizada, obediente a um líder carismático. A pátria é um valor que se sobrepõe aos indivíduos e às classes sociais. Sua frontal oposição ao comunismo como ao liberalismo decorre de serem ambos cultores do materialismo, consoante sua doutrina. Do mesmo modo, opõe-se ao corporativismo, como à mobilização das massas e à violência contra toda forma de oposição. É contrário, também, ao controle dos meios de comunicação pelo Estado, bem como a um elevado dirigismo estatal na economia que possa violar a propriedade privada e a livre-iniciativa.

O fascismo defende algumas ideias capitalistas como a propriedade privada e a livre-iniciativa das pequenas e médias empresas. Por outro lado, defende a intervenção estatal na economia e o protecionismo; algumas correntes fascistas propunham a nacionalização de grandes empresas.

- Expansionismo: o expansionismo era visto como um imperativo básico da nação; daí um dos motivos pelos quais suas fronteiras deveriam ser alargadas, para conquistar o "espaço vital" para que ela se desenvolvesse (caso da Alemanha).
- Militarismo: a integridade nacional é garantida pela capacidade bélica da organização militar.
- Anticomunismo: os fascistas rejeitam a abolição da propriedade privada, a igualdade social imposta e a luta de classes.

PARTE I – ESQUERDAS E DIREITAS

- Corporativismo: ao invés de defender o conceito de "um homem, um voto", os fascistas acreditavam que as corporações profissionais deviam eleger os representantes políticos. Também sustentavam que somente a cooperação entre classes garantia a estabilidade da sociedade.
- Hierarquização da sociedade: o fascismo preconizava uma visão do mundo segundo a qual cabe aos mais fortes, em nome da "vontade nacional", conduzir o povo à segurança e à prosperidade. Além disso, prometia a restauração das sociedades destruídas pela Primeira Grande Guerra, ensejando riqueza, força e fim dos partidos políticos, instrumentos de fomento de divisões internas.

CONCEITO DE ESQUERDA

É grande o número de autores que sustentam haver diferentes modalidades de direita e esquerda, com base em sua gradação ou intensidade. Entre eles, destacam-se Marco Revelli, com seu conhecido livro *Sinistra Destra*; Fausto Bertinotti, com *Le Due Sinistre*. Para o historiador marxista e sociólogo italiano, Marco Revelli (1947-), doutor em Ciência Política, direita e esquerda são conceitos temporais e topográficos, não tendo, por isso, um conteúdo ontológico definido. Como é a mais antiga distinção que se fez entre desiguais, ele considera a díade esquerda-direita o conceito fundador dos cinco outros que, por isso, seriam conceitos fundados, a saber:

1. conceito temporal – progresso-conservação;
2. conceito espacial = igualdade-desigualdade;
3. conceito autonômico = autodireção-hetero-direção;
4. conceito funcional = classes inferiores e classes superiores;
5. conceito gnosiológico = racionalismo-irracionalismo.

Em confronto, há os que se acham equidistantes desses extremos e se consideram do centro, e ainda outros que se acham

JOACI GÓES

adeptos das duas dimensões, de esquerda e de direita. Nessa matéria, o que mais se aproxima da unanimidade é o dissenso, em grande medida devido ao modo panfletário, dogmático e apaixonado como as discussões de cunho ideológico são conduzidas. O periódico e democrático exercício do voto gera um frenesi de curta duração, logo substituído pelas demandas da vida cotidiana, deixando os profissionais da política com a impressão verdadeira ou fingida de que todos partilham da paixão partidária ou eleitoral, aplaudindo ou negando as ideias em discussão.

Segundo o filósofo pragmatista norte-americano Richard Rorty (1931-2007), cuja *opera magna* é *Filosofia e o Espelho da Natureza*, a distinção entre esquerda e direita existirá enquanto houver pobres e ricos. É inegável que a partir da implosão do Império Soviético, a percepção do mundo mudou muito acentuadamente sobre o papel da esquerda. Como marcante singularidade, Rorty, reconhecido cultor da história da filosofia e da filosofia analítica contemporânea, foi um filósofo que guerreou a vida inteira contra a filosofia.

O sociólogo Alberto Guerreiro Ramos (1915-1982), baiano de Santo Amaro, foi o primeiro autor a formular uma conceituação dialética do que significa ser de esquerda, em artigo publicado no jornal carioca, *O Semanário*, no já remoto ano de 1960, quando mais da metade da humanidade estava submetida ao comunismo, somados os que viviam sob esse regime, sobretudo russos e chineses, com os integrantes dos partidos que o representavam, mundo afora. Como sustentou Aristóteles, a posição da asa de um vaso está, ao mesmo tempo, à direita e à esquerda dos diferentes observadores, em razão dos lados da mesa em que se sentam. Nessa perspectiva, toda ou qualquer oposição ao *status quo* dominante seria de esquerda. Assim, os opositores da corrente dominante no Vaticano seriam de esquerda, bem como os opositores ao regime do Kremlin, na União Soviética, o mesmo ocorrendo em toda parte. Por ter escrito em Português, "túmulo do pensamento", segundo Humberto de Campos,

46

PARTE I – ESQUERDAS E DIREITAS

e pela tendência da intelectualidade tupiniquim só valorizar o que venha chancelado de fora, essa abordagem, original e dialética, do conceito de esquerda, formulada por Guerreiro Ramos, não tem sido lembrada. Na prática, o pensamento de Guerreiro Ramos, embora mais abrangente, coincide com as futuras reflexões do longevo casal Rose (1910-2009) & Milton Friedman (1912-2006), em seu conhecido livro *Tyranny of the Status Quo*, bem como com as do italiano Norberto Bobbio (1909-2004), em *Direita e Esquerda*, formuladas, respectivamente, três décadas antes e logo depois do colapso do Império Soviético. O pequeno-grande livro de Bobbio foi dedicado a analisar, de modo amplo, o tratamento que a famosa díade recebeu e continua recebendo do mundo político e acadêmico.

Do estudo dessas diferentes opiniões, mescladas com nossas observações, chegamos à conclusão de que podemos reduzir a seis o conjunto das posições compreensivas do espectro ideológico da díade esquerda-direita, dividido em três posições de esquerda e três de direita, como já expusemos em círculo-gráfico, linhas atrás. Do mesmo modo que o centro superior do círculo separa a esquerda democrática da direita democrática, o centro inferior separa a esquerda totalitária da direita totalitária. A esquerda democrática e a direita democrática compõem o chamado centro, o centro esquerda e centro direita, sendo grandes seus pontos de afinidade. Já a esquerda e a direita totalitárias, não obstante a grandiloquência dos discursos que teoricamente as antagonizam, igualam-se no uso da violência para impor, respectivamente, a igualdade e a afirmação do mérito como fator de desigualdade entre as pessoas. Estão separadas, apenas, por um muro, para impedir que se toquem. Historicamente, porém, tem ocorrido a travessia, sem derramamento de sangue, da extrema-esquerda para a extrema direita, como aconteceu com a Rússia e a China que passaram, com armas e bagagens, da extrema-esquerda para a extrema-direita, gerando, como consequência ostensiva, uma sensível redução da violência institucional e elevação da prosperidade material, ainda que em

JOACI GÓES

ambiente hostil à democracia. Enquanto, na União Soviética, a sanguinária Máfia Russa comandou o rito de passagem do Comunismo para o fascismo, que ali se instalou, confortavelmente, na China, o avanço programático para o fascismo se processou com a manutenção de dois terços da população em regime de escravidão, modestamente remunerados, e um terço submetido às práticas de mercado, sujeitas, predominantemente, às regras do Capitalismo de Estado.

A esquerda autoritária se situa entre a esquerda democrática e a totalitária, do mesmo modo, a direita autoritária se situa entre a direita democrática e a direita totalitária. Na parte superior do círculo, em posição vertical à barreira inferior, marcamos a linha divisória, à direita da qual estaria a direita democrática e um pouco mais à direita, a direita autoritária, e na extrema-direita, a direita totalitária. Voltando ao centro superior do círculo, imediatamente à esquerda dessa linha central divisória, estaria a esquerda democrática, à esquerda da qual estaria a social democracia, ou esquerda autoritária, que teria à sua esquerda a esquerda marxista totalitária. Dessas seis posições, só a esquerda-marxista totalitária, pelo que se tem visto mundo afora, é considerada sem perspectivas de futuro, em razão dos graves e repetidos fracassos onde quer que tenha sido implantada. Tanto que só restam como seus representantes Cuba e a Coreia do Norte. A pobre Cuba comunista de hoje, tão rica antes da chegada ao poder dos irmãos Castro, está com os dias contados. Aguarda, apenas, a morte do irmão de Fidel, para ingressar numa florescente economia de mercado, com perspectivas de rápido crescimento, em função de suas atrações e de sua privilegiada posição geoeconômica, no centro do Caribe e próxima das Américas do Norte e do Sul e dentro da América Central. Pelo que se observa, o regime cubano passará do comunismo atual para o fascismo, a exemplo do que já aconteceu com a Rússia e a China. O que poderia ser a Coreia do Norte, se ali vigesse uma sociedade aberta, basta compará-la com a Coreia do Sul, para compreender o desastre que tem sido estar sob o regime

PARTE I – ESQUERDAS E DIREITAS

comunista que sobrevive graças ao papel que representa de *bad guy*, relativamente aos Estados Unidos, consoante os interesses da China, que, assim, fica protegida de conflitos diplomáticos diretos com o mundo capitalista de que depende para dar continuidade ao espantoso crescimento do seu império econômico.

Morto o genocida Mao, em 09/9/76, seu substituto, Deng Xiaoping (1904-1997), cuidou de introduzir mudanças profundas no sistema produtivo chinês, mantendo, porém, as mesmas posturas ditatoriais, com crescente redução da violência física. Deng Xiaoping liderou a China entre 1978 e 1992. Em seu governo, modernizou o sistema econômico chinês, introduzindo inovações que conduziram à chamada "Segunda Revolução", representada pela "economia de mercado socialista", um eufemismo para aderir ao fascismo, em sua acepção acadêmica, como explica Zeev Sternhell, e não como um xingamento em que a palavra fascismo se transformou como rescaldo da antipatia universal a Adolf Hitler, em primeiro lugar, e a Mussolini, na Itália, em segundo. Inegável é que da China comunista só ficaram o atraso econômico, com seu cortejo de privações, e os milhões de mortes praticadas pelo fanatismo obsceno do genocida Mao Tsé-Tung.

Quando o mundo se deu conta viu que a China passou, com armas e bagagens, do comunismo ao fascismo, adotando tudo que Hitler desejou, mas não consolidou por excesso de ambição psicopática. A China encarna, hoje, o modelo mais completo e mais bem-sucedido do fascismo, consistente no poder absoluto do governo central, com suporte militar e econômico, a partir da eleição das empresas campeãs, para cuja expansão todos são chamados a colaborar. Tanto que a China possui quatro vezes mais bilionários do que a Alemanha ou a Índia, mais de quatro vezes do que a Rússia, nove vezes mais do que o Brasil ou o Canadá, e dez vezes mais do que a França. Fica atrás, apenas, dos Estados Unidos, sendo evidente o propósito de ultrapassar o Colosso do Norte, nesse quesito, em poucos anos. Enquanto a soma dos recursos em poder dos bilionários americanos caiu

164 bilhões de dólares, no ano de 2019, a dos chineses subiu 220 bilhões, no mesmo período. Enquanto cerca de um terço da população chinesa vive as emoções da sociedade de mercado, como na Europa e nos Estados Unidos, dois terços vivem nos limites da satisfação das necessidades básicas, com pouca ou nenhuma liberdade. Com a adesão da China ao fascismo, o Comunismo, que chegou a empolgar dois terços da humanidade, viu-se reduzido a Cuba e à Coreia do Norte, totalizando magros 37 milhões de habitantes. O que não significa dizer, de modo algum, que a esquerda acabou. Não! A esquerda estará sempre presente onde houver gente, porque, na sua essência, a esquerda pugna pela redução e, se possível, pela eliminação da desigualdade. A morte da esquerda marxista totalitária não sepultou as dimensões remanescentes da esquerda autoritária e democrática. O problema é que são comandadas, sem que disso tenham consciência, pelos defensores da esquerda totalitária, numericamente, de pequena expressão.

A esquerda democrática coloca todo o processo produtivo de bens e serviços com a iniciativa privada, operando o Estado como uma grande agência reguladora e promotora de ações contínuas destinadas a reduzir desigualdades, notadamente nas esferas da educação e da saúde preventiva. No caso brasileiro, nada há equiparável ao acesso a saneamento básico de qualidade como medida de saúde preventiva. Um estudo feito pela Oxfam, ONG de origem britânica, destinada a estudar o nível das desigualdades nos diferentes países, concluiu, num relatório intitulado "A distância que nos une", que o Brasil é um dos países mais desiguais do mundo. Como exemplo dessa desigualdade, apontou as condições de saneamento de dois bairros residenciais na cidade de São Paulo: Tiradentes, um bairro popular, carente de saneamento, e Higienópolis, um bairro burguês, inteiramente atendido por esse serviço. Além das abissais diferenças nos níveis de escolaridade e renda, enquanto a longevidade média de Higienópolis é de 79 anos, a de Tiradentes cai para 54!

PARTE I – ESQUERDAS E DIREITAS

Um pouco à esquerda dessa esquerda democrática, temos a social-democracia, também democrática, com algumas práticas autoritárias que arranham, mas não comprometem de todo a liberdade, própria da democracia. A esquerda autoritária prefere confiar ao poder público, total ou parcialmente, o cumprimento de certas atividades consideradas estratégicas para a segurança do Estado, como a exploração de fontes energéticas, o saneamento básico, a educação e a gestão dos sistemas de transportes aéreos, marítimos e terrestres. Persegue o princípio segundo o qual os mais pobres não devem ganhar muito pouco, nem os ricos, excessivamente, ideal que sabem só poder ser atingido quando a todos é assegurado e estimulado o acesso a educação de alta qualidade, como ocorre na Escandinávia. E, finalmente, entre a extrema-direita e a direita democrática, temos a direita autoritária, que dá a mais completa liberdade de ação ao setor privado, com alguma participação do Estado, sobretudo nas áreas de segurança pública, educação para os pobres, gestão dos sistemas de transporte e implantação de infraestrutura em que o setor privado não tenha interesse, valorizando, democraticamente, as tradições e a meritocracia. O autoritarismo decorre da supressão de algumas práticas democráticas, para destravar a atividade econômica. O Governo Militar que se instalou no Brasil, entre 1964 e 1985, foi autoritário e não totalitário, como a ditadura de Vargas, durante o Estado Novo, uma vez que as restrições impostas ao modelo democrático foram parciais e variadas, ao longo do período, tanto que operou as mudanças de governantes e a passagem para o regime plenamente democrático sem qualquer trauma institucional. O argumento de que o Governo Militar foi totalitário obedece a propósitos político-ideológicos, sem qualquer base acadêmica. O governo de Putin, na Rússia, por exemplo, é autoritário, mas não totalitário como são os governos de Cuba, Coreia do Norte, China e da infeliz Venezuela.

O problema central nos governos autoritários de direita ou de esquerda consiste em manter o equilíbrio entre as classes, como mecanismo de preservação da higidez do Estado, o que é de

JOACI GÓES

preceito nos regimes totalitários. Quanto maior for a sensação de domínio de uma classe sobre toda a sociedade, como ocorre nos extremos ideológicos topográficos, maior a necessidade de incontrastável coesão de mando. Para Platão, corifeu da teorização e defesa do totalitarismo, quanto mais forte for o sentimento de inferioridade dos governados, maior será a unidade da classe dirigente. Por isso, ele diz que "qualquer interferência ou passagem de uma classe para outra é um grande crime contra a cidade, podendo ser considerado como a vilania mais cruel". A cidade nada mais é do que o espaço geográfico dentro do qual a sociedade civil atua, ainda que transbordando dos seus limites.

Segundo Platão, a superioridade da classe dirigente se apoia na posse de três atributos essenciais: raça, instrução e valores.

Consoante os critérios da Sociedade aberta de Popper, ainda que os arguidos atributos de raça, instrução e valores pudessem ser mensurados, nunca poderiam servir como parâmetro de definição de superioridade, sobretudo a medida racial, intensa, larga e completamente descartada, cientificamente, como fator de supremacia natural. Quanto à instrução e aos valores, os seus detentores teriam neles motivação para atuar no sentido de promover uma harmoniosa interação social, a partir de motivações humanísticas. Recorde-se que Platão defendeu a legitimidade do infanticídio dos portadores de defeitos, como há muito se fazia em Esparta, sobre o fundamento de que, em toda parte, era praticado com os animais domésticos, em nome de saudável eugenia.

As versões democráticas da esquerda e da direita compõem o que alguns chamam de centro ou de centro-direita e de centro-esquerda. No rol das nações desenvolvidas, a maioria oscila entre a prática das duas modalidades – esquerda democrática e da direita democrática –, em função do equilíbrio das forças políticas que as representam, convivendo e alternando-se, democraticamente. Tal é o caso dos Estados Unidos, do Canadá, de todas as nações europeias, inclusive as escandinavas, das nações ricas da Ásia, da Nova Zelândia e da Austrália, além de vários outros países distribuídos nas diferentes regiões do planeta.

PARTE I – ESQUERDAS E DIREITAS

O sociólogo americano Seymour Martin Lipset (1922-2006), nascido em Harlem, Nova York, filho de imigrantes judeus da Rússia, especialista em Sociologia Política dos sindicatos, da estratificação social, da opinião pública e da vida intelectual, um apóstata do socialismo que, ao morrer, foi aclamado como nome de ponta da democracia e do "caráter excepcional da América", disse que "Por esquerda, entendemos uma posição que defende mudanças promotoras da igualdade econômica, política e social; por direita, entendemos os que apoiam uma ordem social tradicional, mais ou menos hierarquizada, resistente a mudanças que obriguem a igualdade!" Ele cresceu no Bronx, bairro dominado por irlandeses e italianos, onde predominava o socialismo em suas diferentes vertentes, em que não havia defensores dos dois grandes partidos americanos, o Democrata e o Republicano. Ele próprio integrava a "esquerda anti-stalinista!".

EXPERIÊNCIA DAS DIFERENTES VERSÕES DA ESQUERDA E DA DIREITA

O exemplo mais bem sucedido da extrema direita é a pequena República Parlamentarista de Singapura (com S ou com C), que, com um território menor do que a área da baía de Todos-os-Santos e uma população ao redor de seis milhões de almas, em 2021, tem uma presença no comércio internacional (é de pasmar) maior do que o Brasil. Compreende-se porque sua expansão territorial ocorre por meio do aterramento marítimo. A maioria de sua população descende de chineses, malaios e indianos. Localizada entre os oceanos Índico e Pacífico, à porta de entrada no Mar da China (é uma das três cidades-Estados do mundo, ao lado do Vaticano e Mônaco), Cingapura, conhecida como a Londres do Oriente, lidera o processo de integração à economia mundial, figurando como recipiendária do maior volume de investimentos estrangeiros, *per capita*. Seu sistema educacional valoriza o pragmatismo – a atividade de fazer –, e a meritocracia. Seu aeroporto transportou duas vezes e meia o número de passageiros de Guarulhos, o maior aeroporto brasileiro, em 2021. Seu porto, um dos cinco mais movimentados do mundo, é o detentor de maior produtividade. É o quarto maior centro financeiro, o terceiro centro de refinação de petróleo e o segundo maior mercado de cassinos do globo. Um dos quatro tigres asiáticos, ao lado de Hong Kong, Coreia do Sul e Taiwan, seu sistema produtivo é voltado para a exportação. Seu IDH é de 0,85, um dos mais altos. Sua intolerância com a delinquência coloca-a entre os países que mais aplicam a pena de morte. O Banco Mundial considera Cingapura o melhor lugar para fazer negócios. Explica-se porque sedia o maior número de famílias milionárias *per capita* do planeta. Em razão do arejamento democrático, provocado pela intensa economia de mercado, aí vigente, é cada vez maior a receptividade ao seu conceito como um país que evoluiu da direita totalitária para a autoritária, encontrando-se na fronteira da direita democrática, sob a vigência plena da sociedade aberta, processo facilitado pela ampla liberdade de religião aí vigente, com o budismo à frente, seguido do cristianismo e do islamismo.

Por outro lado, o processo de passagem da China da extrema-esquerda, marxista, para a extrema-direita, fascista, em fase final de transição, não tem qualquer perspectiva de retorno, sobretudo porque o país avança para se transformar no maior polo de concentração de capitalismo oligopolístico, de que é prova o crescente número de bilionários ali existente.

Os fatos, como são teimosos os fatos, como tantas vezes advertiu Agatha Christie ao longo dos processos de elucidação de suas memoráveis tramas policialescas!

Diante do reiterado testemunho histórico de que a extinção da propriedade privada, como meio de impor a igualdade, atropelando critérios meritocráticos, não conduz nem à prosperidade nem à paz social, além de nivelar, por baixo, a grande massa populacional, sem falar na fome e no rastro sangrento, como

Parte I – Esquerdas e Direitas

aconteceu em todos os casos de implantação do comunismo, procura explicar por que há defensores de um regime tão desastrado. A resposta mais convincente a que chegaram grandes pensadores como Ludwig Von Mises, Ralf Dahrendorf, William Bartley, José Ortega y Gasset, Miguel de Unamuno, Gonzalo de la Mora e Helmut Schöeck, entre muitos outros, é a de que essa postura decorre da inveja, o mais destrutivo dos sentimentos humanos, do qual, na maioria das vezes, não temos consciência, ainda que consumidos por ele, como discorreremos adiante. Afinal de contas, só a inveja seria capaz de explicar a preferência pela igualdade do Inferno à hierarquia do Céu, como advertiu Madame de Staël.

A PREFERÊNCIA DOS MILLENIALS

Observa-se, neste começo de milênio, um fenômeno com a geração *millenials* (os nascidos entre 1980 e 1990, ambientados com a cultura tecnológica) dos países ricos: muitos desses jovens expressam receptividade ao socialismo. Uma pesquisa de 2017 revelou que 51% deles se identificavam como socialistas, sendo que mais 7% abraçavam o comunismo. Apenas 42% optaram pelo capitalismo. De fato, essa geração faz a defesa aberta do socialismo, em países ricos como os EUA. Paradoxalmente, essa juventude de países prósperos, não obstante usufrutuária de uma abundância sem precedentes, clama por medidas de cunho marcadamente socialista, como intervenção estatal e limitações da liberdade de mercado, ou seja, o mesmo mercado que lhe assegura conforto excepcional. Como explicar esse comportamento?

A intimorata crítica cultural Camille Paglia (1947-), festejada feminista de esquerda, avança uma explicação. Segundo pensa, essa postura decorre da ignorância dessa geração em matéria de história da Economia, levando-a a crer que sempre houve e haverá abundância e liberdade de escolha, mesmo ocorrendo a destruição do sistema produtivo e de distribuição

JOACI GÓES

dos bens e serviços. Algo assim como se os alimentos e os bens à venda nos *shopping centers* viessem dos supermercados. Diz ela: "Tudo, hoje em dia, é muito fácil. Os mercados, lojas e *shopping centers* estão abarrotados de produtos à nossa espera. É só se abastecer e pagar, e você levará o que quiser, de qualquer parte do mundo. Esses jovens abastados e escolarizados pensam que as coisas sempre transcorreram assim. Como não fazem ideia das dificuldades enfrentadas pelos seus antepassados, não sabem que essa prosperidade é uma conquista recente, ensejada por um sistema econômico específico, o capitalismo. Atuam como se acreditassem que o ideal seria entregar todo o sistema produtivo a cargo do Governo. Diferentemente de nossos antepassados, que tinham uma percepção realista da vida, a juventude atual foi criada com facilidades inéditas, a ponto de perder o senso de realidade. Em outras palavras: pessoas ignorantes sobre história e economia acreditam que a abundância sempre existiu, como na atualidade. Compreende-se, por isso, que se sintam atraídos pela ideia de um socialismo idílico. Acreditam que, sob o socialismo, toda esta abundância está assegurada, com a vantagem de passar a ser gratuita para todos, a exemplo de *MacBooks, smartphones*, roupas de grife, comida farta e serviços de saúde amplamente disponíveis para todos. Como resistir a tamanho apelo? Acreditando na continuidade da fartura, as coisas ficarão ainda melhores na medida em que o governo confisque a riqueza alheia".

Num outro extremo, mas nessa mesma conexão, o jornalista, tradutor, doutor em antropologia social e escritor brasileiro Flávio Gordon (1979-) explica, com argúcia, a tendência de alguns milionários fomentarem, com discursos e com dinheiro, políticas e práticas socializantes, Brasil e mundo afora. Em artigo para a *Gazeta do Povo*, jornal curitibano, em 06/1/2021, sob o título "Metacapitalismo: por que, afinal, os bilionários financiam a esquerda?", Gordon escreveu: "Ontem, num grupo de WhatsApp, conversava com alguns velhos amigos dos tempos de escola, quase todos empresários liberais, sobre o seguinte di-

PARTE I – ESQUERDAS E DIREITAS

lema: como é possível que um empresário bem-sucedido como Jorge Paulo Lemann – 'forjado no mais puro capitalismo', como resumiu um desses meus amigos – financie, por exemplo, uma revista de educação como a *Nova Escola*, talvez a publicação mais influente da área, cujo conteúdo é radicalmente de esquerda e anticapitalista, e para a qual o marxista Paulo Freire é 'o maior educador brasileiro'? Por qual motivo um sujeito que fez fortuna no capitalismo – e que, portanto, pode ser considerado um representante desse sistema – fomenta a divulgação de ideias socialistas dentro das escolas? É claro que o dilema só pode existir se forem conhecidos os dois fatos concretos que o perfazem: que Lemann é um empresário capitalista de destaque e que, ao mesmo tempo, promove, institucionalmente, uma educação com forte viés marxista e neomarxista. Meus amigos conheciam bem o primeiro deles. Daí que, sendo liberais, admirassem Lemann e vissem nele um emblema da economia de mercado. Mas, ignoravam totalmente o segundo. Não tinham ideia de que a Fundação Lemann abrigasse a *Nova Escola*, e menos ainda da importância dessa revista (que, desde que fundada por outro empresário capitalista, Victor Civita, promove toda sorte de pautas 'progressistas' nas salas de aula, do feminismo radical ao antiamericanismo terceiro-mundista) para os ideólogos esquerdistas da educação. Eis por que não consigam sequer conceber, e tendam a ridicularizar como fantasioso, esse aparente paradoxo, o de um notório capitalista fomentando uma cultura política socialista. *Mutatis mutandis*, essa incapacidade de compreensão é estruturalmente similar ao daquela conhecida jornalista segundo a qual não há esquerda nos EUA porque, afinal de contas, o país é 'a meca do capitalismo'. Naturalmente, assim como eu, meus amigos riem de tal opinião, não percebendo que o seu espanto diante da mera possibilidade de um grande capitalista ajudar a difundir ideias de extrema-esquerda é apenas uma versão mais sutil daquela peça de humor involuntário. Mas, se, no caso da jornalista, a incompreensão talvez decorra de certa indigência intelectual, posso garantir que esses meus amigos são pessoas inteligentes. Não, o problema aqui não é de inteligência, mas de hábito. Reside num vício de raciocínio, adquirido em nosso Ensino Fundamental, que consiste em analisar a realidade política com base em definições meramente enciclopédicas, resultando em silogismos factualmente absurdos como este: se socialismo é sinônimo de esquerda, logo capitalismo só pode sê-lo de direita; e, portanto, um empresário capitalista jamais seria um aliado objetivo de radicais de esquerda. Curiosamente, aquele vício de raciocínio é, ele próprio, contaminado com elementos de marxismo, a começar pela teoria da determinação material da consciência. Assim, as ideias de uma pessoa seriam determinadas por sua posição respectiva na sociedade de classes. Um empresário capitalista – ou burguês, na terminologia clássica – esposaria necessariamente ideias e valores capitalistas. Um proletário, por sua vez, defenderia necessariamente ideias e valores socialistas. Tudo isso consagra, no imaginário nacional, um clichê tão ridículo e desmentido pelos fatos quanto difícil de erradicar, mesmo em inteligências acima da média: a sugestão de que empregadores são (ou deveriam ser) sempre de direita; empregados, sempre de esquerda. Ou, em versão ainda mais burlesca, de que ricos são de direita; pobres, de esquerda. Os primeiros, para manter o *status quo* e garantir seus privilégios; os segundos, para revolucionar a estrutura social e melhorar sua condição de vida. Ora, a realidade mostra precisamente o contrário. Basta observar que, hoje, os donos das maiores fortunas do mundo, e especialmente os que possuem grandes fundações em seu nome, empregam o seu vultoso capital no fomento de agendas de esquerda (eufemisticamente chamadas de 'progressistas'), frequentemente radicais. O exemplo mais patente, talvez, seja o de George Soros, um dos principais financiadores de movimentos extremistas como *Occupy Wall Street, Black Lives Matter e Antifa*".

Continua Gordon: "Não é preciso fazer grandes especulações sobre a razão disso para constatar o fato de que as coisas são realmente assim. Logo, ao ser perguntado por um daqueles

Parte I – Esquerdas e Direitas

amigos sobre qual seria a minha hipótese para explicar o dilema com o qual abri este artigo, respondi não ter uma plenamente elaborada, limitando-me a constatar a existência objetiva dos fatos aparentemente paradoxais. Uma explicação possível, todavia, é a de que, contrariando o axioma materialista, os grandes empresários capitalistas, detentores do poder econômico, já não tenham uma mentalidade burguesa-capitalista, mas, ao contrário, aristocrática e dinástica, desejando proteger-se das flutuações do mercado por meio da associação com o poder político-militar. Nesse sentido, conquanto tenham enriquecido na economia de mercado, já não a considerariam propícia aos seus interesses, vendo na ordem capitalista antes um perigo que uma oportunidade. Cansado de aventuras e riscos, o antigo empreendedor torna-se, então, um novo aristocrata. Essa hipótese é reforçada, por exemplo, pela confissão do próprio George Soros, que, em artigo significativamente intitulado 'A Ameaça Capitalista', publicado na *The Atlantic* em fevereiro de 1997, escreve com todas as letras, e sem um pingo de vergonha: 'Embora eu tenha feito fortuna no mercado financeiro, hoje temo que o fortalecimento irrestrito do capitalismo *laissez-faire* e a difusão dos valores do mercado para todas as esferas da vida estejam ameaçando a nossa sociedade aberta e democrática. O principal inimigo da sociedade aberta, creio, já não é a ameaça comunista, mas a capitalista'."

E continua Flávio Gordon: "A hipótese acima resumida não é minha, mas do filósofo Olavo de Carvalho. Há quase duas décadas, Olavo já refletia sobre o tema, que até hoje soa inverossímil para a nossa provinciana classe falante. Para qualificar tipos como Soros, Rockefeller, Ford – e, numa escala menor, talvez até o nosso Lemann –, o filósofo cunhou o termo metacapitalistas. No artigo 'História de quinze séculos', publicado no *Jornal da Tarde* em 2004, os metacapitalistas são definidos como 'a classe que transcendeu o capitalismo e o transformou no único socialismo que algum dia existiu ou existirá: o socialismo dos grãos-senhores e dos engenheiros sociais a seu serviço.' Segundo Olavo, ao contrário do burguês capitalista clássico, que tinha na fortuna acumulada a base exclusiva de seu poder, os metacapitalistas fundamentam o seu poder também no controle do aparato político, burocrático e militar, assemelhando-se, nesse sentido, às velhas aristocracias europeias, apenas que, ao contrário delas – cujo poder era socialmente legitimado pelo prestígio conquistado graças aos triunfos militares contra os invasores bárbaros, ao tempo do colapso do Império Romano –, a nova aristocracia metacapitalista detém um poder tão substancial quanto ilegítimo, baseado unicamente no autointeresse e na formação de oligopólios financeiros e políticos. Em comparação com a longa duração das ordens medieval e absolutista – que, juntas, somam quase 15 séculos – a ordem liberal-burguesa propriamente dita, fundada no livre mercado, teria sido um episódio efêmero na história humana. Parecendo descrever, precisamente, o cenário atual do ano 2021, em que os donos das maiores fortunas ocidentais investem pesado no fomento ao radicalismo de esquerda e no cortejo à ditadura comunista chinesa, Olavo explica: 'Um século de liberdade econômica e política é suficiente para tornar alguns capitalistas tão formidavelmente ricos que eles já não querem submeter-se às veleidades do mercado que os enriqueceu. Querem controlá-lo, e os instrumentos para isso são três: o domínio do Estado, para a implantação das políticas estatistas necessárias à eternização do oligopólio; o estímulo aos movimentos socialistas e comunistas que invariavelmente favorecem o crescimento do poder estatal; e a arregimentação de um exército de intelectuais que preparem a opinião pública para dizer adeus às liberdades burguesas e entrar alegremente num mundo de repressão onipresente e obsediante (estendendo-se até aos últimos detalhes da vida privada e da linguagem cotidiana), apresentado como um paraíso adornado ao mesmo tempo com a abundância do capitalismo e a 'justiça social' do comunismo. Nesse novo mundo, a liberdade econômica indispensável ao funcionamento do sistema é preservada na estrita medida necessária para que possa subsidiar a

Parte I – Esquerdas e Direitas

extinção da liberdade nos domínios político, social, moral, educacional, cultural e religioso. Com isso, os megacapitalistas mudam a base de seu próprio poder. Já não se apoiam na riqueza enquanto tal, mas no controle do processo político-social. Controle que, libertando-os da exposição aventurosa às flutuações do mercado, faz deles um poder dinástico durável, uma neoaristocracia capaz de atravessar incólume as variações da fortuna e a sucessão das gerações, abrigada no castelo-forte do Estado e dos organismos internacionais. Essa nova aristocracia não nasce, como a anterior, do heroísmo militar premiado pelo povo e abençoado pela Igreja. Nasce da premeditação maquiavélica fundada no interesse próprio e, por meio de um clero postiço de intelectuais subsidiados, se abençoa a si mesma'."

Flávio Gordon continua: "Também em 2004, em palestra proferida na OAB de São Paulo, Olavo explica o problema de maneira ainda mais clara, esclarecendo o porquê de o *establishment* financeiro mundial *(Wall Street, Davos, Fundação Rockefeller, Fundação Ford, Fundação Open Society* etc.) apoiar invariavelmente movimentos e organizações de viés estatizante e socialista. 'Para entender isso' – diz Olavo – 'é preciso investigar um mecanismo que é gerado pelo próprio capitalismo, e que funciona assim: o sujeito, dentro da economia de mercado, prospera e enriquece de tal maneira que, quando chega num ponto, percebe não ter mais motivos para continuar submetido às oscilações do mercado. O mercado que o produziu, daí por diante, se torna uma ameaça. Então, é preciso cair fora das leis de mercado para garantir a permanência da grande fortuna pelas gerações seguintes. O indivíduo, então, entra com um tipo de consideração que já não é capitalista, mas que é de ordem dinástica... A partir desse momento, a abordagem que essas pessoas fazem da sociedade já não corresponde a uma perspectiva capitalista, mas a uma perspectiva de tipo aristocrática... Quando essas grandes fortunas começam a raciocinar em termos dinásticos, elas têm de vencer o próprio mecanismo da economia de mercado que as constituiu, e só há um jeito de fazer isso: você tem de dominar o Estado. Isso quer dizer que o poder dessas grandes organizações é econômico até certo ponto, mas depois se converte num poder político-militar que independe do curso dos assuntos econômicos porque detém os meios de dirigir, dominar e estrangular o mecanismo do mercado. A essas pessoas [donas das grandes fortunas] eu chamo de metacapitalistas. Metacapitalistas são aqueles que começaram como capitalistas, mas já transcenderam essa condição e se tornaram uma espécie de nova casta aristocrática. Ora, se o objetivo já não é apenas o de enriquecer, mas o de dominar o Estado, e, mais amplamente, as consciências, qual modelo de regime político levou esse domínio às raias da perfeição, desenvolvendo uma tecnologia de controle da sociedade e do indivíduo jamais vista em outros contextos históricos? O modelo socialista, por óbvio. E é também óbvio que os metacapitalistas só apoiam medidas socializantes por saberem que, em termos estritamente econômicos, um regime socialista pleno é uma impossibilidade lógica e prática. Sabem disso, aliás, como a *Nomenklatura* bolchevique sempre soube, ao menos desde que Lenin lançou a Nova Política Econômica. A estatização completa da economia é inviável, e, para se manter de pé, todo governo de tipo socialista precisa tolerar algum grau de economia de mercado, ainda que de maneira clandestina (ver, sobre isso, *USSR: The Corrupt Society – The Secret World of Soviet Capitalism*, de Konstantin Simis).

"É precisamente esse misto de economia capitalista e governo socialista que tem fundamentado a nova ordem mundial surgida com o fim da Guerra Fria. Numa espécie de acordo tácito com os comunistas, os metacapitalistas do Ocidente chegaram à conclusão de que seria preciso criar alguma forma de síntese entre o dinamismo econômico do capitalismo liberal e a eficiente tecnologia de controle social e imposição de consenso manejada pelos regimes socialistas. Não é à toa que, como protótipo dessa síntese, a China esteja se alçando à posição de potência hegemônica na ordem mundial contemporânea. Com a tolerância, quando não mesmo o endosso, dos metacapitalistas. Como sugeriu o intelectual chinês Di Dongsheng (1976-),

PARTE I – ESQUERDAS E DIREITAS

que mencionei em artigo anterior, Pequim sempre exerceu forte influência sobre Wall Street, e voltará a exercer a partir da posse de Joe Biden. E, muito embora tudo isso ainda soe inconcebível para a maioria das pessoas (a exemplo dos meus amigos liberais), a verdade é aquela que, há 100 anos, escreveu o grande romancista britânico H. G. Wells (1866-1946), um notório socialdemocrata: "O grande negócio não é, de forma alguma, antipático ao comunismo. Quanto mais cresce, mais se aproxima do coletivismo. Bingo!" Contemporaneamente a H. G Wells, disse Frederick Howe (1867-1940), em seu livro de 1906, *Confessions of a Monopolist:* "These are the rules of big business. They have superseded the teachings of our parents and are reducible to a simple maxim: Get a monopoly; let Society work for you; and remember that the best of all business is politics". ("Estas são as regras dos grandes negócios. Elas substituíram os ensinamentos de nossos pais e são redutíveis a uma simples máxima: obter um monopólio; deixe a sociedade trabalhar para você; e lembre-se que o melhor de todos os negócios é a política". Tradução nossa.)

Nosso reparo ao pensamento de Olavo de Carvalho consiste em dizer que quando assim atua, o sistema comunista, convencido de sua inviabilidade operacional, rompe a tênue linha divisória e passa para o totalitarismo fascista, como aconteceu com a Rússia e a China e ocorrerá com Cuba e a Coreia do Norte. É uma mera questão de tempo, relativamente, pouco tempo!

ESQUERDA E CAPITALISMO

É erro muito frequente querer restringir a esquerda aos opositores do capitalismo que representam, apenas, uma fração minoritária dessa vasta dimensão ideológica. A maior parcela dos integrantes da esquerda está abrigada nos dois segmentos da esquerda democrática que legitima o mérito, o talento e o empenho pessoal, e aceita o princípio da igualdade, desde que se definam certos parâmetros, como acentuou Norberto Bobbio:

igualdade entre que tipos de pessoas, tipos de atributo e consoante quais critérios? O próprio Marx considerava "comunismo vulgar" o discurso em defesa da igualdade indiscriminada. A obsolescência de muitos dos enunciados de Marx, ou, como dizem alguns, o fracasso de Marx como profeta, não reduz o enorme significado de suas ideias para o aprimoramento das relações humanas. Ainda que inalcançável em sua plenitude, por investir contra a natureza das coisas, a proposta de igualdade entre as pessoas, inerente ao marxismo, mediante a eliminação das desigualdades que hierarquizam essas relações, tem, em seu caráter utópico, notável componente redutor dessas diferenças, muitas delas ultrajantes. Recorde-se que a chaga da escravidão foi, durante milênios, considerada como a coisa mais natural e desejável do mundo, a ponto de estigmatizar os seus opositores, levando-os ao isolamento social, quando não ao exílio, à prisão e até à morte. O leitor pouco informado do erro de avaliação batizado de anacronismo, consistente em julgar os valores predominantes em uma determinada época com os olhos de outra, ficaria escandalizado ao saber da defesa intransigente, culta, filosófica, religiosa e até revestida de argumentos apoiados na caridade que fizeram da escravidão pensadores do porte de Platão, Aristóteles, Padre Antônio Vieira e John Locke, sem falar nos venerandos fundadores das grandes religiões, como Abrahão, Buda, Confúcio, Jesus Cristo e Maomé que tiveram escravos. A proposta de extinção da propriedade privada, apresentada por Rousseau e defendida por eminentes pensadores, culminando com "a síntese final" de Karl Marx, tem o mérito inegável e extraordinário de chamar a atenção sobre a imperiosa necessidade de remoção das desigualdades evitáveis, porque artificialmente criadas por deformações do processo de convivência humana. Se o *status quo* é o maior dos tiranos, como querem Rose e Milton Friedman, o instituto da propriedade privada é, sem dúvida, o mais poderoso e resistente de quantos resultaram do engenho humano, tendo sido a mulher, segundo alguns estudiosos, o primeiro objeto de propriedade do homem, como assinalamos

PARTE I – ESQUERDAS E DIREITAS

em *A inveja nossa de cada dia*: "A tese de que a mulher foi o primeiro objeto de propriedade privada encontra eco e chancela nos trabalhos de eminentes cientistas sociais, como Thorstein Veblen, Friedrich Engels e Lévi-Strauss, que levam em conta o fato de, tradicionalmente, as mulheres não figurarem como protagonistas da luta para ascender na hierarquia do poder, estando, por outro lado, invariavelmente presentes, como acervo do poder masculino que as exibe como troféus, pela vitória sobre outros homens, como vemos, de modo altissonante, na *Ilíada* de Homero. Diz Veblen: "Na sequência da evolução cultural, o surgimento de uma classe ociosa coincide com o início da propriedade... Igualmente, a forma mais primitiva de propriedade é a exercida sobre as mulheres, pelos homens mais aptos da comunidade. Os fatos podem ser mencionados, em termos gerais e em maior sintonia com a importância da teoria da vida bárbara, dizendo-se que as mulheres eram propriedade dos homens... A propriedade sobre as mulheres começa nos estágios mais elementares do processo cultural, mediante, aparentemente, a apreensão das mulheres capturadas. O motivo original para a captura e apropriação das mulheres parece ser sua utilidade como troféus... A partir da propriedade sobre as mulheres, o conceito de propriedade se estendeu para incluir o produto de sua atividade, surgindo daí a propriedade sobre coisas, simultaneamente à propriedade sobre pessoas" (Thorstein Veblen, *The Theory of the Leisure Class*, 1992).

A TOPOGRAFIA DAS PERCEPÇÕES POLÍTICAS

No interessante livro de 1981, *The Topography of political Perceptions*, o pensador canadense JA. Laponce (1925-2016) analisa, sob os mais diferentes e surpreendentes ângulos, toda a movimentação dos atores políticos, sobretudo europeus, entre a baixa autoestima que se adonou do espírito francês, a partir de 1870, com a derrota na guerra franco-prussiana, até depois do fim da Segunda Grande Guerra, quando a historicamente altaneira moral francesa entrou em queda livre, com a rendição às tropas de Hitler, em 1940. Em grande medida, muitos trechos desse livro são um diário dinâmico dos acordos tácitos ou intuídos, mas nunca celebrados, oficialmente, entre diferentes grupos humanos que, não obstante, são capazes de construir um pacto nacional, solenemente firmado ou levado adiante pela saudável dinâmica social. Ao se dedicar às múltiplas possibilidades das percepções políticas, topograficamente registradas, Laponce traz à baila informações e conhecimentos do maior valor, além do caráter curioso do rico e surpreendente universo a que sua pesquisa o conduziu. Para empreender essa original tarefa, ele se imbuiu de suas responsabilidades científicas, impondo-se uma rigorosa neutralidade axiológica, a ponto de jamais emitir opinião de cunho valorativo, limitando-se a interpretar, com base em elementos factuais, os dados extraídos das realidades sociais que estudou, como, em suas próprias palavras: "At no point in the following chapters do I impose my own definition, my own perception, my own ´vision` of what is left and of what is right. I always proceed by interrogation." E continua: "I consider the language of politicians and political writers as well as that of ordinary electors but I do not argue with ´my` respondents. I do not put myself in a position to say that they are mistaken, that they are misinformed, that they call right what is left, or vice--versa. In this search for the landscape of left and right I shall be guided by a preference for the universal over the specific, for the long lasting over the transient; my interest is primarily to identify communalities rather than cultural variations. Although I find these variations fascinating, their systematic study is not my objective". ("Em nenhum lugar dos capítulos seguintes, eu impus minha opinião pessoal, minha percepção ou visão sobre o que seja esquerda ou direita. Mantive, em caráter permanente, uma postura interrogativa. Levo em conta a linguagem dos políticos como a das pessoas que escrevem sobre política ou mesmo a dos eleitores, mas não contesto os meus entrevistados. Não me

PARTE I – ESQUERDAS E DIREITAS

coloco na posição de julgar se eles estão certos, errados ou mal-
-informados, confundindo a esquerda com a direita ou vice-ver-
sa. Na busca do território da esquerda e da direita, optei por uma
perspectiva universal em lugar de conjuntural, pelo que é duradouro sobre o transitório; meu interesse é predominantemente identificar valores partilhados em lugar de oscilações culturais. Embora considere fascinantes essas variações, o seu estudo
não integra o objeto de minha pesquisa". Tradução nossa.) Em
contraste com essa disposição do professor Laponce de tratar do
modo mais axiologicamente neutro a candente questão da díade
esquerda-direita, a realidade humana faz dela uma escolha entre
Deus e o Diabo, entre o sagrado e o profano, frequentemente, no
mais acalorado espírito maniqueísta que constitui o calcanhar de
Aquiles do mundo político.

No momento em que se construiu a primeira versão da díade esquerda-direita, em fins do século XVIII, a população mundial era da ordem de dois bilhões de habitantes, 90% dos quais
viviam da pobreza para baixo, conforme dados constantes do
livro *The New Enlightenment*, do psicólogo e linguista canadense-americano Steven Pinker (1954-), de 2019, obra considerada
por Bill Gates uma das mais importantes que já leu. Aquele percentual de miséria vem, desde então, diminuindo, sistematicamente, baixando, ao fim da segunda década do terceiro milênio,
para 10%, quando a população mundial já se aproxima de oito
bilhões de almas. Quase todos os miseráveis do Terceiro Milênio,
de presença numericamente desprezível em países do Primeiro
Mundo, encontram-se na América Latina, na África e em países da Ásia onde forças políticas, representativas da esquerda
marxista totalitária, relutam em aceitar a economia de mercado
como o caminho mais seguro e mais curto para alcançar a paz e a
prosperidade das sociedades abertas. Essa crescente prosperidade
geral, com a consequente diminuição ou extinção da miséria,
paralelamente à elevação do patamar de qualidade das populações mais pobres, não significa, nem de longe, a possibilidade de
extinção da díade esquerda-direita. O que ocorre é a mudança

dialética do conceito, para abrigar as novas formas com que as desigualdades se manifestam, essas, sim, o objeto permanente a distinguir os componentes da díade esquerda-direita. Do mesmo modo que as desigualdades são inextinguíveis, a díade esquerda-direita, com aptidão para variar *ad infinitum*, sempre existirá, para muito além da ultrapassada tentativa de limitar os seus elementos diferenciais a fatores biológicos e materiais. Não estranha que seja a síntese mais abrangente da discussão política de todos os tempos.

Em suas vastas pesquisas, Laponce concluiu que os conceitos de poder, do ponto de vista político, e do sagrado, vinculado a religiões, são associados mais à direita do que à esquerda, assim como força e fraqueza, riqueza e pobreza, ordem e anarquia, paz e guerra, sagrado e profano, continuidade e descontinuidade, livre-iniciativa e estatização, hierarquia e igualdade, Estados Unidos e Rússia. Essas pesquisas, realizadas entre 1962 e 1981, por distintos pesquisadores, envolveram países como França, Canadá, Estados Unidos, Bélgica, Itália, Dinamarca, Finlândia, Suécia, Noruega, Holanda, Alemanha Ocidental, Irlanda, Inglaterra, Luxemburgo, Coreia do Sul, Ceilão, Iugoslávia, Gana, Nigéria, África do Sul, Índia, Japão. Em suas pesquisas, Laponce encontrou intensa associação da palavra esquerda com os conceitos de comunismo, socialismo e marxismo, do mesmo modo que com a palavra direita a associação foi com conservadorismo, livre empresa, passado e *status quo*. Entre estudantes dos Estados Unidos, Canadá e França, a associação se deu entre esquerda e ateísmo e direita com religiosidade, ficando clara a associação da esquerda com o profano e da direita com o sagrado. Esquerdistas crentes em Deus acharam que Seu nome é associado à direita, do mesmo modo que direitistas reconheceram que a morte e o fascismo estão associados à direita, não obstante a antipatia que dedicam aos dois termos. No Canadá, nos Estados Unidos e na França, a palavra escritor está associada à esquerda. Enquanto Deus está associado à direita, o Diabo se associa à esquerda. Quanto a Jesus, as associações variam de cultura para cultura.

PARTE I – ESQUERDAS E DIREITAS

Associa-se à direita nos Estados Unidos e à esquerda na França, oscilando entre canadenses. Como classificar topograficamente os que respondem às frases seguintes: "O homem nunca será capaz de evitar a fatalidade da guerra. Desconhecer essa realidade palmar é falta de realismo?" "O médico que realiza e o que não realiza a eutanásia que o paciente lhe pede, não estando em jogo responsabilidades penais"? No caso de fazer ou não aborto, a classificação varia em razão do tratamento que a religião do entrevistado dá ao tema. E diante da pena de morte? A esquerda, majoritariamente, apoia a postura inovadora sobre a tradicional, o contrário da direita. Quando o enquadramento da resposta não é claro, as opiniões se dividem em função da perspectiva do entrevistado. É verdade que a perspectiva de um mesmo evento varia no espaço e no tempo, razão pela qual o que se enquadra numa posição de esquerda numa dada conjuntura, pode ser enquadrado como de direita em outra.

Segundo Laponce, o antropólogo francês Claude Lévi-Strauss (1908-2009), fundador da Antropologia Estrutural, no seu livro *The raw and the cooked*, foi influenciado pelo filósofo alemão Ernst Cassirer (1874-1945) que desenvolveu uma filosofia da cultura como uma teoria dos símbolos, com apoio na fenomenologia do conhecimento, ao concluir que a função da mente, em seu processo de objetivação das coisas, consiste em harmonizar os contrários, para evitar a dor que o confronto suscita.

PERCEPÇÃO DO VALOR DOS COMPONENTES DA DÍADE ESQUERDA X DIREITA

De modo geral, a evolução do conceito da díade esquerda-direita conferiu à esquerda um valor positivo, contra o valor negativo da direita, embora haja exceções, a mais conspícua das quais é a religião, que tem um valor positivo apesar de ser mais frequentemente vinculada à direita, enquanto a política que goza de um referencial negativo ser mais forte e constantemen-

JOACI GÓES

te vinculada à esquerda, usufrutuária de uma avaliação positiva. É provável que essa ambiguidade dimane da percepção do caráter mutante da política que oscila do bem extremo ao maior dos males, a depender da qualidade dos protagonistas, como advertiu Aristóteles, no século IV a.C. Registre-se que a dupla Platão-Aristóteles identificava a direita (conservadorismo) com o bem e a esquerda (mudança) com o mal, representado pela fraqueza e pela morte. Contrariamente ao passado, hoje muitos partidos usam a palavra esquerda no seu nome, o que não ocorre com os partidos da direita. Sem falar na reiterada afirmação dos "esquerdistas" de que integram o espectro ideológico da esquerda, o que só recentemente começou a acontecer com os integrantes da direita.

O filósofo e historiador polonês Leszek Kolakowski (1927-2009), em seu clássico *Main Currents of Marxism: The Founders, the Golden Age, the Breakdown*, observou que a esquerda política invariavelmente aponta para ideais inatingíveis, como um meio de manter-se, permanentemente, na oposição. Um modo emocional de legitimar, como criação, seu poder de destruição. Leszek deixou o comunismo, depois de visitar a Rússia, ao concluir que a crueldade totalitária do stalinismo não decorria de uma aberração pessoal, mas de constituir um produto estrutural do marxismo, a partir de quando passou a sofrer perseguições que o obrigaram a se exilar na Inglaterra.

PATERNIDADE DA CORRUPÇÃO

Afirmar que a corrupção não foi criada pela esquerda radical não oblitera a percepção de que onde quer que tenha chegado ao poder, essa esquerda enfiou, fundo, a mão nos cofres públicos, carreando para os de sua grei, como o fizeram os dirigentes do *ancien régime*, todas as vantagens ilegítimas proporcionadas pelo poder. Isso apenas demonstra o que já dizia Aristóteles sobre os diferentes sistemas de governo, to-

Parte I – Esquerdas e Direitas

dos teoricamente defensáveis, porque a diferença residiria na qualidade moral dos dirigentes. Entre Stalin, Hitler e Mao Tsé-Tung, qual seria a hierarquia do mal? E entre os grandes líderes da direita, como hierarquizá-los por suas virtudes, nomes como Franklin D. Roosevelt, Winston Churchill e Charles de Gaulle? Não é de estranhar que os teóricos intelectualmente honestos da esquerda reconheçam o insubstituível papel desempenhado pelo liberalismo para corrigir erros insanáveis da histórica visão socialista da economia que culminaram com o planejamento central do marxismo. Do ponto de vista conceptual-político, a exigência de um estado constitucional, de perfil democrático, coincide com a visão do socialismo democrático.

Não foram as fracassadas tentativas de extinguir a propriedade privada que resultaram em sua estigmatização, mas os genocídios stalinistas e maoístas delas derivados. E Marx não pode ser responsabilizado pelas barbaridades que se praticaram com a invocação do apoio em sua teoria. Do mesmo modo que não podemos desconhecer as conquistas advindas da Revolução Francesa, como a Declaração dos Direitos do Homem, tendo a igualdade entre os indivíduos, como sua estação final, projeto degenerado em seu curso pelo terror. Se é verdade que a luta pelo fim da propriedade privada virou um pesadelo de uma longa e secular noite de horrores, dela ficou a benfazeja indignação diante de desigualdades que nenhum benefício proporciona ao bem-estar geral, como as derivadas das dificuldades de acesso a educação de qualidade e assistência médica, sobretudo a de caráter preventivo, com o acesso a saneamento básico à frente. É inexplicável e imperdoável a grosseira omissão dos governos brasileiros, em geral, e os chamados governos de esquerda, os petistas, em particular, em face desses dois requisitos, basilares para reduzir as ingentes desigualdades no Brasil existentes, na medida em que sua satisfação proporcionaria maior equilíbrio entre os indivíduos, na largada para a grande corrida existencial. Como educação e saneamento básico não dão votos, o povo terá de esperar até que estadistas, preocupados com as futuras gerações, assumam o poder em lugar de políticos que só atuam de olho nas próximas eleições.

Na atual crise de credibilidade que afeta as esquerdas brasileiras, a partir dos desmandos praticados pelo PT, o problema maior para o soerguimento de sua imagem consiste no condicionamento dos interesses partidários e dos segmentos que o apoiam aos interesses pessoais do seu fundador, condenado, precisamente, por comandar o maior assalto ao Erário de que se tem notícia no tempo e no espaço.

NOVOS ELEMENTOS DA DÍADE IGUALDADE-DESIGUALDADE

A díade igualdade-desigualdade é cada vez mais substituída por inclusão-exclusão, porque mais importante do que uma impossível igualdade que ignore o mérito, em face das reações legítimas que suscita, seria a igualdade de oportunidade de acesso aos benefícios sociais, francamente disponíveis aos que integram o *status quo*.

O diálogo só não prospera junto às linhas de pensamento exclusivista, monopolizadoras da verdade, como o comunismo, a anarquia, o elitismo e o fascismo. Em ambiente democrático, por outro lado, a diversidade de pontos de vista não apenas é desejável como indispensável porque necessária à consolidação da convivência social, inevitavelmente diversa e desigual. Convém repetir, à exaustão, que é próprio do espírito democrático o culto da convivência com ideias (conteúdo) ou ideais (continente) que permanentemente atentam contra ele. Nessa sua fragilidade operacional reside a força que o anima, sustenta e o eleva junto aos espíritos superiores ou elevadas consciências.

O fator que vincula as diferentes concepções de esquerda, das democráticas à totalitária, é o fato de todas pertencerem ao que alguns autores, seguindo o antropólogo francês Louis Dumont (1911-1998), estudioso do papel da hierarquia nas diferentes ide-

PARTE I – ESQUERDAS E DIREITAS

ologias, denominam família igualitária, motivadas para eliminar desigualdades que interessam, mas não incomodam a direita, por entendê-las como inerentes ao desequilíbrio dinâmico da convivência humana. As diferentes posturas que integram, *latu sensu*, os vários espectros de direita-esquerda se subdividem em espaços identitários que variam quase ao infinito, incluindo todas as possíveis e imagináveis dimensões da vida nos seus mais diferentes planos, como explicou Antônio Risério em seu livro *Sobre o relativismo pós-moderno e a fantasia fascista da esquerda identitária*, de 2020, editado pela Topbooks, em que vergasta a velha e ultrapassada esquerda radical. Em razão do caráter dialético da vida, posições que antes eram consideradas de esquerda, hoje fazem parte do programa da direita. Segundo Alberto Guerreiro Ramos, a depender do espaço geográfico, a mesma postura pode ser considerada de esquerda num lugar e de direita em outro. O que não pode ocorrer é ser de direita e de esquerda, no mesmo tempo e espaço, sobre um mesmo tema. Como, de modo geral, ser de esquerda é estar do lado dos pobres ou mais fracos, contra os ricos ou mais poderosos, a esquerda corre o risco de ver muitos dos seus adeptos, mesmerizados pelo desejo de alcançar a riqueza ou o poder, passarem a trabalhar pelo aumento da pobreza, como meio de ampliar sua faixa de poder, como vem ocorrendo no Brasil. Nessa ótica, o objetivo da esquerda não seria o de erradicar a pobreza, mas o de ampliá-la, para aumentar o sentimento de gratidão a ser expresso nas urnas. A patuleia ignara, então, mantém sua fidelidade a quem quer que lhe assegure o prato de lentilhas, seja da esquerda, da direita ou do centro, conforme aprendemos com a hierarquia das necessidades humanas do psicólogo judeu norte-americano Abraham Maslow (1908-1970), em seu seminal livro *Motivation and Personality*, de 1954. Essa mentalidade de escassez constitui roteiro seguro para o precipício do atraso, dominado pela pobreza e pela violência, a exemplo do que vem ocorrendo em vários países da América Latina, África e Ásia. Nos Estados Unidos, na década de 1960, os sindicatos e os movimentos civis foram classificados como de esquerda, bem como o movimento contrário à Guerra do Vietnã. Também, aí, na terra de Tio Sam, o Partido Democrata é considerado de esquerda, contra o direitista Republicano. Ambos são classificados, respectivamente, como liberais sociais e conservadores.

O ideal igualitário a qualquer preço, no modelo socialista-marxista, já sabemos a que conduz, como ocorreu em todos os casos, sem exceção. Consequência do efeito bumerangue, que produz resultados opostos aos desejados, sempre que investimos contra a natureza das coisas. Marx, com base numa intuição que falhou, supôs que o afeto de pais para filhos era a resultante de uma prática milenária, interrompível com a entrega da guarda dos filhos, ao nascerem, ao estado garantidor da igualdade geral. Marx, ao que parece, já que a tecnologia do seu tempo não lhe permitiria ver, não aprendeu, por outras fontes, que são várias as espécies do reino animal que se entregam à morte para garantir a sobrevivência da prole. Diferentemente do que sustenta a esquerda radical, a luta que fomenta a prosperidade dos povos não é pela igualdade, mas pela superioridade. Do mesmo modo que ocorre nos jogos olímpicos, o crescimento atlético e técnico dos indivíduos e das equipes depende do desequilíbrio dinâmico produzido por essa saudável busca da superioridade. Quando se fala em igualdade, urge saber relativamente a quê, entre quem e em que condições, como, reiteradamente, prescreveu Bobbio. Levando-se em conta a totalidade dos inúmeros fatores que contribuem para elevar a superioridade de uma pessoa, a igualdade resulta impossível, como tão bem demonstrou o escritor inglês Leslie Poles Hartley (1895-1972) em seu memorável romance *Facial Justice (Justiça facial)*, de 1960.

IGUALDADE E DIVERSIDADE

Ao confundir desigualdade com diversidade, a esquerda totalitária não consegue estabelecer um conceito uniforme para o que entende por igualitarismo. Alguns pensam que a grande disputa reside em escolher entre liberdade e igualdade. A força dessa dis-

PARTE I – ESQUERDAS E DIREITAS

tinção levou à cunhagem de um ditado que se popularizou quando se diz "que nada é mais parecido com um conservador do que um esquerdista no exercício do poder." Há quem sustente, ao arrepio da verdade histórica, que o traço característico da esquerda no poder é a renúncia ao uso da violência! Esquecendo, por outro lado, que a característica predominante nas democracias é a chegada ao poder sem o uso da violência. A aceitação da desigualdade pela direita não decorre do sentimento de maldade, mas da decisão racional de preferi-la como meio de proteger o bem maior da liberdade, a ser suprimida para que se alcance a igualdade forçada, aquela que atropela a meritocracia. Além do mais, a experiência histórica demonstra que a luta pela superioridade, característica da aceitação da desigualdade como algo inevitável, gera abundância que permite assegurar um padrão de elevado bem-estar aos que estiverem nos níveis de baixo da pirâmide social, como acontece em todas as nações ricas do mundo: "A rising tide lifts all boats!" (Uma maré montante eleva todos os barcos! Tradução nossa).

O ideal da igualdade pode orientar muitas ações viáveis e úteis para o organismo social. Até porque não há contradição entre as aspirações de igualdade e valorização da diversidade. Tanto que é no reconhecimento da diversidade que se apoia o mais importante princípio da justiça.

LIBERDADE, IGUALDADE,
FRATERNIDADE: ASPIRAÇÃO GERAL

Todos os regimes se apropriam do lema da *Revolução Francesa* de "liberdade, igualdade e fraternidade", inclusive os totalitários da esquerda e da direita. A verdade é que os contrastes, diferenças ou fatores característicos das distinções entre as pessoas se modificaram, acentuadamente, desde a *Revolução Francesa*, ou desde o lançamento do *Manifesto Comunista* ou do lançamento dos clássicos *O Capital* e *O Trabalho* de Marx que se apoiavam, quase que exclusivamente, nos níveis de renda entre as pessoas,

75

como fator distintivo, por excelência, de suas posições nos diferentes estratos sociais. Poder, prestígio social, beleza, força atlética, inteligência e notabilidade intelectual são elementos novos que competem com o dinheiro na preferência das pessoas. Entre uma elevada importância em dinheiro e uma medalha de ouro olímpica, o que vale mais? E entre um instrumentista virtuoso e um rico ou o ganhador da medalha? E entre um cantor e um instrumentista? Um grande pesquisador ou um poeta? E entre um grande escritor e um poliglota como Giuseppe Mezzofanti? E um homem ou uma mulher dotados de excepcional beleza? E um surfista? E um craque no basquete, no futebol ou no tênis? Muitas dessas profissões não existiam na época de Marx. Essa dinâmica social está a reclamar a substituição da díade esquerda-direita por outra que seja mais receptiva a essas mudanças que conduziram ao pluriverso em que nos encontramos, havendo a possibilidade de adoção, por um mesmo indivíduo, de valores que pertencem à direita e à esquerda, em seus diferentes matizes ideológicos. Conservadores-mudancistas parece-me uma díade melhor do que conservadores-progressistas, por não ter a conotação valorativa contida na palavra progressista, usada pelos esquerdistas para induzir à crença de sua presumida superioridade ideológica. Algumas dessas polifacetadas posições, não todas, compõem o chamado centro, equidistante da díade esquerda-direita, mutuamente excludente. Uma terceira via, alternativa à díade esquerda-direita, não aceita ser confundida com o centro, porque não fica, apenas, entre as duas, mas vai além delas. Em lugar, portanto, da díade ou mesmo da tríade haveria uma políade. Sua representatividade gráfica não é plana, mas circular, na medida em que os extremos da esquerda e da direita se tocam, de que é prova a lenta e contínua evolução da China comunista, de Mao Tsé-Tung para a China fascista da atualidade, ou como ocorreu, de modo completo, na União Soviética, e, logo, logo acontecerá com a desditosa Cuba dos Castro. No caldo de paixões intolerantes em que se convertem as diferentes posições ideológicas, o centro e/ou a terceira via são considerados direita ou esquerda disfarçadas, respectivamente, pela extrema-

PARTE I – ESQUERDAS E DIREITAS

-esquerda e pela extrema-direita, cada qual querendo se impor, intolerantes que são com a diversidade.

NOVOS COMPONENTES DA DÍADE ESQUERDA-DIREITA

Desse paradoxo nasceu a cunhagem de expressões novas, compostas da associação de palavras historicamente expressivas de conceitos colidentes, a exemplo de liberal-socialismo ou socialismo-liberal, como lembrou Norberto Bobbio, síntese do confronto entre a direita, tese, e a esquerda, antítese. A postura preservacionista do meio ambiente, sintetizada como verde, conta com o decisivo apoio de pessoas que integram, no plano político-econômico, a díade esquerda-direita. A tentativa da esquerda de querer se apropriar dos verdes como se fossem única e exclusivamente seu departamento resulta da antiga tática propagandística de qualificar como boas, – de Deus –, todas as suas posições, em contraposição às posições da direita – do Diabo –, encarnações do mal. A bioética nasceu da necessidade de colocar acima das paixões políticas, com "p" minúsculo, tema de tamanha relevância para o futuro da vida, no Planeta, para não dizer, sobretudo, da humana. O uso de argumentos que sabe serem desonestos é legitimado, pela esquerda, com base no princípio maquiavélico segundo o qual "os fins justificam os meios." Aprioristicamente, não há como saber se os laxistas ou os rigoristas são da direita ou da esquerda, em matéria de preservação ambiental, por estarem em jogo interesses comuns aos componentes da díade maniqueísta. Isso explica a presença de esquerdistas e direitistas, atuando juntos, ora como laxistas ora como rigoristas, em matéria de preservação ambiental. No curso desse debate, a contradição mais marcante reside na postura abortista da esquerda, que tem na defesa dos mais fracos o seu ponto forte. Ora, não há nada mais carente de proteção e de apoio do que os nascituros destinados à morte antes de nascer. Por isso, muitos integrantes da esquerda se libertam do patrulhamento ideológico que lhes impõe medidas

AVERSÃO À DEMOCRACIA

que colidem com seus valores ético-religiosos. Por outro lado, não são poucos os integrantes da direita favoráveis ao aborto, como uma decisão pertinente aos interesses dos casais.

AVERSÃO À DEMOCRACIA

A aversão à democracia é o mais gritante ponto em comum entre os extremismos de esquerda e de direita, ainda que haja outros, como a prática de mentir à saciedade, como método de desqualificar os adversários, tratados como inimigos, no conhecido padrão de elevada intolerância. Antes mesmo do que na Itália, o fascismo renasceu na França, em fins do século XIX. Segundo alguns estudiosos, Georges Sorel (1847-1922) forneceu as bases doutrinárias iniciais. Esse início francês, que outros preferem chamar de pré-fascismo, era caracterizado por cáustica iracúndia contra a democracia burguesa, guardando paralelismo com a odiosidade do comunismo à social-democracia, antagonismo que coloca nos dois extremos do espectro ideológico esquerda-direita o comunismo e o fascismo. Entre os dois extremos, são poucas e pequenas as diferenças de método, e grande a diferença entre os valores. Graças a essa similitude de posturas, Hitler e Stalin assinaram o pacto de não agressão que estimulou o avanço nazista que culminaria na Segunda Grande Guerra. Durante a breve duração desse pacto, formaram-se grupos, ainda que de pouca expressão, de bolcheviques nazistas.

O universo da política se caracteriza, acima de tudo, pelo conflito entre opiniões divergentes, em graus variados, dentro dos mais diversos grupos sociais, na família, no trabalho, no clube, nas igrejas, nos partidos políticos, nas regiões de um país, como entre grupos de nações, continentes e até hemisférios. Dessa ampla possibilidade de disputas políticas, nascem as quatro conhecidas construções silogísticas: O amigo do meu amigo, meu amigo é; o amigo do meu inimigo, meu inimigo é; o inimigo do meu amigo, meu inimigo é e o inimigo do meu inimigo, meu amigo é.

PARTE I – ESQUERDAS E DIREITAS

Nietzsche é a expressão máxima da longa tradição do espírito que estimula a competição pela superioridade que resulta em desigualdade. O culto da tradição consiste no reconhecimento do valor de práticas sociais duradouras que elevam a autoestima das pessoas em razão de sua contribuição ao bem-estar da sociedade. Em face da apreciação mutante do seu caráter e significado, a díade esquerda-direita tem sempre valor relativo, nunca absoluto. Como regra, a direita busca preservar a tradição, aceitando as mudanças em caráter evolutivo, por isso mesmo, lentamente. A esquerda, por sua vez, em face da existência de desigualdades atribuíveis ao *status quo*, é receptiva, como regra, a mudanças que trazem a promessa de alterar as condições reinantes, responsáveis pelas desigualdades existentes. A possibilidade de esquerda e direita mudarem de posição na topografia social vai ao encontro da interpretação dialética da díade, na concepção de Guerreiros Ramos, para quem em toda estrutura política o *status quo* cria uma casta de privilegiados, seja no Vaticano, na União Soviética (ele escreveu no início da década de 1960), ou na estrutura da Máfia de Chicago ou de Nova York.

Das seis ideologias nascidas a partir da Revolução Francesa, três são clássicas e três são românticas. As clássicas são: conservadorismo, liberalismo e socialismo científico; e as românticas: anarco-libertarismo, fascismo (radicalismo de direita) e o tradicionalismo.

Tradição e emancipação são os termos nobres que expressam, de modo sintético, o valor máximo da díade direita-esquerda. Enquanto a direita valoriza a hierarquia, a esquerda patrocina a igualdade. A resultante histórica dessas duas perspectivas é a perda de competitividade pela esquerda e o aumento da eficiência pela direita. A dificuldade na identificação dessas duas consequências resulta no uso pouco preciso da linguagem política, porque sintonizada com o gosto popular pelas ambiguidades, pouco afeito ao rigor semântico do discurso acadêmico. Por isso, o poder (econômico, político e cultural) é visto pela direita como fator de integração, enquanto a esquerda o aponta como o responsável pela discriminação e desagregação.

Em face de não haver duas coisas iguais no Universo, mesmo entre os seres inanimados, menos ainda entre os humanos, que são o que há de mais desigual, a díade igualdade-hierarquia expressa mais adequadamente a oposição entre esquerda e direita do que a antiga igualdade-desigualdade. O conceito de igualdade dialética formulado por Aristóteles e aperfeiçoado por Rui Barbosa, em seu discurso *Oração aos Moços*, aponta na direção do reconhecimento da hierarquia como fator determinante da administração da justiça social bem como da jurisdicional. Vertical e horizontal são os elementos da Geometria que operam como sucedâneos da díade direita-esquerda.

Depois de longas digressões sobre o conceito da díade direita-esquerda, no tempo e no espaço, Bobbio conclui "que o critério mais frequentemente adotado para distinguir a direita da esquerda é a diversa postura que os homens organizados em sociedade assumem diante do ideal da igualdade, que é, com o ideal da liberdade e o ideal da paz, um dos fins últimos que se propõem a alcançar e pelos quais estão dispostos a lutar."

A impossibilidade de encontrar duas pessoas iguais pode ser minorada pela definição dos parâmetros: 1) igualdade entre quem? 2) relativamente a quê? e 3) segundo que critérios? Os resultados a que se pode chegar, variando, *ad infinitum*, os padrões de necessidade, de mérito, lealdade, dedicação, esforço, afetividade, renda, felicidade, riqueza, fazem da imposição da igualdade (a todos a mesma coisa) a maior violência ao indivíduo, pela total supressão de sua liberdade. A aspiração de igualdade é comum a todas as ideologias, variando, apenas, o grau de violência aceito para implementá-la. No ambiente familiar, onde a afetividade é o valor dominante, compreende-se que, sem grande risco de ruptura da convivência interna, haja um certo grau de submissão do mérito a razões derivadas da necessidade de seus membros, na ótica marxista: "a cada um de acordo com suas necessidades!" Isso em caráter excepcional, enquanto durar o estado de necessidade ou de dependência do familiar em perigo ou em estado de precário bem-estar.

PARTE I – ESQUERDAS E DIREITAS

A PROPRIEDADE COMO FATOR DE DESIGUALDADE

Historicamente, o econômico tem sido o fator responsável, por excelência, pelas desigualdades, razão pela qual os utopistas da igualdade sempre viram na propriedade, símbolo do poder econômico, o vilão do equilíbrio social, a exemplo dos utopistas, como Thomas Morus que disse "até quando a propriedade perdurar, pesará sempre sobre a maior e melhor parte da humanidade o fardo angustiante e inevitável da pobreza e da desventura." A hipertrofia dessa percepção levaria Proudhon a sustentar que "a propriedade é um roubo".

Enquanto a discussão político-ideológica se mantiver num plano de crença religiosa ou fundamentalista, não haverá entendimento sobre o curso de vida pacífico a tomar pelas comunidades. O melhor caminho, aquele que, apesar das tensões, conduz à prosperidade e à paz, é o democrático, o único que permite a remoção dos maus governantes sem o comprometimento da estabilidade das instituições e da harmonia convivial, independentemente da busca, às vezes inflamada, para substituir, por outros, os atuais ocupantes do poder. A verdade que a cada dia mais se sedimenta, em toda parte, é a aceitação da luta pela superação das desigualdades, a passos cada vez mais rápidos, segundo a esquerda, e lentos e graduais, desde que seguros, sustentam os conservadores. Em outras palavras: o grau de tolerância com as desigualdades é maior para a direita do que para a esquerda. Do equilíbrio entre essas duas tendências, em suas dimensões democráticas, depende o futuro da humanidade, num horizonte descortinável a partir do estágio tecnológico, científico e civilizatório em que nos encontramos. Oxalá seja longo, porque crescente a melhoria do bem-estar da sociedade aberta, independentemente do aumento das desigualdades de renda. Uma coisa, porém, é a desigualdade entre abonados e muito pobres ou miseráveis, como se observa entre contingentes humanos, cada vez menos expressivos, numericamente. Outra, bem diferente, ocorre nas nações mais desenvolvidas, em que a par-

81

cela da população do piso social apresenta crescente elevação de seu nível de renda e bem-estar. Além disso, a conquista de tantos outros atributos, altamente valorizados, não depende de dinheiro, mas da racional vontade de possuí-los. Muitos desses atributos igualam ou superam o significado do dinheiro na definição da ambicionada superioridade entre as pessoas, como se observa na sociedade, crescentemente plural e cosmopolita, dos novos tempos globalizados.

O fator, por excelência, determinante da posição das pessoas na hierarquia social, na sociedade do conhecimento em que estamos imersos, é o saber, acima de tudo, cada vez mais ao alcance de todos, independentemente de renda ou de privilegiadas condições de berço. As crescentes conquistas das mulheres, em sua histórica luta emancipacionista, decorrem, acima de tudo, de sua capacitação intelectual, sensivelmente superior à dos homens, em muitos países, a exemplo do Brasil.

Em fins da década de 1960, pela primeira vez, no Brasil, as mulheres superaram os homens, na obtenção de grau universitário. Desde então, essa superioridade feminina nunca parou de crescer, tendo alcançado, em alguns anos, o elevado percentual de dois terços. Ou seja: para cada homem graduado, graduaram-se duas mulheres, supremacia que elevou a massa salarial feminina a aproximar-se da masculina, com inevitável tendência a igualá-la, apesar dos preconceitos ainda existentes contra as mulheres. Esse fato veio revelar o que os mais lúcidos já sabiam: a histórica suposição da superioridade masculina nada mais é do que uma construção das práticas e dos costumes, reiterados pela dominação física.

REDUÇÃO DAS DESIGUALDADES

Na medida em que o Estado garanta, aos mais pobres, acesso de qualidade à saúde, leia-se vacinação e saneamento básico, e educação, decrescerão, sensivelmente, os desníveis entre as

PARTE I – ESQUERDAS E DIREITAS

pessoas, como se observa em toda parte. Uma vez capacitadas, as pessoas de origem mais modesta vão compor o crescente contingente dos que avançam para os escalões superiores da hierarquia social, mantendo vivo o desequilíbrio dinâmico que é a chave da convivência fraterna entre pessoas desiguais, em ambiente carregado de grande excitação competitiva. É crescente a percepção de que igualdade e liberdade são as duas maiores aspirações humanas. O grande problema consiste em como realizar uma sem o prejuízo ou sacrifício da outra. Num regime totalitário de esquerda, por exemplo, em que, apenas, o chefe é livre, como dizia Hegel, a imposição da igualdade representa a proscrição da meritocracia e a mais intensa agressão à liberdade. Um ambiente aberto à diversidade, hierarquia e competitividade, rico, portanto, de liberdade, expõe os mais frágeis aos riscos da subjugação social, caso em que a aspiração de igualdade seria sufocada pela liberdade de competição em busca da afirmação da superioridade, sem a observância de critérios que levem em conta a igualdade dialética entre desiguais. Para obviar o risco de conflito entre esses valores essenciais, é imperioso perguntar-se, à saciedade: Igualdade entre quem? Relativamente a quê? Segundo que critérios?

Enquanto o conceito de liberdade é autônomo, do ponto de vista da percepção do indivíduo, como na frase "Pedro é livre", o de igualdade é, necessariamente, relativo, porque dependente de uma comparação, com os três pontos acima: Entre quem? Relativamente a quê? Segundo que critérios? Uma coisa é a liberdade de querer ou desejar, outra, bem distinta, é a de atuar ou realizar, atropelando a liberdade de terceiros. Daí a variação, *ad infinitum*, do grau de compatibilização entre igualdade e liberdade, mesmo em contextos em que seja explícito o reconhecimento da igualdade formal, como consta de todos os regimes democráticos. O problema continua residindo no conflito entre igualdade formal e igualdade substantiva, como tão bem definiu Anatole France Thibault, ao vergastar o postulado da isonomia, inspirado na condenação de Jean Valjean, personagem de *Os Mi-*

83

seráveis de Victor Hugo, a trinta anos de prisão, em trabalhos forçados, por haver furtado um pão para comer: "Todos são iguais perante a lei. No entanto, pune-se o pobre por dormir nos bancos da praça pública, pedir esmolas ou furtar um pão." George Orwell, por sua vez, inspirado em Anatole France, cunhou o conhecido aforismo irônico: "Todos são iguais perante a lei, mas alguns são mais iguais do que outros!" Como consectário desse princípio, corre a paráfrase: "Todos são livres, mas há alguns mais livres do que outros!" Como disse Ralf Dahrendorf numa conferência na Universidade de Londres, em 15/9/1990, publicada no livro *Após 1989*: "Onde quer que as pessoas estabeleçam regras para reger suas vidas, alguns acabam por ser mais iguais que outros, sempre."

O próprio Lenin disse, em *Estado e Revolução*: "Não somos utopistas. Não estamos sonhando com, de repente, podermos abrir mão da administração ou da subordinação... Levaremos a cabo a revolução socialista com as pessoas tais como elas são, pessoas que não conseguem viver sem subordinação, sem controle, sem supervisores e contadores!" Essa foi a dura regra que prevaleceu sempre, no Império Soviético, até haver a implosão do socialismo real. A promessa de associação permanente foi transformada em plena subordinação.

Na globalizada sociedade do conhecimento em que passamos a viver, a partir do último quartel do século XX, o meio que mais aproxima a possibilidade da utópica igualdade reside na garantia do acesso a educação de qualidade para todos, sobretudo aos egressos das camadas mais modestas da sociedade. No caso brasileiro, em que mais da metade da população não tem acesso a saneamento básico, esse seria o elemento mais importante no campo da saúde preventiva, para reduzir as ingentes desigualdades que nos infamam aos olhos das consciências esclarecidas. O potencial conflito entre os ideais de ordem e liberdade oferece o melhor ambiente de estudo para o aperfeiçoamento das medidas que otimizem a prática desses dois valores, sem prejuízo mútuo. A ordem, aspiração de quase todos, tem

Parte I – Esquerdas e Direitas

na desordem ou anarquia sua contraface, assim como a liberdade tem na opressão o seu temível oposto. O que se infere, de modo iniludível, da recente, mas já secular experiência histórica, derivada do conflito entre liberalismo e socialismo, é que nenhuma das duas propostas, em suas modalidades extremas, atende aos anseios humanos de liberdade e igualdade, em face do comprometimento da igualdade, num contexto extremo de liberalismo anárquico, e da liberdade, nos totalitários regimes socialistas-marxistas. O grande desafio, portanto, na prática política, consiste na arte de manter o equilíbrio, permanentemente ameaçado, de otimizar a relação entre ordem e liberdade. Apenas como expressão modelar a ser tentada, jamais imposta, a utópica simetria perseguida entre liberdade e igualdade tende a ser assimétrica, em razão do caráter inédito, por excelência, de cada uma de todas as diferentes realidades sociais, bem como a biografia de cada um dos seus integrantes.

A partir da experiência histórica, sobretudo, da Revolução Francesa, e de modo ainda mais acentuado, a partir da Revolução Russa, podemos hierarquizar os contextos em que a conciliação entre liberdade e igualdade evoluiu ou oscilou do mínimo para o máximo. A Revolução Bolchevique e a Revolução Maoista, ambas totalitárias, representaram a máxima tentativa de imposição da igualdade, com o mais completo sacrifício da liberdade individual. Como o maior exemplo do efeito bumerangue, segundo o qual obtemos o oposto do desejado, toda vez que investimos contra a natureza das coisas, nos dois casos acima mencionados, o fracasso foi total, não só por terem se constituído nos maiores genocídios de todos os tempos, mas também por não terem alcançado o anunciado ideal de igualdade, de que é prova a abusiva presença da nova classe integrante da *nomenklatura*, na União Soviética, e da transformação do comunismo chinês em fascismo, a partir, embrionariamente, de Deng Xiaoping, para a plenitude da direita totalitária na virada do Milênio. Apesar de a milenária cultura chinesa nunca ter conhecido algo, parecido que seja, com a experiência democrática, verifica-se na China de hoje um avanço do totalitarismo para o autoritarismo, graças ao papel libertário exercido pelo crescente comércio livre. Cingapura, caso mais bem-sucedido da evolução do totalitarismo de direita para o autoritarismo democrático, seria o modelo preferencial dos chineses, até mesmo pela circunstância de ser a maioria populacional de Cingapura dessa origem, uma prova de adequação do espírito chinês aos valores da democracia. A submissão dos chineses ao mando arbitrário do totalitarismo seria de natureza cultural e não um determinismo genético, como sempre quiseram fazer acreditar os ditadores da vetusta sino-civilização, tão antiga quanto a grega, a egípcia, a mesopotâmica, a persa e a indiana.

A saída do estado hobbesiano, da luta de todos contra todos, resultando na imposição da vontade dos mais fortes sobre os mais fracos, só é possível pelo uso da força ou pela regulação que imponha regras de conduta. Anarquia liberal e totalitarismo igualitário, além de se excluírem, mutuamente, são experiências destinadas ao fracasso e ao sofrimento vão. A anarquia decorre da equivocada compreensão de que pode haver liberdade absoluta, quando se trata, na verdade, de um valor relativo, exercitado em consonância com suas variadas modalidades singulares. O totalitarismo igualitário, por sua vez, resulta do trágico equívoco de supor que as aspirações humanas de superioridade sejam uma decorrência do caldo de cultura social, imposto pelos mais fortes, negada sua origem de natureza egoística, instintiva, animal, erro que cobrou o mais alto preço de experiências políticas de caráter laboratorial, impostas aos humanos.

O CONHECIMENTO COMO INDUTOR DA IGUALDADE

Como mecanismos de promoção da igualdade, por via democrática, destacam-se a oferta de ensino público para todos, com a inclusão de disciplinas que induzam ao respeito às atividades físicas, como aulas de trabalhos manuais e o treinamento para o

PARTE I – ESQUERDAS E DIREITAS

exercício de atividades mais modestas. Um modelo comum de fardamento é um pequeno limite à liberdade de escolher, restrição que se justifica como mecanismo destinado a promover a igualdade, sem perda comprometedora do direito à liberdade. É legítima a imposição de restrições menores para ensejar a conquista de valores caros à harmonia entre as distintas classes sociais. Inclusive como fator de redução ou eliminação da inveja que sabota, impedindo, a possibilidade de entendimento entre essas pessoas, durante o longo período de esforço destinado a reduzir desigualdades. Importa acentuar, como o fez Norberto Bobbio, que as restrições à liberdade para reduzir desigualdades atingem muito mais os aquinhoados, que têm muito a perder, do que os destituídos ou pouco abonados. Trata-se, portanto, de um dado objetivo, ainda que se processe, em parte, no plano da subjetividade. A crescente restrição à contratação de auxiliares domésticos, em decorrência de sua valorização afastar, de modo crescente, o acesso da classe média a esse conforto, impõe aos homens o cumprimento de tarefas desconhecidas de seus avoengos. É compreensível que esses novos encargos irritem alguns, ônus inevitável com que vale a pena arcar, tendo em vista o benefício que representa para o futuro da sociedade, em permanente construção.

O predomínio da liberdade sobre a igualdade, nas sociedades democráticas, resulta na diferenciação de níveis de igualdade, entre distintos indivíduos, bem como relativamente aos inúmeros critérios diferenciadores da igualdade, como, além da renda, a beleza, a inteligência, o saber, o vigor físico, a simpatia, a generosidade, o prestígio, a periculosidade potencial, o poder, a autoridade, a paciência, *ad infinitum*. Alguns autores, como o político e ensaísta italiano Giorgio Ruffolo (1926-), têm destacado a gravidade do escorregão que a esquerda protagonizou, depois da queda do muro de Berlim e da implosão do Império Soviético, ao substituir sua mensagem messiânica por um pragmatismo destituído de princípios, quando deveria e poderia ter mantido fidelidade à essência de seu núcleo ideológico, consistente na busca da igualdade, objetivo, em última análise, de todas as correntes de pensamento moderno, ainda que com seus diferentes matizes, o que assegura a continuidade da díade direita libertária-esquerda igualitária. Até onde a História registra, a caminhada na direção da desejada igualdade entre os indivíduos prosseguirá, pacificamente, através dos tempos, em caráter evolutivo, a exemplo da experiência escandinava. Por outro lado, o projeto de impô-la de modo brusco e totalitário, no horizonte descortinado, como se viu na União Soviética e na China, alimenta um número cada vez mais reduzido de adeptos, dominados pelo sentimento de assoberbante inveja, da qual a maioria não tem, sequer, noção de estar por ele possuída.

O VALOR POSITIVO ATRIBUÍDO À ESQUERDA

Registre-se que, não obstante o fracasso reiterado da esquerda totalitária, resultando em estrondosa perda de prestígio, a ideia de esquerda tem valor positivo, contra o valor negativo do conceito de direita, apesar de suas reiteradas vitórias, antigas e recentes, mundo afora. Além do sentimento de solidariedade, generosidade e nobreza embutido no conceito de esquerda, a inveja despertada pelos ricos gestados nas economias de mercado opera, em caráter permanente, como fator de associação da direita aos mais ferozes apetites humanos. A massa, desinformada, em sua grande maioria, não sabe que no ano de 1800, quando a população do planeta era de dois bilhões de humanos, 90% viviam entre a pobreza e a miséria, contra, apenas, 10%, neste início de milênio, quando a população global se aproxima de oito bilhões de pessoas! E esses resultados foram alcançados pelas economias de mercado, apesar das dificuldades criadas pelos regimes totalitários da Rússia e da China, quando estiveram sob o comunismo. Só a partir da crescente liberalização da economia, com Deng Xiaoping, a China passou a crescer, saindo do comunismo para ingressar no fascismo.

PARTE I – ESQUERDAS E DIREITAS

LIBERALISMO E SOCIALISMO: PONTOS DE APROXIMAÇÃO

O crescente diálogo entre o Liberalismo e o Socialismo democrático resulta da ênfase que derem às suas semelhanças de propósito, em lugar das diferenças que os separam. De todo modo, mesmo na divergência, as duas correntes avançam em busca de consenso, quando os seus líderes se tratam como adversários, quando orientados por uma mentalidade de abundância, e não como inimigos, consoante a inspiração das mentalidades de escassez. Quando qualquer das correntes queira se impor com a subjugação da outra, o desfecho será sempre prejudicial aos seus respectivos povos.

IDEAL E IDEIA

Ideia é o conteúdo; o continente é o ideal. A ideia muda, o ideal tem a inflexibilidade dos faróis que orientam os navegadores com segurança. São mais prósperas e felizes as nações que convergem para prestigiar o reconhecimento do mérito, vale dizer, da superioridade, paralelamente aos movimentos promotores da igualdade, a partir da redução das desigualdades. Essencialmente, a esquerda parte do princípio segundo o qual os fatores naturais de igualdade são mais numerosos e robustos do que os fatores sociais que geram desigualdades; enquanto a direita parte do entendimento de que os fatores naturais geradores de desigualdade são mais ponderáveis do que os sociais igualitaristas. As mais graves desigualdades humanas, em todos os tempos, foram e são: a classe, a raça e o sexo. A superação das desigualdades raciais e sexuais marcha numa velocidade e estabilidade maiores do que os avanços na superação da desigualdade de classe. Há, porém, uma notável mudança no papel histórico reservado ao proletariado, apontado, pela esquerda marxista como o destinatário final da socialização da riqueza humana. Com os avanços tecnológicos e o crescimento de renda, nasceu

89

um proletariado novo, muito distante daquele mendicante do tempo de Marx, que, majoritariamente, deseja realizar o seu avanço dentro da dinâmica das sociedades de mercado, comprovadamente as mais capazes de gerar riqueza, em caráter consistente e em clima de paz, beneficiando todas as partes envolvidas. Este é o caso dos países do primeiro mundo, sem exceção.

LIBERDADE E IGUALDADE: O QUE É MEIO E O QUE É FIM?

Quando se tem um fim em mente, só os meios são negociáveis, porque substituíveis. Por isso, a liberdade, considerada meio, pelos igualitaristas, é um valor entre pequeno e desprezível, a ponto de ser pisoteado, como tem ocorrido em todos os sistemas da esquerda totalitária. Como o fim é a liberdade, para os liberais, a perseguição da igualdade é uma meta, variando o grau e a velocidade de sua incrementação. Junto com o igualitarismo totalitário, não morreu o ideal humano da igualdade. Na prática, o processo evolutivo de aumento da igualdade tem conquistado crescente número de adeptos, contra o declínio e a importância dos adeptos da conquista brusca, pretendida pelo totalitarismo de esquerda, como observa o pensador americano, nascido na Sérvia, Thomas Nagel (1937-), em *Equality and Partiality*. Paralelamente, nota-se uma diminuição crescente dos que propõem a extinção da propriedade privada, chamada pelos seus detratores de "direito terrível!" É inegável o valor utópico do ideal de igualdade, ainda que cada vez mais desvinculado de sua origem, associada, quase que exclusivamente, à propriedade de objetos.

O FIM DA HISTÓRIA

Para o economista e pensador nipo-americano Francis Fukuyama (1952-), doutor em Ciência Política pela Universida-

PARTE I – ESQUERDAS E DIREITAS

de de Harward, e professor na Universidade de Stanford, autor do polêmico livro, *O Fim da História e o Último Homem*, de 1992, o fim da história resultaria da morte da crença na possibilidade de o socialismo totalitário representar um destino desejado pela humanidade, a partir das aspirações dos segmentos mais carentes da sociedade. A proposta do fim da propriedade privada, e como parte dela a detenção pelo Estado dos meios de produção, como a matriz de toda desigualdade, desmanchou-se no ar. Perduram, porém, com sinais de grande vitalidade, as ideias que defendem seu uso em sintonia com o interesse social. Fukuyama apoia sua tese em dois argumentos fundamentais: 1) a luta pela igualação de desiguais não faz parte da dinâmica motriz da história; ao contrário, o que a impulsiona é a incessante busca da supremacia por indivíduos e grupos sociais; 2) a ação humana não é mobilizada pela perseguição da igualdade, mas pela busca da superioridade e da supremacia dos seus membros uns sobre os outros. Hegel e Nietzsche estão na base da formulação filosófica desses princípios, enquanto Rousseau seria o pai do patrocínio da igualdade entre os homens, a partir da propriedade comum dos bens materiais.

Segundo Fukuyama, os estados falidos,por não fazerem o dever de casa, são o maior obstáculo à expansão da prosperidade e bem-estar geral da humanidade. Aponta, como exemplos extremos, o Haiti, a Somália e o Afeganistão, destituídos de governos que cumpram uma agenda mínima nos planos da educação, saúde e infraestrutura física, caldo de cultura para todo tipo de corrupção, terrorismo e violência pessoal e institucional. As posições de Fukuyama, contestadas pela esquerda desde os primeiros momentos, por erro de interpretação, segundo ele, continuam ganhando adeptos e detratores.

AS BOAS RAZÕES DE FUKUYAMA

O colapso do socialismo totalitário – na União Soviética –, e a sua conversão em fascismo, na China, vieram ampliar as perspectivas humanas de organização da vida social para muito além da bitola estreita que condicionou nossa percepção da divisão política à díade esquerda-direita. A *nomenklatura*, a nova classe dos privilegiados burocratas que se locupletaram de modo obsceno dos oprimidos, perdeu o discurso e a pose, ao ser flagrada numa pilhagem do Erário, com apetite de ave de rapina. Esse fato, na percepção geral, proscreveu qualquer possibilidade de restauração do regime comunista, nos próximos duzentos anos, se tomarmos como parâmetro o tempo transcorrido entre a Revolução Francesa e a implosão do Império Soviético. Numa palavra: o socialismo marxista afastou-se para muito além do horizonte humano da atualidade. Nada nem ninguém será capaz de trazê-lo de volta, salvo em episódicas aventuras terceiromundistas. Nesse sentido, o fim da história, preconizado por Francis Fukuyama, está certo. O permanente ineditismo das aspirações e do obrar humanos mescla, na sua implementação, recursos provenientes das ciências sociais, combinados com todos os saberes, sobretudo os políticos, na construção de alternativas com traços, ao menos parcialmente, originais. O reaprendizado democrático dos povos que foram submetidos à barbárie totalitária ainda não se concluiu, decorridas décadas do colapso do comunismo. É grande e duradouro o peso dos reflexos condicionados impostos pelo totalitarismo, lição que a sabedoria popular converteu no aforismo: "O uso do cachimbo deixa a boca torta!" A inelutável marcha dos valores democráticos, porém, tem sido suficientemente forte para abortar reflexões saudosistas em favor do velho regime ou dos "velhos e bons tempos", para eles, os integrantes da nomenclatura. Uma das mais importantes motivações para assegurar a irreversibilidade do movimento libertário reside na emergência das peculiaridades tribais de cada um dos diferentes países da União Soviética, fato que restaurou o orgulho de sua singularidade cultural, abafada pela ação uniformizadora, eufemisticamente, homogeneizadora, do governo central e ditatorial. As novas conquistas dos povos que se libertaram, ainda que traumáticas, são a prova cabal de sua

PARTE I – ESQUERDAS E DIREITAS

capacidade de criar soluções para velhos problemas, bem como de criar problemas antes inexistentes, sobretudo originários de movimentos revolucionários.

O DESEQUILÍBRIO DINÂMICO DO CONTRADITÓRIO: TESE × ANTÍTESE = SÍNTESE

Observa-se uma tendência de todas as manifestações do espírito conterem o seu oposto, como acontece no plano da ação e reação da Física newtoniana. Uma das mais poderosas características da democracia é abrigar, com maior ou menor intensidade, os germes de sua dissolução. A liberdade, por exemplo, que é a sua força maior, traz, dentro de si, as matrizes de sua destruição. Além disso, a democracia tem o poder e a vantagem de remover governantes indesejáveis sem a ruptura da ordem constitucional. Em paralelo, convive com toda sorte de movimento destinado a promover o interesse de diferentes grupos, ainda que ao custo de permanentes tensões sociais. A paz dos ambientes democráticos nunca pode ser confundida com a paz de cemitério dos regimes totalitários. Do mesmo modo que há distinção entre revolução liberal e revolução conservadora.

As revoluções ou contextos revolucionários, liberais ou conservadores, apesar de distintos, entre si, são exceções na trajetória humana, razão pela qual tendem a criar problemas mais numerosos e difíceis do que aqueles que resolvem. A começar pelo estado de quase anomia ou de anarquia que se instala, gerando desconfiança, decepção e desespero, comparativamente ao clima de "tranquilidade" precedente. É por isso que as revoluções fracassam, apesar de nascerem quando se torna intolerável a defesa ou resistência do *status quo* ao majoritário desejo de mudanças, já cristalizado no meio social. As tentativas de reprimir esses anseios, mais cedo ou mais tarde, tendem a ser tragadas pela maré montante do sentimento de vingança, em intensidade e ritmo variáveis em razão de múltiplos fatores. Sua

93

popularidade é alta no primeiro estágio quando satisfazem as paixões populares, sedentas de vingança contra certos privilégios do *status quo ante*, e das sedes de suas operações, como a Bastilha, na Revolução Francesa, que, apesar de moribunda, foi triunfalmente ocupada e posta abaixo cada uma de suas paredes. É quase certo que as revoluções triunfem até o ponto de derrubar o regime que a gerou, sendo, no entanto, incapazes de cumprir sua agenda de compromissos. O grande desafio, então, consiste em colocar no lugar do *ancien régime* algo que satisfaça os amotinados. Na discussão ou disputa sobre o caminho a optar surgem desentendimentos que as levam para a violência e o terror, do que quase sempre resulta uma fração de sobrevivência do regime antigo ou anterior, sem nunca, porém, alcançar sua restauração. É como o cristal trincado.

LIMITAÇÕES DO MERCADO

Quando se fala em livre mercado, não se pode levar a extremos essa ideia libertária, como ponderou o austríaco-britânico Friedrich Hayek (1899-1992), ganhador, ao lado do sueco Gunnar Myrdal (1898-1987), do Prêmio Nobel de Economia de 1974. Como regra, a sociedade avança sob as benéficas tensões sempre existentes entre progresso e tradição, uma corrente policiando os excessos da outra. O que agrava a convivência entre essas posições é a tendência de deslegitimar o outro lado, atribuindo-lhe os atributos do mal.

Diferentemente do que sustenta a esquerda, a luta que fomenta a prosperidade dos povos não é pela igualdade, mas pela busca da supremacia ou superioridade. Do mesmo modo que ocorre nos jogos olímpicos, o crescimento atlético e técnico dos indivíduos e das equipes depende do desequilíbrio dinâmico produzido por essa saudável busca da superioridade. Quando se fala em igualdade, urge saber relativamente a quê. Levando-se em conta os inúmeros fatores que contribuem para elevar a superioridade de uma

PARTE I – ESQUERDAS E DIREITAS

pessoa, a igualdade resulta impossível, como tão bem demonstrou o escritor inglês Leslie Poles Hartley (1895-1972) em seu memorável romance *Facial Justice* (Justiça facial), de 1960, segundo o qual, em um imaginário regime comunista, todos os indivíduos, homens e mulheres, dotados de uma beleza superior ao padrão estabelecido pelo Estado, Padrão Alfa, teriam que se submeter a uma cirurgia plástica para reduzir (*downgrade*) o excesso de beleza, enquanto os que estivessem abaixo do padrão se submeteriam a um *upgrade* cirúrgico em seus traços gerais.

É imperioso distinguir entre desigualdade e diferença ou diversidade, e entre igualdade formal e igualdade substancial ou material. Nunca se conseguiu estabelecer um conceito uniforme para o que se entende por igualitarismo. Na verdade, o que está em jogo é a decisão sobre a quem cabe a palma da prioridade, a igualdade ou a liberdade, na medida em que não é possível a essa poderosa díade desenvolver-se no mesmo plano. A dificuldade dessa escolha levou à cunhagem de um aforismo que se popularizou: "Nada é mais parecido com um conservador do que um socialista no exercício do poder." Há quem sustente que o traço característico da esquerda no poder, em regimes democráticos, é a renúncia ao uso da violência; enquanto a característica predominante nas democracias é a chegada ao poder sem o uso da violência, acompanhada da possibilidade de livrar-se dos maus representantes, também, por via pacífica, a espaços regulares de tempo.

Só na linguagem chula dos embates eleitorais, a aceitação da desigualdade pela direita decorre do sentimento de maldade, quando, na verdade, se trata de uma opção apoiada em sólidos suportes doutrinários, elaborados ao longo de séculos por algumas das mentes mais prodigiosas do velho e do novo Iluminismo, que concebe o desenvolvimento humano num ambiente de liberdade em que cada um é livre para decidir sobre os modos de construir o próprio destino. Diante da impossibilidade existencial da igualdade entre as pessoas, sua imposição resulta, invariavelmente, no comprometimento parcial ou total da liberdade. Além do mais, a experiência histórica demonstra que a luta pela superioridade gera abundância que permite assegurar um padrão de elevado bem-estar aos que estiverem nos níveis de baixo da escala social, inclusive os mais perversos, cumprindo penas ou beneficiados pela impunidade.

A IGUALDADE COMO FAROL

Sem dúvida, o ideal de igualdade pode inspirar e orientar muitas ações viáveis e úteis para o organismo social. Até porque não há contradição entre as aspirações de igualdade e valorização da diversidade. Tanto que é no reconhecimento da diversidade que se apoia o mais importante princípio de justiça dialética que manda tratar desigualmente os desiguais. Poder, prestígio social, beleza, força atlética, notabilidade intelectual são elementos desde sempre importantes na construção das personas, competindo com a riqueza material na construção do valor social das pessoas.

Essa exuberante dinâmica social está a reclamar a substituição da corrente díade esquerda × direita por outra que seja mais receptiva a essas mudanças que conduziram ao pluriverso em que nos encontramos. Nela, há a possibilidade de adoção, por um mesmo indivíduo, de valores que pertencem à direita e à esquerda, em seus diferentes matizes ideológicos. Em nome da boa convivência, é imperioso manter a expansão dessa tendência, como meio de intensificação da harmonia social, objetivo torpedeado pela depravação do conceito de ideologia identitária. O identitarismo resulta de uma grosseira adaptação do marxismo às diferentes posições das pessoas na sociedade, diante do rotundo fracasso do comunismo, com o propósito de obter o apoio delas, para chegar ao poder. A relação que interessa, portanto, deixou de ser entre burgueses e proletários, para ser socioculturais, em que o fim é a busca da simpatia das pessoas insatisfeitas com os atributos que possuem. Tamanha é a

PARTE I – ESQUERDAS E DIREITAS

fragmentação a que se submete o *status* social das pessoas que pode chegar ao extremo de, por exemplo, uma mulher negra, gorda, canhota, bissexual, solteira, grávida, desempregada e analfabeta ser alvo de abordagens catequéticas correspondentes a cada uma dessas dimensões de sua poliédrica personalidade, tema do livro *Sexual Personae*, da escritora francesa Camille Paglia. Em vez de lidarmos com personalidades profundas, como é o natural da complexidade humana, a esquerda identitária as reduz a personalidades rasas, unidimensionais, segundo a classificação de Edward Morgan Forster (1879-1970), no seu clássico *Aspects of the Novel*. Como um dos efeitos mais perversos da ação política identitária, aponta-se o recrudescimento do fascismo de esquerda, sobretudo no meio universitário. Os opositores dessa barbárie silenciam por medo de linchamento físico-verbal, em face do reiterado recurso ao dichote, ao chicote e à rédea curta vigorantes nos *campi* universitários para extinguir dissidências. Quem se opuser é atacado como homofóbico, racista, misógino, canalha. Os candidatos à *nomenklatura* são implacáveis.

A díade conservadores × mudancistas parece-nos mais atual e menos provocadora do que conservadores × progressistas, por não ter a conotação valorativa contida na palavra progressista, preferida pelos esquerdistas por induzir à crença de sua presumida superioridade ideológica. Algumas dessas polifacetadas posições (não todas), compõem o chamado centro, equidistante da díade esquerda – direita, mutuamente excludente. Uma terceira via, alternativa à díade esquerda-direita, não aceita ser confundida com o centro, porque nao fica, apenas, entre as duas, por avançar além delas. Em lugar, portanto, da díade ou mesmo da tríade, haveria uma políade. Sua representatividade gráfica não é plana, mas circular, na medida em que os extremos da esquerda e da direita se tocam, de que é prova a lenta e contínua evolução da China comunista e miserável, de Mao Tsé-Tung, para a China fascista e próspera da atualidade. No caldo de paixões intolerantes em que se convertem as posições ideológicas extremadas, o centro e ou a terceira via são considerados direita ou esquerda disfarçadas, respectivamente pela extrema-esquerda e pela extrema-direita. Daí a cunhagem de expressões novas compostas da associação de palavras historicamente expressivas de conceitos colidentes, a exemplo de liberal-socialismo ou socialismo-liberal, como lembrou Norberto Bobbio, síntese do confronto entre a direita, tese, e a esquerda, antítese. Há, até, o conceito de democracia totalitária, oximoro que não fica de pé.

DEMOCRACIA TOTALITÁRIA

O conceito de democracia totalitária foi formulado pelo filósofo hebreu Jacob Leib Talmon (1916-1980), nascido na Polônia, professor de História Moderna na Universidade de Jerusalém, em seu livro *The Origins of Totalitarian Democracy*. Pela cunhagem da expressão "democracia totalitária", ele é cognominado "Liberal da Guerra Fria", em razão do antimarxismo presente em sua obra. Ao investigar a genealogia do totalitarismo, Talmon concluiu que o "messianismo político" tem como matriz a Revolução Francesa, apontando a estreita identidade operacional entre o jacobinismo e o stalinismo. Além de "messianismo político", ele cunhou, também, a expressão "democracia messiânica." Com a expressão "democracia totalitária", Talmon alude a uma forma particular de compreender a democracia como herdeira do pensamento de Rousseau, característica de vários regimes que nasceram de processos revolucionários dos quais resultou a consolidação da modernidade política, ainda que privilegiando a coletividade, situada num plano superior aos indivíduos, identificada com o "messianismo político".

O Doutor em Filosofia pela Sorbonne, Denis Rosenfield (1950-), editor da revista *Filosofia Política* e professor da Universidade do Rio Grande do Sul disse, em artigo no jornal *Estado de S. Paulo*, de 3/8/2009, "que a democracia totalitária se caracteriza por essa forma de ilimitação política, tendo como "inimigo" a limitação própria das instituições sociais, das instâncias representativas. Ela

PARTE I – ESQUERDAS E DIREITAS

terá como alvo a ser destruído todo espaço que se configure como independente, em particular aquele espaço que torna possíveis as liberdades individuais e o processo de livre escolha. Não pode suportar um Estado de Direito, baseado precisamente nessas liberdades. Ou seja, a democracia totalitária não pode suportar a democracia liberal, também dita representativa ou constitucional, pelo fato de assegurar a existência de leis, de poderes e de instituições, que não se podem adequar a tal processo de mobilização totalitária. Eis por que as democracias totalitárias partem para questionar toda forma de existência democrática, social, que não se estabeleça conforme os seus desígnios. Os meios de comunicação que não aceitem ser instrumentalizados passam a ser considerados inimigos que devem ser abatidos, seja por diminuição de verbas publicitárias, seja por processos judiciais, seja por mecanismos de controle ou de banimento dos mais diferentes tipos. O contestador deve ser silenciado, pois não obedece aos ditames do "povo", de tal "maioria" politicamente constituída. As esferas que asseguram a livre iniciativa individual são progressivamente circunscritas e limitadas, de modo que as pessoas sintam medo e passem a agir de maneira não autônoma, como se assim houvesse uma conformidade ao que é "popular". O Estado de Direito, por sua vez, é cada vez mais menosprezado, seja por não obediência à legalidade existente, seja pela modificação incessante de leis e normas constitucionais, seja por atentados cometidos contra os princípios mesmos de uma sociedade livre. A democracia totalitária volta-se contra os direitos individuais, contra os direitos das pessoas de não se dedicarem aos assuntos políticos, de se contentarem com seus afazeres próprios. Ela se volta contra as instituições por estas interporem um limite ao seu desregramento. Ela se volta contra a propriedade privada tanto no sentido material, de bens, quanto imaterial, de liberdade de escolha. Ela se volta contra todo aquele que reclame pela liberdade. Eis a questão com que nos defrontamos na América Latina. A clareza dos conceitos é uma condição da verdadeira democracia.

PERDA DE PRESTÍGIO DA ESQUERDA

Com a implosão do comunismo, inverteu-se o prestígio da esquerda na díade esquerda-direita, nos países mais adiantados, mantendo-se, porém, nas regiões mais atrasados da África, Ásia e América do Sul, onde os níveis educacionais são os mais baixos do Planeta. O discurso populista, nessas regiões, foca as gritantes desigualdades existentes, sem que aludam ao meio mais importante para reduzi-las ou eliminá-las que é o acesso a educação de qualidade, pelas camadas mais pobres da sociedade, de todas as idades, sobretudo, pelos mais jovens, que crescem ignorando que o discurso populista-salvacionista é usado para tornar os mais pobres reféns do ressentimento alimentado contra os ricos a quem atribuem a responsabilidade por todos os seus males. Fascistas e comunistas nivelam-se no uso dessa técnica perversa, perpetuadora da eficácia da Síndrome de Estocolmo, em sua versão político-eleitoral. Os que supõem que a esquerda se acabou, com o fim do comunismo, equivocam-se, por não compreenderem que, precisamente, em razão do fim da esquerda marxista, as posições racionais de esquerda que remanescem deverão triunfar, como nunca, consolidando-se com o passar do tempo.

O discurso messiânico da esquerda radical, dominada pela mentalidade de escassez, segundo o qual os crimes praticados pela União Soviética de Stalin e a China de Mao libertaram-nas dos males que atrofiavam seu avanço salvacionista, perde, cada vez mais, substância e adeptos, caminhando para o fim. Sem falar da mudança, com malas e bagagens, para o fascismo mais completo em que hoje se encontram. Abre-se, espaço, por outro lado, para o avanço da esquerda democrática, aquela que busca assegurar a contínua, crescente e meritocrática redução das desigualdades, por meio dos meios mais efetivos e democráticos que são a educação e a saúde preventiva, mais importante do que a saúde curativa, por mais desejada que seja. E como expoente da saúde preventiva, nada equiparável, no Brasil, ao acesso pleno a saneamento básico de qualidade, com água

PARTE I – ESQUERDAS E DIREITAS

limpa e esgotamento sanitário para os 55% de brasileiros que ainda se encontram privados desse benefício fundamental para a saúde e longevidade humanas, neste momento terminal da pandemia do Corona vírus, em princípios de 2022. Como, praticamente, não há quem não defenda a necessidade de se diminuírem desigualdades, a diferença entre a direita e a esquerda reside na intensidade, velocidade e método do processamento dessa redução. É interessante lembrar que Nietszche, frequentemente, apontado como o inspirador do nazismo, passou a ser considerado, ao lado de Karl Marx, como um dos pais da nova esquerda. O mesmo aconteceu com Carl Schmitt, que, durante as discussões de Weimar, em 1919, foi o grande adversário do defensor da democracia, Hans Kelsen. Algo semelhante vem ocorrendo com o fascista Heidegger.

A DIREITA GRAMSCISTA

Alguns setores da "direita gramscista", por outro lado, tentam incorporar, em favor das posições de Heiddeger, ideias de Antônio Gramsci (1891-1937). O francês Georges Sorel (1847-1922), considerado por muitos como "o pai intelectual do fascismo", autor das conhecidas *Reflexões sobre a violência* (1908), passou por experiência semelhante. Marxista heterodoxo, admirando, simultaneamente, Vladimir Lenin (1870-1924) e Mussolini, era aplaudido na Itália, onde inspirou o nascimento do Sindicalismo Revolucionário Italiano, bem como nos Estados Unidos, pela identidade que declarava ter com a dominação burguesa. Essa paradoxal boa convivência com setores politicamente antípodas proporcionou-lhe uma singular trajetória como pensador político. Aos 45 anos de idade, Georges Sorel abandonou a profissão de engenheiro para entregar-se ao estudo das relações sociais. Benedetto Croce e Wilfredo Pareto, dois dos mais festejados conservadores italianos, também engenheiros de formação, estão entre os seus admiradores. O jornalista

101

e político francês Georges Valois (1878-1945), anarco-sindicalista na juventude, quando conheceu Georges Sorel e Charles Maurass, disse sobre o primeiro: "Ao assimilar e transcender a democracia e o socialismo, Sorel chegou à conclusão de que, distinto como era do leninismo, o fascismo tinha condições de empolgar, simultaneamente, o proletariado e a burguesia, extraindo poderosa sinergia da associação dessas duas forças teoricamente antípodas." Ainda segundo Valois, a peculiaridade do fascismo consistia em sua capacidade de superar contradições, mobilizar forças e inspirar a burguesia no sentido de canalizar suas energias econômicas e sociais em favor da grandeza nacional, para o bem-estar de todos. Disse mais Valois que "foi uma fortuna para o fascismo o aproveitamento das ideias de Sorel, inspirando o proletariado a devolver à burguesia os atributos que respondiam pelo seu poder realizador, essencialmente, a responsabilidade básica da produção e distribuição de bens e serviços, em crescente parceria com o operariado". Teria sido a ausência desse princípio em sua atuação que estava levando a União Soviética ao fracasso, o que, de fato, viria a ocorrer, ao custo de milhões de vidas ceifadas pela violência do aparelho estatal? Na incorporação, portanto, da capacidade da burguesia ao desenvolvimento econômico e social, estava o segredo da prosperidade dos povos, e não, em sua eliminação imediata, como decidira a concepção majoritária da Revolução bolchevique, russa. Bolchevique, em russo, significa, precisamente, majoritária, liderada por Vladimir Lenin, contra os minoritários, mencheviques, liderados por Leon Trotsky, no famoso congresso da Internacional Comunista, em Londres, em 1903, contrariando o mandamento marxista de incorporar a burguesia, na primeira etapa do processo revolucionário.

Explica-se, assim, a adoção por uma mesma pessoa de ideias contrapostas que não pertencem à díade esquerda-direita, mas aos distintos polos do extremismo e do conservadorismo moderado, próprios de revolucionários e antirrevolucionários, que não são, necessariamente, de direita ou de esquerda. Enquanto

Parte I – Esquerdas e Direitas

o conservadorismo moderado advoga a mudança gradual e sem rupturas perturbadoras da ordem vigente, o extremismo recorre à ruptura, coerente com a crença, que os fatos não confirmam, segundo a qual a história se movimenta por saltos. Daí, a frequência com que ideais opostos partilham dos mesmos valores, sem prejuízo da distância entre seus pontos de chegada. O exemplo clássico é o ódio arraigado que as extremas direita e esquerda totalitárias nutrem contra a democracia e o iluminismo. Ambas necessitam, na visão de Kant quanto de Goethe, de um banho de *Aufklärung* (iluminação do espírito). Os pontos limites de um círculo se tocam. Basta mencionar a conversão do comunismo chinês em fascismo aberto, com redução drástica do derramamento de sangue.

O historiador e filósofo alemão Ernst Nolte (1923-2016) notabilizou-se pelos estudos comparativos que realizou entre o *fascismo* e o *comunismo*, sobretudo entre o *nazismo* e o *stalinismo*. Seu trabalho mais conhecido é *fascismo em sua época*, de 1963. O fascismo islâmico foi uma de suas preferências. Martin Heidegger (1889-1976), um dos pensadores mais marcantes do Século XX, apesar de igualmente polêmico, exerceu grande influência sobre o seu pensamento. Karl Marx (1818-1883), Nietzsche (1844-1900), Max Weber (1864-1920) e Eugen Fink (1905-1975) são suas principais referências doutrinárias. Para ele, o *fascismo* é um "antimovimento" relativamente ao *liberalismo*, o *socialismo*, a *modernidade* e sua transcendência. Segundo pensava, o fascismo na Itália, como o nazismo na Alemanha, além da *Action Française*, na França, nasceram em reaçao à Revoluçao Bolchevique. É um erro, segundo Nolte, dissociar o nascimento desses movimentos de direita do contexto histórico predominante ao tempo de sua emergência. Os campos de concentração, em sua visão, foram uma reação aos massacres praticados por Stalin na Ucrânia. Em resposta ao extermínio, pelos soviéticos, de uma classe, Hitler decidiu eliminar uma "raça!" A "declaração de guerra" do líder sionista Chaim Weizmann (1874-1952), primeiro presidente de Israel, contra a Alemanha, na carta por

JOACI GÓES

ele enviada a Neville Chamberlain (1869-1940), primeiro-ministro do Reino Unido, entre maio de 1937 e maio de 1940, justificaria uma ação preventiva contra os judeus, após o ato hostil de 1933, além do medo aos judeus bolcheviques.

Em *The Three faces of Fascism*, Nolte observa que a aniquilação total do inimigo se deu em reação a igual prática do totalitarismo bolchevique. O Holocausto teria sido, portanto, uma resultante simétrica da violência bélica, consoante a transposição para o plano social da lei da física newtoniana: "A toda ação correspon-de uma reação igual de sentido diametralmente oposto". Sua corajosa e heterodoxa argumentação destinou-se a retirar dos ombros do povo alemão o peso da culpa de haver "ignorado" as atrocidades praticadas por Hitler. As críticas contra ele são muito fortes e com sólida base de sustentação, formuladas por alguns dos mais respeitáveis pensadores contemporâneos. Os extremis-tas, de direita ou de esquerda, apoiados no gosto humano pela violência, opõem as virtudes guerreiras à cautela prudente dos moderados. Para esses, a "detestável" democracia rima com sua sinônima mediocracia.

BIOÉTICA

Reiteremos o que já dissemos: A bioética nasceu da necessi-dade de colocar-se, acima das paixões políticas, com P minúscu-lo, tema de tamanha relevância para o futuro da vida, no plane-ta, sobretudo, a humana. O uso de argumentos que sabe serem falsos é legitimado, pela esquerda, pelo princípio maquiavélico segundo o qual "os fins justificam os meios." Aprioristicamente, não há como dizer se os laxistas – cumpridores flexíveis das leis –, ou os rigoristas – fiéis e exigentes cumpridores das leis –, são da direita ou da esquerda, em matéria de preservação ambien-tal, por estarem em jogo interesses comuns aos componentes da díade maniqueísta. A contradição mais evidente consiste na defesa do aborto, pela esquerda, que alega ter, na defesa dos

Parte I – Esquerdas e Direitas

mais fracos, o seu ponto forte, como já enfatizamos. Mais rapidamente vencerão, quanto mais cedo for reduzido o contingente numericamente decrescente dos que ainda se apegam ao socialismo marxista de caráter necessariamente totalitário. Em países como o Brasil, onde a população percebe impender sobre sua cabeça a espada de Dâmocles do bolivarianismo, a população tende a eleger quem, no turno derradeiro, concorrer contra essa corrente que sabe o destino a que nos conduzirá.

ERRO SOCIOLÓGICO DE MARX

O socialismo inicial de Georges Sorel já constituía uma forma revisionista do marxismo, a partir da rebelião dos fatos ao determinismo doutrinário que concluía pela crescente beligerância entre empregados e patrões, à proporção que as sociedades aumentassem o seu nível de industrialização. Precisamente o oposto passou a ocorrer. O marxismo ortodoxo revelava-se estereotipado e encapsulado em seu fundamentalismo religioso e cego às evidências gritantes, emanadas da vida real. As críticas de Sorel à ortodoxia marxista viriam contribuir, ao lado de Eduard Bernstein (1850-1932), Karl Kautsky (1854-1938) e outros, para a formação de uma maré montante crítica ao marxismo que alcançaria seu ponto mais alto com Henry De Man e Marcel Déat (1894-1955), com suas obras seminais, respectivamente, *Au-delà du Marxisme* e *Perspectives Socialistes*.

O político Henri de Man (1885-1953), sucessivamente vice-presidente e presidente do Partido Trabalhista Belga, bem como Ministro das Finanças do seu país, entre 1936-38, foi um dos mais conceituados teóricos do socialismo, na primeira metade do século XX, com marcante atuação durante a ocupação da Bélgica, pela Alemanha, na Segunda Grande Guerra. De Man já havia pegado em armas, na Primeira Grande Guerra, entre 1914 e 1918. Apesar de ter sido casado com uma judia, seu antissemitismo era explícito, como deixou claro no livro de memórias,

Après Coup, de 1941. Sua proposta de revisão do marxismo gerou controvérsias. Ele propôs superar as constantes crises do capitalismo por meio da nacionalização do sistema bancário, acompanhado do aumento da autoridade estatal em matéria financeira, deixando as demais atividades sob o sistema capitalista, liberto de monopólios. Opunha-se à socialização dos meios de produção e à sociedade sem classes. Ele concebeu o conhecido *Plano De Man* para conter o avanço do fascismo na Bélgica, embora alguns historiadores sustentem, avalizados por suas memórias, que o *Plano de De Man* coincidiu com sua adesão ao fascismo, como ficaria claro ao assumir o posto de primeiro-ministro no governo fascista, a partir da capitulação da Bélgica perante as tropas alemãs, em junho de 1940, enquanto os líderes que se opunham ao nazismo formavam um governo no exílio.

O *Plano De Man* foi, simultaneamente, comparado ao *New Deal* de Franklin Delano Roosevelt e apontado como sua negação. Sem dúvida, em ambientes dominados pela paixão política, não há clima para julgamentos isentos. A controvérsia conduziu a tamanha animosidade que De Man sofreu um ataque cardíaco que o deixou fora de forma por três meses. Enfraquecido pela suspeição que sofria de ambos os lados em luta, De Man optou pelo autoexílio, sobretudo em Paris, onde, com a amante, Lucienne Didier, integrou o círculo de Ernst Jünger (1895-1998), escritor e entomologista alemão, herói da Primeira Grande Guerra, uma das personalidades de vida mais rocambolesca e longeva do século XX, tendo vivido 103 anos.

Finda a guerra, Henry De Man refugiou-se numa montanha suíça, vizinha da Áustria, onde viria a morrer em 1953, ao lado de sua jovem mulher, numa colisão do carro que dirigia com um trem de passageiros, episódio considerado pelo filho e outras pessoas como suicídio. Ele vivia depressivo pelo temor de vir a ser preso por traição, em processo que já o condenara à revelia.

O político socialista francês Marcel Déat (1894-1955) tornou-se ministro do Trabalho do Governo de Vichy, em 1944.

PARTE I – ESQUERDAS E DIREITAS

Em seguida aos desembarques das tropas aliadas, na Normandia, ele fugiu para um enclave, na Alemanha, sede do governo, no exterior, dos ex-participantes do governo nazista de Vichy. Condenado à morte, à revelia, ele morreu na Itália, para onde se mudara dez anos depois de finda a guerra, ensinando nas universidades de Milão e Turim, usando o sobrenome da mulher, como meio de disfarce. Foi quando escreveu suas memórias. Sua participação na Primeira Guerra foi a fonte do livro *Cadavres et maximes, philosophie d'um revenant* (*Cadáveres e Máximas, Filosofia de um Fantasma*), experiência que o tornou um pacifista. Seguindo a mesma trilha de Henri De Man, escreveu inúmeros artigos, propugnando pela transformação do socialismo no anticapitalismo, a que denominou neossocialismo, a ser cumprido num estado autoritário, com economia planificada, com o parlamentarismo revogado. À frente dessas ideias, ele venceu o comunista Jacques Duclos nas eleições parlamentares do 20º *arrondissement* de Paris, em 1932, já tendo vencido Léon Blum, aí mesmo, em 1928. Seu revisionismo levou-o a ser expulso, em 1933. Voltou ao legislativo em 1936, já como reconhecido anticomunista.

Philippe Pétain (Henri Philippe Benoni Omer Joseph Pétain, apelidado de Marechal Pétain) contou com seu decidido apoio, bem como a ocupação nazista na França, inclusive o antissemitismo. Inimigo declarado da Resistência Francesa, saiu ferido de uma tentativa de assassinato por Paul Collete, membro da resistência. Tão logo recuperado, tornou-se primeiro-ministro do governo colaboracionista de Pierre Laval.

Eduard Bernstein (1850-1932) foi um dos principais teóricos da Social-Democracia e do Socialismo Evolutivo. Ele reviu o marxismo ortodoxo, apontou falhas e propôs mudanças, a começar pela metafísica hegeliana e pelo abandono do dogmatismo do Manifesto Comunista (1848), obra pioneira, fruto da parceria autoral entre dois jovens ainda inexperientes: Marx com trinta anos e Engels com 28. Bernstein criticou a doutrina do Materialismo Histórico, advertindo sobre a existência de fa-

107

tores, além dos econômicos, que não foram levados na devida conta de sua influência no curso da vida em sociedade. Observou que a dialética não conseguia explicar a complexidade de certos fenômenos sociais. Criticou a visão marxista de duas classes sociais, empregadores e empregados – opressores e oprimidos –, destacando uma diversidade de agentes muito mais ampla do que as da visão estreita e dogmática do marxismo. O que se deveria fazer – dizia – era criar mecanismos que viabilizassem aos que estão embaixo passar para o andar de cima. Criticou, também, a ideia da nacionalização em massa das empresas e recusou, de modo sistemático, o recurso à violência para alcançar qualquer fim. A força moral e ética do socialismo, argumentava Bernstein, seria suficiente para colocar em marcha segura os mecanismos redutores das desigualdades existentes. Demonstrou ele, com dados factuais, que, em lugar de baixar, a renda dos trabalhadores vinha subindo, de modo consistente, ao tempo em que aumentava o número dos que se tornavam empresários, passando a ocupar da classe média para cima. Bernstein propôs que o marxismo se ativesse à fase madura de Marx, quando ele concluiu que o socialismo poderia ser alcançado, pacificamente, por via eleitoral, sem a necessidade do recurso à violência revolucionária. Segundo Bernstein, a ética socialista poderia impregnar o sistema capitalista de seus valores, fazendo do Estado um instrumento essencial ao bem-estar e avanço da classe dos trabalhadores. Em seu conjunto, as sugestões de Bernstein compuseram uma rica revisão do marxismo, fato que o levou a cair em desgraça perante os marxistas ortodoxos. Ele acreditava que o capitalismo seria uma via segura para chegar ao socialismo, com as conquistas graduais e constantes da classe operária, o que, de fato, viria a se concretizar nas nações mais desenvolvidas, material e socialmente, sobretudo por meio da universalização do acesso à educação de qualidade. A integração econômica entre os povos, e não o isolamento proposto pelo marxismo, seria o caminho para uma mais rápida distribuição equitativa de renda. O isolamento, fatalmente, comprometeria

PARTE I – ESQUERDAS E DIREITAS

a paz entre as nações. A reação mais forte às suas ideias veio da pensadora polaco-alemã Rosa Luxemburgo (1871-1919) em seu ensaio *Reforma ou Revolução?*, publicado em 1900, último ano do século XIX. Apesar das críticas, o pensamento de Bernstein, constante do Socialismo Evolutivo, sempre esteve presente, em graus variados, nos movimentos de inspiração marxista que se seguiram.

Karl Kautsky (1854-1938), filósofo tcheco-austríaco, foi uma das personalidades mais marcantes na história do marxismo, além de um dos fundadores da social-democracia, ao lado de Eduard Bernstein. A Kautsky coube editar o quarto volume de *O Capital*, a principal obra de Karl Marx, aclamada como um dos livros mais influentes, ao lado de *O Trabalho*, também de Marx. *O Capital* versa sobre o funcionamento da sociedade capitalista, sua anatomia e papel nas diferentes civilizações, bem como seu modo de organização. Nele, Marx defende que o trabalhador não obtém, do seu trabalho, a contrapartida correspondente ao seu real valor, deixando com o empregador a parte do leão, a que deu o nome de *mais-valia*, fonte de enriquecimento ilegítimo. Dividida em quatro volumes, o primeiro – *O Processo de Produção do Capital* – foi publicado em 1865, o único em vida de Karl Marx, dezoito anos antes de sua morte em 1883. Marx ficou de tal modo traumatizado com as críticas que sofreu de estudiosos da Economia que decidiu deixar inéditos os demais volumes, alguns deles carentes de revisões, realizadas por seguidores. Tanto que o segundo volume, *O Processo de Circulação do Capital*, só foi publicado vinte anos depois do primeiro volume, em 1885, dois anos depois da morte do autor. O terceiro volume, *O Processo Global da Produção*, só sairia onze anos depois de sua morte, em 1894. Finalmente, o quarto e último volume, *Teoria da mais valia*, só viria a lume em 1905, vinte e dois anos depois da morte de Marx. Engels, o grande amigo de toda a vida e parceiro ideológico, cuidou da publicação do segundo e do terceiro volumes.

Após a morte de Friedrich Engels (1820-1895), com quem conviveu em Londres, entre 1885 e 1890, Kautsky passou a

109

ser visto como um dos mais importantes teóricos do socialismo e o maior exegeta do marxismo, sendo avaliado por Lenin como um "grande historiador marxista", cujos trabalhos eram "patrimônio consistente do operariado", com destaque para o clássico *A Origem do Cristianismo*, de 1908. Mais tarde, Kautsky evoluiria para uma posição de centro, a partir da qual declarou seu apoio à participação da Alemanha Imperial na Primeira Grande Guerra, na sequência de uma posição reformista e antirrevolucionárias, ao lado de Bernstein. Por isso, foi renegado pelo marxismo, a ponto de figurar no conhecido libelo *A Revolução Proletária e o Renegado Kautsky*, assinado por Lenin, de quem, apesar das divergências e de ser 16 anos mais velho, declarou-se discípulo até o fim de seus dias, em 1938. É de Kautsky este juízo cáustico da Revolução Russa: *"Os bolcheviques, sob a liderança de Lenin, capturaram o controle das forças armadas em Petrogrado e, mais tarde, em Moscou, criando, assim, as bases para uma nova ditadura no lugar da antiga, czarista, passando a se chamar ditadura do proletariado!"*

O FIM DO COMUNISMO

Segundo Bobbio, em seu pequeno grande livro *Direita e Esquerda*, "o movimento histórico, predominantemente pacífico do século passado (XIX), durante o qual a Europa concluiu a primeira Revolução Industrial – que não foi uma revolução no sentido rigoroso da expressão e, portanto, jamais assumiu o aspecto de uma catástrofe, tendo sido acompanhada, numa relação de ação recíproca, por um desenvolvimento sem precedentes das ciências úteis (tecnologicamente utilizáveis) – favoreceu a ideia do progresso gradual e sem saltos, por etapas obrigatórias, irreversível, anunciado tanto por Kant quanto por Hegel, tanto por Comte quanto por Marx, independentemente da forma assumida pela história profética naquele século que produziu muitos exemplos conhecidos deste gênero de história.

PARTE I – ESQUERDAS E DIREITAS

Ao contrário, o movimento sob tantos aspectos oposto do século XX – compreendendo as duas grandes guerras mundiais e todas na história da humanidade, uma terceira guerra sem exércitos combatentes (ainda que ameaçadoramente dispostos em campo), a revolução comunista na Rússia e na China, o nascimento violento e a morte igualmente violenta dos regimes fascistas, o rápido processo de descolonização que se seguiu à Segunda Guerra Mundial, não menos rápido e imprevisível de uma perspectiva histórica anticatastrófica, a dissolução do universo comunista, o 'sapere aude' conduzido até o ponto de fazer aparecer o 'vulto demoníaco' não mais apenas do poder, mas também do saber – exigiu e continua a exigir uma visão antitética do desenrolar histórico, uma visão, precisamente, catastrófica, na qual coube até mesmo o medo de um fim da história e, se não do fim, ao menos da irreparável corrupção (irreparável para o destino humano) de natureza muito benéfica. Essa visão da história, compartilhada, inclusive, por observadores menos apocalípticos e que pretendem ser imparciais, favoreceu a comprovação do fim da Idade Moderna, que se deseja caracterizada pela ideia do progresso, e o nascimento de uma nova época histórica que, à espera de receber um nome mais apropriado ou menos insignificante, tem sido chamada, por enquanto, de pós-moderna."

TRAÇOS COMUNS AO FASCISMO E COMUNISMO

Ainda que haja outros, a aversão à democracia é o mais gritante ponto em comum entre os extremismos de esquerda e de direita. Antes mesmo do que na Itália, o fascismo nasceu na França, em fins do século XIX. Segundo alguns, com o historiador e cientista político Zeev Sternhell (1935-2020) à frente, George Sorel forneceu as bases doutrinárias para a criação do fascismo. Esse início francês, que outros preferem chamar de prefascismo, era caracterizado por cáustica iracúndia contra a democracia burguesa, guardando paralelismo com a odiosida-

JOACI GÓES

de do comunismo à social-democracia, antagonismo que coloca nos dois extremos do espectro ideológico, esquerda-direita, o comunismo e o fascismo. Como já acentuamos, entre os dois extremos, são poucas e pequenas as diferenças de método, e grande a diferença entre os valores. Graças a essa similitude de posturas, a Alemanha de Hitler e a União Soviética de Stalin assinaram o pacto de não agressão que estimulou o avanço nazista que culminaria na Segunda Grande Guerra. Durante a breve duração desse pacto, formaram-se alguns grupos de pouca expressão de bolcheviques nazistas.

SUPERIORIDADE × IGUALDADE

Nietzsche é a expressão máxima, recente, da longa tradição do espírito que estimula a competição pela superioridade, resultando, necessariamente, em desigualdades. Platão, no século IV a. C., foi um dos pioneiros na crença do totalitarismo e da superioridade das raças, para desespero dos que romantizam o pensamento do mais influente dos filósofos. O culto da tradição, por outro lado, consiste no reconhecimento do valor de práticas sociais duradouras que elevam a autoestima das pessoas em face de sua contribuição ao bem-estar da sociedade. Em razão da natureza mutante do seu caráter e significado, a díade esquerda-direita tem sempre valor relativo, nunca absoluto. Como regra, a direita busca preservar a tradição, aceitando as mudanças em caráter evolutivo, por isso mesmo, lentamente. A esquerda, por sua vez, em face da existência de desigualdades atribuíveis ao *status quo*, é receptiva, também como regra, a mudanças que trazem a promessa de alterar as condições responsáveis pelas desigualdades existentes, ainda que ao custo de ruturas de variadas intensidades.

PARTE I – ESQUERDAS E DIREITAS

A REVOLUÇÃO FRANCESA COMO MATRIZ IDEOLÓGICA

Como já acentuamos, das seis ideologias nascidas a partir da Revolução Francesa, três são clássicas e três românticas. As clássicas são: *conservadorismo, liberalismo* e *socialismo científico*; e as românticas são: *anarco-libertarismo, fascismo (radicalismo de direita)* e o *tradicionalismo.* Tradição e emancipação são os termos nobres que expressam, de modo sintético, o valor máximo da díade. Enquanto a direita valoriza a hierarquia, a esquerda patrocina o nivelamento. O que varia é a velocidade com que cada uma das três modalidades de esquerda deseja alcançar essa igualdade. A resultante histórica dessas duas perspectivas é a perda de competitividade, pela esquerda, com o sacrifício da liberdade, em favor da igualdade, e o ganho de eficiência, pela direita, com o sacrifício da igualdade, em favor da liberdade. A dificuldade, na identificação dessas duas consequências, resulta no uso pouco preciso da linguagem política, porque sintonizada com o gosto popular pelas ambiguidades, gosto pouco afeito ao rigor semântico do discurso acadêmico. Por isso, o poder (econômico, político e cultural) é visto pela direita como fator de integração, enquanto a esquerda o aponta como o responsável pela dominação e discriminação. Em face de não haver duas coisas iguais no Universo, mesmo entre os seres inanimados, menos ainda entre os humanos que são o que há de mais desigual, a díade igualdade-hierarquia expressa mais adequadamente a oposição entre esquerda-direita do que a antiga igualdade-desigualdade. O conceito de igualdade dialética formulado por Aristóteles e aperfeiçoado por Ruy Barbosa, na *Oração aos Moços,* aponta na direção do reconhecimento da hierarquia como fator determinante da ministração da justiça social bem como da jurisdicional, como expresso por John Rawls (1921-2002) no clássico *A Theory of Justice,* livro de 1971. Horizontal e vertical são os elementos da Geometria Jurisdicional que operam como sucedâneos da díade esquerda-direita.

113

Em sintonia com a melhor tradição liberal, Rawls defende a precedência e superioridade da liberdade sobre a igualdade, observado o princípio da igualdade de oportunidades, daí resultando o conceito de liberalismo igualitário, numa feliz associação de princípios caros à díade esquerda-direita.

Em *Uma teoria da justiça*, Rawls recorre ao artifício da "posição original" sobre a qual edificar sua concepção de *Justiça Equitativa*, consoante o *estado de natureza* proposto pela teoria contratualista, para chegar a conclusões distintas das tradicionais, a partir de especulações sobre como os princípios de justiça nasceram nesse estágio original. Esses princípios, então, são tomados como a estrutura basilar da sociedade e de suas instituições políticas, operando como reguladores dos desdobramentos daí resultantes. Como hipótese, Rawls imagina um contexto em que as pessoas ingressam num processo de colaboração social recíproca, passando a adotar cursos consensuais de ação conjunta. Com o propósito de induzir à busca da equidade, Rawls propõe que os indivíduos sejam postos em estado de ignorância, condição comum a todos, nesse estágio primevo, destituídos que são de conhecimento ou noção do que é bom ou ruim para eles. O propósito dessa simulação é captar "a verdade volitiva ou emocional" sobre as vantagens da riqueza, etnia, sexo, fatores biológicos ou mentais, status social, religião, valores morais, etc., de modo a libertá-los dos condicionamentos produzidos pelos interesses individuais. Todos nivelados, assim, no mesmo plano, as escolhas seriam, naturalmente, equitativas.

Desse percurso, segundo Rawls, resultam dois princípios: a) liberdade igual e b) igualdade democrática. A igualdade democrática, por sua vez, se desdobraria em 1) princípio da diferença e 2) princípio da justa oportunidade. A liberdade igual, a), consiste no acesso, em igualdade de condições, aos direitos e deveres fundamentais. Ou seja: a cada indivíduo é assegurado o direito à máxima liberdade, respeitados os limites dos direitos dos outros. Os menos favorecidos são compensados com os critérios da igualdade dialética que mandam quinhoar

Parte I – Esquerdas e Direitas

desigualmente, aos desiguais, na medida em que se desigualam. O ideal de justiça só se realiza quando são neutralizadas vantagens naturais e circunstanciais que atropelam critérios morais e meritocráticos.

Segundo Rawls, só o "socialismo liberal" com os meios de produção coletivizados, poderá corresponder aos seus ideais de justiça. Em 1993, em *Political Liberalism (Liberalismo Político)*, ele se defendeu de críticas e atualizou a versão de sua obra clássica, argumentando que sua teoria tem caráter político sem pretensões moralizadoras. Seu propósito é o de encontrar o consenso sobre o que é justo, no cipoal de teorias múltiplas, vinculadas a interesses de grupos sociais. A sua teoria de justiça, portanto, seria sobreposta e comum às demais teorias que digladiam em busca da supremacia, proposta que o aproxima do conceito de "democracia deliberativa" esposado por Jürgen Habermas (1929-). A teoria da Justiça de Rawls é reconhecida como uma das mais importantes construções da filosofia política da atualidade, razão de ser tomada como parâmetro para críticas e aperfeiçoamentos.

Entre as críticas, destacam-se:

O *Libertarismo*, que nega validade a qualquer tipo de interferência do Estado nas relações privadas de troca, bem como a ênfase de Rawls no igualitarismo. O líder do Libertarismo é o filósofo americano Robert Nozick (1938-2002), professor de Harvard. Ele a expôs em seu livro de 1971 *Resposta libertária a Uma Teoria de Justiça* (de John Rawls), onde expõe a sua própria teoria de justiça, muito semelhante à teoria econômica do Liberalismo, em que o Estado não interfere na vida privada nem nas regras de mercado. Para ele só haverá justiça quando as pessoas puderem escolher as regras das sociedades de que participam; o *Comunitarismo*, avesso ao individualismo fragmentário do método contratualista, defende a inserção do indivíduo na sociedade, reconhecida a superioridade da moral e da ética sobre uma justiça de caráter meramente procedimental. Seus autores são o premiado filósofo canadense Charles Taylor (1931-); o pensador

JOACI GÓES

escocês-americano Alasdair MacIntyre (1929-), autor de *After Virtue*, 1981, um marco na filosofia moral do século XX; o cientista político norte-americano Michael Walzer (1935-), autor de obra copiosa e qualificada, e o cientista político Michael Sandel (1953-), professor de Harvard. Todos eles se apoiam nas ideias de Aristóteles e Hegel, esposando a liberdade positiva, mediante a restauração dos ideais helênicos de participação cívica nas decisões de interesse geral; em seu conceito de *Democracia deliberativa*, Jürgen Habermas defende a concepção kantiana de democracia, segundo a qual os princípios e estrutura fundamentais da sociedade devem ser definidos pelos indivíduos, por meio de processo aberto, radicalmente democrático à convivência entre diferentes opiniões. Acima dos indivíduos, o protagonismo pertence aos movimentos sociais e às organizações civis. Em sua eloquente exposição, Habermas detalhou o que concordava e o que discordava no pensamento de John Rawls. Suas ideias figuram num livro de 2018, intitulado *A inclusão do outro*. O *Republicanismo* propõe uma fusão entre os ideais liberais clássicos de priorização da liberdade individual e a proposta democrática de participação coletiva nas decisões de interesse comum. As matrizes mais remotas dessa concepção emanam das obras de Tito Lívio, Salústio, Políbio e Cícero. Mais recentemente, na renascença italiana, vamos encontrar abordagens típicas do *Republicanismo* nas obras do movimento batizado como humanismo cívico, que teve como expoente Nicolau Maquiavel. Na atualidade, essa corrente é esposada pelo filósofo irlandês Philip Petit (1945-) e pelo historiador britânico Quentin Skinner (1940-), ambos autores de vasta e qualificada obra acadêmica.

Philip Petit propugna pela incorporação do republicanismo cívico na filosofia política, em seu livro *Republicanismo*: *uma Teoria da Liberdade e do Governo*, em que a Espanha, sob José Luiz Zapatero, se baseou para realizar suas reformas políticas. Petit enfatiza a extensividade das lições filosóficas para áreas insuspeitadas, porque distantes do foco inicial, bem como de conhecimentos de uma área extrapoláveis para solucionar

PARTE I – ESQUERDAS E DIREITAS

problemas de outras, aparentemente desvinculadas do seu propósito original.

Quentin Skinner, um dos mais premiados intelectuais da atualidade, é renomada autoridade na obra de Machiavel e Thomas Hobbes, consequentemente nas teorias sobre a natureza dos Estados e da liberdade política. Como curiosidade, Skinner, quando estudante, foi expulso pela filiação secreta à Confraria dos Apóstolos da Universidade de Cambridge, com o Nobel de Economia Amartya Sen.

O filósofo e jurista norte-americano Ronald Dworkin (1931-2013) figura entre os influenciados pelo pensamento de Rawls, com a diferença de que, para ele, o princípio básico do liberalismo é a igualdade, e não a liberdade, com apoio no princípio fundamental de que "todas as pessoas têm igual direito de serem consideradas e respeitadas". Em pesquisas realizadas pelo *Journal of Legal Studies*, da Chicago Press, ele foi apontado como o segundo jurista mais citado no século XX. No seu livro *Império do Direito*, Dworkin defende uma leitura moral na interpretação das constituições e das leis.

O Nobel de Economia, o economista e pensador indiano Amartya Sen (1933-), nascido em família abastada e culta, também defende o Liberalismo Igualitário, aquele carregado de conteúdo social. O testemunho, aos dez anos de idade, da morte de três milhões de pessoas por fome, em 1943, em Bengali, influenciou de modo decisivo o sentido de sua vida, na busca da diminuição das desigualdades e da definição de um piso mínimo de condições materiais sem o qual a dignidade humana não prospera. Daí o condicionamento da liberdade individual, que defende, ao interesse coletivo.

OUTRAS VISÕES

O geógrafo e cientista político francês André Siegfried (1875-1959), refletindo sobre o que acontecia em seu país,

JOACI GÓES

disse, em seu livro de 1954, *Aspects de la Societé Française*, que "Duas concepções, na França, travam um duelo apaixonado pelo controle do país. Uma argumenta a partir de sua autoridade para governar, obtendo o seu equilíbrio político da hierarquia dos poderes sociais: um equilíbrio semelhante ao do universo apoiado no poder supremo de uma divindade, tendo o clero, a nobreza e o rei como representantes inquestionáveis de uma ordem hierárquica superior. Desse equilíbrio derivaria um quadro político em que a supremacia do governante está acima da independência dos governados. Espera-se que tudo que for duradouro venha de cima, estando os deveres do povo acima dos seus direitos, como a disciplina acima da liberdade. De acordo com a outra concepção, baseada na isonomia e na liberdade, a soberania seria partilhada, democraticamente, com cada um de todos os cidadãos, estando os direitos acima dos deveres, podendo os subordinados questionarem os seus superiores, de modo a se oporem à tradicional hierarquia social e religiosa."

Por outro lado, Carroll Quigley (1910-1977), historiador americano e teórico da evolução das civilizações, especulou sobre os processos de expansão universal de certos valores. Das dezesseis civilizações que ele catalogou – egípcia, indiana, cretense, chinesa, sino, hitita, cananeia, greco-romana, meso-americana, andina, hindu, islâmica, nipônica, ortodoxa e ocidental, em catorze delas, suas respectivas divindades estão numa posição elevada. Concluiu, ainda, que o grau de vocação democrática dessas civilizações pode ser medido pela natureza dos seus instrumentos de guerra ou de luta. Quanto mais fácil o manuseio desses instrumentos, maior o pendor daquela civilização para a convivência democrática. (Estaria aí a razão pela qual quanto mais democrática a sociedade, mais armado é o seu povo?) Com base nessa perspectiva, ele explica por que motivo a democracia tem uma história tão curta na trajetória humana.

PARTE I – ESQUERDAS E DIREITAS

O ÓDIO, A JUSTIÇA E A LEI

> *"Justiça é a permissão para fazer tudo o que desejamos.*
> *Injustiça é a proibição de fazê-lo."*
>
> SAMUEL JOHNSON

Como acentuamos em nosso livro de 2004, *Anatomia do ódio*, o sentimento de injustiça não é nato, mas socialmente construído. Isso explica a opinião de Santo Tomás de Aquino ao concluir que as pessoas só sentem ódio quando ofendidas por inferiores ou subordinados: "Um nobre fica irado quando insultado por um camponês; um sábio por um ignorante; um senhor pelo escravo." Se, por outro lado, o nobre ofende o camponês, "em lugar de ódio temos tristeza". O importante a destacar no pensamento do autor da *Suma Teológica* é o poder da autoridade para estabelecer a legitimidade, e a força da legitimidade para extinguir o ódio, de que são provas os longos e repetidos ciclos da convivência humana, marcados pela dominação de poucos sobre muitos. Tiranos sanguinários, de ontem como de hoje, verdadeiras desgraças paroquiais ou nacionais, figuram como objeto de grande adoração popular. O exemplo mais dramático da espécie reside na necessidade psicológica de amar os seus algozes, desenvolvida por prisioneiros, humilhados e torturados, constituindo o fenômeno batizado como "Síndrome de Estocolmo". Uma pesquisa para estudar a sensação de desamparo revelou que os animais, quando encurralados e submetidos a estímulos dolorosos dos quais não conseguem fugir, entram num processo de docilidade semelhante à depressão.

Charles Darwin, condicionado pelos valores da classe social a que pertencia, viveu sérios equívocos de interpretação. Pensava ele que um subordinado jamais ousaria odiar seu superior: "Quando a ofensa parte do superior, a reação do subordinado é de terror, no mesmo estilo com que os escravos reagiam aos seus senhores", compreensão que confunde causas sociológicas

119

com biológicas, divergente da de Santo Tomás de Aquino, como acabamos de ver.

A tendência para aceitarmos injustiças, desde que integrantes do sistema social, decorre do peso que conferimos à estabilidade como fonte de nossa segurança emocional. Quando, porém, os subjugados se rebelam, nascem as revoluções que podem ser ou não violentas, como nos provou o Mahatma Gandhi. Submetidos a mudanças aceleradas, marca dos dias correntes, expomo-nos ao estresse produzido pela indecisão e ansiedade, pela insegurança de não sabermos como nos comportar, como pensar, nem em nome de que valores dedicarmos nossa ação. A verdade é que, como regra, a vida não é justa. A justiça, como a entendemos, é exceção tanto no mundo social como no natural. A convivência humana, em última análise, nutre-se da utopia do dever ser; de avaliarmos as coisas consoante nossos desejos, e não como são, de modo objetivo; de que é possível a construção de um mundo justo. Sem essa crença, que se apoia em princípios éticos, morais e religiosos, os homens, a exemplo dos irracionais, viveriam nas goelas uns dos outros, em escala muito mais acentuada do que a já existente. Timão, o Misantropo de Atenas, contemporâneo de Sócrates, já ensinava que "o bem e o mal, inexistentes em estado natural, são criações da mente humana". Para sobreviver, emocionalmente, o homem desenvolveu sua organização mental condicionada a eliminar as informações colidentes com suas crenças básicas. Por isso, com facilidade, acreditamos no que desejamos, tendência que ganhou mundo na expressão inglesa *wishful thinking*", "pensamento condicionado pelo desejo". Nosso bem-estar depende muito da generosidade da avaliação que fazemos de nós mesmos, da ilusória percepção do mando que exercemos sobre o mundo ao redor e da intensidade do nosso otimismo, desvinculado da realidade. Essas ilusões, normais e necessárias à nossa higidez mental, respondem pela intensidade de nossa disposição de amarmos o próximo, de sermos felizes e produtivos. Por isso, os otimistas vivem mais e melhor, e são menos vulneráveis

PARTE I – ESQUERDAS E DIREITAS

a doenças físicas e mentais, como o demonstram inúmeros testes realizados com esse fim. Quando ocorre algo que traumatize essas crenças, instala-se a desilusão, logo sublimada e racionalizada por alguns que ou minimizam a ocorrência, adequando-a às suas conveniências, ou passam a ver no episódio uma possibilidade de crescimento, enquanto outros se deixam abater pelo desalento. Para esses, eles próprios e o mundo já não são tão bons quanto antes. Como consequência, tornam-se ansiosos, irados e deprimidos. Schopenhauer, seguindo o pensamento de Bernard de Mandeville, expressou essa tendência com as seguintes palavras: "A vontade do ser humano se dirige sempre para o seu próprio bem-estar, cuja soma é pensada sob o conceito de felicidade, sendo que a tendência para a alcançar conduz a um caminho diverso daquele que a moral poderia indicar-lhe." Goethe, por seu turno, definiu Mefistófeles como "parcela daquela força que sempre deseja o mal, mas sempre causa o bem". Até porque a ética e a moral têm pouco a ver com o comportamento real dos homens, sendo ambas uma concepção idealizada do seu modo de ser. Enquanto o egoísmo é comum a todos os animais, só os homens têm interesses, que podem ou não ser afinados com uma e com outra. A dificuldade de alterar o *status quo* decorre da resistência dos valores estabelecidos que o formam a propostas inovadoras, vistas como uma ameaça ao conjunto das crenças e interesses individuais e grupais prevalecentes, constituindo-se, portanto, em fonte potencial de ódio, mecanismo de que se vale a mente para proteger sua organização. É o nosso ego totalitário – indispensável à nossa saúde mental, operando como um Moloch insaciável – que dificulta a compreensão objetiva dos fatos sociais, pela simultaneidade da condição humana como sujeito e objeto do estudo de si mesma. Vencer esse obstáculo é tarefa que exige muita determinação, reflexão e prática, como sabem os cientistas sociais. Segundo os psicólogos que vêm desenvolvendo o conceito denominado *consistência* da *cognição*, destinado a prever o modo como as pessoas lidarão com situações ou informações colidentes com suas crenças e valores, a tendência natural é a de flexibilizá-los, ajustando-os à nova situação, ou adequando esta àqueles, como meio de harmonizá-los. Todas as teorias nesse campo partem do princípio de que os seres humanos necessitam de ordem e sentido em suas vidas: a crença em um mundo justo, em que os bons são premiados e os maus, punidos. O caráter ilusório dessa crença, patente no flagrante diário de ocorrências injustas, leva os indivíduos a sublimarem sua impotência, denegrecendo as vítimas e negando ou reinterpretando os fatos.

Repitamos: como regra, a sociedade avança sob as benéficas tensões, sempre existentes, entre progresso e tradição, uma corrente policiando os excessos da outra. O que agrava a convivência entre essas posições é a tendência de um lado querer deslegitimar o outro, atribuindo-lhe os atributos do mal.

A DIVERSIDADE COMO FONTE DE IGUALDADE

Depois de longas digressões sobre o conceito da díade direita-esquerda, no tempo e no espaço, Bobbio conclui "que o critério mais frequentemente adotado para distinguir a direita da esquerda é a diversa postura que os homens organizados em sociedade assumem diante do ideal da igualdade, que é, com o ideal da liberdade e o ideal da paz, um dos fins últimos que [os homens] se propõem a alcançar e pelos quais estão dispostos a lutar."

A diversidade, frequentemente vilipendiada como mecanismo promotor da desigualdade, tem sido utilizada, com marcante êxito, como argumento em favor da igualdade, a exemplo da luta da mulher e dos LGBTQIA+ para abolir os preconceitos contra o reconhecimento dos seus direitos à igualdade. Por isso, é frequente a luta de iguais pelo reconhecimento de seus direitos à diversidade, bem como a luta dos diversos, diferentes ou heterogêneos pelos seus direitos à igualdade. Essas diferenças constituem, frequentemente, nuanças que requerem sutil e sofisticado reconhecimento em disputas judiciais, de natureza econômica,

PARTE I – ESQUERDAS E DIREITAS

política e social, sobretudo pela inexistência de parâmetros analíticos, claramente definidos. O clamor pelo reconhecimento dos direitos à diversidade se manifesta, até mesmo, entre pessoas e grupos sociais aparentemente homogêneos, como mulheres entre mulheres, homens entre homens, e assim por diante. Alberto Guerreiro Ramos, na década de 1960, ao teorizar sobre o caráter dialético do conceito da díade esquerda-direita, destacou sua variação no tempo e no espaço. Por isso, haveria uma esquerda no Vaticano, como nos Estados Unidos ou na União Soviética, em razão de, independentemente de sua postura ideológica oficial ou declarada, todo *status quo* gerar grupos de beneficiários. A emergência de reação ao *status quo* acontece em toda parte, na Escandinávia, na Suíça, como na França, Inglaterra ou nos Estados Unidos, como aconteceu com a União Soviética, sob o comando de Stalin, privilegiando a *nomenklatura*, como Tito na Iugoslávia privilegiou a *nova classe*, em que Milovan Djilas se inspirou para titular o seu livro denúncia que abriu caminho para o desmoronamento do Império Soviético, e aconteceu na China de Mao, e está acontecendo na Cuba dos irmãos Castro. Milovan Djilas previu o fracionamento da Iugoslávia em várias unidades nacionais, por razões étnicas e burocráticas, na esteira da morte de Tito, o que de fato viria a ocorrer. Escreveu ele: "Nosso atual sistema foi concebido ao gosto de Tito, razão pela qual só por ele pode ser operado. Agora que Tito morreu e nossa situação econômica encontra-se em estado crítico, haverá uma natural tendência para maior centralização do poder. Essa centralização, porém, não ocorrerá porque está na contramão das bases do poder político dominante nas repúblicas. Não estamos diante de um nacionalismo ortodoxo; o que temos é um nacionalismo apoiado em interesses regionais e pessoais. Isso representará o início do colapso da unidade iugoslava." Mais tarde, em 1987, Djilas discorreu sobre as atitudes reformistas de Gorbachev na União Soviética, considerando-as da mais absoluta necessidade, por virem ao encontro do que muitos comunistas desejavam mundo afora, como na própria Iugoslávia, Polônia, Hungria, China e

Checoslováquia. O pensamento dominante era o de que o comunismo não funcionava, nem no plano econômico, nem no da satisfação das aspirações humanas essenciais, entre as quais a liberdade, concluindo de modo demolidor: "O comunismo é uma relíquia do século XIX e uma prescrição para o desastre."

A impossibilidade de haver duas pessoas iguais pode ser minorada, segundo Norberto Bobbio, pela definição dos seguintes parâmetros:

1) Igualdade entre quem; 2) relativamente a quê e 3) segundo que critérios. Os resultados a que se pode chegar – variando *ad infinitum* os padrões de necessidade, de mérito, lealdade, dedicação, esforço, afetividade, renda, felicidade e riqueza –, fazem da imposição da igualdade (a todos a mesma coisa) a maior violência ao indivíduo, pela supressão de sua liberdade.

A verdade é que, a partir do Iluminismo, a aspiração de igualdade passou a ser comum a todas as ideologias, variando, apenas, o grau de violência usado ou aceito para implementá--la. Como já dissemos, a afetividade dominante no ambiente familiar permite a convivência com a regra do marxismo segundo a qual "de cada um, de acordo com suas possibilidades, e a cada qual, de acordo com suas necessidades". Isso em caráter excepcional, enquanto durar o estado de necessidade ou de dependência do familiar em perigo ou em estado de precário bem-estar.

O ECONÔMICO É APENAS UM DOS FATORES DA DESIGUALDADE

Historicamente, o econômico tem sido o fator responsável, por excelência, para mensurar as desigualdades, razão pela qual os utopistas da igualdade sempre viram na propriedade priva-

Parte I – Esquerdas e Direitas

da símbolo do poder econômico, o vilão do equilíbrio social, a exemplo de Thomas Morus (1478-1534), que disse: "Enquanto a propriedade perdurar, pesará sobre a maior e melhor parte da humanidade o fardo angustiante e inevitável da pobreza e da desventura." Mantendo-se a discussão político-ideológica num plano de crença religiosa ou fundamentalista, não haverá entendimento sobre o curso de vida pacífico a tomar pelas comunidades, apesar de todos saberem que o melhor caminho, aquele que, não obstante as tensões, conduz à prosperidade e à paz, é o democrático, o único que permite a remoção dos maus governantes sem o comprometimento da harmonia convivial, independentemente da busca, às vezes inflamada, de substituir os ocupantes do poder.

O que a cada dia mais se sedimenta, em toda parte, é a aceitação da luta pela superação das desigualdades, a passos cada vez mais rápidos, segundo os vários matizes da esquerda, e graduais, com velocidade variável, desde que seguros, sustentam os conservadores. Em outras palavras: o grau de tolerância com as desigualdades é maior para a direita do que para a esquerda. Do equilíbrio entre essas duas tendências, em suas dimensões democráticas, depende o futuro da humanidade, num horizonte descortinável a partir do estágio tecnológico, científico e civilizatório em que nos encontramos. Oxalá seja democrática, porque crescente, a melhoria do bem-estar da sociedade humana, com elevação do piso mínimo, independentemente do aumento das desigualdades de renda (*A rising tide lifts all boats*).

Uma coisa, porém, é a desigualdade entre abonados e muito pobres ou miseráveis, como se observa entre contingentes humanos, numericamente, cada vez menores. Outra, bem diferente, é a que ocorre nas nações mais desenvolvidas, onde a parcela da população de menor renda apresenta crescente elevação de seu nível de ganhos e bem-estar. Além disso, a conquista de tantos outros atributos, altamente valorizados, não depende de dinheiro, mas do exercício da vontade disciplinada de possuí-los. Muitos desses atributos igualam ou superam o significado do dinheiro na definição da ambicionada superioridade entre as pessoas,

como se observa na sociedade cada vez mais plural e cosmopolita dos novos tempos globalizados.

Na atualidade, o fator, por excelência, mais determinante da
posição das pessoas na hierarquia social, na sociedade do conhecimento em que estamos imersos, é o saber, cada vez mais
ao alcance de todos, independentemente de renda ou de privilegiadas condições de berço. As crescentes conquistas das mulheres, em sua histórica luta emancipacionista, decorrem, acima
de tudo, de sua capacitação intelectual, sensivelmente superior
à dos homens, em muitos países, a exemplo do Brasil. Como
já dissemos, no Brasil, as mulheres já superaram os homens,
na obtenção de grau universitário. Essa superioridade feminina
continua crescendo, tendo alcançado, em algum momento, o
elevado percentual de dois terços. Ou seja: para cada homem
graduado, graduaram-se duas mulheres, supremacia que elevou
a renda familiar feminina a igualar-se à masculina, com inevitável tendência a superá-la, apesar dos preconceitos, contra o
trabalho feminino, ainda existentes. Esse fato veio revelar o que
os mais lúcidos já sabiam: a histórica suposição da superioridade masculina nada mais é do que uma construção cultural das
práticas e dos costumes, a partir da maior força física masculina.

A DÍADE IGUALDADE-LIBERDADE

Na medida em que o Estado garanta, aos mais pobres, acesso
de qualidade à saúde – leia-se vacinação e saneamento básico –, e
educação de qualidade, decrescerão, sensivelmente, os desníveis
sociais e econômicos entre as pessoas, como se observa nas sociedades substantivamente democráticas. Uma vez capacitadas,
as pessoas de origem mais modesta comporão o crescente contingente dos que avançam, inexoravelmente, para os escalões
superiores da hierarquia social, mantendo vivo o desequilíbrio
dinâmico que é a chave da convivência fraterna entre desiguais,
em ambiente carregado de grande excitação competitiva. É cada

PARTE I – ESQUERDAS E DIREITAS

vez maior a percepção de que igualdade e liberdade são as duas grandes aspirações humanas. O desafio consiste em como realizar uma sem ou com o mínimo prejuízo da outra. Num regime totalitário de esquerda, por exemplo, em que apenas o chefe é livre, como dizia Hegel, a imposição da igualdade representa a proscrição da meritocracia e a mais intensa agressão à liberdade. A improdutividade decorrente é a fonte da pobreza coletiva. É verdade que um ambiente aberto à diversidade, hierarquia e competitividade, rico, portanto, de liberdade, expõe os mais frágeis aos riscos da subjugação social, caso em que a aspiração de igualdade seria sufocada pela liberdade de competição em busca da afirmação da supremacia, sem a observância de critérios que levem em conta a igualdade dialética entre desiguais. Para obviar o risco de conflito entre esses valores essenciais, é imperioso perguntar-se, repetidamente, como sugere Norberto Bobbio: Igualdade entre quem? Relativamente a quê? Segundo que critérios? Uma coisa é a liberdade de querer ou desejar, outra, bem distinta, é a de atuar ou realizar, atropelando a liberdade de terceiros. Daí a variação *ad infinitum* do grau de compatibilização entre igualdade e liberdade, mesmo em contextos em que seja explícito o reconhecimento da igualdade formal, como consta de todos os regimes democráticos. O problema continua residindo no conflito entre igualdade formal e igualdade substantiva, como tão bem definiu Anatole France Thibault, ao vergastar o postulado da isonomia, a que já nos referimos.

O grande desafio, portanto, na prática política, consiste na arte de manter o equilíbrio ou desequilíbrio dinâmico, permanentemente ameaçado, entre ordem e liberdade. Apenas como expressão modelar a ser tentada, jamais imposta, a desejável simetria perseguida entre liberdade e igualdade tende a ser assimétrica, em razão do caráter inédito, por excelência, de cada uma de todas as diferentes realidades sociais, por mais estáveis ou conjunturais que sejam.

Como já enfatizamos, a milenária submissão dos chineses ao mando despótico não decorre de predisposições genéticas,

JOACI GÓES

mas a condicionamentos culturais removíveis, de que é prova a atual e visível evolução da sociedade chinesa, a partir de Deng Xiaoping, do totalitarismo para o autoritarismo, como resultado da economia de mercado aí em curso avançado de implantação.

A saída do estado hobbesiano, da luta de todos contra todos, resultando na imposição da vontade dos mais fortes sobre os mais fracos, só é possível pelo uso da força ou pela regulação que imponha regras opressivas de conduta. Anarquia liberal e totalitarismo igualitário, além de se excluírem, mutuamente, são experiências destinadas ao fracasso e ao sofrimento vão. A anarquia decorre da equivocada compreensão de que pode haver liberdade absoluta, quando se trata, na verdade, de um valor relativo, exercitado em consonância com suas variadas modalidades singulares. O totalitarismo igualitário, por sua vez, resulta do trágico equívoco de supor que as aspirações humanas de superioridade sejam uma decorrência do caldo de cultura social, imposto pelos mais fortes, negada sua origem natural de caráter egoístico, instintivo, animal, erro que cobrou o mais alto preço de experiências políticas de perfil laboratorial, impostas aos humanos.

Entre as muitas práticas correntes nas sociedades burguesas, são várias as destinadas a nivelar as pessoas, independentemente de seu *status* econômico. O ensino público gratuito para todos é uma delas, fortalecida pelo uso de fardamento comum que minimiza eventuais diferenças econômicas entre os alunos. A obrigatoriedade de realizar tarefas acadêmicas, intelectuais ou manuais, é outra, bem como a qualidade das refeições, como já mencionamos. É legítima a imposição de restrições menores para ensejar a conquista de valores caros à convivência entre as diferentes classes. Inclusive como fator de redução ou eliminação da inveja que sabota, impedindo, a possibilidade de harmonia entre elas, durante o longo período de esforço destinado a reduzir desigualdades numa sociedade em permanente processo de renovação. Repitamos: o predomínio da liberdade sobre a igualdade, nas sociedades democráticas, não impede a diferen-

Parte I – Esquerdas e Direitas

ciação de níveis de igualdade, entre diferentes indivíduos, bem como relativamente aos inúmeros critérios distintivos da igualdade, como, além da renda, a beleza, a inteligência, o saber, o vigor físico, a simpatia, a generosidade, o prestígio, a periculosidade potencial, o poder, a autoridade, a paciência, *ad infinitum*.

Por outro lado, o projeto de impor a igualdade, de modo brusco e totalitário, no horizonte descortinado, a partir do desmoronamento da União Soviética, alimenta um número cada vez mais reduzido de adeptos, dominados pelo sentimento de assoberbante inveja, da qual a maioria não tem, sequer, noção de estar por ela possuída.

Registre-se que, não obstante o fracasso reiterado da esquerda totalitária, resultando em estrondosa perda de prestígio, a ideia de esquerda, em algumas regiões do mundo, ainda tem valor positivo, contra o valor negativo do conceito de direita, apesar de suas reiteradas vitórias, mundo afora. E esses resultados foram alcançados pelas economias de mercado, apesar das dificuldades criadas pelos regimes totalitários da Rússia e da China. Só a partir da crescente liberalização da economia, com Deng Xiaoping, a China passou a crescer, saindo da pobreza do comunismo para a prosperidade, sob o fascismo em que se encontra.

A FORÇA DAS PAIXÕES

É sentimento arraigado no espírito humano que os ideais só se efetivam quando lastreados em sólida paixão. Sem essa base de sustentação, esfumam-se os ideais diante da sucessão de obstáculos que protegem o *status quo*. Esse apoio numa ou mais paixões é o que confere resistência aos ideais para vencerem desafios e se manterem fiéis aos seus propósitos. O crescente diálogo entre o liberalismo e o socialismo democrático resulta da ênfase que dão às suas semelhanças de propósito, em lugar das diferenças que os separam. De todo modo, mesmo na divergência, as duas correntes avançam em busca de consenso, quando os seus líderes se tratam como adversários, desde que orientados por uma mentalidade de abundância, e não como inimigos, consoante a inspiração das mentalidades de escassez que conduzem ao desentendimento e ao fracasso. Quando qualquer das correntes queira se impor, com a subjugação da outra, o desfecho será sempre prejudicial aos seus respectivos povos. Ideia é o conteúdo; o continente é o ideal. A ideia muda, o ideal tem a inflexibilidade dos faróis que orientam os navegadores, independentemente do humor das águas.

São mais prósperas e felizes as nações que convergem para prestigiar o reconhecimento do mérito, vale dizer, da superioridade, paralelamente aos movimentos promotores da igualdade, começando pela redução das desigualdades, sem traumas. Essencialmente, a esquerda parte do princípio segundo o qual os fatores naturais de igualdade são mais numerosos e robustos do que os fatores sociais que anulam os primeiros, enquanto a direita parte do entendimento de que os fatores naturais geradores de desigualdade são mais ponderáveis do que os sociais, via cada vez mais usada, nas economias de mercado, como instrumento para reduzir desigualdades, afirmação que as políticas sociais compensatórias confirmam. As mais graves desigualdades humanas, em todos os tempos, foram e são: a classe social, a raça ou etnia e o sexo. A superação das desigualdades raciais e sexuais marcha numa velocidade e estabilidade maiores do que os avanços na superação das desigualdades de classe. Há, porém, uma notável mudança no papel histórico reservado ao proletariado, apontado como o destinatário final da socialização da riqueza humana. Com os avanços tecnológicos e o crescimento de renda, nasceu um proletariado novo, muito distante daquele mendicante do tempo de Marx, que, majoritariamente, deseja realizar o seu avanço dentro da dinâmica das sociedades de mercado, comprovadamente as mais capazes de gerar e distribuir riqueza, em caráter consistente e em clima de paz, beneficiando todas as partes envolvidas.

Parte I – Esquerdas e Direitas

EVOLUÇÃO E REVOLUÇÃO

O historiador estadunidense Crane Brinton (1898-1968), em sua *The Anatomy of Revolution*, de 1938, concluiu que as revoluções passam por quatro estágios: 1) governo dos moderados; 2) chegada dos extremistas; 3) o reino do terror e da virtude e 4) Thermidor ou resultante final.

Como a primeira e grande vítima fatal das revoluções é a liberdade, importa criar e manter as condições que a blindem dessa onerosa e trágica ocorrência. A força da democracia reside em sua capacidade-disposição de conviver, ainda que sob tensões, com os que querem destruí-la ou, indiretamente, prejudicá-la como se observa na luta intestina entre comunistas e fascistas dentro dos espaços democráticos. A transparência, apanágio da democracia, permite o amplo conhecimento de suas falhas pela proposital inexistência de bastidores institucionais onde ocultá-las, o que não sucede nos regimes totalitários onde até genocídios são mantidos, por meio de pesada censura à informação, longe do escrutínio popular, como se viu nos governos de Hitler, Stalin e Mao Tsé-Tung, para ficarmos nos casos mais conhecidos. Tudo o que interessa aos cidadãos comuns é tornado do conhecimento público, nos ambientes democráticos, como a queda do emprego, os índices de violência, o aumento do custo de vida, gerando a falsa crença de que a democracia é um regime cheio de defeitos, em contraste com a paz dos cemitérios dos regimes fechados, em que os donos do poder propagandeiam o que a massa ignara quer ouvir. Enquanto na Rússia e na China, Stalin e Mao anunciavam recordes de produção de alimentos, milhões de pessoas morriam de fome. Como sempre, os que têm pouco e sabem menos, ainda, se expõem à sedução dos que prometem o Céu na Terra, sejam eles de que matiz ideológico forem. Apesar da consciência da inviabilidade das sociedades fechadas, monopolistas das opiniões, por excelência, elas exercem considerável atração sobre os indivíduos que não resistem às tensões que naturalmente se desenvolvem nos ambientes libertários, essencialmente, pluralistas. Nos ambientes democráticos, tudo o que não for proibido é permitido, diferentemente das estruturas fechadas onde só se pode fazer o que for explicitamente permitido.

Em contraste com a facilidade para a criação de instituições, em ambientes democráticos, assoma a dificuldade para lhes conferir a estabilidade para produzir os benefícios que delas se esperam, em face do pouco tempo que os mandatários dispõem, em geral quatro anos, muito pequeno para consolidar experiências inovadoras, sobretudo as que implicam mudanças de velhas posturas do *status quo*, como tão bem reconheceu James Madison nos *Federalist Papers*. Enquanto o regime comunista exerce papel coator na homogeneização das práticas sociais, os ambientes democráticos estimulam as livres manifestações das experiências tribais dos diferentes núcleos humanos que constituem sua rica diversidade cultural e antropológica, em que os vínculos paroquiais e religiosos assumem destacado plano. Mesmo nas questões em que há monopólio do estado, como o combate à violência, as sociedades abertas criam alternativas, como os serviços privados de proteção ao cidadão, proscritos nas sociedades fechadas ou totalitárias. Por isso, Liberdade e Mobilidade formam parcerias vitoriosas, razão pela qual inexiste mobilidade social nas sociedades totalitárias, ausência que constitui fator de redução ou impedimento da competitividade, presente nas sociedades abertas.

À beira da piscina do histórico Hotel Nacional, em Havana, o mesmo onde Fulgêncio Batista celebrava o ano-novo de 1959, quando Fidel Castro e seus seguidores tomaram posse do país, fomos atendidos por uma garçonete, graduada em medicina. Trabalhava, ali, havia 19 anos. Já desenganada de um dia vir a exercer sua profissão médica, pediu para ser transferida para o interior do hotel. Doze anos transcorridos do pedido, continuava esperançosa de um dia ver realizado o seu desejo.

A paz dos ambientes democráticos nunca pode ser confundida com a dos cemitérios. O risco potencial de abertura de uma

PARTE I – ESQUERDAS E DIREITAS

sociedade resultar em anomia ou anarquia é usado como argumento para a manutenção do fechamento, muito a gosto dos beneficiários do *status quo*. Esse temor é agravado pela defesa que inconsequentes anomistas e anarquistas fazem das sociedades abertas, por considerá-las uma etapa transitória, mais próxima da anarquia ou da anomia que almejam. Um outro obstáculo, pouco comentado, que as democracias têm que vencer, é a intolerância que a maioria das pessoas alimenta contra ambientes multiculturais, razão emocional de grande peso na reação que, mundo afora, apresentam contra os imigrantes, independentemente de ser provocada pelo aumento das dificuldades na obtenção de empregos. Ralf Dahrendorf pensa que "há graus de imigração que são necessários e até mesmo desejáveis, mas pode ser que cheguemos a um ponto em que as comunidades percam sua identidade ou deixem de ser capazes de assimilar os recém-chegados", reação já partilhada por praticamente todas as nações desenvolvidas. É por isso que a democracia, ou sociedade aberta, é o regime mais trabalhoso e complexo para ser mantido, em contraste com a simplicidade dos regimes autoritários, onde não há diálogo: um ou uns poucos mandam e os demais obedecem. Simples assim.

EGOÍSMO × SOCIABILIDADE

Ao paradoxo do ser humano, simultaneamente, amar e odiar o coletivo, Kant chamou de "sociabilidade antissocial dos homens", colocando em xeque o conceito aristotélico do caráter essencialmente gregário da espécie humana. Apesar da consciência da importância da heterogeneidade para o avanço das sociedades, os homens vivem embalados no permanente sonho, quimérico é verdade, de viver as delícias do ambiente arcádico preconizado por Rousseau.

A diversidade estrutural, aparente, montada pela *nomenklatura* que dirigiu a União Soviética, teve o propósito de fazer crer ao mundo a existência de um complexo grupo dirigente, representativo das aspirações populares. Uma engenharia burocrática concebida para atender aos requerimentos da propaganda, dentro e fora da *Cortina de Ferro*, ao tempo em que ensejava a redução do temor de uma potencial crise, na hipótese de mudança de um chefe, meramente nominal do poder, por outro.

IDENTIDADE ENTRE GUERRAS E REVOLUÇÕES

As guerras e as revoluções têm em comum a suspensão de toda normalidade e de serem, do ponto de vista substantivo, dispensáveis, porque são inúteis. São válidas, apenas, para a construção de falsa racionalidade, destinada a satisfazer os apetites mais ferozes dos bestializados. A História não registra exceção a essa regra geral. Como a vida vem superando a morte, tudo que ocorre no pós-guerra ou no pós-revolução é apresentado como o fruto benfazejo de um ou de outro. As duas últimas grandes revoluções, a francesa e a russa, são emblemáticas dessa dolorosa inutilidade. A Revolução Chinesa é outra história. Do mesmo modo, as duas últimas grandes guerras, com seus rios de sangue. A guerra, porém, está para a dominação, assim como a revolução para a esperança. Por isso, nunca houve uma guerra entre duas democracias. Para haver guerra é necessário que pelo menos um dos beligerantes seja intolerante, um regime totalitário. Sendo dois os intolerantes, a guerra ocorre, mais cedo ou mais tarde, praticamente inevitável. O mesmo ocorre no plano das relações interpessoais, na família, no clube, no trabalho, na política, nas universidades, nas academias. Para que a divergência de pensamento ou de interesse se converta em conflito aberto, é necessário que pelo menos uma das partes não seja razoável ou tolerante. Entre pessoas tolerantes, as divergências são tratadas como componentes do enriquecedor mosaico das diversidades. Postura diametralmente oposta à prática do totalitarismo que não admite

PARTE I – ESQUERDAS E DIREITAS

a hipótese de divergência, como Lenin deixou claro em *Estado e Revolução*: "Não cogitamos deixar o poder, de uma hora para outra, abrindo mão da administração e do mando. Levaremos adiante a revolução socialista de acordo com as características dos seres humanos, incapazes de viver sem subordinação, sem controle e sem supervisores e contadores." Fiéis a esse postulado, os proletários, sequer, tiveram ou têm vez ou voz nos regimes comunistas. Para eles, dominação é sinônimo perfeito de associação. Exceção feita a esse surto de franqueza de Lenin, a prática comunista é a reiteração da contraditória ou oximorística tentativa de conciliar o discurso de liberdade e democracia com o socialismo totalitário.

CAUSAS DA IMPLOSÃO DO IMPÉRIO SOVIÉTICO

A implosão do Império Soviético resultou da associação de três fatores: 1) ostensivos privilégios da *nomenklatura* ou classe dirigente; 2) baixo padrão de vida da população russa, em geral, e 3) crescente nível de contagiante insurgência dos países satélites do Leste Europeu. Enquanto os mais graduados membros da *nomenklatura* eram defenestrados, os de grau mais baixo se agarravam aos privilégios com unhas e dentes, numa tentativa de continuar no poder em seja qual fosse o novo matiz ideológico a vigorar. Algo assim como "Si hay gobierno, le soy favorable", o oposto do espírito beligerante espanhol: "Si hay gobierno, le soy contra".

A DESIGUALDADE COMO ORIGEM DO ESTADO

Aristóteles sustentava que numa sociedade em que todos fossem iguais, não seria possível a emergência do Estado. Nem a de cidadãos, dizemos nós, cuja conceituação é, provavelmente, a maior criação da convivência humana. A começar pela

JOACI GÓES

inutilidade dos poderes legislativo e judiciário, um por não ter sobre o que legislar, o outro por não ter conflitos sobre que decidir. Nesse ambiente de iguais, o executivo seria exercido pelas pessoas em regime de mutirão para satisfazer as necessidades coletivas emergentes, no estilo dos animais associativos, por excelência, como as abelhas, as formigas e as térmitas ou cupins, como foi descrito por Maurice Maeterlinck (1862-1949). Eventuais divergências seriam resolvidas em caráter ideográfico ou circunstancial pelo chefe imediato do grupo, provavelmente o mais velho. É com apoio na noção de cidadania que as aspirações de liberdade e de igualdade se perenizam e permeiam todas as associações humanas, dando-lhes substância e consistência. É graças à noção de cidadania que a utópica aspiração de uma sociedade humana uniforme, em escala planetária, sobrevive, enfraquecendo as divisões tribais, nacionais, étnicas, religiosas e culturais. Pode ser, tem tudo para ser, uma miragem, movediça na linha do horizonte, apontando, sempre numa direção que, minimamente, contribui para arrefecer a intensidade dos conflitos potenciais e efetivos, próprios das imperfeitas associações que alcançamos. De todo modo, o que já conquistamos não é nada desprezível, na medida em que bloqueia as impensáveis alternativas da anarquia e da anomia, cuja permanente ameaça, impendendo sobre nossas cabeças, representa poderoso estímulo para buscarmos novos elementos que nos unam, assegurando a igualdade dialética proporcionada pela cidadania, respeitada nossa marcante e individualizadora diversidade, no exercício da liberdade, território a ser, *ad aeternum*, mapeado, de modo a evitar que, pela ausência de parâmetros, a liberdade se transforme em anarquia. Essa cautelosa vigilância do exercício da liberdade se impõe para evitar que nossas melhores criações se convertam em seu contrário ou oposto, como foi o caso das religiões que ao tempo em que exaltavam os valores mais caros ao espírito, produziram algumas das maiores tragédias de que se tem notícia. Mais recentemente, no campo político, temos os genocídios do comunismo stalinista da Rússia Soviética e o de Mao Tsé-Tung,

PARTE I – ESQUERDAS E DIREITAS

na China. O estímulo à prática da cidadania ativa, aquela destinada a aprimorar o exercício da solidariedade em escala cada vez mais alta e mais ampla, deve ser valorizado, postura que virou aforismo na famosa conclamação do Presidente Kennedy: "Não pergunte o que a América pode fazer por você; pergunte o que você pode fazer pela América."

A ORIGEM DA DEMOCRACIA

A cientista política norte-americana, Jeane Kirkpatrick (1926-2006), revelou que o rei estava nu, ao afirmar, em famoso artigo de 1979, que a democracia, diversamente da atração universal que exerce sobre as pessoas, é uma forma de organização política própria do mundo Anglo-Saxão, restrito à Grã-Bretanha, aos Estados Unidos e aos países temperados da *Commonwealth*. Segundo pensa, a arguida vocação democrática dos povos não encontra amparo na história. Jeane Kirkpatrick não está só nessa corajosa assertiva. Discorrer sobre esse importante viés autoritário, predominante na maioria da humanidade, foge aos propósitos deste livro. Deseja-se, apenas, ressaltar que a democracia é uma criação da razão, sendo sua instauração nos Estados Unidos, no século XVIII, 23 séculos depois da embrionária experiência ateniense, com Péricles, a mais notável conquista operacional do Iluminismo. A experiência inglesa tem triunfado como o produto da combinação de novas e ansiadas experiências, com velhas práticas bem-sucedidas. Tal é o caso da preservação da estabilizadora monarquia com o exercício do poder transferido ao Parlamento, resumido na frase: "O rei reina, mas não governa!"

Não se pode tolerar um sistema que invariavelmente fracassa, ao preço de privações de toda ordem, do terror e da miséria física e emocional, individual e coletiva. É preciso uniformizar a atitude da humanidade na rejeição a propostas utópicas que se alimentam da inveja, combustível da disseminação do ódio e da inquietação, fomentados para saciar os apetites inferiores de

137

JOACI GÓES

milicianos misantrópicos travestidos de profetas do bem social. Dizer que o homem é o único animal que tropeça mais de uma vez na mesma pedra é muito pouco, diante das grandes tragédias dos Pogroms, Gulags, dos Auschwitsz e dos Mao Tsé-Tungs, os mais terríveis resultados produzidos por projetos concebidos a partir do descarte da liberdade como um valor dispensável. E a pensar que essas práticas nasceram da elaboração de programas destinados a implementar o coletivismo que resultou em horror, denominados de *Planejamento Democrático*, processo definido por Friedrich Hayek como "ordens sociais conduzidas por desígnio central." Esses programas fracassaram no atacado quanto no varejo gradual. O planejamento do atacado ou absoluto levou ao fascismo e ao comunismo, como acentuou Ralf Dahrendorf, enquanto o gradual ou do varejo fracassou porque num regime totalitário o povo não pode escolher os planejadores, encarregados de definir o que lhe convém, tirando de suas mãos a tarefa de definir o seu destino. Como os planejadores, em regra, não são déspotas tolerantes ou afetuosos, dá-se a morte inapelável da liberdade. Sobre o assunto, são lapidares as palavras de Jeanne Kirkpatrick: (*As I read the utopian socialists, the scientific socialists, the German Social Democrats and revolutionary socialists – whatever I could in either English or French – I came to the conclusion that almost all of them, including my grandfather, were engaged in an effort to change human nature. The more I thought about it, the more I thought this was not likely to be a successful effort. So I turned my attention more and more to political philósophy and less and less to socialist activism of any kind.*) "Quando li os socialistas utópicos, socialistas científicos, os sociais democratas alemães e socialistas revolucionários, a que tive acesso nos idiomas inglês e francês, cheguei à conclusão de que quase todos eles, inclusive meu avô, estavam empenhados no esforço de modificar a natureza humana. Quanto mais pensava a esse respeito, mais robustecia minha crença de que isso não daria certo. Por isso, transferi, cada vez mais, minha atenção para a filosofia política, e, cada vez menos, para o ativismo político de qualquer natureza".

PARTE I – ESQUERDAS E DIREITAS

Diante de tanta disposição para renovar erros, ganha foros de verdade plena o aforismo segundo o qual "Dizer que o homem é racional, porque, com certa frequência, age com sensatez, equivaleria a dizer que cachorro é peixe porque sabe nadar!" A grande lição do jornalista e pensador político norte-americano Walter Lippman (1889-1974), em seu festejado livro de 1938, *A boa sociedade*, consiste na recomendação para o liberalismo se libertar da lassidão disciplinar do *laissez-faire*, que no século XIX consolidou a hipertrofia muito prejudicial do *status quo*, ensejando o sacrifício da liberdade e das aspirações de igualdade. Lippman observa que "A boa sociedade não tem um projeto arquitetônico; não tem plantas de construção; não tem fôrmas destinadas a moldar vidas humanas. O simples esperar que uma planta ou uma fôrma existam constitui um modo de pensar que o liberalismo abomina de modo intransigente. A verdade é que o arquiteto supremo que começa como um visionário torna-se fanático e acaba como déspota." Uma coisa é a concepção ou mesmo a proposição de um modelo ideal de sociedade; outra, inteiramente diferente e desastrosa, é a pretensão de impô-la, postura liberticida que resulta em fracasso, não raro, revestido de genocídio.

O MUNDO SEM PROBLEMAS DE KEYNES

John Maynard Keynes (1883-1946), ao discorrer sobre "As possibilidades econômicas para os nossos netos", especulou a respeito "da hipótese da emergência de um tempo em que os problemas econômicos estariam resolvidos, a partir de quando as pessoas já não precisariam trabalhar muito, por estarem todas bem de vida. Nesse momento, o dinheiro passaria a ser visto como ele é: uma morbidez de gosto duvidoso." Teríamos alcançado, então, o imaginário mundo arcádico, sonhado por Rousseau (1712-1778) e zombado por Kant, em fins do século XVIII, em que as pessoas "viveriam uma existência pastoril de perfeita harmonia, autossuficiência e completo amor recíproco." Kant arremata, na linha de Bernard de Mandeville, apontando a paradoxal exaltação do egoísmo humano como fator de consolidação da boa convivência social, ao contrário da arguida desagregação: "Agradeçamos, então, à natureza pela incompatibilidade, pela impiedosa vaidade competitiva e pelo insaciável desejo de dominar e acumular riqueza." Resultado da competição pela superioridade ou supremacia, fator inerente ao espírito humano, acrescentamos nós. As boas cidades que a convivência nas sociedades abertas produz são de qualidade comprovada muito superior às que resultam de pretenciosos planejamentos democráticos, extintores da liberdade. Apesar de todas as dificuldades que gera, nada há de equiparável ao padrão de convivência alcançado pelas sociedades abertas, onde mais os indivíduos evoluem, apesar do fascínio do dinheiro e do poder, com potencial de conduzi-los à sucumbência física e emocional, percepção que levou Max Weber a distinguir entre os deveres do santo e do político, o primeiro fiel à ética da obediência a valores absolutos e o último à ética do dever ou da responsabilidade.

Com a chegada ao poder de Hitler e de Stalin, depois de 1920, ano da morte de Weber, a ética da responsabilidade dos políticos saiu de cartaz. Operou-se, com intensidade, o que a história registra, tão bem sintetizado nas palavras candentes de Lord Acton: "Todo poder tende a corromper e o poder absoluto a corromper, absolutamente." Se a liberdade é o maior bem da cidadania, a resistência ao totalitarismo é seu impostergável dever. Sustentou Dahrendorf, em *Após 1989*, que: "Governos que matam e torturam, que prendem sem julgamento e suprimem a liberdade de expressão afrontam nossos valores mais básicos de maneira tal que apenas uma reação é admissível, ou seja, abominação e oposição incondicionais." Disse mais: "Liberdade de expressão não significa praticamente nada se houver, apenas, um único jornal ou uma única emissora de TV, ou ainda se, havendo mais de um, todos forem do mesmo proprietário, seja privado ou público." A esses liberticidas contumazes Jürgen Habermas denominou de "fascistas de esquerda".

PARTE I – ESQUERDAS E DIREITAS

A EDUCAÇÃO COMO FATOR DE
NIVELAMENTO SOCIAL E ECONÔMICO

Tomado o acesso universal a educação de qualidade como o fator mais importante para a redução das desigualdades, predominantemente, sociais e econômicas, importa indagar da possibilidade de coexistirem igualdade e excelência. Apesar das dificuldades reais para integrar os componentes dessa díade excelência-igualdade, a resposta é, sem dúvida, afirmativa. Até porque outra não pode ser a crença, na sociedade do conhecimento em que estamos todos inapelavelmente imersos, não obstante, como é o caso do Brasil, a ideologização gramscista que prevalece em nosso ensino constituir obstáculo intransponível ao nosso avanço em matéria de aprendizado. Situação agravada pela passividade geral da sociedade brasileira diante de tema tão relevante, incluídas suas principais instituições, na área dos três poderes, nos planos municipal, estadual e federal, bem como nas entidades civis, a exemplo da ABI, OAB e entidades de classe. Parecem não perceber a conclusão a que chegaram todos os povos desenvolvidos: não há futuro para os países que negligenciam a qualidade de sua educação. Ninguém definiu com tanta acuidade a causa dessa insensibilidade coriácea quanto Alexis de Tocqueville (1805-1850), no seu clássico *De La Democratie em Amérique,* de 1835: "Quando a desigualdade de condições é a regra dominante no meio social, as desigualdades mais odiosas passam despercebidas, diferentemente do que se passa nas sociedades mais igualitárias, em que a emergência de mínimas desigualdades pode provocar clamores!" Do mesmo modo, onde impera a sujeira, os sugismundos se sentem em casa; onde predomina a limpeza, eles se afastam. Raciocínio válido, igualmente, para a corrupção, como para a prática de todos os valores, morais e afetivos. Num mundo marcadamente desigual, por ação de forças naturais e sociais, é inconcebível que o Estado deserte do seu imprescindível papel pacificador, deixando de promover inteligentes medidas redutoras de desigualdades, a partir do piso mínimo de dignidade para o exercício da cidadania plena, consistente em acesso à casa própria, alimentação, saneamento básico e a educação de alta qualidade. Sem falar na segurança pública que, no Brasil, é um rotundo fracasso, como consequência da má educação que pratica, como expusemos em nosso livro *As Sete Pragas do Brasil Moderno*.

É um grande equívoco, porém, como querem alguns, confundir igualdade de oportunidades com igualdade de resultados. Respeitadas as condições de igualdade, na largada da corrida existencial, hão de ser respeitados os diferentes resultados alcançados pelo desempenho de cada qual. A imposição da igualdade, independentemente do mérito de cada um, só se faz com o sacrifício da liberdade, prática que sabemos, sobejamente, aos desastres que conduz. Respeitadas as regras meritocráticas, certamente não teremos o paraíso arcádico de Rousseau. Em compensação, estaremos libertos do destino das sociedades estereotipadas, que envelhecem e morrem, vítimas da resistência a mudanças, sociais e tecnológicas, inovadoras e vivificantes, sem falar nos genocídios como os perpetrados pelo comunismo russo, com Stalin, e o chinês, com Mao Tsé-Tung. A regular e contínua mudança, via evolutiva, é o parâmetro definidor da qualidade e duração das sociedades abertas que levam em conta as peculiaridades tribais dos diferentes grupamentos humanos.

SOCIEDADES ABERTAS

É nas sociedades abertas que mais florescem as criações do mundo moderno, adubadas pelo estímulo das forças democráticas e pela dinâmica da economia de mercado e do avanço tecnológico, paralelamente ao desenvolvimento da responsabilidade, amparada na confiança entre os membros de comunidades cada vez mais amplas, tanto nacionais como internacionais. Sólidos princípios éticos são a plataforma dessa expansão, na medida em que dissipem medos e complexos anciãos que estão na base da

PARTE I – ESQUERDAS E DIREITAS

desconfiança e suspeição que deprimem. A experiência revela que os valores afloram, naturalmente, em ambientes arejados pela liberdade, livres de coerções, ensejando aos indivíduos darem vazão à sua criatividade, expandindo-se para alcançar o seu potencial. As instituições mais sólidas e duradouras são as que promovem uma cultura apta a lidar com conflitos, extraindo deles os benéficos efeitos sinérgicos resultantes da interação inteligente da rica diversidade de seus componentes. Melhor ainda se nelas predominar a mentalidade de abundância que está nos fundamentos das sociedades prósperas e felizes, tão bem expressa no pensamento de Florence Lescombe, ao sentenciar: "São inimagináveis os resultados que os grupos podem alcançar, quando os seus membros não disputam a paternidade do êxito". De todo modo, crescem as instituições que adotam como meta alcançar e, se possível, ultrapassar os melhores desempenhos. Dessas instituições robustecidas dependem nossa prosperidade, civilidade e liberdade, conquistas que elidem a insegurança da dúvida e do medo que conduz à paralisante baixa da autoestima coletiva. É essa consciência em plena expansão que fortalece o ânimo coletivo para barrar as permanentes tentativas de destruição do pensamento liberal, ainda que ao preço de alguma perda da coesão social, originada da disputa pela superioridade ou supremacia. É necessário, portanto, monitorar as tensões para que fiquem abaixo do ponto de ruptura. Por outro lado, a anulação das tensões pode conduzir à paz dos cemitérios, e a sociedade sucumbir à mesmice e à abulia dos seus membros, por excessivo temor das mudanças. Ainda que não se alcance, plenamente, a integração sinérgica entre prosperidade, civilidade e liberdade, o exercício leal de sua busca é fator determinante da maioridade política dos povos. Adicione-se aos êxitos das sociedades abertas, a emergência de um conceito inovador de bem-estar, cada vez menos dependente do reconhecimento do dinheiro como seu fator preponderante. O barateamento do acesso, pelo grande público, a bens que em passado relativamente recente eram privilégio dos ricos e dos poderosos vem reduzindo, significativa e sistematicamente, o histórico ressentimento dos "pobres contra os ricos." A conquista do bem-estar, portanto, deixou de representar um prêmio derivado da disputa pela superioridade, porque a diferença de rendimentos perdeu a força de outrora como fator de gestação de movimentos revolucionários, como reconhecem os marxistas inteligentes.

PRESTÍGIO CRESCENTE DO LIBERALISMO

Precisamente em razão do desesperado bombardeio que sofre da esquerda totalitária, a noção e o prestígio do liberalismo nunca estiveram tão presentes no interesse geral. Paralelamente a isso, há o crescente reconhecimento da boa gestão como alavanca do desenvolvimento dos povos, passando a disponibilidade de grandes gestores a ser um diapasão muito confiável para aferir o grau de maturidade das nações. As sociedades civis, por sua vez, esmeram-se, em toda parte, no esforço para elevar o piso de dignidade das camadas mais carentes da sociedade, contribuindo para a redução das tensões sociais e do ressentimento coletivo, enquanto promove a elevação da qualidade da convivência. A expansão do individualismo ganancioso, paralelamente ao aumento da exclusão social, é binômio a ser proscrito das sociedades abertas, domicílio da democracia sob o broquel do estado de direito.

A MORALIDADE PARA AS PESSOAS E AS INSTITUIÇÕES

Os julgamentos morais aplicam-se aos indivíduos, e não às instituições. É por isso que quando veio a público o holocausto, comandado por Hitler, a consciência universal foi implacável em atribuir a responsabilidade ao povo alemão. De todo modo, a discussão da moralidade deve ser, preferencialmente, da alçada de líderes religiosos e filósofos, e quase nada dos governos e das instituições, sendo, eminentemente, uma questão

PARTE I – ESQUERDAS E DIREITAS

de natureza individual. Como os indivíduos têm um padrão de conduta extremamente variável e flexível, melhor será que as instituições criem padrões que sejam uma fonte inspiradora das melhores ações. Sobretudo, com o permanente estímulo ao desabrochar das mentalidades abundantes que são as matrizes da prosperidade dos povos, do mesmo modo que, no outro extremo, as mentalidades de escassez são a fonte do atraso ocasionado pela inveja.

FASCÍNIO E RISCOS DAS UTOPIAS

O grande problema das utopias, como a história registra, consiste no risco de se transformarem em pesadelos e tragédias. A utopia comunista foi sepultada nos últimos dias do ano de 1989. "O que sobrou desse trágico projeto utópico, disse Joachim Fest (1926-2006), o grande biógrafo de Hitler, "é pouco mais que uma interminável trilha de horrores, gravada em nosso espírito como uma lembrança aterradora." Os líderes totalitários deixaram-se alienar pelos mitos que criaram, como os construtores do bezerro de ouro, ao rebatizarem seus programas liberticidas com o atraente título de planejamento democrático, submetido à aprovação frenética da patuleia ignara, levando-a a contrair a Síndrome de Estocolmo. Em alguns casos, houve boas intenções. O problema é que resultaram muito onerosas, tanto do ponto de vista dos custos materiais, quanto sociais, com a supressão do conforto, da paz e da própria vida de milhões de pessoas. Sem falar no tédio da convivência social, pela ausência de alternativas de lazer ao gosto da população, como bares, restaurantes e clubes noturnos, proscritos como viciantes práticas burguesas. Daí o avultado número de ébrios contumazes e suicidas. Cidades como Moscou deixavam boquiabertos os turistas, ao verem a multidão de homens e mulheres, nos domingos e feriados, locomovendo-se, em bamboleios, ao fim da tarde, completamente embriagados, uns apoiados nos outros,

JOACI GÓES

a caminho de suas casas tediosas e vazias de alegria. A atração que a democracia e a economia de mercado exercem sobre as pessoas decorre da incerteza racional, da ausência de propósitos, sempre autoritários de moldar o comportamento alheio. As naturais tensões e os conflitos nascidos da diversidade são o mais eficaz antídoto contra os extremos de uma ordem social sufocante e contra a anomia, que a tudo inviabiliza e degrada. Anomia, ausência de leis, é um termo criado pelo cientista social e filósofo francês Émile Durkheim (1858-1917), fundador da Sociologia, para descrever situações pessoais e ou contextos sociais que levam ao suicídio e ou ao caos. Desse e de outros males só a boa sociedade ou a sociedade aberta pode nos salvar. É por isso que não são duradouras as instituições que não forem legitimadas pelo exercício da liberdade. É claro que o excesso de instituições – hipernomia – é um mal que pode rivalizar com a anomia. Daí, a permanente busca do equilíbrio na definição do número ideal de instituições, porque a liberdade tanto não significa um retorno do homem ao seu estado original, nem um vale tudo em que nada é proibido. A liberdade é o exercício civilizado da vontade ao exercer uma função agregadora e civilizadora. Afere-se de sua existência pelo caráter duradouro e tutelar das instituições que cria no meio social em que é exercida, favorecendo a paz, o reconhecimento dos direitos, a justiça social, pela aplicação adequada da 'hermenêutica da desigualdade', como quer Taurino Araújo, e a prosperidade econômica dos que a perseguem por meios legítimos. Por tudo isso, é muito difícil, para não dizer impossível, construir instituições saudáveis sobre as ruínas de estruturas sociais desmoronadas por abulia histórica ou implodidas pelo represamento de legítimas e necessárias tensões sociais, resultantes da coação do totalitarismo, como foi o caso da União Soviética. Explica-se porque sobre os escombros do Império Soviético emergiram o fascismo e organizações criminosas cuja periculosidade faz das máfias sicilianas, chicagoenses e novaiorquinas, brincadeiras de monjas. Décadas decorridas daquela implosão social, de dimensões sem

PARTE I – ESQUERDAS E DIREITAS

precedentes, no espaço e no tempo, os países que compuseram a União Soviética ainda se aforçuram no empenho de se transformarem em sociedades abertas, modelo triunfante, ao redor, na Europa Ocidental, e mundo afora. O drama dessas nações é que para se transformarem em sociedades abertas, além da implantação da democracia e do seu consectário a economia de mercado, necessitam da constituição de uma sociedade civil, entidade invisível que tem sua existência fora do alcance do Estado, no âmbito de associações autônomas, de propósitos mais difusos do que específicos. A sociedade civil é a estrutura que enseja a transformação do súdito em cidadão. É por isso que os cidadãos são os grandes protetores das sociedades abertas. A cidadania consiste no exercício do reconhecimento da existência de direitos comuns a todos os integrantes da sociedade, independentemente de sua atitude diante dos deveres, também comuns. Aqui está sua grande singularidade: sua existência é reconhecida em caráter transcendente e incondicional! O filósofo judeu-letão--russo-britânico Isaiah Berlin (1909-1997), um dos mais influentes pensadores liberais do século XX, ao distinguir entre liberdade negativa e liberdade positiva, em seu clássico *Two Concepts of Liberty*, valorizou mais a liberdade negativa, como mecanismo de libertação de coerções impróprias, enquanto a liberdade positiva, sustenta ele, pode instrumentar o poder para impor o que as pessoas devem ser ou fazer. A liberdade negativa se realiza quando o indivíduo não é obstado em suas ações. Para realizar-se, a liberdade positiva requer a presença de condições para que os indivíduos possam atuar para alcançar os seus propósitos.

Do ponto de vista factual, temos que conviver com a invencível realidade da existência simultânea de ambas as liberdades, positiva e negativa, apesar do reconhecimento de que ninguém, no exercício de seus direitos, deve ser obrigado ou induzido a fazer escolhas impostas por terceiros. A verdadeira liberdade consiste em fazer escolhas, certas ou erradas, ou não fazer nada, uma vez que, nas sociedades livres, as pessoas têm o direito de serem infelizes. Independentemente de suas possibilidades e riscos, a conquista da cidadania e da sociedade civil é um objetivo por que vale a pena lutar. Com base no conceito de liberdade "negativa", um indivíduo só é livre na medida em que ninguém interfere em suas escolhas, inexistindo, portanto, coerção, que é a deliberada interferência de terceiros em nossas escolhas ou ações. Só há liberdade política quando podemos agir libertos da opressão de terceiros. Registre-se que nossa incapacidade de agir, sem que estejamos sendo constrangidos, nada tem a ver com falta de liberdade política. Acrescente-se, também, que a interdependência social, própria dos humanos, em razão da qual consentimos em condicionar nossas ações aos interesses coletivos, não pode ser confundida com ausência coercitiva de liberdade. A decisão sobre se a vacinação contra a Covid-19 deveria ou não ser obrigatória nos conduz à conclusão de que quem a ela não se submeter teria que arcar com o ônus de manter-se recluso até a superação dos riscos de contágio. Caso contrário, seria legitimar o exercício ambulante de um potencial risco de contagiar pessoas em números que, hipoteticamente, poderiam representar verdadeiro genocídio. Certamente, os limites do direito ao exercício da liberdade de cada um é a segurança alheia do exercício de sua liberdade, ou de sua segurança física e psicológica.

Para Isaihah Berlin, o conceito de liberdade difere dos conceitos de igualdade, justiça, cultura e imparcialidade, porque "a liberdade individual não consiste na mesma necessidade primária para todos". Para ele, o sistema é injusto e imoral quando a felicidade individual é conquistada com o prejuízo de terceiros. No outro extremo, se nossa liberdade é sacrificada sem que se ampliem as liberdades de terceiros, essa perda é imprópria e injusta. O desafio a vencer seria, portanto, o estabelecimento dos limites entre as liberdades individuais ou privadas e as coletivas ou públicas. Pensadores como John Locke (1632-1704), Adam Smith (1723-1790) e John Stuart Mill (1806-1873) acreditavam na harmonização dos interesses coletivos com os individuais, em oposição a Thomas Hobbes (1588-1679) que reputava insuperável o conflito entre essas áreas de interesses, prevalecendo a

PARTE I – ESQUERDAS E DIREITAS

coletiva, ainda que o indivíduo continue preservado do controle social. O problema persiste na definição dessa linha fronteiriça, tendo em vista que toda vez que a esfera dos direitos individuais é invadida, o despotismo, em algum grau, se instala. A coerção é ruim na medida em que bloqueia desejos; é justificável, apenas, para impedir males maiores. A liberdade positiva, segundo Berlin, não pode ser sacrificada quando amplia a cidadania do ofendido, tornando-o ainda mais livre. Na linha de Rousseau, assim como o bom funcionamento de qualquer dos órgãos do corpo humano depende do bom funcionamento dos demais, também a felicidade dos indivíduos depende da felicidade geral do corpo social. Por isso, "quanto mais me submeto à lei civil, maior minha liberdade, porque maior minha segurança, porque, com minha submissão consciente, eu a reescrevo, continuamente". O ego da liberdade negativa fica imune a influências, enquanto o ego livre, amparado na liberdade positiva, pode atingir um nível super pessoal, como um Estado, uma classe, uma nação. A liberdade, então, opera como a mais elevada expressão do autodomínio.

AUTORITARISMO E TOTALITARISMO

Além de serem coisas distintas, o autoritarismo não leva, necessariamente, ao totalitarismo, ainda que dele possa vir a ser um caminho de passagem, de ida e de volta. Outra distinção fundamental reside na possibilidade de progresso material nos regimes autoritários ou totalitários de direita, possibilidade ausente nos regimes totalitários de esquerda, ou comunismo. Os exemplos de Cingapura e da China aí estão para evidenciar essa realidade. O regime totalitário de extrema-direita implantado em Cingapura, com plena liberdade para a iniciativa privada, evoluiu para o autoritarismo, encontrando-se a um passo de consolidar-se como regime democrático, graças à aragem libertária produzida pelas práticas democráticas embutidas nas ações da economia de mercado. A China, por sua vez, com a morte

149

de Mao Tsé-Tung em setembro de 1976, sobretudo a partir de Deng Xiaoping, em 1978, vem caminhando, a passos largos, na direção do pleno capitalismo, passando a ser, a contar do início do terceiro milênio, uma de suas mais vitoriosas expressões. A evolução da China do mais extremo totalitarismo de esquerda para um regime fascista, imposto pela economia de mercado, aí crescente, já é muito evidente. A diferença para o bem-estar de sua população, a maior do planeta, entre os dois momentos, é simplesmente abissal, conforme os dados constantes do livro de 2021, *O Fator China e os Novos Negócios*, em que Henry Uliano Quaresma inventaria o avanço chinês nos mais diferentes domínios da competitividade econômica internacional.

JAMES MADISON E A SOCIEDADE ABERTA COMO OBJETIVO FINAL

Segundo James Madison (1751-1836), considerado "o pai da constituição americana", nos *Federalist Papers*, "A sociedade civil é fragmentada em tantas partes, interesses e classes de cidadania que os direitos individuais e da minoria estão protegidos contra os múltiplos interesses articulados ou não da maioria." Apesar de seu relevante papel democrático de proteção dos direitos individuais e da minoria, é difícil, do ponto de vista prático e operacional, às pessoas reconhecer o valor da sociedade civil. A democracia e a economia de mercado, apesar de seu papel protetor contra a consolidação de erros, não resolvem, por si mesmas, importantes problemas materiais dos indivíduos, como os de alimentação e moradia. É nesse vazio que o populismo de esquerda ou de direita entra para ganhar eleições e se instalar no poder. Para evitar esse abuso que se repete, por exemplo, nas regiões mais pobres do Brasil, como o Nordeste e o Norte do país, é imprescindível que a segurança do piso mínimo de cidadania seja um programa de Estado e não de governos.

Parte I – Esquerdas e Direitas

Os vínculos e a plenitude existencial por todos almejados são a permanente fonte de estímulos, sobretudo para os indivíduos transformadores, aptos a fazer das quedas passos de dança, como é frequente quando o desequilíbrio dinâmico se converte em instigantes tropeções. A motivação para os indivíduos continuarem avançando brota do regozijo das conquistas associado à paz e à prosperidade. O itinerário percorrido pela Grande Sociedade, como ponto de partida, passando pela Sociedade Aberta, e tendo como porto final a Boa Sociedade tem tudo para ser uma topia, assim mesmo sem o prefixo negativo *u*, inicial, porque uma meta inteiramente viável, e ao alcance de quantos se dispuserem a persegui-la.

TEÓRICOS E PRÁTICOS

Importa distinguir entre os puramente teóricos, como Platão, Spinoza, Kant e Hegel, por exemplo, e os teóricos práticos, como Aristóteles, John Locke, Bernard de Mandeville, David Hume, Adam Smith, Jeremy Bentham, John Stuart Mill, Karl Marx e John Maynard Keynes. Os primeiros pensaram os modos de transformar o mundo, os últimos em como atuar sobre ele, influindo na construção dos princípios das instituições e da sociedade civil. Influímos sobre os princípios, quando distinguimos entre o que alcançar e o que evitar. Essa postura seletiva inspira integridade e solidariedade, de mãos dadas com o propósito de colocar ao alcance de todos as oportunidades que a vida tem a oferecer. As instituições são os meios pelos quais realizamos os nossos propósitos, entre eles o mais notável sendo a escolha democrática dos governantes, bem como sua oportuna e pacífica defenestração. Já a sociedade civil é o espaço onde protagonizamos nossa vida social, pelo exercício da cidadania, a dimensão mais nobre da experiência humana. Mais do que simplesmente como indivíduos, identificamos nosso significado social pela qualidade de nosso protagonismo existencial. Como síntese dessas duas vertentes,

JOACI GÓES

por ter, talvez, a mão ligada ao cérebro, como costumava dizer o polímata Edivaldo Machado Boaventura, Max Weber atuava com igual desenvoltura como ideólogo e como cientista social, enfatizando sempre, porém, que não se pode exercer uma função com o espírito da outra. Como asseverou, com propriedade, Hermann Heller(1891-1933), no seu clássico, *Teoria del Estado*, de 1927, só pode haver ciência social se o que se propõe é uma descrição, interpretação e crítica dos fenômenos sociais que sejam verdadeiros e obrigatórios para o espírito lógico. No Brasil, a obra que distinguiu da maneira mais completa ideologia e ciência social, *Ideologia e Ciência Política*, é de autoria do meu professor de Teoria Geral do Estado, Nelson de Souza Sampaio (1914-1985), titular da cátedra de Teoria Geral do Estado, na Faculdade de Direito da Universidade Federal da Bahia. A monografia *Dos limites do poder de reforma constitucional*, de sua autoria, figura como a mais marcante contribuição de um brasileiro à doutrina do Direito Constitucional, em escala global.

Do cientista social – cobra-se o empenho máximo em manter-se axiologicamente neutro, ficando o ideólogo livre para defender suas ideias ou preferências. A profissão de cientista social, porém, não é desculpa legítima para impedir o inalienável dever de opinar sobre os problemas que nos cercam. O que não se pode fazer, sem agredir a ética intelectual, é misturar e confundir as duas áreas, fazendo parecer que é o cientista quem fala, quando o propósito é manifestamente ideológico, grave erro em que vem incorrendo a Universidade Pública Brasileira, de viés reconhecidamente gramsciano. Registre-se que remontam à geração de Protágoras de Abdera (490-415 a.C), o primeiro filósofo a se autodeclarar sofista, contemporâneo de Péricles e de Sócrates, os enunciados pioneiros das ciências sociais. O mundo repete seu mais conhecido aforismo, inspirado no mestre Heráclito: "O homem é a medida de todas as coisas: das que são, enquanto são, e das que não são, enquanto não são". Seu relativismo quer dizer que – para serem boas – as coisas devem ser concebidas ou realizadas, para atender as necessidades do homem e não o contrário. Por isso, cada grupo social,

PARTE I – ESQUERDAS E DIREITAS

em razão de suas características, deve ser tratado de acordo com suas peculiaridades, como as leis e as práticas sociais. Algo que é bom num lugar pode não servir para outro. Os axiomas, portanto, têm valor particular – e não, necessariamente, universal.

A PROPRIEDADE PRIVADA E O INTERESSE PÚBLICO

Acima do poder derivado da propriedade privada está o poder do Estado, ao atuar como agência reguladora para impedir o exercício abusivo da riqueza material ou de outra natureza qualquer. A qualidade e grandeza moral de um governo podem ser medidas pelo grau de sua tolerância com a divergência que conduz à busca do igualitarismo, temperado pelo espírito de liberdade que legitima a superioridade conquistada segundo regras meritocráticas. Como Edmund Burke disse da monarquia do seu tempo, podemos afirmar que a influência corruptora dos governos petistas resultou na patológica desordem que se instalou no Brasil, matriz de sucessivos desastres de variado jaez, cancros que corroem a dignidade da nação e de suas leis, comprometendo o vigor de nosso entusiasmo coletivo e dificultando a presença da moralidade em nossos atos. Entre outros males, a tirania prima pela negação do Direito. Num contexto dominado pela tirania, a esperança nos anima a fazer como aconselhou o legendário historiador e político francês Marie Joseph Louis Adolphe Thiers (1797-1877): "Eu colocarei o meu barco no mais elevado promontório à volta, e aguardarei até que a maré cresça a ponto de permitir que ele flutue." Os liberticidas de todos os tempos, acima de tudo, os saudosistas do fracassado socialismo real, apresentam-se, invariavelmente, com um discurso de roupagem democrática. Um elefante vestindo um modelo de cordeiro, no velho e surrado estilo populista tão do agrado da ingenuidade da massa inculta.

INTOLERÂNCIA

Segundo a lógica da intolerância da extrema-esquerda ou da extrema-direita, os aliados não têm vícios, do mesmo modo que os adversários, considerados inimigos, não têm merecimento, uma variante do que disse o Padre Antônio Vieira (1608-1697), no século XVII: "Não há maior delito no mundo que o ser melhor. Ao menos eu a quem amara das telhas abaixo, antes lhe desejara um grande delito que um grande merecimento. Um grande delito muitas vezes achou piedade: um grande merecimento nunca lhe faltou a inveja. Bem se vê hoje no mundo: os delitos com carta de seguro, os merecimentos homiziados." Algo a ver com Lula e Sérgio Moro? A verdade é que a desonra mais torpe consiste em atribuir aos nossos adversários os crimes por nós mesmos cometidos ou de que somos capazes de cometer, como ocorre com frequência, comportamento matriz do aforismo segundo o qual "Não me ofendem os que me julgam por si".

TOPOGRAFIA DA SEGURANÇA SOCIAL NO MUNDO MODERNO

No mundo moderno, mutante por excelência, a segurança social das pessoas mudou de lugar. Não reside mais no local de trabalho, convencional, corriqueiro, com endereço certo. Cada vez mais, o nosso escritório é onde estivermos, operando naquele padrão a que Peter Drucker denominou de desequilíbrio dinâmico, a exemplo da movimentação sinestésico-corporal que fazemos ao andar, quando a estabilidade de nosso corpo depende da consumação exitosa de cada passo, na repetida sucessão de um pé avançando no ar, enquanto o corpo se apoia no pé que está no chão. Entre uma passada e outra, corremos o risco de perder o equilíbrio e cair. Por semelhante processo, passam as sociedades civis: precisam ser preservadas e reformadas, ao mesmo tempo, como imperativo de sua continuidade ou sobre-

PARTE I – ESQUERDAS E DIREITAS

vivência. As instituições resistentes a mudanças necessárias, ainda que, em alguns casos, de caráter catártico, terminarão desaparecendo, atropeladas pela dialética da vida social e econômica, individual e coletiva. A sucumbência poderá ser mais ou menos traumática, a depender da quantidade e da intensidade das tensões ignoradas. Quando silenciadas, as tensões passam a estado latente. Para que se manifestem, basta surgirem condições favoráveis. Quanto mais inflexível for a classe dominante, mais intensas serão as reivindicações dos que estão abaixo do *status quo* dominante. O normal e desejável, nas estruturas democráticas, é que as mudanças se processem de modo evolutivo. Mudanças bruscas, em ambientes democráticos, só excepcionalmente produzem bons resultados, embora não possamos ser indiferentes à existência de uma pluralidade de ambientes nessas diferenciadas estruturas. Tanto que não há duas sociedades civis iguais. Basta ver como são diferentes os modos de praticar a democracia em países tão distintos quanto os Estados Unidos, a Suíça, o Brasil, a Costa Rica e o Japão. Podemos comparar, também, os diferentes estilos de liderança dos dirigentes de países que praticam a democracia. A flexibilidade criativa, aí, é de preceito, variando quase ao infinito. Nessa diversidade, reside a beleza e o fascínio das sociedades democráticas que têm nas sociedades civis seu patamar civilizatório mais elevado.

A RACIONALIDADE COMO SUBSTITUTO DO EXPERIMENTO

É com base nas análises teóricas que podemos chegar, com alta margem de acerto, a definir as escolhas de nossas mais produtivas ações práticas. É preciso ter sempre em mente que a democracia é um conceito político enquanto a ideia de mercado é um conceito econômico. Como na dinâmica da vida econômica e social, as ocorrências contêm vários elementos, interagindo em proporções distintas, a conceituação correta do que está acontecendo implica desafios, por vezes, insuperáveis. Nada, porém, de uma complexidade que o pragmatismo não possa solucionar, ainda que, em alguns casos, no estilo de Alexandre para desatar o nó górdio. De todo modo, nunca é demais enfatizar a interdependência entre os fatores políticos e econômicos, em certos momentos atuando em parceria invencível, numa só direção compartilhada; outras vezes, no extremo oposto, a economia e a política caminhando em direções contrárias, quando, inapelavelmente, pelo menos num primeiro momento, o vencedor tem que reunir os cacos para continuar vivo, de tal modo avassaladoras as perdas comuns. Mais uma vitória de pirro, permanentemente, reeditada pela insensatez humana! Quando as democracias sofrem abalos econômicos, a fidelidade democrática das pessoas começa a titubear, levando-as, perigosamente, a pensar que vale a pena sacrificar um *quantum* de liberdade para preservar seu bem-estar. É claro que essa falsa crença opera na cabeça dos indivíduos, não havendo nenhuma chancela prática da validade desse intercâmbio heterodoxo. No caso da China, operou-se em sentido contrário: para melhorar a economia, Deng Xiaoping encetou um grande programa econômico que teve na abertura do mercado para a iniciativa privada o seu ponto forte, evolução que culminou na passagem da China para o fascismo, sem dar um tiro. O dinheiro é um poder que se interpõe à política e à economia.

MUDANÇAS PRODUZIDAS PELA COVID-19

O mundo novo da informação globalizada alcançou sua cumeada durante o isolamento social, forçado pela Covid-19. Apesar do conforto material que oferece, a custos muito baixos, o *home office* é, para muitos, um lugar excessivamente exposto. A antítese disso tem sido a busca de estruturas mais homogêneas e menores. O perigo reside na potencial submissão desses pequenos aglomerados a chefes tribais, conversíveis, em alguns casos, em chefes

PARTE I – ESQUERDAS E DIREITAS

milicianos, como é o caso lamentável do Rio de Janeiro, cada dia mais exposto às influências do crime organizado.

A FLEXIBILIDADE DA DEMOCRACIA

Embora as democracias partilhem dos mesmos princípios básicos, sua operacionalidade pode assumir características distintas e, não raro, singulares. A grande prova disso pode ser vista nos diferentes modos como evoluem as instituições democráticas e os mercados, numa mesma sociedade. Quando esse fenômeno ocorre com a redução da atividade econômica, gerando desemprego, amplia-se o risco da emergência de governos autoritários, coerentes com a preferência das pessoas pela estabilidade e prosperidade, mesmo com algum sacrifício da liberdade. Atos destinados a adiar o prazer coletivo, mediante a formação de uma poupança induzida, podem ser necessários para superar previsíveis crises financeiras das nações. Nesses momentos, todos acham justas, porque necessárias, as duras medidas adotadas, desde que aplicadas a terceiros. A esse endurecimento temporário denomina-se "autoritarismo democrático", oximoro mediano que está longe do impossível contorcionismo ideológico denominado marxismo democrático. Igualmente contraditório é o conceito de "democracia totalitária", conforme a formulação do judeu polonês Jacob Leib Talmon (1916-1980), professor de História Moderna da Universidade Hebraica de Jerusalém. Como o regime democrático está sujeito a ameaças e ou ofensas a valores que é de sua responsabilidade e natureza preservar, Talmon, que ficou conhecido como o Liberal da Guerra Fria, em face do antimarxismo presente em sua obra, desenvolveu a teoria da democracia totalitária, para legitimar um estágio temporário de uso do poder totalitário. Como elemento intrínseco de seu pensamento político, ele cunhou as expressões democracia totalitária e democracia messiânica ou messianismo político, como já comentamos. Rousseau, segundo ele, seria o criador da democracia totalitária, em que a liberdade tem como exclusiva finalidade a luta para alcançar o bem-estar coletivo. Na sequência da Guerra dos Seis Dias, ficou famoso seu debate com Arnold J. Toynbee sobre o papel dos judeus e do sionismo no curso da História. Enquanto houver a possibilidade de substituição dos governantes pelo voto, o regime é democrático, ainda que autoritário. Em outros contextos em que, apesar da prosperidade, o ambiente tende para a anomia, o autoritarismo é bem-vindo como mecanismo assecuratório da ordem. Reitere-se o registro de que não existem relações de causa e efeito entre democracia e prosperidade econômica. O caso da Índia, mais do que outro qualquer, é a prova disso. No outro extremo, temos casos de grande prosperidade econômica onde há pouca ou nenhuma democracia, como é o caso dos tigres asiáticos e da China, a partir de sua passagem do comunismo para o fascismo.

E quais seriam os fatores determinantes do avanço histórico, dependentes de decisões políticas ou econômicas? Haveria alternâncias ou a regência cabe sempre a um deles? Onde houver a presença de lideranças brilhantes é de se supor que o mando decisivo caiba ao comando político. A verdade é que quando as forças econômicas começam a dominar a política, a liberdade passa a correr riscos. O gosto pelas coisas materiais costuma superar o apreço pela liberdade, arranhando-a com acenos ao autoritarismo. Nada, porém, a ponto de conduzir à preferência pelo totalitarismo, reino do imprevisível e da insegurança geral. A boa política se encarrega de assegurar o equilíbrio por meio da segurança ou estabilidade do desequilíbrio dinâmico das forças que comandam, interativamente, a marcha da sociedade civil. Até porque, para os que valorizam o enriquecimento material, há o contraponto dos que valorizam o bem-estar encarado como a expressão máxima do prazer dionisíaco. É por isso que hoje, e cada vez mais, a estabilidade das democracias depende cada vez menos do grau de sua prosperidade econômica. A democracia é mais uma forja de liberdade do que de riqueza material. Os que a associam a riqueza material são os primeiros a abandoná-la ao advento das

Parte I – Esquerdas e Direitas

recessões econômicas. No outro extremo, o sentimento democrático do mundo, nestes anos pandêmicos de 2020 a 2022, se rejubila com a crescente redução da miséria global, paralelamente ao aumento do bem-estar geral dos escalões da base da sociedade. Em tal contexto, o aumento da desigualdade, *pari passu* ao aumento do bem-estar dos mais pobres, é causa de desgosto, apenas, dos que são consumidos pelo sentimento da inveja. Esse o argumento a que as viúvas do socialismo real se apegam como tábua de salvação, a partir da implosão do Império Soviético e da passagem da China do comunismo para o fascismo. Registre-se, por outro lado, o caráter acentuadamente temporário de eventuais crises vividas pelas sociedades de mercado, quando se reduzem os níveis de bem-estar de suas camadas mais pobres. Invariavelmente, porém, esses momentos críticos são logo superados pela saudável dinâmica de suas respectivas sociedades civis, pela restauração do equilíbrio entre a solidariedade e a competitividade. E foi essa dinâmica que "levou, de volta à Europa", as infelizes nações do Leste Europeu, libertadas dos grilhões soviéticos. Elas, tanto quanto as demais nações, contribuíram com sua estuante diversidade para o fortalecimento da fascinante unidade europeia. Nesse rico caldo de cultura, dialetos ganham *status* de línguas nacionais; províncias lutam para serem reconhecidas como nações soberanas; cidades interioranas não querem ser referidas às suas capitais constitucionais; e importantes lideranças políticas se recusam a aderir a qualquer dos partidos nacionais. Os movimentos etnocêntricos ganham força com a invocação de seus ressentimentos anciãos. Abrem-se as possibilidades para o brilho das mais ousadas excentricidades. Que o diga o processo em curso do nascimento ou renascimento de novas e velhas nações. Este o grande desafio: fazer dessa poderosa diversidade uma resultante sinérgica de grande poder integrador. A lição da História revela que a Europa cresceu em importância aos olhos do mundo em razão do seu caráter unificador de tantos valores culturais, como os étnicos, linguísticos, sociais, religiosos, filosóficos, artísticos, científicos, tecnológicos e bélicos ou militares. A gestão do totalitarismo, em tese, consiste em atuar sobre todas as áreas de interesse social e individual, moldando-as ao talante do poder despótico. No seu apogeu, esse mandonismo, sendo ou não contrariado, conduz à revolução civil ou à guerra.

TEMPO DO AVANÇO DO CONHECIMENTO E O CRESCIMENTO DE SUA IMPORTÂNCIA

Os cem anos decorridos entre o nascimento da ciência natural, com Tales de Mileto, e o das ciências sociais, com Sócrates, passaram a ser o lapso de tempo utilizado como parâmetro para medir as grandes transformações que a humanidade tem conhecido. Reconheça-se, porém, de plano, a impropriedade de considerar-se a psicologia, fundada por Sócrates, como sendo ciência social, uma vez que, segundo Ralf Dahrendorf, "acontecimentos reflexivos não podem ser explicados nem previstos por leis universalmente aplicáveis, embora seja possível usar os métodos e critérios das ciências naturais aos fenômenos sociais, e esses, dentro dos seus termos de referência, poderão vir a produzir resultados compensadores."

Muito se tem avançado no sentido de promover a interação entre ciências naturais e sociais, não com o propósito de chegar à fusão, mas no sentido de fazer do avanço num campo fator de iluminação da caminhada no outro. Registre-se como um avanço, nada desprezível, a mudança de ciência social, no singular, para ciências sociais, no plural, entre os anos de 1920 e 1930. Amedrontados, alguns campos de conhecimentos sistematizados, como a economia, ou ciência da escassez, sentiram-se inseguros em afirmar seu *status* científico. O fato é que essa conceituação plural das ciências sociais ganhou reconhecimento, prestígio e solidez ao se converterem em estruturas com identidade própria. Esse legítimo expansionismo epistemológico quase sai de controle com iniciativas, nada edificantes, para atender interesses particulares, mediante o uso inadequado do prestígio das

PARTE I – ESQUERDAS E DIREITAS

ciências. O perigo potencial presente no uso da burocracia para priorizar a articulação do poder, em prejuízo do avanço científico, é o grande inimigo das ciências nos ambientes de seu culto, como as universidades e os centros de pesquisa. Que o digam países em que o bolivarianismo se adonou das estruturas educacionais, como o Brasil, onde as universidades querem pousar de "grandes democracias", sem práticas nem dirigentes democratas. O resultado é a perda de competitividade internacional dos seus produtos manufaturados, em face da baixa qualidade do valor neles agregado derivado da baixa qualidade da mão de obra que depende do conhecimento, que, por sua vez, depende da qualidade do ensino científico e tecnológico. Pela quantidade e qualidade das pesquisas científicas realizadas por um país, afere-se o poder de sua competitividade no comércio internacional. Nessas universidades, de gestão autárquica, dominadas pela esquerda bolivariana, formam-se verdadeiros grupos de interesse, no estilo das guildas medievais. Quem não pertencer ao clube e às suas regras não se subordinar, será eliminado, nos vários sentidos do verbo, inclusive no acesso aos mecanismos de aprimoramento intelectual disponibilizado no meio acadêmico. Grupos fechados, impermeáveis ao influxo de presenças renovadoras, criam um ambiente aconchegante aos de dentro. Esse comportamento vai na contramão dos mais caros interesses da ciência e do espírito universitário, levando-os à mediocridade e ao estiolamento. Essas associações corporativas são o epitáfio da ciência e da Universidade.

FELIX QUI POTUIT RERUM COGNOSCERE CAUSAS
(AFORTUNADO SEJA QUEM CONHECER A
RAZÃO DAS COISAS)

Uma das vacinas mais eficazes para impedir essa estagnação científica consiste na realização de estudos interdisciplinares com diferentes ciências, particularmente entre as ciências naturais e as sociais. E entre as sociais, as mais recentes, carentes, ainda, de um acervo de conhecimentos que elevem o seu prestígio. O risco calculado é o de que em lugar de dilatar suas fronteiras, estas se estereotipem, numa rigidez atrófica, a caminho de um faz de conta sem fim que emascula o redentor espírito universitário. Desde sempre, e cada vez mais, os intelectuais têm responsabilidade pública. Onde sua voz é desacreditada, porque posta a serviço de grupos de interesse, a sociedade não tem futuro. Dizer a verdade aos poderosos é sua maior responsabilidade. Em fins do século XX, o pacto iluminista entre as ideias e a ação pode ter esmaecido, em intensidade, mas preservou-se a força da liberdade que o inspirou. Há momentos na vida em que a resistência não é uma opção, mas um dever da cidadania. O Brasil vive esse momento em que muito se exige da coragem moral dos verdadeiros intelectuais que não se submetem ao patrulhamento ideológico que responde pelo atraso de nossa outrora promissora universidade pública, com as honrosas exceções de núcleos isolados em cuja resistência cívica repousam as esperanças da inteligência brasileira. Embora não compactuasse com as utopias, Kant concluiu que os direitos humanos se enfraquecem quando deixam de representar os direitos da cidadania. E a educação é o maior dos direitos civis.

A percepção de bem-estar das pessoas e dos povos, cada vez mais, vai além dos fatores materiais, em razão da crescente diversidade dos bens e valores mais desejáveis, que a sociedade do conhecimento proporciona. É claro que ambientes tão carregados de alternativas inéditas e atraentes constituem o caldo de cultura ideal para a emergência de lideranças dos mais diferentes estilos e surpreendentes naipes ideológicos, com predomínio dos populistas de toda sorte, demagogos, que prometem o céu na terra. A verdade é que as sociedades se formam a partir da interação dos seus líderes com as forças econômicas e sociais, de caráter impessoal, e de suas prementes necessidades, satisfeitas pela ação inteligente e transformadora da consciência empresarial. Tudo isso atuando de olho na fusão sinérgica das forças

Parte I – Esquerdas e Direitas

econômicas com as pressões políticas, de legitimidade dificilmente aferível por parâmetros convencionais. Essa complexidade é ainda mais agravada pelo fato nada negligenciável de que o homem é o único animal que tropeça, mais de uma vez, na mesma pedra. Onde há dúvidas sobre as decisões políticas prevalecentes, as sociedades dificilmente prosperam. Daí a questão: A mão invisível da prosperidade econômica pode ou não pode suspeitar da sua irmã visível, o Estado, para continuar trilhando a senda da prosperidade, apoiada na confiança nascida das regras produzidas pela sociedade civil? Como costuma acontecer, o comércio une, enquanto a política divide. Sabe-se, por isso, como é importante a adequada interação entre os fatores econômicos e políticos, tanto nos processos de construção e consolidação dos ambientes sociais, quanto nos de sua transformação.

PARÂMETROS DE JULGAMENTO

Enquanto os integrantes do júri popular decidem com base no bom senso consuetudinário, os julgamentos complexos, difíceis ou de excelência, exigem uma sofisticação intelectual maior da que se pode esperar de pessoas simples do povo, de pequena escolaridade ou informação e reflexão. Nesses casos, o democratismo de considerar a todos em pé de igualdade constitui prática perigosa de isonomia populista, de consequências que podem dificultar ou serem fatais para alcançar a desejada justiça. É quando não pode haver pejo em recorrer a critérios genuinamente aristocráticos, no sentido de meritocráticos, optando-se pela indicação de mentalidades reconhecidamente esclarecidas e íntegras, num padrão de escolha de qualidade superior, por exemplo, à que tem sido observada, em muitos casos, na indicação dos integrantes de nossos tribunais superiores. Essa adaptação dialética à realidade em nada fere os princípios básicos da plena cidadania a todos conferida, independentemente da superioridade de uns sobre outros na permanente e saudável disputa

KARL POPPER

A publicação do livro *A sociedade aberta e seus inimigos (1945-1961)*, em seis volumes, do pensador alemão Karl Popper (1902-1994), centrado numa demolidora crítica ao marxismo, levou centenas de milhares de pessoas, mundo afora, a abandonarem o que passou a ser referido como "a fraude intelectual e moral do marxismo", em nome da tradição, da liberdade e da responsabilidade pessoal, sem prejuízo do reconhecimento do impulso moral e humanitário representado pelo marxismo, no sentido de valorizar as camadas mais carentes da sociedade, propósito inviabilizado pelo dogmatismo de sua prática totalitária e genocida. *A Sociedade Aberta*, diz Popper, é muito inspirada na Boa sociedade (*The Good Society*), livro de Walter Lippmann (1889-1974), de 1937, e em *The Constitution of Liberty*, 1960, de Friedrich Hayek (1899-1992)!

No primeiro dos seis volumes de *A Sociedade Aberta e seus inimigos*, com o subtítulo de *O sortilégio de Platão*, Popper faz uma acerba e minuciosa crítica à "tendência totalitária da filosofia política de Platão", apesar de reconhecer que "a discussão dos métodos de Platão, nas ciências sociais, continua atual", além de ser o mais influente dos filósofos em todos os tempos. Apesar da defesa que gente como Platão e Aristóteles fazia da escravatura, Atenas, com seu espírito iluminista, esteve próxima de aboli-la. Popper propõe que a sociedade aberta seja vista como uma terceira via, alternativa às sociedades dirigidas a partir do centro (planejamento central) e das bases (assembleísmo), ambos representativos das sociedades fechadas ou tribais. Para ele, a sociedade aberta foi o berço da ciência e do Estado de Direito, regulado por um sistema legal de caráter democrático, traços marcantes do Iluminismo. Em ambos os casos – democracia e iluminismo

PARTE I – ESQUERDAS E DIREITAS

–, nenhum indivíduo, solitariamente, tem a última palavra. Nem mesmo grupos de indivíduos, em caráter permanente. A palavra de ordem, aí, é consenso. A ampla liberdade de pensar, porém, não pode ser levada aos limites obscenos de supor que não existe certo nem errado, julgamento que flutuaria ao sabor do pensamento de cada qual. Pelo contrário; nos domínios da ciência e da lei, essa distinção é de preceito. Para a ciência, pela necessidade de expurgar o erro; para a lei, pela necessidade de proteger a vítima do agressor. Como o conhecimento avança graças ao binômio ensaio-erro, dependemos da crítica honesta de terceiros para corrigirmos nossos erros de percepção, de modo a nos aproximarmos, cada vez mais, dos padrões objetivos da verdade factual ou fenomênica. Essa crítica se apoia no confronto dos fatos e na análise objetiva das consequências operacionais de nossas percepções. A esse conjunto nomina-se com a expressão "Conjecturas e refutações", método do ensaio e erro que só prospera em ambientes receptivos à interação, apto a eliminar estéreis discussões de caráter subjetivo entre pontos de vista marcadamente individualistas ou comunitários. A característica fundamental da interação consiste na possibilidade e valorização do confronto entre pontos de vista conflitantes, rivais ou opostos. Até porque a experiência chancela a eventual validade e utilidade de decisões ou tomadas de rumos nascidas de pontos de vista distintos ou opostos. Não raro, grandes avanços são alcançados no campo da ciência e da política a partir de propostas minoritárias ou divergentes do consenso, parcial ou inteiramente enxovalhadas no momento de sua proposição. É de se imaginar quantas boas ideias não morreram no nascedouro pela prática autoritária de suprimir o dissenso ou contraditório. Inúmeros casos há de ideias que renasceram e triunfaram anos, décadas e, eventualmente, séculos depois de sua primeira proposição. Nada, portanto, tão consistentemente inovador, e até mesmo revolucionário, do que o desenvolvimento de um espírito iluminista receptivo à diversidade de pensamento, como costumam praticar as sociedades abertas. A ausência dessa possibilidade nos regimes totalitários

JOACI GÓES

é a causa de seu fracasso inevitável, mais cedo do que tarde. A adoção de um ambiente sensível a mudanças pode e deve conviver de modo criativamente harmônico com o espírito de preservação das melhores tradições. O maniqueísmo que resulta na eliminação do dissenso é prática característica do autoritarismo, postura hipertrofiada nos regimes totalitários de direita ou de esquerda. Nas sociedades avançadas, como as da Escandinávia, tradição e inovação andam de mãos dadas para o benefício geral e felicidade de tradicionalistas e inovadores.

Em sua justificação da superioridade das sociedades abertas, Karl Popper distingue entre os conceitos de "engenharia social parcelar" e "engenharia social utópica" e avança para negar consistência aos argumentos de totalitários, da esquerda e da direita, que concluem pela impossibilidade da democracia se afirmar como um regime permanente. De plano, Popper, ao negar valor ao historicismo, que, ostensivamente, abomina, nega validade a qualquer inferência com base na história. O argumento central dos totalitários consiste na afirmação de que, para combater o totalitarismo, a democracia é compelida a adotar métodos totalitários, negando-se a si mesma. Acrescentam, ainda, que, nas economias de mercado, não há como recusar algum tipo de planejamento centralizado ou comunitário, característico das sociedades totalitárias. Popper nega o mínimo de cientificidade a esses argumentos, perecíveis pela confusão entre predição científica e profecia histórica. De fato, a predição científica ou futuro presente, ou, ainda, o futuro que já aconteceu, não pode ser confundida com a profecia histórica, por emergir, inelutavelmente, da realidade atual. Como exemplo, apontamos o papel da educação na vida dos povos modernos. Marx, como seus seguidores imediatos, com o italiano Antônio Gramsci à frente, negou relevo ao papel da educação na prosperidade dos povos, conclusão que, na percepção de nossos dias, constitui imperdoável heresia, ainda que haja recalcitrantes cultores, os mesmos que confundem pensamento com religião. Marx *et reliqua* não previram que a tecnologia substituiria o trabalho baseado

PARTE I – ESQUERDAS E DIREITAS

na força física, na sociedade do conhecimento em que passamos a viver. Há base de inspiração múltipla – filosófica, psicológica e sociológica – para se sustentar que a adoção da profecia histórica tem a função catártica de transferir para o coletivo responsabilidades marcadamente individuais. É a aceitação da tese determinista de que nada podemos fazer para moldar nosso destino. Ponto de vista vivamente refutado por Platão, em sua justificação do totalitarismo. Ele acreditava que a decadência dos povos poderia ser evitada pela ação humana moralizada e racionalizada. Entreguemo-nos, portanto, ao redentor planejamento central que definirá o que é bom para cada um de nós, dizem os totalitários que fogem da democracia como o diabo, da cruz, pelo seu poder de, sem violência, remover e substituir os detentores do poder, em qualquer dos planos hierárquicos, inclusive as tiranias das pequenas autoridades que podem transformar num inferno a vida dos que se encontram sob o seu bordão.

Segundo o influente cientista político norte-americano Samuel Huntington (1927-2008), passam no teste democrático as nações que conseguiram processar, seguida e pacificamente, duas trocas de governo, de acordo com as regras vigentes, como ocorre, regularmente, em países tão diferentes como são Alemanha e Inglaterra. O conceito de Europa ganha significado e força, à medida em que dá coesão ao movimento iluminista, portanto democrático, de tantas culturas distintas, fator de fascínio universal pelos chamados valores europeus, sem exclusão de algumas características nacionais que sobrevivem, apesar da rejeição que majoritariamente sofrem da comunidade a que pertencem. Basta consultar as inúmeras pesquisas existentes sobre o grau de afetividade ou afinidade de nacionais de um país relativamente aos de outros, para concluir pela abundante e variada existência de percepções idiossincráticas, crescentemente percebidas e aceitas como diversidade que enriquece a convivência multilateral. Tudo muito distante de potenciais inimigos, como ocorria em passado relativamente recente, carregado de antagonismos e ódios anciãos, como expusemos em nosso livro de 2004, *Anatomia do Ódio*. Em razão e apesar disso, ainda persistem constelações ideológicas que representam blocos de resistência política cuja remoção ou mitigação é de responsabilidade da grande sociedade aberta que continua a se desenvolver e aperfeiçoar no Continente Europeu.

TESTE DEMOCRÁTICO

O grande teste da maturidade democrática dos povos consiste em aferir como se situam relativamente a alguns parâmetros. O primeiro é saber como são definidos os direitos dos homens e das mulheres, bem como o grau de efetividade com que são exercidos, levando em conta que o processo de consolidação desses direitos para todos é interminável. Diante dessa inexauribilidade evolutiva, a liberdade está sempre ameaçada pela irresignação dos excluídos, compostos dos desempregados, os sem-teto, os sem-terra, as mães solteiras, além dos fora da lei, nacionais, bem como da crescente horda dos imigrantes ilegais. É desses momentos de atordoamento nacional que se aproveitam os populistas de esquerda ou de direita para atuar no sentido de satisfazer seus ferozes apetites políticos ocasionais. Cada um invocando os momentos de paz e de tranquilidade, no passado, auferidos pela sociedade, sob a tutela de suas respectivas linhas de pensamento ideológico, da esquerda ou da direita, com seus correspondentes argumentos de sociabilidade antissocial, na expressão de Kant.

SOBRE SÓCRATES E A DEMOCRACIA

No oitavo livro de *A República*, de Platão, Sócrates declara que as pessoas não são capazes de se autogovernarem, razão pela qual se submetem a um líder. Quando o líder se sente empoderado, extingue-se a possibilidade de uma convivência de-

PARTE I – ESQUERDAS E DIREITAS

mocrática. A democracia, portanto, nessa visão, seria um sistema que contém os germes de sua própria destruição. Disso se valem os regimes totalitários, dos diferentes espectros ideológicos, para destruí-la, substituindo-a pela tirania totalitária. Goebbels, interpretando o pensamento de Stalin, seu inimigo, disse que "uma das grandes piadas da democracia consiste em dar aos seus inimigos mortais os instrumentos para destruí-la." A saudável piada continua, sobretudo, em países do terceiro mundo, onde vicejam a pobreza e a ignorância, políticos e intelectuais de espírito autoritário-totalitário, que sabotam a democracia, em busca da implantação de regimes despóticos nos quais ocuparão posições privilegiadas no quadro da *nomenklatura* ou nova classe que vier a se instalar.

PLATÃO, PAI DO FASCISMO

Nem Stalin, nem Hitler, nem Mao Tsé-Tung seriam capazes de escrever uma epígrafe tão bem sintetizadora do totalitarismo de todos os tempos como o fez Platão no século IV a.C.: "O maior de todos os princípios é o de que a ninguém, homens e mulheres, lhe falte um chefe. Do mesmo modo, ninguém deve fazer nada seguindo o seu arbítrio, nem por cuidados, nem por divertimento. Todos, na guerra como na paz, deverão dirigir o olhar ao seu chefe, e segui-lo, com fidelidade. Até mesmo nas questões mais íntimas, devemos seguir nosso chefe. Como exemplo, ao nos erguermos da cama, ao nos banharmos, ou ao nos alimentarmos, só devemos fazê-lo se e quando autorizados pelo nosso chefe. Em síntese: devemos ensinar nossa alma, repetidamente, a não agir ou reagir com independência, até alcançarmos a obediência automática." Por essa e outras é que Karl Popper sustentou, com ênfase total, que Platão é o pai do fascismo, para desespero dos adoradores que romantizam o autor de *A República*.

LUGAR DE HERÁCLITO

Heráclito (540-470 a.C), que morreu no ano em que Sócrates nasceu, tem lugar assegurado como um dos mais fecundos pensadores de todos os tempos. Sua cosmovisão, ou *Weltanschauung*, na terminologia alemã, representa um conjunto orgânico de conceitos e valores, impressões, crenças e concepções intuitivas precedentes à razão, a respeito do mundo, do homem e de suas circunstâncias. Heráclito sistematizou o ponto de vista cognitivo das pessoas, de grupos sociais e da sociedade humana, no tempo e no espaço, suas origens, constituição e características, de modo a construir, no seu conjunto, o que chamamos de filosofia natural, com postulados básicos, normativos e existenciais. Ele percebeu, naqueles tempos remotos, a dificuldade de distinguirmos entre fatos naturais e culturais, dificuldade que persiste, apesar da permanente convocação dos cientistas sociais para observarem postura presidida pela neutralidade axiológica, sem a qual a ideologia toma o lugar da ciência. A uniformidade factual, processual ou consequencial, entre causa e efeito, no campo das ciências naturais, nunca ocorre com as ciências sociais, em razão do inexaurível ineditismo inerente ao obrar humano.

A *Weltanschauung*, cosmovisão ou holística visão do mundo, é o mais ambicioso estágio de pensamento filosófico, seja pelo seu caráter universalmente abrangente, seja por conferir harmonia sistêmica à percepção e concepção universais, à mentalidade cultural, a partir de uma perspectiva individual. O tema é fecundo.

As mais complexas visões do mundo são de natureza intuitiva, concebidas, não raro, em momentos epifânicos, em padrão, aparentemente, metarracional, de difícil submissão à articulação lógico-expositiva ou a discussões próprias dos sistemas de pensamento consolidado. A isso se chama, em linguagem filosófica, númeno ou noúmeno, segundo a terminologia criada por Immanuel Kant em suas reflexões sobre o conhecimento do Homem. Seria uma espécie de idealismo transcendental, pelo

PARTE I – ESQUERDAS E DIREITAS

seu caráter metafísico, ao restringir sua referência ao plano das concepções ideais, e não, como de costume, às coisas ou ocorrências fenomênicas, tangíveis ou sensoriais. Daí a acentuada diferença entre fenômeno e número. Segundo Kant, a razão humana recorre a algumas categorias mentais para apreender a realidade, e essas categorias só podem ser aplicadas ao que acontece em nossa experiência sensorial, na geografia e no tempo, ganhando uma representação conceptual. Uma vez liberta dos seus condicionamentos existenciais ou sensoriais, nossa mente pode ser ocupada por arquétipos ideais, como os que, em grande medida, compuseram a filosofia platônica. Eis o número ou noúmeno kantiano, referido como "a coisa em si", imperceptível pelos sentidos. Só a intuição intelectual o reconhece. Seria por essa razão que nosso conhecimento se restringe aos fenômenos, deixando-nos na ignorância das coisas em si. O número, portanto, por se situar além do que pode ser conhecido, os fenômenos, é metafísico. O espaço, o tempo e as categorias mentais limitam o campo do cognoscível em busca do qual mobilizamos nossas energias. Essa limitação da cognoscibilidade não impede a inteligência humana de perquirir sobre o que está além da experiência, o número, como a ideia de Deus, da alma, do fim e do princípio das coisas, objetos de imanente perquirição humana, como Kant advertiu. Ao revelar que havia trinta anos que não entrava num laboratório de pesquisas, Albert Einstein deixou claro que "o saque" da Teoria da Relatividade resultou de um surto epifânico que o libertou dos condicionamentos da realidade sensorial, pondo sua mente em contato com o imponderável mundo numênico. Alguns dos grandes "achados" que mudaram o curso da ação humana teriam a mesma origem, como a ideia base na psicologia da Gestalt e na análise das mídias, o ego e o superego, ainda que essas "crenças" possam impregnar, irrefletidamente, visões mundiais, reveladas, apenas, em momentos epifânicos.

Foi ao tempo de Heráclito que as aristocracias tribais do Ocidente começaram a ceder aos apelos da democracia, nascidos da insurgência do individualismo que mandava amar o próximo em lugar de amar a tribo, mandamento já presente na pregação de Buda e de Confúcio, cinco séculos depois adotado pelo cristianismo, passando a um dos mais caros valores da civilização ocidental, em parceria com o altruísmo. O individualismo, portanto, passou a ser um fim a alcançar, e não, apenas, um meio para chegar ao coletivismo, como mais tarde viria propor o socialismo marxista. Kant fez dessa conclusão uma de suas mais caras reflexões. Karl Popper concluiu que a verbalização que Kant fez das razões para justificar o mando daquelas sociedades primitivas demonstra que o discurso totalitário permaneceu, essencialmente, o mesmo ao longo dos últimos vinte e cinco séculos.

Apesar de dotado do espírito inovador do seu mestre Heráclito, Hegel, vinte e três séculos depois dele, se posicionou contrariamente à Revolução Francesa, enquanto Popper evocou Platão ao advertir que "toda mudança social resulta em corrupção, decadência ou degeneração", na medida em que o que muda perde parte de sua essência, substituída por nova, com características distintas da que perdeu, não raro opostas. Por isso, o bem seria tudo que preserva, e o mal tudo o que modifica ou corrompe. A imutabilidade teria caráter divino, por haver alcançado a perfeição, enquanto a mudança significa a instabilidade das coisas imperfeitas. Por isso a democracia, apoiada na igualdade de todos perante a lei, seria uma fonte de imperfeições e desequilíbrios. Com base nesse princípio, Platão era pouco receptivo a conversar com os discípulos em pé de igualdade.

Não obstante as semelhanças entre os pensamentos de Platão e do seu inspirador Heráclito, o que inclui o caráter invariavelmente mutante das coisas, Platão, divergindo do mestre, acreditava que a vontade humana pode interferir no curso da mudança, impedindo a marcha da decadência. Platão não conseguiu explicar, porém, como conciliar a possibilidade desse voluntarismo humano com sua crença na lei do destino. O que seria mais determinante, o destino social e genético de um filho

PARTE I – ESQUERDAS E DIREITAS

ou o desejo de ser como o seu pai, na modelação do seu futuro? No mínimo, o resultado final será o produto da interação dessas duas vertentes. Diferentemente dos fenômenos naturais, caracterizados pela estabilidade ou permanência entre causas e efeitos, a instabilidade é a regra dominante no mundo das realidades sociais, em face do caráter, mutante, por excelência, do obrar humano. Daí a possibilidade contínua de submeter as regras sociais, como as concebidas por Platão, ao reducionismo sociológico preceituado por Alberto Guerreiro Ramos, renovando-lhes a validade, por mais aparente que seja a colisão entre as condições da atualidade e as do tempo de sua construção. Decididamente, Popper é o crítico mais implacável do totalitarismo platônico, não obstante reconhecer o seu corifeu como o mais influente pensador social de todos os tempos. O pensamento social de Platão, para Popper, seria uma mescla bem elaborada de especulação com observação dialética dos fatos, mediante a aplicação do método idealista à análise da vida social e às leis do seu avanço e estabilidade.

A MORAL E A POLÍTICA

Por mais acaloradas, divergentes e aceitáveis que sejam as discussões sobre o grau de participação da moral na política, parece fora de dúvida o imperioso repúdio à politização da moral, coerente com o princípio segundo o qual a moralidade deve ser mantida à distância das conveniências políticas. Do propósito de prevenir contra esse risco, nasceu o princípio que limita a ação de gestores públicos ao que for explicitamente admitido na lei, diferentemente do setor privado que está livre para fazer tudo que a lei não proíbe. As origens desses princípios típicos das sociedades abertas deitam raízes na Atenas de Péricles, Sócrates e Platão, e tiveram grande receptividade pelo cristianismo. Popper condena o marxismo com base em suas próprias contradições no plano da moralidade, concluindo pelo seu caráter substantiva e paradoxalmente reacionário, frontalmente oposto ao conceito da sociedade aberta, como o são todas as ideologias totalitárias, de esquerda ou direita, tribais e anti-iluministas. Segundo Popper, o marxismo, inclusive em sua autoproclamada dimensão científica, conduz a um destino oposto à sua pregação. Os resultados práticos levam a essa amarga conclusão. Em outras palavras: Popper demole o "socialismo científico" de Marx com rigorosos argumentos científicos. Além disso, o socialismo marxista nunca se instalou, nem há perspectivas de se instalar, em países do tipo pensado por Marx. Instalou-se, precisamente, na contramão de suas previsões. E, queda, sobre queda: o capitalismo democrático tem florescido, ironicamente, em vários países do bloco soviético, depois de arruinados pelo socialismo marxista. Não obstante a reiteração de ocorrências do mesmo naipe, os que fazem do marxismo uma religião fundamentalista continuam a pregar, candidamente, que é, apenas, uma questão de tempo a reimplantação do socialismo redentor. É até possível, no decurso de um multissecular processo evolutivo, desembocando na utópica formação de uma sociedade humana autopercebida como uma grande família. Para os que querem o comunismo para já, de nada serviram os milhões de vítimas fatais desse colossal equívoco teórico, comprovando que o homem é o único animal que tropeça mais de uma vez na mesma pedra! A essa postura de negar a evidência dos fatos, Popper denominou de "relativismo intelectual e moral."

Popper conclui que o coletivismo é a porta de entrada para a tirania, na medida em que difere dos indivíduos que o compõem, subtraindo-lhes a responsabilidade moral pelos seus atos. Nesse ambiente marcado pela passionalidade, os indivíduos altruístas são encarados com suspeição, à proporção que o seu comportamento difira do padrão tribal. Aí não cabe a "assimetria dos enunciados universais", sobre a qual Popper fundou sua teoria do conhecimento, em geral, e do conhecimento científico, em particular, que se estriba na sequência: concepção, teste, e contínuo aperfeiçoamento dos resultados práticos alcançados.

Parte I – Esquerdas e Direitas

A súmula do seu pensamento está contida no seguinte enunciado: "Sabemos muito pouco e cometemos muitos erros, mas podemos aprender com nossos erros!" Sua humildade intelectual, apanágio dos sábios (só sei que nada sei), deixou registrada nas palavras de Edmund Burke, tomadas como uma das epígrafes do seu *magnum opus*: "Ao longo de minha vida conheci e colaborei, na medida de minhas possibilidades, com homens notáveis, e nunca me deparei com um plano que não comportasse emendas propostas por pessoas sensivelmente mais modestas, intelectualmente, do que os autores originais." Sem a observância desse ritual e da liberdade de crítica, o conhecimento não progride. Na existência ou não dessa liberdade de crítica reside a distinção essencial entre sociedade aberta e sociedades fechadas.

O século XX sediou, em escala planetária, esse confronto entre sociedades abertas e fechadas, na contemporaneidade das democracias ocidentais com a intolerância do fascismo e do comunismo, magnificando experiência do mesmo jaez, vivida pela democracia ateniense, em escala reduzida, vis-à-vis a intolerância espartana, no século V a.C. A evolução das sociedades tribais para as abertas, da atualidade, deve muito às sociedades marítimas e comerciais, pelo alargamento e intensificação dos contatos humanos que proporcionaram, relativizando, o significado das diferentes culturas, e minimizando os prejuízos produzidos pelo nacionalismo tribal dominante. Nada como o livre-comércio e o contato entre pessoas de diferentes culturas para arejar os espíritos e vencer preconceitos! Residiria aí o embrião da postura que valoriza mais o consumidor sobre o produtor, no processo de expansão da atividade econômica?

ALIVIAR O SOFRIMENTO × AUMENTAR A FELICIDADE

Na definição das macros abordagens, de caráter econômico-social, importa distinguir entre as formulações negativa e positiva: "aliviar o sofrimento humano que pode ser aliviado" ou "maximizar a felicidade do maior número." A preferência da fórmula negativa, pelas sociedades abertas, segundo Popper, é recomendada pelas mesmas razões de se preferir "o combate de males concretos" à "promoção de benefícios abstratos", porque é mais fácil e simples definir e identificar o sofrimento do que a felicidade. Além disso, o apelo moral de mitigar o sofrimento – realidade concreta –, é sensivelmente maior do que fomentar a felicidade, reduto de um subjetivismo insondável. Diz ele: "Quanto mais tentarmos voltar aos tempos heroicos do tribalismo, mais certamente chegaremos à inquisição, às polícias secretas e ao banditismo romantizado... Podemos voltar a ser feras. Mas se quisermos continuar sendo humanos, há apenas um caminho, o caminho que leva à sociedade aberta."

De fato, o fascismo e o comunismo têm, em comum, o uso, como instrumento de trabalho, da mentira, da traição, da violência e a atomização da sociedade: dividir para governar. Desse propósito nasce a esquerda identitária. É impressionante como os valores da sociedade civil conseguiram sobreviver, apesar de atacados com tanta selvageria por Hitler, Stalin e Mao Tsé-Tung. Cuba, mais do que a Coreia do Norte, é o teste especulativo de um futuro cada vez mais próximo. Avalia-se que em apenas dez anos, após o retorno à democracia, a Grande Ilha Caribenha mais do que dobrará sua riqueza nacional, com exponencial elevação da qualidade de vida do seu povo, sob o regime fascista que ali já apresenta contornos nítidos.

Ao encerrar o seu *magnum opus, A sociedade aberta e seus inimigos*, Karl Popper diz que "Se quisermos continuar sendo humanos, temos que nos aventurar no desconhecido, no incerto e no inseguro, usando toda a razão que porventura possuamos para fazer planos para a segurança e para a liberdade." Immanuel Kant, por sua vez, muitos anos antes de Popper, querendo expressar a necessidade humana de práticas antissociais, como um componente de suas necessidades sociais, em seu texto "Ideia para uma história universal com propósito cosmopolita," ironizou o idílico anelo humano de uma Arcádia em que "as pessoas,

PARTE I – ESQUERDAS E DIREITAS

em seu pacifismo tão ovino, quanto o seu pastoreio, quase nada teriam a fazer para superar a qualidade de vida do seu rebanho." A liberdade, portanto, abrange o aprendizado para conviver com uma realidade mutante e desafiadora, por excelência. E a consolidação do exercício dessa liberdade, pensava Kant, dá-se por meio da criação da sociedade civil, dentro de um Estado de Direito. Na esteira de Kant, James Madison, ao tempo da fundação da democracia americana, elevou a sociedade civil, modelo difuso e abrangente das associações, ao patamar de uma sólida garantia da liberdade, por ser fracionada em tantos segmentos que a tornam invulnerável, até, às ações da maioria organizada. O mercado e o público formam o ambiente difuso e insusceptível de localização das ações da sociedade civil, que tem nas associações o seu amálgama ou fator de coesão. Coesão, aqui, não significa, necessariamente, ausência de tensões ou conflitos. Sua força coesiva consiste no seu papel aglutinador por representar os valores da confiança, da colaboração e da busca da igualdade, em clima de contínua receptividade ao contraditório. É da natureza da sociedade civil ver a igualdade como o farol cuja luz deve determinar o seu prumo. É possível que tenha sido esse sonho que impregnou o espírito dos norte-americanos a empreender a saga sem precedentes da construção de sua grandeza em tempo, relativamente, tão curto. Entre as nações mais maduras, esse parece ter sido o sonho que se transformou em aspiração coletiva, sem cujo concurso a sociedade civil não alcança o tríplice e sinérgico propósito da prosperidade, civilidade e liberdade.

É por isso que Karl Popper sentenciou: "O marxismo não passa de um episódio, um dos muitos erros que cometemos na luta eventual e cíclica pela construção de um mundo melhor e mais livre." Pensamento que reflete a lição de Heráclito: "Um homem vale mais do que dez mil, se for grande." Sem dúvida: os grandes homens não são imunes ao cometimento de graves erros. No caso de Karl Marx, um dos aspectos contrastantes que mais impressionam, no excepcional poder de atração intelectual da teoria que elaborou com Engels, é o conjunto de fatos condenáveis na sua vida privada, à luz dos valores do seu tempo como da atualidade.

A abissal distância entre a generosidade humanística do marxismo teórico e sua brutal prática, consistente nas rotineiras e inauditas violências que superam as mais alucinadas ficções, caracteriza o que se denomina de "assimetria dos enunciados universais". Pessoalmente, prefiro a expressão assimetria universal dos enunciados ideológicos. Para Popper, essa assimetria constitui um grande obstáculo para chegar ao conhecimento verdadeiro. Nos regimes comunistas, as mínimas tentativas de melhorar o padrão operacional vigente foram e são, invariavelmente, encaradas como torpe propósito de "retornar ao capitalismo perverso", crime a ser punido e desestimulado pela sumária eliminação dos suspeitos de sua prática ou conhecimento, sem denúncia. Bem o oposto da sociedade aberta, apoiada no estímulo à crítica como mecanismo indispensável ao aperfeiçoamento das leis e dos costumes, como prática para a compreensão do que seja o bem, a justiça e, sobretudo, a verdade, cada um com sua complexidade autônoma. Como o conhecimento em sua fase prospectiva é meramente conjectural, sua consolidação depende do ensaio, erro, correção do erro, e assim por diante. O coletivismo marxista, distinto dos indivíduos que o compõem, foi sempre usado como desculpa expiatória dos crimes mais hediondos praticados em nome da defesa dos interesses da coletividade, moldados, invariavelmente, em sintonia com os apetites do grupo ou líder no poder. Por sua arguida impessoalidade, não há como colocar o coletivo no banco dos réus, pelos mais liberticidas e sanguinários excessos da tirania, daí resultando a impunidade. Basta mencionar as dezenas de milhões de vítimas perpetradas na Rússia e China comunistas do século XX. Sem liberdade de crítica, portanto, o conhecimento não se realiza. É nesse ponto, precisamente, que reside a diferença entre a sociedade aberta e as fechadas, propostas pelos inimigos da primeira, segundo Popper.

Parte I – Esquerdas e Direitas

Enquanto os inimigos da sociedade aberta centram o foco na pergunta sobre quem vai governar, aquela se preocupa em evitar a tirania, priorizando as medidas assecuratórias da mudança de governo, sem a necessidade de recurso à violência. Enquanto as sociedades fechadas se preocupam mais acentuadamente sobre quem produz, a sociedade aberta foca no consumidor. Inspirados nessa percepção que tiramos os projetos do código do consumidor dos arquivos e mobilizamos as forças vivas do Congresso Nacional para transformá-lo em realidade, dando ao Brasil um instrumento legal de proteção ao consumidor, de grande eficácia histórica, e de qualidade reconhecida mundo afora. Um dos grandes pecados das utopias é não levar em conta a considerável quantidade de eventos que não resultam das intenções humanas, em razão de seu intrínseco ineditismo e da impossibilidade de conhecê-los a partir de experimentos.

TEORIA E PRÁTICA DAS IDEOLOGIAS

Registre-se, como uma característica comum a todas as ideologias políticas, que suas aspirações são claramente perceptíveis em sua formulação teórica, conquanto pouco ou nada em suas aplicações práticas. Por isso, não se conhece exemplo de um sistema operacional de governo, segundo qual seja a ideologia, que guarde simetria com sua proposição teórica. Não há exceção a essa regra, nem no espaço, nem no tempo. Nos casos de governos democráticos ou marxistas, os seus defensores recorrem sempre ao argumento de que os erros decorrem da aplicação equivocada dos saudáveis princípios gerais. Corrijam-se os erros, e tudo passará a ser uma maravilha.

Quando se trata, porém, de governos fascistas, como não existe um corpo de ideias bem definido, como há para o liberalismo ou o marxismo, fica a impressão de que as mazelas encontradas constituem elementos programáticos, percepção que resulta em substancial perda do prestígio de sua formulação teórica. Essa inconsistência doutrinária serviu de argumento para muitos considerarem o fascismo como um acidente ideológico, num momento em que parcela considerável da Europa, por distintas razões, enjeitava as propostas liberais e socialistas. Obviamente, havia muita gente de reconhecido calibre intelectual que defendia a superioridade de princípios fascistas sobre as demais ideologias correntes. À exceção de Platão e de seus seguidores, falta alguém para teorizar sobre o fascismo como John Locke o fez sobre o liberalismo e Karl Marx sobre o comunismo.

No caso do fascismo, sua aparição com esse nome se deu, na Itália como na França, antes do batismo que ocorreu em 1915, quando Mussolini concitou grupos apartidários italianos a ingressarem na Guerra Mundial, de modo desvinculado de partidos políticos. A esses patriotas independentes Mussolini denominou de "fascistas". É verdade que praticamente todos os regimes políticos de quaisquer épocas e lugares, desde os primeiros registros históricos, até antes da democracia americana, instalada no último quartel do século XVIII, foram fascistas em sua prática, com as adaptações a cada uma das diferentes realidades sociais em que atuaram. Como disse Karl Popper, "aquilo que hoje chamamos totalitarismo pertence a uma tradição que é tão velha, ou tão nova, quanto a nossa própria civilização". Como a revelar que a alma humana está impregnada de autoritarismo, acrescenta Popper, em seguida: "Ouve-se, com excessiva frequência, a sugestão de que é inevitável uma ou outra forma de totalitarismo". A novidade está, apenas, no nome que recebeu, ao reaparecer, na virada do século XIX para o XX, quando o campo político era dominado pelas aspirações democráticas, de um lado, e o socialismo totalitário marxista, do outro. O fascismo, portanto, desde quando reapareceu com a roupagem de modernidade, na abordagem de pensadores como George Sorel, nada mais é do que o regime praticado em todas as civilizações, com pontuais e episódicas exceções, a mais badalada das quais, o brevíssimo interregno democrático na Atenas de Péricles, num tempo em que a escravidão era vis-

PARTE I – ESQUERDAS E DIREITAS

ta com tanta naturalidade quanto o amanhecer e o anoitecer. O interesse sobre a discussão onde o fascismo surgiu primeiro, se na Itália, na França ou alhures, se exaure no plano da busca da precisão histórica. O que mais interessa conhecer são as razões que levaram a humanidade, ao longo de milênios, a reger suas ações, em caráter esmagadoramente majoritário, para não dizer exclusivo, consoante princípios políticos, jurídicos e morais que só no mundo contemporâneo a posteridade viria a batizar com o nome de fascismo, cuja existência era legitimada por sociedades com elevadas proporções de pobres e miseráveis e uma pequena porcentagem de ricos, remediados e poderosos, panorama social que só passou a sofrer alterações a partir da Revolução Industrial, com o aprimoramento do processo produtivo capitalista que resultou na economia de mercado e, na sequência, na sociedade aberta ou democrática. O que se destaca é que num mundo polarizado pelos valores da democracia e do socialismo, de diferentes matizes, essas antigas e infamantes condições em que vivia a maioria da população operavam como a inspiração motriz para o surgimento de uma proposta que de novo só possuía o nome, fato que constitui o mais notável e amplo caso de dissonância cognitiva, em massa, de que se tem memória, na medida em que, do ponto de vista do conteúdo programático e dos princípios que sustentam praticamente todos os sistemas de governo, o fascismo, tratado como proposta recente, é, na realidade, a mais antiga das ideologias, porque contemporânea de todas as épocas. Não obstante sua ancianidade, é relativamente escassa a bibliografia sobre o fascismo, sobretudo quando comparada com as existentes sobre a democracia-liberalismo e os diferentes matizes do socialismo. O bombardeio sofrido pelo fascismo, tanto por democratas quanto por socialistas, foi decisivo para a introjeção de sua visão como derivada de um momento aberrante da história, apesar de, na defesa de seus princípios, haverem militado algumas das mentes mais lúcidas, no Brasil e no mundo, ao longo dos cem anos que tiveram como termo o fim da Segunda Grande

Guerra, sem falar na obra de Platão, apontado por, entre outros, Karl Popper, como o pai do fascismo.

Popper abre o primeiro capítulo de *A sociedade aberta e os seus Inimigos* com a transcrição do texto abaixo da República de Platão, escrito em meados do século IV a.C: "O maior de todos os princípios é o de que ninguém, seja homem, seja mulher, deverá carecer de um chefe. Nem deverá a mente de ninguém ser acostumada a deixar que faça seja o que for por sua própria iniciativa: nem por zelo, nem sequer por brincadeira. Seja na guerra, seja em plena paz – deverá dirigir para o chefe o seu olhar e segui-lo fielmente. E mesmo no mais íntimo dos assuntos deverá obedecer ao chefe. Por exemplo, deverá levantar-se, ou mover-se, ou lavar-se, ou tomar as suas refeições apenas se lhe foi ordenado que o fizesse. Numa palavra deverá ensinar a sua alma, por um longo hábito, a nunca sonhar em agir com independência, até se tornar totalmente incapaz disso".

ESTIGMATIZAÇÃO DO FASCISMO

A identificação do fascismo com os nomes de Mussolini e Hitler, os dois maiores responsáveis por sua restauração, impediu ou estigmatizou qualquer tentativa de sua análise objetiva. Como a História é redigida pelos vitoriosos, Stalin, um assassino tanto ou mais brutal do que Hitler, ainda continuou, depois de findo o conflito, a matar o seu povo por mais oito sólidos anos, até que a morte libertou o mundo de sua sanha genocida, em março de 1953. Há quem atribua a coriácea insensibilidade afetiva de Stalin aos seus vários complexos, entre os quais o de não ter qualquer registro heroico em sua burocrática biografia e de sua estatura de 1,62 m, que ele detestava. Numa macabra compensação, Mao Tsé-Tung o substituiu, matando milhões de seus compatriotas, a partir de 1949, até sua morte redentora, em 1976.

De tal modo, o substantivo fascismo e o adjetivo fascista passaram a ser considerados xingamentos, sobretudo em face da

PARTE I – ESQUERDAS E DIREITAS

derrota do Eixo, em 1945, que são poucos, em qualquer lugar do mundo, que não tenham sido apodados de fascistas ou acusados de integrar o fascismo, por um ou mais dos seus adversários. Por isso, é muito comum que pessoas ou grupos políticos se ofendam reciprocamente, denunciando que o outro é fascista, independentemente de passado político democrático ou do partido a que pertençam.

Registre-se, como curiosidade, que nem Marx, nem Engels usaram a díade esquerda-direita. Também Lenin, conquanto a expressão já fosse corrente entre socialistas e comunistas, a partir de 1920, tanto na França e na Inglaterra, como na União Soviética e nos Estados Unidos, onde já eram frequentes os expurgos partidários. Recorde-se o título que Lenin deu à sua famosa diatribe de 1920: *Esquerdismo: a doença infantil do comunismo*, onde defendeu o uso do parlamentarismo, reconhecido como um eficiente instrumento de governo da burguesia.

Na década de 1970, o esquerdismo extremado que já havia praticamente desaparecido da Europa e dos Estados Unidos, reapareceu, repentinamente, batizado como Nova Esquerda, ganhando espaços na grande mídia norte-americana, como no *Time* e na *Newsweek*. A díade esquerda-direita, definitivamente, ganhou o mundo, desmentindo, pelo menos, em parte, a afirmação de que as imagens verticais, alto e baixo, nos condicionam mais fortemente do que as concepções horizontais.

ESTUDOS DO FASCISMO

O historiador italiano Emilio Gentile (1946-), em seu livro de 2019, *Chi è fascista* (Quem é fascista?), para enfatizar os equívocos que circulam na compreensão do que seja o fascismo e do seu propalado retorno, diz: "Façamos uma analogia entre a organização hierárquica da Igreja Católica, com o carismático Supremo Pontífice na cúspide, e a organização hierárquica do fascismo, com seu também carismático Líder sentado à cabe-

JOACI GÓES

ceira da mesa de comando. Com base nessa analogia, poderia resultar a tese de que a Igreja Católica é uma organização de caráter fascista, enquanto o fascismo seria uma organização católica. O exemplo não é paradoxal, uma vez que, com o método analógico, aplicou-se à Igreja o termo "totalitarismo", usado por antifascistas para definir o fascismo no poder". Para classificar esse modo canhestro de explicar fatos históricos, distorcendo-os, Gentile propôs o neologismo "ahistoriologia", como negação do caráter científico da historiografia. Disse ele: "Por este motivo, insisto em dizer que não podemos prescindir do fascismo histórico para definir quem é fascista, nem utilizar o termo fascista para movimentos políticos que não apresentem, de modo algum, as características peculiares do fascismo histórico. Chegando mesmo a ter características opostas, como foi o caso dos jacobinos, dos patriotas que lutaram para ter um Estado independente e soberano, dos norte-americanos que votaram quatro vezes seguidas para eleger como presidente a Franklin Delano Roosevelt, dos britânicos que aclamaram Churchill como premier na guerra contra Hitler, bem como dos franceses que elegeram De Gaulle Chefe de Estado, de 1959 a 1969". Gentile conclui, lembrando que, desde quando o prefeito racista de Viena, Karl Lueger, entre 1897 e 1910, disse que cabia a ele "decidir quem era judeu", ficou muito fácil para as pessoas decidirem quem é fascista. Lembrou Gentile que "aconteceu ao longo da história, entre as duas grandes guerras, que o uso inadequado dos termos fascista e fascismo, aplicado a quem não era fascista e, até, a quem se opunha ao fascismo, prejudicou a democracia, contribuindo para enfraquecer as forças antifascistas. Em vez de organizar uma frente antifascista, a divisão de grupos antifascistas resultou numa luta entre forças afins, como ocorreu nos dez anos compreendidos entre 1924 e 1934, quando os comunistas acusaram os antifascistas socialistas, os republicanos, liberais, democratas e conservadores de serem fascistas".

Segundo Gentile, "o fascismo foi movimento, partido e regime muito complexos em seu desenvolvimento histórico, tanto

PARTE I – ESQUERDAS E DIREITAS

do ponto de vista organizacional, quanto cultural e institucional, por ser a resultante de vários componentes que encontraram sua síntese em Mussolini, ainda que nele não se esgotando. Mussolini operava como o eixo de um carro que, para se movimentar, necessita do acelerador e das rodas. Caso contrário, o eixo opera no vazio". Ainda Gentile: "Como um exemplo importante, menciono as tentativas de desfascistização do fascismo, esvaziando-o da presença de fascistas em seus quadros, versão presente em obras históricas de qualidade, em que se negam provas as mais evidentes e irrefutáveis, da participação de nomes eminentes nos quadros da administração e do poder de governos fascistas durante vinte anos. De acordo com essa abordagem, a maioria desses atores ostensivos não pertenceu ao fascismo". Lembra Gentile que, no outro extremo, a insistência na tese da continuidade ou retorno do fascismo, segundo alguns, passa a ideia de sua perene existência ou eternidade, como percebeu Benedetto Croce em artigo publicado em 29/10/1944, com o título *Chi è fascista?* (Quem é fascista?), como era corrente na troca de insultos entre adversários políticos, em razão da ignorância generalizada sobre o verdadeiro conceito sociológico-filosófico do fascismo. Como exemplo, Croce citou o recurso frequente à palavra fascista, por comunistas e socialistas, para atacar liberais, católicos-democratas, adeptos de eleições livres e fiscalizadas, como se conservadores e fascistas fossem a mesma coisa. Esses grupos, por sua vez, revidam os ataques, chamando socialistas e comunistas de fascistas, em razão da semelhante utilização da violência em sua militância política e uso do autoritarismo no exercício do poder, expedientes comuns aos fascistas, socialistas e comunistas, ainda que os últimos o façam em nome do proletariado, e não do Estado ou da nação. Essa deformação se expandiu de tal modo que seu uso se generalizou tanto na linguagem política como na acadêmica. Na linguagem política as palavras "fascista" e "fascismo" passaram a ser usadas em caráter depreciativo contra adversários, não importando a natureza da ideologia que professassem. Nessa ótica, fascismo significaria todo comportamento de direita, de contrarrevolução, reacionarismo, conservadorismo, autoritarismo, corporativismo, nacionalismo, violência, racismo, imperialismo; enquanto fascista, em todos os idiomas, seria o conservador, o nacionalista, o corporativo, o racista, o imperialista, o autoritário, violento, machista, repressor. Nessa visão, fascista é o pai que castiga o filho, o professor que pune o aluno que pratica *bullying*, o guarda que aplica uma multa, o juiz parcial. Do mesmo modo, ganhou foros de universalidade, desde que apareceu pela primeira vez, em 1893, a qualificação de fascista a todos que recorram à violência para lidar com seus adversários políticos, tratando-os como se fossem inimigos inconciliáveis. Em síntese: é fascista todo aquele que concebe a disputa política como um confronto entre inimigos mortais. Nessa perspectiva, que prima pela mentalidade de escassez, todos os movimentos de emancipação, ao longo da história, teriam sido feridos entre fascistas, na opinião dos adversários. O governo do próprio De Gaulle, líder inconteste do antifascismo na França, foi considerado fascista, por esse afrontoso caldo de cultura, com roupagem republicana. De acordo com esse fascismo genérico, modalidade exclusiva do fascismo, tanto os terroristas do Terceiro Milênio quanto os revolucionários americanos e franceses foram e são fascistas! Israelenses e árabes se acusam, reciprocamente, de fascistas, assim como russos e chineses, bolsonarianos, lulistas, peronistas e chavistas! No terceiro milênio, circulam as expressões "fascismo vermelho", "islamismo fascista" e "israelismo fascista", para designar os atos terroristas dos respectivos grupos. Como se vê, parece haver duas posturas antípodas, relativamente ao fascismo; de um lado, temos os que defendem que o fascismo nunca existiu; do outro, um fascismo ubíquo e eviterno, que não teve começo, nem terá fim!

Enquanto o adjetivo "fascista" foi usado pela primeira vez em 1915, também o substantivo "fascismo" foi cunhado por Benito Mussolini quando, em 22 de maio 1919, em Fiume, ao referir-se ao movimento dos seus companheiros fascistas, disse

PARTE I – ESQUERDAS E DIREITAS

que "a tarefa do 'fascismo' está se convertendo na alma e consciência da nova democracia nacional". Segundo Emilio Gentile, "depois do surgimento dos Fascios de Combate (Milicianos), cujo órgão representativo era chamado de *Il Fascio*, foi esboçado um programa político que batizou como fascista o movimento de inspiração política, econômica e democrática". A ostensiva oposição do fascismo ao comunismo o converteu, na percepção popular, no inimigo jurado do proletariado. Disso se aproveitou o comunismo para desqualificar socialistas e social-democratas, como fascistas, até 1935, postura que acentua a crença na eviternidade do fascismo, integrado, também, pela concepção do fascista camuflado e do fascista objetivo.

A confusão epistemológica do fascismo se estabeleceu a partir já da década de 1920, quando fascistas se organizaram para depor Mussolini, o criador oficial do movimento, em 1919. Isso significa que, desde as origens, fascistas, atuando como antifascistas, lutaram para apear do poder fascistas históricos que passaram a ser vistos como antifascistas por atuarem contra fascistas usurpadores. Entenderam? A confusão continua grossa, contrariando o pensador Antônio Gramsci que, em agosto de 1924, vaticinou, na sede do Partido Comunista, que "O regime fascista, se não estiver morto, está moribundo, porque se esgota e morre, não apenas porque não foi capaz de minimizar a crise da classe média, que começou depois do fim da guerra, como contribuiu para incrementá-la. O fascismo entrou em agonia; o que o mantém é a união de forças secundárias, como a corda que se enrosca no pescoço do enforcado". Ao talentoso Gramsci escapou, como a tantos intelectuais do seu tempo que escreveram a respeito, a compreensão do que estava acontecendo, como o cientista político Filippo Turati (1857-1932), líder socialista italiano, ao escrever que "O regime (fascismo) está cercado por todos os lados. Cada dia que passa, surge um novo sinal de sua iminente e inexorável decomposição". Mais adiante, Turati voltou a sustentar que o regime "havia dado mais um passo na direção do seu fim. Cada dia há um fato novo, melhor dizendo, vários fatos novos que confirmam a putrefação do cadáver, portanto, sua completa extinção". E a 31 de dezembro de 1924, Turati concluiu o seu cassandrismo: "Chegamos, sem dúvida, quase ao final da ignomínia que estamos sofrendo há já muito tempo". Dois dias mais tarde, em 2 de janeiro de 1925, Turati arrematou com segurança infalível que "a inevitável morte do fascismo já fora constatada". No dia seguinte, 3 de janeiro, em discurso no Congresso, Mussolini acabou com o regime democrático, instalando o totalitarismo, que duraria até 1943.

Segundo o americano Jason Stanley (1969-), professor de Filosofia da Universidade de Yale, nos Estados Unidos, no seu livro de 2018, *How Fascism Works, the politics of us and them*, "do mesmo modo como o fascismo, o comunismo, quando se depara com o seu colapso no mundo real, recorre a expedientes condenáveis para se defender de suas ostensivas fragilidades, notadamente no campo de suas práticas totalitárias". Diz ele que, em 1922, Mussolini discursou em Nápoles: "Criamos nosso mito. O mito é uma fé, uma paixão. Não é necessário, portanto, que seja real... Nosso mito é a nação, nosso mito é a grandeza da nação! E a esse mito, a essa grandeza que queremos converter em uma completa realidade, submetemos todos os interesses!" Jason Stanley viu nessa mensagem de Mussolini "a intenção de caracterizar o sentido mítico do fascismo, de modo a adornar a nostalgia do seu passado com os valores ideológicos fundamentais, como o autoritarismo, a hierarquia, a pureza e a disposição para a luta. Com a criação de um passado mítico, a política fascista cria um vínculo entre a nostalgia e os seus proclamados ideais, instrumentos de transformação do presente". Pouco mais, além disso, disse Jason Stanley dos componentes ideológicos do fascismo, em sua concepção estrutural. Ele se dedicou a destacar e atribuir ao fascismo manifestações bizarras que nada têm a ver com o seu conteúdo ideológico nos diferentes momentos de sua trepidante formulação central. Nenhuma alusão foi feita às intercessões entre o fascismo, o comunismo e o socialismo de diferentes matizes, ora se opondo, ora

PARTE I – ESQUERDAS E DIREITAS

com eles somando. Nem de longe, toca na origem socialista do fascismo, como Eva nascida de uma costela de Adão. No geral, o livro de Stanley endossa a tendência dominante de conceituar o fascismo como uma versão hipertrófica do xingamento político, a partir do assoalhamento das práticas de personalidades universalmente execradas como Hitler, Himler, Alfred Rosemberg e outros. Não se nega veracidade a práticas nefandas do fascismo; critica-se o erro acadêmico de fazer parecer que o fascismo se esgota nesses atos e episódios condenáveis, do mesmo jaez de atos e práticas permanentes do comunismo onde quer que atue, a respeito dos quais a omissão conivente e engajada é a regra dos adeptos da esquerda totalitária. Essa postura em nada colabora para a compreensão dos fatores históricos, políticos e intelectuais que gestaram o fascismo, concebido como um meio alternativo ao comunismo e ao capitalismo como instrumento de promoção do avanço dos povos. Esse prévio engajamento ideológico, muito comum quando se trata de abordar o fascismo, passou a constituir a regra dos estudiosos temerosos do patrulhamento ideológico e de retaliações acadêmicas advindas do tratamento desapaixonado do tema, como objeto de estudos histórico-sociológicos, axiologicamente neutros.

É indispensável que o ambiente universitário continue sendo o palco fundamental para o exercício da democracia, o que significa dizer, um ambiente onde a pluralidade de opiniões e a diversidade existencial sejam a regra, por meio do sagrado reconhecimento do direito ao contraditório. Usar o espaço universitário, porém, para expansão de uma única ideologia, qualquer que seja, em prejuízo de diferentes visões do mundo, constitui a verdadeira antítese do espírito universitário, como é usual com as posturas supremacistas da direita e da esquerda. No caso da Rússia de Putin, a acusação é a de que a universidade está sendo usada para a expansão do fascismo, a exemplo da minimização do protagonismo atribuído à mulher ocidental; no Brasil, dá-se o desvio em favor do socialismo marxista, de viés bolivariano. Essa prática abominável vai na contramão do mais famoso depoimento filosófico, em favor da liberdade de expressão, de John Stuart Mill, em seu livro de 1859, *On Liberty*, capítulo 2, *"Of the liberty of thought and discussion"*, em que aponta como grave erro o silenciamento de qualquer opinião, mesmo que errada, uma vez que a verdade precisa do confronto de visões diferentes ou mesmo colidentes para emergir. Enquanto não houver essa abertura, a própria verdade remanesce como uma mera possibilidade cristalizada em preconceito. Como curiosidade, destacamos que os dois maiores acontecimentos, no campo da inteligência, no ano de 1959, foram os livros de Charles Darwin e Stuart Mill, respectivamente, *The Origin of Species* e *On Liberty*.

As sociedades decadentes ou em formação, como a brasileira, são alvo fácil do discurso populista de esquerda ou de direita, quase sempre com propósitos totalitários. Em ambos os casos, predomina a fragilidade individual e coletiva advinda do sentimento de perda, proporcionado pelas carências no plano das necessidades fundamentais, como as fisiológicas e de segurança. Diante da cronicidade de carências tão agudas, o imaginário popular veste, com as ilusões da dependência, os seus candidatos a líderes com a roupagem de salvadores da pátria, hipotecando-lhes apoio com o comprometimento da própria liberdade. A experiência comprova que não há instituição que seja invulnerável a críticas, em face da existência de falhas em qualquer delas. Mais produtivo do que defendê-las dos ataques que lhes forem dirigidos é perguntar o que se perderia com sua extinção e, em seguida, o que seria colocado em seu lugar. Essa simples sequência de perguntas tem considerável poder de abreviar ou extinguir discussões.

O FASCISMO NO MUNDO

Segundo a exegese predominante, o fascismo foi ou é um sistema político de caráter intensamente nacionalista, antiliberal, antissocialista e antiburguês, surgido, ostensivamente,

PARTE I – ESQUERDAS E DIREITAS

na Itália, entre 1919 e 1921, onde assumiu o poder em 1922, com Benito Mussolini, até 1943, quando foi defenestrado, em razão das derrotas militares sofridas pela Itália, contra as tropas aliadas, comandadas pelo General Patton, particularmente na região da Sicília. Pelas diversas características apresentadas nos países onde se instalou, o fascismo é identificado pelo nacionalismo, anticomunismo, corporativismo, colonialismo, antidemocracia, antiparlamentarismo, tradicionalismo, autoritarismo.

As primeiras formulações teóricas do fascismo, porém, surgiram na França, em fins do século XIX, como consequência das transformações sofridas pelo espírito francês, em razão direta da derrota na Batalha de Sedan, quando a França, derrotada por Bismarck, devolveu à Prússia a área que compreende a Alsácia e a Lorena, anexada ao reinado francês de Luís XIV, em 1648. Na Alemanha, o fascismo, adaptado às condições locais por Adolf Hitler, foi batizado como nazismo.

O INTEGRALISMO NA PENÍNSULA IBÉRICA

O integralismo, em Portugal, surgiu em 1914, com caráter monárquico, católico, nacionalista e antiliberal, opondo-se à democracia republicana de 1910. Defendia o retorno à monarquia nacionalista e antiparlamentar, em que o monarca fosse o chefe de Estado, concentrando todas as funções executivas. O termo integralismo costuma ser usado, também, para designar posturas religiosas de caráter fundamentalista.

O integralismo católico surgiu no século XIX em Portugal, Espanha, França, Itália e Romênia, com o propósito de difundir a interpretação católica da política e anular a concorrência de outras religiões ou valores como o humanismo secular e o liberalismo. O integralismo católico foi, assim, uma reação contra as profundas mudanças político-culturais derivadas do Iluminismo e da Revolução Francesa, atingindo o apogeu quando de

JOACI GÓES

sua reação ao modernismo, enfatizando que a função precípua do poder político é guiar o homem para o cumprimento de seu destino espiritual, para o que a rejeição do liberalismo seria de preceito. O integralismo é, assim, a continuação moderna da clássica relação imbricada da Igreja com o Estado, conforme mandamentos emanados do Vaticano que condenam, como heréticas, as propostas de separação da Igreja do Estado.

O catolicismo do século XIX contestou o liberalismo e sua doutrina de crescimento econômico, bem como as doutrinas materialistas que negavam o primado da revelação cristã. *O Sílabo dos Erros de Nossa Época* (*Syllabus errorum*) do Papa Pio IX é um libelo contra ideias centrais do Iluminismo e do liberalismo, promulgado em 1864, como apêndice da encíclica *Quanta Cura*. Contém oitenta posições reputadas erradas pela Igreja. Uma delas diz que "O Pontífice Romano pode e deve chegar a um acôrdo com o progresso, o liberalismo e a cultura moderna". Em 1865, o escritor e poeta português Antero de Quental (1842-1891) fez uma ferrenha defesa do édito papalino, dedicando-o, paradoxalmente, "a todos os católicos sinceros e convictos e a todos os hereges sinceros e convictos, como testemunho de boa fé". O registro do uso do termo integralismo data de 1890 para designar um partido político espanhol que extraiu do Sílabo suas ideias programáticas.

Vários estudos acadêmicos identificam aspectos comuns ao integralismo e ao fascismo, particularmente entre o fascismo italiano e o integralismo brasileiro, daí nascendo a expressão fascismo clerical. Tanto que Plínio Salgado, da Itália, escreveu cartas a amigos, no Brasil, dando conta do seu entusiasmo pelo fascismo, ali em curso, advogando por sua adoção no Brasil. Discute-se se o integralismo brasileiro era genuíno ou se, apenas, uma reprodução do fascismo de Mussolini. Em comum com o fascismo europeu, é fora de dúvida que o integralismo brasileiro teve várias características, não apenas de caráter litúrgico-ritualístico como programático, a exemplo do autoritarismo, do antiliberalismo e antissocialismo.

PARTE I – ESQUERDAS E DIREITAS

FASCISMO NA ITÁLIA

Um profundo abatimento do moral nacional dominou a Itália no pós-guerra de 1914-1918. O país saiu frustrado por não ver atendidas suas aspirações pelo Tratado de Versalhes, estando sua economia em situação ainda pior do que antes da Guerra. Por isso, a crise social ganhava aspectos revolucionários com o crescimento dos extremistas da esquerda e da direita. Foi quando, em Milão, emergiu o nome do já conhecido jornalista e ex--socialista Benito Mussolini (1883-1945), em março de 1919, ao lançar os fundamentos dos "Fasci di Combatimento" e dos "Squadri", grupos de combate e esquadrão, respectivamente, que tinham como propósito combater por meios violentos os adversários políticos, particularmente os comunistas.

Dois anos depois, com a fundação do Partido Nacional Fascista, o número de filiados subiu de 200 mil para 300 mil, reunindo pessoas de diversas inclinações ideológicas, como nacionalistas, ex-combatentes e desempregados, contrarrevolucionários e anti--esquerdistas, em geral. O número de grevistas dobrou de 1 milhão para 2 milhões, com cerca de 600 mil metalúrgicos ocupando e dirigindo fábricas, de acordo com o modelo socialista. O desacordo reinante sobre o modo de encaminhar a resolução dos grandes problemas nacionais, entre partidos integrantes do governo parlamentar, representava terreno fértil para a semeadura do fascismo. Por isso, em outubro de 1922, durante a realização do Congresso do Partido Fascista, em Nápoles, Mussolini anunciou o que denominou *A Marcha sobre Roma*, acompanhado de 50 mil camisas-negras", assim denominados em razão da cor do uniforme.

MARCHA SOBRE ROMA

Em Roma, sentindo-se impotente e coagido diante daquela avalanche humana, apesar de bem menor do que a propagada, o rei Vitor-Emanuel III convidou o líder dos fascistas, Benito

JOACI GÓES

Mussolini, para formar o Ministério. Nas eleições fraudadas de 1924, os fascistas obtiveram 65% dos votos, ensejando que, em 1925, Mussolini se tornasse o *Duce* ("líder", em italiano). Mussolini logo deu início à implementação do seu programa: acabou com as liberdades individuais; fechou e censurou jornais; anulou o poder do Senado e da Câmara dos Deputados; criou uma polícia política, responsável pela repressão, etc. Aos poucos foi instalando o regime ditatorial. O governo manteve as aparências de monarquia parlamentarista, mas Mussolini, em realidade, detinha plenos poderes.

Após consolidar grande autoridade política e se cercar das elites dominantes, Mussolini buscou promover o desenvolvimento econômico do país. No entanto, esse período de crescimento viria a ser duramente afetado pela crise de 1929.

UMA ERA DE TOTALITARISMO

O período compreendido entre as duas grandes guerras foi o de maior totalitarismo genocida da história humana. A começar pela Revolução Bolchevique, russa, facilitada pelo transcurso da Primeira Grande Guerra, seguido do nazismo alemão, a partir de 1933, uma vez que o fascismo, na Itália, instaurado em 1922, se restringiu ao totalitarismo político, sem qualquer dos excessos russo ou alemão. Para desgraça da humanidade, Mao Tsé-Tung chegou ao poder na China, vindo a comandar o maior genocídio de que se tem memória.

Sem a crise de 1929 e a emergência do nazismo hitleriano que conduziu à Segunda Grande Guerra, possibilitando a aliança da URSS com o mundo liberal, a Revolução de 1917 teria tido vida muito mais curta, inviabilizando, inclusive, a Revolução Chinesa de 1949. Isso porque os reflexos negativos da fome e do genocídio protagonizados por Stalin ocupariam o primeiro plano das atenções internacionais, desviadas pela guerra e rápido expansionismo nazista, estimulado pelo tratado de não agressão

PARTE I – ESQUERDAS E DIREITAS

entre a Alemanha e a Rússia, em 23 de agosto de 1939. Esse tratado, conhecido como "O pacto Ribbentrop-Molotov", nazi--soviético, pacto de não agressão germano-soviético ou pacto de não agressão germano nazi-soviético, foi firmado em Moscou, contendo cláusulas de não agressão entre os dois países que se comprometeram a recorrer à mediação diplomática para dirimir potenciais conflitos entre as nações, além da intensificação dos compromissos de ajuda mútua e dos laços comerciais. O pacto continha cláusulas secretas que dividiam entre os signatários os países do Oeste e do Centro da Europa, figurando a Polônia como espólio a ser repartido entre os dois, aparecendo a Estônia, a Letônia e Lituânia como zonas "de interesse soviético". Nenhum dos dois signatários poderia fazer alianças contra o outro. Ribbentrop e Molotov eram, respectivamente, o Ministro dos Negócios Estrangeiros da Alemanha – Joachim Von Ribbentrop –, e o Ministro Soviético, da mesma pasta – Viatcheslav Molotov. Esse pacto seria seguido do Acordo Comercial Germano-Soviético, em fevereiro de 1940, consolidando, assim, o reconhecimento da União Soviética à invasão da Polônia pela Alemanha, em 1 de setembro de 1939, fato que deu início à Segunda Grande Guerra. Esses tratados foram suplementados pelo Tratado da Fronteira Germano-Soviética, na sequência da invasão da Polônia, seguida pela invasão russa, no dia 17 de setembro. Dois meses depois, em novembro, a Rússia anexaria a Estônia, Letônia e a Lituânia, e áreas territoriais da Finlândia e Romênia.

Como é do conhecimento geral, esses pactos foram quebrados com a invasão do território polonês, sob a custódia soviética, pelas tropas alemãs, em 22 de junho de 1941, hostilidade denominada Operação Barbarossa, que deu início à derrocada alemã, pouco menos de quatro anos depois. Só em 1989, como reflexo da Perestroika, o Governo Soviético admitiu a existência do pacto firmado com a Alemanha de Hitler, cinquenta anos antes.

O avanço do totalitarismo na Europa, a partir do Primeiro pós-guerra, em 1918, resultou da combinação de dois fatores fundamentais: as dificuldades econômicas, vividas pelos países

O INTEGRALISMO

do Continente, somadas ao temor da expansão do socialismo implantado na Rússia.

O INTEGRALISMO

Integralismo ou integrismo é o conjunto de conceitos teóricos e práticas políticas que defendem uma ordem social e política integrada, com base na convergência de tradições políticas, culturais, religiosas e nacionais de determinado Estado ou entidade política. A mesma definição do fascismo. Algumas formas de integralismo priorizam a integração política e social, assim como a unidade nacional ou étnica, enquanto outras optam por alcançar unidade religiosa e cultural. Na história dos séculos XIX e XX, o integralismo esteve, frequentemente, identificado com a tradição e com movimentos políticos similares de direita, bem como com vários movimentos centristas, usados como ferramenta de integração política nacional e cultural. Como movimento tradicionalista, o integralismo surgiu das acaloradas discussões internas da Igreja Católica, na virada do século XIX para o XX, particularmente na França.

O termo integralista foi usado para descrever os que se opunham aos modernistas filosófico-católicos que buscavam uma síntese entre a teologia cristã e a filosofia liberal da modernidade secular. Os integralistas pregavam que toda ação social e política deveria ser baseada na fé católica e rejeitavam a separação entre Igreja e Estado, argumentando que o catolicismo deveria ser proclamado a religião oficial do Estado. No Brasil, o catolicismo influenciou o movimento político do integralismo entre 1932 e 1937, sendo considerado um braço político-fascista da Igreja Católica. Ainda no Brasil, o fascismo – denominação usada, pela primeira vez na Espanha, em 1890 –, adotou o nome de integralismo, sob a liderança do político, jornalista, teólogo e profuso escritor Plínio Salgado (1895-1975), fundador da AIB-Ação Integralista Brasileira, por meio do do-

PARTE I – ESQUERDAS E DIREITAS

cumento que ficou conhecido como Manifesto de Outubro, lançado no dia 7 daquele mês de 1932, a partir dos estudos realizados por um grupo multidisciplinar de universitários que integravam a SEP – Sociedade de Estudos Paulistas. Em 1934, no Congresso de Vitória, organizado pela AIB-Ação Integralista Brasileira, Plínio Salgado foi declarado Chefe Perpétuo da Revolução Integralista. Plínio, que rejeitava, publicamente, o racismo, adaptou quase todo o simbolismo do integralismo ao do fascismo italiano, como no vestuário, na gesticulação identificadora, nas pomposas manifestações de rua e uma retórica agressiva, tudo desembocando no poder autoritário de uma liderança carismática. Seus princípios fundamentais eram o nacionalismo, o patriotismo, o espiritualismo, a democracia orgânica corporativa e a civilização cristã. A Ação Integralista Brasileira viria a ser fechada em 1937, por Getúlio Vargas, na sequência do golpe do Estado Novo. Abrigado no PRP – Partido de Representação Popular, o integralismo atuaria em ambiente de liberdade nos vinte anos compreendidos entre 1945 e 1965, quando o Governo Militar restringiu a dois partidos políticos o até então vigente multipartidarismo. Os integralistas de então, em sua grande maioria, filiaram-se à Arena – Aliança Renovadora Nacional.

O INTEGRALISMO EM PORTUGAL

O integralismo em Portugal nasceu como uma reação ao anticlericalismo da Primeira República de 1910, tendo como base de apoio o sindicalismo e o municipalismo. Defendeu a proteção dos valores nacionais, o passado histórico, as tradições, os costumes, a cultura, a liberdade religiosa, mediante a participação conjunta de todas as classes sociais, com o propósito de alcançar a harmonia social. Defendeu, também, a monarquia portuguesa, a liberdade sindical e empresarial, bem como a livre competição, opondo-se, porém, às lutas de classe e às greves, sendo as reclamações dos trabalhadores resolvidas por tribunais especializados, como viria a ser no Brasil. As ações integralistas foram associadas às coordenadas, na França, por Charles Mauras, então muito influente sobre Antônio de Oliveira Salazar, fundador do Estado Novo português. Mais tarde, porém, o integralismo português se afastaria das ideias do poeta e jornalista francês Charles Mauras (1866-1952), monarquista, germanófobo e teórico do nacionalismo integral. O Estado Novo, implantado por um golpe de Estado militar que durou de 1926 a 1974, ficou conhecido como Salazarismo, sob o comando de Antônio de Oliveira Salazar (1889-1970). Em quase meio século à testa do poder totalitário do Estado Novo, Salazar foi, sucessivamente, eleito Presidente da República, para o cumprimento de mandatos de sete anos. A ele cabia a indicação do Presidente do Conselho de Ministros. Além de centralizar os poderes executivo e legislativo, Salazar podia acumular os ministérios que quisesse, como os da Guerra e das Colônias, os dois mais importantes. Com a extinção dos sindicatos, dos partidos políticos e a proibição das greves, Salazar podia dizer como Luís XIV, sem o cometimento de impropriedade: "O Estado sou eu!"

Na Espanha, sob Francisco Franco Bahamonde (1892-1975), o fascismo ficou conhecido como Franquismo, e o seu líder como o Generalíssimo ou, apenas, Franco. Em 1926, antes de completar 34 anos, em razão de feitos militares na África, tornou-se o general mais jovem de toda a Europa. O golpe de Estado que derrubou a Segunda República deflagrou a cruenta Guerra Civil Espanhola, por ele liderada e vencida, em 1939, com o apoio de Hitler e de Mussolini. Francisco Franco, "*el caudillo de España por la gracia de Dios*", como lembrava a inscrição nas moedas nacionais, permaneceu no poder até a morte, em 1975, logo depois de restaurar a monarquia, fazendo do Rei Juan Carlos o seu sucessor, no comando de um sistema político que perdura.

Parte I – Esquerdas e Direitas

O ESTADO NOVO E O FASCISMO

O governo ditatorial de Getúlio Vargas – Estado Novo (1937-1945) – teve características fascistas como a censura, o unipartidarismo, a existência de uma polícia política e a perseguição aos comunistas. No entanto, não foi expansionista nem escolheu um outro povo para ser alvo de ataques. Por isso, alguns discutem se o Estado Novo foi, além de nacionalista, também, fascista.

Como conteúdo programático, constante do Manifesto de Outubro, Plínio Salgado redigiu e apresentou dez princípios básicos norteadores da doutrina a ser formada na Sociedade de Estudos Políticos: 1) Somos pela unidade da Nação; 2) Somos pela expressão de todas as suas forças produtoras no Estado; 3) Somos pela implantação do princípio da autoridade, desde que ele traduza forças reais e diretas dos agentes da produção material, intelectual e da expressão moral do nosso povo; 4) Somos pela consulta das tradições históricas e das circunstâncias geográficas, climatéricas e econômicas que distinguem nosso país; 5) Somos por um programa de coordenação de todas as classes produtoras; 6) Somos por um ideal de justiça humana, que realize o máximo de aproveitamento dos meios de produção, em benefício de todos, sem atentar contra o princípio da propriedade, ferido tanto pelo socialismo, como pelo democratismo, nas expressões que aquele dá à coletividade e este ao indivíduo; 7) Somos contrários a toda tirania exercida pelo Estado contra o Indivíduo e as suas projeções morais; 8) Somos contra a tirania dos Indivíduos, contra a ação do Estado e os superiores interesses da nação; 9) Somos contrários a todas as doutrinas que pretendem criar privilégios de raças, de classes, de indivíduos, grupos financeiros ou partidários, mantenedores de oligarquias econômicas ou políticas; 10) Somos pela afirmação do pensamento político brasileiro baseado nas realidades da terra, nas circunstâncias do mundo contemporâneo, nas superiores finalidades do Homem e no aproveitamento das conquistas científicas e técnicas do nosso século."

JOACI GÓES

FILOSOFIA DO INTEGRALISMO

O integralismo tem doutrina e método. Com a doutrina, que compreende o Universo e o Homem, no conjunto dos fenômenos que lhe são inerentes e consequentes, busca resolver os problemas individuais com base na perspectiva nacional e global, humana. Nessa perspectiva, o integralismo se propõe a harmonizar as formas e os movimentos, tanto do que é autônomo quanto do que é determinado. Essa concepção holística do Universo começa pela aceitação de Deus como a Verdade Eterna. Por isso, segundo Plínio Salgado, em consonância com o princípio da totalidade integralista, não é possível encontrar soluções isoladas para aspectos isolados da realidade, uma vez que cada parte do todo, aparentemente isolada, está sinergicamente interrelacionada com tudo, do mesmo modo que cada parte ou função de nosso corpo está numa inexorável relação de interdependência com as demais partes do conjunto. Daí a imperiosa necessidade de resolvermos as questões do conjunto, buscando identificar suas interrelações, para que possamos, consequentemente, resolver os problemas individuais ou parciais.

Por conceber a nação como um dos grupos naturais, o integralismo adota uma posição nacionalista. Conforme o *Manual do Integralista*, "a Nação é uma grande sociedade de famílias, vivendo em determinado território, sob o mesmo governo e sob a impressão das mesmas tradições históricas e com as mesmas aspirações e finalidades". Segundo Plínio Salgado, o "Nacionalismo é compreensão íntima do meio social e do meio cósmico. Nacionalismo seria a visão total do país e, ao mesmo tempo, a consciência particular de cada caráter e de cada tendência, de cada modo de ver, sentir, estar, resolver, aspirar, trabalhar e viver dos indivíduos, isoladamente, e das populações agremiadas sob o império de uma forma de atividade econômica, uma circunstância geográfica e uma feição moral. Nacionalismo é a manutenção da integridade da Pátria". Segundo o integralismo, o nacionalismo colide, por consequência, com o cosmopolitismo

PARTE I – ESQUERDAS E DIREITAS

introduzido no Brasil por uma burguesia comprometida, apenas, com a satisfação de seus apetites, em prejuízo de nossas nascentes tradições. Daí o dever de combatê-la, o que não significa má vontade com as nações amigas, nem com os imigrantes ou visitantes estrangeiros. O nacionalismo é muito mais do que o culto ao nosso hino e à nossa bandeira. Tem a ver com a preservação da integridade de nossos valores, costumes e tradições. "É a profunda consciência das nossas necessidades, do caráter, das tendências, das aspirações da pátria e do valor de um povo. Essa é uma grande campanha que vamos empreender".

Com base nesses postulados, Plínio Salgado elaborou a teoria do "homem integral", base de seu pensamento, que coloca o ser humano no centro da vida social e política dos povos. O homem integral seria a união sinérgica de corpo e alma, resultando na tríplice dimensão cívica, econômica e espiritual. No lugar do indivíduo é colocado o ser humano como pessoa, "consciente, volitivo e independente". O homem, com o seu poder de criação e de interferência, deve ser subordinado ao mundo e à sua regência. Nas palavras de Plínio, "o Homem é um ser feito à imagem e semelhança de Deus, seu Criador, possuindo uma alma espiritual e imortal, dotada de inteligência e de vontade livre. Ele deve encontrar na sociedade civil os meios de cumprir seus deveres e de exercer seus direitos correlativos, conforme as finalidades da sua natureza e sua vocação divina". Disse mais: "Acima dos regimes, que tudo prometem, existe o próprio homem, cuja personalidade cumpre preservar, e acima do homem existe o seu criador, para cujo seio devemos dirigir os nossos passos na terra, através de tão curta passagem por este mundo. A pessoa humana é ponto de partida e de chegada de todas as cogitações sociais e políticas, o fundamento dos grupos naturais, a fonte do direito e da independência das nações." Segundo ele, o problema da cosmovisão materialista é o de encarar a vida humana como um fenômeno exclusivamente terreno. Por isso, denunciou o que considerava "concepções unilaterais do homem", a exemplo do individualismo, do coletivismo e do estatismo. Atribuía a responsabilidade por esses equívocos a Jean-Jacques Rousseau, John Locke e Thomas Hobbes, além dos enciclopedistas em geral. Rousseau seria o responsável pela idílica e inconsistente concepção do homem, originalmente bom, corrompido pela sociedade; Locke seria o responsável pelo otimismo liberal e, no outro extremo, o pessimismo totalitário de Hobbes. Segundo pensava, o individualismo partia de Rousseau e terminava com Nietzsche, incluídos o positivismo de Auguste Comte e o evolucionismo bem como o pragmatismo de William James. O coletivismo, nascido, também, com Rousseau, terminava em Karl Marx. Essas concepções mutiladas do homem, segundo Plínio Salgado, resultam na produção de monstros: "o monstro indivíduo, o monstro coletividade, o monstro Estado, o monstro raça e o monstro liberdade". Disse ele: "Uns viram no homem apenas sua realidade econômica: é o homem-econômico de Marx. Outros só viram a realidade política: é o homem cívico das democracias agnósticas. Outros só viram as realidades do prazer sensual: é o homem freudiano pansexualista. Outros só viram as realidades dos impulsos violentos e dominadores: é o super-homem de Nietzsche".

Se Plínio Salgado não tivesse seu nome vinculado a uma ideologia que foi universalmente estigmatizada, em razão de sua filiação histórica ao nazifascismo que conduziu o mundo à Segunda Grande Guerra, com todo o cortejo de suas atrocidades, culminadas com o holocausto, sem dúvida o reconhecimento do seu inegável valor literário e intelectual, como notável polímata, seria ainda maior do que o existente. Sua obra, pelas dimensões, abrangência temática e qualidade, o credencia ao reconhecimento de ter sido um dos maiores intelectuais brasileiros de todos os tempos. Para ficarmos, apenas, num exemplo, a sua biografia de Jesus, a melhor originalmente escrita em língua portuguesa, é do mesmo padrão das produzidas por Ernst Renan e por Sholem Asch. As paixões políticas, porém, desde sempre e em toda parte, podem conduzir a desvios ou excessos críticos dos quais, muitas vezes, com o passar do tempo, os seus

PARTE I – ESQUERDAS E DIREITAS

autores se penitenciam. No curso de sua vida de oitenta anos, Plínio Salgado conviveu com o afago de admiradores e agressões críticas das mais contundentes e injustas. Para exemplificar, vejamos o que sobre sua obra literária disseram, em momentos distintos, dois dos mais notáveis escritores brasileiros, Monteiro Lobato e Jorge Amado.

Em 1926, quando Plínio publicou o romance *O Estrangeiro*, aos 31 anos, Monteiro Lobato disse num artigo de jornal: "Plínio Salgado consegue o milagre de abarcar todo o fenômeno paulista, o mais complexo do Brasil, talvez um dos mais complexos do mundo, metendo-o num quadro panorâmico de pintor impressionista. Todo o livro é uma inaudita riqueza de novidades bárbaras, sem metro, sem verniz, sem lixa acadêmica – só força, a força pura, ainda não enfiada em fios de cobre, das grandes cataratas brutas", e conclui dizendo que "Plínio Salgado é uma força nova com a qual o país tem que contar". O festejado crítico literário Wilson Martins seguiu na mesma toada, considerando *O Estrangeiro* como a maior realização romanesca da década de 1920, no Brasil, ao lado de *O Esperado*, também de Plínio Salgado. No outro extremo, Jorge Amado, seu adversário político, então militante do Partido Comunista, escreveria, em 1942, no livro *O Cavaleiro da Esperança*, biografia de Carlos Prestes, que "Nunca, em todo o mundo, incluindo o futurismo de Marinetti no *fascio* italiano, incluindo as teorias árias do nazismo alemão, nunca se escreveu tanta idiotice, tanta cretinice, em tão má literatura, como o fez o integralismo no Brasil. Foi um momento onde maior que o ridículo só era a desonestidade. Plínio Salgado führer de opereta, messias de teatro barato, tinha o micróbio da má literatura. Tendo fracassado nos seus plágios de Oswald de Andrade, convencido que não nascera para copiar boa literatura, plagia nesses anos o que há de pior em letra de fôrma no mundo. É a literatura mais imbecil que imaginar se possa." Jorge Amado voltaria atrás desse julgamento injusto que lhe fora imposto como missão partidária!

203

NACIONALISMO

Por usarem um uniforme verde, os integralistas eram apodados de camisas-verdes e, no auge da disputa política, eram também chamados, pejorativamente, de galinhas-verdes. Como saudação partidária, erguiam a mão direita, espalmada para fora, no mesmo estilo dos camisas-negras, italianos, e dos camisas pardas, nazistas, e diziam "anauê", palavra da língua nativa Tupi, que significa "você é meu irmão!" As camisas e os capacetes eram em tonalidades verde-mar, as gravatas eram pretas e as calças nas cores branca ou preta. A bandeira integralista era composta de um fundo azul com um círculo branco central, no interior do qual figura a letra grega sigma, em maiúscula, para simbolizar a soma sinérgica dos valores esposados.

$$\Sigma$$

Cada subdivisão do movimento contava com símbolos próprios.

Nas paradas militares, os integralistas marchavam como soldados, sendo que muitos deles executavam, ainda que, por vezes, de modo canhestro, os rituais das Forças Armadas. O integralismo brasileiro defende o nacionalismo, a propriedade privada, a afirmação da cultura nacional, os valores morais, o cristianismo, a hierarquia como expressão do mérito, o combate simultâneo ao comunismo e ao liberalismo econômico. Esse combate simultâneo ao liberalismo econômico e ao comunismo deriva do entendimento de que esses dois posicionamentos são semelhantes, em razão de serem as mesmas suas raízes epistemo-ideológicas, de matriz materialista, perspectiva inaceitável para o integralismo que rejeita a caracterização humana pelo materialismo histórico como intrinsecamente burguesa, ao esgotar sua conceituação nos aspectos materiais, perspectiva partilhada pelo liberalismo econômico, segundo o fascismo clássico. Plínio Salgado repetia, à exaustão, que a burguesia não é

PARTE I – ESQUERDAS E DIREITAS

uma classe social ou econômica, mas um estado de espírito. Em reforço dessa tese, Miguel Reale (1910-2006) escreveu: "Desde que o marxismo passou a ser a crítica da sociedade capitalista e um método cômodo de estudar a sociedade burguesa, muitas ideias acessórias vieram se unir à tese fundamental da limitação da propriedade individual ou da sua supressão. Hoje em dia não é mais possível separá-las. O ateísmo, a abolição da família, o internacionalismo dos povos, o materialismo em todos os sentidos da vida, tudo está tão entrelaçado ao ideal socialista, que nos deparamos com um grande paradoxo: É preciso ter espírito estritamente burguês para abraçar o comunismo."

PRESENÇA INTEGRALISTA

Miguel Reale, secretário de doutrina da Ação Integralista Brasileira, foi, entre os juristas, o maior nome do integralismo brasileiro. Ele se destacou, sobretudo, pela obra *Teoria Tridimensional do Direito*, de 1940.

O integralismo rejeita o propósito comum ao comunismo e ao liberalismo de internacionalização da humanidade, sob a dominação seja dos cartéis e das grandes corporações, seja de uma ideologia.

Como Plínio Salgado condenava o racismo, o integralismo brasileiro apoiou o fascismo italiano, ao tempo em que condenava o nazismo alemão, conquanto alguns membros da Ação Integralista fossem ostensivamente antissemitas, a exemplo do polímata cearense Gustavo Barroso, que, com Plínio Salgado e o jurista Miguel Reale, compunha o trio de ouro intelectual do integralismo. A AIB, como todos os partidos políticos, foi extinta com o advento da ditadura do Estado Novo, em 1937, sob a liderança do caudilho Getúlio Vargas. O ambiente político brasileiro passou a ser uma réplica, ajustada às condições locais, dos conflitos ideológicos vivenciados na Europa, sobretudo, na Alemanha, Itália, Espanha e Portugal. Lá, como aqui, esse corpo

JOACI GÓES

de ideias atraiu alguns dos mais qualificados intelectuais do país, como, além do trio de ouro, Alceu de Amoroso Lima – o Tristão de Ataíde –, que chegou a fazer afirmações antissemitas, Antonio de Toledo Piza, Alfredo Buzaid, Alcebíades Delamare Nogueira da Gama, Antônio Galloti, Augusto Frederico Schmidt, Adonias Filho, Álvaro Lins, Américo Jacobina Lacombe, Abdias do Nascimento, Belisário Pena, Câmara Cascudo, Dantas Mota, Ernani Silva Bruno, Dom Helder Câmara, Geraldo Melo Mourão, Gofredo Teixeira da Silva, Hélio Viana, Herbert Parentes Fortes, Inácio da Silva Teles, Jorge Lacerda, José Loureiro Junior, José Lins do Rego, João Carlos Fairbanks, Mário Graciotti, Mansueto Bernardi, Madeira de Freitas, Neiva Moreira, Olbiano de Melo, Paulo Fleming, Ribeiro Couto, Roland Corbisier, Raimundo Barbosa Lima, Raimundo Padilha, Rômulo de Almeida Mercuri (não confundir com o baiano Rômulo Barreto de Almeida), Rubem Nogueira, Rui de Arruda Camargo, Tasso da Silveira, San Tiago Dantas, Thiers Martins Moreira, Seabra Fagundes e Vinícius de Morais, para ficar em nomes nacionalmente conhecidos. Além disso, o integralismo conquistou parcela ponderável dos dirigentes de empresas, da classe média e das Forças Armadas. O próprio Getúlio Vargas apoiou o integralismo, como flertou com o nazismo de Hitler, a ponto de resistir, até a última hora, integrar o Brasil com as tropas aliadas. Só o fez depois do bombardeio de 22 navios brasileiros, que resultou na morte de centenas de tripulantes e passageiros, muitos deles lançados nas praias da Bahia, como descreveu João da Costa Falcão, guardião de Luís Carlos Prestes, em seu livro *A Bahia na Segunda Guerra Mundial*. A repatriação de Olga Benário Prestes para morrer nas masmorras de Hitler constitui um ato de crueldade e covardia política de Getúlio Vargas ainda maior do que a entrega, pelo Presidente Lula, a Fidel Castro, do pugilista que se aproveitou dos Jogos Olímpicos, no Brasil, para fugir da ditadura cubana.

Em 1936, quando a população brasileira era da ordem de trinta e sete milhões de pessoas, o integralismo contava com cerca de um milhão de membros que passaram a se expressar

PARTE I – ESQUERDAS E DIREITAS

através de um número crescente de jornais e revistas, distribuidos em todas as 22 províncias, como eram, então, denominados os Estados. Entre os imigrantes, no Brasil, destacam-se os portugueses e os italianos. Havia mais de 100 jornais e quatro revistas, segundo edição de outubro de 1937 do jornal *Monitor Integralista*, de circulação nacional. O jornal contabilizava, também, mais de 150 mil crianças integralistas, entre plinianos e plinianas. Incluídas as inscrições feitas do exterior, como em Montevidéu, Buenos Aires, Santiago do Chile, Lisboa, Porto, Las Palmas, Paris, Roma, Varsóvia, Berlim, Zurique, Genebra, Washington, Nova Orleans, Filadélfia, Tóquio e outras, chegava-se a cerca de sessenta mil membros, com destaque para as classes alta e média, bem como militares, em especial da Marinha. A AIB (Ação Integralista Brasileira) reivindicava um total superior a um milhão, trezentos e cincoenta mil membros, distribuídos em três mil e seiscentos núcleos, Brasil e Mundo afora; sem mencionar os pedidos de filiação em curso de processamento e o crescente número de simpatizantes, quando a AIB foi posta na ilegalidade, em 1938.

LEVANTE INTEGRALISTA

Depois de integrar o governo ditatorial de Vargas, por breve tempo, o integralismo rompeu, em dezembro de 1937, em razão do decreto-lei que extinguiu os partidos. Em retaliação, em maio de 1938, oitenta integralistas militantes, inclusive um membro da família imperial brasileira, atacaram o Palácio Guanabara, escritório de Getúlio, sendo severamente repelidos, com mortes e ferimentos graves. Cerca de 1.500 integralistas foram presos, sob a guarda do temível chefe de polícia, o matogrossense Filinto Muller, que morreria no acidente aéreo com avião da Varig, nos arredores de Paris, em 1973. Plinio Salgado foi exilado em Portugal. O episódio passou à história com a denominação de Levante Integralista.

Com a queda de Vargas, imposta pela aragem democratizante da vitória aliada, na Segunda Grande Guerra, os integralistas se reagruparam no PRP – Partido de Representação Popular, presidido por Plínio Salgado, habilitando-se a participar do processo eleitoral, a partir da Constituinte de 1946, até as eleições gerais de 1966. O PRP obteve os melhores resultados no Rio Grande do Sul, Santa Catarina, Paraná, São Paulo e Rio de Janeiro, Estados com os mais elevados níveis educacionais do país. Como candidato à Presidência da República, porém, em 1955, Plínio Salgado obteve 8,24% dos votos, tendo sido eleito Juscelino Kubitscheck. Os 714 mil votos que Plínio obteve sepultaram as perspectivas do integralismo. Sob os protestos da UDN, o Presidente eleito Juscelino nomeou-o diretor do Instituto Nacional de Imigração e Colonização. Em 1958, Plínio Salgado foi eleito deputado federal pelo Paraná, sendo reeleito em 1962, dessa vez pelo seu estado natal, São Paulo. Com a extinção dos partidos, em 1966, a maioria dos integralistas se filiou à Arena, legenda pela qual Plínio Salgado continuou a representar São Paulo na Câmara dos Deputados.

O INTEGRALISMO E O FASCISMO EUROPEU

O nível de vinculação do Integralismo com o fascismo europeu continua sendo tema de debates acadêmicos que pouco interessam à sociedade brasileira da atualidade pandêmica de 2020 a 2022, tendo em vista a ancianidade da questão conjugada com a morte dos protagonistas, cujas biografias se situam acima da ideológica querela. Enquanto muitos historiadores consideram o integralismo como metástase ideológica do apogeu do fascismo, na década de 1930, vários intelectuais do integralismo consideram simplória essa interpretação, sem prejuízo do reconhecimento de diversos pontos partilhados, como valores estéticos, autoritarismo meritocrático e nacionalismo, dentre outros. Vejamos o que disse, a respeito, o professor da Faculdade de Direito do Largo de São Francisco, Goffredo Telles Júnior

Parte I – Esquerdas e Direitas

(1915-2009), integrante, na juventude, da AIB, numa entrevista ao jornalista e professor da USP, Eugênio Bucci: "Há quem diga que o integralismo era fascista. Hoje, sei que o integralismo não era um movimento unificado. Havia uma ala fascista dentro dele. Mas nós, estudantes universitários, nunca tomamos conhecimento daquela ala discordante. Nós defendíamos o integralismo para combater o fascismo." Para confundir o meio de campo, há registros de associação entre o antissemitismo e o fascismo com o integralismo, a exemplo do que sustentou Gustavo Barroso (1888-1959) em seu livro *Brasil: Colônia de Banqueiros*. Barroso, um dos mais influentes integralistas, era antissemita declarado, como exibiu ao traduzir e fazer a defesa do livro *Os protocolos dos sábios de Sião*, obra de conteúdo antissemita mais conhecida na contemporaneidade. Segundo o judeu romeno Elie Wiesel (1928-2016), vítima e notável memorialista do holocausto, ganhador do Nobel da Paz, "Se existe algum texto capaz de gerar ódio entre as massas, sem dúvida alguma é este livro, composto apenas de mentiras e difamações". Na essência, o livro discorre sobre uma suposta conspiração judaica para dominar o mundo, por meio da manipulação da economia e controle dos meios de comunicação, para promover conflitos religiosos, embora os chamados conspiradores, os denominados Sábios de Sião, nunca tenham existido. Dividido em 24 capítulos, o texto foi publicado, originalmente, em 1905, como apêndice de um livro do escritor russo Sergei Nilus (1862-1929) e logo traduzido para vários idiomas. Até Henry Ford entrou na onda do antissemitismo, ao escrever *O Judeu Internacional*, tendo sido elogiado por Goebbels e por Hitler. Trata-se de uma das maiores *fake news* do século XX que levou o jornalista judeu norte-americano Herman Bernstein (1876-1935) a escrever uma contestação que virou best-seller: *The History of a Lie*, em que disseca e desmente "uma mentira cruel e terrível, inventada com o propósito de difamar todo o povo judeu". Sorte de Bernstein que morreu antes de testemunhar o horror do holocausto. Já em 1921, o jornal *Times*, de Londres, apresentou provas contundentes de que *Os protocolos* não passavam de plágio grosseiro de uma sátira política de 1864, contra Napoleão III, do francês Maurice Joly (1829-1878), com o título *O diálogo no inferno entre Maquiavel e Montesquieu*, obra que sequer fala em judeus. Também um capítulo de um romance do prussiano Hermann Goedsche (1815-1878), escrito em 1868, foi usado como inspiração para *Os Protocolos*. É claro que os nazistas, por iniciativa do seu ideólogo Alfred Rosenberg, deitaram e rolaram no uso criminoso da calúnia histórica.

Muitos vêm a defesa do estado corporativo ou a defesa da organização corporativa do estado, pelo integralismo, como prova de sua filiação ideológica ao nazifascismo. Foi Mussolini quem organizou o estado italiano a partir das corporações de atividades profissionais, que resultaram no estado corporativo. Os integralistas defendem-se, sustentando que,, enquanto o estado corporativo fascista era antidemocrático, o integralista se apoiava em práticas democráticas. O jusfilósofo Miguel Reale, assim, viu a questão: "A solução fascista refletiu situações que não são as nossas. Sua estrutura corporativa ainda conserva os sinais da grande crise superada nas linhas da dialética hegeliana. No Brasil, podemos realizar o corporativismo puro, com mais facilidade." Muitos anos depois do seu exílio, na Itália de Mussolini, Reale, em artigo de 2004, confessou haver revisto seu pensamento, ao escrever: "Considerei-me livre do compromisso integralista quando, no exílio na Itália, me dei conta da ilusória organização corporativa sob o mando de um partido único." Na versão integralista do corporativismo, os sindicatos ou associações profissionais seriam a ferramenta pela qual os integrantes de determinada classe profissional elegeriam seus representantes.

A MAIORIA OPRIMIDA DE NEGROS E MULHERES NO INTEGRALISMO

O integralismo brasileiro, composto de diversas correntes de pensamento, atraiu as cidadanias das mais diversas vertentes,

Parte I – Esquerdas e Direitas

entre nativos e imigrantes, nas diferentes regiões do país. Segundo sustentam seus defensores, a ABI foi o primeiro movimento político brasileiro a dar voz à mulher. O racismo e o antissemitismo, ainda que presentes no pensamento de correntes minoritárias, dentro do integralismo, foram os responsáveis pela generalização da crença na sua identidade plena com o fascismo e o nazismo. Como exemplos conspíquos, os líderes negros Abdias do Nascimento e João Cândido participaram ativamente do movimento.

Plínio Salgado, ao condenar o antissemitismo explícito de Gustavo Barroso, cunhou aforismo famoso ao dizer que o problema brasileiro "é ético, e não étnico!" O resultado da polêmica foi a suspensão da publicação dos textos de Barroso nas revistas e jornais do movimento integralista. Em 1973, um ano antes de deixar a vida pública, Plínio Salgado ficou muito feliz ao receber uma afetuosa e tocante carta de agradecimento de Juscelino Kubitscheck pelo livro que acabara de publicar com o título que define o seu conteúdo: *13 anos de Brasília*.

IMORTALIDADE DE PLÍNIO SALGADO

Ao morrer, em 1975, Plínio Salgado dispunha dos elementos objetivos para avaliar quanto o conflito ideológico que dominou o país, ao longo de sua vida, obliterou o reconhecimento de sua poliédrica e brilhante carreira intelectual, moral e política. Ele foi sepultado no Cemitério do Morumbi, em São Paulo.

A supreendente obra legada por Plínio Salgado, pelas dimensões, abrangência temática e qualidade, assegura o crescente reconhecimento do seu valor, à proporção que nos distanciamos da data de sua morte, quando já evanescem as restrições ao seu papel múltiplo e marcante, nascidas das paixões políticas. Basta ver que o acervo de sua produção, nos diferentes domínios que o notabilizaram, compõe o Arquivo Plínio Salgado, hoje sob a guarda do Arquivo Público e Histórico do Município de Rio

Claro, integrado por 40.970 correspondências, nos cinquenta anos compreendidos entre 1926-1976, preenchendo 61.194 páginas, equivalentes a duzentos volumes de trezentas páginas, cada um, sem incluir os milhares de fotos e outros registros que documentaram sua fecunda produtividade existencial. Em 2014, esse notável acervo foi tombado pelo Programa Memória do Mundo (Memory of the World), da Unesco.

Esse filho da pequena cidade paulista de São Bento do Sapucai, de família originária de Portugal, desenvolveu, precocemente, o gosto pelos estudos, a começar pela matemática e a geometria. A permanente gravidade de sua postura ou sisudez seria decorrente da traumática perda do pai aos dezesseis anos de idade. A partir de então, seu interesse intelectual deslocou-se para o estudo da Filosofia e da Psicologia. Aos vinte anos, fundou em sua cidade natal o jornal *Correio de São Bento*. Ingressou na política aos vinte e dois anos, ao participar da fundação do Partido Municipalista, ao lado de lideranças do Vale do Paraíba. Aos vinte e três anos, casou-se com Maria Amélia Pereira, que deu à luz, no ano seguinte, sua única filha, Maria Amélia Salgado. Quinze dias depois do parto, Maria Amélia Pereira faleceu. Desapontado com os filósofos materialistas, Plínio Salgado buscou refúgio espiritual no catolicismo, sobretudo por meio dos escritos de Raimundo Farias Brito e Jackson de Figueiredo. Plínio voltaria a casar-se dezessete anos mais tarde, agora com Carmela Patti.

Conhecido por meio dos artigos que escrevia no *Correio de São Bento*, Plínio foi convidado a colaborar no *Correio Paulistano*, jornal do PRP, Partido Republicano Paulista, em 1920, quando ficou amigo do poeta Menotti Del Picchia, ao lado de quem acompanhou, discretamente, a realização da Semana de Arte Moderna de 1922. Aos 29 anos de idade, Plínio foi trabalhar no escritório de advocacia de Egídio de Souza Aranha, de quem se tornou amigo. Em 1926, aos trinta e um anos, publicou seu primeiro romance, *O Estrangeiro*. Em seguida, ao lado de Cassiano Ricardo, Menotti Del Picchia e Cândido Mota Filho, in-

PARTE I – ESQUERDAS E DIREITAS

tegrou-se ao Movimento Verde-Amarelo, versão nacionalista do modernismo. No ano seguinte, com os mesmos parceiros do Movimento Verde-amarelo, fundou o grupo Anta, com o intento de exaltar os valores indígenas, particularmente os tupis, como os autênticos representantes da brasilidade. Nesse mesmo ano, trouxe a lume *Literatura e Política*, em que defendeu ideias nacionalistas impregnadas de antiliberalismo e em favor do homem do campo, na linha de Alberto Torres e Oliveira Viana, bem como contrário ao voto popular. Essa guinada de Plínio para a direita levou Cassiano Ricardo e Menotti Del Picchia a fundarem, em 1937, o Grupo da Bandeira, uma resposta social--democrática ao Movimento Verde-Amarelo.

Antes disso, em 1928, Plínio fora eleito, pelo PRP (Partido Republicano de São Paulo), deputado estadual. Em 1930, apoiou a candidatura presidencial de Júlio Prestes contra Getúlio Vargas. No curso do mandato de deputado estadual, viajou à Europa de onde retornou empolgado com o que viu na Itália fascista de Mussolini. Em 4 de outubro de 1930, dia seguinte ao início da Revolução de Trinta que depôs Washington Luís, Plínio escreveu dois artigos no *Correio Paulistano* defendendo a qualidade do governo deposto. Não obstante, apoiou o Governo Vargas, desde sua instauração, tendo sido o redator do manifesto da Liga Revolucionária de São Paulo, concebida para legitimar a presidência caudilhesca de Vargas que logo passaria a ver no PRP sua maior base de apoio, à direita da coalizão que lhe dava sustentação congressual. Vargas exultava com o duro embate, não raro violento, que o integralismo realizava contra a extrema-esquerda comunista, liderada por Luís Carlos Prestes. A ideologia da AIB era tão próxima do nazifascismo, que chegou a partilhar com o Partido Nazista a mesma sede, como aconteceu em Rio do Sul, município de Santa Catarina. Em alguns lugares a Ação Integralista Brasileira foi parcialmente financiada pela Embaixada Italiana.

Quando Plínio Salgado já anunciara a disposição de concorrer às eleições presidenciais, previstas para janeiro de 1938,

Vargas deu o Golpe de Estado que o manteria no poder, como ditador, até 1945. Plínio, a quem Vargas teria prometido o Ministério da Educação, viu no episódio a grande oportunidade para introjetar no espírito do povo brasileiro o ideário integralista, tornando-o a base doutrinária do novo regime. Vargas, porém, não cumpriu a promessa e extinguiu todos os partidos, impondo o sistema unipartidário, ditatorial.

Mesmo tendo negado qualquer participação nos levantes integralistas contra o Governo, Plínio passou trinta dias preso na Fortaleza de Santa Cruz, em Niterói, em 1939, antes de seguir para o exílio, em Portugal, onde permaneceu por seis anos. Com o fim do Estado Novo, em 1945, Plínio retornou ao Brasil, fundando o Partido de Representação Popular, destinado a representar o novo integralismo, uma vez que a vinculação ideológica do antigo integralismo ao nazifascismo europeu torná-lo-ia inteiramente inviável, diante do repúdio universal às atrocidades perpetradas por Hitler e seus asseclas. O nazifascismo transformou-se no baixo calão que perdura.

Uma vez consumada a Revolução-Golpe de março de 1964, que contou com o seu apoio durante as Marchas da Família com Deus e pela Liberdade, Plínio filiou-se à Aliança Renovadora Nacional Arena, partido do Governo, pelo qual cumpriu seus dois últimos mandatos que foram como deputado federal. A convite do Governo Militar, escreveu textos de Educação Moral e Cívica.

SÍNTESE DO PENSAMENTO DE PLÍNIO SALGADO

Alberto Torres (1865-1917) foi um político e pensador brasileiro, dedicado a construir a unidade nacional e a organização social brasileira. Seus dois principais livros, *O problema nacional brasileiro e A Organização Nacional*, ambos de 1914, foram fundamentais para a elaboração do nacionalismo integralista. Ele refutou, simultaneamente, o socialismo e o individualismo li-

PARTE I – ESQUERDAS E DIREITAS

beral por considera-los incompatíveis com a realidade brasileira, exigente de uma abordagem adequada ao conjunto de suas características. Nessa mesma conexão, Gustavo Barroso entendia que o integralismo requeria um *Brasil Integral*, resultante da fusão do Estado com a nação, para produzir um todo orgânico. Segundo pensava, essa fusão identitária facilitaria a conquista e a consolidação dos objetivos nacionais, nos planos econômico, financeiro, político e social, ensejando a manutenção do equilíbrio dessas funções, pelo inteligente estímulo à manutenção de um saudável desequilíbrio dinâmico. Nisso consistiria a estruturação do Estado Corporativo, síntese do Estado com a nação. O integralismo induziria à renúncia dos interesses individuais em favor dos interesses nacionais para se alcançar "a grandeza da Pátria Brasileira". Lê-se do *Manual do Integralista* que "se a Nação não for bastante forte, também a própria integridade do indivíduo não estará garantida, de sorte que o indivíduo, submetendo-se aos supremos interesses nacionais, não faz mais do que defender sua própria intangibilidade", na mesma linha do pensamento de Plínio Salgado, ao sustentar que "não existe nenhum interesse que supere os interesses da nação. Nem os interesses municipais, nem os interesses estaduais, nem os interesses das classes, nem os interesses dos indivíduos. Acima de tudo, a nação. Pois é em razão dela que subsistem intangíveis, na sua aspiração, na sua evolução natural para a realidade prática, os princípios integrais em que se fundamentam todos os interesses de indivíduos, de classes, de municípios e de Estados". Daí a conclusão de Gustavo Barroso, para quem o nacionalismo implica "justo predomínio dos interesses nacionais".

UNIVERSALISMO NECESSÁRIO

Em artigos da década de 1930, Plínio Salgado discorreu sobre o modo como as nações se fechavam em si mesmas, assegurando sua autoridade interna, para alcançar um futuro

JOACI GÓES

"internacionalismo ético". Ele buscava meios para "impor um ritmo de relações entre os países, de sorte que possam todos prosperar, trocando o excesso de suas produções pelo excesso de produções de mercadorias provenientes de outros climas", por meio de um "critério universal". Com isso, ele vinculava as soluções dos problemas nacionais às soluções dos problemas globais. Para começar, ele propunha a união das nações sul-americanas como meio para alcançar a maioridade internacional, deixando para trás sua ultrajante condição semicolonial. Essa integração sul-americana é uma bandeira histórica do integralismo. No manifesto em que lançou, em 1936, sua candidatura presidencial às eleições programadas para 1938, projeto interrompido pelo Golpe de Estado de Vargas, em 1937, Plínio anunciou a "objetivação de uma unidade moral, cultural, política e econômica na América do Sul; a completa independência do Continente Sul-Americano das influências de estranhos; a uniformidade de ação, a solidariedade completa na solução dos problemas comuns às nacionalidades do Novo Mundo, desde os de ordem econômico-financeira aos culturais". Disse mais: "O integralismo não compreenderá, senão como uma vil humilhação para os povos do continente, a mais leve interferência de nacionalidades a ele estranhas na solução de litígios, sejam eles quais forem, entre os países livres da América do Sul. Executar uma política firme, que, gradualmente, extinguindo desconfianças recíprocas, consolide a amizade entre as nações latinas do Novo Mundo, e marche, com segurança, para a realização de uma grande unidade continental, é um dos grandes propósitos do integralismo. Porque o Integralismo não deseja, apenas, a libertação do Brasil, mas de todos os seus irmãos deste hemisfério". Proclama, ainda, que "já é tempo de se pensar na extinção das barreiras alfandegárias entre as nações sul-americanas, na criação de um instituto econômico e político, permanente, em que se representarão todos os governos dessas nações, estabelecendo as bases de uma consciência jurídica própria, de um critério econômico-financeiro uniforme, de uma política homogênea,

PARTE I – ESQUERDAS E DIREITAS

sem hiatos, sem tergiversações, de uma cultura expressiva das forças profundas da América Latina". Sobre o tema, Plínio disse que a diversidade das produções básicas nos países da América do Sul deve ser razão de entendimentos pacíficos, de acordo com os interesses coletivos de todas as nações continentais, em uma verdadeira "União das Américas". Em sua carta para as Conversações Católicas de San Sebastian, relativamente à Declaração dos Direitos e Deveres do Homem da Organização das Nações Unidas, publicada em 1948, Plínio Salgado escreveu uma seção intitulada "Direito do Homem e Condições Internacionais", em que destina quatro capítulos e uma introdução ao princípio segundo o qual "a propriedade nacional tem também uma função social com referência a todos os povos". Na abertura, referiu-se ao problema da imigração. No segundo, discorreu sobre a concepção de que o ferro e os combustíveis sejam distribuídos para todos os povos, "mediante intercâmbio harmonioso e fraternal das nações entre si", chegando mesmo a dizer que "as riquezas da terra pertencem a toda a humanidade". No terceiro desses capítulos, ele propôs um "convênio internacional" para "regular de maneira humana e cristã o comércio dos povos". No quarto capítulo, Plínio defende um entendimento internacional que possa equacionar, de modo satisfatório, a taxa cambial entre diferentes países.

ESTADO INTEGRALISTA

Como o integralismo não aceita a ideia de uma sociedade estagnada, Plínio denomina "Estado que se renova" e "Estado revolucionário" o contexto geral das nações. O integralismo defende o Estado dinâmico que reflete os movimentos sociais. Em sintonia com tal concepção, distingue as finalidades permanentes e imutáveis, do Estado, de sua dependência perante o organismo social, no que concerne à sua atividade prática. Dessa postura decorre a classificação dos "valores imutáveis e dos valores transitórios", em uma ordem estatal que tenha "finalidade prefixada, porém, de plasticidade revolucionária". Invoca, ainda, para o Estado o direito das revoluções "para destruir todos os fatores que ameaçam situações de desequilíbrio atentatórias da intangibilidade do Homem".

Como, para Plínio Salgado, a nação precede o Estado, ele defende que a autoridade do Estado não seja superior nem inferior aos outros valores sociais e nacionais, ainda que contenha um valor intrínseco distinto, "um elemento de natureza diversa que entra na composição das harmonias sociais e humanas". Caberia ao Estado Integral manter a incolumidade de cada uma dessas expressões humanas, que incluem a família, a corporação, o município, a economia e a religião, sem entrar nos domínios autóctones de cada uma delas.

ECONOMIA INTEGRALISTA

A doutrina integralista coloca o Estado Corporativo acima da economia. Segundo as palavras do teórico do fascismo, o italiano Sergio Panunzio (1886-1944), que Miguel Reale toma para si, "o Estado está acima da economia, especialmente quando a domina e controla, coordena e harmoniza, mas não faz economia. A coordenação, a composição das economias em um todo unitário é um momento de natureza própria, político-estatal, diverso do momento econômico da produção da riqueza". Para ele, o Estado não deve ser um ente econômico, mas supereconômico. Reale acrescenta, no entanto, que há casos em que o Estado deve exercer funções de produtor, "quando a não intervenção direta poderia acarretar praticamente a anulação da soberania jurídico-política". Por outro lado, Gustavo Barroso afirma que o integralismo não sustenta a primazia da política sobre a economia, nem da economia sobre a política, mas a direção de ambas pela moral e pela ciência. Essa intervenção dar-se-á de modo corporativo, reunindo produtores, trabalhadores e técnicos. O fundamento da economia integralista seria o estabelecimento do justo-preço dos produtos.

Parte I – Esquerdas e Direitas

Reale define a economia integralista como o sistema em que "o Estado intervém na economia, promovendo a racionalização da produção onde os valores humanos devem ser respeitados, controlando a circulação das riquezas sem a crença absurda no automatismo dos movimentos sociais, estendendo os círculos do consumo e a distribuição". A economia integralista adota como princípio fundamental a colocação do trabalho no lugar de sujeito da economia. O integralismo defende, vigorosamente, a pequena propriedade privada e sua difusão.

REPONDO A VERDADE

Sérgio de Vasconcellos, ex-secretário nacional de Doutrina da Frente Integralista Brasileira, autor do livro *Integralismo: um novo paradigma*, escreveu, no *site* oficial do movimento, sob o título "Os Corporativismos integralista e fascista na Obra o Estado Moderno", o seguinte:

> "Nos dias finais de novembro de 1935, vivendo o Brasil em plena Democracia, sob a égide da Constituição social-democrática de 1934, alguns Brasileiros, civis e militares, magnetizados pelo marxismo-leninismo – uma ideologia estrangeira, internacionalista, imperialista, materialista, totalitária e antidemocrática –, desfecharam um golpe revolucionário visando destruir as liberdades públicas e instaurar um Estado Totalitário. Tal revolução, mais conhecida pelo antipático nome de 'Intentona Comunista', custou a vida de dezenas de Brasileiros – muitos dos quais Integralistas –, e que teve sua nada heroica culminância no episódio tristemente célebre do 3º RI, na Praia Vermelha, no Rio de Janeiro, quando militares comunistas assassinaram, covardemente, colegas de farda, ainda dormindo."

Apesar de toda a articulação – secreta e de procedência internacional –, a insurreição bolchevista estourou, apenas, nas cidades de Natal, Recife e Rio de Janeiro, malogrando, inteiramente. Ora, qual a principal razão do fracasso comunista? A ação fora minuciosamente concebida e a certeza de seu sucesso era tão grande, que Stalin enviou ao nosso país três comunistas de sua inteira confiança – que seriam os verdadeiros governantes do Brasil, agindo por trás de Luís Carlos Prestes, o líder oficial – Harry Berger, a esposa deste (Elise) e Olga Benário, que ao contrário da vulgata romântica, não se uniu a Prestes por "amor", mas por ordem do Komintern... Se formos ouvir os discursos nas Comemorações oficiais do esmagamento do levante e de homenagem aos seus mortos, teremos a impressão de que foi a pronta reação das Forças Armadas que impossibilitou o sucesso comunista. Por mais que nos desagrade desmentir as Autoridades Nacionais, particularmente, as das nossas Forças Armadas, que desde a Guerra Holandesa só tem honrado o Brasil, infelizmente, somos obrigados a dizer, em nome da verdade, que a versão oficial é falsa e que as explicações que até aqui têm sido dadas pelos historiadores para a derrota comunista em 1935, salvo as honrosas exceções de praxe, são insuficientes e equivocadas. Então, perguntar-me-ão, afinal, qual é a verdade? Respondo: A principal razão para o total fracasso da Revolução Comunista de Novembro de 1935 chama-se...INTEGRALISMO!

"Se os Militares chamam para si a inteira responsabilidade da vitória da legalidade, se os historiadores, em sua maioria, desconhecem os acontecimentos, isto não altera a substancialidade do fato histórico. Os integralistas, os únicos brasileiros que pressentiam estar sendo algo tramado contra o Brasil pela 3ª Internacional, foram os primeiros a opor-se ao levante comunista, inclusive apresentando-se em instalações militares – quando a cadeia de comando e comunicação do Exército estava completamente rota –, o que impediu que diversas unidades militares fossem tomadas ou subjlevadas pelos Vermelhos, por exemplo, meu tio, Geraldo de Paula Lopes, à frente de um Grupo de integralistas no Quartel de Campinho, no Rio de Janeiro. Todavia, a heroica iniciativa dos integralistas, que foi seguida pela ação de outros civis patriotas e finalmente pelas Forças Armadas, não

PARTE I – ESQUERDAS E DIREITAS

teria, talvez, logrado êxito se, muito antes de 1935, o integralismo não se tivesse lançado à tarefa de esclarecer o povo brasileiro e construir uma consciência cívico-política. Graças ao metódico trabalho da Ação Integralista Brasileira, foi quase completamente anulada a infiltração marxista nos quartéis, o que privou a Revolução Comunista de elementos humanos preciosos, sem os quais a Revolução Vermelha já estava fadada ao fracasso".

"Curiosamente, se Militares e Historiadores ignoram ou fingem ignorar a participação vital do Integralismo no debelamento da revolta marxista, os derrotados, isto é, os Comunistas, reconhecem-na lealmente, o que se comprova por uma Carta-Circular de 1936, em que Prestes explicava o insucesso e, entre outras coisas, dizia: 'Eu pensava agir de outro modo bem diferente' – refere-se à revolução comunista de 1935 – 'como já tinha tido oportunidade de me manifestar aos camaradas mais chegados, PRINCIPALMENTE DEPOIS DO FENÔMENO INTEGRALISTA, que escapou por completo às minhas cogitações. Informei, em sessão secreta do Comintern, que, antes de tentar qualquer golpe no Brasil, era necessário:

"(...).
"3°) EXTINGUIR OU PELO MENOS ENFRAQUECER O INTE-
GRALISMO".
"O próprio líder comunista búlgaro Georgi Dimitroff (1882-
1949), líder da Internacional Comunista de 1935 a 1943, o reconheceu: 'Não foi possível vencermos no Brasil porque tivemos a leviandade de subestimar a força e a influência que o
Integralismo representava'".

Então, Dimitroff expede novas instruções gerais, em 1936:

"1 – Exercitar as massas populares no movimento antinaciona-
lista (fascismo, nazismo, 'Croix du Feu' integralismo e outras
organizações anticomunistas); atrair para essa luta a pequena
burguesia (classes liberais), reservando-lhes um lugar para as
reivindicações que tiverem, na frente-popular democrática. 'En-

fim, o malogro da Revolução Comunista acabou por originar a seguinte diretiva, também de Dimitroff, que é seguida maquinalmente até hoje pelos comunistas e pela burguesia apátrida: 'Concentrant le feu contre 'les chefs' intégralistes et la politique hitlerienne du gouvernement, soulignant que ces 'chefs' sont des agents des groupes les plus réactionnaires de l'impérialisme, il faut partout lutter pour le front démocratique national-libérateur, surtout à la base y compris celle de l'Action Integraliste. Il faut mobiliser les masses pour qu'elles exigent des deux candidats (Armando Salles et José Américo) non des phrases vides pour la 'démocratie', mais une attitude nette devant les problèmes concrètes de la démocratization du pays, qui exige, pour commencer, la libération de Prestes e de ses compagnons, leur amnistie totale, l'établissement d'um regime de libertés démocratiques, etc'".

"Traduzindo para o nosso idioma a parte que mais nos interessa desse precioso documento: 'Concentrando o fogo contra 'os chefes' integralistas (...), sublinhando que esses 'chefes' pertencem aos grupos mais reacionários do imperialismo, lutar em toda a parte pela frente democrática nacional-libertadora, principalmente na base, incluindo a luta contra a Ação Integralista.(...)".

E continua Sérgio de Vasconcellos: "Todas estas reflexões de caráter histórico são importantíssimas, quando sabemos que o marxismo – que muitos bisonhos acham que desapareceu com a sinistra União Soviética – está conspirando ativamente para instaurar no Brasil um Estado Totalitário, com o seu cortejo de horrores. Hoje, mais do que nunca, o Brasil necessita dos integralistas, e que o exemplo dos Companheiros que nos antecederam na Revolução integralista nos sirva de seguro farol de orientação em nossa luta por Deus, pela Pátria e pela Família".

O que dificulta a percepção objetiva do papel do fascismo, em geral, e do integralismo brasileiro, em particular, é o patrulhamento ideológico dominante no meio acadêmico que condena, aprioristicamente, o que quer que se contraponha às diretrizes do que denominam, genericamente, de esquerda, sem que se saiba, com o mínimo de precisão o que isso significa, algo assim como "tudo que cai na rede é peixe", como os integrantes

Parte I – Esquerdas e Direitas

da esquerda democrática e autoritária, regidos pelo pensamento minoritário, mas dominante, da equerda totalitária e intolerante, dos que se orientam pela sedução de virem a integrar a *nomenklatura*, num eventual governo bolivariano, no Brasil. Essa postura obtusa é compartilhada por 'intelectuais' e 'acadêmicos' que vivem do elogio mútuo e do linchamento hitleriano e stalinista dos que pensem de modo contrário.

Ao longo do mesmo texto, Sérgio Vasconcellos, continua: "O Estado Fascista afirma-se como Estado Totalitário, em que o indivíduo é apenas um meio através do qual o Estado atinge seus fins próprios. É o Estado absorvente, sintetizado na fórmula "Tudo no Estado, nada fora do Estado, nada contra o Estado". Sérgio Vasconcellos desconsidera a advertência de Miguel Reale segundo quem havia pensamentos divergentes dentro do fascismo que discordam do totalitarismo, apontando alternativas para o processo revolucionário, como as propostas por Benito Mussolini, realidade apriorisitcamente ignorada pelo arraigado preconceito que passou a vigorar contra a filosofia fascista. Curiosamente, a pior faceta do método totalitário do fascismo é utilizada pelos seus inimigos para destruí-lo, corroborando a comprovada percepção da identidade existente entre o Marxismo e o fascismo no uso desonesto de meios para alcançar os seus fins. A incapacidade ou pusilanimidade desses intelectuais brasileiros em reconhecer a superioridade ética e moral do integralismo sobre as práticas, em geral, recomendadas pelo fascismo, é parte substancial dessa anomalia axiológica.

No integralismo brasileiro é marcante a distinção do papel atribuído ao movimento sindical, predominantemente voltado para o exercídio de funções políticas, econômicas e sociais, divorciadas do tradicional papel de instrumento da luta de classes, uma vez que a abolição da democracia não integra a linha programática do integralismo. Muito ao contrário. Miguel Reale conclui sua minudente análise, enfatizando o erro palmar, intencional e desonesto de considerar o integralismo como uma cópia servil do corporativismo fascista.

TENTATIVA DE RENASCIMENTO

O Manifesto da Guanabara, de 2009, lançado pela Frente Integralista Brasileira, no Rio de Janeiro, declarou que o integralismo deveria construir um nacionalismo tendente ao universalismo e propôs que as relações internacionais, no seu conjunto, restaurem um universalismo personalista semelhante ao expresso na Idade Média. Disse, ainda, o Manifesto que "É ao Estado Integral que cumprirá a defesa da Soberania Nacional e a missão de restaurar a grandeza de nossa Nação e fomentar o seu prestígio no exterior, fazendo com que ela se torne uma Nação efetivamente respeitada no coro das grandes nações, assumindo o papel de liderança que lhe cabe não só na América do Sul, mas também em toda a dita América Latina, no Mundo Lusófono e Hispânico, em todo o Hemisfério Meridional e mesmo em todo o Orbe Terrestre".

O FASCISMO NA FRANÇA, SEGUNDO ZEEV STERNHELL (1935-2020)

Em respeito ou por temor ao prestígio da França, no mundo acadêmico internacional, tardou muito o reconhecimento de que não apenas o fascismo ali floresceu, como dele foi o berço, tendo no pétainismo (Marechal Pétain (1856-1951) e seus desdobramentos a plataforma de lançamento de sua adoção operacional, instalada no Governo de Vichy.

Henri Philippe Benoni Omer Joseph Pétain, o popular Marechal Pétain, conhecido, também, como o Leão de Verdun, pelo seu heroísmo na Batalha de Verdun, na Primeira Grande Guerra, foi o chefe de estado da França, entre 1940 e 1944, período conhecido como Governo de Vichy, que colaborou, servilmente, com o nazifascismo de Hitler. Ao assumir o poder, Pétain estava com 84 anos, sendo o mais velho chefe de estado da história francesa. Tão servil ao domínio de Hitler quanto Pétain foi o

PARTE I – ESQUERDAS E DIREITAS

seu contemporâneo Vidkun Abraham Lauritz Jonsson Quisling (1887-1945), chefe de estado norueguês que foi condenado à morte e executado em outubro de 1945. Pétain, também condenado à morte, teve a pena comutada para prisão perpétua.

De fato, para quem viu a juventude europeia, sobretudo a francesa, indo às ruas para pedir liberdade e defender intransigentemente a democracia, é chocante saber que, em 1940, a partir do governo que se instalou em Vichy, depois da ocupação alemã, a França liderou um movimento de apoio ao expansionismo nazista, comandado por Adolf Hitler, mediante, sobretudo, uma lavagem cerebral em sua juventude, para consolidar o Império de Mil Anos. O Marechal Pétain deixou clara a necessidade da participação da juventude na consolidação do que ele chamava Revolução Nacional, para a edificação da grandeza da França.

Para o culto e expansão desse corpo de ideias, foi criada, nos arredores de Grenoble, no sul da França, a École Nationale des Cadres d'Uriage, impregnada do "Espírito de Uriage", destituída, segundo dizia a propaganda, de qualquer ideologia específica, além da que estivesse contida nos discursos do Marechal Pétain, o sumo sacerdote daquele novo credo. Considerada o símbolo máximo da Revolução Nacional, em curso, a Escola de Uriage era tida como o primeiro centro, em todo o mundo, destinado à formação da elite dirigente da França, "viril", "heroica", "cavalheiresca". Desdenhosos da burguesia e de seus "baixos valores", eles atacavam o que denominavam de "desordem estabelecida", expressão cunhada por Emmanuel Mounier (1905-1950), usada como senha para estabelecer a sintonia entre os ofensores dos princípios da democracia, como a autoridade, a hierarquia, a ordem, a interdependência e a liberdade. O filósofo francês Emmanuel Mounier, morto antes de completar 45 anos, foi um dos ideólogos da Democracia Cristã e um dos maiores críticos do fascismo e do nazismo. Sua *opera magna*, *O Personalismo*, foi traduzida para a língua de Camões pelo professor português João Pedro Bénard da Costa.

Uma vez prontos para o cumprimento de suas missões superiores, todos eles, os graduados, deveriam retornar ao

JOACI GÓES

Centro, para recarregar as baterias cívicas ou em busca de esclarecimentos para iluminar o curso de sua caminhada, infensa ao egoísmo e à cupidez material provocada pela "corrompida modernidade". Logo, porém, as contradições internas começaram a aflorar, comprometendo a desejada higidez monolítica daquela forja de dirigentes "superiores". A percepção de uma maioria de católicos entre os frequentadores suscitou críticas e ressentimentos contra aquelas "pulgas de sacristia!" Foi o que bastou para dividir a singular escola elitista, muito em sintonia com a ideia nietzschiana do super-homem, levando-a a enfrentar dificuldades com o governo que a idealizou, agravadas com a prisão de Emmanuel Mounier, no verão de 1942, acusado de articular resistências ao Governo de Vichy. Um seminário para rever o papel da escola foi organizado. Meses depois, a escola foi fechada, para desencanto de muitos que consideravam sua passagem por ela, como os dias mais felizes e enriquecedores de suas vidas. Como reação, muitos membros da escola passaram a integrar a resistência armada. Outros, nostálgicos do prestígio da antiga escola, criaram, a Ordem de Uriage, como meio de revivê-la! Esse novo centro, pouco interessado em libertar a França, concentrava seus esforços na busca de soluções para a "crise da civilização!" Por isso, desejavam criar novos quadros intelectuais, à altura daquele grande desafio. Essa nova Ordem, que ao longo da ocupação se estendeu por toda a França, de Norte a Sul, de Leste a Oeste, adotava a mesma postura ideológica: anticomunista, anti-individualista, elitista, antimaçônica e sexista.

Em análise retrospectiva, a criação da Escola de Uriage é vista como uma tentativa de elidir o reconhecimento do papel menor desempenhado pelos adeptos do Governo de Vichy, uma mácula indelével na briosa história da França, por meio do patrocínio intelectual das mentes jovens mais brilhantes – filósofos, etnólogos, economistas, juristas e doutores, em geral, de pensamento antiliberal, antidemocrático e antimarxista de que há registro – em favor da ordem, hierarquia e elitismo, em sintonia com os movimentos da juventude, do mesmo jaez, que

PARTE I – ESQUERDAS E DIREITAS

se processavam, na Alemanha, Itália, Portugal e Espanha. Tudo isso em harmonia com o governo francês, fundado pelo Marechal Pétain, na sequência do atropelo pelas tropas nazistas, em maio e junho de 1940. Não havia qualquer limite para a colaboração com o nazismo, sobretudo no governo de Pierre Laval que substituiu Pétain, inclusive na entrega de judeus e prisioneiros de guerra, para os campos de concentração ou para as câmaras de gás. Nesse contexto, De Gaulle, o líder da resistência, era tratado como inimigo.

Desarmada, a França majoritária, que deplorava o Governo fascista de Vichy, ficava na torcida, em sua grande maioria, enquanto outros, fieis à resistência, participavam de atos terroristas que vitimaram soldados nazistas, levando, de cambulhada, civis franceses que se encontrassem ao redor, coniventes ou não com o mando adesista dominante.

Entre os que participaram da Escola ou da Ordem de Vichy, estavam nomes que esplenderam na sociedade francesa, como o brilhante crítico literário, dramaturgo, jornalista e ensaísta Thierry Maulnier (1909-1988), membro da Academia de Letras da França, e o cientista político Bertrand de Jouvenel (1903-1987), dono de uma das mais ricas biografias intelectuais do século XX. Maulnier disse em artigo de 1936, *Le Seul Combat possible*, que "Democracia e capitalismo são um só demônio que devem ser destruídos simultaneamente. Uma nação revigorada, um futuro melhor, uma paz promissora só podem florescer sobre suas ruinas. Não basta ao povo defender as liberdades: é imperioso conquistá-las"!

Hubert Beuve Méry (1902-1989), associado ao regime de Vichy até a extinção da escola, em 1942, foi o fundador do jornal *Le Monde*, em 1944, quando integrava a Resistência de De Gaulle, jornal que dirigiu por vinte e cinco anos, até 1969. Em 2000, ele foi reconhecido, *post-mortem*, como Herói da Liberdade da Imprensa Mundial, pelo Instituto da Imprensa Internacional, em Viena. Ambos, na maturidade, se converteram ao liberalismo. A lista é grande.

No mundo acadêmico, o anacronismo é erro grosseiro, consistente em julgar atos com valores distintos dos da época em que foram praticados. Até a derrocada de Hitler, o fascismo e suas variáveis compunham arcabouço ideológico da maior respeitabilidade, no mesmo nível dos seus principais concorrentes, o liberalismo e o marxismo. Mudar de ideia é não só legítimo como, em inúmeras situações, uma demonstração de permeabilidade intelectual que só os inteligentes e sensíveis possuem. Negar ou reconhecer a mudança, em função do contexto, vai depender do caráter e ou da coragem. O que não é aceitável é a negação da verdade factual, da própria pessoa e/ou do cenário em que atuou. Esse tipo de problema afetou substancial parcela da população francesa que, por diferentes razões, aderiu ao fascismo.

A intensificação do viés, marcadamente acientífico, de atribuir a terceiros uma postura fascista, como meio de desqualifica-los, foi o que motivou o filósofo judeu, nascido na Polônia, Zeev Sternhell (1935-2020), a escrever o *magnun opus Neither Right, nor Left, Fascist Ideology in France* (*Nem esquerda, nem direita, a ideologia fascista na França*), 1982, obra fundamental para quem queira conhecer o fascismo em suas origens geográficas e em sua essência ideológica, sobretudo sua presença na França, nos cinquenta anos compreendidos entre o fim do século XIX e a Segunda Grande Guerra, período que vai desde quando o termo fascismo e seus derivados não existiam, até sua completa estigmatização ideológica, em 1945, cinco anos depois do seu apogeu, em 1940, com a tomada da França, quando predominava a crença na potencial vitória do aliado germânico sobre um mundo atraído pelo "canto da sereia" da supremacia democrática liberal. A partir do Governo de Vichy, instalado em 1940, o fascismo perdeu sua autonomia, na França, passando a uma postura subordinada ao comando nazista. A excelente produção literária e reflexão filosófica francesas, nesse período, de inspiração fascista, robustece a prova da presença militante do fascismo na pátria de Balzac. Nem seria necessário

PARTE I – ESQUERDAS E DIREITAS

invocar o testemunho do jornalista Philippe Barrès (1896-1975), filho de Maurice Barrès, combatente na Primeira Grande Guerra e pai de Claude Barrès, um dos primeiros proponentes da fusão do nacionalismo com o socialismo, para afirmar que as origens do fascismo são mais francesas do que italianas, sendo Georges Sorel o pai do fascismo. O Círculo Proudhom, fundado em 1909, foi um dos primeiros núcleos do fascismo, resultado de uma aliança original entre o nacionalismo e o sindicalismo, representantes, respectivamente, da extrema-direita e da extrema-esquerda, com o propósito de implodir a democracia com a completa supressão da ordem liberal. Disso resultando, diziam, um novo mundo, "viril, heroico, realista e puritano", apoiado no sentimento do dever e do sacrifício, em que os valores guerreiros e religiosos seriam prevalentes. Prometiam uma sociedade dominada por uma poderosa vanguarda, composta de uma elite obreira e uma aristocracia de produtores de riquezas, unidas numa sólida aliança contra a "burguesia decadente", em que jovens intelectuais despontariam, ávidos por ação. O fascismo, ainda sem esse nome, seria a síntese desse movimento glorioso! A verdade é que, ao inspirar a criação do fascismo, no começo do Século XX, a França terminou sendo o laboratório da síntese histórica das aspirações políticas da humanidade, consubstanciadas nos três regimes que disputavam a primazia da preferência universal: o fascismo, a democracia e o socialismo. Esse singular caldo de cultura política explica a intensa e extensa migração ideológica de intelectuais franceses de um campo para outro, ao longo de suas vidas. Só na Itália, nas duas primeiras décadas do século XX, viu-se semelhante movimentação. Muitos explicam essa migração, que chegou à Grã-Bretanha, como decorrente da falta de uma formulação doutrinária do fascismo, no dogmático padrão alcançado pelo Liberalismo, a partir de John Locke, no século XVII, passando por Bernard de Mandeville e Adam Smith, no século XVIII, alcançando o apogeu, no século XIX, com John Stuart Mill, e garantindo sua atualidade, nos séculos seguintes, com, dentre muitos outros, Ludwig von Mises, Frederick Hayek e Milton Friedman. O docialismo, por sua vez, consolidou-se, em caráter axiomático, com a versão de Engels e Karl Marx. Em busca de sua formulação dogmática, o fascismo resultou numa fragmentação doutrinária que só guardou, como elemento comum a simultânea aversão ao liberalismo democrático e ao socialismo marxista. As restrições tanto do fascismo como do Comunismo à Democracia Liberal eram tamanhas que, para ambas as ideologias, o objetivo supremo era acabar com a sociedade aberta, com sua economia de mercado, ou democracia liberal. Só a China alcançou esse desiderato, passando ao comunismo, na primeira fase, evoluindo com Den Xiaoping, para o fascismo, consolidado na virada para o terceiro milênio. Acima de tudo, o fracasso do comunismo, onde quer que tenha sido implantado, consubstancia a distância abissal entre sua formulação teórico-doutrinária e sua prática operacional. Acentuadamente na democracia e muito menos no fascismo essa dissonância é sensivelmente menor.

Os fatos, porém, vieram a demonstrar a superioridade da Sociedade Aberta, proporcionada pela democracia liberal, sobre o fascismo e o comunismo, razão pela qual os últimos passaram a incorporar como seus os valores libertários da Democracia Liberal, ainda que sem a intenção de preservá-los, uma vez alcançado o poder. A emergência, porém, do "Socialismo Ético" deixou clara sua intolerância tanto com a democracia liberal quanto com a social-democracia.

O FASCISMO E A SEGUNDA GRANDE GUERRA

A Segunda Grande Guerra, que despontou como o início da universalização vitoriosa dos valores do fascismo, viria sepultar todo esse delirante sonho de glórias, precisamente como sua negação máxima! Desse ambiente crítico, aproveitou-se o marxismo para dizer que a crise era originária do ultrapassado,

Parte I – Esquerdas e Direitas

corrupto e agônico modelo capitalista da burguesia e da democracia liberal, com seu implacável cortejo de ambições egoísticas ilimitadas, resultando na supremacia de poucos sobre muitos, a grande maioria, vítima de frustrações, desenganos, opressões e desigualdades.

Georges Valois (1878-1945) aponta como a característica distintiva do fascismo o seu poder de mobilizar as forças sociais, capitaneadas pela burguesia e pelo seu potencial adversário, o proletariado, para a construção de um grande país, de um modo distinto do proposto pelo comunismo, dele se tornando inimigo inconciliável. A decisão de Lenin de fazer a revolução, sem contar com a burguesia na sua fase inicial, como queria Marx e Trotsky defendeu, conduziria a inevitável fracasso. De fato, a improdutividade da economia soviética, que a levou à bancarrota, teve na ausência da burguesia a matriz de sua ineficiência. A guinada da China da miséria para a prosperidade, a partir de 1978, com Den Xiaoping, residiu, precisamente, na aliança com a burguesia internacional que transformou o país em carro-chefe da economia mundial, na virada do milênio, operando a mudança do regime de governo, de comunista para fascista, sem dar um tiro. Pelo contrário. A mudança correspondeu a uma contínua redução do número das execuções sumárias, até sua extinção. O populismo que se vale das liberdades democráticas para chegar ao poder, como aconteceu no Brasil, sobretudo, nas eleições do século XXI, tende a favorecer crescente adesão ao fascismo, em razão do monumental êxito econômico alcançado pelo fascismo chinês. Em outras palavras: toda vez que o socialismo marxista substituir a democracia liberal, não demorará muito para que a comprovada ineficácia do modelo marxista conduza, sem o derramamento de sangue, ao fascismo, igualmente totalitário, mas eficaz do ponto de vista da economia, como se pode ver do que aconteceu com Singapura e passou a ocorrer com a China.

Jacques Doriot (1898-1945) foi um comunista francês que se converteu ao fascismo e colaborou com o nazismo durante a

Segunda Grande Guerra, a partir do Governo de Vichy, fundado pelo Marechal Pétain. Ele aderiu ao comunismo, em plena adolescência, quando passou a integrar o exército francês, na Primeira Grande Guerra. Feito prisioneiro, num dos primeiros confrontos de que participou, foi liberado ao final do conflito, sendo agraciado com a Cruz de Guerra, por sua bravura. Sua ascensão na estrutura do Partido Comunista foi rápida e consistente, por sua notória ação política, sendo eleito para o Congresso da França, representando a região de St. Denis, de que foi prefeito, a partir de 1931, quando passou a defender uma aliança entre os comunistas e outros partidos socialistas franceses, em face das afinidades existentes. Sua proposta que viria a ser a regra de conduta do PC, França e mundo afora, acarretou-lhe, em 1934, a expulsão do PC, que a reputou ultrajante de sua higidez partidária. Usou da tribuna do Congresso para verberar o comunismo e seu encontro de cúpula conhecido como Terceira Internacional e aderiu ao Nacional Socialismo, tendo o nacionalismo francês como a pedra de toque. Em 1936, ele fundou o Partido Popular Francês, de cunho fascista, no padrão desenvolvido na Itália e na Alemanha nazista, já sob a liderança de Hitler. O socialismo marxista passou a ser o seu principal adversário. Desde o início da Segunda Grande Guerra, em setembro de 1939, Doriot foi o porta-voz do nazismo na França, posição que se consolidou com a submissão da França, em 1940, servindo a Hitler, a partir de Vichy, onde residia, daí seguindo para Paris, quando defendeu o nazismo e passou a criticar o comunismo, acerbamente, por meio de programas radiofônicos. A fundação da Legião dos Voluntários Franceses foi o passo seguinte no aprofundamento de suas vinculações ao nazismo. Foi morto num rally aéreo das tropas aliadas, em fevereiro de 1945, dois meses antes do fim do conflito mundial. O Partido Popular Fascista, por ele fundado, foi a maior organização fascista francesa entre as duas grandes guerras.

PARTE I – ESQUERDAS E DIREITAS

O COMUNISMO E A SOCIAL DEMOCRACIA

A histórica animosidade do comunismo com a Social Democracia tem a ver com esse temor do Marxismo de ser substituído por ela, apta a operar profundas alterações, em favor da igualdade, sem o risco de rupturas incontornáveis, derivadas do fracasso operacional de uma construção ideológica obsoleta e ultrapassada. Tanto que o desenvolvimento industrial, em vez de intensificar os conflitos entre patrões e empregados, como equivocadamente imaginado por Karl Marx, passou a pacificá--los, em face da renda e bem-estar crescentes dos trabalhadores, com aumento do conforto derivado da cada vez mais acentuada substituição do trabalho físico por máquinas. Especula-se que se Lenin não tivesse morrido tão cedo, ou se tivesse sido substituído por alguém de espírito mais arejado do que Joseph Stalin, o segundo maior genocida da história, em números absolutos, as ideias propostas pelo pensador alemão Eduard Bernstein (1850-1932) poderiam ter sido ouvidas, evitando, assim, o desastre que resultou do comunismo soviético. Há quem sustente, porém, que em matéria de violência, Stalin foi fiel discípulo de Lenin.

Segundo Bertrand de Jouvenel (1903-1987), economista, jurista, diplomata e cientista político francês, membro do Clube de Roma e da Sociedade Mont Pélerin, foi o espírito da revolução nacional que eclodiu na França a principal causa que conduziu à Guerra de 1914. Em seu livro sobre *O Poder*, escrito durante a Segunda Grande Guerra, Jouvenel explora sua reflexão sobre a insaciável busca humana pelo poder, luta que faz da sociedade o verdadeiro sujeito da história. Em *As origens do Estado Moderno: uma História das ideias Políticas no Século XIX*, ele aponta os diferentes fatores que construíram o conceito de Estado Moderno, ao longo do século XIX e início do século XX. Para alcançar esse desiderato, ele examina o conceito de liberdade, resultante das duas grandes revoluções, nos Estados Unidos, como na França, fazendo ricas comparações entre os legados de ambas, relativamente ao conceito de nação e suas relações com

JOACI GÓES

as forças armadas, a igualdade de direitos e a desigualdade de fato, o liberalismo e a ascensão do economismo, o nacionalismo e o militarismo, fixando as bases para uma adequada compreensão, pela posteridade, em face da "elaboração de um dicionário universal das palavras-chave da política."

Declaradamente inspirado em Montesquieu, Fichte (Johann Gottlieb Fichte, 1762-1814), Alex de Tocqueville, Saint-Simon (1760-1825) e Karl Marx, Bertrand de Jouvenel, com fluência culta e erudita, e liberto de preconceitos históricos, desenha, com grande acuidade crítica, o Estado Moderno, fiel à sua máxima de que "o espírito humano não tende à verdade; choca-se com ela". (O filósofo e economista francês Claude-Henri de Rouvroy, Conde de Saint-Simon, foi um dos fundadores do socialismo e teórico do socialismo utópico. Sua teoria é conhecida como sansimonismo, segundo a qual a classe industrial ou trabalhadora precisa ser reconhecida e satisfeita para que haja uma economia eficiente e uma sociedade estável). Não é à toa que Bertrand de Jouvenel foi professor em importantes universidades europeias e americanas (Oxford, Cambridge, Manchester, Yale, Chicago, Berkeley, Faculté de Droit et de Sciences Économiques de Paris, INSEAD, CEDEP; doutor *honoris causa* da Universidade de Glasgow). Não obstante o prestígio de seu livro *As origens do Estado Moderno*, a *opera magna* de Jouvenel é *O poder: história natural de seu crescimento*. (*On Power: The Natural History of its Growth*).

O economista e filósofo franco-americano Guy Sorman (1944-) autor de festejada obra sobre criatividade, liberalismo clássico, ambientalismo, direitos humanos e relações internacionais, a que não faltam controvérsias, disse sobre O Poder de Jouvenel: "Um dos mais belos textos já escritos em francês sobre o crescimento patológico e inexorável do Estado moderno. Devemos voltar a Alexis de Tocqueville ou a Benjamin Constant para encontrarmos a mesma perfeição de conhecimento, excelência de estilo e a dimensão de um projeto. De Jouvenel reescreve nada menos do que a história da humanidade para demonstrar, de forma convincente, a busca incessante do fortalecimento do poder centralizado. Ele

PARTE I – ESQUERDAS E DIREITAS

sistematiza a análise de Tocqueville sobre a Revolução Francesa, mostrando como ela acabou com o trabalho do antigo regime para destruir propriedades e para consolidar intermediários burocráticos estatais." Segundo Jouvenel, com a queda da monarquia francesa, assumiu o trono o personagem Nação, que seria o detentor natural do Poder. Para ele, como para Hegel, os indivíduos são a essência da sociedade. Sua substituição pelo Estado gerou todas as grandes contradições que afloraram na esteira da Revolução Francesa. O populismo distributivista da riqueza tem o propósito de manter os seus líderes nas posições de comando, sustentados pelo apoio da patuleia ignara que acredita nos que lhe prometem o Céu na Terra.

RECONHECIMENTO ACADÊMICO DE ZEEV STERNHELL

É fácil compreender as razões pelas quais o polímata norte-americano Roberto Wohl (1936-), tenha apontado, em 1991, o livro de Zeev Sternhell, *Neither Right nor Left*, como um dos mais controversos e comoventes a respeito da história da Europa, avaliação endossada pelo jornal francês, *Le Monde*, que o incluiu entre os mais importantes da época, ao considerar o fascismo como parcela expressiva da corrente de pensamento que dominou a Europa, e a França, em particular, muito além da bitola estreita da crença que limita a influência temporária do fascismo à Itália e à Alemanha. Sternhell evidencia que, entre outras facetas, o fascismo associou a antiburguesia, o nacionalismo antiliberal e o movimento sindical revolucionário, cada uma dessas dimensões refletindo, a seu modo, a herança política francesa desde o século XVIII.

O GRANDE VEXAME FRANCÊS

Entre as inquietações suscitadas pelo livro de Zeev Sternhell, encontram-se episódios dos anos do Governo Vichy que muita

JOACI GÓES

gente preferia olvidar. Tanto que, em 1994, Paul Touvier (1915-1996), de família católica, modesta e numerosa, colaborador do nazismo, durante a ocupação da França, na II Guerra Mundial, viria a ser o primeiro francês condenado por crimes contra a humanidade, quando uma nova biografia do socialista Miterrand deixou claras suas perigosas ligações com o Governo Vichy. Touvier era leal seguidor do Marechal Pétain, junto a quem atuou como chefe do serviço de inteligência nazista, sob o comando do oficial alemão Klaus Barbie. Quando do assassinato do ministro francês, para a Propaganda, o poeta, jornalista e político Phillipe Henriot(1889-1944), enquanto dormia, na sede do Ministério onde morava e trabalhava em Vichy, Touvier foi designado para encontrar e retaliar os assassinos. Sete judeus franceses, membros da resistência, já encarcerados, em Lyon, desde antes do crime, foram fuzilados por ordem de Touvier.

Depois da libertação da França, pelos aliados, a partir de quando muitos colaboradores do nazismo foram executados, Touvier buscou esconderijo seguro. Em 1946, ele foi condenado à morte, *in absentia*, por traição e colaboração com o nazismo. Preso no ano seguinte, 1947, por roubo de armas, conseguiu escapar. Em 1966, obteve o reconhecimento da prescrição da pena a ele imposta, e cinco anos mais tarde, em 1971, o Presidente George Pompidou deu-lhe o perdão que De Gaulle havia negado, fato que causou intenso protesto popular, amplificado pela descoberta de que o seu patrimônio era constituído de bens subtraídos de judeus deportados. Ao explicar o indulto a Touvier, disse Pompidou: "Já não chegamos ao momento em que devemos lançar um véu sobre o passado, para esquecermos o tempo quando os franceses se odiaram, agredindo-se e até se matando reciprocamente?" Pessoas como Pompidou, Miterrand e Raymond Aron, ex-simpatizantes do fascismo, defendiam a tese do esquecimento como uma virtude política, por proporcionar a reconciliação nacional. Em 1973, Touvier foi acusado, na corte de Lyon, de haver praticado imprescritíveis crimes contra a humanidade, como a execução dos sete judeus já custodiados

Parte I – Esquerdas e Direitas

quando do assassinato do Ministro Phillipe Henriot. Depois de condenado, Touvier evadiu-se, mais uma vez, sustentando sua vida em liberdade, a partir de intermináveis recursos judiciais, até que adveio sua ordem de prisão, em 27 de novembro de 1981. Só em 24 de maio de 1989, porém, a ordem se materializou e ele foi, finalmente, preso, num Convento em Nice, cujo abade declarou havê-lo recebido como um "ato de caridade para com um sem teto!". Paul Touvier ou Paul Berthet, pseudónimo que lhe deu a esposa do seu amigo, o cantor belga, Jacques Brel, morreu em 17 de julho de 1996, aos 81 anos, de câncer de próstata numa prisão, ao redor de Paris.

O caso de René Bousquet (1909-1993) é, igualmente, rocambolesco. Depois de servir por dezenove meses ao Governo de Vichy, entre maio de 1942 e dezembro de 1943, como chefe de polícia do Presidente Pierre Laval, seu prestígio não parou de crescer, durante o período de guerra, sendo apontado como expressão modelar do avanço do novo governo, "restaurador da dignidade nacional da França". Bousquet foi responsabilizado pela entrega de 59.000 judeus ao nazismo germânico. Na prisão coletiva de treze mil judeus que ele realizou nos dias 16 e 17 de julho, de 1942, quatro mil eram crianças, sendo que uma delas tinha, apenas, dois anos de idade. Duas mil crianças de idade abaixo de seis anos foram enviadas para Auschwitz, à revelia do governo alemão. Em 1949, ele foi condenado a cinco anos de prisão, por indignidade nacional, por ter servido ao Governo de Vichy, mas sua pena foi reduzida por haver lutado na Resistência e defendido a autonomia da polícia francesa, relativamente ao nazismo dominante. Expulso do serviço público, Bousquet dedicou-se aos negócios. Anistiado, em 1959, retornou às atividades políticas, apoiando candidatos socialistas, tornando-se próximo do então Presidente François Mitterrand. Seu passado, porém, o perseguia. Em 1989, depois de anos de reiteradas acusações sobre sua conduta durante a guerra, ele foi acusado, por três grupos, de haver praticado crimes contra a humanidade. Por último, o ministro da Justiça da França acusou-o, em 1991,

237

JOACI GÓES

pelo crime de haver entregue os grupos de crianças judias para serem mortas nos campos de extermínio nazistas. Em 08 de junho de 1993, ele foi assassinado, pouco antes do início do seu julgamento. Ao longo do processo, desde 1949, não foram poucas as intervenções do Presidente Miterrand em favor do seu amigo René Bousquet, para o que contou também com o apoio do Presidente Pompidou. Mais do que amizade, o interesse de Miterrand na absolvição de René Bousquet teve como motivação principal evitar que, com ele, estivesse sendo julgada toda a sua geração que se encantou com as ideias que sustentaram o Governo fascista de Vichy.

O historiador da vida política, intelectual e religiosa da França contemporânea, René Rémond (1918-2007), realizou, a partir da década de 1950, o mais importante trabalho no sentido de justificar o colaboracionismo francês, esvaziando-o dos seus traços mais traumatizantes, ao explicá-la como herdeira, no século XX, do tríplice e marcante legado orleanista, bonapartista e legitimista do século XIX. (Os orleanistas foram uma facção ou partido político francês, depois da Revolução Francesa, que seguia os Orleães, ramo da Casa de Bourbon. Sua perda de importância se precipitou com a implantação da Terceira República. O legitimismo foi um movimento conservador que defendia o direito à sucessão hereditária do poder, vis-à-vis, movimentos revolucionários). René Rémond, tapando o sol com uma peneira, sustentou que a França nunca sediou uma dimensão autônoma do fascismo; exerceu uma presença, apenas, conjuntural do mundo político francês, importada do exterior, sem maiores impactos na sociedade nacional. Para ele, Vichy seria um movimento contrarrevolucionário, do tipo iniciado por Joseph de Maistre e continuado por Charles Maurass e pela Ação Francesa. O Conde Joseph-Marie de Maistre (1753-1821), advogado, diplomata, escritor e filósofo, foi um dos corifeus do pensamento contrarrevolucionário após a Revolução Francesa, posicionando-se a favor da restauração da monarquia, vista por ele como de inspiração divina, associada ao Papa, em temas espirituais e temporais.

PARTE I – ESQUERDAS E DIREITAS

Para ele, só os governos apoiados na cristandade estavam aptos para compreender as aspirações, costumes e valores europeus, evitando as desordens e os conflitos fatais que emergem quando da introdução de programas de governo prenhes de racionalidade, como os que vieram na esteira da Revolução Francesa. É dele o famoso aforismo: *"Toute nation a le gouvernement qu'elle mérite!"* (Cada povo tem o governo que merece!").

Charles Maurass (1868-1952), por sua vez, foi um poeta e jornalista francês, monarquista, católico ferrenho e fundador da *Action Française*, importante jornal germanófobo, por meio do qual expôs suas ideias a respeito do nacionalismo integral ou nacionalismo incondicional. Para ele, a Igreja Católica, na França, era a argamassa que mantinha a nação unida, apesar de desconfiar dos evangelhos, por terem sido escritos "por quatro obscuros judeus", Mateus, Marcos, Lucas e João. Nostálgico da França gloriosa, a partir da Revolução, na linha do crítico e historiador Hippolyte Taine (1828-1893), membro da Academia Francesa de Letras, e do filósofo, teólogo e historiador Ernest Renan (1823-1892), de quem sofreu grande influência, Charles Maurass achava que a pátria de Voltaire estava decadente, ao perder sua herança clássica-romana, cultivada nos quarenta reinados em que foi construída a grandeza do país, ao longo de mil anos. Vários líderes políticos, dentro e fora da Europa, seguiram seu pensamento, a exemplo de Salazar, em Portugal, e Plínio Salgado, no Brasil. Ainda que, involuntariamente, sua obra tenha contribuído para aumentar as dúvidas sobre o papel proteiforme desempenhado pelo Governo de Vichy, uma vez que sendo, como era, um ferrenho opositor do nazismo, Charles Maurass colaborou com aquele Governo, em razão de sua amizade com o Marechal Pétain e a antipatia que votava a Charles de Gaulle. Maurass via o Iluminismo e a Reforma Protestante como as principais fontes da decadência francesa, ao lado do judaísmo, decadência agravada pela democracia e pelo liberalismo. Seu catolicismo, sem cristandade, resultou na sua excomunhão, e seus livros, inscritos no índex *librorum prohibitorum*,

JOACI GÓES

provocaram um grande choque entre seus seguidores, muitos dos quais eram sacerdotes.

Parte do trabalho do agrônomo, sociólogo e político René Dumont (1904-2001), que pertenceu à Académie Française, consubstanciou uma crítica direta ao livro de Zeev Sternhell, *Neither right, nor left; Fascist ideology in France*. Sem prejuízo de reconhecer a liderança de René Dumont, na França, como o grande defensor da desvinculação do país do fascismo, Sternhell destaca o alvorecer de uma nova mentalidade historiográfica, suficientemente arejada para colocar a verdade histórica acima de vaidades nacionais, graças à qual o seu livro seminal nasceu. As condenações de Touvier e Bousquet, mesmo ocorrendo tão tardiamente, seriam prova dessa nascente mentalidade proativa que se opõe à tese de René Dumont, exculpatória das responsabilidades da França na expansão do fascismo e do antissemitismo, ao longo de meio século. Cresce o número de trabalhos acadêmicos, de reconhecido valor, esposando a tese de Zeev Sternhell. Pelo menos num importante aspecto, Sternhell concorda com René Dumont: muitas das ideias incorporadas ao fascismo já integravam o ideário francês, desde fins do século XIX, a exemplo do nacionalismo exacerbado. A visceral discordância se estabelece quando René Dumont mantém-se impassível diante do fato, amplamente comprovado, de que o Governo de Vichy, em várias oportunidades, mostrou-se mais intolerante com os adversários de Mussolini e de Hitler do que o Duce e o Führer o foram.

O fato é que a ideia de colocar um véu sobre Vichy prosperou na alma francesa, ocupando todos os segmentos que passaram a atuar como uma mega e silenciosa operação, concertada para excluir da memória humana um dos momentos mais infelizes da história dos povos. Não se conhecem precedentes, em nações democráticas, de contorcionismos tão grotescamente aberrantes quanto os praticados pela justiça francesa, relativamente ao julgamento dos crimes derivados do colaboracionismo de suas autoridades com o governo nazista alemão. Só os mais

PARTE I – ESQUERDAS E DIREITAS

longevos, entre os da primeira geração francesa do pós-guerra, no outono da existência, passaram a tomar consciência daquele momento infeliz, já então com os efeitos dissipados pela ação redentora do tempo.

No extenso prefácio, de 35 páginas, da edição de 1994 do seu livro *Neither left nor Right*, Sternhell acentuou a imperiosa necessidade de todos os povos reconhecerem o passado, sem filigranas omissivas, apelo endossado, nos anos seguintes, pelo então presidente da França, Jacques Chirac. Essa atitude de destemor intelectual conferiu a Zeev Sternhell prestígio acadêmico superlativo, intensificado pela qualidade do levantamento de dados com que enriqueceu a biografia das ideias mais influentes no século XX, com repercussões que perduram.

A estigmatização do fascismo como a mais grave engenharia ideológica do mal, tem operado como poderoso desestímulo para que o mundo acadêmico trate a matéria com o distanciamento emocional próprio do cientista social. Daí o caráter panfletário da grande maioria dos trabalhos escritos sobre o fascismo em suas diferentes versões, no tempo e no espaço.

. Na Europa Continental, diferentemente do que ocorre no mundo de fala inglesa, o debate a respeito do fascismo, em todas as suas fases, não se restringe ao limitado ambiente acadêmico. Essas discussões tendem a se tornar públicas e ganhar calor exacerbado. A verdade é que para muita gente custa aceitar que o fascismo teve uma presença marcante na Europa, a partir de fins do século XIX, até depois da Segunda Grande Guerra, não apenas na Itália de Mussolini e na Alemanha de Hitler. O apoio do Governo de Vichy, logo depois da queda de Paris, ao empenho de Hitler para submeter o mundo, queima como ferro em brasa no orgulho francês, ainda que a maioria de sua população fosse, de modo impotente, contrária a essa dominação, patrocinada pelo então governo de Vichy. O esforço desenvolvido pelas forças vivas da nação francesa para deletar esse momento infeliz de sua história, restringindo-o a uns poucos oportunistas, constitui episódio sem precedentes na experiência humana. Não que outros povos não se tenham empenhado para apagar ou modificar alguns de seus momentos vergonhosos; nenhum, porém, com o prestígio cultural, político, social e econômico da França. Explica-se porque, ainda hoje, quando todos os protagonistas já estão mortos, não é de bom tom levantar a incômoda questão perante amigos franceses. Como o protagonismo de italianos e alemães foi ostensivo e oficial, esses povos já assumiram seus pecados e tratam o assunto com naturalidade, ficando a França sem saber como explicar o paradoxo de gestar a Revolução Francesa e, um século depois, sua antítese, o corpo de ideias que resultou no fascismo, instrumento de ataque sem tréguas à liberal democracia e, por via de consequência, ao Iluminismo.

O já referido Emmanuel Mounier, um dos fundadores, em 1932, da famosa revista *Esprit*, que foi interditada pelo Governo de Vichy, em 1941, pelo conjunto de suas notáveis singularidades, merece um hiato inclusivo, em nossa breve digressão histórica, no contexto das ideias políticas da França, no século XX. Pai do *Personalismo*, teoria que explica o homem como uma fonte inesgotável de ineditismos, e, por isso mesmo, insusceptível de enquadramento nas várias formulações nele centradas, foi decisiva a influência de Mounier na construção da ideologia da Democracia Cristã. O *leit motiv* de *Esprit* era "a ruptura da ordem reinante ou do *status quo*." Emmanuel Mounier denunciou o nazismo e o fascismo como agentes da destruição da Civilização Cristã Ocidental, embora partilhasse de algumas de suas linhas de pensamento, como oposição à ordem dominante ou *status quo*, sobretudo no que tivesse de herança da Revolução Francesa de 1789. Sua desassombrada militância política levou-o à prisão e à clandestinidade, até a libertação da França. Foi de grande importância sua postura contra todos os movimentos liberticidas na Europa, apesar de ser ele opositor da democracia liberal, que vergastou, impiedosamente. A portuguesa Revolução dos Cravos, em 1974, 24 anos depois de sua morte, inspirou-se em seu pensamento.

Alguns analistas avaliam que a contradição que opõe a Democracia ao seu antípoda, o fascismo, seja o produto dos eventos

PARTE I – ESQUERDAS E DIREITAS

que aturdiram o espírito francês, abatido a partir da derrota de 1870, na Batalha de Sedan, passando pela reação antimaterialista do fim do século XIX e pela perplexidade criada pelas duas grandes guerras e pelos eventos que se desenvolveram no intervalo, vinte-trinta anos, entre elas. Registre-se que a frequente associação da decadência da França com os valores da democracia liberal, esposados pela França democrática que emergiu das cinzas da queda do Terceiro Império Napoleônico, em 1870, resultou, de fato, ainda que involuntariamente, como atos conscientes dos protagonistas, numa associação das ideias de Emmanuel Mounier com o fascismo. Da aceitação da predominância da vontade, numericamente majoritária, inerente à democracia liberal, nasceu a rejeição dos inconformados com a redução do papel do mérito na gestão dos destinos dos povos. Daí a conclusão de que a predominância dessa maioria intelectual e moralmente desqualificada comprometia, irremediavelmente, o presente e o futuro da democracia liberal, levando-a a um mar de corrupção. Essa percepção alavancou o fascismo em seus diferentes estágios históricos, muitos dos quais perduram, sólidos e vitoriosos, como o da precedência dos critérios meritocráticos na aferição do valor dos indivíduos, em todos os domínios, desde os ostensivamente físicos, como nos esportes ou nas olimpíadas, até os mais subjetivos, como no desempenho das artes, em suas diversas manifestações. Mudar esse curso natural das coisas ou das experiências humanas, só por via da corrupção comprometedora, quando não destruidora, de uma paz social imposta pelo totalitarismo. A paz dos cemitérios. Seria grosseiro erro de anacronismo histórico condenar, na dominante perspectiva de hoje, essa visão que não tinha como levar em conta o processo de crescimento da capacidade de julgamento das camadas mais modestas da sociedade. Por isso, a circunstancial coincidência de pontos de vista entre grupos inconciliavelmente divergentes, como os liberal-democratas e os fascistas que, em certos assuntos, mantinham posturas convergentes. É desse contexto que nasce o discurso político-eleitoral dos socialistas marxistas, raso,

243

em sua estruturação doutrinária, ao pretender opor o socialismo totalitário, como a força redentora dos povos, ao liberalismo iluminista que tem viabilizado a redução sem precedentes da miséria humana, erguendo as classes mais pobres a um patamar de dignidade, impensável há, apenas, um século.

A DOLOROSA DERROTA DA FRANÇA

A Batalha de Sedan, durante a Guerra franco-prussiana, deu-se nos arredores da cidade de Sedan, em 31 de agosto de 1870, quando o exército comandado pelo Imperador Napoleão III (1808-1873) e pelo Marechal Patrice Mac Mahon (1808-1893) tentou libertar o General François Achille Bazaine (1811-1888), mas acabou derrotado por Helmuth Von Moltke (1800-1891).

A rendição de Napoleão III, de Mac Mahon e 83 mil soldados causou grande baixa na autoestima do povo francês, resultando na abdicação do Imperador. As démarches em favor da assinatura de um termo de paz foram frustradas pela recusa do chanceler da Prússia Otto Von Bismarck (1815-1898), uma das maiores personalidades europeias da segunda metade do século XIX, que, confiante na vitória, logo começou o cerco de Paris, passando a exigir a Alsácia e a Lorena, território de população germânica, originalmente pertencente ao Sacro Império Romano-Germânico, tomado por Luís XIV, em 1648, depois da paz de Vestfália. A área retornaria à França, em 1919, depois da derrota da Alemanha, na Primeira Grande Guerra, de acordo com o Tratado de Versalhes.

A Paz de Vestfália, Vestefália ou Westfália, também identificada como Tratados de Münster e Osnabruque, cidades que sediaram os encontros, atualmente pertencentes à Alemanha, solenizou o fim da Guerra dos Trinta Anos e reconheceu as Províncias Unidas e a Confederação Suíça. Como católicos e protestantes recusavam-se a se reunir, os protestantes ficaram em Osnabruque e os católicos em Munster. No seu conjunto, esses tratados, que

PARTE I – ESQUERDAS E DIREITAS

integraram a Paz de Vestfália, representam o marco inicial do moderno Direito Internacional, ao conceituar princípios fundamentais como o da soberania, entendida como a igualdade jurídica e interdependência entre os estados, não intervenção e territorialidade, elementos essenciais do estado-nação. No conjunto desses tratados, prevaleceu o entendimento de que uma paz duradoura implicava equilíbrio de poder, consenso que se adensaria no Congresso de Viena, de 1815, e no de Versalhes, em 1919. O Tratado Hispano-Neerlandês pôs fim à Guerra dos Oitenta Anos. O Tratado dos Pireneus acabou com a guerra entre França e Espanha. O Tratado de Vestfália, propriamente dito, assinado em 24 de outubro de 1648, pôs fim à guerra entre o Sacro Império Romano--Germânico, a França e a Suécia.

A patente superioridade militar da Prússia foi tamanha que Bismarck lançou as bases do Segundo Império ou Segundo Reich que vigeu por 47 anos, entre 1871 e 1918, quando os países germânicos vivenciaram, pela primeira vez, a experiência de um Estado Nacional único. Nesse processo de unificação, Bismarck abandonou o liberalismo, optando pela ditadura, atuando com força contra o catolicismo numa prática que ficou conhecida como *kulturkampf* (*luta cultural*).

O fim do Segundo Império Francês, com Napoleão III, foi sucedido pelo início da Terceira República Francesa, num momento em que o espírito francês vivia grande abatimento, confirmando o presságio de Renan, em 1869, ao afirmar que "o Século XIX será visto, na história da França, como o da expiação da Revolução!" Já no ano seguinte à derrota de 1870, Renan lecionou, em *La Réforme*: "Debilitada pela democracia, desmoralizada por sua prosperidade, a França tem expiado do modo mais cruel seus anos de aberração... A França desenvolvida na prática do sufrágio universal tornou-se intensamente materialista; seus nobres valores do passado – patriotismo, fascínio pela beleza, paixão pela glória – desapareceram com as classes nobres que representam o espírito francês. O julgamento e condução das coisas foram transferidos para as massas, que são coriáce-

as e brutas, dominadas por ideais e interesses superficiais!" Para
Ernest Renan 1823-1892), "o materialismo era, em essência, a
doença francesa" e "a derrota teve o condão de baixar todos os
véus, de modo a permitir que os defeitos de temperamento do
povo francês, antes intuídos, fossem exibidos em sua sinistra nudez", enquanto "a Prússia, fiel ao ancien regime, preservou-se
contra a influência do materialismo industrial, econômico, socialista e revolucionário que emasculou a alma dos demais povos."
Ainda segundo Renan, a democracia e o socialismo eram formas
de materialismo, embora houvesse um materialismo burguês, de
caráter autônomo, mais uma dimensão da mesma mediocridade, responsável pelo declínio que, iniciado após a Revolução de
1789, levou à decadência que resultou na derrota da França, em
1870 e, setenta anos depois, na queda de Paris, em 1940, dizem
alguns. Entre esses dois momentos, em fins do século XIX, houve
o materialismo do proletariado, impregnado da força emergente
do marxismo e ou do já velho liberalismo. Sem dúvida, é preciso
muito contorcionismo ideológico para associar o nome de Ernest
Renan, aclamado por Mussolini em 1930, como arauto do Iluminismo pré-fascista, ao espírito democrático francês! Será porque
o admirável polímata Renan anula o pensador político, ou esse
crédito deve ser atribuído ao seu ostensivo anticlericalismo, não
obstante sua famosa biografia de Jesus?

O elemento comum após as duas históricas derrotas foi o
desejo de libertar a França da presença opressiva do materialismo, ou, ao menos, reduzir sua influência danosa na vida
social. Observe-se que ambas as derrotas não criaram uma reação nova, apenas serviu de combustível para acelerar as já
embrionárias ou radicalmente existentes. Provando que "tudo
vale a pena, quando a alma não é pequena", no depressivo
caldo de cultura do pós 1870, a França desenvolveu o modelo
de democracia liberal mais avançado do Continente Europeu.
Paralelamente à consolidação desse espírito democrático, que
sobreviveu à Batalha de Marne, em 1914, processou-se o desenvolvimento de sua antítese, como é próprio dos ambientes

PARTE I – ESQUERDAS E DIREITAS

democráticos que resultaram do Iluminismo, e a França foi o palco do surgimento do fascismo, antidemocrático e totalitário como o socialismo marxista.

Em fins de agosto de 1914, começo de setembro, o avanço das tropas alemãs de dois milhões de homens, sobre o território francês, tornou iminente a tomada de Paris de cujas portas se aproximaram, acampando a 40 km de distância. Mais por inexperiência e erros táticos dos comandantes alemães, do que por mérito da claudicante defensiva franco-britânica, que se instalou às margens do rio Marne, a vitória alemã se frustrou, forçando o recuo de suas tropas.

A FORÇA DO INDIVIDUALISMO

Com o fortalecimento do individualismo, a partir da Revolução Norte-Americana, a muitos passou a repugnar a ideia da igualdade de todos perante a lei como uma afronta ao princípio que assegura a supremacia do mérito dos mais capazes. Diferentemente do que se passou a acreditar, o fascismo tem um sólido corpo de ideias com justificações teóricas do mesmo padrão de consistência de outra ideologia qualquer, como o liberalismo e o socialismo, com os quais forma o trio ideológico mais influente no século XX, com presença marcante na Europa e em outras partes do mundo, inclusive no Brasil. Na verdade, o fascismo é, substancialmente, o regime de governo mais antigo que a humanidade conhece, presente em todas as fases da história. De novo, portanto, o fascismo só tem o nome. O mais correto é dizer que o fascismo se apresentou, com roupagem nova, para confrontar a democracia liberal e o socialismo marxista, esses, sim, regimes novos, tendo a democracia liberal nascido com a Revolução Americana, no último quartel do século XVIII, e o socialismo marxista, um século e meio depois, com a Revolução Bolchevique, de 1917.

Ao redor das críticas que o fascismo fazia à Democracia Liberal, circulavam outras de distintas escolas de pensamento, impregnadas de inconformismo, com o mesmo grau de contundência. Nessa similaridade, residia o poder de expansão, influência e atração do fascismo em sua formulação geral, como a condenação da sociedade burguesa, por sua tolerância com afrontosas desigualdades, dando passe livre à sua dimensão totalitária ou liberticida. Em conexão com essas deformações, a crítica comum a numerosos princípios de curso universal, como a fraqueza na gestão dos poderes e a generalizada prática de corrupção, ensejava a criação de um ambiente marcado pela aparente identidade de interesses, em que os ataques à democracia, considerada irremediavelmente decadente, pelo seu caráter materialista e individualista, eram *la pièce de résistance*.

SOLIDÃO E ISOLAMENTO

A distinção entre solidão e isolamento explica o modo como as organizações totalitárias controlam e moldam o comportamento das massas. Isolamento, na perspectiva política, é sinónimo de solidão, na esfera social. Podemos estar isolados, politicamente, ainda que arrodeados, socialmente, de pessoas, por não termos um aliado, sequer, de que necessitamos, do mesmo modo que podemos nos sentir, emocionalmente, solitários, no meio da multidão. O isolamento, portanto, tem a ver com impotência operacional, o que ocorre, frequentemente, nas estruturas totalitárias, enquanto a solidão diz respeito à vida privada ou vida humana, em geral (*Origens do Totalitarismo*). Ela, a solidão, compõe o conceito de banalidade do mal, por viabilizar as noções de "superfluidade" e "desarraigamento" e por não ocupar no mundo um lugar garantido e reconhecido por terceiros, em razão da existência de direitos humanos, ou da garantia de haver direito a direitos, como o de pertencer a um país, a uma instituição ou cultivar uma religião.

PARTE I – ESQUERDAS E DIREITAS

MARXISMO E RELIGIÃO

Karl Marx afirmou que "A religião é o suspiro da criatura oprimida, o coração de um mundo sem coração e a alma de condições desalmadas. A religião é o ópio do povo". Trotsky, por sua vez, deixou clara sua compreensão identitária entre marxismo e religião, no livro de 1926, *Oú va l´Angleterre*, ainda que puxando a brasa para sua sardinha, ao dizer que "temos todo o direito de estabelecer uma analogia entre a doutrina da predestinação, na revolução puritana, e o papel do marxismo, na revolução proletária. Nos dois casos, os grandes esforços investidos não se baseiam no capricho subjetivo, mas na lei de aço, causal, misticamente deformada, num caso, cientificamente fundada, no outro". Sem dúvida, nada tão parecido com o fanatismo laico como o fanatismo religioso. Ambos são igualmente capazes de recorrer à mais cruenta violência para impor seus pontos de vista. É graças ao uso regular da violência, como componente intrínseco do seu *ethos*, que o marxismo leninista se afirma em sua solidez harmônica, oferecendo ao mundo uma imagem integral e sistêmica, infensa a qualquer tipo de superstição ou negação de seus princípios. Uma doutrina iluminada e iluminista, uma pretensa *aufklarung* para redimir a espécie humana. Daí sua presunção cientificista, multipulverizada, no tempo e na Geografia, pela teimosia dos valores intrínsecos à espécie humana e à realidade da vida. Como costumava dizer Agatha Christie: "Os fatos, como são teimosos os fatos".

O discurso democrático está presente em todas as correntes ideológicas, inclusive no anarquismo e no totalitarismo, independentemente da posição topográfica da ideologia, como no próprio terrorismo. Quando contradições são apontadas, como no caso dos regimes totalitários, a desculpa é sempre a mesma: "a excepcionalidade do momento reclama essa posição". Seus líderes não se pejam de recorrerem a inaceitáveis oximoros do tipo tirania, despotismo ou totalitarismo libertário. Basta ver que a Coreia do Norte se chama República Popular Democrática da

Coreia, do mesmo modo que os países que integraram a União Soviética traziam nos seus nomes a palavra "democracia".

A grande lição da história é que o totalitarismo só prospera onde homens e mulheres de bem, retirando-se da luta, se somam aos que vendem a honra para servir às forças do mal.

CRÍTICA DE HANNAH A KARL MARX

Hannah Arendt considerava a religião algo tão legítimo e natural como a própria ideologia, por corresponderem, ambas, a necessidades psicossociais básicas dos seres humanos. Ela apontou as semelhanças entre o nazismo e o stalinismo, ambos totalitários, banalizadores do terror, como instrumento de domínio sobre as massas. Hitler e Stalin seriam as faces de uma mesma moeda. Chegaram ao poder por meio da exploração da solidão organizada do povo. Tal prática seria, segundo ela, disseminada pelos líderes, entre os militantes, através de discursos e propaganda, ficando em plano inteiramente secundário, quando não esquecidos, princípios fundamentais do marxismo, como é o caso da exploração histórica do proletariado, em razão do primado apriorístico da "camisa de força da lógica".

Em *A condição humana*, Hannah acentua a importância da política como ação e como processo, destinada à conquista da liberdade, por meio do labor, do trabalho e da ação. O labor seria o processo biológico da vida humana; o trabalho seria a atividade mundana que responde pelo artificialismo da condição humana, ao criar um mundo inexistente em nosso estado natural; finalmente, a ação é a atividade interpessoal, humana, por excelência, que se realiza sem a mediação de fatores exógenos à própria humanidade, como os objetos, em geral. A ação, portanto, vincula-se ao nosso caráter plural de integrantes da espécie humana e não à nossa individualidade. Seria a dimensão política, por excelência.

PARTE I – ESQUERDAS E DIREITAS

Em *Sobre a Revolução*, de 1963, Hannah analisa as semelhanças e diferenças entre as revoluções americana e francesa, enfatizando que as instituições que nasceram delas só preservaram a liberdade na medida em que se mantiveram fiéis aos seus ideais revolucionários. Por isso mesmo, advertiu os seus concidadãos americanos, a cuja nacionalidade se convertera, para se manterem fiéis aos ideais revolucionários, sob pena de perderem sua identidade nacional.

PAIXÃO E RACIONALIDADE

A experiência revela que o combustível da prática política é feito mais de emoções e paixões do que de moderação e racionalidade, campo ideal para os discursos populistas, ainda que vestidos com a roupagem da serena reflexão e dos mais puros propósitos de melhorar o padrão de vida dos mais pobres. O percentual de umas e outras depende da cultura dos povos e de seu nível educacional, como exposto pelo cientista político Alberto Carlos Almeida, em seu livro: *O voto do brasileiro*. Nele, o autor disseca a tendência eleitoral de cada uma das diferentes regiões do país, consoante, sobretudo, sua escolaridade e renda, a exemplo do que ocorre em praticamente todos os países democráticos, observadas as naturais reduções sociológicas, como recomendou o pensador baiano, Alberto Guerreiro Ramos. Brasil e mundo afora, os mais pobres e menos cultos votam nos que adotam um discurso entre radical de esquerda e social-democrata, enquanto os de melhor escolaridade e mais bem aquinhoados, materialmente, preferem os candidatos do centro, distribuídos entre a esquerda democrática ou centro-esquerda e a direita democrática ou centro-direita. A rigorosa observância dos mapas eleitorais das eleições presidenciais de 2002, 2006, 2010 e 2014 – fenômeno que se repetiu, de modo acentuado, nas eleições de 2018, – deixa claro que o voto do nordestino, que representa 27% do colégio eleitoral brasileiro, majoritariamente pobre e inculto, é destinado ao PT, enquanto o eleitorado de São Paulo, com melhor escolaridade e renda mais alta, representando 23% do eleitorado nacional, votou nos candidatos do PSDB. O Sul, também mais educado e mais rico do que o Nordeste, vota, preferencialmente, nos candidatos de centro, representados pela esquerda e direita democráticas.

Com base nesse levantamento estatístico e factual, o analista dispôs de rico material para fazer projeções de cenários sobre as eleições gerais de outubro de (2018), desde que, obviamente, incorporando o que estava acontecendo, elemento contributivo do *quantum* diferencial a cada processo eleitoral, de modo a se libertar, ao máximo, das armadilhas do *wishful thinking* (pensamento condicionado pelo desejo). Mesmo quando fazemos um grande esforço para não confundir o que vemos com o que desejamos, não conseguimos evitar erros de avaliação, em face do ineditismo inerente às ações humanas.

CONSCIÊNCIA POLÍTICA

Uma parcela considerável dos eleitores brasileiros, certamente mais da metade, independentemente de se dizer de direita ou de esquerda, não tem uma ideia clara das razões pelas quais escolhe os seus candidatos. O voto para o legislativo – vereador, deputado estadual, deputado federal e senador –, é considerado de pouca ou nenhuma importância para esse enorme contingente de eleitores. Uma prova dessa grave realidade reside no fato de que sucessivas pesquisas, realizadas poucos meses após as eleições, revelam percentuais muito altos dos eleitores que não lembram em quem votaram para o legislativo. A lembrança se restringe aos candidatos a postos executivos: prefeito, governador e presidente. Na prática, não guardam qualquer simetria entre sua anunciada postura, de direita ou de esquerda, e o perfil ideológico dos candidatos escolhidos. Essa ignorância política resultou na dura crítica de Bertolt Brecht (1898-1956),

Parte I – Esquerdas e Direitas

poeta e dramaturgo alemão, para quem "O pior analfabeto é o analfabeto político. Ele não ouve, não fala, nem participa dos acontecimentos políticos. Ele não sabe que o custo de vida, o preço do feijão, do peixe, da farinha, do aluguel, do sapato e do remédio dependem das decisões políticas. O analfabeto político é tão burro que se orgulha e estufa o peito dizendo que odeia a política. Não sabe o imbecil que, da sua ignorância política, nasce a prostituta, o menor abandonado, e o pior de todos os bandidos, que é o político vigarista, pilantra, corrupto e lacaio das empresas nacionais e multinacionais."

O maior erro da esquerda brasileira tem sido sua subdivisão entre o populismo mais primário, consistente na manutenção das massas prisioneiras de preconceitos e animadas pela esperança de serem premiadas, independentemente do mérito, e suas dissidências totalitárias que atemorizam a classe média que a professora Marilena Chaui propôs que fosse submetida ao paredão para fuzilamento. Temendo o enfraquecimento derivado dessa fratura, o teórico da esquerda brasileira, Ruy Fausto, preocupado com os aplausos destinados por alguns a governos como os de Cuba e Coreia do Norte, sugeriu que a esquerda fizesse uma declaração pública e peremptória de seu distanciamento do comunismo: "No meu entender, seria importante que ela se manifestasse, explicitamente, como estranha a todo projeto comunista. Ela não pretenderia abolir nem o Estado nem a propriedade privada, nem mesmo todo capital, programa que, como vimos, não é incompatível com o projeto de luta contra o capitalismo, enquanto sistema, pois este não subsiste onde há real neutralização extensiva e intensiva do grande capital." Penso que esse contorcionismo idcológico do culto e íntegro cientista político Ruy Fausto seja um resíduo inerradicável do patrulhamento ideológico de quem vive no ambiente universitário brasileiro, dominado pelo pensamento bolivariano. Enfatize-se, porém, que é um erro e uma bobagem querer restringir a esquerda aos opositores do capitalismo que representam, apenas, uma fração minoritária dessa dimensão ideológica.

JOACI GÓES

A maior parcela dos integrantes da esquerda está abrigada nos dois segmentos da esquerda democrática que legitima o mérito, o talento e o empenho pessoal, nem aceita o princípio da igualdade, sem que se definam certos critérios, como acentuou Norberto Bobbio: igualdade entre que pessoas, entre que atributos e consoante que parâmetros. O próprio Marx denominou de "comunismo vulgar" o discurso em defesa da igualdade indiscriminada. Se é verdade que o capitalismo fascista chinês tem criado muita desigualdade, verdade é, também, que tem proporcionado a contínua elevação do nível de bem-estar da ampla maioria que ocupa os mais baixos escalões, a começar pelo desaparecimento da fome que matou milhões a partir de quando Mao Tsé-Tung estatizou o sistema de produção de alimentos. (*A rising tide lifts all boats!*) A clandestina produção doméstica chinesa de alimentos evitou que o flagelo fosse ainda maior, ao tempo em que demonstrou a completa falência do Estado como agente econômico. A obsolescência de muitos dos enunciados de Marx, ou, como dizem alguns, o fracasso de Marx como profeta, não reduz o enorme significado de suas ideias para o aprimoramento das relações humanas, sobretudo na relação entre patrões e empregados. Ainda que inalcançável em sua plenitude, por investir contra a natureza das coisas, a proposta de igualdade entre as pessoas, inerente ao marxismo, mediante a eliminação das desigualdades que hierarquizam essas relações, tem, em seu caráter utópico, notável componente redutor dessas diferenças, muitas delas ultrajantes. Recorde-se que a chaga da escravidão foi, durante milênios, considerada como a coisa mais natural e desejável do mundo, a ponto de estigmatizar os seus opositores, levando-os ao isolamento social, quando não ao exílio, à prisão e até à morte. O leitor pouco informado do erro batizado de anacronismo, consistente em julgar as práticas predominantes em uma determinada época com os valores de outra, ficaria escandalizado ao saber da defesa intransigente, culta, filosófica, religiosa e até caritativa que fizeram da escravidão pensadores do porte de Platão,

Parte I – Esquerdas e Direitas

Aristóteles, Padre Antônio Vieira e John Locke, sem falar na regular utilização de escravos pelos venerandos fundadores das grandes religiões, como Abrahão, Buda, Confúcio, Jesus Cristo e Maomé. A proposta do banimento da propriedade privada, apresentada por Rousseau e defendida por eminentes pensadores, culminando com "a síntese final" de Karl Marx tem o mérito inegável de chamar a atenção sobre a imperiosa necessidade de remoção das desigualdades evitáveis, porque artificialmente criadas por deformações do processo de convivência humana. Se o *status quo* é o maior dos tiranos, como querem, entre outros, Rose e Milton Friedman, o instituto da propriedade privada é, sem dúvida, o mais poderoso e resistente de quantos resultaram do engenho humano, tendo sido a mulher, segundo alguns estudiosos, o primeiro objeto de propriedade do homem, como assinalamos em *A inveja nossa de cada dia*.

Do mesmo modo que o gosto pela propriedade privada parece corresponder a um impulso natural, sendo por isso, desaconselhável a tentativa de sua erradicação, parece igualmente clara a conveniência de controle, diminuição ou mesmo a erradicação dos seus excessos, com a corajosa e sistemática rejeição das intervenções nascidas do ressentimento e ou da inveja social. O cooperativismo é, sem dúvida, uma das possibilidades de produção coletiva que deve ser estimulada, postura que não se confunde com sua imposição, prática autoritária que conduz a desvios de conduta que culminam por eliminar o que há de positivo nessa modalidade de associativismo. Do capitalismo, pode-se dizer o que Churchill disse a respeito da democracia: é um péssimo sistema de produção, embora não se conheça alternativa melhor. A fragilidade dos argumentos de combate ao capitalismo consiste em não sugerir nenhum modelo que o substitua. Algo assim, como sairmos do lugar em que, bem ou mal, vamos levando satisfatoriamente a vida, para um vazio que pode ser um abismo.

JOACI GÓES

A ESQUERDA E A CORRUPÇÃO

Afirmar que a corrupção não foi criada pela esquerda não oblitera a percepção de que onde quer que tenha chegado ao poder, a esquerda populista e ou totalitária enfiou a mão no fundo dos cofres públicos, carreando para os de sua grei, como o fizeram os dirigentes do *ancien régime*, todas as vantagens ilegítimas proporcionadas pelo poder. Isso apenas demonstra o que já dizia Aristóteles sobre os diferentes sistemas de governo, todos teoricamente defensáveis, residindo a diferença na qualidade moral dos dirigentes, os de boa e os de má formação ética, presentes na estrutura governamental. Entre Stalin, Hitler, Mao Tsé-Tung e Pol Pot, qual seria a hierarquia do mal? E entre os grandes líderes da direita, como hierarquizá-los por suas virtudes, nomes como Franklin D. Roosevelt, Winston Churchill e Charles De Gaulle? Não é de estranhar que os teóricos inteligentes da esquerda, a começar por Marx e Engels, reconheçam o insubstituível papel desempenhado pelo liberalismo para corrigir erros insanáveis da histórica visão socialista da economia, culminando com o desastrado planejamento central do marxismo. Do ponto de vista teórico-político, a exigência de um estado constitucional, de perfil democrático, coincide com a visão do socialismo democrático. Não foram as fracassadas tentativas de extinguir a propriedade privada que resultaram em sua estigmatização, mas, sobretudo, os genocídios stalinistas e maoístas. E Marx não pode ser responsabilizado pelas barbaridades que se praticaram com a invocação do apoio de sua teoria. Do mesmo modo que não se pode desconhecer as conquistas derivadas da Revolução Francesa, como a Declaração dos Direitos do Homem, tendo como ponto nuclear a igualdade entre os indivíduos, em face da degeneração do seu curso pelo terror. Se é verdade que a perseguição do fim da propriedade privada virou um pesadelo de uma longa e secular noite de horrores, dela ficou a benfazeja irresignação diante de desigualdades que nenhum benefício acarretam ao bem-estar geral, como as derivadas de dificulda-

PARTE I – ESQUERDAS E DIREITAS

des de acesso à educação de qualidade e à assistência médica, sobretudo a de caráter preventivo. É inexplicável e imperdoável a grosseira omissão dos governos brasileiros, em geral, e dos chamados governos de esquerda, os petistas, em particular, em face desses dois requisitos, basilares para reduzir as ingentes desigualdades no Brasil existentes, na medida em que sua satisfação proporcionaria equilíbrio entre os indivíduos, na largada para a grande corrida existencial. Como educação e saneamento básico não dão votos, o povo terá que esperar até que estadistas, preocupados com as futuras gerações, predominem em lugar de políticos que só pensam nas próximas eleições. Ocorre que eleitorado analfabeto só como exceção elege estadistas. O mais provável é que eleja populistas picaretas da esquerda ou da direita que do modo mais irresponsavelmente convincente lhe prometam o Céu na Terra.

Na atual crise de credibilidade que afeta as esquerdas brasileiras, a partir dos desmandos comandados pelo PT, o problema maior para soerguimento de sua imagem consiste no condicionamento dos interesses partidários aos interesses pessoais do ex-presidente Lula, condenado, precisamente, por comandar o maior assalto ao Erário de que se tem notícia na memória dos povos. Sair dessa armadilha não é coisa fácil pelo paradoxo de ser Lula, o nome de maior receptividade popular, embora sua popularidade seja um grande *iceberg* que derrete sob a luz solar. O gosto contraditório e insustentável dos povos subdesenvolvidos por políticos que prometem o Céu na Terra, sem qualquer base factual, assegura esse paradoxo do qual, por cálculo ou por intuição, o candidato Jair Bolsonaro soube tirar proveito ao perceber que, embora sendo Lula ou um de seus representantes, isoladamente, o candidato líder na preferência do eleitorado da esquerda, para chegar ao segundo turno, lá perderia para qualquer que fosse o seu contendor. Lula e Bolsonaro se querem como adversários. Como Deus e o Diabo, não existiriam um sem o outro.

LAVAGEM CEREBRAL

Gramschi herdou de Marx a crença em que a educação política é mais importante do que a educação formal destinada a angariar conhecimentos. Marx não previu que o trabalho físico perderia significado, como fator de geração de riqueza, à proporção que as atividades produtivas passariam a ser realizadas, com vantagem de custo e de tempo, mecanicamente. Tanto que, nas sociedades desenvolvidas, o trabalho físico é crescentemente residual, sendo atribuído a imigrantes provindos de áreas onde a educação ainda não se firmou como a primeira das prioridades, como é o caso de grande parte do Brasil de nossos dias, principal fator das desigualdades que nos infamam aos olhos do mundo. Além disso, nenhum projeto democrático é digno desse nome, se o acesso a educação de qualidade não estiver ao alcance de todos, sobretudo dos segmentos mais pobres, ao lado do acesso a saneamento básico, como o fator determinante da qualidade da saúde da população. Medicina preventiva melhor e mais barata não há.

NACIONALISMO E ANTINACIONALISMO

O nacionalismo tem sido, ao longo dos tempos, o fator mais importante na história dos povos, ainda que, variando de ângulo de interesse, no tempo e no espaço. Ele está muito presente nas três ideologias mais influentes, a partir da Revolução Americana, com passagem pela Revolução Francesa: a democracia, o fascismo e o comunismo totalitário, uma vez que as versões do socialismo democrático e da direita democrática são dimensões da democracia.

A nacionalidade e o nacionalismo têm estado presentes no centro do debate ideológico. Durante a Revolução Francesa, o nacionalismo foi o carro-chefe da Esquerda Republicana, que o defendia como a expressão máxima do civismo, sujeito a um

PARTE I – ESQUERDAS E DIREITAS

plebiscito permanente, sobre o prazer-dever de viver entre os seus, na perspectiva de enfrentar os inimigos da Pátria, no caso, o Império Alemão. Para o socialismo marxista, o nacionalismo, beligerante segregação burguesa, estaria na contramão do movimento integrador internacional, expresso no épico vocativo: "Operários de todo o mundo: uni-vos." Na visão da esquerda marxista, o nacionalismo comporia, ao lado da religião, (Karl Marx afirmou que: "A religião é o suspiro da criatura oprimida, o coração de um mundo sem coração e a alma de condições desalmadas. A religião é o ópio do povo!") do racismo, inclusive o antissemitismo, massa de manobra da dominação da burguesia, com vistas a impedir a emergência da classe operária. O anarquismo desenvolveu uma crítica do nacionalismo que incide sobre o seu papel em justificar e consolidar o poder e dominação do Estado. Por meio de seu propósito unificador, o nacionalismo se esforça para a centralização, ao mesmo tempo que prepara a população para a exploração capitalista. Dentro do anarquismo, esse assunto teve no anarquista-sindicalista alemão Rudolf Rocker (1873-1958) seu mais conhecido teórico. O nazifascismo, que virou um palavrão, de tal modo sua conceituação como uma teoria política tem sido estigmatizada, a ponto de afugentar cientistas políticos, sociólogos e historiadores que se disponham a estudar suas origens, seus fundamentos ideológicos e os resultados de sua adoção. O livro *Neither Right nor Left, Fascist Ideology in France*, do judeu polonês Zeev Sternhell, é um estudo ennciclopédico sobre o fascismo, desde suas origens na França, em fins da década de 1880. Tradicionalmente, considerado por erro epistemológico, como um partido da extrema-direita, Zeev Sternhell, com o apoio de vários autores, entre os quais o filósofo austríaco Erik Maria Ritter von Kuehnelt-Leddihn (1909-1999) e de substantiva base de dados factuais, demonstra que, em essência, o fascismo integra o espectro da esquerda.

COSTUMES E IDEOLOGIA

Integrantes da esquerda costumam ser liberais nos costumes, em sintonia com alguns movimentos libertários, da direita, ao tempo em que aprovam a regulamentação do casamento homoafetivo e a descriminalização do aborto, ao lado da legalização do comércio de drogas e de outros temas correlatos. Do outro lado, há os que são de esquerda na economia e na política, mas se mantêm conservadores nos costumes, como é o caso de membros do cristianismo contrários ao aborto e ao casamento entre pessoas do mesmo sexo. A proposta de eliminar a pobreza é rica de humanismo quando vem sem o contrapeso de estigmatizar a riqueza dos que merecidamente a conquistam, postura reveladora de mentalidade escassa, característica do socialismo marxista, nascida do sentimento da inveja. Segundo a ótica marxista, o segredo da felicidade dos povos consiste em evitar tanto a pobreza quanto a prosperidade, porque ambas comprometem a unidade coletiva; a pobreza pelo potencial de levar a ações desesperadas, e a prosperidade desigual por ensejar a supremacia de uma minoria privilegiada sobre uma maioria indefesa. A prática, porém, revelou que a média de renda de qualquer dos países comunistas foi sempre menor do que a média do terço mais pobre das nações mais ricas. Foi a percepção dessa mentalidade de escassez que levou Madame de Staël (1766-1817) a concluir que "a inveja prefere a igualdade do inferno à hierarquia do céu." A prática dos regimes totalitários, inclusive do socialismo marxista, revelou que, quanto mais indefesa e abúlica for a sociedade, maior será o sentimento de unidade e de segurança dos dirigentes. Daí a resistência em universalizar o acesso a educação de qualidade.

CONFLITOS ENTRE O INDIVÍDUO E A SOCIEDADE

Toda tentativa de opor, de modo inconciliável, o indivíduo à sociedade, de que é parte resulta da inveja. Convenção que é,

PARTE I – ESQUERDAS E DIREITAS

a sociedade se apoia na natureza gregária humana. Daí a interdependência entre indivíduo e sociedade, em clima de permanente e variável tensão, porque os valores individuais são predominantemente egoísticos, enquanto os coletivos são altruísticos. A conciliação entre as pulsões individuais e coletivas, em ritmo de desequilíbrio dinâmico, é fonte de crescimento moral e espiritual, na medida em que essas diferentes pulsões valorizam a liberdade. Não há um sem o outro, porque nenhum dos dois é autossuficiente. Tanto que as cidades existem em função das necessidades e limitações individuais e coletivas, físicas e emocionais, da natureza humana. O triunfo individual ou coletivo resulta do grau de observância das vocações de cada membro da sociedade na escolha de suas profissões. As cidades cujos indivíduos atuam fora de suas vocações não prosperam, e fracassam, inteiramente, quando são dominadas por mentalidade de escassez.

A República de Platão é, talvez, o mais completo estudo sobre a Justiça, até *A teoria da justiça* de John Rawls, apesar de não incorporar o princípio *mater* isonômico da igualdade de todos perante a lei. Desqualificá-lo, por isso, seria imperdoável anacronismo. É de Péricles o enunciado do individualismo altruísta, mais tarde aprofundado pela concepção de Bernard de Mandeville, ao demonstrar que os vícios privados, nascidos do altruísmo ou do egoísmo, geram benefícios públicos. Nada comparável ao individualismo, no seu conjunto, egoístico e altruístico, para a construção do progresso humano, material e moral. Nada, também, como a educação, sobretudo em sua dimensão moral, para inocular, na conduta individual, a valorização dos interesses coletivos, o que pode ser alcançado em sintonia com as aspirações individuais. Sem dúvida, a hiperbólica hostilidade platônica aos interesses individuais foi uma das mais importantes fontes da concepção coletivista de Karl Marx. Platão, contrariando discípulos, guardou simetria com a opinião do seu mestre, Sócrates, ao dizer que "cometer uma injustiça é pior do que sofrê-la", pensamento perfeitamente afinado com o cristia-

JOACI GÓES

nismo. Com o ponto de vista de uma ética totalitária, porém, a sincera teoria da justiça de Platão, construída de boa-fé, está completamente ajustada. Recorde-se que vários discípulos de Platão se opunham à sua linha totalitário-supremacista, como Antífon, Hípias e Eurípides. Discípulos de Górgias (485-380 a. C.), filósofo da primeira geração de sofistas, como Alcidamas, também objetaram Platão, como neste trecho de sabor contemporâneo, mais de 24 séculos depois: "Deus criou todos os homens livres; nenhum homem é escravo por natureza". Veja-se a sintonia com esta afirmação do contemporâneo Eurípides: "A lei natural do homem é a igualdade". Em sua origem, a sociedade é mais do que um contrato social, é uma convenção natural, nascida da natureza social do homem. Tanto é que a cidade resulta das necessidades humanas e de suas limitações. Daí a interdependência do indivíduo com o coletivo, com a sociedade. Não há um sem o outro. Nenhum é autossuficiente.

AMORALIDADE DO TOTALITARISMO

"O totalitarismo é mais do que amoral; é a moralidade das sociedades fechadas, é a única expressão possível do egoísmo coletivo". Karl Popper disse que, em vários momentos, ficou em dúvida se Platão defendia suas ideias perante terceiros, ou se as expunha para se autoconvencer do que temia não ser verdadeiro. Concluiu que se tratava da última hipótese.

Com a implosão do Império Soviético, acelerou-se, em todo o mundo, sobretudo na Europa, a conversão dos partidos socialistas para o liberalismo econômico e social, como destacou Norberto Bobbio em *Direita e Esquerda*. A Rússia foi uma nação razoavelmente estável até fins do século XIX, tendo atravessado incólume o período turbulento que atingiu as demais monarquias europeias, sobretudo nos bélicos anos de 1848-1849, fato que levou Marx a dizer que a Rússia era "a última esperança dos déspotas." De fato, o poder absoluto dos czares só debilmente

PARTE I – ESQUERDAS E DIREITAS

passou a ser contraposto pela aristocracia rural, dependente dos serviços e da proteção militar do Império. Além disso, todas as instituições representativas dos diferentes domínios da sociedade russa eram financiadas pelo poder público. Até mesmo os líderes da Igreja Ortodoxa eram indicados pelo Czar. A ignorância predominante nas populações rurais era espantosa. As pessoas, sequer, tinham noção do que era ser um nacional ou estrangeiro. Muitos não sabiam nominar a língua que falavam, respondendo, quando indagados, que falavam "a língua local". Nas numerosas comunidades pequenas ou aldeias, que agrupavam mais de metade da população russa, o padre era, com frequência, a única pessoa alfabetizada. E quando escolas eram abertas, ali estavam os pastores de almas a dizer que o futuro e felicidade geral da nação dependiam da lealdade de todos à liderança do Imperador, titular absoluto do *status quo*, cujos valores impunha-se preservar. Para que se tenha ideia da concentração de poder na Rússia de fins do século XIX, enquanto na Inglaterra e País de Gales havia 7,3 funcionários públicos para cada grupo de 1.000 cidadãos, 12.6 na Alemanha e 17,6 na França, este número baixava para 4 na terra dos czares, onde a população rural de cem milhões de habitantes contava com uma proteção militar inferior a dez mil policiais, contando soldados, sargentos e oficiais. Predominava a necessidade de grupos de pessoas se organizarem em unidades de defesa recíproca: milícias! Essas populações eram excluídas da proteção da lei escrita. Eram regidas pela lei dos mais fortes ou por regras consuetudinárias. Essa fragilidade institucional foi o caldo de cultura que assegurou o golpe bolchevique de 1917, resultado da incapacidade-insensibilidade do Czar em se alinhar com as principais nações europeias, no atendimento das demandas que emergiram do seu processo de urbanização e da formação da economia de mercado, afinada com princípios democráticos que cresciam com a expansão do processo educacional. Basta que se diga que o número de estudantes universitários, na Rússia, em 1860, era de cinco mil, alcançando 69 mil em 1914, dos quais 45% de mulheres, enquanto o número de

JOACI GÓES

jornais, no mesmo período, subiu de 13 para 856, e as instituições passaram de 250 para 16.000! A vinculação de crescimento educacional com processos revolucionários tem sido comprovada, e a Rússia não foi exceção. Esse avanço, porém, não foi suficiente para que o processo de ebulição social fosse além das reivindicações dos camponeses sem-terra aspirar acesso a áreas de propriedade de estrangeiros, gerando o crescente desejo de ver os produtores rurais nativos receberem terra, escola, justiça e investimentos oficiais.

DEMOCRACIA TOTALITÁRIA

É tão corrente o enunciado do conceito de democracia que somos tentados a acreditar que não há divergências maiores a respeito de sua compreensão. Ledo engano. A compreensão do que seja democracia torna-se prejudicada se partirmos do princípio de que se trata de uma panaceia para todos os males da convivência política, em razão de sua perfectibilidade, sendo, por isso, o regime ideal para todas as latitudes. A verdade é que, no plano global, o regime democrático pode conter ameaças ao bem maior que seria de sua natureza tutelar, a liberdade individual, segundo a visão do judeu polonês Jacob Leib Talmon (1916-1980), professor de História Moderna da Universidade Hebraica de Jerusalém. Estudioso das origens do totalitarismo, Talmon ficou conhecido como o Liberal da Guerra Fria, em face do antimarxismo presente em sua obra. Segundo pensa, o messianismo marxista deita raízes na Revolução Francesa, de que seria prova a intensa semelhança entre o jacobinismo e o stalinismo da Revolução Russa. Como elemento intrínseco de seu pensamento político, ele cunhou as expressões democracia totalitária e democracia messiânica ou messianismo político. Rousseau, segundo ele, seria o criador da democracia totalitária, em que a liberdade tem como exclusiva finalidade a luta para alcançar o bem-estar coletivo. Na sequência da Guerra dos Seis Dias, ficou famoso seu debate com Arnold J.

PARTE I – ESQUERDAS E DIREITAS

Toynbee sobre o papel dos judeus e do sionismo, no curso da História. O pensamento de Talmon coincide, em muitos pontos, com o de Alex de Tocqueville, relativamente aos perigos que correm as liberdades individuais em certas formas do regime democrático, incorporadoras de valores dos séculos XVIII e XIX. As tensões correntes, neste início de terceiro Milênio, entre Liberalismo e Democracia são da mesma cepa das especuladas por Tocqueville e Talmon. Daí a conceituação autônoma de Democracia Totalitária; Democracia Liberal e simples; Democracia e Liberalismo. O discurso da Democracia Totalitária é marcado pela fusão dos conceitos de Democracia e Igualdade, hipótese que implica, necessariamente, o sacrifício da Liberdade, por sua intolerância com a pluralidade, inclusive com a decorrente de conquistas meritocráticas. Os oximoros que nascem dessa tentativa de construção ideológica, a partir do melhor de mundos diferentes e, até certo ponto, conflitivos, representam o reconhecimento do desafio que perdura para se encontrar o ponto de equilíbrio entre liberdades individuais, pilares do Liberalismo, e os ideais de igualdade coletiva, meta das propostas socialistas.

O escritor indiano-americano Fareed Rafiq Zakaria (1964), discípulo de Samuel Huntington, muito presente na mídia mundial, e autor de obra diversa e apreciada, como *From Wealth to Power*, *The Future of Freedom* e *The Post-American World*, dentre outros títulos, é o continuador do pensamento de Jacob Talmon e o criador de expressões como "autoritarismo eleitoral", "autoritarismo competitivo", "autoritarismo moderado".

O pensamento iluminista moderno vê a democracia mais do que o melhor regime de governo; vê como o mais natural e mais racional. Entre sua forma embrionária, na Atenas de Péricles, e o seu auspicioso renascimento nos Estados Unidos, no século XVIII, transcorreram mais de dois mil anos em que a intolerância política foi sempre a regra. Nos dias correntes, o prestígio dos valores democráticos é tão elevado que a palavra "democracia" se transformou em antonomásia da modernidade e civilidade política, sendo depositária e sinônimo das maiores conquistas do

265

Iluminismo. Daí a dificuldade de absorção desse oximoro – Democracia Totalitária – que agride a sensibilidade dos cultores do tradicional conceito da democracia, resistência que não envolve os diferentes qualificativos que distinguem os diversos ângulos do conceito, como "democracia moderna", "democracia antiga", "democracia representativa", "democracia direta", "democracia popular", "democracia burguesa", "democracia liberal", "democracia majoritária", "democracia deliberativa" "democracia social", democracia econômica" etc.

A resistência para encarar os problemas práticos, reais, que o regime democrático promove decorre de sua transformação de uma ideia central numa crença de valor quase religioso. Algo assim como não se admite submeter a julgamento uma figura idolatrada pelas massas, como os santos e os líderes mitificados. A verdade é que, além de sua reconhecida superioridade, derivada de sua imbatível legitimidade, para dirimir conflitos sociais, a democracia é um ideal que, em sua plenitude, está sempre na linha do horizonte de nossas aspirações, assim como a miragem na visão do viandante das areias escaldantes dos desertos. Daí o caráter quase religioso dos mandatos populares, conferidos pelo voto dos cidadãos, e não resultantes da imposição da força.

A proposta de igualdade que caracteriza a democracia totalitária ultrapassa o conceito isonômico de igualdade perante a lei para significar a igualdade republicana que supera os tradicionais elementos diferenciadores que hierarquizam a convivência social. Algo assim, como a igualdade entre membros de uma mesma família, independentemente dos atributos naturais e adquiridos. Essa posição se apoiaria em princípios de natureza ontológica como normativa.

AS DIFERENTES FORMAS DE GOVERNO

A distinção entre as diferentes formas de governo vigentes, ao longo da História, não se esgota em seu enquadramento

PARTE I – ESQUERDAS E DIREITAS

taxonômico porque sempre em busca do melhor regime possível, preocupação que vem desde a República de Platão. O carrochefe dessa inquietante busca é a identificação do sistema que seja o mais justo. O problema passou a ser, então, a identificação do que seria justiça. Enquanto para uns a melhor justiça consiste na proteção contra as arbitrariedades alheias, para outros seria a possibilidade de participar do processo de decisões que interessam à coletividade. A dualidade dessa compreensão apresenta diferenças mais impactantes do que se pode perceber num primeiro momento, sobre o modo de organização das democracias e das repúblicas. Enquanto a República prioriza a proteção dos indivíduos contra os excessos de poder, a Democracia busca assegurar a participação de todos na estrutura do poder, de modo a fortalecê-lo, como queria Alexis de Tocqueville, ao sustentar: "Não acredito que a natureza de um poder democrático consista em sua falta de força e de recursos; penso, ao contrário, que a causa de seu fracasso seja o abuso no uso de suas forças e a má aplicação de seus recursos. A anarquia quase sempre resulta da tirania e da incompetência, e não da impotência. Nas repúblicas democráticas, o poder dirigente tem sua instabilidade derivada da mudança de comando e de rumos a serem seguidos. Onde quer que se instale, a força da democracia é predominantemente insuperável".

Para muitos, a democracia se apoia na possibilidade da participação geral nos processos decisórios, em razão da racionalidade inerente a todos os humanos. A presunção, portanto, é a de que todos sejam capazes de participar desse processo decisório do interesse de sua coletividade. A grande vantagem do regime democrático consistiria na possibilidade de seus integrantes interferirem na construção do destino comum, em razão de sua racionalidade conduzir a uma convivência pacífica. Participar ou não é respeitável decisão de cada qual, como o suicídio, a que muitos recorrem.

JOACI GÓES

A SOCIEDADE ABERTA DE POPPER

No prefácio do seu mais importante trabalho, Popper nos adverte que as previsões dos historiadores não podem ser testadas. Não há laboratório para testar as previsões sobre o futuro das pessoas e das nações. Apenas conjecturas que tanto podem se cumprir como passar por muito longe das antevisões. Tanto que a anunciada previsão, de Marx e Engels, do futuro comunista da humanidade, apesar de ter sido levada muito a sério, resultou num colossal fracasso econômico, na desgraça de populações gigantescas e no sacrifício vão, em curto espaço de tempo, de milhões de vidas. A soma das vidas sacrificadas no experimento comunista na Rússia e na China sobe a 130 milhões, segundo o britânico Orlando Figes em seu livro *Revolutionary Russia, 1891-1991*. O fanatismo religioso na infalibilidade do marxismo conduziu aos maiores traumas da experiência humana. Apesar de os centros mais avançados considerarem o marxismo como uma ideologia que não funciona, pertencendo, portanto, ao patrimônio da história do pensamento, um pequeno percentual de ativos fanáticos continua atuando como se o comunismo estivesse ali na esquina, como observou Karl Mannheim no clássico *Ideologia e Utopia*.

Além de sua intrínseca inviabilidade teórica, como Ludwig Von Mises deixou claro no seu livro de 1922, *Socialismo*, o Comunismo representou o mais oneroso, emocional e fisicamente sofrido e trágico fracasso da experiência dos homens. Um futuro para o comunismo só ocorrerá quando, ou se, a humanidade atingir um patamar de solidariedade social do qual ainda está muito distante. Só no ambiente familiar, encontramos a prática do princípio marxista "a cada um, de acordo com suas necessidades; de cada um, de acordo com suas possibilidades ou capacidades". Nessa caminhada, a Escandinávia está alguns passos à frente dos demais povos. Essa utopia só poderá se converter em realidade, ainda que parcial, a partir de quando o acesso generalizado a educação de alta qualidade for tão disseminado como o direito de comer e matar a sede.

PARTE I – ESQUERDAS E DIREITAS

HISTORICISMO OU HISTORISMO

O maior crítico do historicismo foi, sem dúvida, o filósofo alemão Karl Popper (1902-1994), nos seis volumes de sua magna opera *A sociedade aberta e seus inimigos*, publicada entre 1945 e 1961.

Historicismo é um modo de encarar os fenômenos sociais e as manifestações culturais. Com base nessa perspectiva, de várias possibilidades, chega-se à compreensão que nega a existência de leis que moldam e condicionam os acontecimentos humanos, em sua múltipla dimensão política, social e cultural. Todos os fatos devem ser entendidos como derivados de uma dinâmica peculiar à História. Ao longo do tempo, os conceitos de historicismo e historismo oscilaram entre a identidade e o conflito. Como visão totalizante de mundo (*Weltanschauung*), o historicismo é um conceito moderno e ocidental, compreendendo a noção de que as configurações da sociedade, em determinados momentos, resultam de processos históricos, acima dos desejos humanos, apesar de poderem ser compreendidos e reconstruídos. A perspectiva historicista surgiu na Europa Ocidental, na segunda metade do século XVIII, contemporaneamente ao surgimento dos Estados Nacionais. O desenvolvimento de sua influência, atravessando o século XIX e até as primeiras décadas do XX, deveu muito ao impacto provocado pela Revolução Francesa, particularmente na Alemanha, pela palavra de pensadores iluministas, ao lado de franceses e britânicos.

Apontam-se cinco características fundamentais do historicismo: 1) o historicismo genético reconhece o sentido da história e conclui que os diferentes fenômenos podem ser conhecidos através de sua história temporal; 2) o historicismo metafísico, do mesmo modo, valoriza a ordem e a racionalidade dos processos históricos, emprestando relevância a intervenções da Providência, sobretudo a partir da ótica Protestante; 3) o historicismo tradicionalista valoriza o passado, sobretudo as tradições locais, e resiste às inovações; 4) o historicismo metódico resulta da

269

prática científica, com estrita observância do método racional e do Iluminismo; 5) o historicismo ético mantém-se aberto a críticas aos valores humanos, de modo a dar relevo ao tempo histórico para efeito de analisar os fenômenos sociais.

A partir do século XX, o historicismo passou a sofrer duras críticas em sua dimensão acadêmica, em face do questionamento da arguida objetividade do conhecimento histórico, supostamente imune a valores e preconceitos. O pressuposto do significado e progresso da História, presente no historicismo, cresceu em prestígio, na virada do século XIX para o XX, quando passou a ser denominado neo-historicismo, vindo a sofrer grande abalo com a Primeira Grande Guerra, aprofundado com os genocídios comandados por Stalin, Hitler e Mao Tsé-Tung. Entre os neo-historicistas, está o alemão Wilhelm Dilthey (1833-1911), o italiano Benedetto Croce (1866-1952) e o britânico Robin George Collingwood (1889-1943). À margem das discussões europeias, o neo-historicismo norte-americano acentua e valoriza a importância do historicismo na produção e interpretação de obras literárias.

INVIABILIDADE DO COMUNISMO

O projeto da extrema-esquerda, de caráter socialista-marxista, é o único do amplo espectro ideológico já experimentado pela humanidade que não funciona, resultando, sempre, na perda total de liberdade, em fome e na eliminação em massa dos dissidentes, tendo ocasionado os dois mais numerosos genocídios da História: na Rússia soviético-stalinista e na China Comunista de Mao Tsé-Tung. Esse juízo não se aplica aos segmentos democráticos da esquerda que buscam a redução ou eliminação das desigualdades materiais, sem nenhuma ou com parcial atuação do Estado como produtor econômico de bens e serviços, como é o caso da Social Democracia. Como sustenta Ruy Fausto, "há, certamente, gente de tendência totalitária no

PARTE I – ESQUERDAS E DIREITAS

PT, mas há, também, democratas, populistas e um contingente considerável de personagens pura e simplesmente oportunistas." Em razão de nosso viciado processo político-eleitoral, os pequenos partidos políticos brasileiros dividem-se em duas categorias: instrumento para ganhar dinheiro ou segmentos laranjas do PT, com discurso de esquerda.

UMA CONQUISTA DEFINITIVA

É um erro justapor os interesses de uma linha de pensamento aos de um partido que os represente, uma vez que, eventualmente, podem se situar em lados opostos, como foi o caso, no Brasil, do PT e da esquerda independente que o apoiava. Os exemplos abundam, mundo afora. O aplauso fácil, populista e irresponsável condena os partidos à derrota, enquanto o aplauso dos ingênuos e dos fanáticos não compensa o desapreço majoritário da sociedade. A esquerda totalitária e antidemocrática não vingará. Será sempre vencida pelos valores imperecíveis da sociedade aberta que tem na decência da gestão dos recursos públicos uma das condições imperativas de sua sustentação e avanço. Nessa matéria, o que mais se aproxima da unanimidade é o dissenso, em grande medida em razão do modo panfletário, dogmático e apaixonado como as discussões de cunho ideológico são conduzidas. É verdade que desse ambiente tumultuário não participa a maioria das pessoas, mais interessadas na resolução dos seus problemas pessoais que não acreditam estejam vinculados ou sejam dependentes do triunfo desta ou daquela corrente política. As emoções das disputas eleitorais são logo substituídas pelas demandas e rotinas da vida cotidiana, deixando os profissionais da política com a impressão verdadeira ou fingida de que todos partilham da paixão política, aplaudindo ou negando as ideias em discussão.

Além disso, nenhum projeto democrático é digno desse nome, se o acesso a educação de qualidade não estiver ao alcance de todos, sobretudo dos segmentos mais pobres da população, ao lado do acesso a saneamento básico, como o fator determinante da qualidade de sua saúde. Medicina preventiva melhor e mais barata não há.

O surpreendente ou incompreensível na pregação dos intelectuais que fazem da esquerda marxista uma religião ou instrumento de realização de suas aspirações de poder, é sua recusa em aceitar, como decorrência de um honesto processo evolutivo, a passagem de pessoas da esquerda autoritária ou totalitária para a esquerda democrática, ao se renderem às evidências de que, em sua expressão extremada, a esquerda é, comprovadamente, o prenúncio do mal. Para eles, o rotundo fracasso do comunismo soviético, substituído, sucessivamente, pela pior máfia e o fascismo, e a passagem da China do comunismo para o fascismo, em que se encontra, não são motivos suficientes para operar mudanças de rumo. Enquanto estremecem de horror diante dos excessos autoritários que culminaram com o desaparecimento ou morte de um pouco mais de mil pessoas, no Brasil, silenciam, completamente, sobre os milhões de crimes de Stalin, Mao Tsé-Tung, Pol Pot, Tito, Fidel Castro e outros. Basta ver os dados comparativos da violência praticada pelo comunismo cubano e o regime militar brasileiro de 1964, publicados pela *Folha de S. Paulo*, em sua edição de 07/12/2021. Enquanto o comunismo cubano eliminou 65 pessoas por cada grupo de cem mil habitantes, o regime militar brasileiro eliminou 0,3 pessoas, ou seja: duzentas vezes menos!

"A ideia socialista, porém, no bom sentido da palavra, não está morta", sustentam, com razão, os idealistas utópicos. E no mau sentido? Qual é o mau sentido? Muitos intelectuais de peso, respeitáveis autoridades nos seus respectivos campos de especialização, cometem erros brutais em suas avaliações do mundo real, simplesmente porque ignoram os princípios mais elementares da economia ou porque padecem de dissonância cognitiva, provocada, frequentemente, por dogmatismo fundamentalista que conduz ao negacionismo ideológico. Raciocinam como se estivéssemos todos dentro de uma bolha onde o agir humano

PARTE I – ESQUERDAS E DIREITAS

fosse ajustável às suas lucubrações teóricas, daí resultando as utópicas proposições de extinção da propriedade privada e do sentido de paternidade × maternidade de ordem familiar. Por isso, acreditando que essas práticas – a da propriedade privada e o sentimento de paternidade –, sejam um obstáculo à implantação do comunismo, advogam que as crianças sejam, logo ao nascer, transferidas dos pais aos cuidados do Estado provedor e insensível aos laços da afeição.

Em nome da verdade, é imperioso reconhecer, por mais antipático que seja, que toda proposta igualitária que atropela o mérito nasce do inconfessável sentimento da inveja, razão pela qual sua formulação vir sempre revestida da dignidade do manto protetor da indignação legítima, suscitada por invencível sentimento de justiça social, conceito de formulação polêmica.

Sabemos que há mais corpos celestes no firmamento do que grãos de areia nos desertos, nas bordas e nos leitos dos mares imensos. Apesar disso, quando, nas noites estreladas, olhamos para o alto, percebemos extensos vazios entre as estrelas – "pérolas soltas de um colar sem fio" –, à espera de que transformemos em centelhas de luz os atos emanados de nossa inteligência e de nosso coração, leves, livres e senhores das tenazes da inveja que nos acompanha do berço ao túmulo.

SEGUNDA PARTE

O PODER DESTRUTIVO DA INVEJA

O SER HUMANO ALTERA OS PAPÉIS DE INVEJOSO E INVEJADO

Se a inveja é um sentimento inelutável que se desenvolve independentemente da vontade das pessoas, o gosto de despertar admiração nos outros é socialmente adquirido. Esse gosto, contrariamente à perversidade inerente à inveja, é construtivo, porque motiva as pessoas a fazerem coisas que as elevem na admiração dos seus semelhantes, seja realizando melhor o que os outros realizam, seja fazendo algo de novo ou meritório. Tanto pela melhoria da qualidade quanto pela inovação, o indivíduo se projeta em seu meio. A motivação é axiologicamente neutra; pode produzir tanto um Al Capone quanto uma Irmã Dulce. Pouco importando que, em lugar da admiração perseguida, o que se consiga, no mais das vezes, seja ser invejado, realimentando, desse modo, o ciclo da inveja. É por esse motivo que pensadores como John Locke (1632-1704), Bernard Mandeville (1670-1733), Adam Smith (1723-1790), Ludwig von Mises e Ayn Rand (1905-1982) atribuíram importância máxima à busca da satisfação do egoísmo na construção do progresso material do ser humano.

Ora, o desejo ou a motivação de ser admirado, para que se realize, tem de levar em conta os motivos capazes de despertar nas pessoas esse sentimento. Nas sociedades atrasadas, os motivos susceptíveis de despertá-lo, além de numericamente redu-

JOACI GÓES

zidos, gravitam em torno das necessidades predominantes que são dos tipos a) necessidades fisiológicas e b) necessidades de segurança, de baixo impacto no processo de desenvolvimento dos povos e de sua inteligência, consoante a hierarquia das necessidades humanas elaborada por Abraham Maslow. Aí, como regra geral, o que se inveja, o que é objeto das aspirações das pessoas que se querem admiradas ou invejadas, corresponde ao que nas sociedades desenvolvidas se reputam favas contadas, a exemplo de alimentação e abrigo. Pouca ou nenhuma motivação para os feitos impactantes no campo profundamente transformador das tecnologias, das artes superiores e das ciências, em geral. Nessas sociedades atrasadas, a elevação do *status* social ocorre por meio do desempenho nas artes guerreiras, na caça, na dança, na apresentação folclórica, na feitiçaria, na mágica, nas lutas corporais, na oratória.

A condição de invejado, porém, expõe o indivíduo a riscos que podem ser mortais. O invejoso é de tal forma animado pelo desejo de que o outro não seja feliz, que poderá recorrer ao expediente de eliminá-lo, se este for o preço exigido pela dor produzida pelo triunfo alheio. Em outubro de 1964, o jornal *The New York Times* denunciou que guerrilheiros da República Popular do Congo prenderam um jovem professor que acabara de chegar de um curso de pós-graduação numa universidade norte-americana. Antes de executá-lo em praça pública, o chefe dos guerrilheiros lançou-lhe em rosto: "Você é intelectual, não é? Estudou nos Estados Unidos, nosso maior inimigo, não foi? Você é sabido demais! Você é inimigo de nossa revolução!" (Joseph Berke). E esse não foi um caso isolado. Os rebeldes matavam todos que tinham escolaridade acima de rudimentar. No leste e no norte do Congo, dominados pelos rebeldes, os funcionários burocratas foram, também, eliminados. Um missionário católico testemunhou que na província de Moyen "raramente terá sobrevivido um congolês com escolaridade superior à primária. Esta região do Congo sofreu um atraso de trinta anos" (ibid).

PARTE II – O PODER DESTRUTIVO DA INVEJA

Nas sociedades modernas, especialmente nas mais desenvolvidas ou plurais, em que os meios de comunicação expõem os indivíduos a uma transitoriedade cada vez mais curta, o tempo de duração das relações com as pessoas, coisas, lugares, organizações e ideias diminui, incessantemente. Em paralelo, aumenta o número dessas relações no curso de uma vida, provocando redução da influência que exercem, fenômeno denominado por Alvin Toffler de morte da permanência e apontado como a base do vertiginoso processo de mudança que estamos vivendo (Alvin Toffler, *O Choque do Futuro*, 1971). Num ambiente mutável por excelência, em que as populações urbanas chegam a receber milhares de informações num único dia, esgarça-se a influência de cada um desses fatores sobre elas.

Nas sociedades estagnadas, porém, ocorre precisamente o inverso: o tempo de duração daquelas relações continua quase tão longo quanto nas sociedades primitivas, ensejando acentuada previsibilidade da conduta individual e coletiva dos seus membros. Essa previsibilidade explica porque muitos cientistas sociais preferem tais sociedades como campo de estudo na busca dos fundamentos de suas teses.

Quanto mais desenvolvida a sociedade, maior a possibilidade de conhecer mais pessoas, de possuir um número maior de objetos, de morar em ou visitar mais lugares, de trabalhar em mais organizações ou de submissão ao influxo de novas ideias. Obviamente, quanto maior a quantidade dessas relações, menor sua duração, consequentemente, mais baixo o risco de cristalização sobre elas da inveja social.

John Stuart Mill ao externar (1806-1873), sua preocupação pelo que poderia vir a constituir excessiva homogeneização do ocidente, apoiou-se em Humboldt para quem a consolidação, o enriquecimento e o aperfeiçoamento das virtudes humanas dependem da existência de uma "variedade de situações" (Stuart Mill, *On Liberty*, 1859). Quanto mais atrasada ou menor a sociedade, mais reduzidas essas mesmas relações e maior sua duração. Nesse caso, o círculo de relações tende a ser pequeno, os bens pouco variados, o universo geográfico limitado à vizinhança, pouca a quantidade de organizações, escasso o elenco das ideias correntes e maior o risco de cristalização da inveja social. Com base nessas premissas, pode-se inferir que nos ambientes confinados ou pobres a inveja atua com mais intensidade porque os fatos da vida cotidiana ganham singular, ostensiva e fácil visibilidade. Recorde-se o filme *Peyton Place* (*Caldeira do Diabo*), de 1957. Como fica claro no filme, compreende-se a cautela e a relutância que bloqueiam a vontade e a iniciativa de integrantes dessas comunidades de aparecerem como autores de proezas meritórias por temor de arrostarem as garras da inveja de seus pares. Em lugar de um ambiente francamente estimulador do pleno desenvolvimento das potencialidades individuais de todos os seus membros, como é característico dos ambientes desenvolvidos, dominados por uma mentalidade de abundância, as sociedades regidas por espírito de escassez estimulam a hipertrofia da modéstia e da humildade como mecanismo de legítima proteção individual, gerando o imobilismo das forças sociais transformadoras.

Na esteira desses temores, o imaginário social construiu todo um corpo de crenças e superstições que, uma vez instituído, passa a operar como instrumento de racionalização do conformismo como virtude. O efeito castrador dessas crenças e superstições tem sido estudado, na fonte, por vários autores.

O antropólogo e sociólogo austríaco Richard Thürnwald (1869-1954), especialista em estudos comparativos de instituições sociais, em livro de 1937 diz que: "Aversão é demonstrada contra o surgimento de qualquer liderança forte. Não é raro que pessoas sejam eliminadas ou banidas de suas comunidades, num modo primitivo de ostracismo, como se fossem bruxos perigosos. Tal atitude de resistência à inovação é, de fato, responsável pelo baixo desenvolvimento cultural dessas comunidades".

Os Navajos formam a maior nação indígena sobrevivente dos Estados Unidos. Levam uma vida precária na Reserva. Nada há em sua prática existencial que possa se enquadrar no que deno-

PARTE II – O PODER DESTRUTIVO DA INVEJA

minamos sucesso ou conquista pessoal. Tampouco se cogita de boa ou má fortuna. Por esta visão, a prosperidade ou a riqueza só se alcançam às expensas alheias. Essa percepção impõe aos bem aquinhoados o dever de recepcionar os vizinhos generosamente e oferecer-lhes presentes valiosos, porque sabem que se não o fizerem "a voz da inveja sussurrará suspeitas de bruxarias [...]" que colocarão sua vida sob tensões insuportáveis (Clyde Kluckhohn, *The Navaho*, 1946).

O longevo etnógrafo neozelandês Sir Raymond William Firth (1901-2002) – especialista em cultura polinésia, professor da London School of Economics, fundador da Antropologia Econômica Britânica – diz que quando um pescador, mesmo num golpe de sorte, realiza uma boa pescaria, considera no rateio "a inveja dos companheiros". E acrescenta: "Se um homem fisga apenas um ou dois peixes enquanto os outros pescadores não pegam nada, ele dá todo seu pescado aos companheiros e fica sem nada. Porque se ele retiver para si o fruto de sua pescaria, saindo os outros de mãos vazias, corre o risco de ser severamente retaliado. Alguém pode não dizer nada. Outrem, no entretanto, pode acusá-lo: 'Ele ficou com o peixe, ao invés de me dar'. E isso acontece sem que haja qualquer motivo de natureza ritualística do tipo existente em outras comunidades. Esse costume é explicado pela perspectiva de uma base social e racional. Se um homem, pescando sozinho, fisga um peixe com sua rede, é legítimo ficar com seu peixe. Só quando ele pesca em grupo é que se observa a prática precedente, descrita na expressão da língua nativa como 'bloqueio do ciúme' (*te pi o te kaimeo*)" (*Primitive Polynesian Economy*, London, 1939).

O exemplo mais curioso foi exposto pelo antropólogo norte-americano Allan Holmberg que viveu com os índios Siriono, entre 1939 até sua morte em 1966, e realizou, nos anos de 1941-42, a pesquisa de campo que resultou no trabalho intitulado *Nomads of the Long Bow, The Siriono of Eastern Bolivia*, 1985. É sobre uma tribo boliviana que vivia na mais extrema penúria, em grupos que variavam de quinze a vinte e cinco pessoas. De acordo com a tradição, um caçador Siriono não deveria comer de sua caça. Se quebrasse o tabu, nenhum animal da mesma espécie jamais seria de novo abatido por sua flecha. Segundo a superstição, a observância do tabu renovaria indefinidamente a vida do animal abatido. Holmberg observou que, anos mais tarde, a fome venceu a tradição e a regra passou a ser quebrada.

Os Siriono viviam de tal maneira sob o império das necessidades fisiológicas, em busca de cuja satisfação gira todo o esforço individual e coletivo, que se desenvolveram algumas práticas extremamente peculiares.

De modo geral, as pessoas comiam à noite e a sós porque não queriam ser vistas para não terem que repartir seu bocado. Comendo durante o dia, seriam cercadas e perturbadas por olhos invejosos de pessoas que não integravam o núcleo central de suas famílias. O próprio Holmberg sentiu a conveniência de aderir a essa prática, durante sua permanência na tribo. Uma refeição, quando partilhada com um familiar – seria incogitável repartir alimento com quem não seja parente próximo –, equivalia a um empréstimo que se esperava fosse pago, sem que tivesse de ser cobrado. Apesar de ser uma prática socialmente condenada, praticamente todos escondiam seus alimentos cuja denúncia de furto era frequente. No caminho de volta ao acampamento, os caçadores deixavam toda ou parte de sua caçada bem escondida, a cujo local retornavam, na calada da noite, a sós ou em companhia de mulher e filhos, para o ansiado repasto. As mulheres chegavam ao ponto de esconder na vagina seus nacos de carne para não ter de reparti-los com terceiros.

O premiado antropólogo norte-americano George McClelland Foster (1913-2006), professor da Universidade de Berkeley, na Califórnia, especialista em sociedades rurais, foi também um dos fundadores da Antropologia Médica. Discorrendo sobre a inveja, numa primitiva tribo de índios mexicanos, Foster concluiu que eles agiam como se os bens do mundo fossem necessariamente limitados, de modo que os ganhos de uns corresponderiam, neces-

PARTE II – O PODER DESTRUTIVO DA INVEJA

sariamente, à perda de outros. "Se os bens existem em quantidades limitadas, insusceptíveis de expansão, logicamente, um indivíduo ou família só pode melhorar sua posição, relativamente a qualquer bem, às expensas de terceiros". Verdadeira forja da mentalidade de escassez, dizemos nós.

Até onde chega o conhecimento oriundo de pesquisas isentas de comprometimentos ideológicos, a realidade de nossa vida social primeva nada teve ou tem do mundo de perfeição idílica apregoado por utopistas de todos os tempos que, não obstante dominados pelas melhores intenções, terminaram por dificultar a compreensão de sentimentos que são imanentes à alma humana e com isso retardaram a elaboração dos ensinamentos capazes de iluminar o caminho do Homem na direção do crescimento econômico, do bem estar coletivo e do seu aperfeiçoamento moral. As pequenas comunidades, por seu turno, mesmo quando desenvolvidas, apresentam um cenário em que a inveja mais facilmente se expande, por concentrar-se num pequeno território. É por isso que nas cidades grandes a percepção da inveja é mais notada nos bairros e nos clubes, onde convivem, ombro a ombro, os iguais ou semelhantes.

A INVEJA COMO FONTE DO IGUALITARISMO

Como acabamos de ver, conhecemos a inveja desde muito cedo. Há quem diga que é um atributo inato. Outros, como Freud e a psicanalista inglesa Melanie Klein, consideram-na uma característica, inevitavelmente, adquirida. Vejamos algumas das mais importantes opiniões a respeito do assunto, focando, essencialmente, seu papel como fonte de posturas ideológicas, de modo a habilitar o leitor a tirar suas próprias conclusões a respeito da preferência de alguns pela igualdade do inferno em lugar da hierarquia do céu, como já se tem dito.

JOACI GÓES

SEMELHANÇAS E DIFERENÇAS ENTRE
A INVEJA E OUTROS SENTIMENTOS!

Apesar do parentesco com outros sentimentos, a inveja com eles não se confunde, como ciúme, cobiça, admiração, ódio, emulação e ressentimento. A inveja provoca "tristeza pela felicidade alheia" (*tristizia aliena bonis*), como a descreveu Tomaz de Aquino, na *Suma teológica*. Por isso, algumas pessoas vestem sua conduta ideológica com a roupagem edificante da indignação legítima, como é o caso dos defensores do comunismo, contra a "perversa sociedade de mercado". Inveja e ressentimento são equivocadamente tomados como sinônimos. O ressentimento nasce da injustiça. Outras emoções, como frustração, privação, baixa autoestima, conflito, hostilidade, ambivalência, agressão, avareza, vaidade diferem da inveja, ainda que dela possam resultar, a ela conduzirem ou com ela se mesclarem. Os indivíduos conscientes da presença em suas almas dessa "pestilência, contra a qual ninguém está imune", na expressão de Petrarca, quando dominados pelo propósito de crescer, conseguem minimizar os efeitos da inveja fazendo-se senhores de sua própria vontade. Os inconscientes e os destituídos de projetos de crescimento pessoal estão condenados ao sofrimento provocado pelo triunfo alheio e ao desejo de destruí-lo. Ésquilo, o criador da tragédia grega, dizia cinco séculos antes de Cristo, pela boca de Agamenon, retornando da guerra de Troia, que "poucos homens têm o estofo natural para festejar o êxito de um amigo sem sentir inveja", observação que o escritor norte-americano Gore Vidal confirmou ao confessar: "Quando um dos meus amigos tem sucesso, algo dentro de mim se apaga". Ao saber da morte de Guimarães Rosa, Nelson Rodrigues declarou: "a notícia deu-me um alívio, uma brusca e vil euforia. É fácil admirar, sem ressentimento, um gênio morto. Nestes momentos de pulha, o indivíduo se sente um límpido, translúcido canalha." O jornalista Mauro Rasi, em artigo publicado no *Jornal do Brasil*, em fins do Segundo Milênio, disse que o silêncio sepulcral que se fez nos estúdios da *Globo*, quando ali

PARTE II – O PODER DESTRUTIVO DA INVEJA

chegou a notícia de que a atriz Fernanda Torres havia conquistado a "Palma de Ouro", só foi quebrado quando o ator Miguel Falabella, exprimindo o sentimento que pairava no ar, quase sólido, observou, com espírito: "Jamais a perdoaremos por isso" (Patrícia Amélia Tomei, *Inveja nas Organizações*, 1994). Não é fácil ter a grandeza da sinceridade de um Lord Byron ao desabafar, referindo-se a Napoleão, ao vê-lo desfilar nos Champs Elisées, em triunfo, diante de suas tropas: "Detesto este corso porque, junto dele, toda glória se apaga".

Não foi sem razão que Santo Agostinho qualificou a inveja como o "pecado diabólico por excelência", enquanto Cícero, cinco séculos antes, sustentava que "a inveja é o mais comum e o mais universal dos vícios", ainda que curável (*De Oratore*). Logo depois de Cícero, o poeta romano Horácio (65-8 a.C.) disse, em carta dirigida ao seu protetor, Augusto, que "Hércules aprendeu que neste mundo só a morte vence a inveja" (*Epístolas*). E não é sem razão que, como o provam as estatísticas, as pessoas sofrem um bloqueio invencível para admitir que sentem inveja. É como se todos intuíssem a verdade da expressão lapidar de Platão ao definir a inveja como sendo uma "depravação da natureza", sentimento que quase todos reconhecem facilmente nos outros, mas, em si próprios, entre nunca e raramente.

A verdade é que, queiramos ou não, todos sentimos inveja, esta anomalia universal e inextirpável que faz do ser humano o maior predador do planeta. O que varia é a intensidade com que a sentimos e o modo que lidamos com ela. A interação desses dois fatores – a intensidade do sentimento e o modo de lidar com ele – ganha expressão em nossa conduta. Schopenhauer, em texto famoso, demonstrou, com argumentação farta e consistente, que a vontade, que ele entendia como o conjunto de nossas tendências e necessidades, comanda, do alto, todas as nossas ações, reduzindo a inteligência ao papel de mero discernidor, sem eficácia direta (Arthur Schopenhauer, "Primado da Vontade em Nossa Consciência", em *O Mundo Como Vontade e Como Representação*).

Na formação de nosso caráter, a inteligência não desempenha um papel fundamental. Sua luz não se confunde com a dinâmica da vida. Uma ideia, que nasce da inteligência, só ganha vida se despertar um desejo que, por sua vez, mobilize as energias que emergem de nossa estrutura orgânica e afetiva. Os indivíduos conscientes da presença em suas almas dessa "pestilência, contra a qual ninguém está imune", quando dominados pelo propósito de crescer, espiritualmente, conseguem minimizar os efeitos da inveja sobre suas condutas pela imposição de sua vontade. Os outros, os inconscientes e os destituídos de projetos de crescimento pessoal, estão condenados ao sofrimento que lhes provoca o triunfo alheio e ao desejo permanente de destruí-lo. É por isso que exprimimos a convicção de que a maior e mais rara das virtudes é a de viver liberto do sentimento da inveja. E isso, longe de ser fácil, não é façanha que se possa realizar sem muita determinação e força moral. Apanágio das pessoas verdadeiramente excepcionais, dos santos e dos deuses.

Conta Esopo que Júpiter, ao saber das confusões que Inveja e Avareza armavam, chamou-as às falas e trovejou: "Vocês são a vergonha deste Olimpo. Se perdurarem as queixas, expulsá-las-ei. Como tentativa de recuperá-las, vou lhes dar uma última oportunidade, concedendo, a cada uma, a satisfação de um pedido, que será atendido em dobro em favor da outra. Comecemos por você, Inveja". Inveja, espertamente, sugeriu com humildade: "Vamos conceder a Avareza a primazia de falar em primeiro lugar". Avareza não se fez de rogada: "Eu quero um salão cheio de ouro!". Imediatamente surgiram três salões abarrotados de ouro: um para Avareza e dois para Inveja, como combinado. "Agora é a sua vez, Inveja", estrondeou Júpiter! Inveja olhou de soslaio e fulminou: "Eu quero que tu me cegues um olho!".

Apesar de todos os atributos humanos serem susceptíveis de despertar inveja – como Clarice Lispector evidenciou no conto "Legião Estrangeira",, em que uma menina rica sofre intensa inveja da felicidade que uma menina pobre demonstrava usufruir da posse de um frágil pinto, ainda depenado – a experiência re-

PARTE II – O PODER DESTRUTIVO DA INVEJA

vela que a riqueza material é o atributo mais invejável, porque pode ser usada para compensar quase tudo, como a beleza, a juventude, o poder, a inteligência, o saber, o prestígio, o poder. Os que defendem regimes que atropelam critérios meritocráticos para impor a igualdade a qualquer preço, preferem uma média geral de riqueza abaixo de medíocre a uma sociedade desigual em que os níveis de menor renda são ainda mais prósperos do que a mediania socialista, como aconteceu em todas as experiências comunistas, relativamente aos países ricos praticantes da economia de mercado. O desejo de ganhar menos desde que o vizinho não ganhe mais do que eu, é um sentimento derivado da inveja, como tão bem expressou o estadista baiano Otávio Mangabeira em seu conhecido aforismo: "O baiano gasta vinte para o vizinho perder dez!". A verdade é que esse conceito se aplica a todos os povos!

No mundo das ciências naturais e sociais tem-se como conceito epítome que não há duas coisas iguais no Universo, inclusive entre os seres inanimados. Em face do atributo transformador da inteligência, os humanos são o que há de mais diverso e desigual no Planeta. As tentativas de superar essa condição natural resultaram nos maiores genocídios de que se tem memória. Aos que desejarem uma leitura a um tempo divertida e instrutiva dessa tragicomédia de erros, recomendamos o romance *Justiça Facial (Facial Justice*, 1960), do prolífico e brilhante escritor britânico Leslie Poles Hartley(1895-1972). Como eixo do enredo, o Estado Comunista instala clínicas de cirurgia plástica para nivelar o padrão facial de toda a população, para evitar a inveja nascida da maior beleza de alguns! Todos os que possuírem uma beleza acima do padrão Alfa sofrerão um *downgrade*, uma cirurgia plástica reducionista de sua beleza. Por outro lado, os que estiverem abaixo passarão por uma cirurgia para melhorar o padrão ou *upgrade*! O autor quis chamar a atenção para o papel desempenhado pela inveja no comportamento das pessoas diante da existência de múltiplos fatores responsáveis pelas diferenças entre elas! Helmut Schöeck (1922-1993), apoiado em abundante e convincente casuística, dedicou todo um extenso livro, *Envy, a theory of social behavior*, 1987, para demonstrar o papel que a inveja desempenha no processo de desenvolvimento e consolidação do perfil das sociedades. Pessoalmente, depois de haver flertado na juventude com o socialismo-marxista, evolui, na maturidade, para a esquerda democrática, cuja prática se resume na observância dos seguintes postulados: 1) o setor privado deve produzir todos os bens e serviços nos quais tiver interesse, inclusive concorrendo com o próprio estado; 2) essa disputa pela superioridade entre o setor privado e o Estado contribuirá para o aperfeiçoamento de ambos; 3) o Estado deve operar como uma grande agência reguladora, implantando a infraestrutura e assegurando a igualdade dialética entre os desiguais mediante políticas inteligentes de compensação social, garantindo aos mais pobres um piso mínimo para o exercício da plena cidadania, consistente com casa decente e alimentação adequada; 4) acesso de todos, sem exceção, sobretudo dos segmentos mais pobres, a saneamento básico e educação de qualidade; nada como o saneamento básico para elevar o padrão de saúde, a produtividade e a longevidade das pessoas, sobretudo da maioria do povo brasileiro, hoje, à margem desse benefício, pelo desvio dos recursos do BNDES, como aconteceu nos governos do PT, para ditaduras bolivarianas e corruptas da África e América Latina; 5) nada como o acesso à educação de qualidade para elevar o nível social e de renda das populações carentes do Brasil, na sociedade do conhecimento em que estamos imersos. Dar prioridade absoluta à educação pública brasileira, hoje aparecendo no último lugar entre as 80 maiores economias. Afinal de contas, a educação é o caminho mais curto entre a pobreza e a prosperidade; o atraso e o desenvolvimento; a sociedade civilizada que aspiramos ser e o estado de semi-barbárie em que nos encontramos. Já não é sem tempo que devemos deixar de investir tanta energia em experiências que, sabidamente, levam ao fracasso.

Enquanto os regimes totalitários, de esquerda ou de direita, além do nivelamento por baixo das massas, também resultam

PARTE II – O PODER DESTRUTIVO DA INVEJA

em desigualdade de acordo com a experiência histórica, a democracia, com o seu desequilíbrio dinâmico, tem sido o mais eficaz instrumento promotor da igualdade dialética. A meritocracia, que se orienta pela busca da superioridade, é fonte permanente de renovação do *status quo*, em face da rotatividade dos seus dirigentes, a intervalos cada vez menores. A Nomenklatura ou a "Nova Classe", como a denominou Milovan Djilas, é a prova disso nos regimes comunistas, em que a classe dirigente concentra os privilégios mais odiosos, contra os quais o clamor é impotente, além de levar ao olvido, ao cárcere ou à morte.

O pensador canadense Steven Pinker (1954-), em seu livro de 2019, *O novo iluminismo*, demonstra a melhoria sem precedentes da qualidade de vida dos povos, desde o ano de 1800, com sensível aceleração dessa melhoria a partir da década de 1980, início do crescimento exponencial da globalização da economia. Enquanto 90% da população mundial de dois bilhões de habitantes, em 1880, viviam entre a pobreza e a miséria, hoje, dos quase oito bilhões de habitantes, esse percentual caiu para 10%. Não se trata de uma opinião, mas de um fato e, por isso, irretorquível. Ao invés de se concentrar na adoção de mecanismos que elevem o padrão de vida das massas, a começar por acesso universal à educação de qualidade e à adoção de medidas de saúde preventiva, das quais saneamento básico para todos é a mais visível e importante, a parte da esquerda brasileira, acionada pelo sentimento da inveja, vem se concentrando no aumento das desigualdades quando a questão substantiva reside na definição de um piso mínimo para o exercício de saudável cidadania ao alcance dos mais pobres (*A rising tide lifts all boats*: uma maré alta levanta todos os barcos, em tradução livre).

A INVEJA E A PSICANÁLISE

Para sua desgraça, o ser humano não tem, como os outros animais, um sistema orgânico e instintivo que defina e preorde-

JOACI GÓES

ne sua conduta. Dos três sistemas no mundo, dois são partilhados com outras espécies animais: o instintivo ou condicionado, e o emocional ou sentimental. Somente o lógico ou racional, para nossa glória e perdição, é exclusivo de nossa espécie. Enquanto a teoria genética sustenta que cada ser humano é único, a psicanálise nos mostra o que podemos dispor em comum.

Apesar da relativa parcimônia com que tem sido tratada, a inveja sempre foi objeto de interesse e de reflexão de alguns dos mais importantes pensadores ocidentais. A inveja é um sentimento inseparável do ser humano, capaz de provocar inimizades, guerras, genocídios – como o Holocausto – desenlaces familiares, falências, atraso científico, cultural, social e político. Do quanto aprendemos sobre o assunto, podemos dizer que a inveja nasce quando uma pessoa se compara a outra e percebe nela a existência de algo que deseja para si mas que não pode ter, como, à guisa de exemplo, beleza, juventude, inteligência, virtude, saber, sexo, *status* e as demais qualidades narcísicas, na interpretação do psicanalista brasileiro Renato Mezan ("A Inveja", em *Os Sentidos da Paixão*, 1987).

A inveja não resulta de uma imposição do código genético; ao contrário, seu processo de elaboração se apresenta como o mais exigente de racionalidade, no quadro de todas as emoções. A natureza inconfessável da inveja e sua resultante escamoteação, desde sempre, não são criações instintivas, mas mecanismos racionais de defesa do agente invejoso. É dessa engrenagem sofisticada que a inveja extrai seus diferentes modos de manifestação, invariavelmente ajustados ao meio onde atua. Quando não pode se manifestar ofensivamente pela violência física ou verbal, a inveja recorre ao silêncio para desvalorizar, por fingida ignorância, os méritos da pessoa invejada. À hipertrofia desse método Schopenhauer denominou de "silêncio ensurdecedor", arma de que se valem os medíocres quando não podem ou não sabem como atacar importantes criações e seus criadores. Quando o silêncio não é possível, o invejoso recorre ao discurso hipócrita, elogiando o que não tem valor, criti-

PARTE II – O PODER DESTRUTIVO DA INVEJA

cando o que é secundário e omitindo o essencial. É o caso do grande escritor criticado por seus hábitos mundanos, elogiado por um trabalho secundário, mas silenciado sobre os aspectos fundamentais de sua criação. Daí para a difamação e a calúnia é apenas um passo. Até porque o invejoso prefere ser classificado como difamador ou caluniador a arcar com o intolerável ônus de ver assoalhada sua inveja ominosa. A história, em geral, oferece rico manancial de exemplos do gênero. Como explicar a total ausência de reconhecimento, enquanto vivos, de criadores como Van Gogh, Modigliani ou Franz Kafka, ao tempo em que concorrentes medíocres eram festejados pela crítica, senão como produto da inveja? La Bruyère (1645-96) observou que "quando um poeta elogia os versos de outro poeta, pode apostar que são ruins e inconsequentes" (*Caractères*). Molière (1622-73) sabia tão bem dessas coisas que na comédia *l'Impromptu de Versailles*, 1663, preventivamente, colocou na boca de um dos personagens o seguinte comentário a respeito dele mesmo: "Por que é que ele faz peças tão ruins que toda Paris assiste? Por que ele não faz comédias como as de M. Lysidas? Se assim o fizer, não terá ninguém contra ele e todos os autores falarão bem dele". Condorcet (1743-94), em sua biografia de Voltaire, disse que "*a mediocridade orgulhosa, alguns homens de mérito, feridos por um sentido de superioridade excessivamente presunçosa, as pessoas mundanas, sempre pressurosas de rebaixar os talentos, objeto de sua inveja oculta, os devotamente dedicados a denegri-lo, para reduzir seus temores, todos se aforçuram para acolher as calúnias contra ele assacadas. Aonde chegasse, agradava; era uma festa; do mesmo modo que inspirava ciúme, inveja e temor. Superior pelo talento, ele se impunha, igualmente, pela espirituosidade de sua conversa, mesclando uma álacre frivolidade com os traços de um espírito superior. Gracejador nato, suas palavras corriam mundo e, não raro, tomavam como pura maldade o que na verdade era o seu verdadeiro julgamento, tornado picante pelos torneios do seu espírito*".

PARA O INVEJOSO, O TALENTO É UM CRIME IMPERDOÁVEL

Num outro extremo, quando não cabe a crítica nem o silêncio, a inveja costuma recorrer ao elogio exagerado, desmedido, como meio de constranger o elogiado, expondo-o, também, a uma inveja mais ampla. O antropólogo americano George Foster reporta-se a vários exemplos de sociedades que cultivam rituais protetores contra os efeitos daninhos de elogios excessivos, concluindo por citar uma passagem do romance *Abel Sánchez*, de Unamuno, em que o personagem Frederico, elaborando um pouco mais o que sempre diz, comenta: "Não me enganam. Quem elogia muito está sempre com o propósito de rebaixar um adversário da pessoa elogiada". Há situações em que o mérito do invejado está tão fora do alcance de qualquer falseta que o invejoso, compelido a elogiá-lo, astutamente, o faz, de modo a parecer justo. Comentando esse tipo de situação, La Rochefoucault (1613-80) observou que "a marca de um mérito extraordinário é poder ser elogiado intensamente pelos que mais o invejam" (*Reflexões Morais*). Todas essas formas de expressão do sentimento da inveja resultam de processos intelectuais exigentes de sofisticada elaboração.

O poeta inglês Alexander Pope (1688-1744) desdobrou, em linguagem popular, a distinção clássica que os gregos faziam entre a razão e as paixões, dizendo que a razão seria o leme do barco, enquanto as paixões seriam os ventos que enfunam as velas, metáfora para explicar a frequência com que a razão é posta a serviço das diferentes paixões, como o amor, o ódio, a vingança, o medo, a angústia. Por isso, enquanto o homem está condenado a fazer escolhas, o animal, no outro extremo, não escolhe; mãe natureza o faz por ele. A maior porção da biografia de qualquer pessoa, inclusive a de história mais modesta, reúne características e vivências que são exclusivas dela, enquanto o animal, constituído integralmente de herança natural, confunde-se com o meio, no qual se integra e se dissolve. O homem se

Parte II – O poder destrutivo da inveja

integra ao meio, transformando-o, num refazer voluptuoso, no afã de restaurar o equilíbrio perdido com o seu nascimento. É por isso que, além de ter um passado, como tudo o que existe, o ser humano é o único ser que faz história. Enquanto o ser humano desesperadamente procura, o animal encontra sem qualquer esforço criativo, movido pelo determinismo de forças que não pode alterar. Quando Pablo Picasso disse, falando de sua produção artística, "eu não procuro, eu encontro", ele construiu uma frase de efeito, não proferiu uma verdade cientificamente afiançável. Enquanto o animal não questiona o meio, o homem, açoitado pelas dores de não poder restaurar o equilíbrio desfeito, mais do que questionar, nega o mundo em que vive. Esta negação é o preço que a esperança cobra para resgatá-lo do soçobro no abismo iminente do desalento. É esta negação que impele o ser humano a realizar o que denominamos de cultura, um imenso acervo coletivo agregado à natureza, composto de contribuições que trazem a marca exclusiva das individualidades humanas. O agir humano é, em consequência, uma fonte inesgotável de ineditismos.

O mundo ideal, que o homem é incapaz de reencontrar, está gravado em sua memória e é dessa gravação que emana o sistema psicológico que o mobiliza para buscar o prazer e evitar a dor. Os sentimentos, portanto, nada mais são do que parcelas inter-relacionadas de um complexo sistema emocional, originado da necessidade de, a qualquer custo, restaurar o primitivo e perfeito mundo desfeito pelo nascimento. Para o cumprimento dessa tarefa colossal militam todos os sentimentos, como amor, ódio, ternura, indiferença, ciúme, cobiça, avareza, despeito, saudade, desejo, luxúria, gula, afeto, entusiasmo, tristeza, esperança, desespero etc., *ad infinitum*. Também a inveja, objeto de nossa perquirição. Cada um desses sentimentos exerce uma função peculiar no concerto desta multímoda estratégia de sobrevivência psicológica dos indivíduos. À inveja caberia o papel de vigiar a falha ou omissão dos outros sentimentos. Se a completude é o que se persegue, a renúncia a qualquer valor pode significar o comprometimento da causa maior. Por isso, o que a inveja deseja é o que escapou de ser objeto de interesse dos outros sentimentos. Como o objeto da inveja é irrealizável, o invejoso procura negá-lo, sob a forma do desejo de destruí-lo, como mecanismo para manter acesa a esperança de alcançar a plenitude perdida. O reconhecimento da impossibilidade de realizar um desejo comprometeria a crença na possibilidade da consumação da completude, o que conduziria ao desespero e ao desencanto de viver.

Como o recurso à violência, para destruir o objeto da inveja, é vetado pelo regramento social, o indivíduo recorre ao subterfúgio e à simulação visando conciliar seus impulsos destrutivos com as restrições sociais existentes, exceção feita ao que se denomina ressentimento legítimo, em relação ao qual o organismo social chancela a reação para exercitá-lo. A semelhança aparente entre os vários atributos psicológicos dos indivíduos não elide sua marcante singularidade e exclusividade. Como todo sentimento, a inveja assume fisionomias tão distintas quanto são os indivíduos, em função de sua intensidade, duração, abrangência e o número ilimitado de combinações que pode resultar de sua mescla com outras emoções, como ciúme, cobiça, ressentimento, indignação, amor, ódio e assim por diante.

Imaginemos um caleidoscópio globular e transparente, em que cada sentimento esteja representado por uma cor. Imaginemos, ainda, que as cores possam variar de tamanho e intensidade, de modo a refletirem as variações dos sentimentos. Imaginemos, também, que, ilimitadamente, estas cores possam se fundir parcial ou integralmente, umas com as outras, em qualquer número, extensão ou intensidade. Suponhamos, por último, arbitrariamente, que quarenta seja o número dos sentimentos. Matematicamente, o número de combinações possível tangenciaria o infinito. Com limites tão estreitos para estudarmos as emoções humanas, tendo em vista a possibilidade ilimitada dos modos de sua manifestação, o máximo que podemos aspirar, neste campo, é o conhecimento aproximado de suas tendências.

PARTE II – O PODER DESTRUTIVO DA INVEJA

Não só os modos de manifestação variam de indivíduo para indivíduo, como podem variar em um mesmo indivíduo, em função do tempo e do espaço, por força do componente psicológico, social e cultural presente na inveja. A predisposição à inveja, comum a todo indivíduo, seria o equivalente ao *hardware* e a influência cultural, o *software*. Como o indivíduo está permanentemente exposto às influências do meio em que vive, é natural que a inveja sofra modificações nos vários planos de sua aparição, em nosso caleidoscópio emocional. Em outras palavras: os indivíduos são desiguais entre si, e cada indivíduo se renova, continuamente, em razão das influências a que se expõe. Renovação psicossomática: física e emocional.

Ao longo do processo evolutivo, o ser humano tem experimentado mutação ininterrupta em suas aspirações. Em estado primitivo, quando a vida social transcorria numa dinâmica razoavelmente rotineira e previsível, os objetos das aspirações individuais e coletivas predominantes, estreitamente vinculados à satisfação das necessidades fundamentais, tais como comida e abrigo, restringiam as possibilidades de comparação entre os membros da comunidade, limitando, por consequência, os modos de inveja possível. Durante um longo período, do nomadismo à vida sedentária, as mudanças se processavam com extrema lentidão. Com o avanço tecnológico proporcionado pela agricultura, o fogo e a roda, ampliou-se a gama das aspirações, aumentando, *pari passu*, o campo susceptível de comparações. Pode-se dizer, com propriedade sociológica, que o grau de desenvolvimento de uma comunidade é mensurável a partir do número e dos tipos de situações capazes de despertar inveja entre seus membros.

Essa longa digressão nos conduz ao entendimento de que tudo, absolutamente tudo que existe sobre a terra está potencialmente sujeito a ser invejado. Entre os sentimentos humanos, a inveja é aquele cujas características mais o assemelham aos sentidos. Como a visão, o olfato, a audição, o gosto e o tato, a inveja exerce um papel seletivo em relação à coisa invejada. Quando olhamos, o que vemos? A nossa visão vê, com maior nitidez, o objeto no qual concentramos nosso olhar e, decrescentemente, as coisas que estão no seu âmbito: ao redor, imediatamente antes e depois. À proporção que mudamos o foco, mudam os objetos percebidos. É claro que se estamos olhando um pássaro e um avião irrompe em nosso campo visual, não há como ignorá-lo, deixando de vê-lo. Se, porém, estivermos imersos em nossos pensamentos, enquanto nos locomovemos de um ponto a outro, pode ser que de tal modo estejamos concentrados em nossa reflexão e desinteressados da paisagem, que não nos damos conta do que quer que tenha estado ao alcance de nossos olhos, ao longo do caminho.

Quando escutamos, o que é que fere, predominantemente, nossa sensibilidade auditiva? O som mais estridente ou o som que buscamos, ficando os demais secundariamente registrados? A resposta dependerá da intensidade dos sons e do nosso interesse neles. Algo semelhante ocorre com a inveja. Embora o seu campo de abrangência seja vasto, é preciso identificar que elementos psicossociossomáticos estão agindo sobre o indivíduo, num dado momento, para determinar o objeto de sua imposição. Diversamente da visão e da audição, em que podemos escolher o que ver e o que ouvir, a inveja nos faz prisioneiros de sua trama, feita de fatores múltiplos, onde nossa liberdade consiste em vencer a inclinação de obedecê-la. Jamais em evitá-la.

O que faz da inveja uma emoção dolorosa e perniciosa, agravando as consequências de sua manifestação, é a inconfessabilidade, socialmente construída, por força de uma apriorística condenação.

ALGUMAS OPINIÕES SOBRE A INVEJA

Vejamos o que sobre esta "pestilência da qual ninguém está imune" disseram alguns dos pensadores mais conhecidos.

PARTE II – O PODER DESTRUTIVO DA INVEJA

MICHEL FOUCAULT (1926-1984) sustenta a tese segundo a qual os valores dominantes, num determinado momento histórico, consolidam-se e desaparecem por surtos axiológicos, sem qualquer motivo aparente (*Les Mots et les Choses*, 1985). No bojo dessa tendência, o marxismo, inspirado na inveja incorporou à sua pregação e luta a desigualdade econômica. Essa visão equivocada de Adam Smith, incorporada por Marx, encontra-se presente nas teses de muitos defensores de políticas igualitárias, sendo que o poeta trágico ateniense, Agaton, (448-401a.C), êmulo de Eurípides, parece ter sido a fonte primeira da suposição que vê na desigualdade a causa essencial da inveja, ao versejar:

> "Não haveria inveja no coração dos homens
> Se todos nascessem igualmente dotados".

Afora isso, Adam Smith, coerente com o pensamento estoico, observa que "a prudência nos aconselha a conduzir nossa prosperidade com moderação e nos ensina a evitar a inveja, provocada, acima de tudo, pelo êxito". Conclui, reconhecendo que a inveja, intrinsecamente destrutiva, se origina da sensação de inferioridade e que só os libertos deste sentimento serão capazes de partilhar da alegria do próximo (*Teoria dos Sentimentos Morais*).

EMANUEL KANT (1724-1804), que sofreu forte influência de David Hume e dos empiristas ingleses, abordou a inveja na *Metafísica dos Costumes*, como "a propensão de encarar o conforto alheio com animosidade, ainda que este bem-estar não lhe provoque nenhum prejuízo real". Arrolou a inveja como integrante, com a ingratidão e a malícia (*Schadenfreude*), da "detestável família" dos sentimentos viciosos contra a humanidade. Para Kant, esses três sentimentos se opõem ao amor e são sub-reptícios e destrutivos dos vínculos de lealdade e da autoestima, na medida em que a comparação desperta o complexo de inferioridade em relação à pessoa invejada. "Trata-se de um ódio que não é nem explícito nem violento, mas secreto e dissimulado, de modo que a baixeza se soma à desatenção para com o vizinho, resultando na própria insatisfação pessoal". Sem meias palavras, e amparado na doutrina filosófica dos valores, Kant classifica a inveja como a "antítese da virtude e a negação do humanismo". Consoante sua veemente afirmação, "a inveja é a tendência de recebermos com desagrado o sucesso alheio, ainda que em nada interfira em nossos afazeres. Quando este sentimento conduz a uma ação destinada a reduzir ou a eliminar o sucesso incômodo, temos o que se chama inveja qualificada. Mas sempre há má vontade. Trata-se, apenas, de uma moldura emocional secundária e malévola, decorrente da percepção desestabilizada de vermos nosso bem-estar ser superado pelo de terceiros. O problema é que nós não conseguimos medir as coisas pelo seu valor intrínseco, mas pelo valor comparativo que nos acarreta a sensação de inferioridade" (Emanuel Kant, *Metafísica dos Costumes*).

Após reconhecer a inveja como um impulso inerente à existência humana, natural, portanto, Kant condena como "vício abominável" a ausência de controle sobre sua manifestação. Para ele, é normal e saudável sentirmo-nos alegres e felizes quando sabemos que desfrutamos de uma situação melhor que a de outros, não porque não desejemos o bem-estar do próximo, mas porque nos regozijamos com nossa felicidade relativa. Desejar, gratuitamente, a destruição de outrem, que, por ação ou omissão, nenhum mal tenciona nos causar, é imoral porque contrário aos deveres do indivíduo para consigo e para com a humanidade. A reflexão de Kant sobre a psicologia da ingratidão, integrante com a malícia e a inveja da "detestável família dos sentimentos viciosos contra a humanidade", representa valiosa e original contribuição ao estudo dos recônditos da alma humana. Para ele, a ingratidão é um vício condenável, não apenas porque representa um desestímulo ao espírito de ajuda recíproca, ao mecenato e ao espírito filantrópico do qual parcela significativa da humanidade tanto depende para resolver ou minorar carências, mas também porque ameaça subverter o próprio amor e os fundamentos de sua reciprocidade.

PARTE II – O PODER DESTRUTIVO DA INVEJA

Afortunadamente, Kant observou que a ingratidão, potencial ou efetiva, não se provava, na prática do dia a dia, capaz de, necessariamente, eliminar ou mesmo diminuir as motivações filantrópicas dos benfeitores. Frequentemente, estes enxergam na ingratidão uma oportunidade para testar e demonstrar a superioridade do seu gesto, liberto das expectativas de compensações futuras, e, por isso mesmo, enriquecido de valor moral. Quando a ingratidão vem acompanhada de rancor, temos a "ingratidão qualificada". Kant observou que a ingratidão, fortemente condenada pela opinião pública, não é denunciada pelos benfeitores nem pela frequência, nem pela intensidade como ocorre. A explicação dessa aparente insensibilidade residiria no temor psicológico de que a admissão da ingratidão, como norma, conduzisse, dedutivamente, ao entendimento de que também eles, os doadores, reagiriam com ingratidão quando na posição de destinatários de ajuda, uma vez que, ao longo da vida, as pessoas experimentam ambos os papéis de doadores e recebedores ou donatários. A ambivalência provocada por este sentimento perturbador conduziria à sua repressão e à passiva persuasão coletiva de que são a exceção, e não a norma, os casos de ingratidão.

Para Kant, a gratidão é um dever moral irresgatável do recipiendário porque, não importa quão generosamente tenha ele devolvido o benefício recebido ao doador caberá, sempre, o mérito do pioneirismo da iniciativa. Por essa razão, a gratidão igualitária, a única que permite ao beneficiário colocar-se em posição de igualdade em relação ao seu benfeitor, só é possível em relação aos maiores, como pais e avós, porque a precedência da iniciativa do benfeitor, neste caso, em razão de um imperativo cronológico, não lhe confere a superioridade conatural às demais situações. A percepção prévia da irresgatabilidade do débito e da superioridade inelutável do benfeitor geraria, no favorecido, o desejo, consciente ou não, de libertar-se do encargo oneroso da gratidão. Daí advém o famoso aforismo de Joseph Fouché: "O ingrato sente necessidade de destruir o seu benfeitor como meio de extinguir o ônus da gratidão"!

Kant desenha o cenário no qual a gratidão deve operar: "O limite inferior consiste em prestar ao benfeitor serviços iguais aos recebidos, se ele ainda estiver em posição de recebê-los (se estiver vivo, por exemplo). Caso contrário, deve prestá-los a terceiros; nunca se deve encarar um benefício recebido como se fosse um fardo do qual se deseja descartar (como está um degrau abaixo do doador, o recipiendário sente-se ferido em seu amor-próprio), mas como uma benção moral propiciadora de oportunidade ímpar para exaltar a gratidão como uma das maiores virtudes do amor, representativa, a um só tempo, da sinceridade do espírito benevolente e da ternura da benevolência [Kant chama à atenção a sutileza desta distinção para o conceito de dever] cultivando, deste modo, o amor humano". Comentando o pensamento kantiano, Helmut Schoeck aduz: "Os benefícios recebidos, em face da ingratidão hostil, aumentam, ainda mais, a paixão e o princípio da ingratidão porque o doador passa a ser visto como maior, melhor e mais inalcançável, ainda, do que antes, aos olhos do ingrato. A maioria das observações feitas entre 1955 e 1965 em países que receberam ajuda de nações mais ricas provaram, à larga, as conclusões de Kant. Este macro exemplo de ajuda internacional é sintomaticamente esclarecedor, porque, ao tempo da Guerra Fria, só nações soberanas, contrariamente aos beneficiários privados, poderiam exibir imediata e ostensiva ingratidão em proporções correspondentes aos benefícios recebidos". Ao enfatizar o valor moral e o significado da gratidão para a vida, Kant teve o propósito de contrapor-se à leniência e permissividade com que a sociedade do seu tempo tratava a ingratidão.

ARTHUR SCHOPENHAUER (1788-1860), filósofo alemão, chefe da escola do pessimismo e dos impulsos irracionais da vida, nascidos da vontade. Sua mãe, Johanna, escreveu contos, romances e livros de viagem. Schopenhauer tratou a inveja, sobretudo, em duas de suas obras: *Os Fundamentos da Moralidade* (1841) e *Parerga e Paralipomena* (1851), associando-a ao personalismo, o

PARTE II – O PODER DESTRUTIVO DA INVEJA

desejo compulsivo de existir, essencialmente egocêntrico. Considerava a inveja um sentimento natural do homem, uma característica a ele inerente, razão pela qual não tem como libertar-se dela. Por isso, "embora essencialmente má, a inveja deve ser desculpada". Para ele "a inveja nasce da inevitável comparação entre nossa situação e a de outros". Quando esta for melhor que a nossa, instala-se, em nós, um sentimento de inferioridade, se percebermos que a situação do outro lhe acarreta mais felicidade do que a nossa em nós. Considerava "natural o gosto amargo de nossas deficiências diante da prosperidade e alegria dos outros", porque "os homens são incapazes de suportar a felicidade alheia sem se sentirem miseráveis" (*Parerga e Paralipomena*). Na visão pessimista de Schopenhauer, a inveja está na base do permanente estado de infelicidade, inerente à condição humana. A polidez seria um instrumento civilizado, mas hipócrita, destinado a escamotear o egoísmo, naturalmente repulsivo. Sem o controle do temor ou do incentivo moral, as pessoas praticam os atos mais hediondos. A Justiça é a virtude que sintetiza o temor e o incentivo moral. Sem ela, a convivência humana degeneraria em conflitos e guerras que conduziriam rapidamente à destruição (*Os Fundamentos da Moralidade).*

Schopenhauer define a inveja como a geratriz da má vontade, efervescente quando diante da felicidade, riquezas ou sucesso alheios; reconhece sua ubiquidade e vê o ódio como seu aliado permanente. A inveja reforça as paredes entre as pessoas, tornando-se o sentimento antissocial, por excelência. Schopenhauer filiou-se ao pensamento de Hesíodo e Aristóteles, ao reconhecer que a inveja grassa, essencialmente, entre iguais ou quase iguais. Avalia que o tipo mais desagradável de inveja seja a dirigida contra as qualidades pessoais, não apenas porque são intransferíveis como porque mereceriam ser objeto de valorização e reconhecimento, residindo aí um dos principais traços de sua malignidade. "Aqueles que invejam dons naturais ou superioridades pessoais, como a beleza nas mulheres e a inteligência nos homens, não têm consolo nem esperança, restando-lhes, como alternativa, odiar os que os possuem". Relacionou "três modalidades de aristocracia: do berço; da riqueza e do espírito. Cada uma dessas modalidades vive rodeada de grande número de invejosos, amargamente frustrados, por não pertencerem, também, à aristocracia. E quando esses frustrados reúnem coragem, não perdem ocasião para fazerem ver aos aristocratas que 'vocês não são melhores do que eu'. Por outro lado, os membros de uma modalidade de aristocracia convivem harmoniosamente e sem inveja dos integrantes das duas outras modalidades". Schopenhauer considera o *Schadenfreude* (felicidade pela desgraça dos outros), o mais condenável dos sentimentos e o oposto tanto da inveja (sofrimento pelo sucesso alheio), quanto da simpatia ou caridade (pesar pelo sofrer alheio). "Invejar é humano; gozar com a infelicidade alheia é diabólico... O egoísmo pode conduzir a crimes e a más ações de todo tipo, mas as dores e prejuízos que causam não são o fim que almejam, são meios que se criam acidentalmente. Por outro lado, a crueldade e o desejo de fazer o mal têm as dores e o sofrimento alheios como fim; e uma vez alcançado este fim, os autores sentem prazer, o que lhes confere um maior poder de perversidade moral. A regra do egoísmo supremo é: Não ajude a ninguém, e, se lhe for conveniente, prejudique. A regra da ruindade é: Cause aos outros o mal que puder. A alegria pelo prejuízo do próximo é, teoricamente, crueldade; crueldade, na prática, significa felicidade pela miséria dos outros" (*Parerga e Paralipomena*). Os crimes praticados em nome do egoísmo gozam da atenuante de serem meios para alcançarem um fim, enquanto a crueldade vê na miséria alheia um fim em si mesma, traço exclusivo do humano em toda a escala animal. Observa Schopenhauer que a mediocridade, frequentemente associada à inveja, perturba-se com a excelência, disso resultando enorme atraso do progresso em todos os domínios. Cita inúmeros exemplos de contribuições do maior peso que não foram reconhecidas enquanto vivos seus autores, seja porque não houvesse pessoas capazes de entender as propostas, seja porque, havendo, fosse preferível o silêncio e a indiferença

Parte II – O poder destrutivo da inveja

à dor de se verem assoalhadas em sua pequenez relativa. Schopenhauer denunciou a inveja dos músicos alemães como a causa responsável pelo não reconhecimento dos méritos de Rossini, célebre compositor italiano, seu contemporâneo. O boicote a Rossini chegou a ponto de um compositor judeu, Giacomo Meyerbeer (1791-1864), pagar a espectadores para dormirem durante suas óperas (Jules Combarieu, 1859-1915, *Histoire de la Musique*, 1955). Dentre os procedimentos que sugere como proteção contra a inveja, Schopenhauer coloca a modéstia no primeiro plano, mesmo conhecendo a opinião de Goethe, para quem "só os canalhas são modestos". Por isso, adverte: "Não provoque inveja". O invejado deve manter distância do invejoso e, se possível, evitar qualquer contato para neutralizar as causas. "Talento e genialidade devem pedir perdão ao mundo, já que coragem e orgulho não são suficientes para desprezá-lo". "Quanto maior o talento, maior a solidão" (*Parerga e Paralipomena*). Há momentos, lembra, em que é tamanha a unanimidade do "silêncio ensurdecedor", em torno de feitos grandiosos, que fica a impressão de um concerto prévio.

Porque sub-reptícia e inconfessável, a inveja passa a servir de arma, excepcionalmente lesiva, de que as mediocridades se valem para destruírem o que não são capazes de ser ou de fazer. O invejoso "recorre a todo tipo de manobra e artifício para esconder seu sentimento, tão cuidadosamente como o faria um pecador lascivo. Desse modo, passa a fingir que ignora a superioridade dos outros, superioridade que devora seu coração, como se não os escutasse, não os visse, como se não tivesse, sequer, notícia de sua existência. Torna-se um mestre da dissimulação. Paralelamente, procura, com o máximo empenho, evitar que a superioridade invejada tenha projeção. Mas se tiver projeção, o invejoso procurará obscurecê-la, criticando-a, acerbamente, ironizando-a e caluniando-a, como o sapo que cospe veneno do seu buraco. Por outro lado, o invejoso elogiará muito as pessoas sem expressão, medíocres, e até mesmo os inferiores que se dedicam ao mesmo tipo de atividade" (*Parerga e Paralipomena*).

Schopenhauer incorporou à sua obra um artigo do London Times, de 1858, transcrito por Schoeck, onde se lê: "Não há vício de que um homem possa ser incriminado, não há vergonha, não há vileza, não há truculência que desperte tanta indignação entre as pessoas – contemporâneos, amigos e vizinhos – quanto o êxito de alguém. Este é o crime imperdoável por excelência que nem a razão defende, nem a humildade mitiga. O sentimento 'Se os céus o abençoaram tanto assim, não tenho o direito de achar ruim?' constitui uma expressão genuína e natural da mente humana vulgar. Quem escreve como não somos capazes de escrever, quem fala como não falamos, produz o que não podemos produzir, prospera como não prosperamos, atrai para si todas as acusações que podem condenar um ser humano. Abaixo com ele! Por que deixá-lo congestionar nosso espaço?".

SÖREN KIERKEGAARD (1813-1855), filósofo dinamarquês, fundador da filosofia existencialista. No fim de sua breve existência de quarenta e dois anos, atacou a Igreja da Dinamarca por sua secularização. Ao invés de concentrar suas reflexões sobre o tema, em um ou mais trechos de sua obra, Kierkegaard tratou-o esparsamente, para explicar o comportamento humano e o seu próprio, a partir da frequência e da intensidade da presença invasiva da inveja. O predomínio dessas emoções inferiores conduziria ao imobilismo das energias transformadoras, traumatizadas pela racionalização que coloca no mesmo plano o bem e o mal. Segundo ele, a inveja derivada da reflexão esteriliza a vontade e a força dos homens, particularmente nas pequenas cidades onde prospera com desenvoltura, criando uma malha de influência recíproca de cuja abrangência tentacular ninguém escapa. Os mesmos fatores de proximidade física, material e intelectual encontradiços nas pequenas comunidades explicariam a forte presença da inveja nos meios acadêmicos. Sem a madura compreensão do que é a inveja, não há como explicar o comportamento de certas pessoas e de certos grupos sociais. Para ele a inveja é uma forma oculta

Parte II – O poder destrutivo da inveja

e distorcida de admiração que nada de bom constrói. Quando a admiração saudável que produz emulação se transforma em inveja, a emulação que é construtiva cede lugar à destrutibilidade inerente à inveja. A rápida transformação da admiração em inveja só se opera quando houver decepção do admirador. Kierkegaard leciona em seu livro *The Sickness Unto Death*: "Inveja é admiração oculta. Um admirador que percebe que a devoção não o fará feliz, preferirá invejar aquilo que admira. Passará a usar uma nova linguagem para dizer que não tem valor o objeto de sua admiração, porque é tolo, ilusório, perverso e espalhafatoso. Admiração é a entrega feliz; inveja é autoafirmação infeliz". Ao afirmar que quem busca despertar inveja nos outros, seja por autopromoção, imodéstia ou outro fator qualquer, é, igualmente, invejoso, Kierkegaard parodiou o pensamento de Aristóteles, expresso na *Retórica*, segundo o qual "aqueles que buscam honrarias são mais invejosos do que os indiferentes a honrarias". Menciona o ostracismo grego, caracterizado pela condenação ao exílio de pessoas de reconhecido prestígio e brilho como mecanismo catártico da inveja acumulada nas massas, incomodadas com o virtuosismo de personalidades emblemáticas dos melhores valores sociais. O ostracismo ateniense, por isso, seria um sinal de distinção, ainda que de feição patológica. Para ele, este tipo de inveja, aberta e ostensiva, seria aceitável, em oposição à inveja secreta, dissimulada, covarde, inconfessável e destrutiva.

Kierkegaard foi um dos primeiros pensadores a condenar o uso da inveja social latente como matéria-prima da ação política, por promover o nivelamento por baixo, além de envolver em conflitos sociais pessoas não invejosas, mediante a ameaça expressa ou subliminar do *slogan*: "Quem não inveja conosco está contra nós". Seus profundos estudos representam a maior contribuição pessoal para a formulação de uma teoria social e filosófica sobre a inveja. Ninguém, em tão curta vida, produziu uma obra literária e filosófica tão densa.

JOACI GÓES

KARL MARX (1818-1883). As reflexões de Karl Marx sobre a inveja foram feitas quando o pensador alemão contava apenas vinte e seis anos, em 1844, e figuram nos *Manuscritos*. São de cunho exclusivamente teórico e político, condicionadas pela sua visão ideológica da organização humana. A excessiva juventude de Marx explicaria, talvez, as contradições e deficiências aí encontradas. Marx distinguiu entre "comunismo subdesenvolvido" e "comunismo desenvolvido", concluindo que todas as formas de comunismo, anteriores à sua, eram "subdesenvolvidas", "vulgares" e "invejosas", enquanto a sua era "desenvolvida" e "científica". De modo equivocado, definiu a inveja como "um modo disfarçado de cobiça" que se dirige "contra todo tipo de propriedade privada que pareça ter valor expressivo", conclusão inteiramente negada pela realidade dos fatos, forçada para justificar a estatização de todas as propriedades, conforme preconizado por sua doutrina. Mais adiante, comete ato falho ao admitir que é desejo do invejoso "reduzir todas as coisas a um nível comum", reconhecendo, portanto, a relação permanente entre o comunismo e a inveja. Tentou racionalizar sua contradição, dizendo que só as "formas vulgares" de comunismo estavam sujeitas à inveja, já que na sua, a "científica", não haveria propriedade privada para invejar, válvula de escape notoriamente retórica e utópica. Cometeu erro palmar ao afirmar que "inveja e igualitarismo constituem, de fato, a essência da competição", porque a economia de mercado conduz à emulação, criando diferentes hierarquias e não igualitarismo. (Erich Fromm, *Marx's Concept of Man*, 1961).

FRIEDRICH NIETZSCHE (1844-1900), poeta e filósofo alemão, professor de línguas clássicas, foi sucessivamente seguidor e crítico acerbo da obra de Wagner e opositor da filosofia de Schopenhauer. A partir dos quarenta e quatro anos, foi acometido de perturbações mentais, sendo cuidado pela mãe. Sua filosofia desenvolveu o conceito do Super-Homem que, acredita-se, serviu de inspiração para Adolf Hitler. Como Kierkegaard, Nietzsche

PARTE II – O PODER DESTRUTIVO DA INVEJA

reconhece a importância sociológica da inveja que diferençou do ciúme, no que se distinguiu de muitos dos seus antecessores. Em vários momentos de sua obra, alude ora a inveja, ora a ressentimento como sinônimos. Segundo ele, o ressentimento – emoção, que envenena e conduz à vingança – substitui o impulso criativo pelo desejo de destruir. Tratou da inveja em quatro dos livros que compõem sua vasta obra: *Assim Falava Zaratustra* (1883-87), *Além do Bem e do Mal* (1886) *Genealogia da Moral* (1887) e *Ecce Homo* (1888).

Em *Assim Falava Zaratustra*, qualifica a inveja de "biliosa", vinculada a uma "sensualidade prostituída", "de olhar oblíquo" que leva ao "olho gordo" ou "mau olhado". Acentua o caráter autopunitivo da inveja, a partir do sofrimento que leva as pessoas à "loucura, à asfixia, à destruição", culminando com o auto envenenamento, no estilo do escorpião. "Invejamos quem quer que alcance as alturas, como os ricos, os grandes homens e até mesmo quem não inveja". Alinhou-se com a visão clássica segundo a qual "grandes favores não enchem de gratidão o coração dos recipiendários, mas de vingança. E quando um pequeno favor não é esquecido, torna-se veneno na alma". O próprio Zaratustra, ideal nietzscheano, assim, dirige-se ao sol: "Abençoai-me, olho tranquilo, pois vós podeis contemplar a felicidade máxima sem a dor de invejar". E, em outro passo: "É preciso ser muito grande para não sentir nem ódio, nem inveja". Por isso Nietzsche preferia "ser um santo no deserto a um furacão com sede de vingança". Para ele o amor é o antídoto perfeito contra a inveja.

Em *Além do Bem e do Mal*, ironiza a analgesia moral dos estoicos, ao afirmar que: "A tendência de se deixar humilhar, roubar, trair e destruir seria mais apropriada à modéstia de um deus entre os homens". Por receio de sermos atingidos pela inveja de terceiros, "nós nos apresentamos como sendo mais simples do que o somos, na realidade, de modo a nos protegermos contra nossos iguais", razão pela qual "necessitamos da aprovação dos outros para exercitarmos nossos talentos".

Joaci Góes

O tema central da *Genealogia da Moral* é o ressentimento, vinculado por Nietzsche à frustração e à impotência, no plano da passividade atitudinal, e à vingança e inveja, no plano ativo. Para ele, o ressentimento é o estado d'alma "daqueles que não foram capazes de uma reação autêntica a uma ação considerada injusta, resultando num desejo de vingança". De acordo com esta visão, o ressentimento não decorreria nem de uma proibição, nem de uma renúncia, mas da incapacidade de agir. "As verdadeiras causas do ressentimento, vingança e outros vícios afins, situam-se no desejo de afugentar a torturante dor, recalcada e tornada cada vez mais intolerável, através de uma emoção mais forte... e o melhor modo de trazê-la à tona é pensar que alguém é responsável por eu me sentir tão mal". Essa transferência de responsabilidade transforma as pessoas, em geral – sócios, governantes, patrões, parentes e amigos –, em gente má aos olhos do ressentido, que se deixa apossar por um sentimento "oculto de insaciável vingança contra as pessoas que reputa felizes". A felicidade dessas pessoas é vista como a causa de nossa desdita (em razão da mentalidade de escassez predominante acrescentamos nós). Neste ponto, o ressentimento transforma-se em inveja, levando a nos sentirmos felizes com o sofrimento alheio, inclusive com o sofrimento que infligimos aos outros. A vingança maior do ressentido, porém, consiste em convencer as pessoas felizes de que "é vergonhoso ser feliz quando há tanta miséria à volta". A pessoa má, segundo a ética do ressentido, é considerada boa pelos demais padrões éticos. O ressentido, portanto, vive de auto enganar-se, posto que não é "nem sincero, nem ingênuo, nem honesto, nem transparente consigo mesmo". Surpreendentemente, Nietzsche acreditava que a sutileza do processo mental requerido pelo ressentimento é um agente propulsor das faculdades intelectuais, chegando a ver no ressentimento milenar e hereditário dos judeus a causa de sua superior inteligência. Para ele, há paixões que são hereditárias. "Uma certa inveja enrustida, característica da plebe, é transmitida aos filhos". Em *Ecce Homo*, sentencia: "Nada destrói

PARTE II – O PODER DESTRUTIVO DA INVEJA

mais rapidamente do que o ressentimento. Rancor, vulnerabilidade patológica, desejo impotente de vingança... – nenhuma reação poderia ser mais desvantajosa para quem está corroído, exaurido por este sentimento, em cuja direção, desgraçadamente, o doente se inclina".

O ressentimento também produz sensação de culpa nos triunfadores, que passam a se autoflagelar por sentirem vergonha do próprio êxito. Esta, aliás, seria a consequência mais nefasta produzida pela inveja, porque não há nada mais calamitoso, nem contrário à natureza das coisas, do que uma pessoa feliz, bem constituída de corpo e de espírito, passar a duvidar do seu direito à felicidade, por meio tão legítimo conquistada. Ao longo do seu livro mais conhecido, *Assim Falava Zaratustra*, com mais ênfase na parte segunda, Nietzsche discorre sobre os perigos de contágio desta autoexpiação equivocada. A partir de sua visão antropológica, acredita que a inveja, latente em todo ser humano, manifesta-se tão logo o homem ingressa em sociedade.

Sua condição de helenista deu-lhe acesso ao conhecimento da inveja entre os gregos. Como seus antecessores, porém, sucumbiu ao fascínio da cultura grega e vestiu a abominável tradição do ostracismo com a roupagem da idealização. A mesma idealização que o levou a conceber um homem superior, capaz de alijar a inveja de sua alma.

Apoiado em Goethe, Nietzsche considerou detestáveis as reivindicações de igualdade e de outros valores concebidos em nome da justiça social, presentes na Revolução Francesa e nas que lhe seguiram, embora, em vários trechos, tenha deixado escapar o entendimento de que essas manifestações são indispensáveis para manter a dinâmica do organismo social, cujo controle deita raízes, precisamente, nestas aspirações de igualdade e de justiça social ou, em outras palavras, no impulso invejoso, sem o qual a sociedade humana, como a conhecemos, seria inconcebível. Como mecanismo destinado a conciliar esta dupla e contraditória função da inveja, ele sugere a utilização de válvulas de escape, exaustores do ressentimento acumu-

JOACI GÓES

lado, com o objetivo de proteger o grupo social de sua ação destrutiva. O pregador religioso cumpriria uma dessas funções catárticas, de excepcional significação para o equilíbrio social, ao operar como defletor do ressentimento, mediante o convencimento do sofredor, que busca identificar o bode expiatório do seu sofrimento, de que é ele, e mais ninguém, o único responsável pela sua própria dor.

Nietzsche sustentou que a ideia de que "os humildes herdarão a terra" só serve para elevar a pobreza e o sofrimento ao patamar de virtudes, estimulando os oprimidos a agredirem os poderosos. Com espantosa antevisão, prognosticou o crescimento dos ressentidos e dos invejosos no século XX, mediante a difusão da crença de ser o estado de felicidade odioso e pecaminoso. Definiu o ressentimento como a reação de pessoas que só encontram abrigo para suas ambições em vinganças imaginárias. O ressentido sente-se impotente e invejoso, incapaz de conceber-se destinatário de poder e de motivação para autorrealizar-se. Considera o *Schadenfreude* (felicidade diante do sofrimento do próximo) como produto do desejo psicológico de socialização, imanente à condição humana. Argumenta que a alegria que se sente do sofrimento alheio decorre da percepção de que o sofredor foi rebaixado de sua anterior condição de incômoda e injusta superioridade. Tratar-se-ia de uma postura niilista que poderia ser assim expressa: "Se eu não posso ter nem ser o que desejo, que o mundo se acabe!".

Nietzsche enfatizou a diferença entre inveja ordinária e inveja silenciosa, considerando a primeira – restrita a comentários a respeito dos feitos invejados – menos perniciosa do que a segunda, insidiosa e conducente a um estado de latência, potencialmente explosível. Nietzsche observou que "Onde a igualdade é, verdadeiramente, reconhecida e, permanentemente, observada, verificamos o aumento da propensão ao surgimento da inveja, geralmente reputada imoral e insusceptível de ser encontrada em estado natural [...]. Há indignação quando, numa situação de igualdade, alguém prospera acima dos seus méritos, enquan-

PARTE II – O PODER DESTRUTIVO DA INVEJA

to outrem prospera abaixo". Nietzsche aconselhava a modéstia e uma postura de fingido sofrimento para neutralizar o ataque invejoso. Equivocou-se, porém, redondamente, ao supor que a inveja pudesse estar ausente das sociedades primitivas.

MIGUEL DE UNAMUNO (1864-1936). Conceituado polígrafo, o poeta, romancista, filósofo e filólogo basco-espanhol refletiu, profundamente, sobre o significado da vida e da morte, fonte permanente de inspiração para a maioria dos seus escritos. Insatisfeito com as explicações dadas pela ciência e pela razão a respeito da vida eterna, Unamuno defendeu uma atitude existencial, "o sentido trágico da vida", preconizadora do agir humano como se a vida tivesse, de fato, um significado transcendental, mesmo levando-se em conta a dúvida que alimentamos a respeito dessa possibilidade. Recorreu, para ilustrar sua tese, aos exemplos de Don Quixote e Jesus Cristo, homens que a despeito de suas respectivas loucura e dúvidas – talvez, até, por isso mesmo –, cumpriram sua missão, redimindo-se e aos outros. Esta atitude, instruída por uma nítida dimensão religiosa, aproxima-o mais da espiritualidade protestante do que do catolicismo ortodoxo espanhol, de que dá evidência a inclusão de alguns dos seus trabalhos no *Index* até o Segundo Conselho Vaticano (Robert Richmond Ellis, *The Tragic Pursuit of Beeing: Unamuno and Sartre*, 1988).

Unamuno discorreu amplamente sobre a inveja e o ódio no ensaio *La Invidia Hispánica*, de 1909, e no romance *Abel Sánchez*, de 1917, e, com menor intensidade, em outros trabalhos. Para ele, a paixão da inveja é uma "morbidez psíquica", "uma terrível peste", "um câncer mortal", "uma gangrena íntima" a destruir o espírito humano, particularmente "a alma espanhola". "Somos, coletivamente, um povo invejoso: nós, hispânicos, deste lado do Atlântico, e vocês, nossos descendentes, na margem oposta". Costumava referir-se a Madri como "Invejópolis". A inveja seria um traço tão marcante no seu povo que a denominou "lepra nacional espanhola" *(La Invidia Hispánica)*, "fermento da vida so-

311

cial espanhola", igualmente atuante, por contágio do colonizador espanhol, fazendo com que: "Esta nossa deformação antiga, irmã gêmea do combate que fizemos ao lazer, fosse transmitida por nossos avoengos aos países hispano-americanos, onde floresceu, alastrando seu mau cheiro, mais intensamente do que entre nós". Segundo Unamuno, tudo isso acontece porque os espanhóis subvertem o Primeiro Mandamento, lendo-o, assim: "Odeia o próximo como a ti mesmo" (*Abel Sánchez*). Unamuno filiou-se ao pensamento aristotélico, segundo o qual a inveja se desenvolve, precipuamente, entre iguais, ao afirmar que não sentimos inveja "do visitante, mas de nossos vizinhos; não invejamos os mais velhos, nem as pessoas que pertenceram a gerações passadas, mas os nossos amigos, os nossos iguais. Por isso a inveja mais intensa prospera entre irmãos, sendo, decisivamente, um modo de relacionamento entre as pessoas". Em outro passo aproxima-se de Nietzsche quando sustenta que uma ação, mesmo criminosa, "liberta-nos dos maus sentimentos", referindo-se à inveja e ao ódio. Igualmente, concorda com Schopenhauer, ao declarar que "a inveja é muito sutil e singularmente criativa para produzir palavras de carinho e de apreço" (*Abel Sánchez*), bem como "ardis perversos" a fim de "neutralizar os elogios prodigalizados a terceiros" (*La Invidia*), experiências que viveu na própria pele.

Sentimento universal, a inveja, segundo Unamuno, "nasce da lassidão espiritual e é filha da estreiteza mental e da ausência de projetos interiores significativos", fato conducente à "cobiça espiritual" (*La Invidia Hispánica*) e ao "dogmatismo" (*La Agonía del Cristianismo*). Sem projetos íntimos sobre os quais apoiar o curso de sua vida, o "invejoso não pode suportar que outrem se distinga", razão pela qual procura puxá-lo para baixo. As demandas de igualitarismo, da maioria que se sente derrotada sobre a minoria vitoriosa, processam-se em todos os domínios da ação humana. Unamuno destaca duas: as políticas democráticas e as ideologias recorrentes a valores ortodoxos, por entender que ambas visam eliminar qualquer tipo de distinção entre as pessoas (*Abel Sánchez*).

PARTE II – O PODER DESTRUTIVO DA INVEJA

Max Scheler (1874-1928), filósofo alemão, lecionou em Munique, Colônia e Frankfurt. Expoente máximo da filosofia fenomenológica de Husserl. Converteu-se ao pacifismo e ao catolicismo romano. Adotou uma visão panteísta do mundo. Foi o fundador da antropologia filosófica e da sociologia do conhecimento. Era apelidado de o 'Nietzsche católico'. Como Nietzsche, Scheler faz uso permanente do termo francês *ressentiment*, por considerá-lo intraduzível no conjunto das nuanças de significado que lhe conferem propriedade ímpar, devendo ser elevado, por isso, à categoria de expressão autônoma, integrante do jargão técnico filosófico. Para esclarecer o que compreendia por *ressentiment*, escreveu, aos trinta e oito anos, uma monografia sob o título *Ueber Ressentiment und Moralisches Werturteil* (1912), traduzido para o inglês como *On Resentment and the Moral Judgement of Values (Sobre o ressentimento e o julgamento moral dos valores)*, onde apresenta a inveja como seu poderoso agente gerador. Segundo Scheler, enquanto a palavra ressentimento, tanto em alemão quanto em inglês, tem um significado que exprime a possibilidade de alívio ou diminuição, a palavra francesa exprime irreversibilidade. *Ressentiment* seria um ressentimento crônico, em que o fato gerador da emoção provoca seu reviver contínuo, machucando a alma e afastando cada vez mais o ressentido do desfecho que anseia, ao tempo em que se corporifica o sentimento de hostilidade.

Scheler sustenta que a "inveja nasce de um sentimento de impotência em alcançar um fim, pelo mero fato de que alguém já o possui". A inveja só se instala, portanto, quando a impossibilidade de conquistar um objeto desejado for causada por alguém que passa a ser odiado. A percepção de que se foi forçado a ocupar uma posição inferior ao próprio merecimento compõe o universo ecológico da inveja. Trata-se, desse modo, de uma paixão que tem "uma causa determinada". Para Scheler, se o objeto da inveja passar à posse do invejoso, cessará a inveja. Com efeito, o invejado é visto como praticante de um ato voluntário contra os interesses do invejoso. Esta desilusão associada ao sentimento de impotência é essencial para o brotar da inveja. Quanto maior for o sentimento de impotência, maior e mais temível será a inveja. Por isso, quanto mais próxima a privação estiver da natureza do indivíduo, maior será a inveja porque o invejoso, impotentemente, objetivará apossar-se da própria existência do invejado. A tal respeito, diz ele: "O tipo de inveja que dá origem ao ressentimento máximo é a dirigida contra o ser essencial de uma pessoa: inveja existencial, que é inspirada nem tanto pelo que a pessoa invejada tem, mas pelo que ela é, intrinsecamente. Se esta inveja falasse, tartamudearia: 'Eu poderia perdoar tudo, menos o que você é, nem o fato de que eu não sou o que você é: o fato de eu não ser você'. Tal inveja, desde o início, nega à outra pessoa sua existência mesma, o que leva o invejoso a sentir-se fortemente oprimido e ultrajado".

Termo cunhado por Nietzsche, ressentimento é, no sentido scheleriano, uma "intoxicação psíquica" originária do ódio, vingança, inveja e outros sentimentos negativos, cronicamente reprimidos, sendo a repressão – impeditiva da expressão desses sentimentos –, considerada fator essencial à sua constituição. Há repressão "quando não há lugar para uma vitória moral (uma vingança ou um pedido formal de desculpas, por exemplo), ou quando não se pôde reagir com insultos, gestos obscenos etc..."

Scheler distingue a vingança da pronta reação. Na vingança, o ataque ocorre depois de algum tempo transcorrido da agressão percebida. Neste lapso de tempo, o invejoso rumina as diferentes emoções que se fundem para produzir o ressentimento.

A coluna vertebral do pensamento scheleriano é que a ética é afetada pela inveja. Qualquer modalidade de ressentimento intoxicado com inveja incapacita o indivíduo a alcançar um padrão ético elevado, porque o sentimento invejoso engendra um processo de racionalização que culmina, sempre, por negar valor à pessoa invejada, injuriando-a, diminuindo-a, degradando-a. O sentimento de impotência do invejoso leva-o a negar valores objetivos e a subverter sua hierarquia. Esta subversão de valores conduz a uma falsa moralidade "característica dos tem-

PARTE II – O PODER DESTRUTIVO DA INVEJA

pos modernos, que tem origem no ressentimento que permite a vitória dos menos capazes, os párias da espécie humana".

A razão pela qual a inveja deve ser condenada não é porque seja autopunitiva ou antissocial, mas porque ela subverte a ordem moral no indivíduo e na sociedade.

NICOLAI HARTMANN (1882-1950), filósofo alemão, influenciado por Platão e por Kant, Hartmann, em sua Ética, seguiu os passos de Scheler ao tratar da inveja, sentimento a que atribuiu importância tanto para o desenvolvimento social, quanto para os movimentos revolucionários e os eudemonísticos, ou seja, movimentos destinados a melhorar o nível de bem-estar e de felicidade das pessoas, a partir da Revolução Francesa. Focalizou o contraste existente entre o eudemonismo antigo, "veículo para uma consciência de valor altamente desenvolvida" do indivíduo, e o eudemonismo pluralista da modernidade, (ele escrevia em 1932) que é a atrofia e o empobrecimento do sentido de "valor".

O eudemonismo moderno prioriza a felicidade coletiva sobre a individual, o que seria um retorno ao Utilitarismo de Jeremy Bentham, consubstanciado na expressão "o maior conforto para o maior número", cujas fraquezas conhecidas não se alterariam com uma prática social restrita a programas distributivos de bens de consumo. Ocupado com a tarefa, virtualmente infinita, de distribuir conforto, tendo em conta a capacidade ilimitada das pessoas de colocarem demandas novas sobre as demandas satisfeitas, o indivíduo perde a visão de seus objetivos existenciais maiores. Essa promessa ou expectativa distributivista, impossível de ser cumprida ou alcançada, leva os segmentos carentes a crerem que seus males advêm dos privilégios acumulados pelos ricos, às suas expensas. Por isso, Hartmann condena a atitude de líderes populistas de visão curta, descomprometidos com valores éticos, ao insuflarem as massas apelando para o que há de mais baixo e cruel nos instintos humanos, liberando as paixões, ao risco de perderem o controle sobre elas, contra os que des-

JOACI GÓES

frutam de elevados padrões de vida, sem levar em conta o trabalho, a disciplina, o sofrimento e o talento, tão frequentemente utilizados em sua conquista. E adverte: "O cidadão oprimido, o trabalhador, aquele que é explorado ou pensa que é, vive inelutavelmente sob a crença de que os que dispõem de recursos são mais felizes. Imagina que os ricos têm tudo que ele deseja, em vão. Nas condições de vida dessas pessoas só enxerga valor hedonístico. Não consegue ver outros valores existentes, além deste, tais como educação, bom gosto, conhecimento, não raro, conquistados a peso de ouro e com muito empenho. Não está informado das exigências do trabalho mental, nem do peso das grandes responsabilidades" (Ética).

Agindo sob o impacto das impressões do momento em que escrevia, Nicolai Hartman prognosticou o fracasso das políticas eudemonísticas, inviabilizadas pela inveja e pela corrupção, ao concluir que: "Se um cidadão comum se encontrar sob tal ilusão, não é de estranhar. Se um demagogo fizer uso dessa ilusão, como meio para alcançar seus fins, isso se tornará em suas mãos uma faca de dois gumes, mas, explica-se, do seu ponto de vista. Se, todavia, o filósofo deixar-se conduzir para justificar e sancionar esta ilusão, sua atitude ou é inescrupulosa ou decorrente da mais profunda ignorância moral. Não obstante, as teorias sociais dos tempos modernos têm percorrido este itinerário fatal desde suas primeiras aparições. E deve ser encarado como uma desgraça para o movimento social até nossos dias, em que esta sanção tenha prevalecido e nos tenha sido entregue em mãos [...]. Aqui, como em tantos outros setores da nossa vida moral, o trabalho principal ainda está para ser realizado" (Obra citada).

EUGÈNE RAIGA. *L'Envie, Son Rôle Social* é o título do livro de 268 páginas, publicado em 1932, no qual Raiga, escritor versado em direito público, diplomacia e esforço de guerra, realizou a tarefa histórica de, pela vez primeira, tratar extensivamente a inveja com exclusividade. E o fez projetando novas luzes sobre este sentimento que, conforme Molière, sobrevive ao invejoso. De

PARTE II – O PODER DESTRUTIVO DA INVEJA

decepcionar é que um trabalho de tamanha importância só possa ser encontrado nos leilões de livros raros das livrarias virtuais. É possível que tal omissão se insira no rol dos preconceitos que, historicamente, têm contribuído para silenciar as discussões sobre a inveja, como continuaremos a enfatizar. Para Raiga, a modéstia, mesmo quando fingida, não obstante a já mencionada opinião de Goethe ("só os canalhas são modestos"), seria a única e importante virtude produzida pela inveja, na medida em que, arrefecendo-a, torna possível a vida social.

Depois de examinar a inveja em cada um dos diferentes cenários em que a convivência humana se realiza, como família, trabalho, clube e círculos profissionais, Raiga avança para interpretá-la nas sociedades democráticas, nas religiões e nas relações internacionais. Desenvolveu o pensamento do francês Antoine Rivaroli (1753-1801), segundo o qual "a faculdade mental de comparar que, no intelecto, é uma fonte de justiça, é, no coração, a mãe da inveja". A inveja nasce da comparação porque esta conduz à noção de inferioridade de uma das partes. Como Bacon, Raiga distingue entre inveja comum ou vulgar e inveja-indignação, sendo esta levantada contra uma injustiça. "Inveja vulgar e inveja-indignação, ambas implicam sempre uma comparação entre as condições de cada um dos antagonistas e um julgamento dos seus respectivos méritos. Seus modos de reação são praticamente os mesmos. As feridas do orgulho abatido ou da vaidade ofendida provocam, em ambas as situações, condutas condicionadas pelo temperamento e o caráter de cada um, cuja gama se estende do simples gesto irônico, ou desdenhoso, à violência do ódio e ao crime". O problema está em que fica por conta de avaliações subjetivas dizer onde termina uma e começa a outra.

Ao classificar o povo francês como acentuadamente anarquista e nivelador, reconheceu sua especial aptidão para invejar: "Anarquista, no sentido etimológico da palavra, e, consequentemente, autoritário, ele não tem maiores cuidados com a liberdade dos outros. Não sendo capaz de suportar as superioridades, aspira a igualdade como o mínimo. Ele é ardentemente nivelador... Em Paris, a inveja está em cada esquina, em todos os andares porque, em toda parte, há orgulho, concorrência e rivalidades, ascensão de uns e fracasso de outros". Criticou acerbamente o processo eleitoral dos regimes democráticos, precisamente pela manipulação despudorada que permite fazer da inveja social fator de atração de candidatos inescrupulosos. Em tal contexto, a presença de bons candidatos pautados pelo bem público seria exceção. Do mesmo modo, condenou a insensibilidade dos socialmente aquinhoados, por não adotarem as devidas cautelas em face da potencial inveja das massas. Reconheceu a proximidade social como componente básico do caldo de cultura da inveja, ainda que as condições do seu tempo, marcadas pelo eudemonismo (doutrina que sustenta serem moralmente boas as políticas que buscam a felicidade humana), propiciassem comparações entre membros de quaisquer escalões sociais. Anteviu o fracasso do socialismo por usar, paradoxalmente, a própria inveja das massas para extingui-la, mediante a promessa de um mundo utópico. Criticou, severamente, a propaganda socialista que, apoiada na inveja, instigava o ódio e o desejo de vingança dos invejosos, concitando-os a destruir o sistema social existente, sem ter outro para pôr em seu lugar. Apesar disso, observava, "todo avanço, até agora conseguido pelo socialismo, se apoia na inveja".

Para Raiga, nenhuma revolução social altera, de modo significativo, a condição do ser humano, em geral. As revoluções criam uma nova classe dominante – substituindo por outros os ocupantes do clube do bem-estar –, e um número maior de invejosos do que aqueles que tiveram sua inveja aplacada. Contrariamente à ilusão apregoada, o marxismo fracassaria na sua tentativa de mudar a natureza humana, porque ambição, orgulho, vaidade, ciúme e inveja são atributos inerentes à natureza do ser humano. Afirmou que as nações são tão susceptíveis de inveja e ódio quanto os indivíduos. Os fatos posteriores, sobretudo a partir do fim da Segunda Guerra, provaram o quanto Raiga tinha razão. A expressão "guerra fria" exprime, na reali-

PARTE II – O PODER DESTRUTIVO DA INVEJA

dade, o conceito de inveja em escala planetária. Este eufemismo propiciou a construção do mais gigantesco palco para a apresentação do espetáculo da inveja que a imaginação mais livre e audaciosa não seria capaz de conceber. A corrida armamentista, que desperdiçou recursos mais de uma vez suficientes para erradicar o analfabetismo, a pobreza e a miséria do mundo, é a prova maior do poderio genuinamente destrutivo da inveja. Entre as nações do mesmo bloco ideológico, as coisas não se verificaram de modo diferente. Basta lembrar a disputa férrea entre os países do bloco socialista, com todo seu cortejo de traições, espionagens e agressões, pelos recursos e convênios tecnológicos, repassados a título de ajuda externa pela União Soviética e pelas nações mais ricas do bloco capitalista. Entre estas nações, nunca se pôde realizar programas consistentes de colaboração recíproca, respondendo esta impossibilidade por parcela substancial do atraso que perdura. Do lado norte-americano, o espetáculo foi o mesmo. As nações pobres ou em desenvolvimento que gravitavam em sua órbita, consumiram parte expressiva do seu esforço em retaliações recíprocas, alimentadas pelo câncer mortal da inveja. Basta ver como viviam, até recentemente, os países da América do Sul, de costas uns para os outros, num desperdício brutal das possibilidades de desenvolvimento que programas inteligentes de cooperação poderiam ensejar. A criação do Mercosul, que assinala o início de uma cooperação efetiva, verificou-se com um atraso de, pelo menos, cinquenta anos. Para Raiga, sentimentos como a inveja e o ciúme não são inatos, mas necessariamente desenvolvidos na convivência social. Sendo, como são, atributos inerradicáveis da natureza humana, é socialmente desejável a elaboração de mecanismos que os controlem e impeçam que seu avanço desregrado comprometa o próprio equilíbrio social. De modo otimista, Raiga acredita que o instinto de sobrevivência do organismo social seja capaz de produzir os instrumentos destinados a realizar esta tarefa.

Na parte final do seu livro, sintetiza o pensamento: "Todos os modos de expressão da inveja aqui expostos podem ser resumidos em poucas palavras: nada mais são do que a reação do vencido diante do vencedor, do fraco em face do forte, a atitude dos pouco talentosos confrontados com os dotados de muito talento, o pobre diante do rico, o humilde diante do arrogante. O que está em jogo são reações distintas de graus variados de violência que eclodem ou se acomodam a depender da conjuntura e dependentes do temperamento e do caráter".

BERTRAND RUSSELL (1872-1970), matemático e filósofo inglês, vencedor do prêmio Nobel de literatura (1950). Pacifista, lutou incessantemente contra os conflitos militares de toda ordem e contra a corrida armamentista. Deixou obra copiosa e variada como cientista, pensador e homem de letras.

Para ele, a inveja nasce do instinto da frustração e é o principal fato gerador da infelicidade e da discórdia reinantes no mundo. Repreendê-la, pura e simplesmente, só faz com que se disfarce, se oculte e aja mais insidiosamente ainda. O seu combate eficaz só se realiza mediante a adoção de uma atitude livre e alegre diante da vida. Por isso, condenava o excesso de moralismo, como uma pantomima contra a miséria. Não via relação possível entre emulação e inveja, a mais execrável das características humanas, causadora da infelicidade de todas as partes envolvidas, invejosos e invejados. Considera a aceitação da realidade o primeiro passo para a cura ou recuperação que habilita as pessoas a serem gratas e generosas. "Reconhecer as causas da inveja é um grande avanço para curá-la" Essa cura diminui o medo, vergonha e sentimento de culpa, bem como os impulsos e propósitos destrutivos (*The Conquest of Happiness*, 1978).

COMENTÁRIOS SOBRE A INVEJA

As alternativas emocionais involuntárias para o sentimento da inveja são a resignação ou conformismo e a emulação.

O conformismo ou resignação é a atitude de neutralidade, indiferença ou omissão. O indivíduo não se toca com a felici-

PARTE II – O PODER DESTRUTIVO DA INVEJA

dade do outro. Nada vê nela que possa estimular ou alterar sua conduta. Não se percebe possuído por desejos novos, esta força motriz da evolução humana. O conformista não conta nas ações de vanguarda. Sua contribuição ao progresso é pouca ou nenhuma. A depender dele, o homem ainda estaria no estágio das cavernas.

A emulação é diferente. Ela anota o que há de desejável no outro e motiva-se para superá-lo, não para destruí-lo; encarna o mais importante de todos os sentimentos na construção do avanço da humanidade. Como a felicidade é feita da satisfação de nossos desejos, o conformista resulta feliz com pouco, já que pequenos ou limitados são seus desejos a satisfazer, enquanto o emulado tende a ser menos feliz porque maiores e mais numerosos os seus anelos a realizar. Daí a lição popular segundo a qual a felicidade suprema consistiria em "nascer burro, viver ignorante e morrer de repente".

A sensação, portanto, de impossibilidade de vir a ter a coisa que se deseja é uma condicionante da manifestação do sentimento da inveja. É importante observar que a sensação da impossibilidade de ter realiza-se no plano da percepção do indivíduo, no campo do imaginário, nada impedindo, porém, que a impossibilidade seja de natureza real.

A beleza que alguém inveja em outrem não tem que ser do tipo reconhecido pela grande maioria das pessoas. Para ser invejada, basta que alguém a perceba como desejável. Mais longe, ainda: basta que se perceba que uma pessoa qualquer a quem achamos feia, sente-se feliz com sua aparência, porque, em última análise, o que incomoda o invejoso é a presumida ou verdadeira felicidade do outro. Se a coisa desejada for percebida como susceptível de ser transferida ao usufruto do desejoso, estaremos diante de um caso de cobiça e não de inveja. Seguindo-se à comparação, temos, então, a escassez como o segundo elemento constitutivo do caldo de cultura da inveja. Vale a pena repisar que a escassez que interessa é a percebida pelo imaginário do invejoso, não importando que seja fictícia ou verdadeira. Por isso, as realidades imaginárias são mais influentes sobre o comportamento humano do que as realidades reais, como já observaram, dentre outros, Dostoievski Wilfredo Pareto e Otávio Paz. A crescente popularidade da literatura de autoajuda advém da constatação dessa elementar verdade psicológica. A proximidade é o terceiro requisito de presença imperativa neste caldo, porque o alvo da inveja está sempre por perto.

A vizinhança, porém, não se restringe ao plano da mera distância física ou geográfica. Abrange, também, a proximidade cronológica, etária, patrimonial, intelectual, emocional ou psicológica. Por isso Aristóteles já nos ensinava que a inveja grassa entre os pares. Isto é: um escravo invejava outro escravo, como um aristocrata outro aristocrata; o servo da gleba invejava outro servo da gleba ou alguém que lhe estivesse imediatamente acima na hierarquia do poder ou das posses materiais; o servo da gleba não invejava o senhor feudal porque este lhe parecia muito distante, integrando uma realidade remota, inalcançável, intangível. Do mesmo modo, o operário de hoje não inveja os dirigentes ou os donos da grande empresa onde trabalha. Sua inveja é dirigida contra os que ele percebe como os mais bem-sucedidos entre os que gravitam em sua órbita econômica, social ou profissional, como os vizinhos de rua ou de bairro, os frequentadores do seu clube, o operário padrão de sua área profissional ou de sua empresa.

O médico, filósofo e psicólogo norte-americano William James (1842-1910), ao escrever sobre rivalidade e conflito entre os diferentes "egos", disse em 1890: "Desde o momento em que resolvi dedicar-me de corpo e alma à psicologia, fico alucinado quando alguém sabe mais psicologia do que eu. Por outro lado, não me incomoda saber que sou uma completa nulidade em grego. Minhas deficiências nessa área não me despertam o mais remoto sentimento de inferioridade. Se eu tivesse a pretensão de ser um linguista, ocorreria precisamente o contrário. Temos, então, o paradoxo de um homem morrer de vergonha por ser o segundo maior pugilista do mundo ou o segundo remador.

PARTE II – O PODER DESTRUTIVO DA INVEJA

Pouco ou nada significa para ele o ser capaz de derrotar todas as pessoas do mundo menos uma. Todas as suas energias são canalizadas para derrotar esta única resistência. Enquanto ele não vencer este último adversário, sentir-se-á infeliz" (William James, *Principles of Psychology*). Vide os detentores de medalha de prata diante dos ganhadores do ouro.

George Foster sustenta que o sentimento de inferioridade, decorrente de fatores alheios ao controle do indivíduo, é mais facilmente suportável do que a inferioridade resultante de falhas do indivíduo, ou do mérito de terceiros. As observações acumuladas ao longo dos séculos por pensadores das mais diferentes vertentes de interesse, como veremos adiante, dão conta de que o binômio escassez e proximidade constitui o cenário ideal para o nascimento da inveja. Podemos, neste passo, formular uma conclusão de ordem geral: quanto mais pobre e mais confinada a comunidade, mais favorável é o ambiente para o alastramento da inveja. A política brasileira é emblemático exemplo. Quanto maior a mentalidade de escassez, mais intensa é a presença da inveja.

Contrariamente à suposição idílica rousseauniana segundo a qual o Homem evoluiu de uma sociedade primitiva, pacífica, igualitária e fraterna onde a mãe natureza provia todas as necessidades básicas, para uma sociedade altamente competitiva, consumista e fratricida, a verdade é bem outra. A inveja, ostensivamente presente nas sociedades de todos os tempos, operou sempre como poderoso entrave ao progresso humano, sobretudo nas sociedades primitivas, pouco desenvolvidas ou em desenvolvimento. A evolução dos povos, sem prejuízo da visão do historiador Arnold Toynbee, para quem a História é o estudo da vitória do Homem sobre os desafios que enfrenta, pode ser acompanhada, *pari passu*, com o processo evolutivo do patamar da inveja predominante em cada momento histórico.

Elaboremos um pouco mais este ponto.

O psicólogo americano Abraham Maslow (1908-70), considerado o fundador da psicologia humanística, em seu conhecido trabalho sobre a hierarquia das necessidades humanas *(Motivation and Personality,* 1954), de que já falamos, demonstrou, à saciedade, que a motivação básica dos indivíduos reside na busca da satisfação de suas necessidades mais prementes. Tais necessidades, ainda que sejam virtualmente ilimitadas, tendo em vista a inesgotável capacidade humana de renová-las e ampliá-las, podem ser hierarquizadas de acordo com sua ordem de precedência. Para Maslow, as necessidades se hierarquizam a partir das fisiológicas, passando pelas de segurança, em seguida vindo as de amor, logo depois as de reconhecimento social e, por último, as de autorrealização. Sejamos didáticos:

a) necessidades fisiológicas;
b) necessidades de segurança;
c) necessidades de amor;
d) necessidades de reconhecimento social;
e) necessidades de autorrealização.

Enquanto não forem satisfeitas as necessidades fisiológicas, tais como: comer, dormir, urinar, defecar, o homem não se sente motivado para atuar com base em estímulos vinculados a um patamar superior de necessidades. Quando sob o império das necessidades fisiológicas, isto é: as contidas em a), o ser humano pouco se motivará pelos estímulos contidos em b), necessidades de segurança, menos ainda pelas motivações características de c), necessidades de amor, pouquíssimo pelo que advier de d), necessidades de reconhecimento social, e virtualmente nada em razão dos estímulos oriundos de e), necessidades de autorrealização. Portanto, quanto mais os estímulos se aproximarem do patamar e), necessidades de autorrealização, menor será a força do apelo que exercerão sobre os indivíduos que lutam para ganhar o pão de cada dia.

Não é difícil imaginar a perda de tempo que resultaria da tentativa de motivar alguém que vive nos limites da sobrevivência

PARTE II – O PODER DESTRUTIVO DA INVEJA

– ou seja: na busca de satisfazer as necessidades fisiológicas –, a agir com base na promessa de uma bolsa de estudos no exterior, incentivo adequado para quem já tivesse satisfeitas as necessidades a), b) e c). Para quem vive em estado de fome crônica, o Paraíso é um lugar cheio de comida livremente acessível.

Quando já tiver satisfeitas as necessidades fisiológicas, o indivíduo, naturalmente, buscará satisfazer as necessidades de segurança. E quando estas tiverem sido satisfeitas é que ele se voltará para satisfazer as necessidades do coração, daí evoluindo para a busca do reconhecimento social, expresso em cada uma das inúmeras modalidades de integração comunitária. Só a partir desse patamar é que o indivíduo está apto a buscar satisfazer-se no campo infinito de possibilidades de autorrealização.

Evidentemente, uma vez que o Homem é dotado de organicidade psicossomática, a manifestação de cada um desses estágios de necessidades não se processa no plano do isolamento autárquico aqui exposto. Não é difícil entender que o ser humano, ainda que preponderantemente sob o domínio de uma categoria de necessidades, seja assaltado, em graus de intensidade variada, pelo desejo, fugaz que seja, de satisfazer necessidades que estejam acima ou abaixo de suas necessidades predominantes num dado momento. Nada impede, sendo mesmo normal que ocorra com frequência, que um indivíduo bem situado material e emocionalmente, já tendo vencido as necessidades mencionadas em a), b), c) e d) e que esteja na busca de satisfazer as necessidades e), de autorrealização, seja possuído, episodicamente, por uma ou mais dessas necessidades estruturalmente já satisfeitas. Que o diga Ricardo Coração de Leão que, derrubado de sua montaria, em pleno campo de batalha, ficando à mercê do inimigo, teria bradado: "Troco meu reino por um cavalo!". Enquanto perdurar a recorrência, o indivíduo terá bloqueada sua capacidade de motivar-se para satisfazer uma nova ordem de necessidades.

O pensador chinês Lyn Yutang já nos ensinava, em *A Importância de Viver*, que, independentemente da urgência ou da

JOACI GÓES

importância dos temas sob discussão, mesmo em momentos de grande crise, os mais solenes congressos interrompem seus trabalhos de modo a permitir que as pessoas se alimentem adequadamente. Poucos são capazes de raciocinar ou decidir bem sob o guante da fome. Vamos a um exemplo. Já tendo estruturalmente satisfeitas as necessidades precedentes a), b), c) e d), o jovem recém-diplomado prepara-se com entusiasmo de cristão novo para a realização de um curso de pós-graduação em universidade de prestígio internacional, como passo de fundamental significação para seu avanço profissional. Precisamente neste momento, sobrevém-lhe um acidente afetivo de efeito devastador sobre sua estabilidade emocional: a pessoa, objeto do seu mais acendrado amor, rompeu a relação. Enquanto perdurar o estado de choque, provocado pela ruptura, não haverá motivação para cuidar das questões acadêmicas. E só a partir do momento em que o imbróglio sentimental tenha sido resolvido, ou, pelo menos, tenha se instalado um quadro de resignada aceitação, é que voltará à tona o submerso desejo de autorrealização encarnado, em nosso exemplo, no curso de pós-graduação.

Por outro lado, pode ocorrer que vivendo sob a dominação estrutural de uma ordem de necessidades momentaneamente satisfeitas, o indivíduo seja tocado pela motivação de satisfazer necessidades superiores. Quem vive do bolso para a boca (necessidades a), só consegue refletir, maduramente, sobre os riscos para sua segurança, decorrentes da precária implantação de seu casebre na encosta, sujeita a deslizamentos (necessidades b), quando satisfeitas, ainda que momentaneamente, suas necessidades fisiológicas, a). Nenhuma motivação derivada das necessidades a) e b), fisiológicas e de segurança, respectivamente, salvo em situações de anormal excepcionalidade, é capaz de sensibilizar as populações, como um todo, das sociedades ricas ou afluentes, como as dos Estados Unidos, Canadá, Europa, Austrália, Nova Zelândia ou Japão. Países como o Brasil, onde há dois ou mais brasis, as populações oscilam de miserável a muito rica. Aí, as necessidades predominantes, no plano das classes sociais, variam de um modo

PARTE II – O PODER DESTRUTIVO DA INVEJA

praticamente desconhecido nas sociedades afluentes. Quando um norte-americano diz: Estou faminto, o que ele está querendo dizer, com toda probabilidade, é que ele está com grande apetite. Quando um nordestino do Polígono da Seca diz a mesma coisa, o provável é que esteja falando daquela fome crônica, da avitaminose que depaupera e mata.

Mede-se a importância psicológica de um ato pela sua contribuição em satisfazer uma necessidade básica. Reconhece-se, de logo, a existência de indivíduos em relação a quem as necessidades aqui mencionadas se hierarquizam de modo distinto. Desde cedo habituei-me a ouvir do meu saudoso pai, João de Souza Góes, o senhor Goesinho, versejador inveterado, tomando, como mote popular refrão, a sábia observação segundo a qual "falou e disse a verdade um grande escritor fecundo: que no seio da humanidade cada cabeça é um mundo".

Desse contexto resultam como corolários:

1º) só as necessidades ainda não satisfeitas é que funcionam como estímulo;
2º) uma vez satisfeitas, as necessidades não mais operam como fator motivacional.

Façamos agora, à guisa de exercício exploratório sobre a expansibilidade da inveja, a transposição desse conceito maslowiano dos indivíduos para as sociedades. Comecemos com a acaciana afirmação tautológica de que as sociedades humanas se compõem de pessoas. A determinação, porém, do perfil psicossocial de uma comunidade é tarefa das mais complexas, mesmo quando possível uma avaliação criteriosa da personalidade de cada um dos seus membros. Da interação dos indivíduos nos planos de seus múltiplos interesses econômicos, políticos, culturais e emocionais, dentre outros, resulta uma organização social de fisionomia distinta de cada um dos seus componentes. Esta ilação de validade palmar em Sociologia não quer dizer que a configuração das sociedades humanas seja alheia às características dos indivíduos que as integram. Precisamente o contrário é verdadeiro: as sociedades humanas, por mais distintas que sejam dos seus membros, deles são o reflexo, a síntese e o produto final. De tal maneira que seria inconcebível a existência de uma sociedade cultural, tecnológica e cientificamente avançada cujos membros fossem analfabetos ou, num outro extremo, uma sociedade culturalmente atrasada onde os seus integrantes fossem dotados de amplos conhecimentos. A correspondência linear é o que se vê em toda parte e em todos os tempos: seres humanos desenvolvidos construindo sociedades avançadas; sociedades atrasadas produzindo pessoas de precária cidadania. A incessante mutualidade das influências faz com que causa e efeito se confundam.

O jurista e pensador J. J. Calmon de Passos (1920-2008) explica esta imbricação do indivíduo com a sociedade: "A imagem que melhor traduz, para mim, a dialética entre o indivíduo e a sociedade é a do tecido. Ele é algo em si mesmo, dotado de especificidade, impossível de ser identificado com ou equiparado aos fios de que se compõe. Ele é, entretanto, algo necessariamente constituído de fios, fios que não perderam sua identidade e sua especificidade por haverem produzido o tecido. É necessário atentarmos, contudo, para o fato de que se colocarmos fios em disposição horizontal, paralelos uns aos outros, porque meramente sobrepostos, porque não perderam algo de sua individualidade, nada produziram de novo ou consistente. Não haverá tecido, somente fios superpostos, sem consistência, sem unidade, sem coesão, sem função. Caso procedamos de modo diferente, colocando os fios horizontais, alternativamente, sob ou sobre os fios verticais, eles vão se entrelaçando e dando vida a algo novo, consistente, funcional, mais poderoso do que os fios de que foi tecido. Nós, indivíduos, somos os fios. Se, simplesmente, nos ajuntarmos, jamais seremos tecido, sociedade. Para sê-lo será necessário interagirmos, aceitando estarmos ora sob e ora sobre os outros, mas sempre a serviço do objetivo maior – criar tecido, sociedade –, algo diferente e novo que nos ultrapassa

PARTE II – O PODER DESTRUTIVO DA INVEJA

e nos enriquece, que nada seria, entretanto, sem cada qual de nós, como fio, como indivíduo, que como tal permanece, irredutivelmente, em que pese a novidade do que foi produzido com nossa interação"(J. J. Calmon de Passos, *Direito, Poder, Justiça e Processo – Julgando os que nos julgam*,1999).

Ao longo do seu processo de contínua evolução, os indivíduos influem, modificando os seus pares e as sociedades a que pertencem, ao tempo em que são modificados por eles. Cada parte é simultaneamente agente ativo e passivo desse mecanismo de mudança permanente. A ação voluntária ou espontânea dessa concausa ininterrupta impede a paralisia ou inércia do organismo social, ainda que a alternância de avanços e recuos possa parecer, aos olhos do observador leigo, um quadro de estagnação.

Onde houver uma organização humana, haverá sempre evolução. Evolução como sinônimo de mudança em qualquer direção, e não com o sentido de progresso como se costuma usar em linguagem coloquial. O saldo dos benefícios sociais acumulados, em mutação constante, pode variar para cima ou para baixo. A resultante dessa oscilação, medida em termos de avanço, pode ser axiologicamente positiva, negativa ou nenhuma.

Os agentes que atuam sobre o meio social representam dois grandes conjuntos de forças. De um lado as forças mobilizadas pelo propósito de manter o *status quo* do qual são beneficiárias; do outro as forças movidas pelo desejo de implantar uma nova ordem social substitutiva da existente, na qual possam melhor realizar seus anseios e expectativas. A dinâmica deste processo sintetiza tanto a ação dos agentes conscientes dos seus propósitos ideológicos de mudança ou de preservação do *status quo*, quanto a dos que atuam simplesmente movidos pelo desejo de satisfação de suas necessidades dominantes. Uma ordem social qualquer, uma vez estabelecida, funciona como um ecossistema onde as forças já adaptadas bloqueiam as mudanças intentadas pelos agentes que ainda se sentem desconfortáveis em seu estágio de adaptação. Num caso como no outro, o que está em jogo é a própria sobrevivência, objetiva ou subjetivamente considerada. As possibilidades e o sentido da mudança, – para pior ou para melhor, de acordo com os valores humanos –, dependerão da variedade e da natureza dos objetivos perseguidos pelos integrantes do corpo social. Como estes objetivos fluem diretamente do quadro de necessidades atuantes sobre cada indivíduo, é curial concluir-se que o sentido e o potencial do avanço de uma sociedade dependem do tipo de necessidades predominantes que os seus membros buscam satisfazer, bem como da qualidade da mentalidade predominante, de escassez ou de abundância.

Na hipótese de uma sociedade primitiva, baseada na economia de subsistência, a preocupação dominante da maioria dos seus membros é a de assegurar o "pão nosso de cada dia" e a sua segurança. O quadro de gritante escassez material faz com que o sentimento da inveja se concentre em objetos vinculados às necessidades fisiológicas e às de segurança, cuja satisfação precária gera um círculo vicioso que renova diariamente seu papel como fonte de estímulo à ação dos indivíduos, ao tempo em que limita e sufoca a aparição de necessidades superiores cuja satisfação produz o avanço. Esta é a razão da existência paralela de sociedades com níveis tão desiguais de desenvolvimento, apesar de a universalização dos meios de informação permitir às comunidades carentes o pleno conhecimento do que se passa em centros mais desenvolvidos, sem que isso, aparentemente, enseje a desejada precipitação das mudanças. É desnecessário acentuar que o nível de inteligência nata desses indivíduos carentes não é inferior ao dos indivíduos "desenvolvidos". O que faz a diferença é, precisamente, a intensidade, o nível e a variedade dos desafios intelectuais com que estas inteligências rotineiramente se envolvem. Em última análise, dependem do nível de educação dominante na sociedade.

A excessiva recorrência das necessidades predominantes opera com tamanha força de bloqueio às mudanças que, até fins da década de 1980, havia países africanos – onde quase tudo estava e ainda está para ser feito – que dispõem de um total de até cinco engenheiros, apenas. Em pelo menos um caso, conforme

Parte II – O poder destrutivo da inveja

exposto em rico documentário televisivo, o país contava com apenas um engenheiro civil. Sem dúvida, estas comunidades não conseguiram, ainda, atingir o patamar das necessidades d) reconhecimento social e e) autorrealização, em cuja abrangência o fator educacional se inclui com destaque.

Neste passo a indagação se impõe: – Em que medida os níveis de necessidade e o sentimento da inveja se interrelacionam para travar o desenvolvimento?

Enquanto os regimes totalitários, de esquerda ou de direita, conduzem à desigualdade, de acordo com a experiência histórica que atropela o discurso igualitário, a democracia, com o seu impulso congênito contra a desigualdade, tem sido o mais eficaz instrumento promotor da igualdade dialética e redutor da desigualdade, ainda que se submetendo ao permanente desequilíbrio dinâmico produzido por fatores meritocráticos ou simples privilégios chancelados pelo *status quo*. Distinga-se, de logo, porém, entre regimes autoritários e totalitários. Os primeiros são voluntariosos e estão sempre inclinados a atropelar a lei, ainda que submetidos a princípios fundamentais da Democracia; os últimos atuam sempre despoticamente com apoio numa legislação ostensivamente antidemocrática. A Nomenklatura ou a "Nova Classe", como a denominou o iugoslavo Milovan Djilas, é a prova disso nos regimes comunistas, em que a classe dirigente concentra os privilégios mais odiosos, contra os quais o clamor é impotente, levando ao olvido, ao cárcere ou à morte. Seria risível se não fosse trágico o contorcionismo lógico-filosófico a que se dedicam os opositores da sociedade aberta quando, na sequência do discurso condenatório de sua prática, não conseguem fugir ao reconhecimento do seu incomparável valor como elemento promotor do desenvolvimento. A verdade é que ainda não se encontrou um sucedâneo eficaz ao capitalismo, enquanto o socialismo marxista, em que o Estado é o detentor dos meios de produção, fracassou em toda parte, sem exceção. Quando sua proposição não deriva de pura ignorância sobre os mecanismos que devem ser acionados para que o sistema eco-

JOACI GÓES

nômico opere com produtividade, decorre do *animus invidiosis*, que leva os seus promotores, mesmo reconhecendo a inviabilidade do socialismo, a o defenderem sob a irreprimível pressão do sentimento da inveja.

A experiência histórica revela que tem sido abissal a distância entre a prática e os discursos populistas ou grandiloquentes. Não é de estranhar que cresça o número dos que se dizem na esquerda, mas que reagem à possibilidade de integrarem o PT, por excesso de envolvimento desse com a corrupção, ou com partidos como o PSOL que se comportam mais como uma seita religiosa do que como uma agremiação partidária. Tanto a corrupção quanto o totalitarismo, presentes na esquerda brasileira, resultam da velha crença segundo a qual os fins justificam os meios. Os fins, no caso, diante do reiterado fracasso operacional do Materialismo Histórico, são os postos de comando em que se aboletarão os intelectuais para compor a classe dirigente ou *nomenklatura*. Como ensina a sabedoria popular, cada um invoca os princípios que lhe convêm.

A verdade factual é que a globalização da economia, que se acelerou a partir da década de 1980, produziu a maior redução dos níveis de pobreza da história da humanidade. Isso é um fato irretorquível. Ao invés de se concentrar na adoção de mecanismos que elevem o padrão de vida das massas, a começar por acesso universal a educação de qualidade e a adoção de medidas de saúde preventiva, das quais saneamento básico para todos é a mais visível e importante, a esquerda, acionada pelo sentimento da inveja, vem se concentrando no aumento das desigualdades, quando a questão substantiva reside na definição de um piso mínimo de bem estar a ser posto ao alcance dos mais pobres. A atribuição de maior responsabilidade ao capitalismo, pelas agressões ao meio-ambiente, sobre o fundamento de que nele o lucro é o mais poderoso dos deuses, não encontra respaldo nas práticas dos países que integram os extremos opostos, uma vez que a China e a Rússia comunista sempre figuraram como grandes vilões da higidez ecológica do planeta.

PARTE II – O PODER DESTRUTIVO DA INVEJA

Até o momento, a preservação ambiental é forte componente ornamental do discurso da esquerda, a exemplo do uso criterioso dos sistematicamente malversados recursos públicos. Sem a transparência, consectário natural das democracias, a prática operacional colidirá com a grandiloquência do discurso da honradez, como aconteceu em todos os regimes totalitários.

Do mesmo modo que é impróprio dizer "se é velho e socialista é burro", é dizer que "se é jovem e conservador é burro", sem prejuízo de que em algumas situações essas frases sejam verdadeiras. Longe, porém, estão, de serem axiomáticas, como querem os que vivem do aplauso de auditórios de baixo nível intelectual e ou moral. Impressiona o silêncio dos religiosos da esquerda diante de certos fatos de evidência solar. Enquanto, apoiados no talentoso economista francês Thomas Piketty, alardeiam o aumento da desigualdade econômica no mundo, ao longo dos últimos duzentos anos, silenciam sobre o fato de que no ano 1800, quando a população terráquea era de dois bilhões de habitantes, 90% viverem na linha da miséria, havendo, apenas, 10% de afluentes, neste início de Terceiro Milênio, quando a população se aproxima dos oito bilhões de humanos, somente 10% se encontram na linha da miséria. A inevitável desigualdade econômica, a mais influente sobre a diferença na qualidade de vida das pessoas, não é a que mais importa, desde que respeitado o piso da dignidade para o exercício de uma cidadania plena. Basta ver que ao longo dos setenta anos de duração do regime bolchevique, a média de renda, per capita, dos comunistas, em qualquer dos anos, foi inferior à média dos ganhos do terço mais pobre dos Estados Unidos, como hoje, a média de renda do terço do país mais pobre da Europa Ocidental é superior à média de renda de cubanos ou coreanos do Norte. Aceitar ganhar menos, desde que o vizinho não ganhe mais do que eu, é um sentimento que deriva da inveja, erradicável pelo abandono do pacto de silêncio siciliano existente a respeito, mediante sua discussão catártica, como parte importante da educação dos povos, como expusemos no livro de 2001 *A Inveja nossa de cada dia: Como lidar com ela.* Recorde-se o livro do sociólogo austríaco Helmut Schöeck (1922-1993) sobre a inveja, *Der Neid, eine Theorie der Gesellschaft, (A Theory of Social Behavior) Inveja: uma teoria do comportamento social,* dedicado ao estudo desse sentimento destruidor como fator de modelação das sociedades humanas.

O modo reticente como alguns críticos do capitalismo reconhecem suas "eventuais" conquistas é de uma pobreza indigente, ao compara-las com os "eventuais" benefícios advindos das guerras, como a dizerem que de "muitos males pode advir o bem." Esses críticos desconhecem que, na média geral, nunca advieram benefícios de guerras ou revoluções, na contramão do que muitos alardeiam.

A INVEJA E O INDIVÍDUO

"Se a alegria do outro me faz mal, haverá algo tão brutal?" Verso e Verdade.

O leitor que vem acompanhando esta longa arenga sobre a inveja, poderá estar perguntando: "E eu, que já perdi a possibilidade tempestiva deste desbloqueio, o que faço?" A única resposta possível a esta pergunta é encontrar coragem, muita coragem. Uma coragem ainda maior do que a definida por Napoleão Bonaparte, para quem a verdadeira coragem seria aquela das "três horas da manhã", que se processa sem testemunhas, no interior das almas, mesmo assim inferior à maior de todas as coragens, a suprema "coragem de parecer covarde".

Pensamos que maior ainda do que esta suprema coragem napoleônica é a de reconhecer que se sente inveja. Não a eufemística "boa inveja", mas a inveja, sem rebuços, na plenitude de sua negatividade, sem maquiagem e sem subterfúgio, sobretudo a inveja admitida em casos concretos e atuais. Trata-se de empreitada tão difícil que tangencia as raias do impossível. Mais do que ninguém, disso sabem os psicanalistas que têm, nos pacientes acometidos de intensa inveja crônica, alguns dos seus casos

PARTE II – O PODER DESTRUTIVO DA INVEJA

mais difíceis. Clientes há que preferem abandonar o tratamento, a terem que admitir que sentem inveja, como nos ensinou Melanie Klein, ao revelar que um cliente abandonou, abruptamente, o tratamento, ao ouvir dela que o seu caso era inveja. Do ponto de vista prático, temos que reconhecer que determinados indivíduos se encontram tão mergulhados no caldo de cultura da inveja que, numa postura sadomasoquista, preferem continuar roendo os outros e a si mesmos a terem que enfrentar esta questão. Não têm força, nem vontade para se libertarem da perversa escravidão. Os que quiserem, porém, enfrentar o desafio, podem iniciar por um patamar mais modesto.

A coragem, como uma emoção qualquer, pode ser aprendida e desenvolvida. Seu aprendizado depende da atitude que se queira incorporar ao comportamento. Começa-se pela aceitação: "Sim, eu sinto inveja". Em seguida, vem a reflexão sobre o propósito: "Eu quero me libertar, ao máximo, deste sentimento, para que possa dirigir as energias, hoje consumidas por ele, para objetivos construtivos, afinados com a construção do meu futuro". Para implementar a nova postura, pode-se recorrer desde a mecanismos de autoajuda, passando pela troca de impressões e experiências com amigos, cônjuges ou parentes, até a assistência psicanalítica. Quem já realizou e vive de realizar a experiência sabe que vale a pena. Há como que um desabrochar de possibilidades, até então insuspeitadas. A vida ganha significados novos. Não há ressurreição. Há renascimento.

Em nenhum momento da História, as condições foram tão propícias, como na atualidade, ao enfrentamento da inveja. Há um generalizado desejo de ampliar limites, conhecer o funcionamento da mente, mergulhar nas almas. Há uma abertura, cada vez maior, para se discutirem as fraquezas humanas. A inveja é o último tabu, com foros de reduto inexpugnável. Podemos quebrá-lo e transpô-lo, como quebramos o tabu da questão sexual, trazendo a discussão para a claridade. Na realidade, podemos fazer da inveja um guia na identificação de nossas fraquezas, passo inicial indispensável para superá-las.

A grande força da análise reside em sua capacidade de enfraquecer e minar tudo que se origine do preconceito. Através da análise, podemos compreender e praticar a lição de Frank H. Knight (1885-1972), para quem "educar é desensinar com o propósito de superar preconceito e intolerância" e "a pior dificuldade não é tanto a ignorância, mas o fato de as pessoas ignorarem que são ignorantes; elas sabem demais o que não constitui a verdade". Frank H. Knight foi um dos fundadores da escola de economia de Chicago, que contou, entre seus alunos, os ganhadores do Nobel Milton Friedman, George Stigler e James Buchanan.

A virada do milênio testemunhou uma etapa da vida humana, marcada por uma definição ideológica que levou à concepção do que tem sido denominado de "fim da história", tomada a expressão no sentido de que a humanidade já experimentou todos os modos de organização social, sobrevivendo, como o mais compatível com suas aspirações, a democracia política, a sociedade aberta da qual a economia de mercado é componente fundamental. Coerente com esta visão, o estado liberal moderno revê, continuamente, o seu papel, ajustando-se, preponderantemente, a esta diretriz. O ruído dos protestos e as dificuldades para avançar nesta direção, vivenciados por países como o Brasil, não impedem que se perceba com nitidez que a vitória, ampla, do pensamento liberal, já é visível a olho nu, no horizonte do tempo. Como artifício de comunicação social, para fugir à pecha de responsável pelas desigualdades, de ontem e de hoje, que, sobre sua imagem histórica, lança o discurso populista, o liberalismo, aqui e ali, aceita ser rotulado com outras denominações e composto por elementos estranhos à sua integridade sistêmica. Nessa heterogênea diversidade conceitual, há até os que supõem que a ausência de lideranças é compatível com o espírito democrático, o que constitui equívoco palmar. Seria levar longe demais a inegável e elástica capacidade da democracia de conviver com conflitos, inclusive com os que tramam, continuamente, pela sua destruição. Entre as nações modernas,

PARTE II – O PODER DESTRUTIVO DA INVEJA

nenhuma vive uma crise de perplexidade semelhante à que assoberba o Brasil. Em termos do papel que cabe ao poder público desempenhar, o Brasil já não é o que foi, nem dá sinais de saber como se preparar, para o que será ou pode vir a ser. Dentre as inúmeras atividades e responsabilidades exercidas, tradicionalmente, pelo poder público, as pertinentes à formação do cidadão sempre foram colocadas em plano secundário, a exemplo da educação e saneamento básico. O que sempre interessou à maioria dos políticos é a movimentação em torno das empresas estatais, manancial de desperdício, nepotismo e corrupção. Quando pensamos no Presidente da República do Brasil, somos tentados a fazer uma comparação com seus colegas do Primeiro Mundo. Deles podemos dizer que despacham do gabinete presidencial, enquanto o presidente brasileiro despacha, metaforicamente, de um hipermercado ou shopping center. Esclareça-se. Apesar de governarem as mais avançadas sociedades do Globo, eles não teriam como premiar, graciosamente, ou fazer favores ilegítimos. A menos que se dispusessem a incorrer num processo de impeachment. Já com o presidente brasileiro, terceiro milênio adentro, a história é outra. As Megabrás estão ali, sensíveis ao seu mais leve sinal. Ou seja: os presidentes brasileiros se não dispõem do poder político e militar dos pares do Primeiro Mundo, detêm uma capacidade de fazer favores, infinitamente superior à deles. A grande holding pública brasileira congrega empresas poderosíssimas, que vão do setor bancário ao petrolífero, com passagem pelo siderúrgico, energético, de telecomunicações, transporte marítimo e ferroviário etc... Esta parafernália que, sob a crítica inclemente das atrasadas esquerdas brasileiras, começou a ser desmontada a partir de 2017, no Governo Temer, ao invés de facilitar, dificulta, sobremaneira, a Administração, na medida em que habitua as bases de sustentação do governo a recorrer ao pedido de obséquios e regalias especiais, como pagamento do apoio parlamentar a questões do interesse do governo, presumivelmente, de interesse de toda a sociedade. E o presidente brasileiro tem dificuldades para negar, porque, de

JOACI GÓES

fato, estas empresas públicas, de há muito passaram a pertencer a condomínios formados por líderes sindicais, políticos influentes e empresários privados, especializados em explorar a ineficiência da administração pública e a debilidade moral dos burocratas, como ficou comprovado no Mensalão e na Operação Lava Jato, comandados, respectivamente, pelo Ministro Carlos Ayres Brito e o juiz federal Sérgio Moro. Agravando esse estado patológico, a Administração Pública Brasileira, envolvida com a gama de interesses representados pelas Megabrás, termina negligenciando os setores mais diretamente responsáveis pela cidadania. Vamos a um exemplo: o autor destas linhas, deputado federal constituinte, foi presidente da Comissão de Defesa do Consumidor e do Meio Ambiente, cuja sala de reunião ficava defronte à sala da Comissão de Orçamento, que tanto reboliço viria a provocar. Muitas vezes, deputados da Comissão que presidia, tinham dificuldade de acesso às reuniões, tendo em vista a multidão de lobistas que transbordavam da Comissão de Orçamento, bloqueando a passagem dos corredores, agarrados aos seus respectivos parlamentares, responsáveis por emendas do seu interesse. Vejam bem: A Comissão de Defesa do Consumidor e do Meio Ambiente ficava às moscas, enquanto a Comissão de Orçamento – a que distribui as verbas – enxameava.

O ex-governador de São Paulo, Franco Montoro, fraternal amigo, falecido em julho de 1999, contava que o programa social do seu governo não conseguia atrair o interesse das pessoas, porque não havia fartas verbas a serem manipuladas. Ele e a primeira dama, D. Lucy, eram quem superintendia, diretamente, durante fins de semana subtraídos ao descanso e à convivência com a família, programas como os das hortas coletivas, ou o intercâmbio de jovens estudantes, entre o interior e o litoral, transportados pelos carros ociosos dos trens da Rede Ferroviária. Enquanto isso, as questões vinculadas às grandes empresas estaduais e os programas de investimentos em infraestrutura física borbulhavam de voluntários. O empresário Antônio Ermírio de Morais, em artigo publicado em 29 de novembro de 1999 (*Folha*

338

PARTE II – O PODER DESTRUTIVO DA INVEJA

de São Paulo e *Tribuna da Bahia*), denunciou o silêncio da mídia e do poder público diante da conquista de medalhas de ouro e de bronze, por operários brasileiros, na 35ª Olimpíada Internacional de Formação Profissional, realizada no Canadá, entre os dias 11 e 17 de novembro de 1999. Antônio Ermírio aguardou o transcurso de onze dias de silêncio para formular a denúncia. André Luís Ramos de Freitas, aluno do SENAI de Brasília, ganhou a medalha de ouro, concorrendo com 625 competidores do mundo inteiro, inclusive dos Estados Unidos, Alemanha, Áustria, Bélgica, Canadá e de mais vinte e nove países que credenciaram candidatos. Sua tarefa foi a de planejar e instalar, em três dias, a rede elétrica, integral, de uma casa. Houve mais. Walter da Silva Diniz, do SENAI de São Paulo, de apenas 19 anos, também abiscoitou a medalha de ouro, batendo, como soldador, em teste dificílimo, concorrentes do mundo inteiro, enquanto a dupla formada por Adriano dos Santos Alcaça e José Folha Mós Neto, também do SENAI paulista, ganhou a medalha de bronze "no campo da mecatrônica, tendo superado dezenas de concorrentes dos países avançados, inclusive da Ásia, que se dizem tão especializados nessa área". Além dessas medalhas, mais "cinco jovens receberam o diploma de excelência por terem apresentado um desempenho de 85% nas suas respectivas profissões: Felipe Duarte Andrade (ferramentaria), Daniel Shinji Hirata (mecânica de precisão), Frederico S. Nascimento (CAD) e Isaías Batista Júnior (azulejista)". Duas semanas depois de publicado o artigo, o Presidente Fernando Henrique corrigiu a imperdoável omissão, ao homenagear, em palácio, esses atletas do trabalho, numa cerimônia largamente coberta pelos meios de comunicação. Esta deformação de priorizar as atividades que possibilitam a manipulação de recursos financeiros, com descaso para as que se destinam à promoção da cidadania, contaminou todas as esferas do Governo, municipal, estadual e federal, e dos poderes executivo, judiciário e legislativo, este último chegando ao ponto de ter alterado, substancialmente, o perfil dos seus membros, dando assento a um contingente de

JOACI GÓES

bandidos e malfeitores, em proporção nunca vista na história da instituição. O poder judiciário, cujos titulares mais altos foram considerados por Rui Barbosa "maiores do que a coroa dos reis", vive no Brasil uma quadra lamentável. O jornalista Roberto Pompeu de Toledo sintetizou bem a situação que vivemos ao dizer que "tal é a quantidade de escândalos que o Brasil não é mais um país onde a corrupção floresce, mas um país, em si, corrupto" (*Veja*, edição 1643 de abril, 2000).

Todo esse aranzel é para dizer que, também no Brasil, o setor público começa a deixar de ocupar-se com atividades que se ajustam melhor à iniciativa privada, para passar a cuidar, de modo criterioso, das atividades que edificam a cidadania. Neste novo cenário, livre das amarras e das seduções das Megabrás, o Estado estará mais apto e mais motivado para investir no indivíduo, contribuindo de modo decisivo para o progresso da sociedade, ao prepará-lo para o exercício da verdadeira cidadania, diferente d´aqueloutra, meramente formal. A conquista desse objetivo será grandemente facilitada pela espontânea alegria de viver de nossa gente, fato que levou o cineasta Zefirelli a ver no brasileiro "o último povo feliz do mundo".

Se nos compenetrarmos deste novo papel, poderemos vir a passar por alterações de fundamental importância na prestação dos serviços públicos, no Brasil: acesso universalizado a educação de qualidade, a saneamento básico e a assistência psicológica. Quando isso vier a acontecer, acreditamos que a inconfessabilidade da inveja será gradativamente reduzida, e o ser humano poderá agregar, só por isso, um componente de bem-estar geral, psicológico e material, não menos significativo do que o que experimentou com o avanço da higiene, que permitiu o controle e eliminação das pestes dizimadoras de populações inteiras. O combate à Covid 19 é prova disso.

Não há tempo a perder: mãos à obra!

PARTE II – O PODER DESTRUTIVO DA INVEJA

A IMPORTÂNCIA DOS HÁBITOS PARA VENCER A INVEJA

Nada há que mais condicione o lugar das pessoas na sociedade do que os seus hábitos. Conhecendo os hábitos de alguém, podemos, com satisfatória confiabilidade estatística, dizer de sua saúde, nível de conhecimento, êxito profissional, relação familiar, patrimônio material, integração social e de muito mais, inclusive de sua inveja.

Embora todos os hábitos sejam importantes, fortalecendo-se reciprocamente, um há, o segundo, que diz respeito aos nossos projetos pessoais, em cada um dos diferentes domínios existenciais, como a saúde, profissão, afetividade, riqueza material, desenvolvimento intelectual etc.; em síntese: ao destino que intencionamos dar a nossas vidas. Por aí, chegar-se-á à conclusão de que, do mesmo modo que perante Deus todo ser humano é único, imortal e insubstituível, cada um de nós tem, no plano da realidade existencial, a possibilidade de imprimir à vida a marca de sua contribuição individual, inconfundível com a de outro qualquer. A propósito, Dante aconselhou: "*Segui il tuo corso e lascia dir le genti*", o que literalmente se traduz por "Siga o seu caminho e deixe as pessoas falarem".

Sem dúvida, concentrar-se na realização dos projetos anelados, sobretudo com apoio de nossas características mais fortes, é o caminho mais seguro para nos protegermos contra os perigos do chão minado pela inveja. E quanto mais houver nesses projetos de genuíno interesse pelo bem-estar alheio, pela felicidade de terceiros, não como um meio para alcançar benefícios pessoais, mas como um fim em si mesmo, maior o sentimento de realização, a mais eficiente vacina contra o vírus da inveja. O "é dando que se recebe", lema altruístico de São Francisco de Assis (1182-1226), tem sido identificado como meio poderoso para se alcançar a felicidade plena. Blaise Pascal (1623-62) repetiu a lição de São Francisco dizendo que "o prazer dos grandes homens consiste em fazer os outros mais felizes".

Explicar, satisfatoriamente, como, quando e porque os seres humanos são naturalmente invejosos continua a ser uma equação a desafiar a psicanálise. Merece reflexão, portanto, o fato de um sentimento tão antigo quanto universal e desagregador, não ter sido, até então, alvo de um debate aberto e de um combate sistemático, para melhor proveito da convivência humana. Sobre o assunto, a humanidade tem preferido o faz de conta, o pacto silencioso, a 'omertà' siciliana, fonte de continuada desilusão e sofrimento. Paira no ar o compromisso tácito: "Ignora a minha inveja, assim como eu venho ignorando a tua. E tudo continua como dantes no quartel de Abrantes". O fato é que apesar da inequívoca ubiquidade da inveja, a humanidade se habituou a dissimular este sentimento e a reprimir e estigmatizar o seu declarado portador. O psiquiatra brasileiro José Ângelo Gaiarsa é autor de uma frase que sintetiza de modo definitivo a importância do estudo da inveja para o bem-estar da humanidade: "Se alguém escrevesse o livro que precisava ser escrito sobre a inveja, seria uma obra mais importante que *O Capital*" (Revista *Você s.a.*, setembro, 2000).

Para reflexão dos interessados, listamos uma pequena amostra do que diferentes pessoas têm dito a respeito da inveja:

"O invejoso prefere a igualdade do inferno à hierarquia do céu". Madame de Staël.

"A inveja implica sempre consciência de inferioridade". Plínio.

"A inveja é o principal obstáculo à felicidade". Frank Tyger.

"Se tivéssemos consciência de quão pouco usufruímos do muito que temos de desfrutável, não haveria tanta inveja no mundo". Young

"O ciúme é, de algum modo, justo e razoável porque o seu propósito é o de conservar algo que é nosso ou que supomos ser nosso; enquanto a inveja é uma dor que não tolera o bem dos outros". Joaci Góes

"A inveja que fala e grita é menos perniciosa do que a temível inveja silente". "A faculdade mental de comparar que,

PARTE II – O PODER DESTRUTIVO DA INVEJA

no intelecto, é uma fonte de justiça, é, no coração, a mãe
da inveja". Antoine Rivarol

"Quem afirma que não é feliz, poderia sê-lo com a felicidade do próximo, se a inveja não lhe tirasse esse último
recurso". Jean M. de La Bruyère

"Não há amizade, parentesco, qualidade, nem grandeza que
possam enfrentar o rigor da inveja". Miguel de Cervantes

"Admiração é a entrega feliz; inveja é auto-afirmação
infeliz". Sören Kierkergard

"Sucesso no Brasil é ofensa pessoal". Tom Jobim.

"Abaixo todos os que estão subindo". Para-choque de um
caminhão mexicano.

TERCEIRA PARTE

A REVOLUÇÃO RUSSA

RÚSSIA REVOLUCIONÁRIA: 1891-1991

O historiador inglês Orlando Figes (1959-) é considerado uma das maiores autoridades em História da Rússia, a partir do século XVIII. Em seu livro de 2015 *Revolutionary Russia, 1891-1991 – A History*, ele diz que "uma pesquisa sobre estudantes da área rural, nos anos iniciais do século XX, revelou que quase metade deles desejava desempenhar profissões urbanas de boa escolaridade, enquanto menos de 2% queria seguir as profissões rurais dos pais". "Eu quero ser vendedor de loja – disse um estudante – porque não me agrada caminhar na lama. Quero ser como as pessoas que trabalham com suas roupas sempre limpas, como os atendentes de lojas". Para essa juventude rural, "trabalhar na cidade era sinônimo de melhorar de vida". As péssimas condições da vida rural foram descritas por Trostsky como "a Rússia dos ícones e das baratas". A população rural russa aumentou quatro vezes mais, de 7 para 28 milhões, no meio século que antecedeu a queda da Monarquia. A fome e a crescente industrialização do País, demandando a ampliação do transporte ferroviário, foram determinantes para esse notável crescimento. Explica-se porque o processo de urbanização da Rússia e o abandono das atividades rurais são duas faces de uma mesma moeda. Em 1914, enquanto a mulher representava um terço da força de trabalho industrial, já era franca maioria em atividades como as têxteis e a produção de alimentos. As condições de trabalho vigentes eram as piores, tanto do ponto de vista da excessiva jornada e a respectiva remuneração, quanto de segurança física e sanitária, sem falar na ausência de seguro para os casos de morte ou afastamento, ocasionados por lesões sofridas na realização das atividades laborais. O direito de greve era incogitável. Em muitas organizações, os trabalhadores eram tratados como escravos, não raro vistoriados quando deixavam o trabalho, multados ou chicoteados quando do cometimento de erros ou insubordinações. Os sindicatos só passaram a existir a partir de 1905, quando 75% dos trabalhadores na indústria entraram em greve! Remanesce como assunto de interesse dos cientistas sociais identificar as razões que fizeram dos trabalhadores russos os mais inclinados a entrar em greve. Monografias abundam a respeito. O impacto do processo de urbanização é o fator que suscita as maiores divergências, em oposição à fome que é majoritariamente aceita como a causa mais forte geratriz da indignação, crescentemente partilhada por profissionais urbanos, como estudantes, professores, profissionais liberais e escritores. Desse caldo de cultura nasceu, em 1901, o PSR – Partido Socialista Revolucionário – que adotou como lema a valorização do campesinato e o culto a valores democráticos, com vista, inicialmente, à valorização do trabalhador rural, culminando com a deposição da Monarquia. O início desse movimento foi a partir do fim da escravatura, em 1861. Muitos dos socialistas se autodenominavam *O Desejo do Povo*, chegando a recorrer à violência e ao terror como mecanismo reivindicatório, quando o campesinato, considerado o veículo de seu avanço, não reagia consoante o cronograma para ele ideado. Dessa percepção nasceu a crença de que a Rússia seria a exceção não prevista por Karl Marx ao avaliar que o comunismo seria tanto mais facilmente implantado quanto mais industrializada a sociedade. A realidade observada nos países europeus mais adiantados e nos Estado Unidos, onde cada vez mais esmaeciam os protestos obreiros, apontava para a Rússia predominantemente rural e agrícola

PARTE III – A REVOLUÇÃO RUSSA

como a melhor alternativa para a implantação do socialismo marxista, com base na expropriação pelo estado da totalidade dos bens privados. Lenin embarcou nessa canoa, suprimindo, também, a aliança inicial com a burguesia, como previsto por Karl Marx. Dessa divergência, nasceram, na Internacional Socialista de 1903, em Londres, as duas grandes correntes: os Bolcheviques, ou maioria, liderados por Lenin, e os Mencheviques, ou minoria, liderados por León Trotsky (1879-1940), cujo nome de batismo era Liev Davidovich Bronstein. Ambas as correntes, porém, concordavam em que, diferentemente do apregoado por Marx, seria possível queimar a etapa do capitalismo, passando, diretamente, da sociedade agrícola para a ditadura do proletariado ou do campesinato, variações do mesmo segmento de comunidade explorada. A fome, diziam, mais do que quaisquer argumentos ideológicos, era um fator decisivo para alimentar o desejo de implantação da igualdade, com abundância dos elementos que compõem o bem-estar aspirado por todos.

ORIGENS DE LENIN

O *status* burguês de nobre ascendência do pai de Lenin representou sempre um grande embaraço para os seus hagiógrafos. Segundo Orlando Figes, em seu *Revolutionary Russia*, "a personalidade dominante que promanou dessa origem foi um fator chave no exercício de sua liderança, de marcante intolerância para ouvir qualquer crítica de subordinados; para ele, os camponeses famintos nada mais eram do que massa de manobra para alcançar seus objetivos revolucionários. Negar-lhes comida, deixando-os morrer de fome, ajudaria a precipitar a Revolução"! Maximo Gorki, por sua vez, em *Untimely thoughts: Essays on Revolution, Culture and the Bolsheviks*, disse, em 1917, que "Lenin é um líder e um nobre russo, com traços psicológicos de sua extinta classe social, razão pela qual ele considera legítimo submeter o povo russo a um experimento cruel, desde já destina-

JOACI GÓES

do ao fracasso". Orlando Figes conclui que Lenin, "influenciado pelo jacobinismo do revolucionário Petr Tkachev (1844-1886), já era revolucionário antes de ler Marx. Ele foi feito para lutar. Suprimiu suas emoções para fortalecer seu ânimo resolutivo e desenvolver uma insensibilidade coriácea ao sentimento de piedade, habilitando-se a derramar sangue pelo bem da Revolução. Ele pensava que a determinação subjetiva de lutar pela mudança social era suficientemente forte para modificar o curso da história, ao invés de aguardar uma associação de fatores para viabilizar a revolução, como propôs Karl Marx. Não havia lugar para o sentimento na vida de Lenin".

Apesar das críticas que fazia ao bolchevismo, Georgi Plekanov (1856-1918) exerceu notável influência na postura revolucionária de Lenin. E arremata Orlando Figes: "Não foi o Marxismo que fez de Lenin um revolucionário. Foi Lenin quem transformou em revolucionário o Marxismo"!

A DERROTA RUSSA CONTRA OS JAPONESES

O fracasso da Rússia contra os japoneses, em 1905, não serviu de exemplo para o Imperador Nicolau II evitar a derrota na Primeira Grande Guerra, resultando em sua deposição e no fim do Czarismo, em 1917. Rússia e Japão, em 1904, disputaram os territórios chineses e coreanos da Manchúria. Os erros cometidos pelos russos, nos dois conflitos, em 1905 e na Primeira Grande Guerra, figuram entre os mais primários da história. A impopularidade do governo imperial russo na guerra contra os japoneses foi tamanha que quando o comandante russo Viacheslav Von Plehve foi estraçalhado por um atentado a bomba, em julho de 1904, o pesar público foi inaudível; enquanto na Polônia, a morte de Plehve foi festejada com pompa e circunstância por álacres multidões, praças e ruas afora. De positivo do sangrento episódio resultaram os primeiros congressos da história russa, para discutir o curso da guerra temerária. Muitos

350

PARTE III – A REVOLUÇÃO RUSSA

viram, no episódio, semelhanças políticas com a Convocação dos Estados Gerais que consolidaram a Revolução Francesa. Do conflito a Rússia saiu como a primeira nação europeia derrotada por um país asiático, dando início ao começo do fim da autocracia dos czares, enquanto o Japão emergia reconhecido como potência mundial. Tanto que durante a guerra com os japoneses, ferida tão longe das fronteiras russas, nada menos que 2.700 sublevações internas foram abortadas pelas tropas oficiais. Bastariam algumas concessões, invariavelmente negadas pelo czar, para que a sanguinária Revolução Bolchevique não tivesse vingado, evitando a perda de 59 milhões de vidas.

O ESTOPIM DA REVOLUÇÃO SOVIÉTICA

O episódio envolvendo o Potemkin, couraçado da Marinha Russa operando no Mar Negro, assim batizado em homenagem ao príncipe Grigory Potemkin, o preferido de Catarina, a Grande, no século XVIII, foi a gota d'água da insatisfação popular. Quando se encontrava na costa da Ucrânia, em junho de 1905, parte da tripulação recusou a sopa com carne servida no almoço, por estar podre, acusação comprovada pela presença de larvas, alegação que o médico de bordo havia descartado. O oficial de bordo não acolheu o argumento da tripulação, considerando-o um ato de insubordinação, susceptível de fuzilamento dos amotinados. Ato contínuo, o porta-voz dos marinheiros, Grigory Vakulenchuk (1877-1905), foi baleado e morto depois de matar um oficial que se encontrava na iminência de fuzilar 30 marinheiros. Os amotinados mataram mais seis oficiais e tomaram o comando do navio, operação da qual resultaram várias mortes. Em seguida, rumaram para a cidade ucraniana de Odessa onde fora declarada uma greve geral com o sólido apoio da população contrária ao Imperador. Diante da reação das autoridades locais obedientes ao Czar, os revoltosos bombardearam a cidade. Os navios da frota do Mar Negro, enviados para conter os rebelados, nada puderam fazer porque as tripulações se recusaram a atacar os revoltosos, sendo que algumas delas se juntaram aos rebelados. A refrega deixou um saldo de duas mil mortes e três mil feridos. Finalmente, o navio dos revoltosos dirigiu-se ao porto de Constança, na Romênia, onde a tripulação pediu asilo. O famoso episódio foi o tema do filme de Serguei Eisenstein, "O encouraçado Potemkin", de 1925.

Enfraquecidos dentro do País e nos campos de batalha, não sobrou alternativa aos russos senão reconhecer nova derrota na luta que travavam contra os japoneses, episódio que jogou ao chão o orgulho nacional e enfraqueceu, ainda mais, a já exígua popularidade do Czar.

A INAPTIDÃO DO CZAR PARA EXERCER O PODER

Uma das provas mais evidentes do despreparo de Nicolau II para liderar uma nação tão complexa quanto a russa, pode-se inferir da trivialidade das anotações que fez em seus diários, ao referir-se às condições atmosféricas e aos partícipes das sessões de chá, em lugar dos terremotos sociais que sacudiam o Império, como o Domingo Sangrento e a Rebelião do Potenkim, naquele ano de 1905, episódios que ele preferia acreditar terem sido provocados por agentes estrangeiros, tanto que convocou a palácio numerosa delegação de trabalhadores para censurá-los, como se crianças fossem, por sua submissão a manobras solertes de agentes infiltrados para perturbar a paz e prosperidade do Império... Na mesma linha de insensibilidade para compreender a gravidade dos problemas, Nicolau reagiu à sugestão do seu Ministro dos Negócios Interiores, A. G. Bulygin (1851-1919), para que concessões fossem feitas à burguesia e ao campesinato, dizendo que até parecia estar o Ministro temendo uma revolução, ao que Bulygin retrucou: – Majestade, a revolução já começou!

O jovem Nicolau tinha tanta consciência de suas limitações que desabafou durante as exéquias do pai Alexandre: "O que

PARTE III – A REVOLUÇÃO RUSSA

será de mim e de toda a Rússia? Não me sinto preparado para ser Czar. Nunca desejei sê-lo. Nada conheço do ofício de governar. Não tenho, sequer, a menor ideia de como me dirigir aos ministros". Consta das anotações em seu diário, pouco antes de completar 22 anos, em 1890, a seguinte e ingênua observação: "Hoje, conclui, inteira e eternamente, minha educação"! Mesmo assim, assumiu o comando da imensa e complexa nação conhecida como Todas as Rússias, com o título completo de "Nicolau, o Segundo, pela graça de Deus, o Imperador e Autocrata de todas as Rússias, de Moscou, Kiev, Vladimir, Veliky Novgorod, Czar de Cazã, Czar de Astracã, Rei da Polônia, Czar da Sibéria, Czar do Quersoneso Táurico, Czar da Geórgia, Senhor de Pescóvia, e Grão-duque de Smolensk, da Lituânia, da Volínia, da Podólia, da Finlândia, Príncipe da Estônia, da Livônia, Curlândia e Semigola, Samogícia, Belostok, Carélia, de Tuéria, Yugra, Pérmia, Vyatka e Bulgária, e dos territórios de Senhor e Grão-Duque de Nijni Novgorod, Chernihiv, além de soberano de Riazan, Polatsk, Rostóvia, Iaroslav, Beloozero, Udoria, Obdoria, Kondia, Vitebsk, Mitislau e todas as regiões setentrionais". Ele era o soberano, ainda, da Ibéria, Cartalínia e das terras dos Cabardinos e dos territórios da Armênia. Acumulava, também, o *status* de Hereditário Senhor e Governador da Circássia e das montanhas Maiorais e adjacências. Era, igualmente, Senhor do Turquestão, Herdeiro da Noruega, Duque da Eslévico-Holsácia Stormarn, Dithmarschen, Oldemburgo e muitos outros lugares. Haja fôlego!

Desde sempre, com seus modos britânicos, Nicolau revelou uma natural timidez e inclinação para a vida doméstica. Dançava com elegância, atirava bem, era bom de esportes, particularmente de equitação. Fluente em francês e alemão, seu inglês era de marcante qualidade. Dedicava-se com o mesmo entusiasmo ao estudo da história e à disciplina militar, a ponto de receber do seu pai o comando de um esquadrão de guarda montada, em razão do que prestou serviço fora de São Petersburgo, com o mais vivo interesse e participação. Adorava o seu título de Coronel.

353

JOACI GÓES

Não obstante seus muitos títulos nobiliárquicos para o exercício do poder absoluto, ele foi considerado um fracasso, pelos seus contemporâneos e pela história. Ele não conseguia distinguir entre o que seria bom e ruim para a Rússia, na perspectiva de um dirigente máximo. Daí suas conhecidas e reiteradas vacilações que criavam vácuos de poder, ampliando nos circunstantes a percepção de sua inaptidão para governar. O julgamento da história lhe é muito desfavorável. A ponto de um historiador como Richard Pipes, repetindo outros, considerar Nicolau II como detentor de inteligência limitada e personalidade abúlica, fraquezas que, desesperadamente, buscava compensar com demonstrações de asnática teimosia. Candidamente, confessava a auxiliares sua inapetência pelo poder. Como D. Pedro II, depois da proclamação da República no Brasil, revelou-se intensamente feliz quando o apearam do trono, a 15 de março de 1917. A comparação com Pedro II, um dos maiores estadistas do Continente, fica por aí. É evidente que, nem de longe, Nicolau suspeitava do trágico destino que o aguardava. Em sintonia com as classes dominantes, a ele caberia impor a esse amplo universo a obediência cega ao seu mando, armado de todas as forças, derivadas da incontrastável vontade divina, como se dizia à larga. Involuntariamente, criava o caldo de cultura ideal para ensejar um movimento internacional que prometia mudar a qualidade da vida humana de um modo tão edificante que contagiaria todas as populações em escala planetária, pensavam os comunistas. Deu-se o contrário: o golpe que pôs fim ao czarismo resultou na maior tragédia humana de todos os tempos.

Nicolau II, (Nikolái Alieksándrovich Romanov, 1868-1918) foi o último imperador da Rússia, acumulando com o reinado sobre a Polônia e grão-ducado sobre a Finlândia. A Igreja Ortodoxa Russa o cognominou São Nicolau, o Portador da Paixão. Para o mundo político, interno e externo, ele era chamado Imperador e Autocrata de Todas as Rússias. Governou a partir da morte do pai, Alexandre III, em 1º de novembro de 1894, até sua renúncia em seu nome e do filho herdeiro, imposta pelo

PARTE III – A REVOLUÇÃO RUSSA

movimento revolucionário, em 15 de março de 1917, em favor do irmão Miguel Alexandrovich, Grão-Duque, que permaneceu no posto por, apenas, um dia. O reinado de Nicolau, como já dissemos, terminou quando ele, retornando do quartel general para o palácio, na capital, seu trem foi detido em Pskov e ele foi preso. Pskov é uma cidade do noroeste da Rússia, a 70 km da fronteira com a Estônia. No século XIV foi a capital da República de Pskov, um estado feudal vinculado à Liga Hanseática. Conta, neste começo da terceira década do Terceiro Milênio, com uma população de cerca de 220.000 pessoas. Por séculos, foi entreposto da Rússia com os países europeus. A Liga Hanseática ou Hansa Germânica foi uma organização político-econômica criada no século XII para representar a aliança entre as cidades livres, no comércio com o norte europeu, na rota comercial ao longo das áreas influenciadas pelo Mar do Norte e o Mar Báltico.

Do Palácio de Alexandre, a defenestrada família imperial foi, sucessivamente, transferida para a Casa do Governador, em Tobolsk, e, por último, para a Casa Ipatiev, em Ecaterimburgo, onde foi assassinada na madrugada de 16 para 17 de julho de 1918, juntamente com o médico da família, o cozinheiro, a camareira e um servo da Imperatriz. Não seria necessário que Leon Trotsky escrevesse em seu diário que foi Lenin, com o apoio de seu lugar-tenente Sverdlov, quem deu a ordem para liquidar a família imperial, para que a posteridade disso tivesse certeza. Quem, senão o líder supremo de uma revolução iria tomar uma decisão de tamanha responsabilidade? De fato, a ordem partiu diretamente de Lenin, que se encontrava em Moscou, sendo assessorado pelo notável líder bolchevique Yakov Sverdlov (1885 1919), que morreria no ano seguinte, vítima de febre tifoide, antes de completar 34 anos de idade. O discurso laudatório que Lenin fez sobre seu esquife resultou na mudança do nome de Ecaterimburgo para Yakov Sverdlov, alteração cancelada por Boris Yeltsin, em 1991. Anos mais tarde, a família imperial viria a ser canonizada como mártires pela Igreja Ortodoxa Russa, a partir do exílio.

JOACI GÓES

O reinado desastroso de Nicolau II rebaixou a Rússia de uma das maiores potências mundiais para uma nação militar e economicamente estrangulada. A Tragédia de Khodinka, ocorrida quatro dias depois de sua coroação, ensejou aos seus adversários pespegar-lhe a alcunha de "Sanguinário". Esse evento de mau agouro foi seguido pelo Domingo Sangrento e pelos pogroms antissemitas, ao longo de seu reinado. A Tragédia de Khodinka, bairro de Moscou, foi um pisoteamento que resultou na morte de 1.400 pessoas que participavam de um protesto, no dia 18 de maio de 1896. Após a solenidade da coroação, foram distribuídos a populares, como *souvenirs*, canecas e biscoitos. Aos rumores de que não haveria *souvenir* para todos, a enorme massa de populares debandou, ocasionando o fatal pisoteio. A tragédia não foi suficiente para interromper o curso das festividades inaugurais. Para completar a negativa fixação da imagem do novo Imperador na memória coletiva, na mesma noite daquele trágico dia ele compareceu a um baile na embaixada francesa. Nicolau sempre aludiria ao infausto episódio como um mau presságio, no que acertou de modo superlativo, em face do seu fuzilamento, da Czarina Alexandra e dos cinco filhos, quatro moças – Olga, a mais velha, nascida em 1895, Tatiana, nascida em 1897, Maria, em 1899, Anastásia, em 1901 e Alexei, o único varão, o hemofílico herdeiro, em 1904, na madrugada de 16 para 17 de julho de 1918. Foram também fuzilados o médico da família imperial, Eugene Botkin, a camareira Anna Demidova e um servo pessoal da Imperatriz, Alexei Trupp, além do cozinheiro da família, Ivan Khantonov. Esse assassinato múltiplo, singularmente impiedoso, que continua sendo o mais chocante da história no gênero, serviu como senha do que viria a ser o implacável Bolchevismo que dominou a União Soviética, por três quartos de século, deixando um rastro indelével do potencial trágico dos fanatismos ideológicos. Logo depois de deposto, o Czar, agora Coronel Romanov, e toda a família ficaram aprisionados, inicialmente, no belo e histórico Palácio de Alexandre, assim chamado porque foi construído, entre 1792 e 1796,

356

Parte III – A Revolução Russa

por Catarina a Grande, nas proximidades de São Petersburgo, para o seu neto, Imperador Alexandre I, ao ensejo do seu casamento com a Grã-Duquesa Elizaveeta Alexeevna. Foi aí onde Nicolau II e sua família residiram por mais tempo, a partir do Domingo Sangrento, em São Petesburgo, à época Petrogrado, em 22 de janeiro de 1905. O Domingo Sangrento foi um massacre que resultou na morte de cerca de mil manifestantes pelas balas da Guarda Imperial Russa ou pelo pisoteio da multidão em fuga, conquanto adeptos e adversários do Czar apontassem números tão díspares quanto 150 e 4.000 vítimas fatais e outros tantos entre leve e gravemente feridos. A notícia que circulou dava conta de que a neve se avermelhara de sangue. Certo é que o episódio levou para o fundo do poço a popularidade, já baixa, do Czar que sequer se encontrava no Palácio, quando a multidão se dirigia pacificamente às suas portas, liderada pelo Padre George Gapon, com o propósito de entregar uma petição ao Czar para melhorar as condições nos ambientes de trabalho, elevar os salários, reduzir a jornada para oito horas e eliminar horas extras. Pedia, também, o fim da Guerra Russo-Japonesa e a adoção do sufrágio universal. Eles caminhavam na direção do Palácio portando ícones religiosos e cantando hinos patrióticos, sobretudo *Deus Salve o Czar*. Os manifestantes ignoravam que o Czar deixara o Palácio duas semanas antes. Como não se detiveram aos primeiros tiros de advertência, a soldadesca passou a atirar contra a multidão com o propósito de dispersá-la. Ao redor do Padre Gaston, que saiu ileso, tombaram mortos cerca de 40 pessoas. O episódio foi o estopim da Revolução de 1905 que conduziria à de 1917, na visão de vários historiadores, como o britânico Lionel Edmond Kochan (1922-2005), em seu conhecido livro de 1966, *Russia in Revolution*, 1890-1918. Leon Tolstoi, autor de *Guerra e Paz*, considerado, ao lado de Dostoiévski o maior romancista russo de todos os tempos, declarou-se emocionalmente afetado pelo Domingo Sangrento.

Apesar de não se encontrar no Palácio e de não ter tido a menor participação na matança, havendo, inclusive, dado publici-

JOACI GÓES

dade à sua declaração de que o episódio fora "doloroso e triste",
o Czar foi tido como o responsável, razão pela qual pipocaram
atos de desordem e saques por todos os bairros. O padre Gapon
deixou a cidade só retornando dez meses depois, em outubro,
quando foi assassinado. Segundo rumores que circularam, sua
eliminação foi iniciativa do Partido Socialista Revolucionário.

OS MELHORES MOMENTOS DO CZAR NICOLAU

Coube a Pyotr Stolypin (1862-1911), Presidente do Conselho
de Ministros, posto equivalente a Primeiro Ministro, de 1906 a
1911, quando foi assassinado, a realização de um esforço especial para devolver a normalidade ao Império, desde a repressão
de movimentos revolucionários até muito empenho em realizar reformas agrárias. Sua corajosa e inteligente determinação
para salvar o Império através da melhoria das condições de vida
das classes mais pobres, granjeou-lhe a reputação como um dos
maiores estadistas da Rússia Imperial. Ele chegou à curul do
poder, em 1906, substituindo o Primeiro Ministro conservador
Ivan Goremykin (1839-1917), que retornaria em 1914-1916.

A celeridade no julgamento dos crimes políticos, que ensejou
a condenação e execução de mais de três mil acusados, passou
a ser conhecida como a "Gravata de Stolypin". Paralelamente,
ele introduziu reformas para melhorar a vida dos camponeses
e dos trabalhadores urbanos, ao tempo em que empoderava as
administrações locais, hoje, municipais. Os partidos revolucionários, com Lenin à frente, temiam que a ação de Stolypin viesse abortar o esforço revolucionário levando a Rússia a superar
em progresso a própria Alemanha, no curso de, apenas, uma
geração. Tanto que vários historiadores viriam a acreditar que
os alemães provocaram a guerra com a Rússia, em 1914, como
meio de abortar essa marcha crescente do Império Russo.

É fácil, portanto, compreender as motivações de Nicolau para
manter sob controle o poder de Stolypin, fato que contribuiria

PARTE III – A REVOLUÇÃO RUSSA

para o seu assassinato em 1911, quando viajou sem colete, à prova de bala, e sem guarda-costas, para Kiev, ignorando advertências da polícia sobre um complô para mata-lo. Enquanto assistia o *Conto do Czar Saltan*, na Ópera de Kiev, ao lado da família imperial, Stolypin foi baleado no braço e no peito pelo radical Dmitri Bogrov (1887-1911). Stolypin morreria quatro dias depois. O assassino foi enforcado onze dias após o crime, aos 24 anos de idade. Segundo Aleksandr Soljenítsin, no seu romance histórico *Agosto de 1914*, Bogrov atuou a serviço da polícia secreta czarista que detestava Stolypin, cuja viúva pediu, em vão, que mantivessem vivo o assassino até descobrirem os mandantes da morte do seu marido. A ordem de Nicolau para suspender a investigação sobre os mandantes do crime fez crescer a suspeição de que a morte de Stolypin não resultou da iniciativa dos revolucionários, mas de monarquistas conservadores, incomodados com as reformas empreendidas pelo Primeiro Ministro. De nada lhe adiantou haver declarado ao Embaixador Britânico que a Rússia não poderia ser governada como os países da Europa Ocidental porque sua "vida política e ideais parlamentares eram enigmas para a grande maioria da nação, ignorante e analfabeta".

Foi desse heterogêneo panorama social e econômico que os bolcheviques se aproveitaram para dar o golpe que recebeu o nome de Revolução Russa, Revolução Comunista ou Revolução Bolchevique de 1917.

NICOLAU ENTRA NA GUERRA

Ao entrar na Guerra de 1914, a posição de Nicolau II refletia a enorme fragilidade da Rússia para enfrentar um inimigo aguerrido e organizado. A origem alemã da imperatriz era um fator agravante da baixa identidade entre o governo imperial e a sociedade russa. A antipatia aos alemães era tamanha que as famílias russas de ascendência alemã trataram de "russificar" seus nomes. Diante da percepção coletiva das limitações do Império Russo, crescia o número de nativos a serviço do inimigo, fato que aumentava a já grande insegurança do Czar. Num gesto desesperado, Nicolau assumiu o comando das tropas russas. Candidamente, supunha ele que se as tropas não se dispusessem a lutar pela grandeza de todas as Rússias, certamente lutariam pelo seu Czar. Essa viria a se comprovar a mais infeliz de suas decisões, na medida em que seria responsabilizado pelas derrotas. Sua presença na frente de batalha teve péssima repercussão na moral das tropas, uma vez que era do domínio geral seu despreparo em assuntos militares, sendo visível seu desconforto no trato com a oficialidade a quem não sabia o que dizer. O adensamento dessa percepção serviu de combustível para aumentar a confiança dos diferentes grupos oposicionistas na deposição da monarquia, por via revolucionária, como um ato patriótico. O comportamento dissoluto atribuído à Imperatriz, junto ao Monge Rasputin, era ainda mais agravado pelos rumores de suas relações homossexuais com a amiga Anna Vyrubova, sua dama de companhia. Tudo isso era divulgado intensamente para reduzir a zero o prestígio da Monarquia. Mais uma vez, Alessandra era equiparada a Maria Antonieta nos males que esta ocasionou à Monarquia Francesa. Nenhuma dessas acusações se comprovou, como ficou evidenciado no caso de Anna Vyrubova, segundo perícia a que se submeteu na sequência da deposição da monarquia, no processo para apurar as acusações lançadas sobre ela. Aos difusores das *fake-news* o que interessava não era a verdade, mas o impacto demolidor da antipatia popular sobre a família imperial, propósito sobejamente alcançado, a ponto de levar membros do clã czarino a se afastarem do Monarca, conspirando para substituí-lo por seu irmão, o Grão-Duque Mikhail, com a condição de que nomeasse um ministério digno da confiança nacional, versão sobre a qual os historiadores dissentem. O complô, liderado pelo Príncipe Felix Yusupov, o mesmo que matou Rasputin no dia 16 de dezembro de 1916, atiçou a imaginação dos que viam conspiração por todos os lados.

PARTE III – A REVOLUÇÃO RUSSA

O Grão-Duque Dmitry, um dos assassinos de Rasputin, foi delirantemente ovacionado, no dia seguinte ao crime, quando assomou na plateia do grande teatro Mikhailowsky de São Petersburgo. Por outro lado, dias seguidos, pessoas do povo e da sociedade colheram água do rio Neva, de onde o corpo de Rasputin fora resgatado, depois de envenenado e várias vezes baleado. Em tal ambiente, marcado por insatisfações de natureza vária, a revolução começou a nascer nas longas filas de esfomeados para comprar pão, transformadas em pequenas centrais para a discussão e propagação do desejo de mudanças das massas onde tudo era ventilado, inclusive as ostensivas fragilidades do Imperador. Em disputa, delineavam-se duas tendências nítidas: uma defendendo os interesses nacionais do Império Russo, de caráter, eminentemente, nacionalista; outra que colocava os interesses internacionais da classe obreira, onde se apresentassem, sobre os interesses meramente nacionalistas. Em ambiente de tamanha instabilidade, Nicolau ingenuamente acreditava que bastaria modificar o qualitativo do seu título, passando de Autocrata Ilimitado para Supremo Autocrata para que a satisfação social fosse restaurada! Explica-se porque Lenin, que regressara do exílio na Suíça, viria a declarar, repetindo Trotsky, que sem os acontecimentos de 1905 a Revolução de 1917 não teria ocorrido.

SEQUÊNCIA DA QUEDA DO CZAR

Os sete membros da família imperial deposta foram mantidos em prisão domiciliar e confinados a poucas salas do palácio, além de vigiados por guardas com baionetas caladas. O regime desse imperial cativeiro ficou a cargo de Alexander Kerensky (1881-1970) que elaborou mecanismos para neutralizar o potencial risco de nações estrangeiras virem em socorro das classes que ainda apoiavam a Monarquia.

O tutor e professor de francês dos filhos do casal imperial, o suíço Pierre Gilliard, acompanhou a família real até que dela foi

JOACI GÓES

separado para o fuzilamento coletivo autorizado por Lenin. Sua sobrevivência foi um milagre. Dois anos mais tarde, em 1920, Gilliard conseguiu deixar a Rússia no convés de um navio norte--americano provindo de Vladivostók, no extremo oriente russo. Pierre Gilliard anotou em seu diário: "Tenho arraigadas recordações, inscritas em minha alma, dos calamitosos acontecimentos que testemunhei. Vi um dos maiores impérios do mundo caindo junto com seus monarcas". Gilliard fora convidado para ir à Rússia como professor de francês da família do Duque George de Leuchtenberg, primo dos Romanov. Daí passou à família imperial, para ensinar francês à Czarina e às duas filhas mais velhas do casal, Olga e Tatiana. Nesse mister tutorial e magisterial, junto à nobreza russa, o prestígio dos suíços era imbatível, sobretudo porque como protestantes, em sua grande maioria, eram preferidos aos católicos. A partir de 1909, a colaboração de Pierre Gilliard junto aos Romanov estreitou-se ainda mais, passando a ser diária, cinco dias na semana. Logo, o magistério alcançaria os cinco filhos da realeza. O rendimento do trabalho era menor do que ele desejava, como registrou no diário: "Meus alunos aprendiam devagar. A família real fazia viagens regulares à Crimeia ausentando-se por meses seguidos. É uma pena que não tivessem uma governanta francesa. Por isso, esqueciam muito do que já haviam aprendido". Acrescentou, porém, que "as grã-duquesas eram meninas inteligentes e educadas, sempre dispostas a aprender". Das memórias de Pierre Gilliard, entre as mais curiosas, figura a invencível dificuldade que vivenciou para explicar a Olga, a primogênita, o significado da palavra merde (merda) encontrada no livro Les Misérables de Victor Hugo. Gilliard, muito envergonhado, disse que aquela não era palavra para uma moça da estirpe real conhecer. Olga, foi, então, em busca do pai que lhe repetiu a mesma coisa. Sinal dos tempos!

Logo, o crescente prestígio de Pierre Gilliard, junto à família imperial, levou-o a cuidar do herdeiro do trono, Alexei, portador de hemofilia, doença que mantinha a família em constrangedora solidão para evitar o conhecimento público, fato que

PARTE III – A REVOLUÇÃO RUSSA

muito contribuiu para o empobrecimento da atuação do Czar no sentido de evitar o desmantelo do Império. O encanto do jovem Alexei derivava de sua insuperável modéstia de jamais assumir uma postura voluntariosa de herdeiro de tão poderosa e antiga monarquia, apesar de figurar sempre como o centro das atenções gerais. Quando da abdicação do Czar Nicolau, em março de 1917, coube a Gilliard dar a má notícia ao jovem Alexei, cujo interesse na matéria se resumiu em perguntar quem cuidaria do Império daquele momento em diante. Em razão da baixa popularidade da autocracia, o casal imperial decidiu não divulgar a doença do filho, não obstante a percepção geral de que o herdeiro tinha graves problemas de saúde. A fantasia popular substituía as informações que lhe eram negadas por suposições várias, como a de que Alexei era retardado mental, epiléptico ou que fora vítima de um atentado a bomba por anarquistas. A despeito de sua grave doença crônica, Alexei era um garoto muito ativo e brincalhão, sendo a irmã Anastácia sua companheira de folguedos. Mesmo inteirado dos cuidados para não sofrer ferimentos, ele não seguia os conselhos para ser cauteloso. Chegava a ponto de parecer temerário. Em suas memórias, Gilliard escreveu: "Nas horas vagas, livre dos estudos, a Imperatriz e as filhas dedicavam-se a costurar, bordar ou tecer; nunca ficavam inativas. Nos passeios diurnos, todos os membros da família, exclusive a Imperatriz, se ocupavam com exercícios físicos, limpando a neve do caminho para o parque, cortavam gelo para a adega, cortavam ramos secos e árvores velhas, armazenando lenha para o inverno que se aproximava".

Com a chegada da estação estival, a família Romanov trabalhava numa ampla cozinha-jardim. Do Palácio, sob o comando direto de Kerensky, a Família Imperial foi transferida, na manhã de 1º de agosto de 1917, em comboio, de Tobolsk para a Sibéria.

Até o fim da Segunda Guerra Mundial, o Palácio fora transformado em Museu. Já no início da Segunda Grande Guerra, porém, o mobiliário mais valioso foi transportado para o interior do País. O mobiliário restante, composto de ricas coleções, foi

JOACI GÓES

escondido em cavernas para ser protegido da invasão nazista. Durante a Guerra, o Palácio viria a ser ocupado e usado como quartel-general do comando militar alemão. A área em frente do palácio foi transformada num cemitério para os soldados das SS. Coleções únicas, do ponto de vista artístico e histórico, foram parcialmente destruídas. Quando as forças nazis deixaram a Rússia, atearam fogo em muitos dos palácios suburbanos. O Palácio de Alexandre foi, adredemente, poupado. Passou a ser usado como depósito de obras de arte resgatadas. Mais tarde, deixou de ser museu, sendo doado à Marinha Soviética. Funcionou, igualmente, como orfanato, tendo as crianças ali acolhidas destruído partes do segundo andar, onde estavam localizadas as salas dos cinco filhos do último Czar.

O PALÁCIO NA ATUALIDADE

Até a última década do século XX, o palácio era visto como pouco mais que um acréscimo ao belo Parque de Alexandre. Poucos sabiam que as galerias, no seu interior, haviam sido preservadas ou que o Palácio de Catarina e o Palácio de Pavlosk eram tão ricos de artes refinadas, criadas especialmente para decorá-los. Causou verdadeiro e agradável assombro a descoberta de que suas principais obras de arte, contemporâneas do último imperador, tinham sido preservadas, passando a ser expostas, em caráter permanente, a partir de 1997. Uma ala é inteiramente dedicada aos czares, com destaque para Nicolau II e sua desditosa família.

A VIDA PRIVADA DA CZARINA
ALEXANDRA FEODOROVNA (1872-1918)

A antipatia que o povo russo sentia pelos Romanov culminou contra a czarina Alexandra, mulher do czar Nicolau II, ca-

PARTE III – A REVOLUÇÃO RUSSA

samento que aconteceu em 1894, na sequência da morte do
Czar Alexandre III, pai de Nicolau. O nome dela de solteira era
Alice de Hesse e Reno. Conservadora, de pouca conversa, autoritária e moralista, falar mal dela era um dos temas preferidos
nos bastidores da corte russa. Era tenso o seu relacionamento
com a sogra viúva, Maria Feodorovna, que continuava brilhando. Enquanto ela se ressentia da sogra que lhe negava acesso às
joias da coroa que lhe passaram a pertencer, essa a acusava de
afastar o Czar do convívio da família. O nascimento da primogênita Olga, em 15/11/1895, amenizou a convivência entre elas,
ainda que a preferência geral, inclusive da população, fosse por
um varão para assegurar a continuidade da linhagem imperial.
Essa expectativa só se cumpriu em 12/8/1904, quando, finalmente nasceu um varão, depois de quatro meninas, portador
de uma doença crônica e fatal. A grande vantagem foi que o
nascimento de Alexei fez cessar o clamor popular pelo divórcio
do casal imperial para ensejar a Nicolau um novo matrimônio
que lhe trouxesse um herdeiro. Mesmo sabendo da resistência
à sua presença na corte, Alexandra não fazia o menor esforço
para diminuir a aversão que inspirava. Contrariamente à prática
dominante de casamentos realizados por interesses diplomáticos entre membros da nobreza, o casamento dela com Nicolau
II trazia o timbre de amor genuíno, coisa muito rara na Europa, nas uniões entre os muito nobres, ricos ou politicamente
poderosos. Na percepção geral, predominava o entendimento
de que o casamento de Alexandra com Nicolau era muito bem
sucedido. A hemofilia do filho caçula e herdeiro Alexei, que a
Grã-Duquesa Xenia, irmã de Nicolau, chamava de "a terrível
enfermidade da família inglesa", viria introduzir um elemento
novo na crença da família real nos "excepcionais" poderes atri-
buídos ao monge siberiano Grigori Rasputin (1869-1916) em
aplacar o sofrimento do futuro czar. Alexandra se sentia culpada
pela irremissível doença do filho. Sentimento que a isolava cada
vez mais de sua necessária e reclamada boa convivência com a
corte. Nesse ambiente de angústia, apareceu Rasputin, o monge

que fazia por merecer a má fama que desfrutava: rude, beberrão e debochado, levava uma vida dissoluta. Sob seus cuidados, porém, o infeliz herdeiro do trono renascia, enchendo de alegria o coração de toda a família imperial, particularmente da Czarina, que passou a recorrer cada vez mais à assistência do polêmico curandeiro. As fortes dores ciáticas que periodicamente acometiam a Imperatriz, não raro levando-a a se locomover em cadeira de roda, contribuíam, ainda mais, para o seu isolamento. Daí à propagação de que se tornara amante do monge xamânico foi um passo que alcançou todas as Rússias, aprofundando, ainda mais, o ódio dedicado à Czarina, em particular, e aos Romanov, em geral. Os rumores ganharam força com a publicação de algumas cartas trocadas entre eles. Num primeiro momento, O Czar reagiu, mandando Rasputin de retorno à Sibéria. A renovação do sofrimento do príncipe herdeiro, porém, logo trazia Rasputin de volta à sua cabeceira. A doutrina religiosa de Rasputin baseava-se no princípio nada ortodoxo que recomendava funda imersão do pecador, na prática do pecado, como meio de purgação. Seu sucesso foi tamanho que se formavam, diariamente, filas de clientes, sobretudo mulheres, em busca da redentora cura. Suas bacanais ficaram famosas, suscitando admiração e muita inveja, sentimento que o levaria à morte.

Com o ingresso da Rússia na Grande Guerra, em 1914, como aliada da França e da Inglaterra, Alexandra e Rasputin passaram a figurar como as personalidades mais odiadas do Império pela atribuição a eles da influência sobre o Imperador para entrar na guerra, passo considerado muito maior do que as pernas doe decadente Império, temor que viria a se materializar no primeiro trimestre de 1917. A Alemã, como Alexandra era chamada, pejorativamente, pelas massas, era, reiteradamente, comparada a Maria Antonieta, apelidada como "a austríaca", na responsabilidade pela débâcle da Monarquia Francesa, em fins do século XVIII.

A melancolia era a nota dominante na personalidade de Alessandra, como se vê na carta que escreveu à amiga Anna Vyrubova,

PARTE III – A REVOLUÇÃO RUSSA

em 1917: "Todo passado é um sonho do qual só restam lágrimas de mescla com algumas boas recordações. Tudo passa sobre a terra: casas e propriedades se arruínam, amigos desaparecem. Vive-se um dia depois do outro. Conforta-me saber que Deus está sempre presente em todas as coisas e a natureza não muda. Vejo ao redor um adorável mundo, ponteado por templos e colinas". A tímida Alessandra e as filhas mantinham um padrão de vida de perceptível austeridade material. Preferiam as roupas simples. Os vestidos usados pelas mais velhas eram repassados, sucessivamente, para as mais novas, realidade bem distante das vestes pomposas, acompanhadas de pesadas joias, nos momentos litúrgicos para as fotos oficiais. Para Alexandra, nada era comparável à reclusão do ambiente doméstico. Os bailes faustosos entediavam-na. Conta-se que um dia ela resolveu ir às compras como uma mulher do povo, na companhia de uma amiga, quando começou a chover, levando-as a entrar numa loja. O proprietário da loja advertiu-a, grosseiramente, para não molhar o seu assoalho com os pingos do guarda-chuva. Alexandra, acabrunhada, caminhou na direção da saída com a cabeça baixa. A amiga salvou a situação, informando o proprietário que ele estava diante da Imperatriz da Rússia. Imagine-se a estupefação do bodegueiro!

A REVOLUÇÃO DE 1917

Numa quinta-feira, 23 de fevereiro de 1917, Dia Internacional da Mulher, era primaveril a temperatura de -5° em São Petersburgo. Aquela era uma data muito valorizada no calendário socialista, quando uma multidão feminina, formada, sobretudo, por trabalhadoras no comércio e em escritórios, por volta do meio-dia, começou a marchar para o centro, reclamando equiparação de direitos com os homens. O desejo coletivo de fugir da forçada hibernação dos dois últimos meses, provocada pelo frio intenso, foi decisivo para o tamanho da passeata cívica que se formou sob a bem-vinda pequena tepidez solar. Tudo parecia singularmente agradável, até mesmo as famigeradas filas para comprar o "pão nosso de cada dia", fazendo o bom humor estampar-se em cada rosto.

Não demorou muito para a marcha se converter em protesto político engrossado com a presença de trabalhadores em greve, pedindo por "pão e abaixo o Czar", chegando, no fim do dia, a cerca de cem mil manifestantes. A multidão foi dispersada por veemente ação policial. No dia seguinte, 24/2, a marcha contou com 150 mil manifestantes, armados com canivetes, facas, martelos, pedaços de pau e de ferro, não apenas para se defenderem da ação policial, mas para arrombar os mercados de alimentos ao longo da elegante Avenida Nevsky. Ao chegar à Praça Namenskaya, a multidão foi acrescida de pessoas de todas as classes, estimuladas pela omissão policial que acompanhava, passivamente, os inflamados discursos dos diferentes oradores, aboletados na estrutura da grande estátua dedicada a Alexandre III, escrachado com o título de Hipopótamo, grafitado pelo povo. Encorajada pela ausência de repressão, a multidão, no dia seguinte, 25 de fevereiro, foi ainda maior, com a participação dos trabalhadores que entraram em greve geral. O movimento, então, ganhou feição nitidamente política, pedindo a queda do Czar e o fim da guerra. A polícia se dividiu entre os que continuavam obedientes ao Czar e os que aderiram ao movimento. O momento crucial ocorreu quando alguns manifestantes foram encurralados pela guarda cossaca e uma garotinha, destacando--se da multidão, dirigiu-se ao Comandante e lhe estendeu um buquê de rosas vermelhas. O Oficial desceu do cavalo e recebeu a prenda com toda delicadeza. Esse singelo episódio é apontado como um marco emocional no processo de adesão das tropas ao movimento popular, tornando-o irrefreável.

Analistas qualificados concluíram que mesmo naquele estágio, de tão evidente fragilidade, o Império ainda dispunha de lastro suficiente para reverter o panorama politicamente abissal em que foi lançado, por excessiva incompetência operacional

Parte III – A Revolução Russa

do Czar, se ao menos fosse evitado o conflito aberto com a população, desarvorada pela fome e pela desesperança. Em primeiro lugar, a fome deveria ser imediatamente aplacada com a distribuição de pão a mancheias, medida considerada prioridade nacional. Essa possibilidade era temida pelos revolucionários, a ponto de Alexander Shliapnikov (1885-1937), um dos mais influentes e operosos líderes bolcheviques, haver declarado que "se derem pão aos trabalhadores, o movimento murchará"! Como curiosidade, Schliapnikov foi mais um líder que Stalin mandaria matar, por fuzilamento, no dia 2 de setembro de 1937, dois dias depois de completar 52 anos.

Numa prova adicional do seu despreparo para governar, o Czar autorizou o General Sergei Khabalov (1858-1924), Chefe do Distrito Militar de Petrogrado, a dispersar com violência os manifestantes no dia seguinte, um domingo, 26 de fevereiro. De fato, consoante a vontade do Imperador, ruas e praças foram ocupadas por nervosos policiais e soldados da armada. Em torno do meio-dia, imensa multidão marchou das fábricas para a Avenida Nevsky, no centro da cidade, contra a qual a soldadesca abriu fogo de diferentes pontos. O maior massacre aconteceu na Praça Znamenskaia, resultando na morte de mais de 50 manifestantes, entre os quais dois soldados que aderiram ao movimento. Esse segundo domingo sangrento (o primeiro ocorrera em 1905) é considerado a gota d'água que tornou irreversível o fim da Monarquia, em razão da crescente adesão militar aos insurrectos, praticamente todos de sua mesma classe de sofrimentos, quando não membros de suas próprias famílias, pais, irmãos, primos, tios e cônjuges.

Crescentemente isolado, em seu poder repressivo, em Petrogrado, o Czar recorreu a tropas em guerra para debelar a crise interna, resultando em vergonhosa derrota aos olhos dos insurrectos como da vizinha e inimiga Alemanha. A insurreição popular, por sua vez, não obstante a repentina adesão militar que a tornava irreversível, carecia de um comando central, num momento em que as principais lideranças dos partidos que se opunham à Monarquia se encontravam no exílio, na prisão ou no exterior, não estando os seus seguidores, ora mesclados com a multidão, em condições de exercer a necessária coordenação.

Os primeiros a assumir essa liderança foram os Mencheviques Khrustalev-Nozar, Chkheidze e Skobelev que se juntaram a Alexander Kerensky (1881-1970), do Partido Socialista Revolucionário, que logo assumiu o comando da Duma e fundou o Comitê Executivo Provisório dos Trabalhadores Soviéticos e convocou uma assembleia geral para aquela mesma noite. Contrariamente ao que o título do Comitê sugeria, havia poucos trabalhadores compondo-o entre os 50 delegados e duzentos observadores que lotaram a sala enfumaçada da Assembleia dos Soviéticos. Em seus lugares sentaram-se intelectuais do Partido Socialista Soviético, dos Bolcheviques e dos Mencheviques, manobra vestibular do golpe final que adviria, liderado por Lenin. Daquele conturbado encontro nasceu a Associação Soviética dos Trabalhadores e Soldados de Petrogrado, conquista considerada entre ínfima e negativa pelos que queriam uma Rússia verdadeiramente dos trabalhadores. Já a soldadesca passou a ter uma posição de real destaque na nova Associação, destinada a eleger os seus representantes junto ao Parlamento Soviético. A diferença da representatividade em favor dos militares era perceptível pela pequena presença do azul das túnicas dos trabalhadores em comparação com o cinza do uniforme da tropa, mais de dois terços dos três mil representantes que se reuniram naquela assembleia inaugural, em Petrogrado, na noite de 28 de fevereiro de 1917.

A questão que mais imediatamente preocupava os que emergiam como líderes do movimento era o receio de que o esvaziamento do poder militar do Czar resultasse em anarquia pela ampliação das violências praticadas contra as pessoas que aparentassem maior distinção social e os assaltos a residências e lojas. Para abortar esse risco, seria necessário dar à soldadesca amotinada a garantia de que não haveria punição ao retornar aos respectivos destacamentos, de onde passariam a atuar em

PARTE III – A REVOLUÇÃO RUSSA

defesa dos interesses da nova ordem, ainda em estado larvar de organização, tão embrionário que os potenciais líderes do processo temiam uma reação das forças oficiais reaglutinadas. Por isso mesmo, nem de longe se cogitava a implantação de um governo socialista, uma vez que a condição de sociedade predominantemente agrária da Rússia, acreditava-se, tornava-a imprópria para mudança tão radical, consoante o receituário do Marxismo. Os líderes das três correntes – bolcheviques, mencheviques e soviéticos – pensavam que antes de passar ao socialismo, a Rússia teria de viver a experiência de um governo burguês-democrático. A contradição de um movimento que nasceu nas ruas, mas foi formatado nos gabinetes dos burocratas, levou Trotsky a diagnosticá-lo como um paradoxo. O acordo firmado em 1º de março regeria o Governo Provisório, carente de poder efetivo, até outubro.

Ao tomar conhecimento do levante, em Petrogrado, o Czar encontrava-se em Stavka, o centro militar russo, a quase dois mil km de distância, quando nomeou o General Ivanov, em substituição ao General Sergei Kabhalov, com a finalidade de restaurar a ordem e impor uma ditadura em Petrogrado, ao tempo em que se deslocava, de trem, para reencontrar a família na residência imperial em Tsarkso Selo, nos arredores da capital. A meio caminho, o Czar tomou conhecimento, através de generais amigos, de que, sem sua abdicação, haveria enorme derramamento de sangue que os comandantes militares decidiram evitar. Nicolau entendeu a mensagem e abdicou, aparentemente aliviado por retirar de seus ombros o pesado fardo de continuar à frente do Império. Um dos seus auxiliares mais próximos anotou em seu diário: "O Czar sentou-se, conversando tranquilamente. Apenas notava-se um ar pensativo e de tristeza em seus olhos que miravam um ponto indefinido, além de um certo nervosismo ao segurar o cigarro, reflexo de suas íntimas inquietações". Diante de seu juramento de assegurar a perpetuidade da autocracia imperial, a abdicação seria preferível à traição de se converter num Imperador constitucional. Abdicou em favor do filho e nomeou o irmão, o Grão-Duque Mikhail, para exercer a coroa durante a minoridade de Alexei. Ao ser anunciado um Príncipe para substituir o Czar, um homem do povo comentou em voz alta: "Então a revolução é isso: a troca do Czar por um príncipe"? O clamor da multidão, em Petrogrado, pelo fim da Monarquia, foi tão intenso, que Mikhail recusou a coroa. Sobretudo, depois de aconselhado por Alexander Kerensky a fazê-lo por questões de segurança. Mikhail seria assassinado em 11 de junho de 1918.

Por todas as Rússias, particularmente, em Petrogrado e Moscou, multidões desfilavam em álacre regozijo. Bandeiras eram desfraldadas nas partes mais altas das residências e casas comerciais. As celebrações contagiaram as populações rurais, agora mais confiantes do que nunca que, finalmente, teriam um pedaço de chão para chamar de seu. A Duma, Câmara dos Deputados da Rússia, publicou um documento em que dizia: "O mito, por todos conhecido, segundo o qual os campesinos russos são tão devotados ao seu Czar que não podem viver sem ele, acaba de ser destruído pela felicidade que se apossou de todos ao saberem de sua abdicação. Os campesinos agora sabem e dizem que o Czar se arruinou por si mesmo, ao arruinar o seu povo".

Os historiadores assentem em que a Revolução de fevereiro de 1917 foi feita para acabar com a Monarquia e não para implantar o comunismo. Os símbolos da revolução foram correntes partidas, o sol a pino, o trono e a coroa jogados ao chão. O que quer que lembrasse a Monarquia passou a ser execrado pelas massas.

A FATAL IMPOSSIBILIDADE DO DESTERRO E O GOVERNO KERENSKY

A ideia original de desterrar a família imperial na Inglaterra não prosperou em razão da retirada do convite pelo Rei George V, receoso de se indispor com o Partido dos Trabalhadores, o

Parte III – A Revolução Russa

Labour Party. Caso, porém, o monarca inglês tivesse suspeitado que a família imperial viria a ser sacrificada, outro, provavelmente, teria sido o curso dos acontecimentos, embora a reação popular ao anúncio do massacre da família real tenha sido marcada pela indiferença, fato que levou o diplomata, agente secreto e escritor inglês Robert Hamilton Bruce Lockart (1887-1970) a dizer, em seu livro de 1932, *Memoirs of a British Agent*, que "politicamente, o Imperador morreu com a Revolução de fevereiro de 1917".

A CRISE DO GOVERNO PROVISÓRIO

Dos nomes anunciados para compor o Governo Provisório, só o do social-democrata Alexander Kerensky (1881-1970) foi calorosamente recebido pelo povo. Ele foi o segundo e último Primeiro Ministro do Governo Provisório, ocupando o posto de julho a novembro de 1917. Em sua breve gestão, o prestígio de Kerensky oscilou da glorificação dos céus para o máximo desprestígio, como disse sua mulher referindo-se ao caso Kornilov: "O herói do povo, na primavera, converteu-se em vilão no outono". O caso Kornilov figurou como uma tentativa de golpe militar pelo comandante do Exército Russo, General Lavr Kornilov, entre os dias 10 e 13 de setembro de 1917, contra o Governo Provisório chefiado por Kerensky e pelo Soviet de Petrogrado. Detalhes e motivações do episódio nunca ficaram suficientemente esclarecidos em face da confusão reinante na estrutura do poder russo, não obstante conspícuas tentativas tenham sido feitas por respeitáveis historiadores do período. A indignação popular atingiu o ápice quando, em meados de julho de 1917, Kerensky, braço na tipoia, compareceu à linha de frente das tropas russas com o propósito de levantar o moral bélico, concitando-as a lutar com brio para defender os valores anciãos da pátria contra os "invasores e detestáveis" alemães. A teatral ofensiva produziu um efeito oposto ao desejado, em razão das frustrações e dos sofrimentos acumulados com a participação russa na Primeira Grande Guerra, materializando-se na rebelião que se instalou contra o Governo Provisório. O descontentamento alcançou os meios produtivos. Kerensky manobrou, atraindo Kornilov e dando-lhe o comando das tropas russas, cuja falta de disciplina era o principal fator de seu mau desempenho. Os militares russos, com Kornilov à frente, desejavam interromper a Revolução, sobretudo a influência nela dos Bolcheviques. Tão logo assumiu o comando militar, Kornilov concentrou tropas em Petrogrado com o propósito de dissolver o Soviet. Nunca ficou esclarecido se a intenção de Kornilov era impor uma ditadura ou se agiu sob as ordens de Kerensky. A verdade é que não poderia passar pela cabeça de Kerensky a hipótese de permitir que um general, afinado com o *ancien* regime, tivesse Petrogrado sob a mira de suas armas. Por isso, em 10 de setembro, Kerensky enviou a Kornilov um telegrama demitindo-o e ordenando-lhe que şe apresentasse em Petrogrado. Contrariando as ordens de Kerensky, Kornilov, com apoio do General britânico Alfred Knox, apressou-se na direção de Petrogrado, então sob o controle dos Bolcheviques, onde um esquadrão britânico, trajando uniforme russo, também participou do golpe. Na sequência, enquanto o Governo Provisório se articulava para abortar o golpe, o Soviet adotou medidas institucionais para neutralizar o avanço de Kornilov. Uma delas foi a criação do Comitê de Luta para enfrentar a Contrarrevolução, cujos membros eram representantes nacionais dos trabalhadores urbanos e rurais e dos soldados. Foram criados, também, o Soviet de Petrogrado, o Conselho Central das Organizações Privadas, o Partido Social Revolucionário e o Partido Menchevique. Os Bolcheviques eram os membros mais influentes desse comitê, em face de sua penetração nas classes mais pobres, precisamente as mais numerosas. Uma de suas missões mais importantes era convencer a soldadesca, sob o comando de Kornilov, a não colaborar para o retorno de um governo que a escravizou por séculos. A operação esvaziamento foi tão eficaz, com deserção em massa, que o Golpe de Kornilov

PARTE III – A REVOLUÇÃO RUSSA

ficou na intenção, chegando ao fim sem derramar sangue. Paralelamente ao aprisionamento de Kornilov com mais trinta oficiais, o Governo Provisório perdeu credibilidade e sustentação, vindo a encerrar suas atividades. Logo depois do golpe bolchevique, liderado por Lenin, o General Kornilov escapou da prisão e fundou o Exército Voluntário para enfrentar a Revolução Comunista, em curso de implantação, vindo a morrer em campo de batalha em abril de 1918. O Partido Bolchevique foi o grande beneficiário do Golpe ou Caso Kornilov, a começar pela soltura dos seus correligionários, presos durante o Golpe, quando Lenin, acusado de traição por estar na folha de pagamento dos alemães, fugira para a Finlândia. Além disso, a Organização Militar Bolchevique foi modernizada de um modo que veio a calhar para os propósitos de dominação comunista. Tudo isso, a começar pelo abortamento do golpe de Kornilov, contribuiu para elevar o prestígio dos Bolcheviques perante a opinião pública, facilitando muito a extinção do Governo Provisório e sua ascensão ao poder sob a liderança maior de Lenin. Fragmentos de poder que remanesceram do fim do Governo Provisório, alimentados pelos ressentimentos que resultaram do tratamento que Kerensky dispensou a Kornilov e a outros oficiais de prestígio na tropa, se articularam para pôr fim ao domínio Bolchevique, iniciado em outubro de 1917.

Entre as diferentes versões esposadas por historiadores, em torno da natureza das relações entre Kerensky, chefe do Governo Provisório, e Kornilov, comandante em chefe das forças russas, ganha relevo a que sustenta que Kerensky induziu Kornilov a dar o golpe, com o propósito de esmaga-lo, em seguida, de modo a figurar como herói nacional, deixando claras as distinções entre o socialismo marxista, em curso de implantação, e as forças conservadoras vinculadas a um passado que a maioria do povo russo desejava sepultar. Observe-se que Kerensky era o chefe do governo que o golpe de Kornilov se destinaria a depor. Sem dúvida, uma situação complicada para ser compreendida quando não se conhece a tessitura de bastidores que a explique, uma vez que resultou num modo claro e oportuno de separar a esquerda revolucionária da direita conservadora e monárquica, objetivo com o qual Kornilov não poderia estar de acordo. Kerensky viria a explicar o episódio como uma conspiração da direita que se desenvolveu "vagarosa e sistematicamente, com todas as possibilidades de sucesso ou fracasso friamente calculadas". Kornilov, por seu turno, disse que Kerensky entrou na conspiração depois de muita análise e reflexão. Em 1966, numa entrevista concedida ao jornalista russo Genrikh Borovik, Kerensky, aos 85 anos, acrescentou a versão de que Winston Churchill teria participado, ativamente, da tentativa de golpe.

O historiador americano Harvey Asher, em suas pesquisas de doutorado concluiu que Kerensky e Kornilov fizeram um acordo para restaurar, por via militar, a ordem em colapso na Rússia revolucionária. Ao saber, através de Lvov, que Kornilov queria implantar uma ditadura, Kerensky recuou por receio de vir a ser apeado do poder. Segundo o historiador britânico John Keegan, Kornilov, ao comandar o golpe, estava a serviço de um grupo, conquanto não tenha sido capaz de nominar os seus integrantes. Antes desses dois historiadores, o britânico Alan John Percival Taylor (1906-1990), especialista em diplomacia europeia dos séculos XIX e XX, além de radialista e jornalista extremamente popular, aplaudido pelas academias e pela voz das ruas, descrito por Richard Overy como o "Macaulay de nossa época`, acreditava que Kerensky estimulou o golpe até perceber que Kornilov, ao contrário de aliado, iria destruir os Bolcheviques, o próprio Kerensky e qualquer traço de democracia. Do ponto de vista do consagrado historiador americano Richard Pipes, no seu clássico *The Russian Revolution: 1899-1919*, não houve um "Golpe de Kornilov", mas um "Golpe de Kerensky", concebido para desqualificar o General Kornilov como o cabeça de uma imaginária contrarrevolução, cuja supressão elevaria seu prestígio revolucionário e poder efetivo às alturas, bem como representaria uma proteção contra a latente ameaça do voluntarismo Bolchevique.

No que todos concordam é que nada foi tão importante para viabilizar o avanço Bolchevique quanto o episódio Kornilov, re-

PARTE III – A REVOLUÇÃO RUSSA

conhecido por Trotsky em sua autobiografia, *My Life*, com as seguintes palavras: "O exército que se levantou contra Kornilov foi o exército ideal para a Revolução de Outubro".

Vladmir Lvov (1872-1930), mais uma personalidade de vida aventurosa a participar da Revolução de 1917, exerceu um papel relevante na construção da natureza dúbia das relações entre Kerensky e Kornilov. O revolucionário Lvov era de família nobre, como Lenin. Participou com destaque, desde muito cedo, da luta para derrubar a Monarquia. Após a Revolução de 1917, integrou o Governo Provisório. Apesar de ter sido marcante sua contribuição para que Kerensky fosse eleito Presidente ou Primeiro Ministro, ele não foi convidado para compor o novo Gabinete. Mais tarde, seria acusado de se haver aliado ao golpe liderado por Kornilov. Com a tomada do poder pelos Bolcheviques, em outubro de 1917, Vladmir Lvov fugiu, sucessivamente, para a Sibéria, Tóquio e, finalmente, França, só retornando à Rússia em 1922. Apesar de perseguido, seu talento o mantinha empregado em várias instituições culturais. Em 1927 foi detido com outros funcionários do "Iskra", sob a acusação de participar de uma contrarrevolução econômica. Foi exilado na Sibéria e libertado em 1929. Novamente preso, morreria no hospital da prisão de Tomsk de causas pouco convincentes. O Iskra, que significa "centelha ou faísca" em russo, foi, inicialmente, um jornal político de propagação das ideias marxistas. Foi impresso pela primeira vez na Alemanha, em 1901. Contou com a colaboração de gente como Lenin, Georgi Plakhanov, Aleksandr Parvus e Trotski. Nesta terceira década do século XXI, o Iskra é um site muito ativo na promoção de livros, ideias e objetos de propagação do marxismo.

A TRADIÇÃO TOTALITÁRIA DA RÚSSIA

Em 1917, o povo russo não tinha a menor ideia do que fosse uma democracia. O sentimento que predominava era uma rejeição ao opressivo totalitarismo monárquico, motivação que se estendia a qualquer tipo de autoridade, como juízes, policiais, membros da Administração Pública, padres, professores, patrões, maridos, patriarcas e sábios. Recorde-se que a Rússia nunca passou pela experiência democrática, do mesmo modo que a China e todas as nações do Globo, até o advento da Revolução Americana. A Revolução de 1917 deflagrou um grande número de revoluções identitárias, massa de manobra ideal para o golpe que, sob a regência de Lenin o socialismo aplicou, isolando as correntes solidárias dos Mencheviques e social-democratas. O regime que, em fins do século XX, sucedeu o comunismo na Rússia é o fascismo, adaptado às características locais, como tem acontecido onde quer que o comunismo tenha sido implantado.

Naquele contexto, entre fevereiro e outubro de 1917, coexistia a dualidade de poder partilhada pelo Governo Provisório e o Soviet ("Conselho", em russo), criado pelos soldados e trabalhadores em 1905, através do qual exerciam seu poder legislativo e executivo. O exercício desses poderes era muito limitado nas regiões remotas da Rússia, cuja permanência na guerra, extremamente fragilizada, facilitou o golpe comunista. A guerra foi o divisor de águas entre as alas ideológicas do Governo Provisório. Enquanto os esquerdistas viam a Revolução como um meio de afastar a Rússia da Guerra, a ala direita via a continuidade da guerra como um mecanismo para abortar a Revolução.

O episódio Kornilov deu a Lenin e seguidores a tranquilizadora perspectiva de empolgar o poder por via política. Kamenev (Lev Borisovich Kamenev, 1883-1936) foi encarregado de alcançar esse crucial objetivo. Para tanto, foi apontado Presidente do Soviet de Moscou e vice-presidente de Lenin no Conselho dos Comissários do Povo, do Trabalho e da Defesa. Ele era Bolchevique, pertencente ao Partido Social Democrata Obreiro Russo (PSDOR) e um dos líderes da Revolução de 1917. De família judia pobre, abandonou seu sobrenome original, Rosenfeld. Sua educação foi prioridade familiar, interrompida por uma prisão política em 1902, episódio que o transformou num revolucioná-

PARTE III – A REVOLUÇÃO RUSSA

rio profissional. De seu casamento com Olga Kameneva (1883-1941), irmã de Trotsky, ambos ainda muito jovens, nasceram dois filhos. Ele conheceu, no ano seguinte, 1918, Lenin e outros líderes Bolcheviques exilados no exterior. Num primeiro momento, Kamenev incorporou-se ao esforço geral para atrair o SRs e os Mencheviques, levando-os a quebrar a aliança com os liberais. Diferentemente de Lenin, ele dizia que os Bolcheviques deveriam buscar e legitimar o poder dentro do Soviet e ao lado das instituições democráticas, aliadas na Revolução de Fevereiro de 1917. Por sua sobranceria, Kamenev foi isolado na estrutura do poder Bolchevique, de onde seria expulso em 1932 ao lado de Zinoviev e outros refratários à liderança despótica de Stalin. O caso Ryutin, uma das últimas tentativas de defenestrar Josef Stalin do comando do Partido Comunista, foi a gota d'água.

Martemyan Ryutin (1890-1937) foi secretário do Comitê de Moscou do Partido Comunista na década de 1920. Entre fins de 1927 e meados de 1930, ele foi membro do Comitê Central do Partido Comunista, representando a ala moderada, liderada por Nikolai Bukharin (1888-1938) e pelo Primeiro Ministro Alexei Rykov (1881-1938). Na juventude, Bukharin trabalhou, no exílio, ao lado de Lenin e Trotsky. Quando os últimos aliados dessa corrente foram afastados do poder por Stalin, entre 1928 e 1930, Ryutin estava entre eles, sendo igualmente expulso do Partido e preso em seguida, vindo a ser libertado três meses depois e readmitido no Partido, não demorando a voltar a cair, em razão de sua invencível antipatia a Stalin que, finalmente, havia se livrado de praticamente todos os seus inimigos. Decidido a opor sua ação ao poder totalitário de Stalin, Ryutin optou por atuar nos bastidores. Produziu um extenso documento intitulado Plataforma dos Marxistas-Leninistas em que dirigiu um "Apelo a todos os membros do Partido Comunista (Bolchevique)". O documento ficou conhecido, também, como A Plataforma de Ryutin. Uma das propostas mais marcantes era o fim da coletivização forçada do processo de produção, chamada de "paz para o campesinato" que mereceu, desde o início, o re-

379

JOACI GÓES

púdio geral; outra proposta foi a redução da excessiva carga de trabalho imposta por metas de produção industrial e agrícola, inteiramente divorciadas da realidade; também impactante foi a proposta de readmissão de todos os membros expulsos do Partido Comunista, independentemente de sua inclinação maior ou menor para a esquerda, com referência especial ao nome de León Trotsky. No documento, Stalin é referido como Coveiro da Revolução e Gênio Diabólico do Partido e da Revolução. Repetindo Bukharin, Ryutin disse que, "sem a eliminação de Stalin, é impossível restaurar a saúde do Partido e do país". A polícia secreta de Stalin, porém, a OGPU, logo inteirada de tudo, prendeu e expulsou Ryutin do Partido, junto com vários dos seus seguidores. A OGPU, que substituiu a Cheka e foi sucedida pela NKVD, operou nos 12 anos compreendidos entre 1922 e 1934. O significado da sigla OGPU, em russo, era Diretório Político dos Estados Reunidos. Teoricamente, deveria operar com menor alcance do que a Cheka. A partir de 1926, porém, Stalin ampliou, significativamente, o seu alcance operacional, para se ajustar ao novo código penal que tipificou os crimes de "terrorismo contra o Estado" de um modo que ensejava interpretações vagas e flexíveis. Na prática, crime contra o Estado era tudo que Stalin entendesse como tal. Basta dizer que o enquadramento nesse tipo de crime dispensava provas de qualquer natureza, inclusive as testemunhais. A façanha mais espetacular, comandada pela OGPU, foi a Operação Confiança (Trust), transcorrida no biênio 1924-25, que serve, também, para revelar o caráter nebuloso de Stalin. Agentes da OGPU contactaram emigrantes russos em diferentes países da Europa Ocidental, com o falso propósito de organizar um grande movimento para derrubar o regime comunista. Ao movimento foi dado o nome de Confiança (Trust). Choveu recursos para o movimento, provindos de ricos exilados russos, bem como de agências estrangeiras. Até que um grande peixe caiu na rede: o legendário aventureiro russo Sidney George Reilly (1873-1925), agente secreto da Scotland Yard, conhecido como o Ás dos Espiões. Ele é apontado como o precursor do

380

PARTE III – A REVOLUÇÃO RUSSA

moderno serviço de espionagem britânico. Afirma-se que operou como espião de quatro diferentes grandes nações, atividade em que se iniciou, ainda muito jovem, na década de 1890. Dentre outras experiências arriscadas, ele operou na Manchúria, às vésperas da guerra russo-japonesa de 1904-05, bem como na tentativa de golpe contra Lenin, em 1918.

Sidney Reilly cometeu a imprudência fatal de penetrar na Rússia para se encontrar com o comando da Operação Confiança, onde foi preso e assassinado. Seu nome e suas façanhas tornaram-se extremamente populares, como dos mais espetaculares no campo da espionagem mundo afora. Os jornais o elegeram o "maior espião da história", apelidando-o de o Scarlet Pimpernel da Rússia Vermelha. Ele serviu de modelo para Ian Fleming criar James Bond. Numa palavra: ele é aclamado como "a personalidade dominante na mitologia da moderna espionagem britânica".

Para a ditadura comunista a Operação Confiança foi um sucesso, não apenas pelo grande número de "traidores" que Stalin mandou matar, como pelo clima de pânico que infundiu na alma do povo russo, parcela ponderável do qual foi enviada para penar e morrer nos Gulags, criação macabra da OGPU, encarregada, também, de perseguir implacavelmente os membros da Igreja Ortodoxa Russa, do Catolicismo das mais diferentes vertentes, do Islamismo ou de outra religião qualquer. Afinal de contas, "a religião é o ópio do povo". Toda dissidência política seria punida com o fuzilamento ou desterro nos campos de concentração para morrer de fome, de frio ou de doenças. Em julho de 1934, a OGPU receberia o nome de NKVD, sigla que em russo significa Comissariado do Povo para Negócios Interiores. Em sua versão final, esse temível aparato de perseguição política receberia o muito conhecido nome de KGB, sigla para Comitê para a Segurança do Estado.

JOACI GÓES

OS GULAGS

Os Gulags foram campos de trabalhos forçados criados na União Soviética para punir e obter trabalho de prisioneiros por crimes comuns (furto, roubo, agressão, vadiagem, estupro e homicídio) e políticos, praticados contra o regime comunista. Entre 1930 e 1960, pelos gulags passaram cerca de oito milhões de prisioneiros, o que perfaz um crescimento médio, de ano para ano, da ordem de duzentos e setenta mil detentos. A resistência política foi sempre considerada o mais grave dos crimes e seus praticantes, inclusive dissidentes como Trotsky e Bucharin, eram chamados de "pessoas infames", sob o governo despótico de Stalin. Por isso, a grande maioria era composta por críticos do regime. Antes da Revolução Bolchevique, o Gulag era denominado Katorga, onde se cumpriam as penas de sempre: prisão, trabalhos forçados e pena de morte. A fome, o frio e longas jornadas de trabalhos, de padrão escravista, eram elementos complementares das penas, cumpridas, preferencialmente, na Sibéria e na Ucrânia. Tudo em sintonia com a tradicional ausência de espírito democrático que regeu a milenar, autocrática e múltipla sociedade russa, onde até o canibalismo foi praticado (Veja-se, no Netflix, o filme *A Sombra de Stalin*, em que o personagem central é o jornalista galês, Gareth Jones, 1905-1935, assassinado na véspera de completar trinta anos, por haver denunciado ao mundo a miséria humana predominante na Rússia, em geral, e na Ucrânia, em particuplar). De novo, apenas o agravamento da violência sob o governo de Stalin, inclusive no plano religioso. Coerentes com esse arraigado espírito de intolerância histórica, as Rússias de todos os tempos passaram por numerosos conflitos internos e externos. Na terceira década do terceiro milênio, a Coreia do Norte mantém "campos educacionais", para converter os "doentes" adversários do regime, no mesmo padrão de violência dos gulags.

Entre a fundação dos gulags, em abril de 1930, e a morte de Stalin, em 1953, a população carcerária cresceu, continuamente,

382

PARTE III – A REVOLUÇÃO RUSSA

de 180 mil para dois milhões e meio, passando pela seguinte progressão: 510.000, em 1934; 1.880.000, em 1938; diminuindo, gradativamente, durante os anos da guerra, quando muitos encarcerados passaram ao serviço militar, chegando a 1.180.000, em 1944, subindo a 2.500.00, no ano seguinte, 1945, mantendo esse número até 1953, com a morte de Stalin. O número total de detentos nos gulags stalinistas subiu a 18 milhões!! A esse elevado número, somam-se quatro milhões de prisioneiros de guerra e cerca de seis milhões de camponeses que foram punidos durante a impositiva política de coletivização, consistente na "reeducação das pessoas, para substituírem a capitalista visão egoística pela consciência social de ser parte de um todo coletivo". Ainda continuam os estudos para precisar quantos morreram dessa gigantesca população de 28 milhões de pessoas encarceradas, quarenta vezes maior do que a população carcerária brasileira, a quarta maior do planeta, neste terceiro milênio, que é da ordem de 700.000 (setecentos mil) presos.

RETORNANDO A KAMENEV E A RYUTIN

Segundo vários historiadores, passou a existir no Politburo uma divisão entre moderados e extremistas. Politburo era o comitê executivo dos Partidos Comunistas. Stalin defendeu a pena de morte para Ryutin sob a alegação de que a "Plataforma Ryutin" inspirava assassinatos e atos terroristas contra o Estado. Os moderados, com base em Lenin, que era contrário ao derramamento de sangue para punir dissidentes Bolcheviques, opuseram-se, com Serguei Kirov (1886-1934) à frente, apoiado por muitos, entre os quais Yan Rudzutak (1887-1938), Stanislav Kosior (1889-1939), Sergo Ordzhonikidze (1886-1937) e Valerian Kuibyshev (1888-1935). Com Stalin ficou, apenas, o longevo Lazar Kaganovitch (1893-1991). Essa versão tem sido contestada por falta de evidências históricas, inclusive porque não ficaram registros dessas reuniões. De efetivo, resultou a

383

condenação de Ryutin a 10 anos de prisão e 29 outros receberam penas individualizadas. Grigory Zinoviev e Lev Kamenev foram expulsos do Partido e exilados nos Urais. Mais tarde, uniram-se a Trotsky numa conspiração contra Stalin. Trotsky definiu o bloco como um mecanismo para combater a violência stalinista. Ryutin foi executado em 1937, na Grande Purga que matou Bukharin, Zinoviev, Kamenev, Rudzutak, Kosior e a grande maioria dos antigos Bolcheviques. Antes, em 1933, depois de se submeterem a uma autoflagelação política, Kamenev e Zinoviev retornaram ao círculo de Stalin que os expôs a todo tipo de humilhação. Em meados de 1936, Zinoviev, Kamenev e mais uma dúzia de velhos Bolcheviques foram condenados por haverem matado Kirov e conspirado para assassinar Stalin e outros líderes. Segundo gritantes evidências, foi Stalin quem mandou matar Serguei Kirov. Kamenev foi executado em 25 de agosto de 1936. Esse processo, que foi sediado em Moscou, serviu de modelo para uma onda de caça às bruxas perpetrada por Stalin, resultando em grande número de condenações de velhos aliados, todos eles inocentados mais de meio século depois, em 1988.

Não foi melhor o destino que Stalin reservou para os familiares de Kamenev. Seu segundo filho, Yu Kamenev, foi executado em 30 de janeiro de 1938, aos 17 anos, seguido do mais velho, Al Kamenev, oficial da força aérea, em 15 de julho de 1939, aos 33 anos. Olga, a primeira esposa, foi fuzilada em 11 de setembro de 1941, na Floresta Medvedev, em Oriol, um ano depois do assassinato do irmão León Trotsky, no México, a mando de Stalin, ao lado do revolucionário búlgaro e diplomata soviético Christian Rakovski (1873-1941), da revolucionária russa Maria Spiridonova (1884-1941) e mais 160 destacados prisioneiros políticos. Esse genocídio ocorreu durante a invasão da Rússia pelas tropas de Hitler, em 1941. Da família de Kamenev só sobreviveu das prisões e campos de trabalhos forçados de Stalin o filho caçula, Vladimir Glebov, que viveu até 1994.

Para se ter uma ideia da implacabilidade, sem rival, de Joseph Stalin, a revolucionária Maria Spiridonova, apesar de ha-

PARTE III – A REVOLUÇÃO RUSSA

ver cumprido uma das biografias mais intimoratas da história, não mereceu sua mínima complacência. Em janeiro de 1906, aos 21 anos, ela matou o chefe da ordem pública de um distrito, Gavril Nikolayevich Luzhenovsky, líder de uma brutal repressão policial, durante a Revolução de 1905, em plena estação ferroviária de Borisoglebsk, disparando cinco vezes contra o seu rosto. Presa em flagrante, foi condenada à morte. Além dos rotineiros abusos sexuais que a guarda praticava contra os prisioneiros, sobretudo mulheres, ela foi arrastada, amarrada e nua, corredores e degraus abaixo e acima, além de queimada nos seios e na vagina com brasas de cigarros e charutos, sem falar nos repetidos espancamentos. A divulgação das torturas contra ela praticadas colocou parte da opinião pública em seu favor, daí resultando a comutação da pena de morte em prisão perpétua, a ser cumprida na Sibéria. Depois de onze anos de prisão, ela foi libertada pela Revolução de 1917, convertendo-se em líder natural da esquerda do Partido Socialista Revolucionário que defendia a presença do campesinato ao lado dos proletários, tendo a reforma agrária como sua reivindicação maior, mediante a concessão de pequenas propriedades rurais, proposta que soava burguesa, portanto, contrarrevolucionária, aos ouvidos do ideário marxista dos Bolcheviques. Por suas firmes posições, Spiridinova foi presa por largo tempo. Segundo suas confissões, durante o cárcere, a Louise Bryant (1885-1936), feminista, esposa do jornalista americano John Reed (1887-1920), conhecido pelo livro *Dez dias que abalaram o Mundo*, sobre os acontecimentos da Revolução Bolchevique de outubro de 1917, ela era acordada no meio da noite com a informação de se preparar para ser fuzilada. De nada valeu sua fidelidade à causa operária para ser poupada, como nesta afirmação registrada por John Reed: "Os operários russos têm diante de si perspectivas inéditas. Todos os movimentos revolucionários do proletariado, até o presente, não vingaram. O de agora vingará porque é internacional e, por isso, invencível. Não há força no mundo capaz de extinguir este fogo revolucionário. Um novo mundo nasce sobre os escombros do velho".

JOACI GÓES

Os bolcheviques haviam aprendido, com Marx, a importância, para o êxito revolucionário, do afrouxamento dos laços afetivos familiares, conspurcados pelo afeto e religiosidade. Nessa, como em outras questões, era de fundamental importância alterar os valores da convivência moldados pelo *status quo* burguês, com vistas à formação de um novo ser integrado às aspirações coletivas de igualdade, acima de dominadores e injustos critérios meritocráticos. O primeiro passo seria retirar os casamentos e divórcios dos domínios da Igreja e do controle legal oficial, viabilizando-os através de um simples registro para controle do Governo Popular. A medida resultou no maior número de divórcios que o mundo, até então, havia conhecido.

O PROBLEMA HABITACIONAL

A sugestão adotada para superar a gritante escassez de moradias foi a de destinar um quarto para acomodar uma família, com o usufruto coletivo dos espaços comuns, como a sala de estar, a cozinha e o sanitário. Segundo os bolcheviques, essa convivência forçada facilitaria o avanço na direção das famílias comunitárias, em que todos integrariam uma grande família coletiva, em lugar das prejudiciais e burguesas famílias individuais. "Temos que resgatar nossas crianças da nefasta influência familiar e nacionalizá-las", diziam. As escolas eram implantadas para serem microcosmos da nova sociedade em formação, imune às deletérias influências dos valores tradicionais, conforme gráficos e textos pregados nas paredes de todas as construções. Para exercitar sua fidelidade a esse novo mundo redentor, as crianças eram premiadas por delatar pais e professores flagrados em atos de hostilidade ao novo regime. O maniqueísmo dominante fazia do Exército Vermelho a expressão máxima dos mais elevados valores, enquanto o Exército Branco representava a expressão do mal. As crianças eram fardadas de vermelho para guerrear contra o mal, tudo que por atos ou palavras contestasse a perfeição do

PARTE III – A REVOLUÇÃO RUSSA

Regime. Contra esses inimigos, nenhuma violência era excessiva. O fim dos espaços privados tradicionais seria, apenas, uma questão de tempo, ensinavam os mestres do Marxismo. Para facilitar o processo, as novas construções passaram a ser concebidas em sintonia com essa perspectiva, sendo, por isso, mais confortáveis, diziam. A educação, por sua vez, era a chave para a construção do socialismo marxista. "As crianças, como cera mole, são muito flexíveis; uma vez doutrinadas, transformar-se-ão em comunistas leais", ensinavam, repetindo a propaganda. Impúberes, ainda, as crianças faziam o juramento solene de lealdade ao Regime.

A partir de 1925, um quinto de todas as crianças passaram a integrar o futuro quadro das tropas vermelhas, percentual que foi crescendo com o passar dos anos. O lenço carmim sobre a camisa branca, bandeiras e hinos patrióticos, além de exercícios físicos e a prática de esportes, davam a elas uma sensação de importância e de protagonismo nas grandes causas nacionais. Exatamente como fazia o fascismo. Sem tirar nem pôr. Os excluídos, sobretudo por sua origem burguesa, começavam muito cedo o seu intenso penar. Aos quinze anos, as crianças passavam a integrar a prestigiosa Liga da Juventude Comunista, primeiro passo para compor a poderosa nomenklatura, a elite burocrática que partilhava das benesses do poder, em troca da lealdade. Os informantes e espiões integravam a elite desses colaboradores. Com isso, garantia-se a continuidade da corrente revolucionária com as novas gerações.

O novo vestuário tinha também o propósito de eliminar os traços da opressora família patriarcal, realimentadora do ambiente de dominação de uma grande maioria de explorados por uma minoria detentora dos meios de produção. Em lugar de guarda-roupas individuais ou familiares, haveria guarda-roupas coletivos, em que cada qual vestiria de acordo com suas necessidades. Os dormitórios coletivos eram divididos em três áreas: uma para homens, outra para mulheres e uma terceira composta de células privadas, para os encontros sexuais. O escritor russo Evgéni Ivanovitch Zamiátin (1884-1937), traduzido para o português como Eugene Zamiatin ou Eugene Zamiatine, tornou-se mundialmente conhecido pelas acerbas críticas que fez a esses modelos bolcheviques em seu romance *Nós*, que teve marcante influência no livro de Aldouxs Huxley, *Admirável Mundo Novo*, no de George Orwell, *1984*, e *Antena*, de Ayn Rand. Entusiasta apoiador da Revolução Bolchevique, Zamiatin passou a criticá-la em face da desabrida violência e traição de seus postulados culminando com o romance *Nós* que o levou a cair em desgraça. Salvo da morte por Máximo Gorki, Zamiatin exilou-se em Paris, em 1931, onde morreu, em 1937, na mais completa pobreza, aos 53 anos.

PRIMEIRA GUERRA MUNDIAL

Na sequência do assassinato do herdeiro do trono austro--húngaro, arquiduque Francisco Fernando, a 28 de junho de 1914, o Czar Nicolau II ficou atônito, sem saber como reagir. O Império Russo e o Reino da Sérvia eram aliados entre si, do mesmo modo o Império Alemão e o Império Austro-Húngaro. Conflitos territoriais entre Alemanha e França e entre Áustria e Sérvia resultaram em alianças por toda a Europa. Grandes alianças eram mantidas em segredo, como a Tríplice Entente, entre França, Grã-Bretanha e Rússia, e a Tríplice Aliança, entre a Alemanha, Áustria e, por último, a Itália. O assassinato de Francisco Fernando deflagrou uma reação em cadeia, produzindo um emaranhado diplomático que resultou na Primeira Grande Guerra. Nicolau queria conciliar o inconciliável: ser leal à Sérvia, sem brigar com ninguém, sobretudo diante de um quadro que prometia uma guerra geral, como, de fato, viria acontecer.

FASE FINAL DO CZARISMO

Um mês depois de muitas idas e vindas, Nicolau, ignorando conselhos bem lastreados, autorizou a mobilização das tropas russas, pondo-as em estado de alerta, numa posição que repre-

PARTE III – A REVOLUÇÃO RUSSA

sentava uma ameaça para as fronteiras da Alemanha e da Áustria que a interpretaram como uma declaração de guerra. A partir daí, a Áustria declarou guerra à Sérvia. Grã-Bretanha e França declararam-se solidárias com sua aliada, a Rússia. Apesar da inoportunidade da iniciativa, a Rússia consolidou o erro de sua mobilização, ainda que confiasse na emergência de uma saída capaz de abortar o nascente conflito. A Alemanha retrucou que não haveria negociações se a Rússia não desmobilizasse suas tropas no curso das 12 horas seguintes. Diante da recusa russa, o embaixador alemão em São Petersburgo reiterou o apelo por três vezes sucessivas. Sem sucesso, entregou ao ministro russo do exterior, Sergey Dmitrievich Sazonov (1860-1927), uma nota, seguida de um aperto de mão, declarando que aceitava o embate. Um gesto coletivo de insensatez que resultou na eliminação de vinte milhões de vidas humanas, numa guerra iniciada a 1º de agosto de 1914! Mais grave ainda, quando se sabe que a Rússia se encontrava inteiramente despreparada para ferir um conflito de tamanhas proporções, sobretudo contra um adversário como a Alemanha, dotado de um exército numeroso e muito bem treinado, apoiado numa infraestrura bélica e de transporte incomparavelmente superior à russa, como os fatos vieram comprovar. Aqui e ali, os russos obtiveram algum êxito nas refregas contra os exércitos austro-húngaro e do Império Otomano, mas nunca contra as forças alemãs. Na sequência do conflito, os russos sofreram reveses acachapantes.

Na fase inicial da Primeira Guerra Mundial, na Batalha da Galícia (nada a ver com a Galícia espanhola), região hoje dividida entre a Polônia e a Ucrânia, os russos chegaram a obter uma importante vitória contra o Império Austro-Húngaro, ocupando Lemberg durante nove meses, quando chegaram as tropas alemãs que os expulsaram do modo assim descrito pelo general russo Anton Denikin: "A artilharia pesada alemã varreu todas as linhas de trincheira com seus defensores. Respondemos com determinação, embora nada tivéssemos para dar eficácia à nossa reação. Nossas exaustas unidades militares reagiam com baio-

JOACI GÓES

netas aos sucessivos ataques. O sangue jorrava com abundância, enquanto nossas fileiras ficavam cada vez mais tênues, e se multiplicavam os túmulos"! Segundo estimativas do general russo Nicolau Golovine, 1.300.000 morreram em ação; 4.200.000 foram feridos, dos quais 350.000 vieram a morrer, e 2.400.000 foram feitos prisioneiros.

As notícias das derrotas, no *front* da guerra, geraram revoltas populares por toda a nação russa. Inicialmente, contra tudo que lembrasse a Alemanha, sobretudo pessoas ou organizações de nome alemão, passando, em seguida, contra a família imperial, com a internação da Imperatriz num convento, o enforcamento de Rasputin e a deposição do Czar. O Imperador Nicolau, surdo aos conselhos dos mais experientes, continuava acumulando erros fatais. A mudança do nome de São Petersburgo para Petrogrado era muito pouco para neutralizar a crescente impopularidade da Imperatriz, de origem alemã, agora amplificada pela influência sobre ela e o Império do curandeiro Rasputin, que viria a ser assassinado por um grupo de nobres liderado pelo príncipe Félix Yussupov (1887-1967) – à época, com 29 anos, era um dos homens mais ricos do mundo. Prenunciando o fim do Império, multidões cantavam em todas as praças: "Abaixo a mulher alemã! Abaixo a guerra! Abaixo Protopopov"! (Alexander Protopopov, 1866-1918, nascido em Simbirsk, mesmo torrão natal de Alexander Kerensky e Vladimir Lenin, era o Ministro do Interior, indicado pela Czarina). Sua inaptidão para o cargo tornou-se legendária. Preso pela Revolução Bolchevique, foi executado a 27 de outubro de 1918 sob o argumento de que sofria das faculdades mentais!!!). A Polícia do Império, integrada por gente do povo, a nata da qual estava enterrada nos campos de batalha da Polônia e da Galícia, revelava-se cada vez menos submissa ao comando oficial para reprimir os crescentes movimentos populares de insatisfação com a vida de privações predominante. Num desses movimentos populares, em março de 1917, 60.000 soldados se juntaram aos protestos, àquela altura irreprimivelmente revolucionários. Ao abdicar do trono,

Parte III – A Revolução Russa

Nicolau declarou: "Neste tempo de grande luta contra o inimigo externo que já há quase três anos tenta escravizar nossa pátria, o Senhor Deus julgou por bem enviar à Rússia nova provação. Revoltas populares internas ameaçam refletir calamitosamente na conduta de uma guerra que continua. O destino da Rússia, a honra do Exército heroico, o bem do povo, todo o futuro de nossa querida pátria, exigem que saiamos vitoriosos dessa guerra a qualquer custo. Nestes dias decisivos para a vida da Rússia, julgamos uma questão de consciência facilitar, para nosso povo, a união e a formação das fileiras de forças populares ao redor desse objetivo, que é uma rápida vitória, e assim, de acordo com a Duma, reconhecemos a necessidade de abdicarmos ao trono do Estado russo e nos desembaraçarmos do poder supremo. Não desejando a separação de nosso amado filho, transferimos o legado ao nosso irmão, grão-duque Miguel Alexandrovich e o abençoamos em sua ascensão ao trono do Estado russo. Recomendamos ao nosso irmão que governe em união plena e inviolável com os representantes do povo, de acordo com os princípios que serão estabelecidos. Que o Senhor salve a Rússia"!

O Grão-Duque Miguel condicionou aceitar o trono à realização de uma assembleia constituinte que conferisse ao povo o direito de votar numa Monarquia ou República Constitucional. O governo de Miguel Alexandrovich durou um dia! Um recórde histórico! Era o fim dos três séculos da Dinastia Romanov! Era o fim, também, de substancial parcela da antiga cultura russa, com a demolição de igrejas, monastérios, seus respectivos cultos, sua arte e folclore, além de objetos raros acumulados em séculos pela aristocracia e pelos ricos.

Liberais e socialistas regozijaram-se, na França e Grã-Bretanha, com a queda do czarismo, senha para que os Estados Unidos fossem o primeiro governo estrangeiro a reconhecer o Governo Provisório liderado por Alexander Kerensky que se instalara na Rússia e a entrar na Guerra ao lado da França e Inglaterra, evento que precipitou o fim do conflito, com a derrota alemã.

A descrição que Kerensky fez da primeira e nervosa visita ao Imperador, em seu cativeiro, em Tsarskoye Selo, a 3/4/1917, merece ser recordada: "Para ser franco, eu estava tudo menos calmo antes do primeiro encontro com Nicolau II. Muitas coisas duras e terríveis foram associadas no passado ao seu nome... Em todo o caminho, à frente do corredor sem fim, eu estava lutando para controlar minhas emoções... [Entrando no quarto] ... Meus sentimentos mudaram como um relâmpago... A família imperial estava em pé... Perto da janela, ao redor de uma pequena mesa, em um pequeno grupo amontoado e perplexo. Desse grupo de humanidade amedrontada, saiu um pouco para fora, hesitantemente, um homem de altura mediana em um uniforme militar, que andou à frente para me receber com um sorriso leve e peculiar. Era o imperador... Ele parou em confusão. Não sabia o que fazer, não sabia como eu agiria, qual atitude eu adotaria. Deveria andar adiante para me receber como anfitrião, ou esperar para eu falar primeiro? Deveria estender a mão? Em um relampejo, soube exatamente a exata posição: a confusão da família, seu medo de se encontrarem sozinhos com um revolucionário, cujo propósito desse rápido encontro, desconheciam. Respondendo com um sorriso, eu andei rapidamente em direção ao imperador, apertei suas mãos e disse claramente: 'Kerensky' – como eu sempre faço, como apresentação... Nicolau II apertou com firmeza minhas mãos, recuperando-se imediatamente de sua confusão, e, sorrindo mais uma vez, guiou-me até a família".

Referindo-se às várias visitas que fez ao Imperador deposto e à sua família, Kerensky anotou em seu diário, no dia 25 de abril: "Confesso que comecei a sentir afeto pelas maneiras modestas e completa ausência de pose [de Nicolau]. Talvez, era essa simplicidade sincera e natural que dava ao imperador a fascinação peculiar, o charme que era reforçado ainda mais pelos seus olhos maravilhosos, profundos e tristes. Não pode ser dito que as minhas conversas com o Czar se deviam a um desejo especial dele; ele era obrigado a me ver... ainda assim, o antigo czar nunca

PARTE III – A REVOLUÇÃO RUSSA

perdeu seu equilíbrio, nunca falhou em agir como um homem cortês". Por seu turno, Nicolau anotou: "Ele (Kerensky) é um homem que ama a Rússia, e eu gostaria de tê-lo conhecido mais cedo, porque ele teria sido útil para mim".

Em agosto de 1917, Kerensky, já agora Primeiro Ministro, transferiu a família imperial para Tobolsk, antiga capital da Sibéria, nos Montes Urais, sob o pretexto de protegê-la dos efeitos da guerra ao redor de onde se encontrava. Lá, todos estariam no conforto da antiga Mansão do Governador. Oito meses depois, em 30 de abril de 1918, foram, mais uma vez transferidos, agora para a Casa Ipatiev, em Ecaterimburgo, seu destino final. Por ironia, Ipatiev é também o nome do mosteiro, em Kostroma, onde os Romanov chegaram ao poder, em 1613.

Anatoly Yakimov, um dos guardas que vigiaram a família, registrou: "Eu ainda tenho uma impressão deles que ficará para sempre em minha alma. O Czar não era jovem, sua barba já estava ficando grisalha (o Czar estava com 50 anos). Ele usava uma blusa de soldado com um cinto de oficial amarrado por uma fivela, em volta da cintura. A fivela era amarela, a blusa era cáqui, a mesma cor de suas calças e das botas gastas. Seus olhos eram bondosos e ele tinha, no geral, uma expressão benévola. Eu tinha a impressão de que ele era uma pessoa bondosa, simples, franca e tagarela. Às vezes eu sentia que ele falava comigo, diretamente. Ele nos olhava como se tivesse gostado de falar conosco. A Czarina não era nada como ele. Ela parecia severa e tinha as maneiras e aparência de uma mulher arrogante e zangada. Às vezes, tínhamos o hábito de discutir sobre eles entre nós e decidimos que ela era diferente e parecia exatamente como uma czarina. Ela parecia que era mais velha que o Czar. Cabelos grisalhos eram claramente visíveis em suas têmporas e seu rosto não era o de uma mulher jovem (a Czarina estava com 46 anos). Todos os meus maus pensamentos sobre o czar desapareceram depois que eu permaneci um certo tempo entre os guardas. Depois de vê-los (o czar e sua família) várias vezes, eu comecei a sentir algo inteiramente diferente em relação a eles;

comecei a sentir pena deles. Pena deles como seres humanos. Estou falando a você a completa verdade. Você pode acreditar ou não em mim, mas eu dizia a mim mesmo: Eles que fujam... Alguma coisa deve ser feita para que eles fujam".

Fato é que, no plano pessoal, excepcionados casos pontuais, como cordialidade gera cordialidade, as relações entre carcereiros e os membros da família imperial fluíam de um modo que os levou a desenvolver um julgamento entre menos severo e simpático ao curso da Revolução Bolchevique. Embora, oficialmente, a decisão de eliminar os Romanov tenha sido atribuída ao Soviete Regional, Trotsky, em seu diário, testemunhou que a ordem partiu de Lenin com a assessoria de Sverdlov. Nicolau, o primeiro a morrer, foi baleado várias vezes, na cabeça e no peito por Yurovsky. Em seguida, foi a vez de Alexandra e Alexei, morrendo as meninas por último. Como os tiros não as derrubaram com a rapidez esperada, elas foram golpeadas por baionetas. Os diamantes que traziam sob os vestidos lhes deram uma proteção inicial.

LOCALIZAÇÃO DOS RESTOS MORTAIS DA FAMÍLIA ROMANOV

Em 1991 foram encontrados restos mortais nas proximidades de Ecaterimburgo que foram identificados, em 1998, como referentes à família imperial, à exceção de Alexei e uma das filhas. Cientistas russos, americanos e britânicos, separadamente, concluíram pela correção dos laudos periciais. Em abril de 2008, foram localizados os restos mortais de Alexei e de uma das irmãs. Em 1º de outubro, daquele mesmo ano, a Suprema Corte Russa sentenciou que o Imperador Nicolau II e todos os membros de sua família foram vítimas de uma brutal repressão política, razão pela qual teriam que ser reabilitados. Tudo isso, noventa anos depois do brutal genocídio que continua sensibilizando o Mundo.

Recorde-se que em 1981, a Igreja Ortodoxa Russa, no exterior, já havia canonizado a família Romanov como Neomártires.

PARTE III – A REVOLUÇÃO RUSSA

No ano 2000 voltou a fazê-lo, agora dentro da própria Rússia, como Portadores da Paixão. De acordo com o sínodo de Moscou, essa glorificação decorreu de razões expressas na seguinte síntese: "No último monarca Ortodoxo e em membros de sua família, encontramos pessoas que aspiraram, sinceramente, encarnar em suas vidas os comandos do Evangelho. No sofrimento que suportaram na prisão, com humildade, paciência e submissão, e em suas mortes martirizadas em Ecaterimburgo, na madrugada de 16 para 17 de julho de 1918, foi revelada a luz da fé em Cristo que vence o mal".

A canonização da família imperial virou controvérsia acesa no seio da religião Ortodoxa Russa, no exterior. Os opositores sustentaram que o Czar foi um governante fraco, responsável pela ascensão dos Bolcheviques. Um padre lembrou que os motivos da morte da família imperial nada tiveram a ver com sua fé, mas com razões políticas. Correntes das duas igrejas, a interna e a externa, também argumentam que a incompetência do monarca, motivo do seu assassinato, de sua família e de auxiliares, levou à miséria e ao inconformismo o povo russo. Sua intrínseca e genuína bondade pessoal não seria suficiente para justificar a monumentalidade dos seus erros.

A PRIMEIRA GRANDE GUERRA E A REVOLUÇÃO RUSSA

É cada vez mais consensual o entendimento de que sem a Primeira Grande Guerra (1914-1918), a Revolução Bolchevique, de 1917, dificilmente teria ocorrido, uma vez que sua imposição foi viabilizada por um golpe de estado que deixou de fora da estrutura do poder os aliados Mencheviques e os SRs que se opunham ao Czar, não sendo, porém, adeptos do ideário comunista. Do ponto de vista tático-estratégico, o conjunto das ações comandadas por Lenin foi de marcante eficácia. De suas manobras políticas resultaram uma sensível elevação do número de Bolchevi-

JOACI GÓES

ques na Duma e a correspondente redução dos aliados, ficando ele com folgada maioria para decidir como quisesse. O episódio foi apelidado "A guerra civil eleitoral", a partir de quando os Bolcheviques imprimiram ao seu discurso e conduta um explícito conteúdo de extrema esquerda. Do seu esconderijo, na Finlândia, Lenin passou a pregar, através de mensagens dirigidas aos comitês partidários, a mudança do argumento persuasivo para o uso da violência revolucionária antes da realização da Assembleia Nacional, como meio de instauração da nova ordem comunista. A verdade é que Lenin temia que numa decisão partilhada por todos os aliados, Kamenev, seu arqui-inimigo na estrutura do poder, poderia sair magnificado como a maior personalidade da Revolução. Mediante o uso da força, sob o domínio bolchevique, Lenin derrotaria todos os seus inimigos: os partidos aliados, o Governo Provisório e suas lideranças, com Kamenev à frente.

BASTIDORES DA VITÓRIA BOLCHEVIQUE

Uma casualidade histórica revelou-se decisiva para a afirmação da liderança de Lenin e a vitória do movimento comunista. Temendo a realização iminente da Assembleia Geral, marcada para o dia 20 de outubro, os líderes do Governo Provisório decidiram adiá-la para o dia 25, por considerar essa dilação de cinco dias de significado crucial para engrossar os adeptos de sua causa, com a inclusão de lideranças das províncias mais distantes. Na prática, o adiamento deu aos Bolcheviques mais tempo para organizar o levante, supressor da Assembleia, bem como o espraiamento da crença de que o adiamento resultou da força impositiva dos Bolcheviques, ostensivamente contrários à realização da Assembleia. Percepção que engrossava, nas ruas, a caudal dos adeptos da proposta revolucionária Bolchevique. Foi quando Kerensky, Chefe do Governo Provisório, teve a infeliz ideia de anunciar o deslocamento imediato do grosso da tropa, de Petrogrado para a linha de frente da Guerra, perspectiva que

PARTE III – A REVOLUÇÃO RUSSA

deixou em pânico a soldadesca que passou a desertar e a aliar-se às multidões que, nas ruas, seguiam a liderança Bolchevique. No dia 21 de outubro, o comando do Comitê Revolucionário Militar declarou-se um poder autônomo, não mais submetido ao Governo Provisório. Esse foi o episódio sem o qual a Revolução Comunista não teria se materializado.

Um episódio pouco divulgado, mas não menos significativo para o rumo dos acontecimentos, ocorreria na noite de 24 de outubro, véspera da Assembleia, quando o Governo Provisório ainda estava de pé, apesar da recente perda de comando sobre o Comitê Revolucionário Militar. Lenin, de peruca e uma atadura ao redor do pescoço e cabeça, deixou seu esconderijo em Petrogrado para comparecer a um ruidoso encontro Bolchevique destinado a precipitar o levante. A meio caminho, ele foi barrado por uma patrulha do governo que lhe fez as perguntas de praxe. Tomando-o por um bêbado morador de rua, a tropa deixou-o passar. Especula-se: – Se Lenin tivesse sido preso, como os acontecimentos ter-se-iam desenrolado? Tão logo chegou à antiga sala de aula de número 36, no Instituto Smolny, local do encontro, Lenin instou para o imediato início das conversas. Enquanto os líderes se debruçavam sobre grandes mapas de Petrogrado para definir as táticas do ataque militar, Lenin interveio para sugerir que se elaborasse um programa de ações para apresentar no dia seguinte, durante a Assembleia, ao Congresso Soviético. A questão levantada sobre o nome a dar àquele grupo revelou-se do interesse geral. Foi aprovada a sugestão apresentada por León Trotsky, no momento, aos quase 38 anos: Comissariado do Povo! Aprovação geral, liderada por Lenin que declarou: "Muito bom! Tem cheiro de Revolução! Podemos, também, batizar o Governo como Conselho do Comissariado do Povo".

A crença bolchevique em que não há fortaleza inexpugnável revelou-se de gritante evidência na ocasião. Por ironia do destino, coube a Nicolau, como Chefe de Estado, bater o martelo, aprovando a mobilização de tropas russas, em agosto de 1914, como o passo inicial para entrar na Primeira Grande Guerra, decisão que viria a figurar como acontecimento vestibular do fim da longa dinastia Romanov.

CONFLITOS HISTÓRICOS

Segundo Orlando Figes, "São poucos os fatos históricos tão distorcidos, por versões míticas, como os relativos a 25 de outubro de 1917. A percepção dominante do caráter heroico do levante Bolchevique deve mais ao filme propaganda *Outubro*, de 1927, de Sergei Eisenstein, do que à história. A Grande Revolução Socialista de Outubro, como ficou conhecida na União Soviética, não foi, na verdade, mais que uma ação de pequena monta, caracterizando-se como um golpe que passou despercebido da grande maioria da população de Petrogrado. Teatros, restaurantes e trens funcionaram normalmente, enquanto os Bolcheviques tomaram o poder". Nenhuma reação foi oferecida ao processo de ocupação dos espaços de poder pelos golpistas-revolucionários. Muitos dos que, prontamente, aderiram ao movimento vitorioso, fizeram-no por oportunismo de variada inspiração, desde vir a participar da estrutura do poder, até o acobertamento para pilhar objetos palacianos, casas e lojas das pessoas tidas como endinheiradas. A detenção de Kerensky e sua família nada teve de espetacular. Foi algo muito no estilo de uma prisão domiciliar. Tudo muito abaixo do alarido apresentado por Eisenstein em seu filme propaganda. Quando os Bolcheviques deixaram clara sua ruptura dos compromissos com a coalizão de partidos composta com os SRs e os Mencheviques, estes anunciaram sua desvinculação daquela "aventura criminosa". Ao deixarem a sede do Congresso que os reuniu, os delegados Bolcheviques, aproximadamente metade dos presentes, assobiaram, tripudiaram e proferiram impropérios.

PARTE III – A REVOLUÇÃO RUSSA

O GOLPE

O golpe preventivo concebido por Lenin funcionou à perfeição. A saída dos SRs e dos Mencheviques da coalizão deixou o caminho livre para a ação dos socialistas marxistas. Um verdadeiro mar-de-almirante, nas palavras de Nikolai Nikolaevich Sukhanov (1882-1940), de sobrenome verdadeiro Himmer, personalidade também de perfil rocambolesco, um dos primeiros Mencheviques a reconhecer o erro que cometeram. Disse Nikolai: "Nossa saída deu aos Bolcheviques o monopólio sobre o Soviet, as massas e a revolução. Nossa decisão irracional assegurou a vitória de Lenin, de ponta a ponta!" Nikolai Sukhanov escreveu entre 1919 e 21 um livro de memórias, em sete volumes, intitulado *A Revolução Russa de 1917*, proibido de circular na Rússia por Stalin, a cujos programas de coletivização se opunha. Condenado por Stalin a 10 anos de prisão em 1931, e mais tarde, à morte pela acusação de ser espião da Alemanha, Sukhanov foi executado em 29 de junho de 1940.

A imediata consequência política, favorável aos Bolcheviques, ocorreu com a dissidência entre os antigos aliados SRs e Mencheviques, consoante uma proposta do líder menchevique Julius Martov. Trotsky, indignado, reagiu a essa decisão com um discurso furioso: "Vocês são uns miseráveis perdedores, destinados ao lixo da história". Com igual indignação da qual, provavelmente, sofreu pelo resto da vida, Martov gritou: "Sairemos", e abandonou o recinto!

O resultado prático desse entrevero foi à instauração da ditadura Bolchevique, que muitos supunham seria de curta duração. Coisa de poucos dias, no máximo de poucas semanas, diziam. Anatoli V. Lunatcharsky (1875-1933), dramaturgo e prestigiado Bolchevique, responsável pelo setor educacional, escreveu para a mulher dizendo que "as coisas estão tão instáveis que toda vez que leio ou escrevo uma carta penso que é a última vez que o faço, porque temo ser preso a qualquer momento". Em Petrogrado, onde o domínio Bolchevique era precário, os serviços públicos entraram em greve geral, conquanto não houvesse registro de semelhante resistência nas províncias que não tinham qualquer controle sobre o transporte ferroviário. Como na Revolução Francesa, também na Rússia o proletariado era minoritário diante do numeroso campesinato.

Kerensky representava a única ameaça imediata ao domínio Bolchevique. Ele transferiu 18 companhias da frente de guerra, no Norte, para combater os Bolcheviques em Petrogrado, onde deveriam receber o apoio de uma guarnição de oficiais e cadetes, enquanto a resistência, em Moscou, leal a Kerensky, vinha lutando nos últimos dez dias, onde a refrega ao redor do Kremlin fez grandes estragos aos monumentos arquitetônicos.

Lenin deixou muito claro, desde os primeiros momentos, o descompasso entre o discurso de que governaria democraticamente, de acordo com as decisões do colegiado, dominado por trabalhadores e militares adesistas, e sua ação despótica. Ele era, abertamente, um crítico feroz da democracia. Sua intolerância despertou a reação do Comitê Executivo da União dos Ferroviários, conhecido pela sigla Wikzhel, um dos sindicatos mais radicais do período. Antes, em agosto de 1917, participara ativamente da tentativa do golpe Kornilov. Antes mesmo da assunção do poder pelos Bolcheviques, a Vikzhel detinha o controle do sistema ferroviário, defendendo sempre um governo de coalizão entre os partidos de esquerda, por temor da concentração excessiva de mando nas mãos de um, apenas. Lenin sabia que, sem contar com o sistema ferroviário para abastecer as populações e mobilizar as tropas para enfrentar Kerensky, o movimento estaria perdido. Para anular a influência da Vikzhel, o Governo Bolchevique criou uma organização rival, a Vikzhedor, com quem dividiu a gestão do sistema ferroviário avançando, em seguida, para sua dissolução, em 1918, com um decreto do Conselho do Comissariado do Povo. Quando Lenin se encontrava na iminência de ceder às propostas para retomar a coalizão com os SRs e os Mencheviques, percebeu que Kerensky não tinha como vencer, razão pela qual se opôs, veementemente,

PARTE III – A REVOLUÇÃO RUSSA

à retomada das conversações. O movimento socialista fraturou sua unidade operacional, apesar da dominação Bolchevique se haver consolidado formalmente, em nome do Congresso Soviético, instituição destinada a abrigar as diferentes correntes socialistas. Para Lenin, porém, só um comando unitário, sem as peias de infindáveis negociações, seria capaz de levar adiante o projeto de inaugurar, com êxito, o comunismo na pátria de todas as Rússias. Esse comando seria o Conselho do Comissariado do Povo, conhecido como Sovnarkom, a mais alta autoridade executiva do novo regime. Seu presidente era o Primeiro Ministro, *erga omnes*, dentro e fora do país. O Congresso seria apenas uma instituição decorativa, limitada a carimbar as decisões do Sovnarkom. Essa excepcional acumulação de poder liberaria os instintos mais perversos de Joseph Stalin para o cometimento de inomináveis barbaridades, culminando com o segundo maior genocídio de todos os tempos, quando, até março de 1953, foram contabilizadas 59 milhões de vidas sacrificadas pelo despotismo que comandou.

COMEÇO DO GENOCÍDIO

O primeiro ato de violência explícita do governo Bolchevique contra o povo se deu no dia 5 de janeiro de 1918, data de início da Assembleia Nacional Constituinte, de acesso restrito aos parlamentares, razão pela qual foi deslocada numerosa tropa para coalhar as praças e ruas, como fator dissuasório de aglomerações. Rapidamente, porém, formou-se uma crescente multidão que alcançou cerca de 50.000 pessoas, locomovendo-se, pacificamente, para o local da Assembleia, contra a qual as tropas abriram breve e intenso fogo que matou, imediatamente, uma dúzia de populares e feriu centenas. Quando se iniciaram os trabalhos da Constituinte, havia, no grande auditório, tantos delegados quanto policiais, muitos dos quais bebendo vodka e proferindo insultos. Lenin foi visto acompanhando os acontecimentos do mesmo camarote reservado aos czares. Alguém observou que sua postura era tão tensa quanto a de um general no começo de uma batalha decisiva.

Viktor Chernov (1873-1952), um dos fundadores e o cérebro do Partido Socialista Revolucionário Russo-SRs, presidia uma tumultuada sessão depois de ter vencido a revolucionária Maria Spiridonova na disputa para presidir a Constituinte. Ele havia sido o Ministro da Agricultura no Governo Provisório de Kerensky. Tamanhos foram os previsíveis desencontros de inamistosos pontos de vista que a Assembleia foi encerrada definitivamente e as portas do Palácio Tauride, onde se realizava, trancadas, segundo determinações do Sovnarkom. A população nem tugiu nem mugiu, diante de um desfecho que teria tão grande influência no curso de sua vida.

À proporção que o poder se consolidava, enfeixado nas mãos de Lenin, as violações contra a propriedade privada foram crescendo de modos tão distintos quanto eram os ambientes sociais no vasto território russo. Aqui, eram confiscos seletivos de propriedades, em função de rancores antigos; ali era o assalto organizado contra grandes armazéns, consoante a recomendação de Lenin: "Vamos roubar os ladrões, como um meio de fazer justiça", por considerar, como Joseph Proudhom, que "a propriedade privada é um roubo". Agentes do Governo se apresentavam com falsas ordens judiciais para confiscar bens privados e dinheiro da burguesia "para ajudar a causa revolucionária". O Governo aumentava impostos, destituídos de qualquer racionalidade, transportava os favelados para partilharem as casas mais confortáveis, sequestrava e prendia adversários ricos, cobrando resgate para libertá-los e os colocando para realizar os serviços mais pesados. Trotsky justificou essas práticas recorrendo a um plural majestático populista: "Por séculos, nossos pais e avós limparam a sujeira produzida pelas classes dominantes. Agora, chegou o turno para que eles limpem a nossa. Nós os faremos sofrer até que não queiram mais ser burgueses". Premiação dos colaboradores e vingança contra os independentes passaram

PARTE III – A REVOLUÇÃO RUSSA

a ser mecanismos diários do avanço da "Revolução", métodos consagrados na prática Bolchevique que passavam ao largo do desejo da grande maioria da população russa, ávida pelo fim dos odientos privilégios do monárquico e recente passado. Cada logradouro, porém, tinha liberdade para fazer o "ajuste de contas" a seu livre talante. O receituário de Lenin instruía: "Quem se recusar a fazer o trabalho que lhe for atribuído será preso ou posto a limpar latrinas. Concluída a pena, eles serão marcados com um sinal amarelo, para serem identificados como perigosos, até que se reeduquem. Uma possibilidade é o fuzilamento imediato de um em cada dez faltosos". "Morte aos burgueses" era o *slogan* escrito nas paredes dos escritórios da Cheka.

Explica-se porque, para os burgueses, assegurar a mera sobrevivência passou a ser o propósito essencial, razão pela qual escambavam o que possuíam por víveres alimentícios. Num episódio bem documentado, a Baroneza Meyendorf, cujo luxuoso castelo passou a ser a residência de Lenin, vendeu um broche de diamantes que só deu para comprar um saco de farinha, enquanto membros da aristocracia buscavam sobreviver como vendedores de rua, experiências narradas por Alya (Alexandra) Rachmanova (1898-1991), no seu famoso diário *Estudante, amor, Tcheka e morte*. Na década de 1920, cerca de dois milhões de russos emigraram para Berlim, Paris e Nova Iorque ou se refugiaram nos lugares mais remotos da Rússia, menos sujeitos ao férreo controle do poder central, em razão também da influência, aí, de sub-reptícias forças de resistência aos Bolcheviques.

Ao legitimar essas práticas abusivas contra a burguesia como mecanismo catártico do ressentimento dos mais pobres, a Revolução Bolchevique alimentava o ódio e a inveja que viriam neutralizar, em grande medida, o potencial criativo do povo russo em domínios tão marcantes como a música e a literatura. Basta comparar o que a Rússia produziu nos 74 anos do regime comunista, entre 1917 e 1991, com igual período anterior, entre 1843 e 1917. A distância é abissal em desfavor do período comunista. Do ponto de vista econômico, o fracasso foi ainda mais gritante. Comparado com países europeus, Japão, Nova Zelândia, Austrália, Estados Unidos e Canadá, o crescimento da Rússia foi o menor, bem como sua renda *per capita*. Muito pouco, quase nada, para o sacrifício de 59 milhões de vidas ceifadas, para culminar no fascismo de Vladimir Putin (1952-), a partir de 2012.

UMA ALIANÇA QUE NUNCA SE REALIZARIA

Na fase inicial do domínio Bolchevique, a percepção de Lenin era a de que, sem uma adesão do operariado da Europa Ocidental à causa comunista, não haveria como uma estrutura agrária tão arcaica quanto a de todas as Rússias sobreviver. Era imperioso que a energia revolucionária, naquele momento dedicada à guerra, se voltasse para defenestrar as classes dominantes que viviam da "exploração impiedosa da grande massa dos trabalhadores". Dessa motivação nasceu a "Proclamação aos Povos de Todas as Nações Beligerantes por uma paz justa e democrática, sem anexações, nem indenizações", apresentada pelo Congresso Soviético. Muitos chegaram a festejar o fim imediato do conflito. O anúncio da paz anunciada, porém, não se materializou, mas deixou uma propaganda muito favorável para o novo regime soviético, uma vez que o natural cansaço dos litigantes conduziria o conflito para seu fim iminente, sem que, em qualquer deles, houvesse sinais de uma ruptura, pelo proletariado, da ordem vigente.

A 3 de março de 1918, foi assinado o Tratado de Brest-Litovsk, também conhecido como a Paz de Brest, na Rússia, entre o Governo Bolchevique e as potências centrais da Europa – Império Alemão, Áustria-Hungria, Bulgária e o Império Otomano – relativamente ao fim da participação da Rússia na Primeira Grande Guerra. Como curiosidade, esse foi o primeiro tratado da história documentado com filmagem. Para não ser invadida, a Rússia foi compelida a abrir mão de todos os territórios que dominava no continente Europeu e na Ásia Ocidental, resul-

PARTE III – A REVOLUÇÃO RUSSA

tando na emancipação de onze diferentes nações. Além disso, as tropas soviéticas tiveram também de recuar da Ucrânia. No total, a Rússia perdeu cerca de um terço de sua população – 55 milhões de pessoas –, bem como um terço de suas terras agricultáveis, mais da metade de seu parque industrial e 90% de suas minas de carvão. A Rússia retrocedeu ao seu *status* de potência europeia do século XVII. Esse foi o preço que o povo russo pagou para que os Bolcheviques continuassem com o seu experimento social que matou 59 milhões de pessoas.

Findo o conflito entre nações, a guerra civil russa tornou-se inevitável do ponto de vista das diferentes correntes em conflito, com os vermelhos submetidos ao comando coesivo dos Bolcheviques, e os opositores, ainda que divergentes entre si, atuando na clandestinidade, de um modo cuja inconsistência os tornou vítimas indefesas, destinadas à prisão, exílio, miséria e morte. As ações Bolcheviques logo se caracterizaram pelo totalitarismo e o terror. As punições se processavam, aqui e agora, em nome da imperiosa satisfação das necessidades coletivas, assim definidas pelos comandos locais. Trotsky, então Comissário de Guerra (provedor de armas e soldados), declarou, no Congresso Soviético, em 4 de junho de 1918: "Não podemos abrir mão da guerra civil. Vida longa para a guerra civil. Guerra civil, para o bem dos trabalhadores e do Exército Vermelho; guerra civil, em nome da contínua e implacável luta contra os inimigos da Revolução"! De sua parte, Lenin via na guerra civil um poderoso instrumento de fortalecimento das bases de seu partido. Na visão revolucionária, era fundamental o desenvolvimento de uma mentalidade nacional maniqueísta entre os revolucionários e os contrarrevolucionários. Subliminarmente, o propósito a alcançar era dividir a nação entre os que desejam a glória de promover "a grandeza nacional ou morrer pela insensatez de lutar pela sua destruição ou pela manutenção do *status* servil da grande maioria".

Para que se tenha uma ideia da intensidade do processo de militarização do novo regime, o Exército Vermelho aumentou de um milhão de soldados, em 1919, para três milhões, nos primeiros meses de 1920, alcançando cinco milhões nos últimos meses do ano, quando do fim da guerra civil! Os especialistas em militarismo concluem que o Exército Vermelho perdeu em eficácia por excesso de contingente, muito superior ao que a devastada economia nacional poderia suportar e corresponder em adequado fornecimento de armas, munições e uniformes, sem falar no indispensável treinamento militar. A consequência foi a baixa do moral da tropa com um número recorde de deserções, levando consigo as respectivas armas e munições, fato que impunha novas e precipitadas convocações, realimentando a enxurrada de erros. Foi aí que teve início o marcante caráter militarista do regime comunista russo, o mais intenso de que se tem notícia na história, fato que viria precipitar sua implosão, consoante o preciso diagnóstico do historiador inglês, Paul Kennedy (1945-), em sua *magna opera*, *The Rise and Fall of the Great Powers (Ascensão e queda das grandes potências)*, em que aponta os excessos de gastos com a manutenção de grande aparato bélico como o fator determinante do declínio das nações hegemônicas, a partir de 1500. Essa ineficiência da administração soviética se intensificaria com a extrapolação da excessiva militarização, para os tradicionais fins bélicos, para alcançar o rígido controle da economia com a estatização de todo o setor produtivo e o correspondente impedimento de qualquer iniciativa de caráter privado. O desemprego em massa resultante da implantação dessa política foi tamanho que Alexander Gavrilovich Shliapnikov (1885-1937), líder bolchevique da Oposição Operária, declarou que "o Partido Bolchevique está se transformando na vanguarda de uma classe inexistente". Preso por sua oposição aos desvios da Revolução Bolchevique, ele foi executado a 2 de setembro de 1937. Sua mulher e os três filhos foram implacavelmente perseguidos por Stalin. Em 1964, sua memória foi reabilitada.

A crise de desabastecimento levou a moeda a perder tanto valor, que os produtores de alimentos preferiam o escambo para ao menos assegurar acesso aos bens de consumo essenciais. Esse

PARTE III – A REVOLUÇÃO RUSSA

esforço coletivo para garantir a sobrevivência diante de crescente desabastecimento foi, sempre, no contexto revolucionário, considerado subversivo a ponto de suscitar um violento discurso de Lenin contra os mais produtivos trabalhadores rurais: "Estes canalhas são os inimigos raivosos do Governo Soviético. Estes sanguessugas enriqueceram com a fome do povo. Guerra implacável contra eles". A violência das brigadas, física e psicológica, para sequestrar alimentos dos agricultores, alcançava as sementes causando redução das colheitas seguintes. As mortes por inanição passaram a compor o rotineiro calvário dos camponeses. O controle do trabalho e do trabalhador compunha a essência do Comunismo de Guerra, a partir do qual os trabalhadores perderam o direito de escolher onde trabalhar, sendo "enviados aonde – segundo o planejamento estatal – for necessário", conforme as palavras de Trotsky. A prática desse processo viria a ser inteiramente incorporada pelo comunismo cubano, para infelicidade e desassossego dos trabalhadores, sujeitos a serem separados de suas famílias a qualquer hora, à sua revelia, como tivemos ocasião de aferir em visita à bela e infeliz ilha-país caribenha, em 2018.

RACIONAMENTO

O sistema de cupons foi introduzido, uma espécie de cesta básica com o propósito também de substituir a moeda circulante, apontada como um dos instrumentos de dominação do sistema capitalista. Eram de três classes os cupons – chamemos de cestas básicas – hierarquizados em função da importância de cada grupo social para a sobrevivência e prosperidade do regime: a cesta básica de primeira classe, destinada aos funcionários públicos e aos membros das forças armadas, era composta dos ingredientes no limite da satisfação das necessidades nutricionais; a de segunda classe, destinada à maioria dos trabalhadores, situava-se um pouco abaixo da satisfação dessas necessidades, enquanto

JOACI GÓES

a última, destinada aos *burzhooi* (Borzoi), era tão pobre que o irrequieto revolucionário Grigory Zinoviev (1883-1936) ironizou: "Há pão suficiente para os comensais não esquecerem o cheiro"! Esse terceiro grupo social foi chamado de *burzhooi*, Borzoi, em alusão à raça de cães preferida pelos nobres em suas caçadas. Os comensais dessa última classe seriam punidos com a fome crônica por não manifestarem ódio suficiente pelos membros da extinta burguesia! Os membros da primeira classe, integrantes da nomenklatura, a categoria dos funcionários públicos privilegiados, eram tão numerosos que perfaziam o dobro da existente ao tempo da Monarquia. Por essa razão, os críticos do novo regime diziam que os revolucionários trocaram a prometida Ditadura do Proletariado por uma Ditadura da Burocracia. Tornava-se visível a degradação da qualidade dos militantes bolcheviques pela crescente adesão de oportunistas ao partido, motivados, exclusivamente, pelo desejo de ascensão social. O nível intelectual da grande maioria era mendicante. Menos de um décimo tinha mais de quatro anos de escolaridade. Numa escola superior de jornalismo, nenhum sabia os nomes dos líderes políticos da Inglaterra ou da França, enquanto muitos pensavam que imperialismo era uma forma de governo republicano vigente numa região da Inglaterra. Essa indigência intelectual não impediu que, já em 1920, fosse de 1,4 milhões o número de aderentes ao Partido no poder. Esse empoderamento de manada humana tinha a vantagem de não questionar as diretrizes partidárias e de repetir a plenos pulmões os *slogans* da Revolução, ficando a reflexão sobre as questões relevantes a cargo do Politburo e dos comitês centrais. Melhor fonte de inspiração não haveria para a composição carnavalesca, de 1945, *O cordão dos puxa-sacos*, da dupla de cariocas Roberto Martins (1909-1992) e Eratóstenes Alves Frazão (1901-1977):

> Lá vem
> O cordão dos puxa-sacos,
> Dando vivas aos seus maiorais,

PARTE III – A REVOLUÇÃO RUSSA

Quem está na frente é passado pra trás
E o cordão dos puxa-sacos
Cada vez aumenta mais...

Vossa Excelência...
Vossa Eminência...
Quanta reverência nos cordões eleitorais
Mas se o doutor cai do galho e vai ao chão
A turma logo evolui de opinião
E o cordão dos puxa-sacos
Cada vez aumenta mais!

ATENTADO CONTRA LENIN

Só a partir de 30 de agosto de 1918, quando por pouco não morreu, vítima de um atentado a tiros, à queima-roupa, é que Lenin passou a ser largamente conhecido na Rússia. Até então, ele pouco aparecia em público, como observou sua esposa Nadezhda Krupsikaya: "Ninguém conhecia a cara de Lenin"! No dia 30 de agosto, a terrorista judia, russa e socialista revolucionária-dissidente, Fanny Efivovna Kaplan (1890-1918), que passou a ver Lenin como um traidor, aproximou-se dele, que deixava uma fábrica de armas, no sul de Moscou. Quando Lenin se movimentava para entrar no carro, Fanny chamou-o pelo nome. Ao virar-se em sua direção, ela disparou três tiros contra ele, de cima para baixo, com uma pistola Browning, acertando dois que o feriram gravemente. Uma das balas atravessou-lhe o pescoço e perfurou o pulmão esquerdo. O segundo projétil alojou-se no ombro esquerdo, enquanto a bala perdida perfurou o casaco de Lenin. Temendo que a conspiração se estendesse aos hospitais, Lenin ordenou que fosse transferido para a segurança dos seus aposentos no Kremlin. Os médicos não conseguiram extrair as balas sem o apoio da infraestrutura hospitalar. Acredita-se que as sequelas muito contribuíram para sua morte em janeiro de 1924.

409

Fanny foi executada quatro dias depois, 3 de setembro, com uma bala na nuca, tendo resistido a todo tipo de torturas, sem revelar cúmplices. Ao depor na delegacia, Fanny teria declarado: "Fiz tudo sozinha. Não direi como obtive a arma. Resolvi matar Lenin por considerá-lo um traidor da Revolução. Fui exilada em Akatuí por ter participado de um complô para assassinar um oficial czarista em Kiev, razão pela qual cumpri onze anos de trabalhos forçados. A Revolução libertou-me. Continuo favorável à Assembleia Constituinte". Seu corpo foi colocado num barril e incendiado. Como não remanesceram restos mortais, prosperou a lenda, por muito tempo, de que Fanny Kaplan teria sobrevivido aos trabalhos forçados na Sibéria. A ordem para sua execução adveio do mesmo Yakpov Sverdlov que, havia apenas seis semanas, ordenara a execução do casal imperial, dos cinco filhos e dos auxiliares.

O atentado contra Lenin serviu de pretexto para a restauração da pena de morte, abolida quando da deposição do Czar, em março de 1917. Por isso, na esteira do atentado, cerca de mil suspeitos foram executados e milhares foram presos, quase todos burgueses: comerciantes, políticos, ex-militares, professores, padres, pastores, prostitutas, operários e camponeses. Um idoso foi preso por portar a foto de um parente morto, havia décadas, vestido em seu uniforme militar. Enquanto isso, a rápida recuperação de Lenin era proclamada como uma dádiva dos céus para preservar a vida do "salvador do povo russo". Uma verdadeira reencarnação de Cristo, imune às influências do mal! Seus retratos estavam em toda parte! Sua dimensão mítica atingiu culminâncias! Um filme sobre ele foi exibido no País, de ponta a ponta, com o propósito de dissipar boatos sobre sua morte. Era o embrião do projeto para transformá-lo, sob seus pouco convincentes protestos, no Czar do Povo!

PARTE III – A REVOLUÇÃO RUSSA

A TORTURA E O TERROR NA REVOLUÇÃO RUSSA

Os métodos de tortura bolchevique foram aperfeiçoados a partir do que de mais perverso havia na Inquisição Espanhola. Deixamos de descrevê-los aqui, em sua inenarrável crueldade, para não ferir a sensibilidade do leitor. O nível das atrocidades foi tamanho que começaram a surgir protestos dos mais diferentes setores da sociedade, incluindo aliados. O trio de comandantes, porém, formado por Lenin, Stalin e Trotsky, reagia, indômito, na defesa das torturantes práticas. Lenin não tolerava ouvir a "frescura" de quem condenava o recurso a torturas numa guerra civil. Suas virulentas reações a respeito são abundantes e largamente conhecidas. Stalin lia e relia, em alta voz, o livro *Terrorismo e Comunismo: uma resposta a Kautsky*, em que Trotsky defendeu, como essencial, o uso do terror para derrotar a burguesia, com ênfase no texto seguinte: "O Terror Vermelho é uma arma utilizada contra uma classe social condenada a desaparecer, mas que resiste à morte. Se o Terror Branco pode, apenas, retardar a ascensão histórica do proletariado, o Terror Vermelho acelera a destruição da burguesia. Este apressamento – uma mera questão de acelerar mais – é, em certos momentos, de decisiva importância. Sem o Terror Vermelho, a burguesia russa, junto com a burguesia mundial, nos esganaria antes que a Revolução do proletariado chegasse à Europa. É preciso ser cego ou vigarista para não ver isso. Quem reconhece a importância histórica da mera existência do Sistema Soviético não pode deixar de avaliar o Terror Vermelho". Era o sinal de largada do Grande Terror Vermelho! Tamanha fidelidade revolucionária não foi suficiente para impedir que Stalin viesse a caçar Trotsky, mundo afora, até matá-lo, na cidade do México, em 21 de agosto de 1940.

De fato, o terror passou a ser um componente fundamental do governo bolchevique desde o princípio. Ainda que não se consiga contabilizar o morticínio nos seus anos iniciais, estima-se que tenha emparelhado com as mortes durante a Guerra Civil, algo da ordem de um milhão de vítimas, incluídos os cam-

411

poneses e os cossacos, implacavelmente abatidos pelo Exército Vermelho, numericamente muito superior ao Exército Branco, cujos líderes não foram capazes de imprimir o mínimo de paixão no ânimo da massa dos seus seguidores para alimentar uma luta crescentemente desigual. O apelo para retornar ao *status quo* do tempo do Czar ecoava no vazio. O melhor caminho para dividir uma nação ainda predominantemente rural, como era a Rússia, teria sido a reforma agrária, centrada na distribuição de glebas e apoio tecnológico e financeiro aos agricultores ou camponeses. O Exército Branco, ao subestimar a força desse projeto, preferindo acreditar num quimérico antagonismo entre Bolcheviques e Comunistas, assegurou a própria derrota, apesar de haver um grosso caldo de cultura formado por insatisfeitos que, usado com inteligência, teria se contraposto e abortado o golpe Bolchevique para comunizar a Rússia. Tanto que, a 27 de fevereiro de 1921, nas celebrações do quarto aniversário da queda do Czar, considerada o marco inicial da Revolução russa, as ruas de Petrogrado foram tomadas pelo seguinte texto de uma proclamação para nova revolução: "Os operários e camponeses precisam de liberdade. Não aceitam mais viver sob os decretos dos bolcheviques. Querem comandar o próprio destino. Exigimos a libertação de todos os socialistas presos, bem como dos trabalhadores apartidários. Queremos, também, a abolição da lei marcial, liberdade de expressão, de imprensa e de reunião em assembleias de todos que trabalham; igualmente, queremos eleições livres para os comitês de fábricas, os sindicatos e representantes dos trabalhadores no Congresso. Queremos convocar reuniões, aprovar resoluções, escolher nossos representantes junto às autoridades, avaliar as possibilidades de suas reivindicações".

A proclamação alcançou, com força, a cidade russa de Kronstadt, no golfo da Finlândia, a 30 km de São Petersburgo. Aí estava sediada uma guarnição da marinha imperial que teve notável papel no levante que defenestrou a Monarquia Imperial, em 1917, quando Trotsky disse que os seus marinheiros eram "o

PARTE III – A REVOLUÇÃO RUSSA

orgulho e a glória da Revolução Russa". Agora, porém, decepcionada com o Comando Bolchevique, a Guarnição Kronstadt rebelou-se, lançando a palavra de ordem: "Viva os soviets e abaixo os comunistas". Queriam o fim da ditadura, eleger pelo voto livre os seus representantes, queriam todas as liberdades democráticas e o fim do aviltante programa dos três tipos de ração, altamente discriminador entre aliados e indiferentes ao sistema dominante e, sobretudo, o fim da discriminação dos campesinos, classe de onde provinha grande parte dos marinheiros. A violenta e vitoriosa repressão bolchevique contou com o comando do comissário de guerra, Leon Trotsky, e do chefe da polícia secreta, Felix Dzerzhinsky. O assalto contra o Kronstadt custou 10.000 vidas, sem contar as 2.500 execuções de marinheiros, sem direito a julgamento, levadas a efeito no curso dos dias que se seguiram, sem falar nos outros tantos que foram enviados para a prisão de Solovki, um grande campo de trabalhos forçados para os prisioneiros do comunismo russo localizado nas Ilhas Solovetsky, no Mar Branco. Por essa prisão, modelar das experiências repressivas soviéticas, passaram centenas de milhares de prisioneiros, entre 1923 e 1939, que pereceram de exaustão, subnutrição e doenças. Aleksandr Soljenítsin Prêmio Nobel de literatura de 1970, batizou-a de "Mãe do Gulag".

A TRANSFERÊNCIA DE RESPONSABILIDADE

A imagem de Trotsky saiu muito arranhada do episódio em razão da excessiva truculência da operação revide, contra aquela que seria a última revolta de expressão sofrida pelos bolcheviques, ao longo da guerra civil. A refrega durou 16 dias, deixou muitos mártires e precipitou a implantação da Nova Política Econômica (NPE) em substituição ao impopular Comunismo de Guerra vigorante. De acordo com a NPE, os agricultores poderiam vender os seus produtos livremente no mercado, desde que pagassem um imposto em espécie, com o qual o Governo alimentaria as tropas e os seus funcionários. Lenin teve que fazer um grande esforço de convencimento para aplacar as críticas que viam na medida uma restauração dos métodos que, no passado, enriqueceram a burguesia. Insistia ele em dizer que as rebeliões seriam muito mais lesivas à integridade do movimento revolucionário do que essa flexível e provisória mudança que, além de aplacar a insatisfação crescente do campesinato, dava meios ao Governo de alimentar seu pessoal. Paralelamente, o Governo continuava praticando o terror contra os sediciosos nas pequenas, médias e grandes províncias, matando muitos e degredando outros tantos, à menor reação. Lenin aproveitou as circunstâncias, também, para aprovar, secretamente, uma resolução banindo as facções revolucionárias. Nenhum dissenso, por mínimo que fosse, seria tolerado. Essa máxima intolerância viria a se constituir no caldo de cultura que ensejou a ascensão de Stalin ao poder. Subjugadas as resistências, na mão grande, os revolucionários deparavam, agora, com a tarefa da qual nunca se sairiam bem: administrar ou governar o país de modo eficaz.

A SUCESSÃO DE LENIN

A gravidade do estado de saúde de Lenin foi corroborada no dia 25 de maio de 1922, quando sofreu um extenso derrame que paralisou o seu lado direito e o privou, temporariamente, da fala. Nascido a 22 de abril de 1870, Lenin contava 52 anos. Tornou-se inevitável a discussão sobre quem deveria sucedê-lo no comando maior da Revolução. O próprio Lenin tomou a iniciativa de levantar a questão propondo um governo colegiado para substituí-lo como meio de dissolver, absorver ou neutralizar a ostensiva animosidade entre Trotsky e Stalin. Não obstante a comprovada liderança de ambos, faltava aos dois um elemento complementar que Lenin considerava indispensável a quem viesse substituí-lo. Trotsky era brilhante como orador, administrador e chefe militar,

PARTE III – A REVOLUÇÃO RUSSA

além de culto. Era prejudicado, porém, pela arrogância e orgulho, além de seu passado Menchevique e sua origem judaica, atributos que o tornavam impopular dentro do Partido Bolchevique. Poucos se sentiam à vontade para tratá-lo como Camarada! Havia algo nele de estranho aos líderes comunistas, inclusive porque nunca exercera um posto de comando modesto. Já começou por cima. Stalin, por outro lado, à primeira vista parecia peixe dentro d'água ao lidar com a grande massa de integrantes da estrutura partidária, aparentemente mais apto ao exercício de uma liderança coletiva. Ao longo da guerra civil, ele havia se desincumbido de um sem número de responsabilidades, granjeando a merecida reputação de um medíocre muito produtivo, apesar da pequena estatura, por ele detestada, modos rudes, trazendo no rosto marcas de varíola e na voz um forte sotaque georgiano. Era evidente o seu desconforto meio aos companheiros mais cosmopolitas e cultos, a quem invejava. Eram visíveis suas frequentes manifestações de ressentimento contra os próprios companheiros de luta, sobretudo aqueles que, segundo pensava, haviam subestimado sua participação na largada do movimento revolucionário de 1917. Sobre ele, escreveu Trotsky em seu livro de 1930, *My Life*: "Ele é dotado de senso prático, muita força de vontade e persistência na perseguição de seus propósitos. Seu horizonte político é limitado e seu cabedal teórico é primitivo... Sua mente é invencivelmente empírica e destituída de imaginação criativa. Para os líderes do Partido, ele sempre foi tido como uma pessoa destinada ao desempenho de papeis menores, sendo desconhecido da grande maioria dos revolucionários". Stalin vingar-se-ia de Trotsky caçando-o, mundo afora, até abatê-lo no México, aos 60 anos, 9 meses e 14 dias de idade, em 21 de agosto de 1940. Como se sabe, León Trotsky fugiu com a mulher para o México, onde foi assassinado a machadadas, no seu gabinete, por Ramón Mercader, um policial a serviço de Stalin, para o que contou com a colaboração de África de las Heras, comunista espanhola, espiã, também, a serviço de Stalin, que conseguiu lugar como secretária de Trotsky. Do México, ela fugiu, apressadamente, num porão de navio, em razão da presença na cidade do México de Alexander Orlov, que desertara, fugindo para os Estados Unidos. Acredita-se que foi Caridad Mercader, mãe de Ramon Mercader, conhecido assassino na Noruega, quem introduziu África na espionagem, com a missão de localizar e manter contatos, mundo afora, com aliados de Trotsky, com cuja cúpula iniciou aproximação, com o aval da qual se instalou como secretária particular de Trótsky. Nikolai Ivanovich Bukharin (1888-1938), autor de muitas obras no campo da política, não teve diferente sorte. Já havia sido fuzilado por ordem de Stalin, a 15 de março de 1938, antes de completar 50 anos.

Essa subestimação de Stalin viria a se revelar um erro fatal para o povo russo, que perdeu 59 milhões de vidas, e para as possibilidades de expansão, a longo prazo, do socialismo Marxista que teria a mais curta longevidade entre as três grandes vertentes ideológicas que empolgaram as aspirações políticas dos povos, em todos os tempos: o Fascismo, a Democracia e o Comunismo.

Quem quiser conhecer aspectos íntimos do sofrimento do povo russo nesse período inicial de implantação do regime comunista, os livros autobiográficos já citados de Alia Rachmanova (1898-1991), que os viveu intensamente, são rica fonte.

Em abril de 1922, Lenin cedeu ao assédio de Stalin e o nomeou Secretário Geral do Partido. O Episódio figura, na avaliação dos historiadores, como o mais grave erro de todo o processo revolucionário. Elevado a tão alto posto, Stalin passou a imprimir eficácia ainda maior à sua conhecida prática de ampliar o número e os poderes de seus aliados, paralelamente à eliminação implacável de seus adversários. Não há registro na história de quem tenha atuado de modo tão consistente no fortalecimento da estrutura do seu mando pessoal. No curso do mesmo ano de sua investidura como Secretário Geral, 1922, Stalin nomeou mais de 10 mil funcionários provinciais, entre seus aliados nas lutas que travaria com fortes concorrentes ao poder, a exemplo de Bukharin, Trotsky, Kamenev e Zinoviev. Esse cres-

PARTE III – A REVOLUÇÃO RUSSA

cente contingente, em sua maioria, de origem humilde, como o próprio Stalin, não desenvolvia afinidades com reconhecidos intelectuais do movimento, como Trotsky e Bukharin, ao tempo em que se identificava com perfis simplórios como o de Stalin, dotados de senso prático, "gente como nós", diziam. Durante sua breve interdição, Lenin foi substituído por um triunvirato composto por Stalin, Kamenev e Zinoviev, articulados para deixar Trotsky à margem. A afinidade de Kamenev com Stalin era antiga, desde quando partilharam do exílio na Sibéria, antes da queda do Czar, enquanto a antipatia de Zinoviev por Trotsky era suficiente para colocá-lo do lado de Stalin como ficaria do lado de Satanás. Na opinião de ambos, o caipira Stalin seria uma experiência passageira, não representando, nem de longe, a temível ameaça encarnada por Trotsky contra suas aspirações de mando. Engano fatal!

Quando voltou à ativa, Lenin suspeitou das intenções do triunvirato ao atuar com a precipitação de um rolo compressor em matérias que poderiam aguardar o seu retorno. Para obstar o voluntarismo burocrático do triunvirato, Lenin fez dobradinha operacional com Trotsky. Lenin, porém, sofreria um novo derrame, em dezembro de 1923. Stalin não perdeu tempo. Valendo-se de sua autoridade de Secretário Geral, determinou à junta médica o mais completo isolamento de Lenin, ficando com o poder discricionário de autorizar quem poderia visitá-lo. Lenin, em sua cadeira de rodas, não tinha autorização para fazer anotações por mais de dez minutos diários, tudo entregue às duas secretárias de Stalin que se revezavam à cabeceira do ilustre paciente. Uma das secretárias, Nadezhda Allilueva, era a segunda esposa de Stalin, que suicidou-se atirando contra a própria cabeça na virada de 8 para 9 de novembro de 1932, durante um jantar no Kremlin, em comemoração dos 15 anos da Revolução, em reação desesperada a uma das inúmeras brutalidades do marido. Lenin convertera-se, de fato, num prisioneiro de Stalin. Até a morte, em 21 de janeiro de 1924, Lenin deixou escrito um conjunto de recomendações que passaram à posteridade com o nome de Tes-

JOACI GÓES

tamento. A recomendação de que fossem mantidas em segredo não foi cumprida pelas secretárias que as repassavam, imediatamente, ao conhecimento de Stalin. Algumas delas eram dirigidas ao Congresso do Partido Comunista, que se realizaria em 1924. No geral, as mensagens de Lenin ressumavam seu desconforto com os rumos da Revolução, sobretudo relativamente às questões das nacionalidades; a crescente ausência de assunção de responsabilidade partidária sobre as decisões tomadas, e, por último, a mais inquietante de todas, a sucessão do seu nome no comando partidário. A seu ver, a responsabilidade de Stalin sobre os desvios nessas áreas praticados era evidente.

AS VÁRIAS RÚSSIAS

Considerado o mais dotado país do mundo em recursos naturais, estima-se que a Rússia detenha cerca de um terço das riquezas do Planeta.

A Rússia era composta por várias nações. Apesar de proveniente de uma delas, a Georgia, Stalin achava que essas nações-províncias deveriam ser inteiramente subjugadas ao comando da Rússia Central, postura que suscitava uma perigosa animosidade contra o comando central que muito inquietava Lenin que não perdia ocasião para enfatizar o importante papel desempenhado por essas regiões periféricas no processo de maturação e efetividade do movimento revolucionário. As reações a esse pretendido imperialismo stalinista tornaram-se de crescente e preocupante evidência, a ponto de Lenin, em uma de suas anotações-testamento para o Congresso, haver escrito que Stalin era "'tirano e patife', capaz de subjugar pequenas nações, provocando-as, em lugar de recorrer ao diálogo, colaboração e compreensão para ceder aos seus legítimos clamores". Aproveitando-se da doença de Lenin, Stalin aprovou o Tratado de Fundação do Império Soviético, restringindo o exercício da autonomia das províncias ao arcabouço centralizador do novo Império, tendo

PARTE III – A REVOLUÇÃO RUSSA

Moscou como sua capital. A segunda questão, objeto das anotações de Lenin, era tornar a estrutura do Partido Comunista, a partir de seus diferentes órgãos constitutivos, responsável pelas decisões tomadas, abandonando a irresponsabilidade reinante. Para alcançar esse desiderato, Lenin propôs a democratização do Comitê Central pela inclusão de 50 a 100 novos integrantes originários dos níveis mais baixos da estrutura partidária.

SISTEMA SUCESSÓRIO

O mais preocupante dos três pontos, porém, era a questão sucessória: Quem ficaria no lugar de Lenin? Assumindo uma postura patriarcal, Lenin radiografou cada um dos potenciais sucessores, método que desembocaria na conveniência de uma sucessão colegiada. Enquanto Kamenev e Zinoviev tinham em seu desfavor o terem atuado contra ele, Lenin, em outubro de 1917, Bukharin, apesar de contar com a preferência majoritária do Partido, não parecia ser suficientemente marxista. Trotsky, reconhecido como o mais capaz entre os integrantes do Comitê Central, aparentava excessiva arrogância. Foi para Stalin que Lenin destinou a avaliação mais dura: "Stalin é muito grosseiro. Tal característica, tolerável nas relações entre comunistas, é inaceitável num Secretário Geral do Partido. Por essa razão, sugiro que os camaradas pensem num modo de substituí-lo desse posto, trocando-o por quem seja mais tolerante, mais leal, mais cortês e respeitador com os camaradas, e menos imprevisível". Impossível ser mais claro sobre a imprestabilidade de Stalin para os propósitos revolucionários.

A detrimentosa avaliação de Lenin sobre o caráter de Stalin consolidou-se a partir de 5 de março de 1923, ao tomar conhecimento de um episódio envolvendo Nadejda Krupskahia (1869-1939), esposa de Lenin, ocorrido no dezembro anterior de 1922. Por coincidência, Stalin morreria precisamente trinta anos depois, a 5/3/1953. Stalin havia submetido Nadejda a uma sequência de grosseiros tratamentos por haver ela sido o correio de uma carta de Lenin dirigida a Trotsky, elogiando-o pelo modo brilhante com que havia confrontado o triunvirato formado por Kamenev, Zinoviev e Stalin, em recente debate. Stalin chegou a ponto de ameaçá-la com uma investigação por quebra de compromisso partidário. Indignado, Lenin escreveu a Stalin exigindo um pedido formal de desculpas, sob pena do rompimento de relações. Sentindo-se já empoderado, Stalin respondeu com mal disfarçada arrogância, dizendo que Nadejda Krupskaia, "além de ser sua esposa, é também minha velha camarada de Partido". A partir de então, a saúde de Lenin se abateu a olhos vistos. Um terceiro derrame, a 8 de março, privou-o da fala. Nos dez meses de vida vegetativa, até à morte, ouviam-se, apenas, sílabas de algumas incompreensíveis palavras. Quando o Congresso se realizou, em abril de 1924, o triunvirato impediu a leitura do testamento de Lenin, comportamento a que Trotsky não objetou por se encontrar politicamente isolado. Preferiu destinar o pouco que restou do seu prestígio para liderar os clamores contra os excessos autoritários do Partido, postura para a qual lhe faltava autoridade, tendo em vista o seu próprio e recente passado de prática despótica no exercício de suas atribuições revolucionárias. Mesmo assim, continuou apontando a sequência de manifestações de descontentamento das massas com o regime, materializadas, sobretudo, em sucessivas greves de trabalhadores na indústria. Dessa pregação de Trotsky nasceu a Oposição de Esquerda ao triunvirato, iniciada com uma declaração de princípios subscrita por 46 líderes bolcheviques, entre os quais Georgi Piatakov (1890-1937) e Ivan Smirnov (1881-1936). Essa oposição, atuante entre 1923 e 1927, deu aos inimigos de Trotsky os argumentos para enquadrá-lo no grave crime de facciosismo, conforme legislação punitiva, vigente desde 1921, editada por inspiração de Lenin, a par da acusação de bonapartismo, por sua reputação de usuário sistemático do poder discricionário. A todas as acusações Trotsky respondeu de um modo que o inocentaria se estivesse diante de um tribunal isento. A começar pela sua demonstração de desprendimento em favor do interesse da causa, quando relembrou sua recusa ao convite

PARTE III – A REVOLUÇÃO RUSSA

de Lenin para ocupar o Ministério do Interior, em 1917, recusa renovada, em 1922, para liderar o Conselho de Comissários do Povo ou Sovnarkom, correspondente a Chefe de Governo, em face do antissemitismo dominante na Rússia de então. Trotsky era judeu, embora não se sentisse como tal. Relutantemente, Lenin não aceitou a primeira recusa, mas aceitou a última. Trotsky vinha se queixando a Lenin sobre o antissemitismo de que era vítima, apesar de não se sentir, emocionalmente, judeu, restrição que o deixava muito infeliz, como se se encontrasse num beco sem saída. Um apátrida na própria terra natal. Seus argumentos perante o Pleno Partidário caíram no vazio e ele foi derrotado pela acachapante maioria de 102 votos contra apenas 2 a seu favor, indeferimento acompanhado de uma moção de censura pelo crime de facciosismo. Stalin ainda posou de generoso perante Trotsky, ao recusar a proposta de sua expulsão formulada por Kamenev e Zinoviev. Já largamente familiarizado com o exercício do poder, Stalin sabia que Trotsky estava liquidado como liderança revolucionária soviética. Sem o vigor e a respeitabilidade de sua voz, a oposição ao triunvirato caiu ao patamar de miados de gato ou ladridos de cães, à distância. Numa reunião que antecedeu o XIII Congresso do Partido, Nadejda Krupskahia, viúva de Lenin, leu para os delegados o Testamento de Lenin. Apanhado de surpresa, Stalin, teatralmente constrangido, propôs renunciar à Secretaria Geral, no que foi rebatido por Kamenev e Zinoviev, com o apoio crescente dos delegados. Kamenev e Zinoviev sustentaram que as falhas eventualmente cometidas por Stalin, apontadas por Lenin, haviam sido largamente compensadas por um sem número de iniciativas benfazejas. Trotsky, avaliando que de nada valeria sua manifestação, optou por calar-se, decisão que a posteridade provaria ser um erro, uma vez que aquela teria sido a última oportunidade para abalar a muito sólida posição de Stalin, um déspota em cujo dicionário político não figurava o perdão, de cujo gosto pela vingança, ele, Trotsky, viria converter-se na vitima mais famosa. Decidiu-se que o Testamento de Lenin seria lido para cada uma das delegações isoladamente, afastada a hipótese de sua lei-

421

JOACI GÓES

tura perante a totalidade do XIII Congresso. Morto, Lenin não tinha como competir com quem manipulava as rédeas do poder, apto a premiar e punir, a seu exclusivo talante, referendado pelo amém do sempre crescente cordão dos aduladores, felizes em suas confortáveis bolhas de mando. Relativamente a Trotsky, o Congresso foi extremamente severo nas duras críticas que lhe dirigiu, com base no argumento da imperiosa necessidade de manter-se a união partidária, por ele posta em risco. Ao abandonar, cabisbaixo, o recinto, Trotsky era a encarnação do desalento.

Meses mais tarde, em janeiro de 1925, Trotsky foi demitido do Ministério, medida vestibular para sua expulsão do Partido, o que viria a ocorrer após prolongada fritura, em novembro de 1927, depois de haver organizado, de modo independente, uma grande celebração dos dez anos da tomada do poder. Como consolo, Kamenev e Zinoviev também foram expulsos, por se haverem recomposto com Trotsky, dois anos antes, como muitos outros dissidentes, para formarem uma frente em favor da liberdade de opinião, com o consequente fim da punitiva lei anti-facção. Stalin aceitou a autoflagelação de Kamenev e Zinoviev para recebê-los de volta, como meio de, ainda mais, isolar Trotsky, com quem não queria acordo. Tanto que, depois de exilado no Cazaquistão, Trotsky foi deportado, em 1929, até porque sua imagem pública, forjada como o anti-Lenin, punha em risco sua própria vida.

INÍCIO DO ABSOLUTISMO DE STALIN

A identificação do momento preciso em que Stalin empolgou o poder absoluto é assunto que continua dividindo os historiadores. Mesmo tendo lutado por sua investidura como substituto de Lenin, Stalin teve que partilhar o poder, em razão do culto de que o grande morto era insubstituível, até o advento dos anos 1930, quando materializou sua ambição de se impor como o senhor de baraço e cutelo do povo russo.

422

PARTE III – A REVOLUÇÃO RUSSA

No interesse pessoal de Stalin e no da Revolução, instituiu-se o culto de Lenin como um semideus ou um deus absoluto, ao gosto do fervor de cada qual. Lenin foi substituído pelo leninismo. Monumentos em sua homenagem foram edificados por toda parte. Suas fotos, de todos os tamanhos, pululavam nas ruas e estavam presentes nas residências, fachadas das lojas e das repartições públicas. Petrogrado passou a se chamar Leningrado. Imediatamente, transformou-se num mutirão nacional a gincana para reunir tudo que ele havia escrito ou dito, bem como informações sobre sua biografia, desde o nascimento, para compor as Escrituras Sagradas da Revolução. Como os textos sagrados de todas as religiões, as diferentes posições de Lenin serviam de apoio para interesses, não raro, colidentes, muito em sintonia com a enorme diversidade de opiniões presentes no complexo mundo de uma gigantesca frente revolucionária. Basta ver que todos os líderes soviéticos, de Trotsky a Gorbachev, diziam-se leninistas. Lenin era o elo comum que mantinha sob o guarda-chuva do leninismo todas as correntes revolucionárias.

O CULTO DE LENIN

Foi por isso que Stalin interveio para impedir que o corpo de Lenin, conforme seu expresso desejo, fosse sepultado ao lado da mãe em Petrogrado. O corpo de Lenin, embalsamado e conservado com álcool, quinina, acetato de potássio, glicerol, água destilada e fenol, foi transportado para a Praça Vermelha, junto às muralhas do Kremlin, num mausoléu de vidros blindados nas cores vermelha e preta, representando o sangue e o luto, onde está exposto para a diária visitação pública, desde agosto de 1924, ao longo de todos os dias do ano, numa temperatura de 16°, umidade entre 80% e 90% sob a proteção permanente de guarda militar. Em 1929, cinco anos depois da morte de Lenin, decidiu-se que o original mausoléu de madeira fosse substituído por um novo, feito de mármore, granito e labradorite. Quando da invasão nazista, em 1941, o mausoléu foi transferido para a Sibéria, lá permanecendo até o fim da Guerra. O mausoléu de Stalin permaneceu exposto ao lado de Lenin, entre 1953, ano de sua morte, e 1955, quando, no XX congresso do Partido Comunista da União Soviética, decidiu-se por sua transferência para as paredes do Kremlin.

O cérebro de Lenin foi, também, alvo de cuidados especiais. Imediatamente transferido para o Instituto Lenin, recentemente fundado, foi fatiado em 30.000 partes, sendo cada uma cuidadosamente envelopada em placas de vidro, sob condições especiais, para ensejar à ciência, ao longo do seu processo evolutivo, "o estudo e a compreensão do mecanismo e substância mentais daquele incomparável gênio"!

Outro tema que, historicamente, tem suscitado grandes debates é como teria sido a Revolução se Lenin não tivesse morrido tão cedo, tendo em vista suas semelhanças e diferenças com Stalin. No plano da implacável violência contra os adversários da Revolução, não havia diferença entre eles, conquanto o número de mortos sob a liderança de Lenin tenha sido sensivelmente menor. Relativamente às dissensões internas entre companheiros de lutas, as punições estabelecidas por Lenin nunca chegaram a prisões ou mortes, diferentemente de Stalin. A violência utilizada contra o campesinato para alcançar metas de produção agrícola, ou mesmo quando lutavam para fugir ao confisco oficial de alimentos, não teria tido a aprovação de Lenin, que advogava por um relacionamento cordial com os camponeses.

A CRISE DO DESABASTECIMENTO

A intensidade e extensão da carência de bens de consumo resultou numa crise de tão apavorante desabastecimento, a partir de 1921, que obrigou o comando revolucionário a flexibilizar

PARTE III – A REVOLUÇÃO RUSSA

os processos de produção por particulares, iniciativa que gerou surpreendente abundância. Para felicidade geral, passou a haver fartura onde antes predominava a escassez. Mercados, lojas, bares, restaurantes, frutas e flores provocaram um frenesi de consumo retido. Até pequenas fábricas privadas compunham a nova paisagem mercadológica. Petrogrado e Moscou, deprimidas durante a Guerra Civil, desabrochavam, com o bulício característico das grandes metrópoles. A anarquista lituana-canadense Emma Goldman (1869-1940) escreveu em seu livro *My Further Disillusionment*, de 1924: "Lojas e bodegas surgiam da noite para o dia, abarrotadas de novidades e guloseimas as mais apetitosas, de há muito desaparecidas das prateleiras. Grandes quantidades de manteiga, queijos, doces e carnes, rivalizavam com os produtos ofertados pelas pastelarias. Homens, mulheres, adolescentes e crianças, com água na boca, aproximavam os rostos, tomados de desejo e de curiosidade para compreender o súbito milagre materializado diante dos seus olhos. A prática de mercado livre que ontem era considerada crime é, agora, exaltada como legal e desejável"! Experimentava-se, de fato, uma exuberante e espontânea prova da superioridade do setor privado sobre o público, como agente produtor de riqueza.

Os Bolcheviques de raiz, porém, protestavam contra essa indecorosa traição de um dos pilares fundamentais do Marxismo. "Não estamos iniciando o retorno ao capitalismo?", inquiriam, ao tempo em que o desemprego aumentava, sensivelmente, por incapacidade do setor público de pagar aos trabalhadores. NPE, sigla para Novo Plano Econômico, passou a ser interpretada, ironicamente, como "Novamente Proletariado Explorado". Como sempre acontece em cada uma de todas as atividades humanas, quando alguns indivíduos se sobressaem, ocorreu o mesmo com a reabertura do comércio privado na Rússia comunizada. Explica-se porque a iracúndia dos que não tinham jeito para o setor privado tenha se dirigido contra a emergente classe dos comerciantes que fazia a mágica de assegurar o abastecimento coletivo, aptos a vestir com casacos de pele e lantejoulas suas esposas

JOACI GÓES

e amantes, servidas pelas melhores bebidas e alimentadas pelos mais raros e deliciosos acepipes, hospedados nos mais luxuosos hotéis, mundo afora, consoante impregnado no imaginário das massas ingênuas. A restauração dos ambientes burgueses era o fim do programa de igualdade, sustentáculo da Revolução, diziam os bolcheviques radicais.

Lenin, ainda vivo quando esse reaquecimento ocorreu, explicava o retorno provisório do livre comércio como uma trégua necessária para que pudesse ajustar o avanço revolucionário aos requerimentos do Marxismo num país agrário e atrasado como a Rússia. Era imperioso consolidar o comunismo, dizia, com o concurso indispensável da burguesia. "Estamos dando um passo atrás, para darmos dois à frente", justificava. Perguntado por quanto tempo essa concessão vigeria, dava de ombros e murmurava que nunca menos de uma década, acrescentando que a privatização desse festivo consumo, pouco ou nada representava diante do comando pelo Estado das atividades responsáveis pelo vigor e prosperidade da economia, como a produção de aço, petróleo, carvão, transporte ferroviário e aquático, por mares e rios, transportando pessoas e mercadorias de todo jaez, entre lugares e populações remotas de todas as Rússias! É verdade que o colapso do sistema de abastecimento, resultante dos primeiros quatro anos da Revolução, foi tão grande que a abertura dos mercados não foi capaz de equacionar, completamente, os problemas existentes. Desequilíbrios no abastecimento se manifestavam em diferentes pontos da União Soviética, verdadeiras metástases, muito inquietantes, resultando no recurso pelo governo do impopular método de confisco de parte da produção agrícola a título de cobrança de impostos, com que alimentar as tropas e outros funcionários públicos. Enquanto isso, crescia a percepção geral de que não havia sinais da revolução russa se espraiar pela Europa, atingindo os países mais industrializados, como se acreditava, consoante a doutrina de Marx, tão logo acabada a Grande Guerra. Já estavam em 1923, e não havia o menor sinal de revolução proletária na Europa. Ao contrário

PARTE III – A REVOLUÇÃO RUSSA

disso, o fascismo, já instalado na Itália, poderia vir a se espraiar, isolando a revolução proletária soviética. Realista, Stalin passou a defender "a implantação do socialismo em, apenas, um país", reversão de expectativa que descoroçoava os que se sustentaram na crença de que seu sofrimento seria breve até serem socorridos pela solidariedade do proletariado universal, a começar pela Europa.

Lenin, para vencer o abatimento generalizado, passou a enfatizar o papel das cooperativas como a alternativa apta a suplantar o maniqueísmo entre a produção estatal e privada. De fato, a adoção do cooperativismo, que envolveu metade dos agricultores do País, restaurou, em 1926, a produção agrícola de 1913, vindo atingir 17% acima dos níveis do começo do século, responsáveis pela chamada "era de ouro" da agricultura russa. Essa operação salva-vidas, através do sistema cooperativo, passou a figurar, no terceiro-mundo, como o argumento para fazer cessar a discussão sobre a imprestabilidade do poder público como agente de produção, substituindo o setor privado, ao tempo em que elevava a confiabilidade no planejamento centralizado da economia como um todo. A economia russa, ainda que apoiada em sua oscilante agricultura, bem como num setor industrial obsoleto, cresceu, significativamente, entre os anos de 1921 e 1928. Crescimento que foi interrompido por Stalin ao introduzir mudanças que resultariam em rotundo e trágico fracasso, reduzindo, grandemente, a capacidade russa de resistir à invasão nazista, em 1941. Se Stalin tivesse permanecido com o sistema cooperativo introduzido por Lenin, outra teria sido a história da União Soviética. Na prática, do ponto de vista ideológico, é imperioso reconhecer que Stalin estava submetido a uma escolha de Sofia: se mantivesse o sistema produtivo privado, nunca chegaria o tempo da estatização integral da economia, como exigido pela fórmula comunista; se a ele não recorresse, a insatisfação popular, decorrente do desabastecimento, levaria a Revolução ao naufrágio. Enquanto isso, Bukharin continuava insistindo na continuidade do sistema misto, que vinha dan-

JOACI GÓES

do certo, propondo a elevação do preço dos produtos agrícolas, mesmo ao custo da diminuição do crescimento industrial. Num primeiro momento, para enfraquecer Trotsky e Zinoviev, Stalin defendeu a proposta de Bukharin, numa demonstração adicional de que o seu compromisso era com a empolgação do poder. A partir de cada conjuntura especial, ele vociferava argumentos com a convicção dos profetas, prometendo o que as massas queriam ouvir. Orientado pela ambição de poder, não havia espaço para coerência ideológica em sua pragmática retórica. Tanto que, no ano seguinte, ele atacaria Bukharin pelas mesmas razões que, naquele momento, com ele se aliou. Enquanto isso, os membros do Partido Comunista, no exterior, verbalizavam, mundo afora as façanhas redentoras do papai ou vovô Stalin, o salvador da classe obreira. No Brasil, os octogenários ou mais velhos, neste começo de terceira década do século XXI, filhos de pais marxistas, só se referiam a Stalin como Vovô Stalin, sob pena de severa censura paterna, como confessaram, entre outros, o romancista Jorge Amado e João da Costa Falcão, o jovem de família burguesa baiana, guardião de Prestes, durante certo período em que o comunismo foi proscrito da vida brasileira, em fins da década de 1940, conforme nos confessaram, mais de uma vez.

Ao optar pela coletivização integral da economia russa operando em sintonia com os planos quinquenais, exaltados através do slogan "cinquenta anos em cinco", Stalin pregava que todos os costumes são produto da cultura. Modificada a cultura, os costumes acompanharão as mudanças. Através da doutrinação da juventude, as percepções sociais seriam adaptadas ao ideário marxista. "As crianças, como cera flexível, são maleáveis, aptas a se tornarem excelentes comunistas. Precisamos resgatá-las da nefasta influência familiar e nacionalizá-las", repetiam os teóricos do marxismo, paralelamente à instilação de ódio intenso a todo movimento anticomunista e submissão incondicional aos valores da Revolução. Desde a mais tenra idade, as crianças iniciavam-se na doutrinação marxista seguindo uma trilha de

PARTE III – A REVOLUÇÃO RUSSA

crescente fanatismo ideológico para se converterem em ativistas políticos incondicionais. Dentre eles seriam escolhidos os 20% que mais se destacassem para compor a classe dominante, mais tarde batizada como a Nova Classe ou Nomenklatura, sólida base de sustentação do regime. Os 80% compunham a grande manada para responder pelo sistema produtivo nacional. Eventuais resistências seriam vencidas pela força bruta, pensou Stalin.

Registre-se que a coletivização do processo produtivo agrícola, na Rússia, representou a primeira tentativa do gênero na experiência humana, na medida em que substituiu a produção familiar, as pequenas comunidades de camponeses, a produção comum dos pequenos vilarejos ou das comunidades pastorais, todas substituídas pela mais ampla coletivização, consoante a fórmula marxista. Como parte do programa, as pessoas poderiam ser separadas de suas famílias e transferidas de suas vilas para onde o comando bolchevique entendesse necessárias suas presenças. É claro que muita violência foi usada para obter a "concordância" das pessoas, para abandonarem os valores mais caros de suas vidas. A violência era acompanhada do mesmo cantochão repressivo: "Jogue fora seu humanismo burguês. Comporte-se como um verdadeiro Bolchevique, digno da confiança do Camarada Stalin! Ataque os representantes dos kulak (quem possuísse propriedades rurais com áreas superiores a 3,2 hectares)! Estamos em guerra! Seremos nós ou serão eles! Temos que varrer do mapa, a qualquer custo, o último representante do capitalismo rural!".

No curto espaço dos dois primeiros meses de 1930, estima-se que cerca de sessenta milhões de camponeses tenham sido arrancados de cem mil povoados, numa média de 600 pessoas por cada comunidade, para trabalhar nas fazendas comunitárias. Os feitores ou sobas, encarregados de liderar essa mobilização em massa dos camponeses, usavam vários métodos para obter sua "espontânea" anuência. Um dos mais populares consistia em indagar a todos, perfilados em linha, diante de um destacamento armado, se estavam de acordo. O silêncio ou a manifestação favorável de apenas um dos camponeses seriam tomados como sinal de anuência unânime. Os irredentos eram duramente repreendidos ou castigados, até mudar de ideia, ser expulso, preso ou eliminado. A guerra contra os kulaks não era um subproduto da luta revolucionária, mas um objetivo central para viabilizar o processo de coletivização do sistema produtivo comunista, coerente com o ensinamento de Stalin: "Quando a cabeça é decepada, não se chora a perda dos cabelos"!

O pensador socialista alemão Walter Benjamin, em visita a Moscou, concluiu que "O Bolchevismo aboliu a vida privada. A burocracia, a atividade política e a imprensa são tão poderosas que não merece qualquer atenção o que não se submeter aos seus ditames" (*Selected Writings*). A omissão em denunciar quem alimentasse a menor restrição ao regime era punível com prisão ou morte. Quase todos eram compelidos a viver uma vida pública, sem qualquer direito à menor privacidade. Apesar da estrita proibição para qualquer atividade política, atos da vida privada poderiam ser considerados como políticos e severamente puníveis, como os livros que se liam ou a natureza mais ou menos violenta das relações interfamiliares. O propósito era o de assegurar a delação ao Regime de tudo que contivesse potencial ou efetiva ameaça ao sistema. Alguns historiadores concluem que essa política massiva de castração da vontade coletiva conseguiu forjar uma cidadania antiliberal, absorvida pelo Estado, imune aos valores democráticos. Daí a dificuldade para os indivíduos pensarem ou agirem à margem dos valores inoculados em seu espírito pela doutrinação oficial. Uma população inteira foi submetida ao reflexo condicionado de pensar e agir como robôs humanos. Ao menor sintoma do desenvolvimento de um modo de pensar fora da bitola oficial, o indivíduo seria considerado doente, vítima de uma crise do seu eu profundo. Outros, diferentemente, pensam que essa postura de aparente submissão passiva ao voluntarismo oficial nada mais era do que um modo socialmente instintivo de autopreservação diante de um Estado para quem as pessoas não

Parte III – A Revolução Russa

passavam de coisas descartáveis. Na intimidade, porém, da confiança recíproca, verbalizava-se a catarse de deplorar os intoleráveis abusos oficiais. Quando a desconfiança fosse *erga omnes*, a catarse se operava no exílio da reflexão mental. Algo como gases comprimidos aptos a explodir como chamas vulcânicas à primeira abertura. Sabendo disso, o Regime, na dúvida, quase sempre optava pelo risco zero, eliminando os suspeitos. Nunca se saberá quantos dos 59 milhões de soviéticos executados se encaixaram no diagnóstico dessa dúvida fatal.

No curso das medidas adotadas para elevar a produtividade da economia, frequentemente incapaz de assegurar alimentação adequada ao povo soviético, concessões foram feitas à adoção de métodos reputados capitalistas ou burgueses, como a definição de um teto na produção individual de grãos. Ao sabor de suas conveniências, Stalin transferia a responsabilidade dessas concessões aos seus adversários, particularmente Trotsky e Bukharin, acusando-os de transigir com valores caros ao legado de Marx e Lenin, pondo em risco a higidez do Sistema. Nesses momentos, ele enfatizava a necessidade de revigorar, de modo ostensivo, a luta de classes, através da execução sumária de burgueses ou seus aliados. Durante as celebrações dos 12 anos da Revolução, em novembro de 1929, Stalin escreveu, no jornal Pravda (verdade), aquela que passou a ser conhecida como a maior mentira ou a mais fracassada profecia da história: "Estamos nos transformando no País do metal, dos automóveis e dos tratores. Quando tivermos os cidadãos urbanos nos automóveis e os camponeses nos tratores, convidaremos os capitalistas, tão orgulhosos de sua civilização, para virem competir conosco. Veremos, então, quais os países que serão classificados como adiantados e como atrasados".

Alguns estudiosos dos anos 1930 concluem que, na Rússia desenvolveu-se, em muitos indivíduos, o sentimento de viver exilado ou desterrado em sua própria terra. No Terceiro Milênio, ainda é esse o sentimento que domina o ânimo de parcela substancial da população cubana, treinada para reagir com postura

JOACI GÓES

de manada. Na intimidade, porém, expressam o sentimento de infeliz desvalia que esperam superar a partir da morte do último irmão Castro. Já são marcantes os traços do regime fascista, aí, em curso avançado de consolidação.

DESEMPENHO DOS TRÊS PDE

Ao longo dos três planos quinquenais, entre 1928 e 1942, cerca de seis milhões de membros de famílias kulaks foram implacavelmente transferidos para campos de concentração. O primeiro Plano Quinquenal, entre 1928 e 1932, foi destinado à criação das bases da economia socialista, com a coletivização da agricultura, dividida em três setores: as cooperativas, dos camponeses; as propriedades estatais, cultivadas por assalariados, e os centros de manutenção do maquinário de apoio à atividade agrícola. No setor industrial, foram priorizadas a indústria pesada e a eletrificação. O segundo Plano, entre 1933 e 1937, acentuou ainda mais, a prioridade da indústria pesada, acrescendo as indústrias leves, produtoras de bens de consumo, ao gosto da população. Na área rural, criaram-se pequenas propriedades privadas. O terceiro Plano, entre 1938 e 1942, foi interrompido pela emergência da Segunda Grande Guerra. No conjunto, a produção de aço aumentou de quatro para dezoito milhões de toneladas, e a de carvão de cinquenta para cento e sessenta milhões de toneladas, ao longo dos três planos. O processo de coletivização aumentou de 2%, em 1928, para 62%, em apenas quatro anos. Conquistas a serem celebradas com pompa e circunstância!

A coletivização da agricultura representava a principal plataforma do Regime Comunista, por razões políticas mais do que econômicas, em razão da desconfiança com que o Sistema via o campesinato, inoculado pela doutrinação marxista, segundo a qual o estilo de vida do trabalhador rural, historicamente subordinado ao patriarcalismo, era incompatível com a ditadura do proletariado. Sem ela, o sistema não existiria. Sua implantação,

PARTE III – A REVOLUÇÃO RUSSA

porém, impunha a rutura de toda uma tradição, profundamente arraigada na cultura russa. Ela destruía um modo de viver que se afirmou ao longo de séculos, apoiado na agricultura familiar, nas comunidades de camponeses, ancoradas nas vilas e igrejas, consideradas símbolos do atraso pela nova ideologia. Milhões de pessoas foram, então, arrancadas da segurança dos seus pagos e transferidas para as incertezas de terras longínquas, União Soviética afora, passando a integrar a abundante mão de obra com que Stalin queria operar a revolução econômica nas grandes cidades, nos polos industriais e nos campos de concentração.

Ao longo de sua implantação, os Planos sofreram muitas e intensas reações, severamente punidas. Só no biênio 1929-30, a polícia soviética registrou 44.779 protestos de monta contra a coletivização da atividade agrícola, quando milhares de comunistas e ativistas rurais foram atacados. Em muitos lugares os protestos foram conduzidos por mulheres que defendiam seus templos religiosos, destruídos pelos agentes do Estado ou destinados a funcionar como sede de grupos coletivizados. A mesma inquietação bélica de 1921 retornava para comprometer a paz rural. A abissal diferença de agora residia na incontrastável supremacia das forças oficiais. O jeito foi recorrer à resistência não violenta, método utilizado, com êxito, por Mohandas Karamchand Ghandi (1869-1948), na África do Sul e na Índia, para vencer a opressão do Império Britânico e fazer a independência dos indianos. O método inclui protestos pacíficos ou simbólicos, operação tartaruga destinada a sabotar o processo produtivo, desobediência civil, preconizada pelo norte-americano David Thoreau (1817-1862) como meio dos escravos protestarem contra os senhores. Resistência não violenta e resistência passiva são métodos assemelhados, mas não são iguais. O método desenvolvido por Ghandi foi o Satyagraha, de satya, "amor e firmeza", e agraha, "a força que dali advém". Trata-se de um método ativo, limitado a não causar males físicos ao adversário. Os camponeses russos recorriam a uma mescla dos dois métodos, segundo o gosto de cada qual. Enquanto uns fugiam das

Joaci Góes

fazendas para onde foram compulsoriamente transferidos, outros ateavam fogo nas instalações ou estoques das cooperativas, de tal modo que entre 1928 e 1933 o rebanho da pecuária russa caiu para a metade. Essa reação repercutiu tanto sobre o regime que levou Stalin a fazer um recuo tático, em artigo de 1930, criticando os agentes do governo de desnecessários excessos contra os camponeses. Uma ponderável parcela dos camponeses viu no recuo de Stalin um estímulo para retornar ao berço de onde foram compulsoriamente arrancados. Em apenas quatro meses, a população das fazendas coletivas sofreu uma redução de 58%! Para compensar essa perda, Stalin decretou a transferência forçada de dois milhões de pessoas para as fazendas coletivizadas nas regiões mais remotas da Rússia, generalizando a percepção de que a coletivização era a escravatura com novo nome.

Na perspectiva de Stalin, porém, como compensação por tantos transtornos, o último obstáculo à plena implantação do comunismo – a classe dos pequenos produtores rurais, embriões da burguesia – fora extinto! Paralelamente a isso, mesmo que ao custo da fome, de inenarráveis sofrimentos das populações obreiras e perdas de muitas vidas, o Estado Russo começava a colher os superávits com que financiar sua precária infraestrutura física e a modernização de seu obsoleto parque industrial. Segundo Orlando Figes, para alcançar essas metas, "demógrafos estimam que 8,5 milhões de pessoas morreram de fome ou de doenças". A maioria nas áreas mais resistentes à coletivização, como a Ucrânia, punida com encargos fiscais que não lhe permitiam acesso à alimentação adequada. Por essa razão, vários historiadores veem nessa fome administrada uma consciente decisão genocida contra os ucranianos, como foi reconhecida pelas Nações Unidas e pelo Parlamento Europeu. A biografia de Stalin não deixa dúvidas sobre o caráter genocida de sua política de terror. O longevo Lazar Kaganovich (1893-1991), um dos mais influentes líderes soviéticos, ao lado de Stalin e Lavrenti Beria (1899-1953), conhecido como "o lobo do Kremlin", responsável pela gestão da política da fome e um dos arquitetos do

PARTE III – A REVOLUÇÃO RUSSA

Grande Expurgo, declarou que "a morte de uns poucos milhares de kulaks serviria de exemplo para que os outros trabalhassem duro e compreendessem o poder do governo comunista"! Contra a tese da escolha da Ucrânia para ser sacrificada milita o fato de que as diferentes regiões da Rússia sofreram semelhante tratamento. A suspeita de genocídio, então, não seria restrita aos ucranianos, mas, igualmente, a todos os adversários da "redentora" Revolução Proletária.

Em sua fuga desesperada da fome, das doenças e da morte, os camponeses que desertavam das fazendas coletivizadas buscavam as cidades, onde mais facilmente conseguiriam esconderijo, bem como algum meio de sobreviver, trabalhando ou mendigando. Dessa migração resultou uma transferência de pessoas para as cidades que, entre 1928 e 1932, chegou a 50.000 por semana, enxameando o transporte ferroviário e sobrecarregando a infraestrutura urbana em todas as suas dimensões. Como seria previsível, doenças propagaram-se, pessoas moravam a céu aberto, peregrinando de uma cidade para outra. Temendo a pressão sobre as atividades econômicas desse exército de descontentes, Stalin mandou criar um passaporte doméstico para limitar e vigiar o seu vai-e-vem. O lado positivo desse grande problema, na perspectiva do governo, foi a abundante oferta de trabalho a preços baixos para alavancar o setor industrial, paralelamente a uma demanda sem precedentes por habitação, áreas que podiam ser bem atendidas por mão de obra de pouca ou nenhuma especialização.

Para aumentar a produção, o governo introduziu prêmios e comendas aos trabalhadores e às equipes mais produtivas, simultaneamente a severas punições para os que não cumprissem as metas estabelecidas. Como fruto dessa iniciativa, emergiu a figura aclamada como heroica de Aleksey Stakhanov (1906-1977), um minerador russo que, tendo começado como operador de britadeira, chegou a merecer capa da revista *Time*, em 1935, pelos elevados níveis de produção, alcançando 14 vezes a cota que lhe foi atribuída. O Stakhanovismo entrou na ordem do dia da propaganda que entronizava os milagres produzidos pelo socialismo. Laureado em vida, seu prestígio preservou-se depois de sua morte, quando Kadievka, cidade da Ucrânia em que começou a trabalhar, foi rebatizada como Stakhanov.

OS EXPURGOS

Apesar do empenho do Governo em querer atribuir à sabotagem do remanescente espírito burguês a responsabilidade pelas falhas das metas dos planos quinquenais, análises posteriores evidenciaram que essas decorriam da falta de critério em sua elaboração. Como o socialismo marxista era tido como perfeito, passou a ser preceito a eleição de bodes expiatórios a quem culpar. Um episódio conhecido como o Julgamento de Shakty é exemplar dessa política de transferência de responsabilidade. Em 1928, cinquenta e três engenheiros e gerentes da cidade de Shakty foram presos sob a acusação de, como aliados dos antigos proprietários das minas de carvão, haverem sabotado a economia soviética. Um sobrinho de Tchaikovsky, Nikolai Karlovich Von Meck, encontrava-se entre os acusados. Esse julgamento arbitrário marcou o começo de uma série de outros que viriam se transformar na fonte dos cruentos expurgos dos "inimigos" da Revolução, ao longo dos anos 1930. Stalin viu ali a oportunidade de eliminar todos com os quais antipatizava, com a desculpa de estar protegendo a integridade revolucionária. Nessa onda raivosa, muitas vezes pessoas capacitadas foram descartadas quando técnicos de reconhecida competência e utilidade para o processo industrial foram eliminados pela suspeição de que não eram suficientemente leais à causa comunista. Países europeus, a exemplo da Alemanha, passaram a protestar contra os excessos de que seus nacionais eram vítimas na Rússia. Se crimes cometeram, que fossem repatriados. Dos 53 réus, 11 foram condenados à morte, 34 condenados à prisão, 4 tiveram suas penas suspensas e 4 foram absolvidos. Alguns dos condenados à

PARTE III – A REVOLUÇÃO RUSSA

morte tiveram as penas comutadas em razão de confissões,sob tortura. Vários receberam dos agentes do Governo o texto confessional já redigido, que lhes daria a liberdade. Os julgamentos de Shakhty disputam com outros eventos violentos a característica de figurar como o marco inicial do "terror vermelho".

Como legado dos julgamentos de Shakhty, houve expulsões de crianças das escolas, como mecanismo de punição de seus pais, ou por sua vinculação a qualquer igreja ou instituição burguesa. O ingresso em universidades não era permitido a quem não merecesse, segundo sua lealdade ao regime. Esse controle passou a ser confiado à Vesenkha, que era o Conselho Supremo da Economia Nacional da União Soviética. Em 1932, o Conselho foi substituído pela Gosplan, o novo órgão do poder centralizado da Rússia, sob cuja égide se formaram líderes como Khrushchev e Brezhnev. Firme na tese da necessidade de destruir os inimigos da Revolução antes que eles a destruíssem, Stalin condenou muita gente à morte, inclusive Rykov e Bukharin, consoante sua reiterada assertiva: "Temos inimigos internos. Temos inimigos externos. Não podemos esquecer isso por um momento sequer". Em fevereiro de 1931, ao defender o Plano Quinquenal em curso, como já estava consciente da impossibilidade da conversão do mundo industrializado ao comunismo, Stalin fez um inflamado discurso de conteúdo marcadamente nacionalista, que incorporou à sua postura ideológica: "Uma das marcas do passado russo é o sofrimento que lhe foi imposto em razão do seu atraso. A Rússia foi humilhada pelos mongóis e pelos cavaleiros turcos, como o foi pelos feudais lordes suecos e pelos nobres poloneses e lituanos. A Rússia foi também derrotada pelo capitalismo francês e inglês, bem como pelos barões japoneses. Todos a derrotaram em razão do seu atraso. É por isso que não podemos continuar atrasados. Vocês querem que o nosso socialista torrão natal volte a ser derrotado e que percamos nossa independência? Se não querem, é imperioso acabar com o atraso no menor tempo possível, paralelamente ao desenvolvimento de um ritmo acelerado de nossa economia. Não há alternativa.

Foi por isso que, às vésperas da Revolução de Outubro, Lenin definiu nosso desafio: 'Perecer ou derrotar o capitalismo. Estamos entre 50 e 100 anos atrasados diante dos países mais desenvolvidos! Temos que eliminar essa distância em dez anos! Se não o conseguirmos, seremos destruídos'"!

Ainda em fevereiro de 1931, num inflamado discurso para dirigentes industriais, Stalin defendeu a viabilidade dos seus ambiciosos planos quinquenais com a seguinte exortação: "Não há barreiras que nós, os bolcheviques, não possamos ultrapassar", atribuindo a condenáveis e evitáveis erros humanos os tropeções que vinham sendo cometidos, colocando em risco a segurança nacional perante a potencial ameaça da cobiça internacional de que a Rússia fora vítima histórica. Permitir a renovação desse sofrimento seria o maior dos crimes perante o ideário leninista.

O primeiro sinal desse cassandrismo de Stalin aconteceu em junho de 1941, com a invasão da União Soviética pela Alemanha, com um exército de três milhões de homens, o maior da História! As ambiciosas metas fixadas por Stalin nos Planos Quinquenais só poderiam ser alcançadas pela imposição de trabalhos forçados, sobretudo nas distantes regiões do norte e da inóspita Sibéria, depositárias de grandes riquezas naturais como carvão, madeira, níquel, platina, petróleo, ouro e diamante. Apesar do generalizado conhecimento dessas riquezas ali existentes, ninguém se dispunha a explorá-las, voluntariamente, por representar um risco mortal o conjunto das condições ambientais adversas ali existentes. A solução seria implantar os Gulags, aonde enviar "os inimigos da Revolução", a maioria dos quais sucumbiria ao frio, à fome e a doenças. Gulag é acrônimo, em russo, de Administração Central dos Campos e Colônias do Trabalho Corretivo. O maior crescimento da economia soviética adveio desse genocídio de nome tão pomposo. Para se protegerem contra essa violência fatal, alguns grupos se formaram, resultando, mais tarde, na Máfia Russa, integrada pelos Vory e pelos Zakone, que se contrapunham. Esses campos seriam re-

PARTE III – A REVOLUÇÃO RUSSA

duzidos, a partir da morte de Stalin, em 1953, declinando em número até a sua extinção, depois do fim do Império Soviético, em 1991.

Segundo o romancista e historiador russo Alexander Soljenítisin, Nobel de literatura, os gulags compõem o cerne da experiência soviética, em que a pena de morte para os adversários só era comutada para trabalhos forçados, em face da imperiosa necessidade de o Regime Comunista assegurar o abastecimento interno e o cumprimento de suas metas, prescritas nos famigerados Planos Quinquenais. Ainda segundo Soljenítisin os gulags resultavam da percepção bolchevique do povo como mera matéria-prima para o Regime alcançar os seus propósitos. Tanto que Trotsky se referiu às pessoas convocadas para trabalhar para o Governo como "camponeses matéria-prima", tratada como "força-trabalho" e não "classe trabalhadora" como seria de esperar, tratamento que evidencia a flagrante mudança de atitude, em que os trabalhadores deixaram de ser agentes ativos da Revolução para serem encarados como objeto da economia planificada. Só à posteriori os bolcheviques tentaram elaborar uma teoria para justificar a criação dos gulags, a partir do argumento de que seu uso foi feito como meio pedagógico para preparar os "reacionários" para o "esplêndido" estilo de vida comunista. A verdade translúcida é que os gulags dos anos 1920 foram prisões em que os detentos eram obrigados a trabalhar para seus carcereiros. Foram criados segundo o modelo do campo de prisioneiros de Solovki, fundado pelo Império Czarista nas Ilhas Solovetski, no Mar Branco, e herdado pela União Soviética. Nele, a NKVD desenvolvia e testava medidas de segurança, estilos de vida dos prisioneiros, métodos de produção econômica para os internos e padrões de repressão. Alexander Soljenítsin chamou-o de "Mãe do Gulag", no seu clássico *Arquipélago Gulag*, em que denunciou o esmagamento da liberdade individual pelo Comunismo Soviético.

A ADOÇÃO DA PRODUTIVIDADE

Foi aí, em Solovki, que Naftali Aronovich Frenkel (1883-1960), prisioneiro que se converteu em Comandante de segurança do presídio e membro da polícia secreta soviética, apresentou um projeto para organizar, de modo produtivo, o trabalho da população carcerária. As origens de Naftali são incertas. Soljenítsin apelidou-o de "judeu turco, nascido em Constantinopla". Outros o denominaram "fabricante húngaro", havendo quem dissesse que ele era originário, sucessivamente, de Odessa, da Áustria e da Palestina, embora em sua ficha policial constasse que nasceu em Haifa, então pertencente ao Império Otomano, atualmente importante cidade de Israel. Constitui mistério ainda insolúvel o caminho percorrido por Naftali para, de prisioneiro se converter em comandante do Campo de Concentração. Segundo a versão mais verossímil, ele encontrou um acampamento caótico, destituído da mínima racionalidade organizacional, onde predominava o desperdício de recursos humanos e materiais. Sem perda de tempo, propôs, por escrito, as modificações que melhorariam, substancialmente, as precárias condições do Gulag em todas as áreas. Sua mensagem chegou às mãos de Genrich Yagoda, líder da Tcheka, que, de tão bem impressionado que ficou, mandou que o trouxessem, imediatamente, à sua presença. Pouco tempo depois desse encontro com Yagoda, Frenkel passou de prisioneiro a guarda do presídio, em novembro de 1924. Os elogios ao comportamento e operosidade de Frenkel eram uma constante nos relatórios rotineiros. Num deles, lê-se: "No acampamento, ele se comporta como um trabalhador excepcionalmente talentoso que ganhou a confiança da administração da SLON, e é tratado como autoridade... ele é um dos raros trabalhadores responsáveis"!

Segundo Soljenítsin, Frenkel criou o sistema "Você come de acordo com o seu trabalho", também conhecido como "Escala de nutrição", que precipitou a morte dos mais fracos. Muitos historiadores sustentam que a fama da operosidade de Frenkel

PARTE III – A REVOLUÇÃO RUSSA

foi por ele mesmo forjada. Para a jornalista Anne Applebaun, "Mesmo que Frenkel não tenha inventado todos os aspectos do sistema, ele encontrou um modo de transformar um campo de prisioneiros em uma instituição econômica *aparentemente* lucrativa e de uma maneira que pode muito bem ter merecido a atenção de Stalin". Fato é que Frenkel dividiu os prisioneiros por suas possibilidades físicas e intelectuais, dando-lhes atribuições compatíveis, recebendo alimentação proporcionalmente à qualidade e produtividade do seu trabalho. Os mais fortes recebiam 800 gramas de pão e 80 gramas de carne, enquanto os mais fracos ou considerados inválidos recebiam a metade dessas porções. Essa política importava na eleição dos que mereciam sobreviver e dos que deveriam morrer.

Sob o comando de Frenkel, o Gulag foi ganhando projeção como poderosa unidade produtora de riqueza na forma de implantação da infraestrutura física do país, como estradas de rodagem e de ferro, bem como agente produtor de bens industriais, além de operar como centro preparatório de equipes de trabalho, despachadas para introduzir a vitoriosa prática em outros gulags, Império Soviético, adentro e afora. Os prisioneiros que não se enquadrassem nos seus padrões de produtividade seriam descartados, quase sempre pela precipitação da morte, deixando claro que não haveria tempo a perder com a recuperação de doentes ou de reeducação de indisciplinados. Desapareceu a distinção corrente entre criminosos comuns, tratados com maior benignidade, e antirrevolucionários, tratados com maior rigor. O fator predominante passou a ser a produtividade. O regime comunista tinha pressa em demonstrar elevado padrão de desempenho para consolidar-se, internamente, e afirmar sua superioridade, como estilo de vida, aos olhos do mundo. Por isso, as atividades culturais foram interrompidas dentro do acampamento, remanescendo o museu e o teatro para impressionar os visitantes ilustres.

Essas transformações administrativas contribuíram para reduzir, sensivelmente, o nível das brutalidades praticadas contra os presos, de quem se passou a valorizar a capacidade de trabalho. Entre os admiradores de Frenkel, figurava Máximo Gorki, que saiu muito bem impressionado da visita que fez às Ilhas Solovtsky, em 1929. Em contraponto, havia os que o odiavam e ou temiam. Já em 1927, ano de sua conversão de prisioneiro em guarda, o anticomunista francês Raymond Duguet escreveu, em seu conhecido livro de 286 páginas, *Un bagne en Russie rouge*, uma das primeiras publicações sobre as Ilhas Solovetsky, que "Graças às terríveis iniciativas de Frenkel, milhões de pessoas são submetidas a trabalhos torturantes". Seus ex-companheiros de cela acusaram-no de montar uma rede particular de informantes que o punham a par de tudo antes de todos. Antes mesmo de ganhar a liberdade e a promoção, Frenkel organizou o Departamento Econômico e Comercial dos campos de concentração de um modo que o tornasse autossuficiente, capaz de prover suas próprias necessidades, com o produto do "trabalho produtivo" dos prisioneiros, e, adicionalmente, transferir ricos dividendos para o Governo. A ponto de os campos de concentração que integravam a SLON terem se tornado acionistas de um Banco Comunitário. Por trás desse marcante protagonismo todos viam a mão de Frenkel que, por isso, passou a ser alvo de inveja e hostilidades, a exemplo de Yashenko, Comandante de um dos acampamentos, que declarou haver planejado sua morte. Fato é que a operosidade de Frenkel chegou aos ouvidos de Stalin, cujo interesse, a partir de então, pelo potencial de rentabilidade dos campos de concentração foi uma constante. Frenkel, por sua vez, foi elevado a chefe da construção do Canal Báltico, no Mar Branco, primeiro grande projeto do Gulag na era Stalin. Uma consagração, sobretudo, para um ex-prisioneiro. Mais do que livrar-se da prisão, Frenkel livrou-se da morte, destino fatal de muitos dos seus companheiros. Mais tarde, em 1937, quando o seu nome foi envolvido em movimentos conspiratórios, o próprio Stalin teria atuado em seu favor. De 1937 a 1947, ano em que se aposentou, ele chefiou as mais importantes obras ferroviárias. Seu prestígio era tamanho que recebeu, entre 1933 e 1943, três vezes a cobiçada Ordem de Lenin, já aí

PARTE III – A REVOLUÇÃO RUSSA

sob a proteção ostensiva de Lavrenty Beria (1999-1953), o mais duradouro e influente chefe da polícia secreta da era Stalin, sobretudo durante e depois da Segunda Grande Guerra. Beria, além de tantas outras atrocidades, foi o responsável pelo massacre de Katyn, quando foram fuzilados 22.000 oficiais poloneses. Depois da morte de Stalin, em março de 1953, Nikita Krushchev liderou o movimento que condenou Beria à morte, ocorrida em dezembro daquele mesmo ano. Beria teria sido, além de portador de singular crueldade, um compulsivo predador sexual.

A MORTE DA SEGUNDA ESPOSA DE STALIN

Quando a 9 de novembro de 1932, Nadezhda, segunda mulher de Stalin, cometeu suicídio, o seu casamento já caminhava para o fim. A gota d'água teria sido o fato de Nadezhda não ter levantado a taça ao brinde que Stalin fez pela destruição dos inimigos do Regime, durante um jantar, no Kremlin, em celebração dos 15 anos da Revolução de 1917. Irritado, Stalin lançou sobre ela, sentada à sua frente, cascas de laranja e bagas de cigarro acumuladas num cinzeiro, por ela não lhe ter explicado a recusa em participar do brinde. Indignada, ela gritou para ele calar-se, saiu da mesa e subiu correndo as escadas. Pouco depois, ouviu-se o estampido de uma arma de fogo. Banhada em sangue, ela seria declarada oficialmente morta, quatro dias depois, vítima de apendicite, segundo o boletim oficial, versão que prevaleceu até a morte de Stalin, cuja glorificação cresceu muito, a partir da forte presença de Nadezhda na alma popular. Perdurou a crença, nos que assistiram a cena, em que o convulsivo choro de Stalin, abraçado à esposa morta, expressasse um genuíno sentimento de perda, agravado pelo remorso de ter o mau humor de Nadezhda nascido do seu *flirt* ostensivo com a esposa de um comandante do Exército Vermelho. É certo que o histórico depressivo contribuiu para magnificar o potencial ofensivo da frieza e maus tratos da postura rotineira de Stalin,

443

levando-a ao gesto extremo. Em anotações que deixou, "cheias de censura e acusações", conforme as palavras da filha Svetlana, Nadezhda condenava o curso que as coisas vinham tomando na política nacional. Entre seus objetos pessoais constava um manifesto escrito por prestigiado bolchevique, aliado de Buckharin, com a proposta da derrubada de Stalin para salvar a Revolução.

Nadezhda Sergeyevna Alliluyeva (1901-32), de ascendência georgiana e alemã, foi a segunda esposa de Stalin, 23 anos mais velho, a quem conheceu na infância, quando o seu pai deu abrigo a ele, Stalin, em 1911, após fugir da prisão. Logo depois da Revolução, Nadezhda trabalhou com Lenin, de quem mereceu ser confidente. Nadezhda e Stalin casaram-se em 1919, ela com 18 anos e ele com 41, já viúvo da primeira esposa Ekaterina Svanidze, morta no ano anterior, com quem tivera um filho, Yakov Djugashvili. O novo casal teve dois filhos: Vasili, em 1921, e Svetlana, em 1926. Na autobiografia, Svetlana escreveu que a dor sentida por seu pai, Stalin, quando da morte da mãe, extinguiu nele o último lampejo de bondade! Molotov, seu aliado mais próximo, disse que nunca o vira chorar antes. Quase um século depois de sua morte, Nadezhda continua sendo reverenciada pelo povo russo que orna com flores o seu túmulo. Os vandalismos que o mausoléu tem sofrido advêm de sua vinculação ao nome do odiado Stalin.

A SUSPEIÇÃO PSICOPATOLÓGICA DE STALIN

Há quem atribua a insensibilidade afetiva de Stalin aos seus complexos, entre os quais o baixo nível intelectual, ausência de qualquer ato heroico em sua biografia e de baixa estatura física. A verdade é que Stalin não aceitava o desejo de Nadezhda de desempenhar mais do que o papel de esposa, participando das atividades políticas, propósito agravado pela simpatia que ela nutria por Bukharin, adversário, *in pectore,* do voluntarioso marido. Além disso, ela discordava da violência do Regime nos

PARTE III – A REVOLUÇÃO RUSSA

campos de concentração, prática de que se inteirava no curso universitário que Stalin lhe permitiu fazer. Abalado pelo suicídio de Nadezhda, de que se sentia culpado, Stalin passou a temer, ainda mais, a possibilidade de conspirações para defenestrá-lo, inclusive dos círculos mais próximos. De tal modo que a mais leve desconfiança levava à morte os suspeitos e seus próximos, familiares ou não. Para piorar as coisas, o fracasso do Plano Quinquenal 1928-1932 baixou, ainda mais, o já precário nível de vida do povo soviético, conduzindo ao aumento de horas da jornada de trabalho e à redução das rações alimentares, como meio de aumentar as exportações de grãos para obter receitas cambiais com que adquirir e modernizar o maquinário agrícola e industrial. A ponto de um prócer da OGPU (Polícia Secreta da Rússia) haver declarado ao Embaixador Britânico, numa conversa informal, que "não há pão, nem carne, nem toucinho nas prateleiras dos mercados". A insatisfação chegou a levar líderes bolcheviques a propor "o fim da ditadura dos utópicos planos quinquenais". A dura repressão que se seguiu abafou os potenciais levantes. As manifestações contrárias ao Regime, porém, continuaram sob a forma de grafitização política, furtos, apedrejamentos, absenteísmo laboral, operação tartaruga e de tudo o mais capaz de expressar descontentamento. Anedotas pululavam, como as seguintes:

> Um bolchevique explicava a uma senhora que "o comunismo é um regime em que há fartura de tudo, como comida, roupa e todo tipo de bens de consumo, podendo as pessoas viajarem ao exterior". Ao que a senhora respondeu: "Ah, como no tempo do Czar!"
> "Capitalismo é a exploração do homem pelo homem, enquanto o comunismo é o contrário!"
> "Qual era a nacionalidade de Adão e Eva?" (Uma sátira à ignorância reinante).
> "Soviéticos, certamente! Quem mais seria capaz de, andando nu e descalço, com apenas uma maçã para ser partilhada por muitos, achar que vive no Paraíso?"

Os autores ou suspeitos de críticas de qualquer natureza ao Regime, bem como os que delas tivessem conhecimento sem denunciar, seriam sumariamente condenados com punições oscilando de um mínimo de seis meses de prisão à morte imediata. Muitos consideravam a prisão perpétua nos Gulags a pior das punições.

O mais grave para Stalin era o descontentamento entre os integrantes do círculo do poder, tementes, em fins de 1932, dos efeitos do rotundo fracasso do plano quinquenal, recém findo, com a miséria campeando nas cidades e nos campos, como nunca se vira antes. Um líder comunista, numa carta dirigida de Paris a Trotsky, e publicada no *Boletim da Oposição*, escreveu que "Stalin é um ídolo caído". Numa aparição ao Teatro Bolshoi, Stalin foi saudado "com um silêncio ensurdecedor".

Para conter o ameaçador crescendo da irresignação política e popular, Stalin identificou os dois principais centros irradiadores de oposição à sua continuidade à testa do poder e cuidou de eliminá-los. O primeiro grupo era integrado por antigos e prestigiados bolcheviques, a elite do original núcleo revolucionário, liderado por A. P. Smirnov, V. N. Tolmachev e N. B. Eismont. Ao saber que se reuniram, secretamente, nos 15 anos da Revolução para discutir a sua continuidade ou remoção, Stalin mandou prendê-los. O segundo grupo, liderado por Martemyan Riutin, seguidor de Buckharin, o autor do manifesto contra Stalin que foi encontrado entre os pertences de Nadezhda, onde ele sustentou ser o Secretário Geral "um teórico medíocre, um político intriguento e inescrupuloso, além de coveiro da Revolução", foi, igualmente, preso. Esse grupo, que se autodenominava Liga dos Marxistas-Leninistas, acusava Stalin de haver "rompido com o Leninismo", comprometendo, assim, "toda a cultura partidária que fez a Revolução de Outubro", através de uma ominosa violência contra as massas, partidárias ou não. O fim da coletivização estava entre suas prioridades, bem como a redução do ritmo da industrialização, para diminuir a excessiva carga de trabalho do operariado. A readmissão de velhos e leais companheiros de

Parte III – A Revolução Russa

lutas revolucionárias, afastados por ousarem discordar de certas medidas oficiais, era parte do programa reivindicatório. Desse grupo de excluídos faziam parte Trotsky e seus seguidores. Atribui-se a Sergei Mironovich Kirov (1886-1934) a intervenção para evitar a execução dos membros do grupo, proposta por Stalin. Líder dos bolcheviques em Leningrado, Sergei Kirov advertiu que o legado de Lenin não podia ser tingido com o sangue de seus seguidores. Por isso, 24 "conspiradores" foram expulsos do Partido e de Moscou, inclusive Kamenev e Zinoviev, como "inimigos do Comunismo e do Governo Soviético, traidores do Partido e da classe trabalhadora, ao tentarem criar uma burguesia rural clandestina, sob uma falsa bandeira Marxista-Leninista, com o propósito de restaurar o capitalismo na União Soviética".

Alguns foram punidos mesmo sem terem participado do movimento. Seu crime foi o de saberem, mas não terem denunciado. Martemyan Riutin, apesar de condenado a 10 anos de prisão, foi executado em 1937, cinco anos depois de preso, por ordem de Stalin, episódio considerado, por muitos, como o termo inicial do Grande Terror. Quando da execução arbitrária de Riutin, Kirov já estava morto desde 1 de fevereiro de 1934, assassinado por Leonid Nikolaev no Instituto Smolny, em Leningrado. Os fatos que levaram a esse homicídio nunca foram suficientemente esclarecidos, como muita coisa que acontece nos regimes totalitários. Leon Trotsky e seus seguidores atribuíram-no à NKVD, a mando de Stalin, desejoso de livrar-se de quem era visto como o seu potencial sucessor à frente do Governo. Stalin mandou sepultar Kirov com pompas fúnebres, nas muralhas do Kremlin, como meio de eliminar suspeitas de sua autoria intelectual, segundo seus adversários. Cidades ruas, praças e estações de trem e de metrô passaram a receber o seu nome.

A partir da execução de Riutin cresceu a paranoia de Stalin de ver inimigo em toda parte, levando à intensificação de sua proverbial crueldade a título de prevenção cautelar. Opositores moderados faziam parte, em sua visão, de movimentos pela sua defenestração. Ao mínimo pretexto, ele arrolava suspeitos como envolvidos na conspiração Riutin e os afastava do seu caminho pela expulsão, exílio, prisão ou execução sumária.

Graças ao georgiano Sergo Konstantinovich Ordzhonikidze (1886-1937), líder bolchevique moderado, Ministro da Indústria pesada com notável folha de serviços à Revolução, essa paranoia terrorista de Stalin cedeu à sua argumentação que, para triunfar, o novo Plano Quinquenal, 1933-1937, precisava de paz e do fim da caça às bruxas nas hostes comunistas. Stalin foi compelido a dotar o seu governo de ares de legalidade. A polícia secreta OGPU foi substituída pela mais branda NKVD, porque esvaziada de poderes totalitários, limitada ao estabelecimento da pena máxima de cinco anos. Ao tempo em que a imagem do Governo melhorava, graças às ideias de Ordzhonikidze, cresciam as tensões entre ele e Stalin, inconformado com o crescente prestígio administrativo e político do talentoso colaborador que se recusava a expurgar trabalhadores produtivos por acusações de infidelidade ideológica. Em 1937, quando suas relações com Stalin ficaram muito tensas, ele teria se matado, em sua própria casa, antes de um encontro com Stalin, versão que ainda hoje é contestada. Vários dos seus parentes foram severamente punidos, alguns executados. Mesmo assim, ele foi postumamente homenageado com várias cidades levando o seu nome.

Esses avanços não impediram, porém, que Stalin desse alguma vazão à sua política de terror para destruir os "inimigos", como a expulsão de 580.000 dos 3,2 milhões de membros do Partido, confirmando o princípio segundo o qual quando chegam ao poder, líderes totalitários passam a desconfiar da lealdade dos liderados! Algo assim como "Não posso confiar em quem confia em mim", uma paráfrase (da frase) do pensamento de Grouxo Marx: "Não aceitaria entrar para um clube que me aceitasse como sócio". O sofrimento derivado do método purgativo ideológico era muito maior do que a dor da humilhante expulsão propriamente dita. O recrutamento de novos membros para substituir esse contingente, bem como a mão de obra para le-

PARTE III – A REVOLUÇÃO RUSSA

var adiante as metas quinquenais, priorizavam os politicamente ignorantes e admiradores de Stalin, "fonte de toda sabedoria, o pai que lhes daria um futuro próspero e feliz". Princípios marxistas eram o que seus líderes imediatos vozeavam para sua repetição à moda papagaio. Daí para criar uma "elite" de servidores foi apenas um passo, com os leais à liderança de Stalin sendo ostensivamente distinguidos com privilégios, sobretudo de ganhos salariais, habitações mais confortáveis, bons locais de trabalho e reduzida carga horária, além de títulos e condecorações. Critérios espartanos foram trocados pela submissa e irrefletida vassalagem ao chefe supremo. Substituíam-se princípios por vantagens de ordem material. Era o embrião da Nova Classe ou Nomenklatura que viria enterrar o Regime, ao torná-lo um antro de corrupção de todos os valores humanos, como se viu do espraiamento do terror stalinista. Em seu livro de 1936, *The Revolution Betrayed*, León Trotsky denunciou que "o poder de Stalin se apoiava numa grande pirâmide de burocratas, composta de cinco a seis milhões de funcionários. Essa numerosa casta de colaboradores seria a 'nova burguesia'. Seus interesses giravam em torno de compensações materiais, como casas confortáveis, aquisição de bens materiais, atividades e modos sofisticados. Eles são socialmente reacionários, adeptos dos hábitos e costumes das famílias patriarcais, conservadores em suas preferências culturais, ainda que professantes dos ideais comunistas. Seu propósito maior era o de defender a ordem soviética vigente, da qual provinham seu bem-estar e posição na sociedade".

Para essa classe de privilegiados, os méritos de Stalin e a correção de seus planos quinquenais eram assuntos fora de discussão. O Congresso do Partido Comunista, de 1934, articuladamente coincidente com dez anos da morte de Lenin, tinha o propósito de imbuir na percepção popular o sentimento de que Stalin era o próprio Lenin reencarnado. Daí a densa aparição na imprensa e em cartazes afixados em toda parte, ao longo do imenso Império Soviético, das fotos dos dois líderes, um ao lado do outro, como se fossem irmãos siameses, nos meses que antecederam o Congresso. Era a consumada instalação do culto do novo Czar, badalado por articulistas sempre dispostos a chalerar os donos do poder. O talentoso e polêmico líder bolchevique Karl Radek (1885-1939), ex-seguidor de Trotsky, escreveu no *Pravda* uma série de artigos laudatórios a Stalin, começando por dizer que "o Secretário Geral do Partido Comunista, o melhor discípulo de Lenin, consolidara os ideais do mestre, ao longo do decênio 1924-1934, de tal modo se igualavam em visão profética, inteligência luminosa, coragem física e moral, e como genial estrategista militar, como ficou provado na consolidação do ideal comunista, na conclusão exitosa do Plano Quinquenal"! A delirante fantasia de Karl Radek concluía com a descrição da momentosa celebração da vitória do Plano Quinquenal, na Praça Vermelha, ladeada pelo Palácio do Kremlin e a Catedral de São Basílio: "No Mausoléu de Lenin, cercado pelos camaradas em armas – Molotov, Kaganovich, Voroshilov, Kalinin e Ordzinhonkidze – assomava Stalin, vestido em sua larga capa cinza de soldado. Seus olhos serenos perscrutavam, refletidamente, as centenas de milhares de operários que passavam pelo túmulo de Lenin, em marcha firme de tropa de choque a caminho de conquistar o mundo capitalista. Ele, Stalin, estava consciente de haver cumprido o juramento que fizera, dez anos atrás, sobre o esquife de Lenin. Disso também sabiam os trabalhadores russos, bem como o proletariado do mundo inteiro. E na direção de nosso líder, calmo como uma montanha, lançavam-se ondas de amor e fé, ondas de confiança em que, ao redor do túmulo de Lenin reunia-se o estado maior da futura e vitoriosa revolução mundial".

Não é difícil compreender porque Stalin mandou imprimir centenas de milhares de cópias do texto de Radek. O *Pravda*, por sua vez, declarou o triunfo do comunismo sob a liderança de Stalin e batizou o evento como O Congresso dos Vitoriosos. Melhor e verdadeiro teria sido dizer que o triunfo foi pessoal de Stalin, uma vez que 1934 foi o ano a partir do qual a violência oficial calou as vozes que protestavam contra o Czar Vermelho.

PARTE III – A REVOLUÇÃO RUSSA

Os 150 votos de oposição a Stalin, encontrados nas urnas, foram destruídos, à exceção de três, para dar foros de legitimidade, ensejando o anúncio de sua virtualmente unânime reeleição. Era a "democracia" comunista em plena ação. A excessiva chaleirice de Radek não impediu que em 1937 Stalin o mandasse para a prisão, onde morreu assassinado por um detento. Suspeitas remanescem da autoria intelectual de Stalin de mais esse crime.

A partir da morte de Nadezhda, em 1932, Kirov passou a ficar muito próximo de Stalin. Sua morte, a primeiro de dezembro de 1934, é atribuída a Stalin por suspeitar que os votos contrários à sua recondução como Secretário Geral foram inspirados por ele. Como em tantas outras situações, Stalin negou autoria intelectual. A facilidade, porém, que o assassino encontrou para superar a vigilância da poderosa NKVD e atirar em Kirov em seu gabinete de trabalho é apontada como decorrente de instruções emanadas de cima. A imediata assunção pessoal por Stalin da tarefa de apurar o crime aumenta a suspeita de sua autoria. Stalin, pressurosamente, decretou medidas enérgicas que resultaram na prisão de 6.500 suspeitos, em apenas um mês, seguidas de muitas outras nos meses subsequentes. Em Leningrado, 11.000 membros da aristocracia czarina foram presos. Ao longo de 1935, nada menos de 250.000 membros do Partido foram expulsos, acusados de anti-leninismo, consoante o padrão do Grande Terror. Quando Yagoda, o chefe da NKVD, disse a Stalin que seus comandados estavam constrangidos em prender leais companheiros de ideal, ouviu dele que deveria acautelar-se para que não viesse a recair sobre ele a iracúndia do sistema.

Uma radical substituição de pessoal foi feita nas dependências do Kremlin diante da suspeita de que ali corria uma conspiração liderada por Trotsky e Zinoviev. Cozinheiros, garçons, vigilantes, zeladores, bibliotecários foram substituídos, inclusive o velho amigo Abel Yenukidze, padrinho de Nadezhda, que com ela havia dançado na noite do suicídio. Stalin deixou claro que ninguém escapava do seu temível ódio, como

JOACI GÓES

logo aconteceria com o suicídio de Ordzhonikidze, conforme já expusemos.

A partir de 1935, depois de tantos anos de penúria coletiva, Stalin deu início ao discurso de que a prosperidade estava vindo ao encontro de todo o povo russo. Afinal de contas, reconhecia ele, as aspirações de bem-estar são próprias da condição humana, fato que o comunismo não podia ignorar. A começar pela posse de três cabeças de gado para cada trabalhador. Seria um estágio intermediário, até à reeducação de todos para o compartilhamento generalizado de bens comuns. O problema consistia na escolha do modo de explicar essa mudança, com elevado potencial de vir a ser acoimada de concessão burguesa, como de fato ocorreu, com as críticas lideradas por Trotsky que a comparou ao Thermidor, fase da Revolução Francesa que interrompeu a violência revolucionária, em 1794, deixando parecer que ela perdera fôlego e razão de ser em face da emergência de políticas mais conservadoras. De fato, em *A Revolução Traída*, Trotsky deu voz à percepção crescente de que sob a liderança de Stalin a Revolução vinha perdendo seu apelo inicial, em consequência da substituição dos valores revolucionários pela lealdade burocrática ao voluntarismo despótico do Secretário Geral em troca de vantagens materiais. O sociólogo e jurista russo Nicholas Timasheff (1886-1970), que emigrou para os Estados Unidos em 1921, chegou a idêntica conclusão em seu livro *The Great Retreat*, de 1946, ao sustentar que ao longo da década de 1930 os bolcheviques trocaram os valores revolucionários que estavam levando o País para o abismo por interesses tradicionais. Para competir com a crescente simpatia que o nazismo vinha despertando nas hostes comunistas, as lideranças soviéticas aumentaram o esforço para assegurar a unidade nacional, mediante a renovação da autoridade estatal, através do apelo aos interesses conservadores das massas, centrados nas melhorias materiais, valores familiares tradicionais, nacionalismo na cultura e busca da felicidade individual. O Comunismo deixou de ser uma aspiração internacional para ser nacional, no modelo soviético.

PARTE III – A REVOLUÇÃO RUSSA

A discussão para saber se Trotsky e ou Timasheff estavam certos perdeu relevância diante do reconhecimento geral de que o Stalinismo necessitava, para sobreviver, de uma base de apoio popular ancorada em princípios mais sólidos do que os sonhos utópicos do amanhecer revolucionário.

A PANTOMIMA DA PROSPERIDADE STALINISTA

Do ponto de vista hierárquico e de premiação da fidelidade, o stalinismo pouco ou nada diferia da estrutura organizacional da burocracia czarista, vigente até 1917. Aumentou muito a oferta de bens de consumo ao alcance do que seria um renascimento da classe média, a exemplo de rádios, gravadores, câmeras de filmagem, perfumes, guloseimas e bebidas alcoólicas, inclusive um muito desejado champagne soviético. Os preços de todos esses produtos eram reduzidos nas datas festivas. Era o mito da "boa vida soviética" em curso de obstinada implantação, apoiado na crença de que sob o stalinismo os bens de acesso, antes restritos aos ricos e nobres, agora estavam ao alcance de todos! Pelo menos dos leais servidores do Regime. Jornais, revistas e *house-organs* traziam as listas de inúmeros bens, seus preços e endereços das lojas, em expansão, onde adquiri-los, no estilo do comércio europeu e norte-americano. Apesar de a maior parte desses bens estar acima do poder da grande maioria, ficava o desejo crescente de ganhar mais, a depender do grau de dedicação à grande causa socialista comandada por Joseph Stalin, Lenin reencarnado, o Redentor.

A verdade é que entre o discurso da igualdade, na sociedade soviética, e a prática da mais ostensiva desigualdade havia uma distância abissal, diferença percebida pelos espíritos argutos que se manifestavam na abundância de piadas que circulavam, sobretudo nas grandes cidades. Crescia a relação dos artigos comercializados apenas no mercado negro, na proporção em que aumentava a diferença dos salários, por produtividade ou privilégios. A promessa comunista do nivelamento

JOACI GÓES

salarial ia para o brejo. Essas crescentes desigualdades ganhavam visibilidade, sobretudo no acesso aos programas habitacionais, em que se percebia, com nitidez, a distinção de tratamento entre os membros da cúpula da burocracia e a grande massa dos trabalhadores que viviam amontoados em grandes cortiços urbanos. Em Moscou, por exemplo, a destinação de 5,5 m² de área residencial, *per capita*, em 1930, caiu para 4 m² em 1940. Isto é: dez pessoas partilhavam um apartamento de 40 m²! Nos novos centros urbanos, no interior do País, formados para abrigar os obreiros de emergentes polos industriais, a situação era muito pior, com elevado número de operários vivendo coletivamente, com suas famílias, em toscas barracas na vizinhança de seus insalubres locais de trabalho. A privacidade aí praticada não impedia acesso auditivo e até visual às relações mais íntimas!

Os apartamentos comunitários eram a sociedade comunista miniaturizada, onde quase tudo de todos estava ao alcance do conhecimento por todos, como os afazeres diários, hábitos pessoais, amigos e parentes, o que comiam ou gostavam, o que falavam ao telefone comunitário. Até mesmo o que se falava no interior dos cômodos mais herméticos poderia ser ouvido do lado de fora. Não havia, portanto, desculpa aceitável para não se delatar tudo o que fosse potencialmente contrário aos interesses do Regime. Em ambiente de tanta escassez material e emocional eram comuns acaloradas discussões sobre o desaparecimento de frações de comida, furtos de objetos, altura do som, gerando atritos vingados em delações que, no mínimo, levavam os denunciados a se esmerarem cada vez mais para merecer o perdão e ou o acolhimento dos donos do poder.

Os observadores concluem que a resignação diante de tanta carência das gerações de soviéticos que eram crianças ou adolescentes em 1917, em plena maturidade nos anos 1930, decorria do convencimento de que aquele sofrimento "momentâneo" era o preço cívico a pagar pela conquista de um futuro luminoso para a magna Rússia e para toda a humanidade. Essa percepção

PARTE III – A REVOLUÇÃO RUSSA

foi colhida das composições escolares, carregadas de esperança, dessas gerações.

Convenientemente, como mecanismo subliminar de induzir à aceitação passiva do sofrimento "temporário", um pequeno tributo à conquista da paz e da prosperidade redentora das aflições da Rússia e do mundo, os marxistas apresentavam a projeção do tempo, no futuro, como uma unidade composta de fases, uma conduzindo à seguinte, cada vez melhor, até à síntese final do Paraíso coletivo, como observou Karl Mannheim em *Ideologia e Utopia*, de 1929. Esse programa evolutivo estaria representado no discurso descritivo das "maravilhas" dos planos quinquenais, a serem alcançados, quem sabe? em apenas quatro anos!

Para consolidar esse desejável ambiente psicossocial, o Regime ingressou numa fase de aceleração construtiva, com elementos infraestruturais sendo implantados em tempo curto, como rodovias, estradas de ferro, barragens, canais e cidades para abrigar os crescentes deslocamentos de populações rurais para os centros urbanos. Esse frenesi histórico, coincidindo com os devastadores efeitos da Depressão Americana de 1929, provocou em intelectuais dos países mais avançados a crença na viabilidade do Comunismo como um regime capaz de assegurar a prosperidade e estabilidade econômica e social dos povos. O grande sofrimento de agora, portanto, ainda que acrescido de milhões de vítimas, seria um preço razoável e inevitável a pagar para tão grande conquista!

Moscou foi eleita por Stalin para simbolizar essas elevadas esperanças num radioso futuro soviético e universal. De uma cidade sem graça foi transformada, em pouco tempo, numa fulgurante capital imperial, com edificações representativas da arquitetura mais arrojada. Uma nova avenida foi aberta para abrigar os desfiles militares que culminariam com a chegada à Praça Vermelha, dominada pelo mausoléu de Lenin, uma síntese do mérito, um amálgama da santidade com a inteligência, o espírito de solidariedade e a heroicidade em escala máxima. Em 1935, o reconhecimento de Moscou como a emergente capital do mundo foi chancelado com cinco estrelas vermelhas substituindo, nas torres do Kremlin, as águias de duas cabeças, símbolo dos Romanov, ali mantidas por cochilo negligente desde 1917. Cada uma das cinco estrelas representava um dos cinco continentes, destinatários do radioso futuro ora gestado pela grande mãe Rússia! E em Moscou, o metrô, meio de transporte coletivo, foi escolhido para exprimir a presença dominante das massas no novo mundo em construção. Quando da inauguração da primeira linha, já em 1935, o metrô foi aclamado como o paraíso do proletariado pelo todo-poderoso Ministro dos Transportes, Lazar Kaganovich (1893-1991), o *Lobo do Kremlin*, com as seguintes palavras: "Quando nossos trabalhadores tomam o metrô, deveriam se sentir alegres e felizes, como se estivessem num palácio iluminado pelo brilhante reflexo do Comunismo vindouro". De fato, o metrô de Moscou era o mais luxuoso do mundo, com as estações semelhando palácios, entre as quais a Estação Lenin foi dotada de beleza apoteótica. A Estação Mayakovsky, de 1938, em homenagem ao poeta, dramaturgo e militante russo, Vladmir Mayakovski (1893-1930), não era menos brilhante. Gritante era o contraste entre o luxo das estações e a expressão mórbida e contida do povo que delas se servia, como tivemos ocasião de observar em 1969.

Apesar de nunca ter sido edificado, o desenho do Palácio Soviético, concebido para ser o mais grandioso edifício do mundo, continuava a aparecer impresso na propaganda oficial, levando a população a, orgulhosamente, supô-lo uma realidade concreta. O local seria o da Catedral de Cristo Salvador, demolida em 1931, para o fim de impressionar o mundo com tão imponente edificação com 416 metros de altura, oito a mais do que o Empire State Building, em Nova Iorque, até então o mais alto, abrigando uma estátua de Lenin, três vezes maior do que a Estátua da Liberdade em sua cúpula. O local, transformado numa estação de metrô, continuou a ser chamado pelo nome do edifício que nunca existiu, Palácio Soviético ou dos Soviéticos, até 1957, quando ali foi construída uma grande piscina pública.

PARTE III – A REVOLUÇÃO RUSSA

O cinema foi outra atividade intensificada pelo Regime para entreter o povo, a quem se oferecia circo em abundância como meio de compensar a escassez de pão. Também a dança, condenada como atividade frívola nos primeiros anos da Revolução, voltou a ser encarada como atividade digna de ser promovida. Os parques e praças passaram a sediar álacres festividades e paradas de desfiles livres da rigidez militar dos primeiros anos, durante os dias festivos, muito no mesmo estilo do que faziam em seus países Mussolini e Hitler, Francisco Franco e Salazar. Mesmo o Vovô Geada, o Papai Noel Soviético, até havia pouco proscrito como instrumento de dominação da burguesia, através de produtores rurais e clérigos voltou a ser ativado para alegrar as massas. Do mesmo modo como retornaram antigos valores familiares, como observou Trotsky, reconhecendo como utópico o ideal marxista de implantar uma família coletiva alheia a vínculos sanguíneos e afetivos. Para dificultar o divórcio, foram sensivelmente elevadas as dificuldades legais para obtê-lo, a começar pelo aumento das taxas para requerê-lo. O aborto foi proibido, bem como punida a prática da homossexualidade. O casamento tradicional foi restaurado em seu glamour e prestígio, sendo seu certificado impresso em papel de reconhecida qualidade. Os anéis de compromisso, noivado e casamento, proscritos em 1928, retornaram, em 1936, com força total, exibidos com grande evidência nas vitrines das lojas de maior prestígio. A pudicícia sexual foi restaurada em seu antigo valor, como um "atributo qualificador do sentimento de moralidade de homens e mulheres", sobretudo das elites, depois de um período de reconhecidos "excessos desabonadores". Como consequência, a monogamia voltou a ser exaltada, a exemplo de Stalin, de acordo com a propaganda oficial.

A percepção do fracasso da Revolução Bolchevique era de evidência solar. O Regime só escapou do colapso iminente em razão dos prolongados e negativos efeitos sobre as economias ocidentais da queda da Bolsa de NY, em 1929, emendando com o início da Segunda Guerra Mundial, em setembro de 1939.

Trotsky, em seu multicitado livro *A Revolução Traída*, escrito em 1936, contemporaneamente aos acontecimentos aqui mencionados, tomou partido em favor das mulheres, dizendo, com argumentos sólidos acusadores, que as concessões feitas por Stalin aos antigos valores familiares da burguesia representavam um ominoso recuo da Revolução em protegê-las do sufocante mandonismo masculino, naquele momento plenamente restaurado. Para as mulheres, segundo Trotsky, o inferior *status* feminino nada mudou com a Revolução. Sob vários aspectos até piorou, expressivamente.

Como se sabe, o acerto da crítica de Trotsky, continuamente, consolidava o seu destino como mais uma vítima fatal de Stalin, como viria a ocorrer em agosto de 1940, na cidade do México.

O CASO PAVEL (PAVLIK) MOROZOV

Um episódio da época, tendo como protagonista central uma criança morta aos treze anos de idade, Pavel (Pavlik) Morozov (1918-1932), continua na ordem do dia, quase um século decorrido, em face do interesse despertado para identificar a verdade dos fatos, em#meio a versões colidentes que preservam a continuidade do mistério. Seu conhecimento serve como reforço para que se lute contra regimes totalitários, da esquerda ou da direita. Quando Stalin liderou o movimento de recuo de algumas posições originais do movimento revolucionário, a questão ligada ao retorno dos valores familiares não sofreu alteração no "dever patriótico" de denunciar quem quer que seja – incluindo os pais, irmãos, tios e avós – que atentasse contra os interesses da Revolução. Pavlik, diminutivo de Pavel, figura como mártir da Revolução por ter denunciado seu pai às autoridades soviéticas, tendo sido, por isso, assassinado por sua própria família. São poucos os nomes que tiveram culto tão apoteótico quanto o dele, presente em canções, peças teatrais, óperas, seis livros biográficos, filmes, além de servir de

PARTE III – A REVOLUÇÃO RUSSA

parâmetro máximo do cumprimento do dever cobrado pelo Comunismo Soviético dos seus nacionais. Em 1937 Sergei Eisenstein fez o primeiro filme sobre ele. De família pobre de uma aldeia, o pequeno Pavlik foi atraído muito cedo para a militância comunista, sobressaindo-se pelo seu espírito de liderança, chegando a expressar seu apaixonado apoio juvenil ao programa de coletivização das propriedades rurais, defendido pelo novo regime. Em 1932, ele denunciou o próprio pai, Trofim, presidente da Aldeia Gerasimovka, por "falsificação de documentos para vendê-los aos bandidos e inimigos do Estado Soviético", conforme os termos do inquérito e da sentença. Em razão dessa denúncia, Trofim Morozov, depois de condenado a dez anos de prisão, teve a sentença comutada para a de morte, o que se consumou.

Segundo uma versão, indignados com a atitude de Pavlik, um seu tio, um primo e os avós o assassinaram em 3 de setembro de 1932, junto com seu irmão caçula! Ainda segundo essa versão, todos os seus matadores, à exceção do tio, foram fuzilados pela GPU, conforme "os inúmeros pedidos que, de toda parte, clamavam pela mais severa punição para os matadores de Pavlik" que foi, imediatamente, elevado ao patamar de grande mártir nacional. Além de suas estátuas serem edificadas em toda parte, muitas escolas passaram a receber o seu nome. A escola onde ele estudava passou a ser destino de visitação, como um santuário.

Durante as investigações, a mãe de Pavlik, Tatiana Morozova, acusou o marido de espancá-la, além de trazer para casa dinheiro oriundo da venda de documentos falsos. Pavlik, portanto, nada mais fez do que repassar o que sua mãe lhe dissera.

O assunto ficou ardendo em banho-maria até o fim da União Soviética, quando voltou à tona, passando a ser objeto de exaustivas pesquisas para esclarecer fatos que ficaram sob suspeição. Uma das conclusões foi a de que o episódio fora forjado para atender interesses do sistema, para cuja elaboração muito contribuíra o escritor Máximo Gorki, aliado explícito de Stalin. Segundo uma versão corrente, Stalin teria reprovado a atitude de Pavlik ao denunciar o próprio pai dizendo o seguinte: "Que pequeno porco, denunciando o próprio pai!".

Em 1988, o polígrafo russo Yuri Ilyich Druzhnikov (1933-2008), exilado nos Estados Unidos, publicou o livro *Informer 001: The Mith of Pavlik Morozov*, em que declara ter-se encontrado com testemunhas do episódio, no ano de 1980, com base em cujos depoimentos contesta a versão oficial soviética, de cunho marcadamente propagandístico, da vida do pequeno Pavlik, a começar pela própria identidade e idade, uma vez que foram utilizadas fotos de diferentes crianças. Além disso, em lugar de liderar o assassinato do neto, o avô de Pavlik, com o coração partido, teria comandado sua busca quando ele, inexplicavelmente, desapareceu, testemunhando em favor de sua inocência na presumida delação do pai. Druzhinov sugere que Pavlik tenha sido eliminado por um oficial da GPU que conheceu quando realizou suas pesquisas.

A russófila britânica Catriona Kelly (1959-), entre várias obras sobre a cultura russa, escreveu, em 2005, *Camarada Pavlik: A Ascensão e Queda de um Herói Menino Soviético*, concorda com Druzhnov quanto ao caráter fantasioso da versão soviética da vida e papel do jovem Pavlik que teria sido assassinado em razão de uma disputa meramente mundana. Tanto que a versão oficial foi se modificando, com o passar do tempo, para se ajustar às conveniências do Regime. Em algumas dessas diferentes versões, a acusação contra o pai de Pavlik não era a de falsificar documentos, mas a de acumular grãos, subtraindo-os do confisco do Governo. Outras versões davam conta de que ele fora forçado, pela mãe, a denunciar o pai, ressentida com os maus tratos que sofria dele. Em lugar de ter sido decapitado por uma serra, Pavlik teria morrido de inanição, segundo, ainda, certas versões. Em lugar de aluno brilhante, Pavlik morreu analfabeto, dizia-se. Quanto a Pavlik ter sido assassinado pela GPU, conforme sustenta Druzhnov, Catriona Kelly discorda. Sobre a morte do menino, Kelly conclui que foi obra de outras crianças com quem Pavlik disputava a posse de uma arma.

PARTE III – A REVOLUÇÃO RUSSA

STALIN COMO PATRIARCA DA GRANDE FAMÍLIA SOVIÉTICA

A restauração dos tradicionais valores da família conferiu a Stalin uma aura de protetor patriarcal da grande família Soviética, no estilo da velha dominação histórica a que esse povo sempre fora submetido. Da euforia desse novo momento Stalin se aproveitou para consolidar sua imagem como o Paizão da Pátria, propaganda que foi exportada, mundo afora, sobretudo para países terceiro-mundistas, como o Brasil, onde grassava o movimento comunista. Stalin era apresentado como o pai de todos, uma figura bonachona e protetora. Os membros do Partido Comunista chamavam-no de Pai Stalin, enquanto os seus filhos a ele se referiam como Vovô Stalin, conforme depoimento de quem conviveu com Carlos Prestes, a exemplo dos baianos Jorge Amado e João Falcão. De ambos, tive ocasião de ouvir, de viva voz, já então muito arrependidos, que praticaram e exigiram de familiares esse tratamento ao cruel sacripanta. No embalo dessa lavagem cerebral, muitos jovens sacrificaram a busca de uma profissão estável, com que manter-se e a sua família, a liberdade e a própria vida. Numa das fotos de Stalin que mais circularam para apresentá-lo como o Grande Pai, pacificador da família Soviética, ele aparecia abraçado com uma garota chamada Gelia Markizova (1928-2004), das mãos de quem recebera uma corbeille de flores, numa recepção, no Kremlin, em 1936. O pai da menina, Comissário Soviético para a Agricultura, na Mongólia, foi fuzilado algum tempo depois, por suspeita de espionar para os japoneses. A mãe, presa e desterrada para o Cazaquistão, cometeu suicídio. Nada disso, porém, como tantos outros casos da mesma índole, interrompia a tocante propagação do nome de Joseph Stalin como o Grande Pai da Pátria, modelo a ser exportado para o novo amanhecer da humanidade.

JOACI GÓES

O PAPEL DOS ESCRITORES NA CONSTRUÇÃO
DO FUTURO DA HUMANIDADE

O principal componente cultural dos Planos Quinquenais consistia na definição do novo papel a ser desempenhado pelos escritores para ajudar na construção do novo homem socialista. Costumeiramente minudente em seus regramentos, neste caso do papel dos escritores havia apenas a determinação-orientação, de caráter genérico, que era dever de todo escritor, humanamente solidário, entender e materializar em seus escritos.

Para a Revolução, como é do conhecimento geral, o dramaturgo, pensador e poeta-patativa foi Vladimir Vladimirovitch Maiakovski (1893-1930), morto (suicídio ou assassinato?) antes de completar 37 anos, largamente reputado um dos maiores vates do século XX e do movimento literário Futurismo. Ele é considerado a maior vítima intelectual do Stalinismo através da censura da Associação Russa dos Escritores Proletários (RAPP), que colocava sob suspeição qualquer escritor que se destacasse pelo caráter individual/pessoal de sua obra. Afinal de contas, era dever primário de todos os escritores contribuir para a consolidação de um padrão de vida coletivo, de identidade socialista, para a construção do novo modelo de cidadania solidária. Mais importante do que qualquer coisa era a construção da alma do homem ou mulher socialista.

Maiakovski, fanático torcedor do time de futebol Spartak Moscou, apesar do marcante contributo que deu para a vitória da Revolução, acabou sendo vítima de sua teimosa determinação de preservar sua identidade pessoal. A versão de que se suicidou com um tiro é posta sob resistentes e convincentes dúvidas, tendo em vista que, à época de sua morte, era muito grande sobre ele a pressão exercida por Viatcheslav Molotov (1890-1986) para dobrar-se ao mando Comunista. De acordo com essa visão, depois do assassinato, o Regime forjou a versão de suicídio para minorar o impacto sobre a população de seu admirado poeta que tanta influência continua a exercer sobre os vates de todo o Mundo.

462

PARTE III – A REVOLUÇÃO RUSSA

Coincidência ou não, fato é que desde a morte de Maiako-vski, analistas do mundo inteiro identificam a semelhança de métodos, no exercício do poder, entre Stalin, Hitler e Mao Tsé--Tung como de resto, todos os regimes totalitários.

O marxista Julius Martov (1873-1923), pseudônimo de Yuli Osipovich Tsederbaum, tornou-se conhecido como líder dos Mencheviques. Depois de algumas vezes exilado e preso, aliou--se a Lenin para fundar a União de Luta para a Emancipação da Classe Trabalhadora de São Petersburgo e o jornal *Iskra*, como instrumento de combate à monarquia czarina. A sigla *Iskra*, como já dissemos, continua ativa na divulgação de livros, re-vistas, jornais, filmes, vídeos e material publicitário das ideias marxistas. As divergências de Martov com Lenin partiram do seu entendimento de que as condições objetivas da sociedade russa não correspondiam ao receituário de Karl Marx, como aconteceu com Trotsky e muitos outros, uma numerosa minoria que passou a ser chamada Menchevique, contra o pensamento liderado por Lenin que, apoiado por uma maioria – Bolchevique – pensava que a Rússia seria uma exceção do quadro desenhado por Marx. Para Martov, a tomada do poder na Rússia melhor seria processada por via evolutiva, passo a passo, pela formação de dumas regionais, sovietes, cooperativas, grêmios e sindicatos dos trabalhadores, em lugar da ruptura revolucionária. A partir da Conferência de Zimmervald, pequena cidade Suíça, entre os dias 8 e 15 de setembro de 1915, Martov passou a ser conheci-do como o líder dos Mencheviques, defendendo a coalizão dos partidos de esquerda contra o Czar.

Tão logo instalado o Governo Bolchevique, Martov passou a fazer duras críticas ao governo ditatorial, liderado por Lenin, por estar na contramão dos interesses do proletariado. Essa férrea oposição não impediu que ficasse do lado do Exército Vermelho de Trabalhadores e Camponeses (Exército e Força Aérea da República Socialista Federativa Soviética da Rússia) contra o Exército Branco (Forças militares compostas por na-cionalistas, contrarrevolucionários, anticomunistas, conserva-

JOACI GÓES

dores, pró-czaristas e outros). Em 1920, debilitado pela tuberculose, Martov transferiu-se para Berlim onde morreria em 1923.

MILITÂNCIA ROMÂNTICA: O FIM
PRECOCE DE UM REVOLUCIONÁRIO

Entre os intelectuais extremistas de esquerda, é de lamentar, mesmo decorridos tantos anos, a morte precoce do jornalista italiano Piero Gobetti (1901-1926), liberal radical e antifascista assassinado em Paris, em 1926, quatro meses antes de completar vinte e cinco anos! Aos dezessete, quando estudava Direito na Universidade de Turim, ele fundou uma revista que batizou como *Energie Nove (Novas Energias)*, através da qual defendeu uma radical renovação política e cultural em oposição ao parlamentarismo liberal. Alinhado com o pensamento de Benedetto Croce, Gobetti identificava essas mudanças com uma postura espiritual que unificasse a vida privada com a pública. A reforma educacional e o direito de voto das mulheres compunham sua plataforma. Sob a liderança do filósofo e revolucionário Antônio Gramsci (1891-1937), ele participou do movimento de ocupação das fábricas em Turim, nos anos 1919-20. A partir de então, interrompeu a edição de sua revista e procedeu a uma profunda alteração do seu entendimento sobre o conceito de liberalismo, em razão do que, em 1922, fundou a revista *La Rivoluzione Liberale* onde passou a defender a Revolução Bolchevique, interpretada por ele como um acontecimento de cunho liberal, na defesa da classe obreira! Ele defendia semelhante movimento para redimir a Itália. Sustentava que o liberalismo ia muito além de sua vinculação à burguesia e aos governos democráticos. A jovem esposa Ada Gobetti apoiava, solidária, sua ação política. A chegada ao poder do Partido Fascista de Benito Mussolini, em outubro de 1922, encontrou-o vigilante. Para ele, todos os males da Itália advinham do fascismo, contra o que era dever imperativo do liberalismo opor-se. A liberdade,

PARTE III – A REVOLUÇÃO RUSSA

apregoava, era uma conquista permanente através de lutas e superação de conflitos. Em fins de 1924, passou a editar um jornal denominado *Il Baretti*, em que aconselhava a sociedade italiana a inspirar-se na cultura literária europeia para resistir ao fascismo. Em revide à sua posição, a revista foi fechada e ele agredido por milicianos fascistas. Depois de ter sido espancado, em 1925, fugiu para Paris, onde foi morto por fascistas italianos, em fevereiro de 1926, e sepultado no cemitério Père Lachaise. Piero Gobetti transformou-se em símbolo do antifascismo liberal inspirando intelectuais como Carlo Levi e Norberto Bobbio.

QUARTA PARTE

A GUERRA FRIA

GUERRA FRIA

A Guerra Fria deve ser encarada como a continuação, no plano internacional, da Revolução Bolchevique de 1917. Durante todo o período comunista, os revolucionários russos, seguindo o ponto de vista de Lenin, acreditaram na indispensabilidade da implantação do comunismo em países industrializados, conforme previsto por Marx, como meio de mitigar os problemas de sua implantação inicial na Rússia, um país essencialmente agrário. De Stalin a Gorbachev, passando por Kruschev, Breznev e Andropov, todos se alimentaram dessa crença. Foi um período, singular e simultaneamente, tenso e controverso, em um mundo comandado pelas duas maiores potências, Estados Unidos e União Soviética, que decidiam sobre tudo que fosse do interesse geral, envolvendo desde questões da maior gravidade, como a crise dos mísseis, até episódios entre engraçados e ridículos, a exemplo do frenético bater com os sapatos na mesa, durante uma sessão solene na ONU, pelo performático Secretário-Geral do Partido Comunista russo, Nikita Khrushchov.

Apesar de o receituário marxista não ter dado certo, como se viu dos enormes percalços vivenciados, os sucessores de Stalin apregoavam uma linha de imutável continuidade ideológico-operacional, a partir de Lenin. Para sustentar esse mito, as maiores violências foram praticadas, intencionalmente ou deri-

JOACI GÓES

vadas dos erros crassos cometidos durante a execução dos planos quinquenais de desenvolvimento, culminando na morte de 59 milhões de pessoas, algo como um terço da população média da União Soviética, ao longo do século que vai dos primórdios da Revolução Russa, em 1891, com a grande fome, no Sudeste do país, até o desmoronamento do Império Soviético, em 1991. Como consequência da Grande Fome, houve, em 1892, quinhentas mil mortes na região, provocadas pelo tifo e pela cólera! Apesar da diminuição da oferta de alimentos, o czarismo usou todos os mecanismos de pressão, policiais e fiscais, para obrigar os agricultores a vendê-los ao governo a fim de atender suas imperiosas necessidades de exportar para obter divisas com que modernizar seu atrasado parque industrial. Daí o *slogan* que circulava no coração e mente das pessoas: "Podemos ficar sem comer, mas vamos exportar"!

Ao longo das acesas discussões políticas que se travaram nos jornais, universidades, bares e lares, os marxistas apresentaram o quadro de carências reinante como derivado da perversidade intrínseca ao capitalismo, estrutura, segundo diziam, geradora de desigualdades infames e irremissíveis. A olímpica miséria do campesinato russo seria a prova cabal dessa dolorosa verdade palmar! Nesse angustiante cenário, pairavam no ar inefáveis sinais de que algo importante estaria na iminência de acontecer, tendo em vista o ostensivo e crescente processo de decomposição da sociedade russa, por tanto tempo regida pelo czarismo, abalado pela perda de adeptos entre membros das classes dominantes! A remota ascensão de Nicolau II (1868-1918), como Czar, aos 26 anos, na sucessão do pai, Alexandre III, morto prematuramente, ao invés de pacificar os ânimos, pela concessão de algumas reivindicações em favor do campesinato e de um clima cultural em efervescente mutação, consolidou o ambiente de intransigência autocrática, que, abaixo de Deus, jurou manter, na solenidade de sua coroação, forja do inconformismo que viria rebaixar ao nível do chão a popularidade da monarquia czarina.

PARTE IV – A GUERRA FRIA

Com a Guerra Fria no apogeu, Stalin decidiu eliminar qualquer influência, por mínima que fosse, originária do Ocidente, sobre a cultura russa e seus negócios. A começar pela perseguição ao popular escritor satírico Mikhail M. Zoschenko (1894-1958) e à festejada poeta Anna Akhmatova (1889-1966), ambos, à época, os mais celebrados intelectuais de Leningrado, capital do território russo, formado sob inspiração ocidental. Relativamente a Zoschenko, Stalin não o perdoava por havê-lo pintado como um rude e bigodudo sentinela, a quem Lenin tratava como se fosse uma criança. Pela data da peça "Lenin e o Guarda", de 1939, é muito provável que não tenha sido essa, porque potencialmente suicida, a intenção de Zoschenko. Sabe-se, porém, como Stalin era complexado, por sua notória mediocridade intelectual. As restrições a esses escritores e a tantos outros, nos diferentes domínios das artes e da cultura, eram, também, um modo de dizer a Leningrado que o centro do poder passara a ser Moscou.

A EXPANSÃO DO COMUNISMO

Cessada a Guerra, Stalin pensou que era chegada a hora de avançar na implantação do Comunismo nos territórios "vencidos ou libertados". Molotov verbalizou esse intento ao Ministro das Relações Exteriores da Lituânia, no começo da Guerra, dizendo que "se a Primeira Grande Guerra ensejou aos bolcheviques consolidar a fase de implantação do processo revolucionário, na Rússia, a Segunda nos permitirá estendê-lo por toda a Europa". Cautelosamente, porém, Stalin não permitiu que chegasse ao conhecimento dos aliados essa sua intenção programática. Num primeiro momento, todas as células comunistas, mundo afora, deveriam se unir às forças locais de combate ao fascismo, inimigo comum. A comunização inicial se restringiria aos países do Leste Europeu, sob o guante soviético, como Polônia, Hungria, Alemanha Oriental, Iugoslávia e Bulgária. É claro que toda a redondeza estava na mira telescópica das ambições soviéticas, como a Finlândia, Suécia, Noruega, os Estados Bálticos, Turquia, incluindo a região do Dardanelos, Checoslováquia e Romênia. Onde quer que o seu poder se consolidasse, os soviéticos colocavam em prática sua dissuasora prática de incontrastável violência totalitária, com prisões e execuções sumárias de seus adversários, dissidentes ou simples críticos. A corrupção em favor das lideranças militares que tutelavam os territórios sob dominação era de preceito, como foi o caso do General e Marechal Georgy Konstantinovich Zhukov (1896-1974), de tantas vitórias marcantes e comendas de guerra, que decorou sua dacha com preciosas obras de arte, do mesmo modo como se locupletou com tesouros roubados da Alemanha Oriental. Numa campanha agressiva contra os vencidos, hoje denominada "limpeza racial", a União Soviética expulsou de suas terras grandes contingentes populacionais dos Países Bálticos, bem como da Ucrânia, para, em seu lugar, instalar caninos seguidores. A volúpia reivindicatória de Stalin só arrefeceu quando Harry Truman, o novo presidente americano que sucedeu a Franklin Delano Roosevelt, falecido em 12 de abril de 1945, poucas semanas antes do fim da Grande Guerra, deu-lhe um basta, com a detonação de duas bombas atômicas, em Hiroshima e Nagasaki, no Japão, em agosto daquele mesmo ano, fato que alterou, substancialmente, o equilíbrio das forças internacionais. O recuo soviético em apoiar os levantes comunistas na Grécia, país caro à esfera ocidental, bem como a moderação e o gradualismo observados nas reformas politicamente estruturais, na Alemanha Oriental, derivaram dessa cautela. Stalin passou a advogar que cada nação deveria evoluir, na direção do comunismo, ao ritmo do conjunto de suas peculiaridades sociais, políticas, econômicas e culturais.

Como imediata contraofensiva ao poder americano, a partir da explosão da bomba atômica, só restou a Stalin endurecer as relações com os países sob o domínio soviético no Leste Europeu, comunizando-os, rapidamente, como disse, em suas me-

PARTE IV – A GUERRA FRIA

mórias, Andrey Gromiko, embaixador russo em Washington. Stalin deflagrou esse processo, realizando eleições fraudadas como meio para atribuir à vontade popular a consumação de sua política de dominação.

Não demorou muito para Stalin passar a uma retórica agressiva, concitando o povo a entregar-se ao sacrifício de contribuir para que a Rússia se colocasse à altura de enfrentar o 'capitalismo selvagem', 'o eterno inimigo da classe trabalhadora', como disse em grandiloquente pronunciamento, em 9 de fevereiro de 1946, no Teatro Bolshoi. A essa provocação Tio Sam reagiu no mesmo tom. As duas potências eram como água e óleo. Cada uma se empenhava mais do que a outra para dar visibilidade à excelência dos respectivos valores ideológicos que as sustentavam. Estava instalada a Guerra Fria, estado de alerta mundial que duraria 45 anos, potencialmente capaz de varrer a humanidade da face da terra. Paradoxalmente, porém, veio a se constituir, de fato, apesar das contínuas e elevadas tensões, no mais pacífico período da História, no espaço e no tempo. Do lado ocidental, o poderio se concentrava no binômio Estados Unidos, já a maior potência econômica, científica e bélica do globo, e o Império Britânico, com suas bases militares distribuídas nos cinco continentes.

A REAÇÃO AMERICANA

A Doutrina Truman, deslanchada pelos Estados Unidos, consistia em dar ajuda militar e econômica a nações fragilizadas como a Grécia e a Turquia, de modo a protegê-las contra o assédio soviético. O Plano Marshall, por sua vez, foi destinado a recuperar a economia europeia, combalida pela guerra, através da injeção de maciços recursos financeiros em seus países, começando pela restauração da destruída infraestrutura física, financiamentos empresariais e reduções de impostos internos e tarifárias no comércio internacional, tudo em sintonia com o

JOACI GÓES

espírito democrático das sociedades abertas. O Plano Marshall estendeu a ajuda à União Soviética e aos seus satélites. Essa surpreendente ajuda ao bloco soviético decorreu da existência de fortes núcleos comunistas na Itália e na França. Stalin achou a esmola grande demais. Suspeitou que a verdadeira intenção, por trás daquela aparente solidariedade humana norte-americana, fosse a de reduzir o entusiasmo crescente de muitos povos na direção do socialismo. Não foi fácil convencer alguns de seus satélites, tremendamente carentes de recursos financeiros, a declinar daquela tentadora oferta. Sucumbiram, menos à força dos argumentos do que aos argumentos da força.

Para contrabalançar o generalizado sentimento de prejuízo da renúncia aos recursos do Plano Marshall, a Rússia criou o Bureau de Informação Comunista, em setembro de 1947, destinado a uniformizar as relações entre o comando soviético central e as "nações aliadas", eufemismo para o caráter de inegável dominação imperial existente. Paralelamente, houve sensível mudança do pensamento anterior de deixar cada nação avançar de acordo com o ritmo de suas conveniências, para uma subordinação de todos os "aliados" a um modelo uniformizado de submissão político-ideológica. Daquele momento em diante, Moscou determinaria o modo de pensar e agir de todos os aliados. Discordâncias só seriam permitidas sobre questões secundárias. As divergências sobre questões essenciais, como tais definidas por Moscou, custariam suor, lágrimas e sangue, não apenas dos líderes, mas de toda a comunidade envolvida. Dos integrantes do bloco, só a Iugoslávia, liderada por Tito, reagiu à dogmática imposição de Moscou, sobretudo porque em sua luta emancipatória quase nenhuma ajuda seu povo libertário e independentista recebera dos soviéticos. As preocupações de Moscou com essa altivez iugoslava eram acrescidas do receio de que Tito incorporasse a Albânia e a Bulgária, como já fizera com o pequeno território italiano da Ístria, a um bloco que viesse competir com sua hegemonia ideológica e regional. A Ístria, a maior península no Mar Adriático, com 3.600 km², é uma pre-

PARTE IV – A GUERRA FRIA

ciosidade geográfica que se situa entre o golfo de Trieste, os Alpes Dináricos e o golfo de Carnaro. Integra três diferentes países: Croácia, Eslovênia e Itália. Não deu outra. Em junho de 1948, a Iugoslávia foi expulsa do Bloco Soviético, por "trair o legado leninista". Seguiu-se um expurgo dos "titoistas", seguidores de Tito, como era esperado. Afinal de contas, "o costume do cachimbo deixa a boca torta"! Stalin decidira impedir, a qualquer custo, a prosperidade do titoismo, começando pela edição de um novo Plano Quinquenal, modelo 1928-32, para "unir os operários de todo o mundo". Recomeçava o grande pesadelo coletivo, com longas e duras jornadas de trabalho, metas de produtividade inalcançáveis, fome, prisões em massa. Fotos de Stalin cobriam o País, sempre ao lado dos mandantes locais. Novos centros industriais eram edificados no ufanista estilo arquitetônico identificado como modelo Stalin, onde era proscrita a presença de templos religiosos. Intensa propaganda oficial cuidou de fundir os conceitos de russificação e stalinização, fator de crescente ressentimento das populações do Leste Europeu, sobretudo da maioria dos seus intelectuais que se sentiam ultrajados com essa despudorada e intencional confusão, para quem a Rússia constituía uma absoluta e isolada realidade política. Nesse avassalador domínio, a língua russa tornou-se de aprendizado obrigatório, requerimento para o exercício de qualquer atividade promissora e merecedora de distinção. Do mesmo modo a disponibilidade de livros, filmes, músicas, alimentos, bebidas e tudo o mais que contribuísse para o reconhecimento da marcante superioridade soviética naquele infeliz pedaço subjugado da Europa. Coerente com essa postura de dominação, em 1946, discursando para celebrar o dia da Vitória, disse Andrei A. Zhdanov (1896-1948), líder da uniformização ideológica no Império Soviético, em tom messiânico, que "a literatura russa é o reflexo de uma cultura muito superior a qualquer outra do mundo burguês-capitalista democrático. Por isso, estamos à altura de ensinar os demais povos a nova e universal moralidade"! Era a arrogância supremacista do imperialismo cultural tentando impor-se pela força bruta.

JOACI GÓES

VONTADE IMPERIAL SOVIÉTICA

Todos os países da órbita soviética eram obrigados a reconhecer a Rússia como a nação que salvou a humanidade da perdição nazista, além de encarnar, com sua vitoriosa Revolução em curso, as esperanças para os pobres do mundo inteiro. Até a China de Mao Tsé-Tung, com quase um quarto da população global, então, multidependente da Rússia, entoava a mesma e monocórdica ladainha. Basta dizer que Stalin, mais de uma vez, se recusou a receber Mao, na sequência da vitória comunista de 1949. Stalin temia que, pelo seu tamanho e tradição cruenta, a China pudesse vir a rivalizar com a Rússia na liderança do mundo comunista. Como Stalin resolveu celebrar, festivamente, os seus setenta anos, com um ano de atraso, em dezembro de 1949, Mao foi, finalmente, convidado, tendo uma brevíssima entrevista com Stalin, depois do que foi transportado para uma dacha nos arredores de Moscou, num ostensivo tratamento de segunda classe, em comparação com os que se hospedaram no Palácio do Kremlin. Mao Tsé-Tung teve que esperar algumas semanas até que, finalmente, fosse recebido por quem ele tratava de Grande Mestre e Senhor.

Nesse novo e efervescente contexto mundial do pós-guerra, quando o fascismo deixou de ser um partido ou uma corrente ideológica para se transformar num xingamento, a palavra de ordem conflitiva com o comunismo era democracia, razão pela qual Stalin elegeu o que ela representa como seu inimigo número um, contra cujo conceito concentrou sua atenção e animosidade máximas. Por isso, a censura ganhou uma intensidade e abrangência nunca vistas. A NKVD foi fortalecida e treinada para cuidar dessa nova prioridade, para o que foi dividida em duas grandes vertentes: a MVD, para cuidar dos problemas domésticos, e a MGB, para cuidar dos controles externos, com elevada prioridade para a espionagem internacional. Para abortar movimentos antirrevolucionários, ainda na fase embrionária, como as ideias de reformas liberalizantes que brotaram durante

Parte IV – A guerra fria

a Guerra, Stalin lançou um expurgo saneador, no exército e nas hostes partidárias, para efeito demonstrativo dissuasor, em que de reais a hipotéticos opositores foram presos e ou executados, aos milhares, a começar pelos oficiais do Exército que ganharam popularidade durante o conflito mundial, medida que isolava Stalin como o grande herói a ser idolatrado. Líderes militares de Leningrado, a região mais europeizada da Rússia, foram especialmente sacrificados. Entre todos, o caso mais chocante foi o de Nikolai A. Voznesensky (1903-1950), que chegou a vice-primeiro ministro aos 38 anos. Foi, a todos os títulos, notável sua contribuição ao esforço revolucionário. Em um julgamento secreto, ele foi sentenciado à morte e executado no mesmo dia, dois meses antes de completar 47 anos. Stalin não queria sombra. Voznesensky seria reabilitado em 1954.

O completo isolamento do país, como meio de proteger sua população da influência 'nefasta' do Ocidente, ganhava ostensiva prioridade. Criava-se um ambiente favorável à cobrança de nova abnegação social para viabilizar o novo Plano Quinquenal de desenvolvimento econômico, agora acrescido da meta de transformar a Rússia em grande potência científica e tecnológica. No plano da infraestrutura física, era preciso restaurar as 1.710 cidades, as 70.000 aldeias, as 31.600 fábricas e os 6.000.000 de edifícios destruídos durante a Guerra, deixando cerca de vinte milhões de pessoas sem teto e outros tantos sem energia elétrica e água corrente. Acresça-se a todo esse trabalho de restauração da infraestrutura física nacional a programação de novos grandes empreendimentos seminais, como o canal Volga-Don, ligando as águas dos dois rios, a Hidrelétrica de Kuibyshev, os ramais ferroviários de Baikal-Amur e Ártico, o aumento da extensão do Metrô de Moscou, e edificação da Universidade de Moscou.

Tanta necessidade de mão de obra abundante e barata fez crescer o encarceramento de desafetos nos campos de concentração, os gulags, cuja população, nos cinco anos seguintes à Guerra, cresceu de 1.000.000 de detentos, sem mencionar os prisioneiros de guerra, três milhões dos quais foram capturados

JOACI GÓES

pela União Soviética, a maioria no último ano do conflito, de acordo com o historiador militar, o alemão Rüdiger Overmans (1954-), em seu livro *Perdas militares alemãs na Segunda Guerra Mundial*, considerado uma referência na matéria. Segundo ele, não passou de um milhão o número de prisioneiros alemães mortos em mãos soviéticas, dos quais há registro insuspeito de 381.067 que morreram em cativeiro. Segundo, ainda, Overmans, embora não haja registro, os outros cerca de 680.000 devem ter morrido sob a custódia russa. Dois milhões desses três milhões de prisioneiros foram utilizados em trabalho escravo para restaurar a economia soviética, até 1950, quando os sobreviventes foram libertados, sendo que o último só retornaria à Alemanha em 1956. Observe-se que, de acordo com os registros da NKVD, desses prisioneiros que morreram na prisão, apenas 24.367 não eram alemães. É fácil compreender por que o papel desempenhado pelos trabalhos forçados tenha alcançado tanto relevo na União Soviética do pós-guerra.

MAIS SACRIFÍCIOS PARA O POVO RUSSO

Uma reforma monetária, substituindo dez rublos velhos por um novo, a par de sensível elevação dos impostos, integrou a cota de sacrifícios exigida do sofrido povo russo. Tudo isso em meio a uma fome que atingiu 100 milhões de russos, com uma perda de só Deus sabe quantas vidas! Ao lado de russos compassivos e conformados, crescia o número dos que não viam saída para a reiterada miséria material e moral comunista. Para compensar esse preocupante desânimo coletivo, cresceu o Zhdanovismo, que só faltava atribuir à União Soviética a descoberta do ar, da água, da roda, do fogo e de tudo o mais que compusesse o acervo das grandes invenções humanas, porque o avião, a máquina a vapor, o rádio, a lâmpada e muito mais teria sido invenção russa, segundo a massiva e descarada propaganda oficial. A partir do estímulo a um exacerbado nacionalismo xe-

PARTE IV – A GUERRA FRIA

nofóbico, abria-se larga avenida para a prática do embuste, com o propósito de abestalhar todo um povo, tornando-o massa de manobra passiva do voluntarioso e anético ditador. O episódio envolvendo o engenheiro agrônomo e biólogo Trofim D. Lysenko (1898-1976) é emblemático. Ele defendeu o lamarckismo e condenou a genética mendeliana. Suas ideias 'inovadoras' levaram à morte por fome um mínimo de trinta milhões, entre russos e chineses, com o apoio de Stalin e Mao Tsé-Tung a um conjunto de postulados de sua lavra, supostamente científicos, que foram rejeitados pela ciência. Dentre eles, a garantia de haver desenvolvido uma nova semente de trigo que se adaptaria, à perfeição, às regiões geladas do Ártico. O negacionismo, como se sabe, é um dos mais graves erros contra o conhecimento, a ciência, a verdade. Quando praticado por detentores de poder, o bem comum é atingido em cheio, a começar pela liberdade política. Relativamente aos déspotas, inassessoráveis em sua grande maioria, o negacionismo opera como se fosse uma perversa segunda natureza, levando de roldão tudo que se opõe à sua marcha ou vontade.

NOS BASTIDORES DO KREMLIN

Andrei Alexandrovich Zhdanov (1896-1848) foi considerado um operador da Revolução Russa tão importante, a ponto de ser considerado herdeiro presuntivo de Stalin. Nos três anos que precederam sua morte, aos 52 anos, era considerado 'o propagandista-chefe da União Soviética'. Ele costumava repetir a frase de Stalin, para quem "os escritores são engenheiros de almas humanas". Foi o formulador da Doutrina Zhdanov, segundo a qual "o único conflito possível na cultura soviética é entre o bom e o melhor". A Doutrina Zhdanov ou Zhdanovismo, que exerceu grande influência entre os anos de 1946 e o fim da década de 1950, propunha-se a criar uma nova doutrina ou filosofia para as criações artísticas na União Soviética e no Mundo. A ambiciosa proposta reduzia toda a cultura a um gráfico, no qual cada símbolo correspondia a um valor moral. A doutrina propunha, ainda, eliminar a influência estrangeira na arte soviética, razão pela qual a "arte incorreta encontrada na União Soviética era o resultado de uma distração ideológica". A doutrina, também, dividia o mundo em duas grandes frações: "a imperialista, liderada pelos Estados Unidos, e a democrática, liderada pela União Soviética. É por isso – reiterava a Doutrina –, que o único conflito possível na cultura soviética é entre o bom e o melhor".

Apesar da grandiloquência desse discurso presunçoso, ele foi um dos construtores do Grande Terror. De suas mãos saíram 157 listas de prisioneiros a serem executados. Reputado o maior intelectual no círculo de colaboradores mais próximos de Stalin, fazia qualquer coisa para agradar o chefe, como quando descreveu Anna Akhmatova, a maior poeta russa do seu tempo: "metade freira, metade puta". Apesar desse descontrole verbal, Zhdanov se distinguia como o líder que dispensava o mais cordial tratamento aos intelectuais do seu tempo.

Pouco antes de morrer, ele caiu em desgraça perante Stalin, por haver adotado uma postura considerada complacente nas acusações que deveria fazer à Iugoslávia. Afastado do posto, foi substituído por Molotov e, em seguida, internado num sanatório. O diagnóstico de sua morte, em 31 de agosto de 1948, determinou, como *causa mortis*, insuficiência cardíaca. Suspeita-se que um diagnóstico intencionalmente errado tenha sido a verdadeira causa de sua morte, possibilidade levantada pelo próprio Stalin.

A verdade é que, a partir da morte de Zhdanov, os problemas para Stalin passaram a se agravar, a exemplo das relações com os países satélites e dos problemas internos, como o caso dos médicos antissemitas. Em suas memórias, Nikita Krushchev lembrou que o alcoolismo de Zhdanov era motivo de reiterada indignação de Stalin, que insistia em que ele "parasse de beber, substituindo a bebida por suco de frutas". Esse alcoolismo, que contribuiu para comprometer sua saúde, deu, aos seus adversários, combustível para atacá-lo nos bastidores do poder.

PARTE IV – A GUERRA FRIA

Yuri (1919-2006), filho de Zhdanov, casou-se com Svetlana, a filha de Stalin, em 1949. A descrição que Svetlana deixou da família do marido foi pra lá de acrimoniosa, por ser "possuída de um espírito descontrolado de ambição burguesa. Entre seus membros, havia alguns muito ricos. O posto de comando foi assumido pela minha sogra, a viúva Zinaida Zhdanov, uma síntese da intolerância partidária e a complacência da mulher burguesa". Recorde-se que Svetlana, que se mudou para os Estados Unidos depois da morte de Stalin, seu pai, descreveu o seu pranto, sobre o corpo da esposa, sua mãe biológica, Nadezhda, que se suicidou em desagravo aos maus-tratos do marido, quando da celebração dos 15 anos da Revolução, a 8-9 de novembro de 1932, como a derradeira manifestação de genuína afetividade do poderoso Secretário Geral do Partido Comunista Russo. Do casamento de Yuri Zhdanov com Svetlana, que terminou em divórcio, nasceu a filha Yekaterina.

A exemplo de tantos outros episódios do mesmo gênero, a retirada de circulação, em 1947, do livro recém-lançado, *História da Filosofia da Europa Ocidental*, do filósofo marxista e prestigiado servidor da Revolução e membro da Academia Soviética de Ciências Georgy F. Aleksandrov (1908-1961), decorreu dessa intolerância xenofóbica. Ele foi acusado de subestimar a contribuição de filósofos russos ao grande acervo da filosofia europeia. O casal de cientistas Nina Kliueva e Grigorii Roskin desenvolveu um promissor método de tratamento do câncer que terminou por envolvê-los, de modo infamante, nos bastidores e rescaldos da Guerra Fria e suas perversas consequências, como conflitos ideológicos e científicos. Em 1946, o casal anunciou a descoberta de medicação apta a dissolver tumores em ratos. Os testes clínicos concluíram que iguais resultados poderiam ser alcançados, também, nos humanos. KR, iniciais do casal, passou a ser a denominação do método. A boa notícia, de interesse mundial, mobilizou o embaixador americano em Moscou a propor uma cooperação entre as duas potências. A Guerra Fria, porém, viria a poluir essa promissora

481

JOACI GÓES

parceria. O casal foi acusado de passar informações de interesse estratégico do Estado Soviético para a América do Norte. O casal, intoleravelmente constrangido ao ser submetido a um interrogatório desrespeitoso e interminável, teve sua biografia assoalhada como 'traidores da Pátria'. Animado pelas enormes possibilidades do seu projeto, o casal seguiu adiante, mas foi atropelado por colegas invejosos de seu potencial êxito, a ponto de os afastarem de seus laboratórios. Durante anos, o trabalho em KR definhou e cessou, inteiramente, com as mortes de Kliueva e Roskin. Recentemente, a imprensa russa informou que o trabalho no KR recomeçou.

O norte-americano, nascido na Rússia, Harrison E. Salisbury (1908-93), foi, provavelmente, o jornalista ocidental que mais extensiva e intensamente cobriu os fastos da Rússia Soviética, ao longo do século XX, onde viveu e trabalhou por muitos anos, sendo, por isso, largamente premiado. Destacou-se, também, pela cobertura que deu às investigações sobre a morte do Presidente Kennedy e por sua objeção à Guerra do Vietnã, bem como pelos relatos que fez de seu testemunho da sangrenta repressão chinesa às manifestações estudantis, em 1989, na Praça Tiananmen. Ele conta que, ao retornar à Rússia, em 1949, os amigos que ali fez, a partir de 1944, fingiam não o reconhecer, receosos de caírem em desgraça, como traidores, de que seria prova a amizade com um estrangeiro. Tanto que as prisões regurgitavam de russos, presos pelo crime de terem ido ao exterior. A proibição, a partir de 1947, do casamento de russos com estrangeiros derivava dessa paranoia de graves consequências para o mínimo exercício da liberdade emocional, social ou política. Vigilância especial foi posta em ação para identificar jovens, sobretudo mulheres, conversando com estrangeiros, na rua, em bares, restaurantes e, mais grave ainda, recebendo-os em suas residências comunitárias. Os dois milhões de judeus cadastrados na Rússia eram alvo de especialíssima vigilância.

PARTE IV – A GUERRA FRIA

STALIN E ISRAEL

Apesar de seu notório antissemitismo, Stalin defendeu a criação de um Estado para Israel, em razão do ensurdecedor clamor mundial contra o Holocausto, na esperança, igualmente, de que viesse a ser um satélite soviético, por razões geoeconômico-políticas. A imediata vinculação de Israel aos Estados Unidos gerou o receio de crescer a animosidade da comunidade russo-judaica contra o Estado Soviético. A partir desse sentimento, sucederam-se atentados contra judeus, a exemplo do assassinato do diretor artístico do Teatro Judaico de Moscou, Salomão Mikhoels (1890-1948), em Minsk, simulado como acidente pela MVD. Ele servira como Presidente do Comitê Antifascista Judaico, durante toda a Guerra. Stalin ficou ainda mais preocupado, a partir da chegada de Golda Meir em Moscou, como a primeira embaixadora de Israel, em 1948, aclamada onde quer que fosse pela comunidade judaica. Nem as esposas de Molotov e Kalinin escaparam da perseguição: foram presas em 1949. Kalinin, um dos mais insuspeitos heróis da Revolução, já morrera em 1946. Sem dúvida, os judeus passaram a comer o pão que o diabo amassou, sendo discriminado tudo que tivesse a menor suspeita de ter origem judia.

O ápice do antissemitismo ocorreria, porém, com a 'Conspiração dos Médicos', de 1952, cuja origem se dera em 1948, quando a médica do Hospital do Kremlin, Lydia Timashuk, e do MGB, nome do serviço secreto soviético, entre 1946 e 1953, escreveu para Stalin, dois dias antes da morte de Zhdanov, advertindo para o erro do seu diagnóstico, realizado por uma junta médica, tê-lo colocado sob o risco de morte, se não fosse imediatamente corrigido. A mensagem da doutora Lydia foi ignorada e arquivada. Três anos mais tarde, Stalin utilizou-a como libelo acusatório contra os médicos judeus, lotados no Kremlin, integrantes de uma conspiração sionista para matar Zhdanov e todas as lideranças soviéticas. Centenas de médicos e funcionários públicos judeus foram presos e torturados para confessarem o

483

que a paranoia de Stalin quisesse. O episódio foi usado por Stalin para denunciar ao mundo a ignominiosa conspiração, contra a União Soviética, de médicos judeus, associados a ressentidos partidos políticos de Leningrado, membros da MGB e do Exército Vermelho, em favor de Israel e dos Estados Unidos.

Reinstalava-se o clima de Terror de 1936-38, agora tendo os judeus como os vilões da vez, contra os interesses do povo. A declaração de Stalin, em dezembro de 1952, segundo a qual 'todo judeu é um potencial espião americano', colocou a comunidade judaica, na Rússia, na linha de tiro do Regime. Seguiu-se, de fato, uma procissão de prisões, demissões, despejos, deportações, transferências de grandes cidades para os cafundós do judas. Para abrigar muitos desses desenraizados, Stalin mandou criar novos ou expandir velhos campos de concentração, para receber mão de obra escrava, enquanto espalhava rumores do assassinato frio de bebês pelos médicos judeus que deles cuidavam. Em razão disso, mulheres russas grávidas, temerosas, ficaram sem recorrer à assistência médica oferecida por 'judeus suínos'. Foi quando se deu um dos mais-festejados acontecimentos do século XX: a morte de Stalin, em 5 de março de 1953.

O COMEÇO DO FIM

Uma semana antes de dar o último suspiro, Stalin havia sofrido um derrame cerebral, a 28 de fevereiro. Médicos que se debruçaram sobre o seu prontuário concluíram que ele não teria morrido se se tivesse submetido a cuidados imediatos. Como a comunidade médica judia, lotada no Kremlin, estava atônita com a marcha inelutável e violenta contra o chamado 'complô dos médicos judeus', criado por Stalin, estes ficaram atônitos, sem saber o que fazer com aquele monstro sagrado jazendo diante dos seus olhos. A conclusão final é que, ironia do destino, Stalin resultou vitimado por sua própria maldade.

PARTE IV – A GUERRA FRIA

A notícia da morte de Stalin só foi dada no dia seguinte, 6 de março. Na precipitação das multidões que lotaram a Praça Vermelha e arredores, para ver o famoso defunto, uns para pranteá-lo, outros por mera curiosidade histórica e outros tantos para se certificarem daquela boa nova, milhares de pessoas saíram feridas e centenas morreram no pisoteio. Finalmente, 30 anos depois, extinguira-se a sombra que se projetara sobre todo um grande, generoso, sofrido e numeroso povo. Para o bem ou para o mal, Stalin foi a maior referência para as gerações de russos de todas as idades, credos, ideologias e esperanças. De certo modo, toda a população russa, nativos ou imigrantes, sucumbira à 'Síndrome de Estocolmo', passando a cultivar a necessidade psicológica de amar o seu dominador, castrador, carcereiro, ditador e torturador. Natural, portanto, que a morte daquele líder que muitos supunham eterno tenha causado ansiedade intensa e sofrida expectativa. "O que será do povo russo e de mim, a partir de agora?", perguntavam-se todos, aflitivamente, no silêncio do peito. As prisões, particularmente os gulags, eram os lugares onde seus ocupantes regozijaram-se mais com a morte do implacável ditador. Orlando Figes registra que uma mulher de nome Vera Bronstein, prisioneira de Viatka Labour Camp, juntamente com suas companheiras, ao tomarem conhecimento da morte de Stalin, pararam tudo que faziam, deram-se as mãos, fizeram uma roda de dança e cantaram a plenos pulmões: "Iremos para casa! Iremos para casa"! Esse sentimento de euforia, criado pela perspectiva de libertação, se apossou da alma dos prisioneiros em todo o país.

O CONSELHO QUE SUBSTITUIU STALIN

O Politburo, então chamado Presidium, correspondente a um conselho de executivos, assumiu o poder em lugar de Stalin, em grande medida sob a inspiração do que Lenin propôs nos albores da Revolução. O colegiado estava visivelmente di-

JOACI GÓES

vidido sobre continuar a política de Stalin ou fazer reformas. Essas divergências eram agravadas pelas rivalidades existentes entre os seus membros, sendo Béria o mais influente de todos, sobretudo porque dominava a MVD e a MGB, as duas estruturas policiais em que se dividiu a NKGB. Compondo-se com ele, encontravam-se Georgi Malenkovi (1901-88) e Kliment Voroshilov (1881-1969), que continuaram a ocupar posições de grande relevo, com a diferença de que, a partir de então, o novo Secretário Geral do Comitê Central do Partido Comunista era Nikita Krushchev, que deu testa com Lavrenti Béria, para o que contava com o decidido apoio do muito influente Nikolai Bulganin (1895-1975). Briga de cachorro grande, na disputa pelo poder.

Béria não merecia a confiança de importantes líderes partidários e militares que suspeitavam de sua disposição de desmontar os gulags, bem como reduzir a dependência política dos países satélites, sobretudo os mais recentemente anexados na Ucrânia Ocidental, no Báltico e na Alemanha Oriental (GDR – German Democratic Republic, de 1949-1990), onde fez mudanças sensíveis nos quadros da liderança local, provocando grande resistência dos comunistas, fundamentalistas ou linha dura, a ponto de resultar em passeatas de protesto nas ruas de Berlin Oriental, três meses, apenas, decorridos da morte de Stalin. Krushchev não perdeu a oportunidade para responsabilizar Béria por tais distúrbios, para o que contou com o apoio de Molotov e, até, de Malenkov, já atento a possíveis mudanças na direção dos ventos do poder. Registre-se que as medidas adotadas por Béria foram previamente aprovadas e autorizadas pelo colegiado governante. Em consequência de um golpe liderado por Krushchev, no âmbito do Kremlin, com apoio da cúpula militar, Béria foi imediatamente preso, secretamente julgado e executado em 23 de dezembro de 1953, de acordo com uma sentença decidida antes do julgamento. Tudo no velho padrão da 'democrática ditadura do proletariado', regida pelo poder da força, nunca pela força de princípios. Os componentes da cú-

PARTE IV – A GUERRA FRIA

pula dirigente sabiam muito bem disso e rapidamente se adaptavam, como mecanismo de sobrevivência.

KRUSHCHEV ASSUME O PODER

Krushchev era o novo Senhor dos Anéis, apesar de ser considerado pelos seus pares arrogante, grosseiro e extravagante. Nascido numa família de camponeses pobres, tendo frequentado a escola por, apenas, quatro anos, e trabalhado como operário em minas e fábricas, antes de se alistar no Exército Vermelho, chegava à curul do poder aos 59 anos. Uma saga profissional e existencial muito parecida com a da maioria dos líderes bolcheviques que cresceram lambendo as botas de Stalin. Krushchev foi homem da mais estrita confiança de Stalin, ao longo de sua carreira, a exemplo das duras repressões dos anos trinta. Só na Ucrânia, ele comandou a prisão de meio milhão de desafetos políticos.

Maquiavelicamente, Krushchev apossou-se do programa de reformas de Béria, que usou como libelo para destruí-lo, usando-o como plataforma para sua gestão, que desejava inovadora, adaptada à invencível onda liberalizante do mundo, ao tempo em que puxava o tapete de seu principal concorrente, Georgi Malenkov. Seguindo a trilha politicamente vitoriosa de Stalin, Krushchev se apoiou nos secretários regionais do Partido Comunista, ao tempo em que os liberava da responsabilidade, emocionalmente exaustiva, de supervisionar o aparelho policial, substituindo-a pela delegação de autonomia na realização de ações ministeriais, com o que esvaziava a base de poder de Malenkov. Anunciou, também, o avanço da 'legalidade socialista', com o respeito à lei na repressão aos crimes políticos, inclusive a revisão de 'todos os crimes antirrevolucionários', desde 1921, particularmente os cometidos em Leningrado, onde Malenkov operou como o ferrabrás de Stalin. Aí, vários subordinados de Malenkov foram presos. Em 1955, o próprio Malenkov foi apeado do poder, passando ao segundo escalão, para gerir o programa elétrico. Um avanço, sem dúvida, uma vez que, sob o modelo repressivo stalinista, ele teria sido executado.

Segundo a poetisa, memorialista e ativista política dissidente, Lydia K. Chukovskaya (1907-96), a escritora e poetisa Anna Akhmatova, em seus diários, disse que "Agora, os que foram presos, retornarão, e duas Rússias se entreolharão nos olhos: uma que mandou tanta gente para os campos de concentração; e outra, representada por essas pessoas, de volta à liberdade"! Com essas palavras, Akhmatova descrevia o constrangedor drama que ocorreu: pessoas retornando ao convívio com aquelas que as delataram – vizinhos, parentes, colegas, 'amigos' –, por razões que, frequentemente, nasceram das mais mesquinhas paixões humanas. Não é difícil imaginar os constrangimentos decorrentes desse encontro, gerados pelo medo, ressentimento, vergonha, desejo de vingança e de perdão. Enganaram-se os que supuseram que estariam, para sempre, livres de suas inditosas vítimas.

MORTE REDENTORA

Chegou a um milhão a primeira leva de prisioneiros libertos, a título de anistia, em razão da morte de Stalin. O quadro de anistiados era composto, quase que integralmente, pelos condenados a menores penas, numa repetição do que se fizera, quando da morte do Czar, 35 anos antes. Os condenados políticos não foram anistiados. Seus processos teriam que ser submetidos a um longo e complexo rito de revisão, agravado pela compreensível resistência de alguns, verdadeiramente culpados, em reconhecer seus erros. Tanto que, em 1955, apenas 10.000 dos 250.000 processos revistos resultaram em absolvição. Parcela ponderável desses absolvidos, porém, já havia morrido. Registre-se o colossal empenho de cada vítima para vencer a montanha de dificuldades burocráticas, diante da qual o perso-

PARTE IV – A GUERRA FRIA

nagem Josef K, de Franz Kafka, em *O Processo*, vivia no melhor dos mundos do Cândido voltairiano. Ao fim da via-crúcis, muitos dos absolvidos ainda ouviam insultuosos dichotes, do tipo mencionado por Alexandr Solzhenitsyn em *Arquipélago Gulag*: "Reabilitação não quer dizer que você seja inocente. Significa apenas que os seus crimes não estão entre os mais graves. Deles, porém, algo é indelével"!

Entre 1953 e 1960, quatro milhões de trabalhadores forçados, subassalariados pelo Estado, para trabalhar na construção da infraestrutura, nas fábricas e na produção agrícola, foram liberados para retornar aos seus pagos! Não é difícil imaginar o tamanho da euforia que tomou conta do País, em que, ao longo de sete anos, uma média de quase quatro mil pessoas, diariamente, mais de cento e sessenta, por hora, uma a cada 26 segundos, ininterruptamente, reconquistavam parcela substancial de sua liberdade! Apesar da conquista de retornar às suas origens e ao convívio com a família, muitos foram os que não tiveram condições ou motivos para exercer esse direito, uma vez que seu berço fora destituído de todos os valores caros à ancestralidade, e suas humildes famílias ou tinham sido dizimadas ou espalhadas por onde só Deus sabia. Só a partir da glasnost, fim completo do Império Marxista, com Gorbachev, registrou-se avanço nesse parcial reencontro, cuja busca continua neste começo de 2022, ainda pandêmico. Para muitos, porém, esse reencontro nunca ocorrerá. A verdade é que mesmo para o 'justiceiro' Krushchev e seus aliados, não havia como pedir desculpas a esses milhões de vítimas, transferindo a responsabilidade de todo o mal que foi causado ao povo russo a Stalin, uma vez que eles próprios haviam sido parceiros explícitos, submissos e muito poderosos nas monstruosidades stalinistas.

Na ótica do poder, porém, impunha-se a adoção de um modelo de denúncia que transferisse para Stalin e muitos dos companheiros já mortos a responsabilidade pelos males inomináveis a que submeteram a maioria do povo russo, com dezenas de milhões pagando com a própria vida. Para cumprir esse desiderato, foi nomeada uma comissão presidida por Pyotr N. Pospelov (1898-1979), ex-dirigente do jornal *Pravda*, fiel escudeiro de Stalin, mas, agora, inteiramente submisso à vontade de Krushchev, como estaria aos caprichos de quem quer que estivesse no poder. O maior dos males do totalitarismo, da esquerda como da direita, consiste na deformação do caráter da grande maioria dos oprimidos.

CONSOLIDAÇÃO DA LIDERANÇA DE KRUSHCHEV

A liderança de Krushchev só se consolidou em 1957, depois que abortou um golpe articulado por três importantes membros do Politburo: Kaganovich, Molotov e Malenkov. Sua personalidade irrequieta, transbordante e intensamente performática, servida por uma intuição errática, ao tempo em que lhe conferia grande popularidade internacional, deixava de cabelos em pé os velhos bolcheviques conservadores, ávidos por oportunidades de lhe dar uma rasteira. Comparado ao soturno e reconhecidamente cruel Josef Stalin, era grande o apreço em que o tinha a opinião pública mundial. Os dois episódios, entre os muitos que protagonizou, que mais se fixaram na memória coletiva internacional foram o seu frenético bater com os sapatos na mesa, durante uma sessão solene na ONU, em outubro de 1960, e a Crise dos Mísseis, quando teve que interromper a operação de armar Cuba com mísseis que colocariam a costa Leste dos Estados Unidos na linha de mira dos fanfarrões irmãos Castro. Pelo seu caráter burlesco, vejamos o que aconteceu na sessão da ONU, presidida pelo irlandês Frederick Boland, quando Krushchev passou a criticar a presença imperialista de países ocidentais no continente africano, a exemplo de Portugal, Espanha, Itália, França e Inglaterra. Em seguida, o chefe da delegação filipina, Lorenzo Sumulong, devolveu as críticas, dizendo que abusiva e atentatória aos princípios mais elementares da convivência democrática era a presença da Rússia nos países do Leste

PARTE IV – A GUERRA FRIA

europeu, sufocando suas populações. Foi quando Krushchev se levantou, transtornado, falando e sacudindo os braços na direção do filipino, chamando-o de "palhaço, idiota e lacaio do imperialismo americano". Com serena autoridade, o presidente Frederick Boland fez Krushchev retornar ao seu assento e determinou ao filipino que parasse aquela abordagem que mais parecia fogo no paiol.

O desfecho final foi o episódio que ganhou mundo e a constante lembrança da posteridade. Enquanto Sumulong continuava devolvendo as críticas de Krushchev ao Ocidente, o russo agachou-se e retornou à posição normal, com cada um dos sapatos numa mão, batendo-os, repetidamente, contra a mesa, enquanto proferia impropérios contra gerações de antepassados do filipino, com o apoio de delegados de países satélites. O Presidente Boland encerrou a tumultuada sessão. Ao fazê-lo, bateu o martelo de madeira na mesa, com tanta força que o quebrou, definitivamente. As TVs vezes sem conta, veicularam o insólito quadro. Como quem conta um conto acrescenta um ponto, essa história ganhou diferentes versões de sua sequência, sem prejuízo, porém, do fato inquestionável do bater dos sapatos contra a mesa. Nina, a filha de Krushchev, por exemplo, disse que, naquele dia, seu pai calçava sapatos muito apertados, a ponto de tirá-los tão logo sentou-se à mesa. Quando Krushchev esmurrava a mesa, em reação inflamada ao discurso do filipino, seu relógio caiu ao chão. Ao agachar-se para apanhá-lo, pegou os dois sapatos para usá-los do modo descrito. Ao mesmo tempo em que o episódio gerou simpatia internacional a Krushchev, seus pares o consideraram mais uma fanfarronice contra a liturgia do cargo que de nada servia aos interesses soviéticos.

Uma avaliação psicanalítica sobre o comportamento de Krushchev, depois da morte de Stalin, a partir de suas memórias, enseja a interpretação de que sua consciência moral o condenava, como cúmplice dos crimes praticados contra a humanidade, nas pessoas de habitantes da União Soviética, nativos ou não. Seu arrependimento levou-o a um grande desejo de expiação. A verdade e só a verdade, segundo pensava, conduziria à sua obsessiva catarse, além de preservar a união partidária e a identidade nacional. Sem mencionar a imperiosa necessidade de contínua renovação, para evitar a esclerose provocada pela autossatisfação, que mata as organizações humanas, disse ele, citando Lenin: *"O perecimento de todos os partidos políticos, no tempo e no espaço, decorreu de sua paralisante autossatisfação. Passaram a ignorar as fontes de sua energia e a temer a discussão de suas fraquezas. Mas, nós não pereceremos, porque não temos medo de discutir nossas fraquezas, como meio de superá-las"*. Advertiu, porém, muito severamente, sobre a importância de 'manter essa discussão restrita ao círculo da inteligência partidária, de modo a não expor nossas mazelas aos inimigos da Revolução, para que não as utilizem como meio de enfraquecê-la ou destruí-la'.

A partir dessa convicção, Krushchev, falando perante uma comissão criada para conhecer a verdade, limitou-se a detalhar alguns excessos de repressão, nos expurgos dos anos trinta, bem como alguns dos erros crassos cometidos por Stalin durante a Segunda Grande Guerra, atribuindo-os à sua teimosia em se afastar dos ensinamentos básicos de Lenin, a exemplo da execução de leais companheiros bolcheviques, por pequenas ou sanáveis divergências de opiniões, além do culto à personalidade, deplorado por Marx e Lenin. Krushchev enfatizou que só recentemente os auxiliares mais próximos de Stalin haviam tomado ciência e consciência dos pecados do líder morto, que agia à revelia do conselho dos companheiros. Como os líderes, o Partido teria sido também uma vítima da prepotência stalinista.

Krushchev expressou bem os receios e os sentimentos dos seus pares ao falar dos crimes de Stalin, sem o que "os debates sobre o assunto recrudesceriam nos círculos mais intelectualizados, de um modo que poderia se expandir e sair do controle, como as águas de um degelo, a ponto de afogar todos nós", escreveu em seu diário. Perguntado por que "todos os julgamentos de fachada não foram cancelados", o camaleônico e vitalício Anastas Mikoyan (1895-1978), o mais longevo titular do poder na União Soviéti-

PARTE IV – A GUERRA FRIA

ca, reencarnação de Joseph Fouché, respondeu: "Se os tivéssemos cancelado, teria ficado claro que o país não estava sendo conduzido por um governo legal, mas por um grupo de gângsters", acrescentando, depois de breve reflexão: "O que, de fato, éramos"!

Na perspectiva de leitores de países democráticos, o discurso de Krushchev soaria como de um cinismo infinito, deslavada mentira, o que seria uma interpretação anacrônica, uma vez que o pouco que foi reconhecido já representava algo poderosamente inédito na história de uma Revolução que não conheceu um momento sequer de liberdade política, como, de resto, ocorreu com a Rússia, ao longo de sua milenar e rica história. Por isso, o objetivo do relatório foi plenamente alcançado, com a restauração do prestígio do Partido Comunista e do modelo leninista de gestão. Acrobaticamente, Krushchev soube tirar grande proveito do momento, a ponto de catapultar prestígio e popularidade mundo afora, como ao dizer aos solícitos delegados, relativamente ao seu papel ao lado de Stalin: "Travamos uma batalha ideológica de vida ou de morte. Tivessem os princípios leninistas sido seguidos, ao longo desta luta, tivessem os princípios partidários sido observados e zelosamente combinados com as preocupações com as pessoas, que deveriam ser atraídas para o nosso convívio e não afastadas de nós, com certeza não teria havido esse brutal distanciamento da legalidade revolucionária, evitando que milhares de pessoas fossem vitimadas pelo terror. Esses métodos punitivos teriam, então, atingido, apenas, aqueles que houvessem atentado, criminosamente, contra o Regime Soviético"!

Não foi possível, porém, guardar o segredo por muito tempo. O demolidor discurso de Krushchev contra Stalin chegou, rapidamente, ao conhecimento dos vinte e cinco milhões de filiados ao Partido Comunista, na União Soviética. Daí para a Europa Oriental e o mundo foi um passo, como publicado no *The New York Times*, de 4 de junho de 1956, com chamada na primeira página. Essa indesejada publicidade precoce deixou o Partido em polvorosa, na medida em que suas superiores virtudes eram anunciadas e cultivadas com a fé e reverência dos Evangelhos.

O que fazer, depois que todos ficaram sabendo que o rei estava nu? A discussão sobre o que fazer atingiu altas temperaturas, em toda parte, com os mais sensatos dando a mão à palmatória, reconhecendo que haviam sido vítimas de um embuste de dimensões planetárias. No Brasil, os casos mais conhecidos foram o do romancista Jorge Amado, que concluiu a explicação de seu desligamento partidário com a detrimentosa expressão: 'Ideologia é uma merda', e o do jornalista João da Costa Falcão, de família burguesa baiana, que chegou a exercer a tarefa de assegurar a clandestinidade de Prestes, quando o Partido Comunista foi posto na ilegalidade, em 1947. Aos seus filhos, João Falcão recomendava se referirem a Stalin como "Vovô Stalin". Os fundamentalistas, porém, como acontece com as crenças religiosas, empenhavam-se em explicar o inexplicável, atribuindo os erros a pessoas que se desviaram dos princípios elaborados por Marx e da rota traçada por Lenin. Krushchev passou a ser adorado por uns, a maioria, e demonizado por outros, uma alentada minoria. Só os tolos acreditaram que os líderes denunciadores nada sabiam do que denunciavam por ser de responsabilidade exclusiva de Stalin e de alguns dos apaniguados, já devidamente punidos. A solução a que chegaram, para conter a expansão da crise, foi punir com a expulsão do Partido ou com prisão os que ultrapassassem os limites fixados para discuti-la, até que arrefecesse, pelo passar do tempo. Artigos foram elaborados para justificar e uniformizar o conteúdo da surpreendente autocrítica.

Fora do âmbito partidário, não foram poucos os que consideraram a denúncia uma mensagem em favor da discussão aberta de quaisquer assuntos. A *intelligentsia* saiu na frente, dizendo que "o congresso havia decidido que todos deveriam participar das discussões, como a historiadora e ativista política dissidente Lyudmilla M. Exeyeva (1927-2018) registrou no ambiente universitário: "Rapazes e moças começaram a perder o medo de partilhar suas inquietações, conhecimentos, opiniões. Toda noite, reunía-

PARTE IV – A GUERRA FRIA

mo-nos em apartamentos cheios de gente para declamar poesias, ler textos não oficiais, trocar experiências, tudo isso, no seu conjunto, resultando na percepção do que, de fato, acontece no País"!

O Politburo manifestou-se chocado com as revelações da Comissão, não só pelo elevado número de prisioneiros, como pela inobservância dos mínimos critérios punitivos. Mais ainda, pela quantidade de libelos forjados para a satisfação de vinganças pessoais e paroquiais, sem qualquer conexão com as questões fundamentais de preservação da higidez do Regime Revolucionário, em resguardo da qual injustiças poderiam ser cometidas. Concluiu-se por levar essas denúncias ao plenário do Trigésimo Congresso do Partido, composto por 1.430 delegados, o primeiro quase três anos depois da morte de Stalin, a ocorrer em 14 de fevereiro de 1956. O propósito central desse encontro seria reavaliar o papel desempenhado por Stalin no contexto da Revolução Proletária, matéria em relação à qual os membros do Politburo se dividiam, inclusive sobre a extensão dos fatos que deveriam ser tornados do conhecimento público. Enquanto Krushchev defendia abertura total, para restaurar a confiança popular no Partido e na Revolução, os longevos Viatcheslav Molotov (1890-1986) e Lazar Kaganovich (1893-1991), o novo Chefe do Conselho de Ministros, temiam que a abertura pudesse minar a autoridade das lideranças, na medida em que não tivessem como justificar sua participação nas políticas repressoras de Stalin. A solução encontrada foi um relato parcial dos erros, sobre os quais uma comissão redigiria um texto, a ser lido durante o Congresso, por Nikita Krushchev, no dia 25 de fevereiro de 1956! Esse histórico pronunciamento é visto como o embrião que precipitaria o fim da Revolução Russa.

O FIM DO MITO STALIN

Crescia a condenação de Stalin como um 'malfeitor da Revolução', sentimento que se traduzia na destruição de retratos, bustos, estátuas e monumentos em sua homenagem. De Stalin, o questionamento, como previsível, passou a ser feito ao Regime Comunista, começando pela reivindicação de eleições livres, único meio de garantir que erros tão graves não fossem repetidos. Num primeiro momento, esse questionamento ficou restrito à cúpula. A grande massa popular oprimida continuava prisioneira do reflexo condicionado do russo Ivan Pavlov (1849-1930), receosa de voltar a sofrer se desagradasse o Regime, além de padecente da síndrome de Estocolmo. Por isso, a lealdade e mesmo o amor de muitos pelo seu algoz Joseph Stalin era muito grande, a ponto de rebaterem, de modo inflamado, as críticas dirigidas a ele, em cuja terra natal, a Geórgia, a defesa do seu nome e legado era feita com paixão e desassombro.

A verdade é que 'o discurso secreto' de Krushchev abriu uma ferida incicatrizável na lealdade ao Regime, seus métodos e sua viabilidade, razão pela qual viria a se confirmar como o início do fim da utopia comunista. Afinal de contas, como continuar acreditando num regime que matou tantos, gerou tanto infortúnio, sem conseguir entregar uma parcela, sequer, do muito que prometera ao povo, sobretudo aos menos aquinhoados? E o que dizer das mentiras que foram contadas pelos líderes, ao longo de decênios, ilaqueando a boa-fé popular? Como saber que esse processo não se repetiria, no presente e no futuro? A única coisa a fazer seria repetir, *ad nauseam*, que a Revolução teria que retornar aos mandamentos de Lenin, o que Krushchev fez com veemência, assegurando a realização do programa marxista que animou os velhos bolcheviques, pais e mães da juventude daqueles dias que se seguiram à morte de Stalin.

O discurso de Krushchev repercutiu intensamente nos países satélites, particularmente na Polônia, onde nasceu firme reação ao mando das autoridades comunistas impostas por Stalin. A histórica e culturalmente rica cidade de Posnânia, convertida em grande centro industrial, hoje, com mais de meio milhão de habitantes, sede do primeiro bispado católi-

PARTE IV – A GUERRA FRIA

co, no País, no remoto século X, viu o rebentar de sucessivas greves e protestos populares contra as autoridades e o sistema comunistas ser reprimido, com violência, pelo aparelho policial, seguindo as ordens de Moscou, resultando em muitas vítimas fatais. Moscou foi compelida a fazer concessões a esse movimento irredentista, a começar pela nomeação de Wladyslaw Gomulka (1905-1982), reconhecido nacionalista, como o novo líder local. Gomulka solenizou o compromisso de permanecer no bloco soviético, mas reivindicou que a Polônia desenvolveria um socialismo à moda polonesa, como meio de apelar para o nacionalismo alimentado por fortes sentimentos nativistas, fato que constituiu precedente que outros estados satélites logo reivindicariam, começando pela Hungria, onde, a 23 de outubro de 1956, uma multidão de cerca de vinte mil pessoas, a maioria de estudantes, reuniu-se na Praça General Bem (Jósef Zachariasz Bem, 1794-1850), herói nacional da Revolução Húngara, de 1848, e da Polônia, e cantou o Hino Nacional, então proibido pelo domínio soviético. Uma estátua de Stalin, de nove metros de altura, foi derrubada. O martelo e a foice foram retirados da bandeira húngara. Houve desforço físico com a polícia. O movimento se multiplicou por várias cidades. As autoridades comunistas húngaras pediram ajuda das tropas russas que chegaram rapidamente, com tanques de guerra à frente. Os populares ofereceram resistência, com barricadas improvisadas, paus e pedras, e coquetéis molotov caseiros lançados contra os tanques. Foi quando irrompeu a liderança de Imre Nagy (1896-1958), um político húngaro que viria a exercer notável papel naquela Revolução de 1956, contra o governo local, apoiado pelos soviéticos, em razão do que assumiu o cargo de Primeiro Ministro, quando declarou a saída do seu País do Pacto de Varsóvia, mas seria executado dois anos depois. Ao longo de sua carreira, Imre Nagy serviu aos interesses soviéticos, inclusive como integrante da NKVD, em Moscou.

JOACI GÓES

INÍCIO DO COLAPSO DO IMPÉRIO SOVIÉTICO

Krushchev percebeu que algo teria que ser feito, para evitar que os demais países satélites do Leste Europeu imitassem a Hungria e, também, abandonassem o Pacto de Varsóvia. Por isso, invadiu a Hungria em 4 de novembro, apeando Imre Nagy do comando nacional, que se asilou na embaixada da Iugoslávia, em Budapeste, de onde saiu depois de um acordo com os soviéticos, que o prenderam e não cumpriram o acordado. Essa invasão, que durou uma semana, custou a vida de vinte mil húngaros, sem mencionar os feridos e os prisioneiros de guerra. Deportado para a Romênia, Imre foi julgado, condenado, executado e enterrado numa cova sem identificação, em 16 de junho de 1958, ao lado de vários seguidores. Em junho de 1989, ele e seus companheiros foram reabilitados e seus restos mortais novamente sepultados, com todas as honras. Essa solenidade precipitou o fim do Partido Comunista na Hungria. A indiferença ou pouco interesse dos países ocidentais naquela violência da Rússia contra a Hungria decorreu, em grande medida, da coincidência de datas entre a invasão e a Crise do Suez, também chamada Guerra de Suez e Guerra do Sinai, quando o presidente do Egito, Gamal Abdel Nasser, nacionalizou o Canal, cujo controle ainda pertencia à Inglaterra, fato que levou Israel a declarar guerra ao Egito, com o apoio da França e da Inglaterra, que utilizavam o canal para ter acesso ao mercado oriental. Ao final, como se sabe, sob a pressão da ONU, com o apoio dos Estados Unidos e da União Soviética, o Egito ficou com o Canal. A invasão da Hungria, porém, suscitou numerosa defecção de comunistas mundo afora, decepcionados com a continuidade da brutal violência dos métodos soviéticos. Comparações foram feitas com a repressão da Revolta de Kronstadt, cidade russa, na ilha de Kotlin, no Golfo da Finlândia, a 30 km de Leningrado, cuja guarnição se rebelou em 1921, lançando o *slogan* que ficou famoso: 'Viva os soviéticos e abaixo os comunistas'. A repressão da Revolta de Kronstadt foi liderada pelo chefe da NKVD, Felix

498

PARTE IV – A GUERRA FRIA

E. Dzerzhinsky (1877-1926), também conhecido como 'Felix de Ferro', por sua reconhecida crueldade, e pelo, então, comissário de guerra Leon Trotsky, cujo prestígio político sofreu sensível abalo, em razão da violência utilizada, como já mencionamos. Dzerzhinsky foi um dos arquitetos do Terror Vermelho.

A opinião pública dentro da União Soviética reagiu bovinamente à invasão da Hungria, com a exceção de pequenas manifestações da juventude universitária, passividade para a qual muito contribuiu a imprensa, toda ela a serviço da Ditadura. No caso, os húngaros chacinados foram apresentados como 'lacaios do fascismo internacional, a serviço do solapamento das fundações do redentor movimento proletário'.

Recortes de jornais estrangeiros, porém, passavam de mão em mão, dando conta da brutalidade da violência usada contra os húngaros. Dentro em pouco, toda a Nação ficou sabendo. Através do rádio, em ondas curtas, a verdade chegava aos ouvidos do povo russo. O papel dos bons e corajosos escritores foi relevante nesse processo de crescente conscientização das massas, ao, gradativamente, ressaltar a importância de o povo conhecer, honestamente, sua verdadeira história, seus méritos, suas fraquezas, suas contingências nacionais. O notável escritor, jornalista, historiador e ativista político russo Ilya Ehrenburg (1891-1967), prolífico como poucos, com seus mais de cem títulos, escreveu um romance, *O Degelo*, assim titulado para corresponder ao nome que recebeu aquele período da Revolução Russa, sob Krushchev, em que uma mulher, oprimida por um marido despótico, 'um pequeno Stalin', presente em todos os setores da vida soviética, decide abandoná-lo com a chegada do degelo da primavera. Outro escritor, Vladimir Dudintsev (1918-1998), não foi menos impactante para o nascimento da glasnost (transparência) e da perestroika (reestruturação), de Mikhail Gorbachev, que levaram à implosão o Império Soviético, sobretudo, através do seu livro *Não apenas por pão (Nor by bread alone)*, recebido com grande entusiasmo pelo público leitor, e publicado ao tempo do *Degelo* de Krushchev. Nele, um engenheiro é levado à frustração pela resistência da burocracia oficial em só valorizar o que parecer bom, na ótica asnática dos donos do poder. Em face dessa limitada visão, sua excelente invenção não é aprovada. A burocracia vingou-se de Dudintsev, censurando-o e levando-o à pobreza. A partir de 1987, ele voltou à tona para viver as glórias de sua coragem e talento. Não foi menor, para o fim do totalitarismo soviético, a contribuição do livro *Um dia na vida de Ivan Denisovich*, que tem muito de autobiográfico, de Alexander Solzhenitsin, lançado em novembro de 1962. Nele, o russo Ivan Denisovich é acusado e, injustamente, condenado a dez anos de prisão, por espionar em favor dos alemães. A descrição que faz das condições carcerárias lembra muito o romance *Recordações da Casa dos Mortos*, de Dostoyevsky, inclusive pelo tamanho da pena de dez anos de prisão. Frio, cansaço, imundície, *bullying* e fome se alternam para fazer da vida do preso um verdadeiro inferno. O uso de sapatos muito apertados era, apenas, um dos suplícios. Solzhenitsin sofreu a prisão, ainda no tempo de Stalin, por isso Krushchev autorizou a publicação do livro, como meio de dar visibilidade à sua oposição aos brutais métodos do seu antecessor. Um milhão de exemplares foram vendidos nos seis primeiros meses, passando de mão em mão!

Enquanto os métodos violentos passaram a ser publicamente assoalhados, a Revolução, em si mesma, continuava como um intocável totem sagrado, proibidas e punidas, severamente, as críticas a ela. Foi sob a vigência desse espírito de censura que o romance épico *Dr. Jivago*, de Boris Pasternak (1890-1960), não obteve licença de publicação, por ter a Revolução Bolchevique e a Guerra Civil Russa como seu pano de fundo, contrário, portanto, ao remanescente espírito da Revolução. Fora das fronteiras soviéticas, o livro foi um sucesso universal, ensejando ao seu autor a conquista do Nobel de Literatura, em 1958, honraria que foi compelido a recusar. Pasternak morreria em 1960, de câncer pulmonar, sendo o seu sepultamento convertido em momentoso acontecimento político, com a declamação de seus poemas e textos. Sem dúvida, importantes contribuições seminais

Parte IV – A guerra fria

para o fim da malfadada experiência comunista. Em nenhum outro país, a literatura exerceu papel tão expressivo em favor da liberdade como na Rússia.

Uma dimensão perceptível do degelo krushcheviano foi a abertura para o Ocidente, sobretudo com a recepção de ondas crescentes de turistas, curiosos para conhecer o que existia por trás da cortina de ferro, expressão cunhada por Winston Churchill, num discurso que proferiu, em 1946, nos Estados Unidos, em Missouri, na cidade de Fulton, com o propósito de denunciar o isolamento, do Ocidente, dos países do mundo Soviético, conforme a vontade de Josef Stalin. A expressão foi usada durante toda a Guerra Fria, como linha divisória entre as sociedades capitalistas e as comunistas. Além de gerar as divisas de que a Rússia tanto necessitava para modernizar seu parque industrial, a abertura ao turismo externo decorria do interesse de ensejar ao mundo testemunhar as conquistas soviéticas.

Já em 1957, Moscou sediara o Festival Mundial da Juventude, o maior evento de todos os tempos, para reunir 34.000 jovens da esquerda de 131 países dos cinco continentes. O propósito nuclear do encontro era atrair jovens dos países capitalistas para o modo de vida soviético. Deu-se, porém, o conhecido efeito bumerangue, quando obtemos o oposto do que desejamos, por termos investido contra a natureza das coisas: a juventude soviética ficou encantada com o modo de vida ocidental, com o *rock and roll*, seus trajes *jeans* e seu relaxado comportamento. Para aquela juventude soviética, o modo de vida ocidental era muito mais atraente e consentâneo com suas mais íntimas aspirações. Explica-se por que passaram a estudar mais as línguas ocidentais, para compreender os programas radiofônicos que escutavam com frequência cada vez maior. Comportar-se à maneira ocidental era um modo de muitos jovens soviéticos se destacarem meio às suas patotas. Para o poeta americano, nascido na Rússia, Joseph Brodsky (1940-1996), "os filmes de Tarzan fizeram mais pela desestalinização da União Soviética do que a falação de Krushchev, durante e depois do XX Congresso do Partido Comunista"!

RELAÇÕES ENTRE KRUSHCHEV E GORBACHEV

Entre Krushchev e Gorbachev, um dos maiores desafios foi o que fazer para preservar o espírito da Revolução no ânimo daquela juventude, naturalmente irreverente. Reduzia-se, de modo perceptível e crescente, o número de russos que se orientavam pelos valores de uma revolução que pareciam cada vez mais remotos e desvinculados de suas expectativas e demandas existenciais, resultado natural da sensível mudança do perfil demográfico. De tal modo que, em 1960, era de apenas 10% a população russa acima de 60 anos, muito pouco para reagir ao rolo compressor de aspirações novas, num momento em que, cada dia mais, se interconectava. Uma pesquisa contratada pelo governo, em 1961, constatou que a maioria da juventude soviética estava entre desencantada e cética, relativamente às conquistas alcançadas pela Revolução de Outubro, consideradas remotas e abstratas. O apelo maior sobre eles vinha das coisas materiais, de cuja satisfação dependia a sobrevivência da Revolução.

Impunha-se encontrar algum mecanismo de eficaz controle e mobilização popular, em substituição ao terror, uma vez que, pelo medo, a Revolução precipitaria o seu fim. O caminho que Krushchev escolheu foi o de invocar, cada vez mais, os ensinamentos de Lenin, combinando-os com a convocação das massas para participar do maior número possível das grandes decisões nacionais, como meio de reacender seu entusiasmo. Entre essas iniciativas, incluíram-se grupos de voluntários para patrulhar as ruas, saneando-as de desordeiros, ociosos e bêbados. Outra foi a intensificação dos júris populares. A mais abrangente e apelativa, porém, foi a campanha de Ocupação das Terras Virgens, em que milhões de jovens, homens e mulheres, foram estimulados a, voluntariamente, se inscreverem para colonizarem as estepes do Cazaquistão, país com 2.748.000 km², muito diversificado, com mais de 100 etnias. Lideranças do Cazaquistão advertiram sobre o fracasso, a médio e longo prazos, daquele programa porque as terras, ali, eram virgens porque eram inférteis. O

PARTE IV – A GUERRA FRIA

governo levou o plano adiante, apoiado em intensa e alvorotada propaganda, que o colocava num elevado patamar de exemplaridade da "força redentora que brotaria da Rússia proletária, para libertar o mundo dos grilhões do capitalismo selvagem". Foi grande o atendimento ao chamado oficial. Pouco tempo, porém, decorrido, o cassandrismo comprovou-se acertado. Depois de algumas colheitas irregulares, nos quarenta milhões de hectares cultivados, o programa deu com os burros n'água. A infertilidade da terra, para ser superada, precisava de mais adubação e de uma assistência técnica da qualidade que os russos não possuíam.

Outros fatores, porém, contribuíram para elevar o crescimento do PIB russo, entre 1955 e 1960, ao mais alto nível, "um verdadeiro milagre econômico", superando o de qualquer potência capitalista, fato de que Krushchev se aproveitou para fazer crer que o seu programa agrícola era um sucesso alcançável pelos países do Terceiro Mundo, libertando-os da tradicional dependência das nações centrais. Em meio a essa euforia, os russos lançaram, em 1957, o Programa Sputnik que, em 12 de abril de 1961, faria de Yuri Gagárin (1934-1968) o primeiro cosmonauta a viajar nos espaços siderais, a bordo da Vostok 1, uma espaçonave com dois módulos: um para os equipamentos e combustíveis outro para abrigar o piloto. O prestígio soviético alcançou, literalmente, a estratosfera.

O Grande Salto Adiante ou Grande Salto para a Frente, programa lançado por Mao Tsé-Tung, entre 1958 e 1960, com o propósito de unificar as aspirações de sua gigantesca população, sobretudo da zona rural, para tornar a China uma grande potência agrícola e industrial, inspirou-se no programa russo.

Como parte da Guerra Fria, Krushchev anunciou, em outubro de 1957, durante os festejos dos 40 anos da Revolução, com o estardalhaço que fazia dele um déspota muito simpatizado mundo afora, que em 15 anos a Rússia ultrapassaria o PIB norte-americano. Para não ficar atrás, Mao afirmou que em pouco tempo ultrapassaria o Reino Unido. Um modo de vingar

JOACI GÓES

as históricas ofensas que os britânicos infligiram aos chineses, como o das placas afixadas à entrada dos seus acampamentos: "É proibida a entrada de cães e de chineses"! Registre-se que a desastrada e forçada campanha para fazer da China uma potência agrícola e industrial custou a vida de 42 milhões de chineses, ultrapassando, em mortes, em números absolutos, o desastre do Plano Quinquenal de Stalin, entre 1928-1932.

Essa simultânea propaganda dos projetados milagres econômicos da Rússia e da China deu início à rivalidade entre os dois gigantes do comunismo, na corrida pela liderança de um mundo socializado que estava logo ali, a uma distância de beiço. Enquanto a China se apoiava no desenvolvimento rural, a Rússia, invocando Lenin, se apoiava no desenvolvimento industrial urbano, onde seria mais intensa a "insuperável rivalidade entre os numerosos empregados explorados e a reduzida casta dos empregadores exploradores". Ao contrário de Stalin, Krushchev apoiava, ostensivamente, os movimentos anticolonialistas, dando grande e aliciadora dimensão ao empenho soviético para reduzir as ultrajantes desigualdades planetárias. Para desalento, porém, de sua política solidária, só Cuba, entre as nações a quem a Rússia amparou, financeira e militarmente, como o Egito, a Síria, Gana e a Indonésia, manteve a almejada fidelidade e subordinação política. Registre-se que, como não levava muita fé na possibilidade de êxito dos irmãos Castro, em sua luta para derrubar Fulgêncio Batista, foi muito modesta a colaboração soviética, até a consumação do golpe.

O estadista russo, nascido na Armênia, Anastas I. Mikoyan (1895-1978), único político que conseguiu servir ao projeto soviético, durante 56 anos, desde Lenin até a morte, disse ao Secretário de Defesa dos Estados Unidos, Dean Rusk (1909-1994), depois de assinar com Cuba um tratado de mútua colaboração, que "Vocês americanos devem saber o que Cuba significa para nós, bolcheviques. Esperamos, por muito tempo, que um país se convertesse ao comunismo sem a ajuda do Exército Vermelho. Aconteceu com Cuba, fazendo-nos retornar à adolescência!". A

PARTE IV – A GUERRA FRIA

citação é do especialista em assuntos da Rússia comunista, o americano nascido e criado em Cuba, Samuel Farber (1939-), em seu livro de 2006, *The Origins of the Cuban Revolution Reconsidered*. Essa eufórica declaração de entusiasmo juvenil, ao invés de diminuir, aumentou as preocupações dos Estados Unidos, com a presença, em seus calcanhares, do potencial arqui-inimigo. A proximidade entre os dois países é tamanha que os 176 quilômetros que separam Key West, em Miami, de Havana, em Cuba, viriam a ser atravessados, a nado, pela norte-americana Diana Nayd, aos 64 anos, no dia 02 de setembro de 2013. A colaboração entre a Rússia e Cuba jogou por terra as boas expectativas produzidas pela declaração de Krushchev, na visita que fez aos Estados Unidos, de que seu país estava comprometido com a *détente*, palavra francesa de curso internacional, a partir da década de 1970, para significar o compromisso com o antibelicismo e a confiança no esforço diplomático para dirimir conflitos de interesses. Krushchev ficou dividido entre cortar gastos militares ou desenvolver a economia soviética e responder às provocações chinesas de força, bem como as americanas, através de seu modelo de avião de espionagem U2, um dos quais foi abatido no espaço aéreo russo, em 1º de maio de 1960.

A INVASÃO DA BAIA DOS PORCOS

Após a tentativa norte-americana de depor os Castros, em abril de 1961, com a frustrada invasão da Baia dos Porcos, Krushchev sentiu-se estimulado a transportar para Cuba os mísseis necessários para conter novas investidas, o que fez de um modo que permitiu que a CIA descobrisse, levando àquela que continua sendo a maior tensão bélica mundial, em todos os tempos, com 13 dias de duração, entre 16 e 28 de outubro de 1962, ao fim dos quais, anunciou prudente recuo que daria início ao declínio de uma liderança, até então, excepcionalmente exitosa, vindo a cair, dois anos depois, em outubro 1964. Krush-

JOACI GÓES

chev decidiu peitar os Estados Unidos por acreditar que o "pla-boy" John Kennedy "não teria culhões" para reagir do modo como reagiu, assestando as baterias contra a área onde os mís-seis se encontravam, dando um ultimato que, uma vez executa-do, teria dado início a uma nova e potencialmente devastadora guerra mundial. Para agravar o vexame soviético, toda a ope-ração foi televisionada, ensejando seu acompanhamento pelos cinco continentes. Como outros eram os tempos, ao invés de ser executado, como tão frequentemente acontecia com líderes que caíam em desgraça, Krushchev passou a desfrutar de um excep-cional *otium cum dignitate*, através de uma boa aposentadoria, acrescida de um apartamento em Moscou e de uma bela casa de campo, uma das famosas dacha ou datcha, onde se dedicou a escrever suas memórias, publicadas em 1970, um ano antes de sua morte, de um ataque cardíaco, em 1971, aos 77 anos.

A História conclui que Krushchev sempre se sentiu inseguro no poder. Quando, em outubro de 1964, se encontrava em gozo de férias, na Georgia, ele recebeu uma ligação de Leonid Bre-jnev, o chefe do golpe que o derrubaria, convidando-o (melhor seria dizer intimando-o?) para uma reunião de emergência do Politburo, na qual foi comunicado de sua inapelável destituição, sendo substituído por um triunvirato, *troika*, em russo: Brejnev seria o Presidente do Partido Comunista da União Soviética, Alexei Kosygin (1904-1980), chefe de governo, e Anastas Mi-koyan, chefe de estado, substituído, em 1968, por Nikolai Pod-gorny (1903-1983). Estabeleceu-se que a causa da substituição seria "para tratamento da saúde", de modo a preservar o pres-tígio de Krushchev no exterior, considerado por todos como de grande importância para a imagem do Regime. Como bom ca-brito não berra, Krushchev saiu de fininho e sorridente.

Anos depois, ele diria que sua destituição foi a grande prova da humanização das práticas do Regime, sob sua liderança. "No tempo de Stalin, todos os conspiradores seriam presos e execu-tados, sumariamente", disse ele, segundo o escritor russo Roy A. Medvedev (1925-), em seu livro *Khrushchev*, de 1983.

PARTE IV – A GUERRA FRIA

A ERA BREJNEV

Leonid Ilitch Brejnev (1906-1982) ficou no poder nos 18 anos compreendidos entre 1964 a 1982, ano de sua morte, cumprindo o segundo mais longo mandato na União Soviética, depois dos 29 anos de Stalin. Ele teve, sob o seu comando, o mais numeroso exército de todos os tempos e um arsenal militar equiparável ao dos Estados Unidos. No seu governo, a União Soviética alcançou o apogeu geopolítico, quando colocou em prática a Doutrina da Soberania Limitada, destinada a bloquear a influência do liberalismo. Essa doutrina foi considerada neostalinista, de caráter agressivo, revolucionário e expansionista. Sua tentativa de reabilitar o nome de Stalin resultou em impopularidade e rotundo fracasso. Em um discurso comemorativo do XX Aniversário da Vitória sobre a Alemanha, em maio de 1965, Brejnev foi o primeiro líder a mencionar, exaltando, o nome de Stalin depois de sua morte, em claro confronto com Krushchev, seu antecessor. No ano seguinte, 1966, restaurou o nome do título da maior autoridade nacional, Secretário Geral, usado por Stalin. Também numa guinada stalinista, devolveu o antigo poder da NKVD, ainda que esvaziado dos excessos. Nada foi suficiente para fazer ressuscitar o pior dos mortos. O nome de Stalin parecia e aparecia como irremediavelmente proscrito do coração da humanidade, mesmo que alguns dos seus métodos continuassem em franca operação.

Gradativamente, Brejnev foi se impondo como uma liderança dominante, merecedor da confiança do Regime, um funcionário medíocre, com gostos populares que, tão logo se aboletou no poder, se converteu num exigente apreciador de objetos caros e requintados, como carros, ternos e relógios de marca. As álacres caçadas em grupos festivos passaram a integrar sua recreação. Nada lhe parecia mais sem propósito e remoto do que os discursos revolucionários. Nele, o pragmatismo estava muitos furos acima de sua competência intelectual, reconhecidamente limitada, como podiam testemunhar todos os correligionários que acompanharam sua caminhada desde que começou, modestamente, como operário, no chão de fábrica, e foi subindo, gradativamente, os degraus da escalada partidária, da base para o topo. Paradoxalmente, era inquestionável o poderio das alianças que ele construiu, dentro da estrutura partidária e do Politburo, ao longo de décadas. Acima de tudo, o vínculo que mais os unia era a preservação do *status quo*, abalado e ameaçado pela administração 'trêfega' de Krushchev. A faixa etária média dos que estavam no poder era de 70 anos, uma verdadeira gerontocracia, garantidora de uma postura avessa a mudanças e defensora da continuidade das coisas no estágio em que se encontravam. A presença de Brejnev no poder era a segurança de que mudanças no comando só com a morte dos titulares. "Socialismo Maduro" foi o nome encontrado para batizar aquela política continuísta, de preservação do *status quo*, de modo a assoalhar a retumbante vitória do povo, por seu intermédio consolidada. A proposta da "Constituição Brejnev", em 1977, a terceira e última do Regime Soviético, correspondia a essa intenção. O problema residia na confusão que Brejnev e seus aliados faziam entre maturidade e envelhecimento. Ao completar sessenta anos, a Revolução apresentava fortes sinais de esclerose, clamando por "recolhimento e hospitalização".

Entre as inegáveis conquistas soviéticas, durante o governo Brejnev, destacam-se a retomada das relações diplomáticas com vários países, a cooperação com nações ocidentais, com vistas à paz mundial, ao lado de um esforço efetivo para melhorar as condições de vida do seu sofrido povo, esforço-aspiração que levou a URSS a uma crise que culminou por conduzi-la ao desmoronamento, garantido pela glasnost e a perestroika.

Merece registro seu empenho em expandir o socialismo no mundo, ao financiar "exércitos libertadores". O fim das campanhas antirreligiosas, iniciadas em 1958, aumentou-lhe a popularidade. Ele parece ter entendido a lição de Kant que Marx ignorou: "A humanidade nunca se libertará das paixões políticas e ou religiosas"!

Parte IV – A guerra fria

De olho na popularidade e atento às aspirações libertárias do povo russo, Brejnev passou a valorizar decisões colegiadas e a reduzir os privilégios dos maiorais da "nomenklatura", adotando algumas medidas isonômicas, como a da ordem alfabética dos nomes, quando não coubessem outros critérios. Os graves problemas que anos depois da morte de Brejnev a Rússia viria a sofrer fizeram com que sua administração passasse a ser referida como "Anos dourados". Sua morte, em 1982, ainda hoje parece suspeita de ter sido provocada por uma enfermeira, ligada à polícia secreta, que cuidava de sua medicação. O chefe dela, Iuri Vladimirovich Andropov (1914-1984), sucedeu Brejnev, por quinze meses, entre novembro de 1982, até sua morte, em fevereiro de 1984. Já em 1975, quando um derrame limitou as ações de Brejnev, Andropov exerceu papel relevante na formulação das políticas nacionais, ao lado de Andrey Gromyko e de outros líderes, nos sete anos finais do governo que substituiu.

Durante seu breve mandato de 15 meses, 12 dos quais com crise renal crônica, Andropov se empenhou para erradicar a corrupção reinante e a ineficiência burocrática que entravava os avanços, punindo os infratores e os truculentos com os subalternos e com a população. A Guerra Fria, associada à crise econômico-financeira soviética, parecia atar-lhe as mãos e os pés. Para superar essas limitações, recorreu a jovens reformadores, dentre os quais Nikolai I. Rizhkov (1929-), Yegor K. Ligatchov (1920-2021) e Mikhail Sergeevitch Gorbatchov ou Gorbachev (1931-), que viria a ser o oitavo e derradeiro Secretário-Geral do Partido Comunista da União Soviética, entre 1985 e 1991.

Concluídas as reformas, iniciadas por Kosygin, ainda sob o governo Krushchev, ficou evidenciada a necessidade de reduzir o controle do Estado sobre a atividade econômica, dando-se mais liberdade aos empreendedores e valorizando o comportamento do mercado, no contexto de uma economia planificada. Em razão da Primavera de Praga, quando os soviéticos reprimiram, com brutalidade, as aspirações libertárias do povo tcheco, em 1968, Brejnev abortou qualquer ampliação da abertura po-

JOACI GÓES

lítica. Na realidade, nenhuma mudança no planejamento central da economia soviética seria capaz de impedir o seu colapso. As conquistas materiais até então auferidas pelo Regime resultaram do trabalho forçado de grande parte da população russa, em condições muito adversas, e pobremente remunerada. Crescia a percepção de que o problema residia, precisamente, na existência do planejamento central. Em outras palavras: o planejamento central é que era o grande problema da economia soviética, como logo passaria a ser o da chinesa, que resultou na morte, por fome e desnutrição, de milhões de pessoas. Os fatos apontavam para uma viagem sem volta, um *point of no return*, em face da elevação e mudança das expectativas de consumo da população russa, ocorridas no governo Krushchev. Acontecia o dilema shakespeareano do *to be or not to be*, que a sabedoria popular converteu na 'escolha de Sofia', expressa no conhecido aforismo: "*Se correr o bicho pega, se ficar o bicho come!*"

Ganhou evidência solar, entre pessoas inteligentes, a impossibilidade de alcançar-se o desempenho da pujante economia norte-americana, em 1970, como propalado e acreditado por muitos, dentro e fora do País, apontando o ano de 1980 como o do reconhecimento final, pelo mundo, das maravilhas soviéticas, verdadeiro paraíso de abundância, qualidade e preços acessíveis para todos, nivelados pelo mesmo elevado padrão de vida, como anunciado no Programa do Partido Comunista da União Soviética, adotado pelo seu 22º Congresso, em 31 de outubro de 1961, em Moscou. Seria o fim dos pesados sacrifícios individuais, pelo bem coletivo, substituídos pela alvorada de um tempo novo, marcado pela paz e prosperidade, proporcionadas pelo 'redentor Partido Comunista', 'instrumento de luta e vitória dos trabalhadores'! A universalização do acesso a habitações privadas, ainda que muito pequenas, sem o permanente *bullying* da indiscrição máxima do período stalinista, dava credibilidade coletiva à possibilidade dos anunciados avanços, ainda mais porque já se iniciara, também, o acesso a geladeiras e aparelhos de TV! Recordo-me de que, em maio de 1969, ao partilhar do café

PARTE IV – A GUERRA FRIA

da manhã, à mesma mesa no Hotel Berlin, com um empresário francês, interessado em investir na Rússia, ouvi dele o discurso entusiasmado sobre o notável crescimento soviético, eleito por ele como o futuro colosso econômico a subjugar o mundo capitalista. Até hoje, fico pensando se me tomou ou não como informante oficial da NKVD, travestido de turista, para certificar se ele seria ou não fiel ao Sistema!

Como não é em vão que se investe contra a natureza das coisas, o crescimento da economia russa decepcionou, oscilando em percentuais sempre muito abaixo do esperado, ao longo dos anos de 1970, ensejando a escassez de produtos essenciais, como as carnes e os derivados do leite, além de filas numerosas e longas para a aquisição de produtos triviais. Fazendo uso da pequena, mas crescente, margem de confiança que passou a existir, as pessoas desabafavam, recorrendo ao anedotário que tinha como motivação central o contraste entre as promessas oficiais e a penúria reinante. Como exemplos: "Por que não há flores nas lojas"? Resposta: "Porque os proprietários as usam, em lugar da carne, para fazer sanduíche!" "O que aconteceria se fosse aplicado um Plano Quinquenal no Deserto do Saara? Resposta: "Inicialmente, nada. Em pouco tempo, porém, passaria a haver escassez de areia"! Esta última anedota foi inspirada em declaração de Winston Churchill sobre a invencível ineficácia do Socialismo Marxista.

FRACASSO DA COLETIVIZAÇÃO DAS PROPRIEDADES E DA PRODUÇÃO RURAL

As fazendas coletivas revelaram-se um fracasso completo, não obstante os pesados investimentos públicos. A negligência e o desinteresse operacionais dos negócios geridos pelo Governo, comparados aos do setor privado, eram a causa evidente, presente na manutenção de má qualidade das máquinas e equipamentos, a ponto de serem definitivamente abandonados e

JOACI GÓES

substituídos por novos, quando um simples reparo poderia restituir-lhes a plenitude da utilidade. Os trabalhadores, nas propriedades coletivizadas, chamados kolkhozes, não recebiam estímulos individuais de produtividade, critério denunciado como de caráter burguês, destruidor do espírito coletivo, em que o comunismo se assenta.

Atropelando o mérito, todos eram tratados do mesmo modo, na boca do cofre, no fim do mês, independentemente de sua produtividade. Era por todos conhecida a diferença de produtividade alcançada pelos trabalhadores, entre o trabalho que realizavam nas propriedades coletivizadas e o que faziam nos quintais de suas casas. Para exprimir a gritante diferença nos dois níveis de produtividade, basta acentuar que a área de produção individualizada, correspondente a, apenas, 4% da área total cultivada, respondia por mais de 40% da produção nacional de alimentos, enquanto 96% da área, que era coletivizada, respondia pelos remanescentes 60%. Numa palavra: a diferença na produtividade dos dois processos era da ordem de 1.600%! Foi e é isso que, invariavelmente, condenou e condena o comunismo ao fracasso. Os kolkhozes chegaram a dispor, em 1979, de 1.100.000 tratores, mais de 300.000 colheitadeiras de cereais e 500.000 caminhões!

Com seu reconhecido senso pragmático, Brejnev liberou a produção nos jardins e quintais, retirando-a da ilegalidade em que, até então, se encontrava. Estivessem os russos atentos ao que se passava na China, depois da morte de Mao, a 9 de setembro de 1976, e passariam a disputar com ela a palma do crescimento econômico mundial! O episódio seminal do qual derivou a mudança de atitude da China, abandonando as propriedades coletivizadas em favor das familiais, foi o seguinte: numa aldeia, 18 chefes de família definiram uma cota individual de bens agrícolas que entregariam ao Estado, acima da qual a produção pertenceria à família cumpridora do acordado. Deng Xiaoping topou. O resultado foi que a produção extra alcançada pelas dezoito famílias foi muito superior à totalidade alcançada

512

PARTE IV – A GUERRA FRIA

por toda a numerosa aldeia. A partir daí, a China começou a trilhar o caminho do capitalismo a que chegou por volta da virada do Milênio, encontrando-se, há já algum tempo, na plenitude do Fascismo que Hitler tanto almejou. A continuidade em auto-declarar-se comunista é para enganar ingênuos de dentro e de fora do País, que os há em toda parte. A Rússia, porém, antes de se mudar, com armas e bagagens, do regime comunista ao fascismo, sob o qual passaria a viver, deixou-se sucumbir por uma máfia que hoje lidera todas as máfias do Mundo, inclusive a americana. O mesmo já começa a acontecer em Cuba, com a adoção de soluções heterodoxas, em favor de grupos privilegiados, mediante remuneração, via caixa 2, além do fortalecimento de empresas campeãs. É verdade que Cuba é um país tão modesto que nada ou pouco importa ao contexto mundial, para que haja interesse em assoalhar que, também ali, o Comunismo fracassou, rotundamente, caminhando a largos passos para o Fascismo de que já há sinais de grande evidência.

RICHARD EDGAR PIPES (1923-2018),
UM GRANDE ASSESSOR DOS AMERICANOS

Ao chegar aos Estados Unidos, aos 17 anos, em 1940, fugindo do Nazismo com a família, logo após a invasão da Polônia pelas tropas de Hitler, o judeu polonês Richard Pipes naturalizou-se americano. Tendo passado por algumas das melhores universidades norte-americanas, Pipes especializou-se em História da Rússia, sobretudo da União Soviética, afirmando-se como um dos intelectuais mais combativos ao regime comunista, combatividade que se transformou na principal plataforma de sua longa vida de 95 anos, como se observa das funções que exerceu junto às estruturas diplomático-militares dos Estados Unidos. A severidade de suas críticas à *détente* (compromisso de cessação das hostilidades entre nações em conflito, com o propósito de encontrar a paz) trouxe-lhe prestígio e hostilidades. Ele dizia

513

JOACI GÓES

que a *détente* "é o resultado de preguiça intelectual, derivada da ignorância dos inimigos, razão pela qual é intrinsecamente imprópria". Nessa linha agressiva de raciocínio, Pipes chegou a declarar, em 1981, *off the records*, que "os líderes soviéticos teriam que escolher entre abandonar pacificamente o comunismo ou enfrentar a guerra". Seu comentário foi dura e publicamente condenado pela diplomacia americana, para evitar a elevação da temperatura da "guerra fria", subitamente ameaçada de entrar em ebulição. Como se viu, Pipes atirou na mosca. Gorbachev, sábia e prudentemente, poucos anos depois, optou pela paz.

Em seu ponto de vista, as origens da União Soviética datam do século XV a partir de quando a população foi perdendo a noção da propriedade privada, por acreditar, cada vez mais, que tudo pertencia ao Todo-Poderoso Czar, possivelmente, por influência mongol, consolidando o ambiente autocrático que se entranhou no espírito e na cultura nacionais, diferentemente do curso percorrido pela Civilização Ocidental. Essa cultura patrimonialista dominante na Rússia Imperial começou a ruir a partir das tentativas de modernização do país no século XIX, sem a correspondente preocupação de modificar a postura patrimonialista arraigada na sociedade. Seria essa a razão, segundo Pipes, da singular receptividade russa à Revolução de 1917, por culpa do fanatismo e insensibilidade da *intelligentsia* nacional para compreender a realidade social. Essa sua perspectiva crítica levou-o a manter acirradas polêmicas, mundo afora, a mais conhecida das quais foi a que sustentou com o escritor russo Aleksandr Solthenitsyn, que o acusou de interpretar a história da Rússia a partir de seu ressentimento polonês, ao que Pipes redarguiu, acusando-o de antissemitismo, acusação estendida ao seu modelo literário Fiódor Dostoiewsky. Entre os diversos títulos que Pipes escreveu sobre a história da Rússia, destacam-se *Russia under the Old Regime*, *The Russian Revolution* e *Russia under the Bolshevik Regime*. Daniel Pipes (1949-), seu filho, também historiador e escritor, especializado nas questões políticas, econômicas e religiosas do Oriente Médio, vai pelo mesmo

PARTE IV – A GUERRA FRIA

caminho, ganhando aplausos e críticas a partir do enunciado de sua polêmica tese segundo a qual o meio mais eficaz de resolver as crônicas questões da conflitiva Região é vencendo a guerra.

A CHEGADA DE GORBACHEV

Gorbachev apoiou, desde a primeira hora, o movimento, liderado por Nikita Krushchev, de desconstrução da imagem do genocida Stalin. No plano interno, deu ostensiva visibilidade à transparência (*glasnost*) dos métodos e decisões oficiais, contribuindo para aumentar a liberdade de imprensa e de expressão, paralelamente, à reestruturação política (*perestroika*), com o propósito de descentralizar o processo decisório, no plano econômico-administrativo, visando aumentar o crescimento do produto interno. Sustentava que a boa prática do socialismo significa respeito à democracia, transparência e efetivo coletivismo na vida rotineira dos povos. Sua campanha contra o alcoolismo reduziu a violência e aumentou a expectativa de vida.

Do Departamento Agrícola do Secretariado, onde estava lotado, Gorbachev enviou uma sugestão ao Comitê Central, em maio de 1978, no sentido de aumentar a autonomia dos produtores rurais e associações, para realizarem o que e como achassem mais conveniente. Nenhuma mudança, sob Brejnev, seria aprovada, nem sequer tentada. Andropov, porém, ao assumir o poder, em 1982, acolheu aquelas liberalizantes sugestões de Gorbachev. Os kolkhozes, que se alimentavam do que produziam, clandestinamente, no fundo de suas casas, viviam em extrema pobreza, esquálidos e famintos. Muitos sem água corrente e eletricidade. Para se livrarem da penúria, os mais saudáveis fugiam para os centros urbanos, onde acreditavam encontrar melhor fortuna, inclusive junto às forças armadas, onde o risco de morrer em batalha era visto como largamente compensado com cama e mesa adequadas. Os mais velhos e fragilizados, por desnutrição e doenças, engrossavam as já numerosas hostes dos

JOACI GÓES

degradados por debilidades psicológicas e alcoolismo. Era cada vez maior o número de habitações modestas abandonadas pelos seus moradores, em centenas de milhares de vilarejos, todas as Rússias afora, que saíam errando em qualquer direção, animados por uma esperança que era irmã gêmea do desespero.

Com Lídice, minha mulher, pudemos testemunhar, ao tempo de Brejnev, o espetáculo tragicômico de incontáveis pessoas abraçadas e cambaleantes de embriaguez, sobretudo nos fins de tarde ou, a qualquer hora, nos dias feriados, nas ruas das grandes cidades da União Soviética. Nos anos finais do Governo Brejnev, um terço da renda média dos kolkhozes era gasto com vodca. Esses números não levam em conta as populares bebidas caseiras de elevado teor alcoólico. Doença nacional, redutora da longevidade, entre tantos outros males que provoca, o alcoolismo respondia por uma média de 10 milhões de detenções anuais. Nos 16 anos transcorridos entre 1964 e 1980, a expectativa de vida na Rússia caiu de 66 para 62 anos, queda provocada pelo alcoolismo. Sem dúvida, um recorde difícil de ser superado!

Impressiona a indiferença com que as autoridades reagiram a essa protraída tragédia social. Cinicamente, alguns comentavam que era melhor tê-los bêbados do que realizando protestos nas ruas, contra a crise crônica de abastecimento. Sem a grande receita de divisas, proporcionada pelo seu abundante petróleo que, num piscar d'olhos, subiu 500% de preço no mercado internacional, em razão da crise de 1973, a Rússia teria ido à lona mais cedo do que foi, e de modo superlativamente violento, com o ódio desaçaimado das massas matando os integrantes da Nomenklatura e destruindo tudo que lhes dissesse respeito. Com o acréscimo da receita obtida com a venda de gás, o governo abasteceu o País com comida e outras *comodities* importadas do Ocidente. Registre-se que antes da Revolução, ao tempo do Czar, a Rússia, de grande exportadora de alimentos, passou a ser a maior importadora do planeta. Entre um terço e 100% de seus diferentes rebanhos eram alimentados com grãos importados. Esse súbito e inesperado enriquecimento foi usa-

PARTE IV – A GUERRA FRIA

do para fins que, momentaneamente, restauraram a autoestima nacional, conduzindo, por outro lado, à precipitação da ruidosa implosão do Império Soviético. Aquela que se comprovou como a de mais fatídica consequência foi a elevação, sem precedentes, dos gastos militares em tempos de paz. Sob o governo Brejnev, o dispêndio bélico aumentou oito vezes, comprometendo 15% do Produto Nacional Bruto, ou, como na sigla em inglês, GNP (Growth National Product). Estava restaurada a força da corrente linha-dura e de seu braço direito a NKVD. A grande euforia reinante estimulou a continuidade da prática da insensatez destinada a comprovar o acerto da tese defendida pelo historiador britânico, Paul Kennedy (1945-), em seu *best-seller The Rise and Fall of the Great Powers*, de 1987, em que conclui, como a causa fundamental da queda das grandes potências, a partir do século XVI, pelo excesso dos gastos militares, em prejuízo da educação, saúde e infraestrutura. O propósito, porém, era, ao mesmo tempo que intimidar, o de impressionar o mundo externo, de modo a reverberar, de volta, assegurando o orgulho nacional da saga comunista-revolucionária, inclusive pela afirmação da superioridade soviética, perante a Organização do Tratado do Atlântico Norte (OTAN). A repentina emergência da prosperidade soviética, somada à boa lembrança da neutralidade ocidental, quando da invasão da Checoslováquia pelos russos, em agosto de 1968, para sufocar o programa de reformas do governo de Alexander Dubcek, inspirou o ministro da defesa russo, marechal Andrei Antonovich Grechko (1903-1976), a dizer que teria levado a efeito aquela invasão "ainda que dela pudesse resultar a Terceira Guerra Mundial". Agora, num momento de euforia sem precedentes, e sucumbindo a um assomo de arrogância, o novo Ministro da Defesa, Andrei Gromiko, comentou: "A nova correlação de forças é tal que o Ocidente não ousará se opor a nós", conforme o historiador britânico, especialista em assuntos soviéticos, Jonathan Haslam (1951-), em seu livro de 2011, *Russia's Cold War*.

Os líderes soviéticos ignoraram ou ignoravam que tudo o que muda jamais voltará a ser o que foi, ou, nas palavras de Albert

517

Einstein: "A mente que se abre a uma ideia, jamais voltará ao seu tamanho original". A decisão do povo russo de reconquistar ou conquistar a sua liberdade, formulada *in pectore*, e, crescentemente compartilhada, constitui a demonstração máxima, no plano humano, do princípio, segundo o qual tudo muda sem parar, de Heráclito de Éfeso (540-470 a.C.).

Os jogos olímpicos de 1980, auge da Guerra Fria, foram usados para afirmar perante o mundo a superioridade do comunismo, através do desempenho dos seus atletas, quando 65 países cancelaram suas participações, fato que significou um balde de água nas pretensões soviéticas, reduzindo o impacto de suas previsíveis conquistas, ao lado da Alemanha Oriental. A decepção aumentou com a inesperada morte, a 25 de julho de 1980, do influente poeta, compositor, ator e cantor soviético Vladimir Vysotsky (1938-1980), cujos funerais atraíram incomum multidão. Ele, um fumante e inveterado bebedor de vodca, era o símbolo da dissidência dos numerosos inconformados e desiludidos que haviam se alimentado das esperanças libertárias produzidas pelo degelo político da era Krushchev. Vysotsky cantava com uma voz tão expressiva as dores dos prisioneiros dos gulags, que muitos pensavam, equivocadamente, que seu canto fosse autobiográfico. Ainda que não seja possível saber, com razoável precisão, o percentual da população soviética insatisfeita com o regime, pela absoluta interdição desse tipo de pesquisa, àquele tempo, estima-se que, em graus variados de intensidade, o desgosto fosse geral. Não era mais possível impedir a comparação entre as qualidades de vida dos dois mundos: o comunista e o capitalista. Os, até recentemente, entusiasmantes *slogans* propagandísticos, pregados e apregoados em toda parte, do tipo "Para a frente, pela vitória do Comunismo" ou "Levemos adiante as decisões de nosso Partido Comunista", passaram a soar burlescos, a partir do começo da administração Brejnev. Como contrapeso, porém, a levá-los a uma continência atitudinal, diante do Regime, havia a massiva propaganda sob a qual a quase totalidade da população adulta nascera ou crescera. Realizavam a

PARTE IV – A GUERRA FRIA

catarse emocional de sua condenação moral, mediante a construção de piadas contra os líderes, as instituições e os símbolos da opressão, como nos exemplos seguintes:

1. Apesar da insatisfação geral, todos dizemos sim!
2. Apesar de nos encontrarmos à beira da fartura geral, continuamos insatisfeitos.
3. Não compreendemos a razão de tantas filas intermináveis, quando vivemos a plenitude da abundância.
4. Não compreendo a razão de tantas filas, se não há o que comprar.
5. As metas de abundância foram amplamente alcançadas, apesar de nada haver disponível no mercado.
6. As metas foram plenamente atingidas, com o concurso de empregados inexistentes.
7. Como ninguém trabalha, não há desemprego.

Nenhuma censura, aliada a uma vigilância férrea, era capaz de impedir o acesso da juventude soviética ao estilo de vida ocidental, contribuindo para aumentar os desejos de mudança, confessados de modo cada vez mais aberto, apesar de a NKGB contar com quase duzentos mil funcionários, dedicados, em regime de tempo integral, a escutar as conversas telefônicas, abrir correspondências e espionar os movimentos de suspeitos, meio utilizado e alardeado para conter conspirações ou meras manifestações de descontentamento. Na Alemanha Oriental, essa vigilância chegava a ser dez vezes, *per capita*, maior do que na Rússia. A eficácia máxima da censura é alcançada quando a população passa a crer que a totalidade de suas ações é acompanhada pelo Estado repressor. Analistas concluem que a longevidade da Revolução Comunista foi tão maior do que o seu período de adesão popular, em razão da crença, transformada em segunda natureza, de que o Estado sabia de tudo que se passava nas dimensões mais íntimas da vida das pessoas. O escritor russo Roy A. Medvedev (1925-), crítico do stalinismo, descreveu esse desconforto, no seu livro de 1975, *On Socialist Democracy*, do seguinte modo: "Tornou-se intolerável o desconforto dos membros da elite como das massas, derivado do monitoramento, pelo Estado, de todos os passos de sua vida privada. Apesar disso, não houve qualquer movimento organizado para extinguir ou se contrapor àquele abuso. Sem reação da sociedade, seria impensável a ocorrência de mudanças na postura dos líderes"!

As pessoas, ainda que insatisfeitas, continuavam preferindo os embalos da vodca do que os riscos libertários das ruas. *Quo usque tandem?*

Quando intelectuais dissidentes, como Andrei Sinyavsky (1925-97), Joseph Brodsky (1940-96), Nobel de Literatura de 1987, e Yuli Daniel (1925-88), foram condenados e presos, memoriais em favor deles foram subscritos por dezenas de cidadãos acima de qualquer suspeita, pela notória fidelidade ao Regime, levando as autoridades a preferir sua deportação do que mantê-los presos, o que motivaria manifestações domésticas e internacionais de desagravo, inclusive de nomes de grande prestígio como Jean Paul Sartre, John Le Carré e outros.

Mikhail Sergeevitch Gorbatchov ou Gorbachev (1931-) é um nome que conquistou um honorável espaço no Panteon dos grandes benfeitores da humanidade, ao dar o golpe de misericórdia num dos regimes mais cruentos de que há registro na História. Ele foi o oitavo e último líder, entre 1985 e 1991, da malsinada "experiência" de mais de setenta anos de duração que submeteu o grande povo russo a um regime de sofrimentos, privações, humilhações e desenganos só comparável ao que viveu o povo chinês, sob a truculência de Mao Tsé-Tung, desde que assumiu o poder, em 1949, até sua festejada morte em 9 de setembro de 1976.

Nascido em 1931, de uma família de camponeses pobres, ao tempo do governo totalitário e repressor de Josef Stalin, esse russo de origens ucranianas, Gorbachev, se alimentou dos ideais marxista-leninistas de que viria a se afastar para abraçar os ideais da social-democracia. Em 1941, aos dez anos de idade, per-

PARTE IV – A GUERRA FRIA

deu o pai na frente de batalha contra a invasão alemã. Aos treze anos, estudava e trabalhava numa fazenda coletivizada. Depois, tornou-se eletricista, sendo premiado como eletricista exemplar, com a Ordem do Estandarte Vermelho do Trabalho. Esperou, dos 19 aos 21 anos, para ingressar no Partido Comunista. Desposou, em 1953, sua colega na Universidade Estatal de Moscou, Raíssa Titarenko (1932-1999), dois anos antes de graduar-se em Direito. Em 1961, como um dos delegados no XXII Congresso do Partido Comunista, colaborou para a decisão da ruptura com a China. Em 1966, aos 35 anos, concluiu mais um curso universitário, agora no campo da economia agrária, a partir de quando sua carreira política deslanchou, sendo nomeado Ministro da Agricultura, em 1970, e Primeiro Secretário do Comitê Regional do Partido Comunista de Stavoprol, sua cidade berço, aos 39 anos, quando supervisionou a construção do seu Grande Canal. Em 1972, chefiou uma delegação soviética que visitou a Bélgica. Dois anos mais tarde, em 1974, integrou o Soviete Supremo da União Soviética, a mais alta instância legislativa, que operou entre 1936 e 1988, com o exclusivo poder de aprovar emendas à constituição. O presidente do Soviete Supremo era, igualmente, o chefe de estado soviético, responsável por formar e liderar o Conselho de Ministros, nomear os membros da Suprema Corte e o Procurador Geral da União Soviética. Em 1975, chefiou nova delegação, agora para visitar a Alemanha Ocidental. Em 1979, integrou o Politburo, onde foi apoiado por Iuri Andropov, chefe da NKGB, seu conterrâneo de Stavropol, até sua morte, em 1984. Em 1978, Gorbachev retornou a Moscou, onde assumiu a Secretaria do Comitê Central do Partido Comunista, ingressando no Politburo, no ano seguinte, 1979. Depois dos breves governos de Yuri Andropov e de Konstantin Chernenko, que sucederam o falecido Brejnev, em 1982, Gorbachev liderou mais uma comitiva, desta vez para visitar o Canadá, em 1983, onde foi recebido por Pierre Trudeau, pela Câmara dos Deputados e pelo Senado. Em 11 de março de 1985, com a morte de Konstantin Chernenko, o Politburo elegeu Gorbachev Se-

JOACI GÓES

cretário-Geral, tornando-o, de fato, o Chefe de Estado da União Soviética. Ato contínuo, foi encontrar-se com Margareth Thatcher, no Reino Unido, para arrefecer os ânimos acirrados pelos confrontos entre seus antecessores e a Dama de Ferro.

Gorbachev passou a defender a imperiosa e urgente necessidade da realização de reformas como meio de assegurar a efetividade dos ideais socialistas da Revolução. O acidente nuclear de Chernobil, em 1986, veio a calhar para aumentar a receptividade ao seu programa reformista. Começou pela retirada das tropas soviéticas da guerra do Afeganistão, seguida de encontros com Ronald Reagan, presidente dos Estados Unidos, visando pôr limites à expansão de artefatos bélicos nucleares, com vistas à redução das tensões da Guerra Fria. Em 1988 anunciou o abandono da Doutrina da Soberania Limitada, até então imposta aos países do Leste Europeu que, daí em diante, seriam livres para definir os rumos de sua caminhada, política que foi batizada, com bom humor, com o nome de Doutrina Sinatra, pelo porta-voz de Gorbachev, Gennady Guerasimov (1930-2010). Não demorou muito, e os países, um a um, rápida e pacificamente, foram se desvencilhando das amarras socialistas, precipitando o fim da União Soviética. A exceção foi a Romênia, onde o ditador Nicolae Ceausescu foi julgado e executado. Esse modo pacífico de acabar com a Guerra Fria resultou na concessão a Gorbachev do Nobel da Paz.

A passagem da Rússia da intolerância totalitária à democracia se processou de modo acelerado, ainda que gradual e ordenadamente, na medida em que esvaziava a significação e o poder do Partido Comunista, dividindo-o nas alas moderada, liderada por Gorbachev, que desejava a manutenção da União Soviética, reformada; a ala conservadora, abrigo dos políticos linha-dura, que queriam o fim das reformas liberais, liderada por Egor Ligatchov e Guennadi Ianaiev, e a liberal, liderada por Boris Iéltsin e Anatoli Sobtchak, que propugnava por uma completa abertura da economia para o capitalismo, ao lado da independência de todos os países satélites. Como a primeira nação a sediar o Co-

PARTE IV – A GUERRA FRIA

munismo, a União Soviética teve sob o seu domínio os seguintes países, aqui mencionados por ordem alfabética: Armênia, Azerbaijão, Bielorússia, Estônia, Geórgia, Cazaquistão, Quirguistão, Letônia, Lituânia, Moldávia, Rússia, Tajiquistão, Turquemenistão, Ucrânia e Uzbequistão.

Em 1991, os linha-dura, conservadores-saudosistas, aliados com a KGB, numa demonstração de desespero, decidiram dar um golpe de estado para derrubar Gorbachev, que ficou detido entre 19 e 21 de agosto numa dacha na Crimeia. Os golpistas foram barrados pelos liberais, sob o comando de Boris Yeltsin. No terceiro dia, Gorbachev retornou ao seu posto, desgastado em sua popularidade, diante de um Yeltsin aclamado como o novo grande herói nacional. Incontinenti, Gorbachev demitiu e processou os membros do Politburo que arquitetaram o golpe fracassado, que passaram a ser referidos como a Gangue dos Oito. Paradoxalmente, Boris Yeltsin, o defensor de Gorbachev, contra o golpe, agora queria sentar na cadeira presidencial, para o que declarou a Rússia uma nação independente da União Soviética, proibiu o funcionamento do Partido Comunista e aliou-se aos presidentes da Bielorrússia e Ucrânia para solenizar uma aliança livre entre essas nações independentes. A Gorbachev não restou senão reconhecer a grande vitória diplomática de Yeltsin e renunciar, ainda que silenciando sobre o fim da União Soviética, proclamado por Yeltsin.

No dia 25 de dezembro de 1991, a bandeira soviética foi retirada do mastro do Kremlin, em caráter definitivo. Gorbachev passou a exercer sua liderança, a partir da fundação que leva o seu nome, de onde disparou críticas aos governos de Boris Yeltsin e de Vladimir Putin.

Essas medidas, a par da formação de uma Câmara dos Deputados, reduziram a influência e o poder do unipartidarismo. A suspensão das costumeiras intervenções nos países satélites do Leste Europeu era parte fundamental desse programa liberalizante, como veio a se comprovar com o abandono, por suas administrações, dos princípios marxista-leninistas, já nos fins da década de 1980. Percebia-se que a União Soviética caminhava a passos largos para a adoção da economia de mercado.

Gorbachev, figura do maior relevo nas últimas décadas do século XX, sempre foi admirado por uns e criticado por outros, apesar das inúmeras comendas, títulos honorários e prêmios que veio recebendo, inclusive o Nobel da Paz. Sua política libertou os países satélites, reduziu as práticas atentatórias dos direitos humanos, na Rússia, e ensejou a reunificação das duas Alemanhas. Do lado negativo, a ele os russos debitam a extinção da União Soviética que reduziu, de modo expressivo, a influência do país na marcha do mundo.

O GENOCIDA PACTO NAZI-COMUNISTA

Alexander Yakovlev (1923-2005), braço direito de Gorbaschev na glasnost e perestroika, foi o primeiro grande líder e intelectual soviético a reconhecer a autenticidade do Pacto Ribbentrop-Molotov, que Stalin assinou com Hitler, em agosto de 1939, abrindo caminho para a Segunda Grande Guerra. O político e historiador Anatoly S. Chernyaev (1921-2017), além de conselheiro de Gorbachev, em política externa, permaneceu ao seu lado até os últimos momentos da União Soviética, em 1991. O armênio-russo Abel G. Aganbegyan (1932-) foi um dos principais assessores de Gorbachev e um dos primeiros economistas a professar a necessidade de uma reestruturação administrativa, política e econômica, para evitar o colapso que se avizinhava.

Cada uma das ideias que compuseram o conjunto da Perestroika e da Glasnost, de um modo ou de outro, foi objeto de discussão e ou interesse, ao longo da Revolução, particularmente durante o degelo de Krushchev, quando as palavras perestroika e glasnost foram usadas, pela primeira vez, com o sentido que passaram à posteridade. É por isso que o conceito está presente na Constituição da União Soviética de 1977.

PARTE IV – A GUERRA FRIA

O SALTO PARA A LIBERDADE

A escolha de Gorbachev para liderar a União Soviética foi o passo mais ousado do Comunismo, desde a deposição do Czar, em 1917. É evidente que os membros do Politburo nem de longe poderiam suspeitar que essa nomeação representava o início da marcha batida do fim, não apenas da União Soviética, como do marxismo econômico, "infalível" utopia para pacificar a convivência humana. O abandono do comunismo pela China, que passou com armas e bagagens para o fascismo, é prova ostensiva dessa verdade solar. Nem o próprio Gorbachev imaginou o que viria a se constituir no mais rápido desmoronamento de um império, em todos os tempos. A aparência de força e de consistência das instituições e estruturas soviéticas, possibilitadas pela censura, mascarava fragilidades gritantes que se evidenciariam aos primeiros clarões da liberdade política, presente no movimento sem volta da glasnost e da perestroika. A estagnação da economia era evidenciada pelo crescimento de 1% ao ano, abaixo, portanto, do crescimento populacional, resultando num IDH sensivelmente inferior ao dos países da Europa Ocidental. Sem os preços elevados do petróleo da década de 1970, não havia como compensar essas acentuadas insuficiências. A tal ponto que a Constituição Brasileira de 1988 teria sido sensivelmente diferente do que é se sua promulgação tivesse ocorrido depois da queda do Muro de Berlim e da Cortina de Ferro soviética. A grande originalidade do Império Soviético consistiu em seu fim como um edifício implodido, em lugar da gradual e lenta obsolescência de suas funções, como se verificou com o declínio de todas as civilizações. Tudo aponta para uma tomada de consciência coletiva, inclusive dos principais líderes, de que todos protagonizaram, com variável intensidade, o monumental erro histórico de se dedicarem a uma causa sem sentido, que consumiu 59 milhões de vidas, sem incluir a China. O grande passivo emocional que remanesceu foi a perda da autoestima das gerações mais velhas, em razão do esvaziamento de signi-

JOACI GÓES

ficado dos valores socialistas que embalaram sua juventude e maturidade. Para a formação e desenvolvimento dessa visão foi de fundamental importância a qualidade da evolução do capitalismo na Europa, como produtor e distribuidor de riqueza, paralelamente ao desenrolar da Revolução Proletária, que tantos males acarretou ao povo russo e aos povos satélites, submetendo-os a contínuas e inenarráveis humilhações, sofrimentos e privações, como revelaram os arquivos secretos da Ditadura Comunista, tornados do conhecimento público, através de uma mídia que se expandiu de modo exponencial, a exemplo da circulação de jornais que aumentou de dois milhões de exemplares diários, em 1986, para trinta e três milhões, em 1990! Rádio e televisão foram pelo mesmo caminho. Nada seria capaz de interromper o tsunami em curso pelo fim daquela intolerável opressão, como disse Gorbachev numa entrevista, largamente difundida, no dia 02 de julho de 1990: "Em lugar do modelo stalinista do socialismo, avançamos para uma sociedade cidadã de pessoas livres. O sistema político passa por uma transformação radical, com genuína democracia, eleições livres e multipartidarismo, com os direitos humanos e o efetivo poder das pessoas revividos".

Restaurava-se a euforia libertária de 1917!

Feitas as devidas contas, o nome de Gorbachev avulta, perante a história, como o derradeiro bolchevique que libertou o seu povo, na medida em que, sinceramente, acreditava poder redimi-lo, retornando à fonte original dos ideais marxista-leninistas. Em lugar de retornar a esse ideal primevo, seu esforço conduziu ao fim do comunismo, episódio constitutivo da mais notável e útil serendipitia social de todos os tempos, evitando uma guerra civil de dimensões oceânicas. Para a conquista desse 'milagre' muito contribuiu o fato de que a cada novo estágio do processo transformador da Rússia, do comunismo para uma economia de mercado, lá estavam presentes, para compor os quadros dirigentes, os mesmos membros da nomenclatura gestada durante a Revolução Proletária, numa demonstração de

526

PARTE IV – A GUERRA FRIA

que o seu compromisso básico, muito acima do ideológico, era com o exercício do poder.

É imperioso reconhecer, porém, que a maioria do sofrido povo russo ainda vive o processo, declinante embora, de sua baixa autoestima. Com o compreensível esforço para acelerá--lo, o presidente Vladimir Putin disse, em 2008: "É inegável a presença de páginas infelizes em nossa história. Que países, porém, não as têm? Temos, até, menos do que muitos deles! E as nossas foram menos dolorosas do que as de muitos deles! Sim! É verdade que tivemos páginas dolorosas! Relembremos fatos que se iniciaram em 1937! Não podemos olvidá-los! Outros países, porém, tiveram episódios mais numerosos e mais graves. De qualquer sorte, não lançamos letais produtos químicos sobre milhares de km² de outras nações, nem lançamos artefatos atômicos para dizimar populações, como os Estados Unidos fizeram no Vietnã. Nem nunca tivemos páginas negras como o nazismo. Todo país está sujeito a protagonizar episódios condenáveis. Não devemos nos deixar abater pelo sentimento de culpa".

Uma verdade parcial, usada como meio aceitável para elevar a combalida autoestima de um povo massacrado pela memória dos crimes cometidos pelos seus líderes. A notícia desalentadora, porém, vem do sentimento da população russa sobre o passado de violência da Ditadura do Proletariado. Uma pesquisa de 2007, em três grandes cidades russas, revelou que 71% da população acreditava que a violência de Dzerzhinsky, fundador da Cheka, tenha sido praticada em favor do povo, protegendo a ordem pública e a cidadania. Apenas 7% consideraram-no um bárbaro criminoso. O mais chocante dessa pesquisa foi que apesar de a população saber que o genocídio comandado por Stalin havia eliminado milhões de pessoas, dois terços dos entrevistados consideraram positivo o papel desempenhado por ele. Muitos concluíram que, sob o seu mando, havia mais sensibilidade e compaixão nas pessoas. Outra pesquisa revelou que 42% da população gostaria de ter governantes do padrão de Stalin. Um domingueiro programa televisivo de 2011, intitulado *O Tribunal*

JOACI GÓES

do Tempo, assistido por milhões de russos, que submetia pessoas e acontecimentos da história a um julgamento simulado, de acordo com os novos valores, contando com o concurso de advogados, testemunhas e uma corte de jurados, composta de telespectadores, revelou que 78% dos telespectadores acreditavam que a fracassada coletivização que resultou na fome e morte de milhões de pessoas constituía um método válido para viabilizar o processo de industrialização soviética, com a reprovação de, apenas, 22%! O pacto Hitler-Stalin, de agosto de 1939, que fez precipitar a Segunda Grande Guerra, foi aprovado por 91% dos votos.

Sem dúvida, o pensador francês Joseph-Marie Maistre (1753-1821), grande crítico da Revolução Francesa, sabia o que estava dizendo ao afirmar que "Cada povo tem o governo que merece". O povo russo nunca conheceu um dia de verdadeira democracia, no curso de sua tumultuada, sofrida, longa e criativa história. Com Vladimir Putin, retornou ao único regime político que conheceu, com o interregno da Revolução Bolchevique, o Fascismo.

ANDREI GROMYKO

Andrei Gromyko (1909-89) foi um capítulo à parte na galeria das personalidades que participaram da Revolução Russa. Em 1946, aos 37 anos, ele foi nomeado para representar a União Soviética perante a ONU em caráter permanente, quando apoiou o norueguês Trygve Lie, seu primeiro Secretário-Geral. Mais tarde, Gromyko disse que Lie era um parcial defensor dos interesses americanos, razão pela qual passou a considerá-lo um "pobre Secretário-Geral". O sucessor de Lie, o sueco Dag Hammarskjöld, sofreria as mesmas críticas de Gromyko, até sua morte, num acidente aéreo. O birmanês e budista devoto U Thant (1909-74), sereno e modesto, terceiro e mais longevo Secretário-Geral da ONU, entre 1961 e 1971, advertiu Gromyko

PARTE IV – A GUERRA FRIA

sobre sua necessidade de compreender que "secretários de origens culturais e étnicas não russas dificilmente teriam visões do mundo a partir da perspectiva soviética. Que tivesse paciência. As coisas tenderiam a mudar, a exemplo de ser ele o primeiro Secretário-Geral não escandinavo".

A generalizada simpatia de que Gromyko desfrutava junto aos seus pares facilitou a mediação que fez para John Kennedy e Nikita Krushchev iniciarem negociações durante a crise dos mísseis cubanos, em 1962. Em seguida, autorizou a Operação Grandslam, que poria fim aos conflitos na República do Congo, entre 1960 e 1965, que resultaram na morte de cem mil pessoas. A crise se instalou na sequência imediata da independência do Congo do domínio belga, degenerando em sucessivas guerras civis regionais, em razão, também, da Guerra Fri, que, como sempre, colocava Estados Unidos e União Soviética em polos opostos. Por sua reconhecida habilidade diplomática, U Thant foi reconduzido a um segundo mandato, por consagradora votação unânime do Conselho de Segurança. Do alto de sua autoridade moral, criticou a posição norte-americana na Guerra do Vietnã. Antes de se aposentar em 1971, quando recusou um terceiro mandato. U Thant articulou a entrada na ONU de vários países do Terceiro Mundo, sobretudo da África e da Ásia. Morreu de câncer de pulmão, como um dos maiores estadistas de seu país, apesar de o governo ditatorial ali instalado ter reprimido com insólita violência as manifestações em louvor de sua augusta memória.

Gromyko não vacilava em recorrer ao poder de veto soviético, a ponto de ser apelidado Senhor Não (Mr. Nyet). Nos primeiros dez anos da ONU, enquanto a URSS usou 79 vezes seu poder de veto, a China o fez apenas uma vez, e a França duas vezes. Em maio de 1947, Gromyko defendeu a separação de Israel e da Palestina em dois estados como meio de pôr fim ao interminável conflito palestino-israelense, o que não seria alcançado com a criação de um único estado para abrigar os conflituosos primos rivais. O tempo provou que ele estava certo. Em junho de 1952, nove meses antes de sua morte, Stalin convidou Gromyko ao Kremlin para nomeá-lo embaixador na Inglaterra, quando lhe disse, enquanto deambulavam, peripateticamente, que "o Reino Unido, agora, terá a oportunidade de desempenhar um papel de maior importância na seara internacional. Como não está claro em que direção exercerá esse poder, precisamos de quem possa interpretar qual será".

Gromyko não perdeu tempo. Aproximou-se de Winston Churchill para rememorar sua prodigiosa ação no comando das tropas aliadas, voltando a fazê-lo com a frequência possível. Nada melhor para cumprir o conselho de Stalin, desaparecido em março de 1953, do que a nomeação de Gromyko para Ministro das Relações Exteriores, dedicando a fase inicial de seu importante ministério a resistir à pretensão de Boris Ponomarev (1905-1995) de fortalecer o Departamento Internacional do Partido Comunista da União Soviética no desenvolvimento das relações exteriores. Seria como colocar o fogo para dialogar com a pólvora, em busca da paz. Ponomarev foi um marcante ideólogo e historiador do marxismo-leninismo na União Soviética. Seu padrinho para ingressar no círculo do poder foi Mikhail Suslov (1902-1982), que foi Segundo Secretário da União Soviética, acumulando com a extraoficial chefia das diretrizes ideológicas partidárias, até a sua morte. A recusa de Gromyko à proposta de Ponomarev foi adamantina.

O momento mais alto de Gromyko como chanceler ocorreu em 1958, ao recusar a proposta de Mao Tsé-Tung para a Rússia apoiar o retorno forçado de Taiwan ao mapa territorial chinês. Como argumento que supunha invencível, Mao disse a Gromyko que a China estava disposta a sacrificar a vida de trezentos milhões de pessoas para assegurar a anexação de Taiwan. Como resposta, Mao ouviu de Gromyko que aquela proposta nunca seria aprovada pela União Soviética. Como demonstração ostensiva dessa inabalável decisão, a União Soviética suspendeu o programa nuclear sino-soviético, bem como projetos de industrialização na República Popular da China.

PARTE IV – A GUERRA FRIA

Em suas *Memoirs* (*Memórias*), Gromyko, evocando seus encontros com John Kennedy, disse que o presidente dos Estados Unidos parecia desvinculado da realidade, orientando-se mais pela sua visão ideológica do que pelos parâmetros do pragmatismo. Numa entrevista de 1988, Gromyko acrescentou que Kennedy era nervoso e propenso a fazer afirmações contraditórias relativamente a questões de natureza internacional, a exemplo de Cuba. Gromyko defendeu, perante o então Secretário dos Estados Unidos, Dean Rusk (1909-1994), o direito da União Soviética de se fazer presente em Cuba, tendo em vista a presença americana, com seus potentes mísseis, na Turquia e em muitas regiões do mundo. Ele registrou também que, "pelo comportamento de Rusk, foi possível concluir quanto foi doloroso para os líderes americanos o fato de a União Soviética se posicionar, decisivamente, ao lado de Cuba".

Sob a liderança de Brejnev, foi de grande importância a atuação de Gromyko em favor da *détente*, fase caracterizada por um esforço comum com o propósito de reduzir as tensões entre as duas grandes potências, até 1979, de que o Tratado de Não Proliferação de Armas Nucleares, assinado em 1º de julho de 1968, foi *'la pièce de résistance'*, em meio a tantas outras importantes iniciativas em favor da paz. Ao longo dos 28 anos em que regeu as relações externas da União Soviética, Gromiko apoiou as medidas que favoreceram o desarmamento global, com a justificativa de tratar-se de "um ideal do socialismo". Seu diálogo com o Papa Paulo VI resultou na maior abertura para a Igreja Católica na Europa Oriental, não obstante a continuidade da perseguição ao cristianismo na Rússia. Mudou, sensivelmente, porém, a partir de quando Andropov e Chernenko subiram ao poder, a ponto de passar a defender uma linha mais dura do que a de seus superiores.

Quando do derrame sofrido por Brejnev, que limitou sua operosidade funcional, Gromyko passou a ser a personalidade dominante na formulação da política externa soviética, acima de Yuri Andropov, presidente da KGB, do Ministro

531

JOACI GÓES

da Defesa, Andrei Grechko (1903-1976), e do seu sucessor, marechal Dmitry Ustinov (1908-1984), assim permanecendo, ao longo dos últimos sete anos do Governo Brejnev. Do mesmo modo, continuou, durante o breve governo de treze meses de Konstantin Chernenko (1911-1985), em substituição a Brejnev. Tão logo eleito Secretário-Geral, no Governo Chernenko, Andropov indagou de Gromyko se queria ser Presidente do Supremo Soviético. Sua recusa resultou da crença de que logo Andropov usurparia o posto para si mesmo, de modo a anulá-lo. Com a morte de Konstantin Chernenko, Gromyko apoiou Mikhail Gorbachev, vencedor da corrida para ocupar a poderosa Secretaria-Geral, em 11 de março de 1985, quando deixou as Relações Exteriores e passou a ocupar a presidência do presídio do Supremo Soviético, para exercer as funções, de fato, de chefe de Estado, uma versão comunista da rainha da Inglaterra: muito prestígio moral, sem o poder da caneta para operar ações.

Observadores da cena mundial concluíram que Gromyko não se sentia confortável com algumas das reformas de Gorbachev. Em suas memórias, porém, ele fala de Gorbachev com genuíno apreço, e da glasnost e perestroika como mecanismos destinados ao aperfeiçoamento das práticas democráticas.

Em julho de 1988, um ano antes de sua morte, Gromyko ouviu Vladimir Melnikov (1948-) pedir sua renúncia, culpando-o pela estagnação político-econômica da União Soviética, como integrante da cúpula dirigente, ao tempo do período decadente. A defesa que dele fez um delegado de pouca expressão, apontando-o como "um homem respeitado pelo povo", pareceu-lhe insuficiente para desafrontá-lo. Depois de discutir o assunto com a esposa, Gromyko comunicou a Gorbachev sua decisão de aposentar-se, definitivamente, da vida pública. Segundo escreveu em suas *Memórias*, a 1º de outubro de 1988, em sessão do Supremo Soviético, ao lado de Gorbachev, de Nikolai Ryzhkov (1929-) e do longevo Yegor Ligachev (1920-2021), ele disse: "Momentos como este são tão memoráveis como os que assi-

PARTE IV – A GUERRA FRIA

nalam nossa ascensão. Ao testemunhar a despedida de tantos honoráveis companheiros, ficava comovido do mesmo modo como ao assumir novos desafios. Parto, agora, feliz pelo sentimento que me domina de haver cumprido meus deveres para com o Povo, o Partido e a Nação". Gorbachev exaltou a qualidade de sua contribuição, ao longo de meio século de patriótica e frutuosa dedicação à causa da grandeza soviética. Entre seus críticos, o diplomata Alexander Belonogov (1931-) disse que a política externa liderada por Gromyko foi exercida "por um espírito de intolerância e confronto".

Enquanto trabalhava na redação de suas memórias, Gromyko morreu no dia 02 de julho de 1989, dois dias antes de completar 80 anos, vítima de um derrame. Sua morte foi reverenciada em grande parte do mundo, como a de um grande estadista. A pedido da família, o corpo de Gromyko foi sepultado no Cemitério Novodevich, e não nas proximidades das muralhas do Kremlin.

Andrei Gromyko é uma personalidade que, verdadeiramente, saiu da vida para entrar na história, como quis o presidente suicida Getúlio Vargas. Como caracterização de sua personalidade enigmática, conta-se que, certa manhã, ao sair de um hotel em Washington, um repórter perguntou-lhe se havia gostado do desjejun, ao que teria respondido: Talvez! Henry Kissinger, por sua vez, disse que "se você for capaz de sobreviver depois de uma hora de discussão com Gromyko, a partir de então, você passa a ser um diplomata de verdade"! Estudiosos de sua vida e obra lamentam que Gromyko não tenha deixado, como legado, a explicação da notável conexão que sabia fazer entre eventos históricos e certas personalidades relevantes do seu tempo. A sóbria discrição diplomática sufocou, nele, o memorialista. Nas celebrações do seu centenário, em 2009, na Bielorússia, muitos colocaram flores em torno do seu busto, entre outras homenagens.

CONDIÇÕES DE TRABALHO E
QUALIDADE DE VIDA NA UNIÃO SOVIÉTICA

Setenta horas de trabalho semanal, na Rússia de Stalin, eram a regra. Receosos de chegar atrasados ou não alcançar os níveis de produtividade impostos, muitos trabalhadores moravam no local de trabalho, em condições precárias. Quinze por cento da munição do Exército Vermelho, percentual muito maior dos uniformes, grande parte do carvão e do óleo, além de outras provisões, eram assegurados pelos gulags. Segundo a visão do Regime, eram grandes as vantagens da produção nos campos de concentração, particularmente em tempo de guerra, em razão de os prisioneiros produzirem mais com custo sensivelmente menor. A começar pelas rações consumidas, de teor calórico abaixo do consumo da classe dominante, fator responsável pela reduzida longevidade dos detentos. Em 1942, a percentagem de mortos, nos campos de concentração soviéticos, foi de 25% da população carcerária. Certamente, um recorde que só a China de Mao Tsé-Tung poderia vir a superar. Mas isso não representava qualquer problema para o governo comunista, sempre apto a, num piscar de olhos, repor essa assustadora mortalidade. O mesmo se dava com a capacidade do Regime de suprir as baixas militares. Tanto que, durante a Segunda Grande Guerra, foi alvo de atenção geral a diferença de critérios na valorização da vida humana entre os aliados americanos e russos. Enquanto a filosofia bélica americana sustentava que dez tanques de guerra deveriam ser sacrificados para salvar a vida de, apenas, um soldado, a cartilha russa recomendava o sacrifício de dez ou mais soldados para salvar um tanque. Na prática, o Ocidente, largamente influenciado pelo sistema militar americano, confronta os possíveis ganhos de uma operação militar com o número potencial de perdas para decidir se realiza a operação. Na União Soviética, se o resultado material da operação fosse considerado bom, ficavam em plano secundário as especulações sobre o número das possíveis perdas. Essa visão soviética de não valorizar

PARTE IV – A GUERRA FRIA

vidas individuais evidenciou-se de modo gritante quando da tomada de Berlim, pelos russos, em abril de 1945. Para chegar à frente de todos os aliados, sem qualquer prejuízo para a queda inevitável e iminente de Hitler, Stalin submeteu suas tropas a uma aforçurada movimentação que resultou em inúmeras mortes evitáveis de sua soldadesca. Essa postura explica a perda de 8.6 milhões de soldados russos, não incluídos os civis, durante a guerra, correspondendo a uma média diária, ao longo dos seis anos do conflito, equivalente ao dobro das perdas militares no Dia D, 6 de junho de 1944, quando do desembarque das tropas aliadas na Normandia, sob o comando do general Eisenhower.

Observe-se que os combatentes russos que sobreviveram à guerra recordaram aquele período como mais feliz do que a paz de cemitério da normalidade existencial durante o stalinismo, como observou o historiador, notável e profuso escritor Mikhail Gefter (1918-1995), que serviu como médico ao Exército Vermelho, ainda como estudante de Medicina, ao definir a guerra como um tempo de espontânea desestalinização da Rússia, em seu livro de 1995, *The Echo of the Holocaust and the Russian-Jewish Question*. O judeu Gefter, que sobreviveu a graves ferimentos, foi multicondecorado como herói de guerra. Sua mãe foi executada pelo antijudaísmo stalinista, em Simferopol, por sua condição de judia. Em semelhante conexão, refletiu o multipremiado jornalista americano, nascido na Escócia, Hedrik Smith (1933-), correspondente, por décadas, em Moscou, ao transcrever uma conversa que escutou, em 1970, na casa de um cientista soviético, que disse: "A guerra foi a melhor fase de nossas vidas, porque, então, todos nos sentíamos ligados ao governo como nunca antes acontecera. O país pelo qual lutávamos, antes, pertencente a eles, agora passava a ser nosso. Nossas iniciativas nasciam, espontaneamente, dentro de nós, segundo nossos desejos". A esperança era que o país continuasse a ser do povo russo, findo o conflito.

Essa euforia, em tempos de guerra, não passou despercebida aos comandos comunistas, sobretudo ao das tropas de ocupação

JOACI GÓES

em território europeu, que exibia um estilo de vida muito superior ao do regime de confinamento e de ausência de liberdade de pensamento e de iniciativa no Império Vermelho. Tão logo findo o conflito, Stalin atribuiu a vitória aos méritos do Regime Comunista e instaurou um sistema repressor seletivo para erradicar os perigosos germes de autonomia contraídos durante o conflito. Stalin minimizou o papel dos que lutaram na guerra, inclusive os milhões de mortos, comparando-os a "pequenos parafusos na superior engrenagem da guerra". Um a um, a NKVD entrevistou todos os que lutaram e sobreviveram, para deixar claras as expectativas do governo, quanto à postura contributiva geral, leal ao esforço nacional para suprimir as iníquas desigualdades cultivadas pelo "perverso capitalismo". Os que levantassem a mínima desconfiança eram enviados para os campos de concentração, enquanto aos colaboracionistas eram oferecidas promissoras oportunidades de estudo e emprego.

Apesar de todo esse esforço de restauração do *status quo ante*, percebia-se que a influência transformadora produzida pela solidariedade no esforço comum de salvação nacional, durante a guerra, acrescida da percepção da inferioridade de vida russa, *vis-à-vis* o padrão europeu, seria inerradicável. Reforma, palavra de ordem a ser reprimida, foi substituída pelo irreprimível e imprescritível sentimento de mudança. Tanto que, depois de décadas de isolamento, a Rússia foi invadida, legal ou sorrateiramente, pela influência ocidental, através de livros, filmes e vários bens de consumo.

Impressionava o fascínio que sobre os russos exerciam produtos triviais como Coca-Cola e chicletes! Sem falar nas moedas estrangeiras e no vestuário *jeans*. Em plena Praça Vermelha, defronte ao mausoléu de Lenin, em 1969, quando visitamos Moscou, pela primeira vez, formou-se uma fila de mulheres para tocar no casaco e nos brincos de minha mulher, Lídice, grávida de seis meses de nosso filho, o músico e compositor Alex. Joaci, o primogênito e futuro empresário, ficara em casa, aos dois anos de idade, em nossa primeira e saudosa separação dele. Lídice

PARTE IV – A GUERRA FRIA

trajava-se adequadamente para o agradável frio primaveril de maio. As cores alegres de seu traje simples, mas elegante, coberto com um modesto casaco de antílope, tingido de verde, adquirido em nossa lua de mel no Uruguai, contrastavam com a monotonia cromática com que se vestiam homens e mulheres, invariavelmente, nas cores cinza, azul, vermelha ou cáqui.

Além da manutenção do atraso soviético, de nada adiantou o propósito de Stalin de subestimar o sofrimento e espírito de luta do povo russo, no enfrentamento das contingências de guerra. A vitória final fora obra do espírito revolucionário, sustentava ele. Essa seria a plataforma em que se apoiaria a Rússia Comunista, durante toda a Guerra Fria.

Do ponto de vista dos ganhos materiais, Stalin assegurou para a Rússia, perante os novos aliados ocidentais, as conquistas que obtivera com o tratado de colaboração que assinou com Hitler em agosto de 1939, garantindo-lhe as adesões territoriais no Leste europeu. Dessa expansão física, seguida da instalação de governos comunistas, amplificada com recentes conquistas tecnológicas, nasceria o mito "O mundo, marcha para o socialismo" que chegou a empolgar mais da metade da população do Planeta.

QUINTA PARTE

A REVOLUÇÃO CHINESA

MAO TSÉ-TUNG (1893-1976)

A síntese biográfica de Mao Tsé-Tung define-o como um líder comunista que comandou a Revolução Chinesa de 1949, da qual resultou a República Popular da China, governada por ele até sua morte a 9 de setembro de 1976. Mao Tsé-Tung é, sem dúvida, uma das personalidades políticas mais marcantes de todos os tempos. Pelo que fez de bem e de mal. Seria, portanto, muito pouco restringir esse conceito ao século XX, em que ele atuou. Contrapondo-se ao brutal número de mortes que provocou, temos, hoje, uma China que caminha para se transformar na maior potência econômica do planeta, ainda que o bem-estar médio das pessoas deva continuar sensivelmente abaixo do de muitos povos.

ORIGENS

Os pais de Mao tiveram sete filhos, cinco homens e duas mulheres. Dois dos homens e as duas mulheres morreram ainda jovens. Além de Mao, sobreviveram Mao Zemin e Mao Zetan, que também viriam a ser comunistas, tendo sido mortos ao longo da Guerra Civil. Mao Zetan (1905-35), o caçula, foi executado pelo KMT (Kuomintang) de Chiang Kai-shek. Mao Zemin (1895-43) foi executado por Sheng Shical, um dos saudosistas Senhores da Guerra da China (designação dos chefes militares das regiões em que a China foi dividida entre 1916 e 1928). Inicialmente, Sheng Shical, governador de Xinjião ou Sinquião, região autônoma da China, foi aliado do Partido Comunista. A aliança foi desfeita a partir da invasão da Rússia pelos alemães, em junho de 1941. A irmã adotiva de Mao Tsé-Tung, Mao Zejian (1905-1929), também fora executada pelo KMT.

O filho de Mao Zemin, Mao Yuanxin (1941-), nasceu na cadeia, quando sua mãe se encontrava presa. Ele atuou como elo entre o tio Mao Tsé-Tung, o Comitê Central do Partido Comunista e o Politburo, desde que Mao adoeceu com Alzheimer, quando colaborou para a queda temporária de Deng Xiaoping, em 1976. Alguns historiadores concluem que Mao Yuanxin levou o tio Mao a acreditar que o episódio da Praça Tiananmen, em abril de 1976, foi arquitetado por Deng Xiaoping. Por suas estreitas ligações com a Gangue dos Quatro, Mao Yuanxin viria a ser preso e condenado a 17 anos de prisão. Ao ser libertado, em 1993, ele mudou seu nome para Li Shi, de modo a desaparecer da visão pública. Aposentado desde 2001, Mao Yuanxin vive de uma aposentadoria que leva em conta sua condição de membro da "família mártir", em razão da natureza da morte de seu pai.

O conjunto das ideias políticas de Mao é conhecido como maoismo. A Revolução que Mao comandou se desenvolveu a partir da Longa Marcha de 10.000 km, formando uma grande frente de batalha para repelir uma invasão japonesa e vencer o inimigo interno, Chiang Kai-shek, que se instalou em Taiwan, sob a proteção norte-americana. À exceção de Taiwan, todos os territórios chineses caíram sob a dominação comunista. A implacabilidade de Mao contra a mínima divergência político-operacional não chega a rivalizar com a de Josef Stalin, em quem se inspirou, como se a milenária tradição de violência repressora da China precisasse importar modelos.

Muito no estilo do fracassado governo soviético, Mao comandou uma reforma agrária, apropriando-se, à força, dos lati-

Parte V – A Revolução Chinesa

fúndios, das médias e pequenas propriedades, coletivizando, integralmente, seu cultivo para matar a fome da maior população do planeta. Décadas decorridas de sua morte, a avaliação do papel de Mao, que se autointitulava "O Grande Pioneiro", continua dividindo opiniões. As favoráveis se apoiam em reformas que promoveu para transformar, profundamente, a China que governou por quase três décadas, a exemplo da duplicação da população escolar, acesso a habitação e saúde, abolição do desemprego, derrota da inflação, tudo isso contribuindo para a elevação da longevidade da população. Muitos acreditam, também, que ele lançou os fundamentos culturais, econômicos e tecnológicos da China Moderna, transformando-a, de uma sociedade agrária, numa potência industrial em múltiplas dimensões.

Por essas conquistas, ele continua merecendo o aplauso de amplos segmentos de opinião, como estrategista político, comandante militar e "Redentor da Pátria", figurando o seu retrato em muitos espaços da Nova China. Os fãs mais inflamados, os antirrevisionistas, ainda festejam seus atributos como pensador, estadista, poeta e tudo o mais que permitem as avaliações "de natureza fundamentalista". A partir dessa avaliação acrítica, Mao contou com o apoio popular para sufocar o levante no Tibet, em 1950, voltando a fazê-lo em 1959 e em 1962. A Guerra Sino-Indiana que ele declarou, em 1959, também conhecida como conflito fronteiriço sino-indiano, teve, como causa inicial, uma região litigiosa do Himalaia, conhecida como Tibet do Sul. Três anos depois de a permanência das tropas dos dois países estarem vigilantes na proteção de suas respectivas fronteiras, a China iniciou uma ofensiva de quatro dias, em 20 de outubro de 1962.

A segunda ofensiva aconteceria em meados de novembro, quando as tropas chinesas chegaram às faldas da Cordilheira do Himalaia, apossando-se de áreas que lhe pertenceram nos tempos da Dinastia Qing, última dinastia imperial da China, de 1644-1912. A guerra terminou em 20 de novembro de 1962, com um cessar-fogo unilateral dos chineses, tão logo se apropriaram das duas áreas em litígio. O desfecho negativo, para os indianos, abalou o prestígio do Primeiro Ministro Jawaharlal Nehru, por negligenciar o sistema defensivo do País, perante o belicoso vizinho chinês.

A mais preocupante consequência desse conflito militar foi a intensificação da crise sino-soviética, uma vez que o mundo vivia o apogeu da Guerra Fria, polarizada entre Rússia e Estados Unidos. Prudente e diplomaticamente, Nikita Krushchev optou pela neutralidade, consoante a nova política de coexistência pacífica com os diferentes povos, posição duramente criticada pela mídia comunista que exigia solidariedade incondicional de um país comunista a outro, quando confrontando um estado burguês, inimigo natural, a exemplo do apoio permanente que Mao dava à Revolução Mundial, pela emancipação dos trabalhadores da tutela exploradora dos capitalistas. Após a morte de Stalin, haveria um aprofundamento crescente das divergências entre as duas potências comunistas.

Do lado dos críticos do seu papel, sobretudo no Ocidente, Mao figura como o grande vilão que realizou suas conquistas sobre os cadáveres de milhões de chineses, eliminados pela fome e pelos maus-tratos oficiais, inclusive inumeráveis execuções sumárias, sem qualquer possibilidade de defesa. Em números absolutos, ele aparece como o responsável pela morte do maior número de pessoas, acima de Stalin e de Hitler, pela ordem da matança humana que protagonizaram. Programas de governo, como o Grande Salto Adiante e a Revolução Cultural, resultaram em inexcedíveis tragédias humanas, em números que oscilam entre 50 e 80 milhões de mortos. Cifra consensual aponta para 68 milhões de mortos, na China, nove milhões a mais do que a matança do comunismo soviético de 59 milhões de pessoas. Em cada um desses projetos que resultaram em tragédia, evidenciou-se o efeito bumerangue, caracterizado pela obtenção de resultados opostos aos desejados, toda vez que investimos contra a natureza das coisas. Sem falar nos danos insanáveis provocados pela cegueira do fanatismo ideológico que inspirou

Parte V – A Revolução Chinesa

Mao a destruir tesouros culturais, relíquias do passado chinês, com o saqueio dos espaços sagrados, a título de destruir todas as marcas das contribuições burguesas. A brutal violência utilizada para alcançar esses propósitos, com o recurso sistemático aos mais cruéis métodos de tortura, cobre de vergonha indelével sua imagem perante a história. O número recorde de execuções é a prova cabal das barbaridades que comandou.

Em 1953, foi lançado o Primeiro Plano Quinquenal Chinês, compreendendo reforma agrária, formação de cooperativas, educação, em parceria com a União Soviética, já governada por Nikita Krushchev, encarregada de fornecer a tecnologia. Como o mundo estava em plena Guerra Fria, a visita que Nikita fez aos Estados Unidos provocou o rompimento das relações sino-soviéticas, levando a China a adotar uma política de comunização autônoma, relativamente ao modelo russo. As tensões entre os dois países cresceram, ainda mais, a partir do famoso discurso de Krushchev, denunciando os crimes de Stalin, em fevereiro de 1956. Tudo isso contribuiu para elevar o prestígio de Mao, como o líder máximo e herói mítico do comunismo internacional.

Entre 1957 e 59, Mao iniciou um programa de desenvolvimento denominado Grande Salto, uma combinação entre a industrialização urbana e a exploração agrária coletivizada, para tornar a República Popular da China rica e socialmente igualitária, em curto espaço de tempo. Na primeira fase, o Plano aumentou a superfície rural explorada, bem como a produção nacional de alimentos. Na segunda, batizada de o Grande Salto, a industrialização foi a prioridade. A bem-intencionada iniciativa ficou muito longe de alcançar os resultados desejados, em razão de vários fatores, como secas, inundações, falta de pessoal técnico, carência agravada pela saída dos técnicos soviéticos, em razão do rompimento de relações entre as duas potências comunistas. O êxodo rural arrematou o fracasso, inclusive das Comunas Populares, cada uma com 20 mil pessoas, responsável pela satisfação das necessidades dos seus integrantes, como alimentação, roupa, calçados, ferramentas, além da infraestrutura necessária, como moinhos, saúde, educação, eletricidade, acessos, segurança etc.

Na fase final de sua liderança com boa saúde, Mao apoiou a política de Zhou Enlai, consolidando o crescimento econômico e quebrando o isolamento chinês. Em 1972, Mao recebeu, em Pequim, Richard Nixon, presidente dos Estados Unidos. No ano seguinte, o presidente do Chase Manhattan Bank, David Rockfeller, teceu rasgados elogios a Mao, no *New York Times*, concluindo que, "qualquer que tenha sido o preço da Revolução Chinesa, o resultado foi muito positivo, não apenas pela qualidade da administração, como pelo estímulo do culto de uma alta moralidade e bons propósitos comunitários. A experiência social na China, sob a liderança de Mao, é uma das mais marcantes e exitosas na experiência histórica".

Quando a saúde de Mao entrou em declínio, ele foi usado pela Gangue dos Quatro, comandada por sua mulher Jiang Qing.

Enquanto a desmaoização se processava, na sequência imediata de sua morte, o nome de Mao circulava como fonte de inspiração, mundo afora, sobretudo nos países do terceiro mundo, para transformá-los, mediante a ascensão da classe operária. Além do *Livro Vermelho*, por ele largamente patrocinado, Mao produziu outras obras de caráter ideológico, ao longo de sua longeva atividade política. Os discursos que proferiu são parte dessa produção. Há, porém, fontes que sustentam que o verdadeiro autor de sua mais importante obra, o *Livro Vermelho*, foi seu assistente Hu Qiaomu (1912-1992), sociólogo, membro do Politburo e primeiro presidente da Academia Chinesa de Ciências Sociais.

ADOLESCÊNCIA

A primeira experiência sexual de Mao aconteceu na província de Huan, na aldeia Shaoshan, com uma menina de 12 anos de idade, como ele lembrou, várias vezes, nos últimos anos de

PARTE V – A REVOLUÇÃO CHINESA

vida. Em 1962, depois de muitas tentativas, finalmente, localizou-a, 57 anos depois. A 'menina', agora com 69 anos, nada mais poderia ter em comum com o viço de sua já remota puberdade. Mao deu-lhe uma módica quantia e comentou, depois que ela se foi: "Como ela mudou"! Melhor teria sido dizer: "O tempo, este canalha"!

Mao, filho de camponeses, frequentou a escola até os treze anos de idade, quando começou a trabalhar na lavoura. Desentendimentos com o pai levaram-no a sair de casa para ir viver e estudar na capital da província, onde travou conhecimento, entre outras, com as ideias do líder nacionalista Sun Yat Sen (1866-1925), referido como o Pai da Nação, pioneiro na concepção de uma China Republicana, com atuação marcante na derrubada da última dinastia imperial, a Qing, em 1911, para a qual o jovem Mao, de 18 anos de idade, se alistou como soldado. Entre 1913 e 1918, Mao estudou literatura chinesa, história e filosofia, quando se tornou líder estudantil, transferindo-se para Pequim, em 1919, onde deu continuidade aos seus estudos universitários em Filosofia e pedagogia, passando a trabalhar na biblioteca, onde conheceu Chen Tu Hsiu (1879-1942) e Li Ta-Chao (1889-1927). Ambos tiveram marcante atuação política. Li foi executado por organizar ações contra o governo. Numa delas, morreram 47 pessoas e mais de 200 ficaram feridas. Depois disso, ele foi colocado na lista dos procurados pelo Governo. Refugiado na embaixada russa, em Pequim, continuou a articular ações contra o governo chinês para derrubá-lo. Quando as tropas chinesas atacaram a embaixada soviética, ignorando as imunidades diplomáticas, Li, esposa e filha foram feitos prisioneiros. Enquanto a esposa e filha eram libertadas, Li e mais 19 companheiros foram estrangulados em 28 de abril de 1927. Foi grande a influência do seu pensamento sobre Mao Tsé-Tung.

Mao foi um marido precoce: casou-se, em 1908, aos 15 anos de idade, com Luo Yixiu (1889-1910), uma moça de 19, que morreria dois anos depois, em 1910, de causa ignorada. O pouco que se conhece desse casamento foi relatado pelo próprio

547

Mao ao repórter americano Edgar Snow, em 1936, conforme figura em seu livro *Red Star Over China*, de 1937. O casamento foi "arranjado" pelos pais dos jovens nubentes, conforme costume ancião. Mao confessou que tão infeliz ficou com o casamento que nunca o consumou, nem conviveu com a esposa. Para minimizar o estrago na sua imagem de "esposa rejeitada", ela passou a viver com os pais de Mao, até morrer, dois anos mais tarde, vítima de disenteria, ao tempo em que ele mudou de aldeia para continuar os estudos, quando se tornou um dos membros fundadores do Partido Comunista Chinês. Segundo alguns biógrafos de Mao, esse episódio tornou-o um crítico severo dos casamentos arranjados, postura que lhe granjeou a simpática reputação, entre as mulheres, de defensor da causa feminina ou feminista.

DIVULGAÇÃO DA CHINA

Ao lado do livro *The Good Earth*, de Pearl S. Buck, o livro de Edgar Snow, *Red Star Over China*, considerado, à época, "um furo jornalístico clássico e histórico", foi o que mais contribuiu para o conhecimento da China pelos ocidentais, bem como para o desenvolvimento da simpatia, mundo afora, pelo movimento revolucionário que ali se encontrava em gestação, identificado como antifascista. Imediatamente traduzido para o chinês, o livro de Snow muito contribuiu para a popularização da Grande Marcha e dos princípios revolucionários junto ao próprio povo chinês. Edgar Snow fala do longo período em que acompanhou o Exército Vermelho, em 1936, quando conversou várias vezes com Mao e outros líderes, como He Long, Lin Biao, Peng Dehuai e Zhou Enlai. He Long (1896-1969) foi um dos dez marechais do Exército Popular de Libertação. Sem jamais ter cursado um dia sequer de escola, ele se juntou à Revolução, com a milícia que formou para se defender da polícia que o caçava por haver vingado a morte de um tio.

PARTE V – A REVOLUÇÃO CHINESA

SEGUNDO, TERCEIRO E QUARTO CASAMENTOS DE MAO

Mao casou-se, pela segunda vez, em 1921, aos 28 anos, com Yang Kai-hui, com quem teve dois filhos: Anying e Anqing. Em 1930, Yang foi executada por seguidores de Chiang Kai--shek. Os filhos também tiveram trágico destino, depois de sobreviverem, precariamente, pelas ruas de Xangai. Enquanto Anqing, o mais novo, desenvolveu uma doença mental, provavelmente provocada pelas bordoadas que tomou da polícia de Xangai, que o prendeu por vadiagem, Anying, o mais velho, viria a ser vítima fatal de um ataque aéreo norte-americano, durante a Guerra da Coreia.

A terceira esposa de Mao foi Ho Tzu-chen (1910-1984), com quem teve seis filhos, dos quais só a filha Lin Min sobreviveria. Esse casamento foi realizado pouco depois da morte de Yang Kai-hui, e seria desfeito, em 1937, quando ela se encontrava em tratamento em Moscou, em razão da decisão de Mao de casar-se com Jiang Qing, o que aconteceu em 1939. Ho Tzu-chen foi apresentada a Mao, aos dezoito anos, na primavera de 1928, quando já pertencia à juventude comunista, reconhecida como excelente atiradora, especializada em guerrilha, como bem refletia o seu nome de guerra 'General Menina de Duas Balas'. Em 1949, ela se mudou para Xangai, onde se internou num hospital psiquiátrico até a morte. Seus restos mortais se encontram no mausoléu de Mao, em Pequim.

A GANGUE DOS QUATRO E A REVOLUÇÃO CULTURAL

A Revolução Cultural, intensa no período 1966-69, destruiu grande parte dos quadros revolucionários chineses, fato que ocasionou uma crise sem precedentes nas duas décadas de governo comunista. Sua quarta mulher, Jiang Qing, com o apoio de Zhang Chunqiao, Wang Hongwen e Yao Wenyuan, formando a Gangue dos Quatro, foi a grande líder do terror

549

que implantaram durante a Revolução Cultural, como veremos adiante.

A sucessiva destituição dos influentes líderes Liu Shaoqi, em 1968, e Lin Biao, em 1971, representou o núcleo da crise.

Liu Shaoqi (1898-1969) foi o primeiro presidente do Comitê Permanente do Congresso Nacional do Povo, no período 1954-59, primeiro vice-presidente do Partido Comunista Chinês, entre 1956 e 1966, e Presidente da República Popular da China, entre 1959 e 1968, quando realizou importantes políticas para o desenvolvimento nacional. É fácil compreender a intensidade do abalo político decorrente da destituição de alguém que foi tão poderoso ao longo de tanto tempo. Só o Presidente Mao e o Primeiro Ministro Zhou Enlai foram mais poderosos. O conflito com Mao, que culminou em sua destituição, começou nos primeiros anos da década de 1960 e cresceu em 1966, com a intensificação da Revolução Cultural. A acusação que o levou à desgraça rotulou-o como "Comandante do quartel general da burguesia chinesa", "maior traidor da Revolução" e "seguidor da via capitalista". Morreu em 1969, ano seguinte ao da sua destituição. Em 1980, Deng Xiaoping reabilitou-o e fez erguer um monumento em sua homenagem.

Lin Biao (1907-1971) foi um dos principais colaboradores de Mao durante a Guerra Civil Chinesa, bem como na expansão do comunismo e do culto à personalidade de Mao. Com o seu apoio, Mao criou a Guarda Vermelha, integrada pela juventude comunista, com a finalidade precípua de afrontar os 'revisionistas' do Partido, de modo a evitar o que acontecera na Rússia, com a ascensão de Nikita Krushchev. Quando Liu Shaoqi caiu em desgraça, a partir de novembro de 1968, Lin Biao foi apontado para vir a ser o sucessor de Mao, quando de sua aposentadoria ou morte.

Apesar do que o nome suscita, a Guarda Vermelha não exerceu papel militar. Seu trabalho de contraofensiva aos 'revisionistas', os que desejavam uma mudança de rumo no curso da Revolução Chinesa, consistia em difundir junto à juventude

PARTE V – A REVOLUÇÃO CHINESA

chinesa um sentimento de sólida fidelidade aos princípios comunistas e à idolatria de Mao. Didaticamente, apontavam os "quatro velhos" que deviam ser destruídos: os velhos ideais; a velha cultura; os velhos hábitos e os velhos costumes.

Os "Guardas vermelhos" viajaram pela China inteira, visitando escolas de todos os níveis, aldeias e cidades, pregando o ideal comunista conforme presente no *Livro Vermelho*, contendo os pensamentos de Mao e estimulando as pessoas a agirem com denúncia e violência contra todos os "lacaios capitalistas", que se opusessem a esse ideário redentor. Dessa renovada caça às bruxas, as maiores vítimas foram os líderes de todas as religiões, professores, estudiosos dos mais distintos naipes temáticos e defensores da sociedade aberta ou liberais. Além de execrados publicamente, eles eram destituídos dos bens e separados de suas famílias, quando não eram sumariamente executados, por determinação de tribunais populares locais. Numa tentativa vã de reduzir a violência física contra os minimamente suspeitos, a primeira dama Jiang Qing teria declarado: "Não batam em nossos adversários. O castigo físico afeta, apenas, o corpo, enquanto a infusão de ideias atinge o coração".

MAO E CHIANG KAI SHEK

Em 1927, tão logo assumiu o poder, Chiang Kai Shek investiu contra o comunismo. Mao Tsé-tung, por sua vez, após romper com o Kuomintang, organizou um movimento revolucionário, fundando um soviete para se defender dos ataques oficiais, usando táticas de guerrilha. Kuomintang significa Partido Nacionalista Chinês, o partido que, historicamente, governa a República da China, conhecida como Taiwan, a partir da década de 1970. O Kuomintang foi criado por Sun Yat-sen, tendo governado a China de 1928 a 1949. Desde então, seu domínio se restringe à ilha de Formosa, onde, até 1986, foi o único partido autorizado a exercer o poder. Apesar dessa restrição, sua influência ainda é muito forte. Depois da morte de Sun, em 1925, Chiang Kai-shek assumiu o seu lugar na liderança partidária, decidido a reunificar a China. Para isso, formou um novo sistema defensivo para o Kuomintang, o Exército Nacional Revolucionário, tendo como primeiro propósito extinguir os senhores da guerra, liderados pelo Marechal Zhang Zuolin.

Durante a primeira expedição que empreendeu, Chaing Kai Shek ameaçou romper com a Inglaterra, vista como imperialista pela China. Depois de demoradas *démarches* diplomáticas, o Reino Unido foi reempossado em suas concessões invadidas pela China, com a exceção de Xangai, sendo a capital transferida para Nanquim, para esse fim capturada.

A ruptura do Kuomintang com os comunistas, em 1927, levou a um expurgo que ficou conhecido como o massacre de Xangai, dando início à Guerra Civil Chinesa. O fim do conflito, no ano seguinte, 1928, ocorreu com a China reunificada formalmente, e os senhores da guerra ou belicosos devidamente pacificados. Em 1929, três senhores da guerra, liderados por Chiang Kai Shek, tentaram um golpe contra o governo central, acarretando a Guerra das planícies centrais, que resultou na vitória do Kuomintang, com o contrapeso de deixar a China altamente endividada. Em 1934, as tropas nacionalistas sitiaram as forças comunistas, obrigando-as a abandonar suas posições. Em outubro, o exército de Mao Tsé-Tung rompe o cerco das tropas do Kuomintang e segue para o noroeste do país, iniciando a Grande Marcha de 1934-35, ao longo da qual os comunistas foram conquistando novas regiões. Essas conquistas consolidaram a autonomia dos comunistas, com Mao passando a ser encarado como líder dominante do Partido Comunista Chinês. Em 7 de julho de 1937, o Japão declarou guerra à China, fato que suspendeu o conflito interno entre os nacionalistas e comunistas chineses, unindo-os contra o inimigo comum, os japoneses, conflito que continuaria ao longo da Segunda Grande Guerra. Alguns historiadores consideram o 7 de julho de 1937 o verdadeiro marco inicial da Segunda Grande Guerra, em lugar do

PARTE V – A REVOLUÇÃO CHINESA

1º de setembro de 1939, quando a Rússia invadiu a Polônia. Apesar da suspensão das hostilidades, os comunistas continuaram na clandestinidade. Entre 1936 e 1940, Mao afastou do partido os comunistas pró-soviéticos, seus oponentes, fortalecendo sua liderança, oficialmente reconhecida em 1945, ao ser nomeado Presidente do Comitê Central. Em 1946, a guerra civil, entre comunistas e nacionalistas, foi retomada, até 1949, com a vitória final dos comunistas liderados por Mao Tsé-Tung e a derrota dos nacionalistas, integrantes do Kuomintang, sob a liderança de Chiang Kai Shek. O Kuomintang, sob domínio nacionalista, possuía um exército mais poderoso. Em fins de 1947, porém, os comunistas passaram a contar com tropas mais numerosas, graças às promessas de que áreas agricultáveis seriam distribuídas para os sem-terra, mantida a integridade das terras cultivadas. Paralelamente, Chiang Kai Shek enfrentou a insatisfação de importantes comandantes de suas tropas, por razões várias, contribuindo para baixar o moral militar. Além disso, nos primeiros meses de 1948, a inflação atingiu níveis elevados nas áreas dominadas pelo Kuomintang, tornando muito difícil a vida das pessoas.

Tudo isso contribuiu para dividir a opinião dos membros do Estado Maior do Kuomintang, relativamente às estratégias a serem adotadas. A perda de posições se processou com tamanha velocidade que, em setembro de 1948, o Kuomintang só detinha três redutos na Manchúria. Os demais haviam aderido ou simplesmente ergueram a bandeira branca da paz solicitada com desespero. Essas defecções somaram mais de um milhão de soldados. Apesar do considerável apoio militar e logístico americano, a 2 de novembro toda a Manchúria estava sob a tutela comunista que expulsou os nacionalistas para a Ilha de Formosa, transformada em refúgio do Kuomintang, onde foi decretada a Lei Marcial, sob a proteção norte-americana. Aí foi instaurado o governo nacionalista que não reconheceu a comunista República Popular da China, proclamada na Praça Tiananmen, em Pequim, em 1º de novembro de 1949, tendo Mao como Pre-

553

JOACI GÓES

sidente, reconduzido em 1954, após a promulgação da nova Constituição Chinesa.

VITÓRIA COMUNISTA

Consolidado o poder comunista chinês, independente das diretrizes soviéticas, Mao manteve fidelidade ao pensamento comum da luta de classes, ao tempo em que tentava lhe dar nova dimensão, a exemplo da Campanha das cem Flores, em 1956-57, através da Liberdade de Expressão, que não funcionou, sendo punidos os usuários do estímulo para expressar o livre pensamento, cerca de 550.000 pessoas. Para compensar o fracasso da Campanha das cem Flores, o Partido Comunista lançou a Campanha Antidireitista, para afastar os elementos considerados de direita que criavam grande desconforto para o Partido Comunista, o mais expressivo dos quais foi Zhang Bojun (1895-1969), político e intelectual de peso, afastado do Ministério que exercia, em 1959.

Nos anos 1954-59, Zhang Bojun foi vice-presidente do Comitê Nacional da República Popular da China e Ministro dos Transportes. Ao ser removido de suas funções, Zhang transformou-se em inimigo de Mao, sendo rotulado "direitista nº 1 da China". Dentre outras retaliações, sua biblioteca de 10.000 volumes, onde ele passou a viver sua vocação renascentista, cercado de livros raros, depois de defenestrado, foi destruída pela Revolução Cultural. A historiadora Zhang Yihe, sua filha, teve seus livros censurados. Zhang Bojun recusou a oferta que lhe fez o Governo Central para cumprir exílio onde escolhesse, às expensas dos cofres públicos, com as seguintes palavras: "Por favor, diga ao Presidente Mao que Zhang Bojun nasceu nesta terra e nela vai morrer"! Até à morte, ele se manteve fiel ao seu lema: "Eu não me julgo pelas honrarias que recebo, nem pelas indignidades de que tenho sido alvo; tampouco, julgo os outros pelos seus fracassos ou sucessos"! Mesmo depois de despojado

PARTE V – A REVOLUÇÃO CHINESA

de seus títulos, e até morrer, deprimido e com câncer no estômago, Zhang, vestido a rigor, manteve a rotina de celebrar a cada 1º de outubro o aniversário da Nova República Chinesa. A família e os íntimos acreditavam que sua morte foi precipitada pelo desgosto de sua expulsão da cúpula dirigente da China.

A CAMPANHA ANTIDIREITISTA

A Campanha Antidireitista foi uma tentativa de compensar o desgaste político produzido pela Campanha das Cem Flores, que havia estimulado a liberdade de expressão que resultou em críticas ao Governo Central. Nunca ficou esclarecido se o lançamento da campanha das Cem Flores resultou de um erro de avaliação ou se correspondeu às intenções de Mao de detectar potenciais inimigos da Revolução.

Logo na primeira onda da Campanha Antidireitista, iniciada em julho de 1957, 300.000 pessoas foram identificadas como direitistas, até o fim do ano, numa média de duas mil por dia, incluindo gente como a escritora Ding Ling (1904-1986) e o futuro ministro Zhu Rongji (1928-), expurgado no ano seguinte. Ele seria prefeito de Xangai, entre 1988-1991, primeiro vice-primeiro ministro de 1993 a 1998, e Primeiro Ministro da China de 1998 a 2003.

Ding Ling (1904-1986) ou Ting Ling era pseudônimo de Jiang Bingzhi, uma das mais renomadas e premiadas escritoras chinesas do século XX. De família nobre, perdeu o pai aos três anos de idade. Seguindo o exemplo da mãe, Ding Ling tornou-se ativista política precocemente. Aos dezesseis anos, em 1920, fugiu para Xangai em protesto contra o tradicionalismo da família chinesa, que considerava os filhos propriedade dos pais, por isso a queriam casar com um primo, escolhido à sua revelia. Ela desposou, em 1925, o poeta esquerdista Hu Yepin, que viria a ser executado em 1931, pelos nacionalistas do Kuomintang, em razão de suas ligações com o comunismo. No ano seguinte,

1932, ela se filiou ao Partido Comunista. Daí em diante, a maior parte de sua produção literária foi dedicada à causa partidária. Entre 1933 e 1936, ela foi mantida em prisão domiciliar, em razão de sua militância política, de onde escapou para a base comunista Yan´an, tornando-se, aí, uma das personalidades mais influentes, atuando como dirigente da Associação Chinesa de Literatura e Artes, além de editora de um suplemento literário de jornal. Com muita autoridade, defendeu que a satisfação das necessidades revolucionárias deveria preceder o culto das artes. Em seus textos, ela se revelou uma feminista de talento, ao se insurgir contra estereótipos decorrentes do machismo dominante na cultura chinesa, satirizando os padrões duplos masculinos, no trato com as mulheres. Mao leu e não gostou do que ela escreveu, forçando-a a negar o que escrevera e passar por uma auto-expiação pública. Em 1957, ela foi expulsa do Partido, acusada de "direitismo", a partir de quando seus livros foram proibidos e ela começou a cumprir uma pena de cinco anos, depois do que foi condenada a fazer trabalhos manuais durante 12 anos, antes de ser reabilitada, em 1978.

Como um traço marcante de sua honestidade intelectual, Ding Ling registrou, na introdução do seu livro *Diário da Senhora Sophie e outras histórias*, seu débito para com escritores de diferentes culturas, com os países ocidentais à frente, inclusive latino-americanos e africanos. Anos antes de morrer, Ding Ling viajou aos Estados Unidos e Canadá, na companhia do segundo marido, Chen Ming, onde se encontrou com mulheres notáveis daqueles países, na política e na literatura. Sua vasta obra, publicada em vários idiomas, ganhou reconhecimento universal.

SEGUNDA ONDA

A segunda onda da Campanha Antidireitista desenvolveu-se em pouco mais de 40 dias, nos meses de julho e agosto de 1959, a partir da condenação do General Peng Dehuai (1898-

PARTE V – A REVOLUÇÃO CHINESA

1974) por suas críticas às políticas econômicas do Grande Salto para a Frente.

Peng Dehuai foi um importante militar comunista chinês, Ministro da Defesa entre 1954 e 1959. Nascido em família de camponeses, cursou vários anos do primário até que a pobreza interrompeu seus estudos, aos dez anos de idade, passando a atuar como trabalhador braçal até os dezesseis anos. Em seguida, integrou o exército, servindo por dez anos a diferentes senhores da guerra. A era dos Senhores da Guerra, na China, foi de 1916, após a morte de Yuan Shikai, até 1928, com a reunificação chinesa, período em que o país esteve dividido em diferentes chefias militares, divisão que continuou, informalmente, até a expulsão dos nacionalistas.

Aos 28 anos, em 1926, Peng Dehuai, já como Major, juntou-se com as tropas sob seu comando ao Kuomintang, quando entrou em contato com o comunismo pela primeira vez. No curso de sua ativa participação militar, Peng reintegrou-se às forças de Chiang Kai-Shek antes de aliar-se a Mao Tsé Tung e a Zhu De (1886-1976), general, revolucionário, estrategista militar, nascido pobre, mas tornado rico por herança de um tio que lhe proporcionou educação superior. Logo depois de concluir a Academia Militar, Zhu De tornou-se um Senhor da Guerra. Permaneceu influente até a morte, aos noventa anos.

Peng, que participou da Longa Marcha, apoiou Mao na Conferência Zunyi, passo decisivo para sua ascensão ao poder. Essa Conferência compreendeu uma reunião do Partido Comunista Chinês, em janeiro de 1935, num intervalo da Longa Marcha, destinada a dirimir uma disputa de poder com Bo Gu (1907-46) e Otto Braun (1900-74), de um lado, e Mao Tsé--Tung, do outro. Da reunião, Mao saiu como o supremo comandante militar e líder do Partido Comunista Chinês, apesar de esse resultado não ter sido oficialmente reconhecido até a década de 1950, bem como ainda não haver conhecimento de detalhes da reunião, no cinquentenário de sua realização, em 1985. O alemão Otto Braun foi o primeiro marido de Olga Benário (1908-42), depois Olga Prestes, a partir do seu casamento com o líder comunista brasileiro, Carlos Prestes. É difícil decidir sobre qual desses três personagens, Otto, Olga e Prestes, teve vida mais cinematográfica.

O revolucionário Otto Braun, nascido nos arredores de Munique, foi professor e escritor. Conquistou prestígio como agente da Comintern, abreviatura de Communist International, Internacional Comunista, entidade criada por Lenin e pelo Partido Comunista da União Soviética, em março de 1919, para coordenar as ações dos partidos comunistas, nos diferentes países, na luta para superar o capitalismo, a instauração da ditadura do proletariado e da República Internacional dos Sovietes, para completa abolição das classes sociais como meio para alcançar o socialismo, como a etapa precedente da sociedade comunista, quando o Estado seria, também, abolido. Para alcançar tão elevado desiderato, seria legítima a utilização de todos os meios, inclusive da violência para eliminar o maior obstáculo, a burguesia internacional.

Otto Braun foi enviado para a China, em 1934, com o nome Li De, para orientar as ações do Partido Comunista Chinês na Guerra Civil que travava com as tropas do Kuomintang, os nacionalistas chineses, comandados por Chiang Kai Shek. Só muitos anos mais tarde é que se veio a saber que Otto Braun e Li De eram a mesma pessoa. Ele e Olga cursaram em Moscou a escola de revolucionários, criada por Lenin e operada pelo Comintern. Separaram-se em 1931. Olga Gutmann Benário Prestes, já casada com Carlos Prestes e vivendo no Brasil, foi presa durante a ditadura Vargas e extraditada para a Alemanha, a pedido de Hitler, onde foi executada numa câmara de gás, no Centro de Eutanásia de Bernburg, em 23 de abril de 1942, aos 34 anos de idade. O episódio representa uma nódoa indelével na biografia de Getúlio Vargas.

Voltando a Peng Dehuai. Durante a Segunda Guerra Sino-Japonesa, de 1937-1945, ele defendeu, com muita ênfase, um cessar-fogo com o Kuomintang, de modo a concentrar as energias

PARTE V – A REVOLUÇÃO CHINESA

contra o inimigo comum. Explica-se por que, consensualmente, tenha vindo a ser o comandante sênior do esforço conjunto do Kuomintang com os comunistas, para resistir à ofensiva japonesa de Shanxi, em 1937. Em 1938, ele já estava no comando de dois terços do Exército da Oitava Rota, conhecido como o 18º Exército de Grupo do Exército Nacional Revolucionário da República da China, que atuou sob o comando do Partido Comunista chinês. Esse exército foi criado em setembro de 1937, quando os comunistas e nacionalistas chineses formaram a segunda frente unida contra o Japão, fazendo eclodir a Segunda Guerra Sino-Japonesa. Até hoje, a Segunda Guerra Mundial, de 1939 a 1945, é referida, na China, como a Segunda Guerra Sino-Japonesa.

Em 1940, Peng Dehuai comandou o ataque dos Cem Regimentos, com o propósito de levar ao caos as redes logísticas japonesas no norte da China. Apesar do êxito parcial dessa ofensiva, por questões políticas, Peng passou o resto da guerra, até 1945, sem comando ativo. A partir de então, ele assumiu o comando das forças comunistas no noroeste da China, passando a ser o comandante mais graduado na defesa dos comunistas contra os kuomintang, a quem derrotou e de quem tomou grandes quantidades de suprimentos militares, além de incorporar importantes áreas territoriais. Após a rendição japonesa, em 1945, Peng passou a comandar, em caráter permanente, o noroeste da China, com a mais alta graduação militar. Pelo menos uma vez, salvou Mao de ser capturado pelo inimigo. Ele seria um dos poucos militares a apoiar as sugestões de Mao para o envolvimento da China na Guerra da Coreia, de 1950-53, na qual ele atuou como comandante do exército voluntário do povo chinês, durante a primeira metade do conflito.

A ostensiva superioridade militar do exército soviético, entre as nações comunistas, levou Peng Duhai a propor maior profissionalização técnica do exército chinês, em lugar da arregimentação com predominância de critérios políticos, diversamente do que pensava Mao. A rivalidade entre os dois se acentuou,

JOACI GÓES

ainda mais, com as objeções de Peng ao culto da personalidade que Mao queria promover, sob a influência do que Stalin vinha há muito tempo fazendo na União Soviética. O tempo esquentou de modo irreversível quando Peng passou a criticar aberta e acerbamente a liderança de Mao, em razão dos fracassos, particularmente da fome geral, produzidos pelo programa de governo *O Grande Salto Adiante*. Esse desencontro entre os dois líderes conduziu a um conflito aberto, na Conferência Lushan de 1959, vencida por Mao, que rotulou Peng como "líder de uma panelinha antipartido". Peng, desde então, foi afastado de qualquer função relevante pelo resto da vida.

A Conferência Lushan, realizada na cidade que lhe deu o nome, em agosto de 1959, foi convocada pelo Politburo chinês, com a finalidade de discutir o *Grande Salto Para a Frente*. De novo, viu-se o confronto aberto entre líderes, bem como o predomínio da vontade pessoal de Mao sobre a decisão colegiada do Comitê Central do Partido Comunista e do Politburo.

Até 1965, Peng viveu na obscuridade, quando Liu Shaoqi e Deng Xiaoping apoiaram o seu retorno à administração, para desenvolver indústrias militares. No ano seguinte, porém, em 1966, com o lançamento da Revolução Cultural, ele foi preso pela Guarda Vermelha. Nos quatro anos que se seguiram, entre 1966-70, ele sofreu um massacre de aliados e da esposa de Mao, Jiang Qing, que o enxovalharam com as mais torpes e falsas acusações, entremeadas por torturas físicas e emocionais, com o propósito de obter dele a confissão de que conspirara contra o Partido e contra Mao. Sentenciado à prisão perpétua, morreu em 1974. Sim! Stalin tinha discípulos!

A ASCENSÃO DE DENG XIAOPING

Com a ascensão de Deng Xiaoping, como sucessor de Mao, morto a 9 de setembro de 1976, foi lançado um programa de reabilitação formal de pessoas injustiçadas pela Revolução Cul-

560

PARTE V – A REVOLUÇÃO CHINESA

tural, sob a apaziguadora advertência de Den Xiaoping, ao sentenciar: "Devemos nos preocupar, sim, com os desvios da direita como, sobretudo, com os desvios da esquerda"! Peng Dehuai foi um dos primeiros a serem reabilitados, em 1978. Na China moderna ele é festejado como herói nacional.

É curioso que mesmo depois que a China consolidou sua gradual, lenta e segura passagem da extrema esquerda comunista para a extrema direita fascista, em que se encontra, a condenação ao direitismo continue a fazer vítimas, como meio de confundir a opinião pública mundial. A ponto de o baixo clero da esquerda radical supor que a China ainda é comunista, quando, na prática, alcançou tudo o que Hitler desejou para a Alemanha nazista.

A escritora chinesa Zhang Yihe (1942-), graduada na Academia Nacional de Artes Teatrais Chinesas, mais do que ninguém, dentro da China, tem abordado o assunto da condenação ao 'direitismo' numa perspectiva que tem despertado grande interesse da opinião pública mundial, sobretudo através do seu livro *O passado é como fumaça*, de 2007, censurado na China. Autora de obra vasta, ela é filha do escritor Zhang Bojun, denunciado como 'direitista', na década de 1950.

Em sua militância contra a censura na China, Zhang Yihe escreveu, numa carta aberta, intitulada Minha Declaração e Posição: "Sei que aos olhos da censura sou uma direitista. Admitamos que o seja. Perguntaria, então: um direitista é ou não é um cidadão? Não é permitido na China moderna a um direitista expressar o que pensa? Todos sabem que, onde quer que seja, haverá esquerdistas, centristas e direitistas, com os esquerdistas sempre representando a minoria. Não se compreende, portanto, que só os esquerdistas possam publicar e falar o que pensam, sob o silêncio da grande maioria representada por centristas e direitistas. Se tal for verdade, devemos alterar, imediatamente, nossa constituição para deixar claro quem tem e quem não tem direitos básicos de cidadania".

A inovadora produção literária de Zhang expõe, objetivamente, as "crueldades e atrocidades inimagináveis dos movimentos políticos e das ações das autoridades que criaram o ambiente para a Guarda Vermelha e a Gangue dos Quatro cometerem seus crimes". Repitamos: a Gangue dos Quatro, Bando dos Quatro ou Camarilha dos Quatro, foi uma facção integrada por quatro membros do Partido Comunista da China, que operou, com força e visibilidade, durante a Grande Revolução Cultural entre 1966-76. Eram eles: Jiang Qing, Zhang Chunqiao, Wang Hongwen e Yao Wenyuan.

Jiang Qing (1914-1991) foi a quarta esposa de Mao, com quem se casou em 1938, também conhecida como Madame Mao. Seu nome de batismo era Li Shuméng. Quando cursava o fundamental, ela escolheu para nome Li Yúnhé (Garça nas Nuvens), nome pelo qual era também conhecida. Por ser filha natural, ela era alvo de preconceitos. Órfã de pai aos 12 anos de idade, foi trabalhar como aprendiz numa fábrica de cigarros. Algumas fontes sugerem que ela chegou a se prostituir. Em 1931, aos 17 anos, casou-se com Pei Minglun, de família rica, separando-se pouco tempo depois. Ao frequentar a universidade, entre julho de 1931 e abril de 1933, ela conheceu o comunista Yu Qiwei, estudante de física. Apaixonaram-se e passaram a viver juntos. Quando Yu foi preso, sua família a rechaçou, forçando a separação do jovem casal. Jiang, sem ter como sobreviver, depois de tentar o teatro de rua, voltou à sua família. Em 1934, ela ficou três meses presa, por suas atividades políticas, em Xangai, onde passou a estudar. Deslocou-se para Pequim, ao encontro de Yu Qiwei, já libertado, com quem voltou a viver. Em março de 1935, ela retorna a Xangai para atuar como atriz profissional, sob o pseudônimo de Lán Ping (Maçã Azul), participando de vários filmes e peças teatrais. Nesse estágio, trabalhou e se casou com o diretor Tang Na, em março de 1936. O casamento foi desfeito quando Tang Na soube que ela continuava envolvida com Yu Qiwei. Ele tentou o suicídio duas vezes, antes de optar pelo divórcio. Em 1937, Jiang foi contratada pela Companhia de Cinema Lianhua. Após declarar que teve um relacionamento amoroso com o diretor da Companhia, ela voltou atrás e negou o *affaire*.

PARTE V – A REVOLUÇÃO CHINESA

Depois do Incidente da Ponte Marco Polo e da consequente Invasão Japonesa em Xangai, que destruiu a infraestrutura artística da região, Jiang decidiu abandonar o palco. O Incidente da Ponte Marco Polo foi uma batalha entre o Exército Nacional Revolucionário Chinês e o Exército Imperial Japonês, dando início à Segunda Guerra Sino-Japonesa, em julho de 1937, entre a China e o Japão. Ao chegar a Yan'na, já graduada como professora, ela conheceu e se envolveu com Mao Tsé Tung, que ainda era casado com He Zizhen. Jiang tinha 23 anos e Mao, 45.

He Zizhen (1910-1984) foi a terceira esposa de Mao, nos anos 1930-1937. Ela iniciou sua militância aos 16 anos, em 1926. Ao casar-se com Mao, a quem conheceu em 1928, ele ainda não se divorciara de sua segunda mulher, Yang Kaihui (1901-1930), com quem estava casado desde 1920. Yang Kaihui, executada por fuzilamento, aos 29 anos, pelo Kuomintang, teve três filhos com Mao: Mao Anying, Mao Anqing e Mao Anlong. He Zizhen, que fez toda a Longa Marcha ao lado de Mao, teve seis filhos com ele: três homens e três mulheres, dos quais só a filha Li Min sobreviveu. Os outros, quando não morreram, foram separados dos pais. Depois de divorciada de Mao, He Zizhen recebeu o *ultimatum* para ficar fora da política no curso dos 30 anos seguintes.

Enquanto He Zizhen estava na Rússia, em tratamento médico, Mao cortejou Jiang, que viria a ser sua quarta esposa, a partir de 28 de novembro de 1938, com quem teve uma filha, Li Na, nascida em 1940. Seu nome não recebeu o Mao, como seria normal, porque, durante a Guerra Civil Chinesa, seu pai, Mao, usou o pseudônimo Li Desheng. Ela se graduou pela Universidade de Pequim, em 1966, e participou do 10º Congresso Nacional do Partido Comunista, em 1973, e chefiou a secção do PC Chinês, de Pinggu, e foi secretária Adjunta do PC, Comitê de Pequim, em 1974-75. A partir de 2003, ela integrou a Conferência Consultiva Política do Povo Chinês.

Quando atriz, Jian Qing adotava o nome de Lan Ping; além de desempenhar marcante papel durante a Revolução Cultural Chinesa, ela foi a personalidade mais poderosa da China, nos anos derradeiros da vida de Mao, de quem fora secretária nos anos da década de 1940, exercendo, ao longo do tempo, diferentes e influentes funções. Foi, também, uma das principais colaboradoras do Marechal Lin Biao (1907-1971), um dos principais artífices da vitória na Guerra Civil Chinesa, entre comunistas e nacionalistas, como na propagação do comunismo e no culto à personalidade de Mao. Ela, que integrou o Politburo, frequentemente se atritava com outros líderes políticos. Naquele momento, Mao fez uma aliança com os estudantes e jovens trabalhadores, formando a Guarda Vermelha, com a função de atacar os "revisionistas" do Partido, de modo a evitar o que acontecera na Rússia, com a ascensão de Nikita Kruskchev, sobre o cadáver político de Stalin. Em tal contexto, Jiang teve papel saliente, no comando de ações ligadas ao Partido e ao Governo, para o que contava com o apoio dos radicais e de Mao. Esses anos violentos terminaram quando Liu Shaoqi caiu em desgraça, a partir de novembro de 1968, sendo Lin Biao apontado pelo próprio Mao para vir a ser o seu sucessor, quando de sua aposentadoria ou morte.

Ao longo de 15 anos, Liu Shaoqi (1898-1969) foi o terceiro homem mais poderoso da China, abaixo, apenas, de Mao Tsé Tung e do primeiro-ministro Zhou Enlai, quando exerceu as funções de primeiro presidente do Comitê Permanente do Congresso Nacional do Povo, no período 1954-59; primeiro vice-presidente do Partido Comunista Chinês, entre 1956 e 66 e Presidente da República Popular da China, de 1959 a 68. Preparado para suceder Mao, com ele se atritou, pouco antes da Grande Revolução Cultural Proletária, no começo da década de 1960, passando a ser alvo de críticas a partir de 1966, até ser expurgado em 1968, enxovalhado como "comandante do quartel general da burguesia chinesa", e "maior seguidor da via capitalista, traidor da Revolução". Morto quando se submetia a tratamento médico, em fins de 1969, ele seria reabilitado por Deng Xiaoping, em 1980, recebendo um memorial em sua homenagem.

PARTE V – A REVOLUÇÃO CHINESA

Depois de colaborar com Lin Biao, segundo em comando, Jiang Qing criticou-o, após sua morte, em 1971. Mais tarde, criticaria, também, Deng Xiaoping. Ela caiu no desgosto popular, situação agravada pela sua separação de Mao, em 1973, fato ignorado pela maioria da população. Por sua postura radical, Jiang Qing foi presa pelo grupo chefiado por Hua Guofeng, um mês depois da morte de Mao, e, anos depois, condenada à morte.

A sentença de morte de Jiang Qing, porém, foi comutada para a de prisão perpétua, em 1983. Liberada para tratamento de saúde, morreu em maio de 1991, em circunstâncias que levantaram suspeitas. Recorde-se que, em 1968, Jiang prendeu, torturou e matou o casal de filhos de Zhou Enlai, Sun Yang e Sun Weishi, através da Guarda Vermelha. Sun Yang morreu preso nos porões da Universidade Renmin, em Pequim, uma das melhores do país. Sun Weishi morreu depois de meses de tortura, em uma prisão secreta sob a direção de Jiang, que mandou cremar o corpo à revelia da família. Naquele mesmo ano, ela obrigou Zhou Enlai a assinar uma ordem de prisão para o próprio irmão. A partir de 1973, ela comandou uma campanha para desqualificar a liderança de Zhou Enlai, campanha que ela continuou, mesmo depois da morte de Zhou, em 1976, com o propósito de impedir ou mesmo inibir que a população se enlutasse pelo líder morto.

Hua Guofeng (1921-2008) foi o sucessor imediato de Mao Tsé-Tung, sendo sucedido por Deng Xiaoping, cinco anos depois, permanecendo atuante até 2002. Uma de suas primeiras decisões foi prender os membros da Gangue dos Quatro, sustentando que defendê-los seria considerado um ato antirrevolucionário, como aconteceu em Kiangsi, Chiangsi ou Jiangxi, uma província no leste da China. Hua Guofeng faleceu em 2008, de morte natural.

A MORTE DE MAO

O raiar de uma nova era foi anunciado a 9 de setembro de 1976, quando Mao morreu, aos 82 anos, 8 meses e 13 dias. Ao lado do dia 5 de março de 1953, data da morte de Stalin, a morte de Mao foi o acontecimento mais festejado no século XX. Vinte e três anos e meio separaram essas duas magnas datas.

A partir da assunção de Deng Xiaoping ao poder, em 1978, tudo começou a mudar para melhor, na velha China, com o abandono de muitos programas de Mao Tsé-Tung.

A 5 de setembro de 1976, Mao sofreu um terceiro infarto, mais grave do que os dois anteriores. Jiang, que se encontrava no interior do país, foi chamada para visitá-lo no hospital. No dia 7, a saúde do líder da Grande Marcha agravou-se. Jiang massageou-lhe as costas, enquanto aspergia um pó branco em seu corpo, sob a reação da junta médica que dizia ser o pó prejudicial aos pulmões do paciente. Ela, porém, ao deixar a cabeceira do ex-marido, instruiu as enfermeiras a continuar com o procedimento. Ao retornar no dia seguinte, 8/9, ela ordenou que virassem a posição do corpo de Mao, na qual ele há muito dormia. O médico-chefe da equipe, Li Zhisui, recusou-se, alegando que só naquela posição Mao conseguia respirar. Jiang insistiu em seu comando. Em seguida, Mao parou de respirar, começando sua pele a assumir uma coloração azulada. Enquanto Jiang deixava os aposentos, a equipe médica deu início a uma massagem cardíaca e colocou um respirador em Mao, que voltou a respirar. Hua Guofeng proibiu que Jiang voltasse a tocar em Mao, cujos órgãos continuavam a parar, levando-o ao coma profundo. Para findar a agonia, os médicos desligaram os aparelhos. Mao morreu aos dez minutos da madrugada do dia 9 de setembro de 1976. Acredita-se que Hua Guofeng tenha assumido a responsabilidade de organizar os funerais para impedir a assunção ao poder de Deng Xiaoping, o preferido do Partido, ambos hostilizados por Jiang, que aspirava substituir Mao. Testemunhas acharam que Jiang não demonstrou grande sentimento de perda pela morte de Mao, quando o novo comando partidário ainda estava indefinido. Ela acreditou que o desejo de manutenção do *status quo*, do qual era destacada integrante, ser-lhe-ia muito favorável na corrida pela sucessão.

PARTE V – A REVOLUÇÃO CHINESA

Pensou, também, que sua condição de viúva de Mao, acostumada a agir em nome dele, inibiria objeções ao seu nome. Em sentido contrário, militava um conjunto de fatores, como suas ostensivas ambições políticas que a levaram a atropelar os interesses de líderes dos quais agora dependia, fato que diminuía, sensivelmente, a receptividade do seu nome perante o Comitê Central do Partido Comunista. Acreditava-se, igualmente, que seu apoio popular declinara muito. Nesse momento, o papel do general Ye Jianying (1897-1986) foi decisivo. Ele se reuniu com Hua Guofeng e com Wang Dongxing, comandante do serviço secreto, e decidiram pelo afastamento de Jiang e de seu grupo, como imperativo para assegurar a estabilidade do Regime. Na manhã do dia 6 de outubro de 1976, Jiang se deslocou para a residência oficial de Mao, em Zhongnanhai, sede do poder absoluto chinês, algo como a Casa Branca nos Estados Unidos, adjacente à Cidade Proibida, para se reunir com o seu grupo, visando neutralizar as ofensivas que se organizavam contra ela e definir os próximos passos para chegar ao poder. Findo o encontro, Jiang Qing, Yao Wenyuan, Zhang Chunqiao e Wang Hongwen foram presos.

Ye Jianying, um dos dez marechais fundadores do Exército Popular de Libertação, foi decisivo para derrotar a Gangue dos Quatro, acabar com a Revolução Cultural e assegurar a ascensão de Deng Xiaoping, na luta com Hua Guofeng. Sob o governo Xiaoping, ele foi o Chefe de Estado da China (uma espécie de rainha da Inglaterra) e presidente do Comitê Permanente do Congresso Nacional Popular, de 1978-1983. O grupo controlou os principais órgãos de poder do Partido Comunista durante os estágios finais da Revolução Cultural, embora permaneça incerto quais decisões eram tomadas por Mao e realizadas pela Gangue, e quais eram resultado do voluntarismo do famigerado grupo.

A Gangue dos Quatro e o General Lin Biao foram considerados as duas maiores forças antirrevolucionárias da Revolução Cultural, pelo que caíram em desgraça. Essa queda foi nacional-

567

mente festejada. A percepção pública da imagem de Jiang, por sua atuação na Revolução Cultural, era negativa. O julgamento da Gangue dos Quatro foi acontecimento de interesse sem precedentes. O libelo acusatório de vinte mil palavras, aproximadamente sessenta páginas, foi disponibilizado para conhecimento da população, antes mesmo do julgamento. Os réus já se encontravam presos havia cinco anos. Eles eram acusados de muitos crimes graves, praticados durante a Revolução Cultural. Do total de suas 727.420 vítimas, 34.274 morreram. Entre elas, alguns nomes importantes, como o ex-Chefe de Estado Liu Shaoqi. Contra Jiang Qing, as acusações se concentraram em sua perseguição sistemática a artistas criativos durante a Revolução Cultural. Entre essas acusações, a de contratar, em Xangai, 40 pessoas para se disfarçarem de membros da Guarda Vermelha e saquear a casa de intelectuais dos mais distintos campos temáticos, com o propósito não declarado de destruir provas contra sua tumultuada e heterodoxa vida inicial. Durante a leitura do libelo, Jiang aparentava tranquilidade. Mais prejudicial do que isso foi sua recusa em assumir culpa de certas acusações, postura enfatizada pela imprensa com o propósito de expô-la de modo negativo. Num gesto de temerária audácia, ela demitiu seus advogados, optando por fazer a própria defesa. Foi a única da Gangue dos Quatro a fazê-lo. Seu argumento central foi o de que todos os seus atos foram praticados por ordem de Mao, consoante a declaração de que "Eu era o cão de guarda do Presidente Mao. Eu mordia qualquer um a quem ele me mandasse morder".

MORTE DE JIANG QING

Em 1981, ela recebeu a pena capital, com uma carência de dois anos, finda a qual, foi comutada para prisão perpétua. Seus sucessivos pedidos para visitar o túmulo de Mao, em Pequim, foram negados. Diagnosticada com câncer na garganta, recusou

PARTE V – A REVOLUÇÃO CHINESA

submeter-se a cirurgia. Em 1991, ela foi libertada, por recomendação médica. A nota que foi encontrada ao lado do seu corpo, no dia 14 de maio de 1991, no banheiro do hospital, com uma corda no pescoço, dizia: "A revolução de hoje foi usurpada pelo grupo revisionista de Deng, Peng Zhen e Yang Shangkun. O Presidente Mao exterminou Liu Shaoqi, mas não Deng. Como resultado dessa omissão os infinitos males anteriores retornaram à Nação, recaindo sobre o povo chinês". Ela estava com 77 anos. Sua morte, dada como suicídio, ocorreu dois dias antes de um quarto de século transcorrido da Revolução Cultural.

No momento em que escrevemos estas linhas, janeiro de 2022, ainda não há consenso sobre o papel de Jiang Qing na Revolução Chinesa.

Zhang Chunqiao (1917-2005), teórico e prático no campo da política, juntou-se ao comunismo em 1938, em Xangai, onde ganhou projeção como jornalista da causa revolucionária, quando conheceu Jiang Qing, a quem ajudou a elaborar os princípios da Revolução Cultural. Dirigente do jornal *Diário da Libertação*, ele escreveu um artigo intitulado "Como destruir a ideologia da direita burguesa", de que Mao gostou tanto que mandou publicar no *Diário do Povo*, acompanhado de uma nota, de sua autoria, com palavras de louvor, em 1958. Consagrou-se pelo destacado papel que exerceu, em favor de Mao, em sua disputa pelo poder com Liu Shaoqi. Além de signatário da Petição de Cinco Pontos dos Trabalhadores, ele fundou a Comuna de Xangai, com Wang Hongwen e Yao Wenyuan, companheiros na futura Gangue dos Quatro, liderada por Jiang Qing, em 5 de fevereiro de 1967, quando, num comício de cerca de um milhão de pessoas, dezenas de associações populares se juntaram para formá-la, destituindo o governo local. Zhang Chunqiao foi eleito Presidente do Comitê Revolucionário de Xangai. O episódio figura como o ponto mais alto de afirmação do poder revolucionário sino-comunista.

Em abril de 1969, Zhang passou a integrar o Politburo do Partido, e em 1973 ascendeu ao seu Comitê Permanente, cúpula do poder sino-comunista. Em janeiro de 1975, passou a segundo vice-primeiro-ministro, quando escreveu as diretrizes "sobre como dominar, ditatorialmente, a burguesia", para servir de manual teórico para o exercício da Ditadura do Proletariado. Em seus escritos, Zhang dá ênfase a situações em que familiares e amigos se veem moralmente compelidos a se traírem, reciprocamente, em nome da causa maior da Revolução. Como expressão máxima dessa alienação ideológica, no seu livro *O passado não é fumaça*, Zhang narra como oito intelectuais e funcionários amigos sofreram durante campanhas políticas do Partido. Entre esses personagens, encontram-se grandes atores da criação da República popular da China, como Shi Liang (1900-1985), que foi ministra e vice-presidente do Comitê Permanente do Congresso Nacional Popular; Chu Anping (1909-1966), editor-chefe do *Diário de Guanqming*, também conhecido como *Diário do Iluminismo*; Pan Su e o esposo Zhang Boju (1895-1969), diretor da Sociedade de Caligrafia e Pintura de Pequim e muitos outros.

O processo de Zhang Chunqiao seguiu a mesma tramitação do processo de Jiang Qinq, com a diferença de que, em 1997, a pena foi reduzida a 18 anos de prisão, o que lhe ensejou viver em liberdade os oito anos derradeiros de sua longa vida, para tratar da saúde. Ele morreu de câncer no pâncreas.

RETORNANDO À SUCESSÃO DE MAO

Deng Xiaoping, naquele momento, era o primeiro vice-presidente. Como presidente do partido e chanceler, a vantagem inicial de Hua Guofeng, porém, parecia tangível, apesar de sua pouca influência pessoal. Fontes atestam que Mao o aconselhou a procurar Jiang em caso de emergência. Hua Guofeng terminou sendo o sucessor imediato para liderar o Partido Comunista e a China nos cinco anos que se seguiram à morte de Mao, tendo passado o bastão para Deng Xiaoping e continuado a atuar até à aposentadoria, em 2002. A ele coube acabar a Revolução

PARTE V – A REVOLUÇÃO CHINESA

Cultural. Para sua indicação, como sucessor de Mao, muito concorreu a cerrada campanha que Deng Xiaoping sofreu da mídia.

Os desentendimentos entre Jiang e o chefe da equipe médica de Mao, Li Zhisui (1919-1995), vinham de 1968, durante a Revolução Cultural, quando ela o acusou de tentar envená-la, fato que o colocou em risco de vida perante o governo, obrigando-o a viver na clandestinidade, trabalhando numa grande fábrica têxtil de Pequim. Para sorte de Li Zhisui, os operários dessa fábrica foram escolhidos para integrar uma tropa de 30.000 soldados que Mao enviou para pôr fim à disputa entre duas facções da Guarda Vermelha, na Universidade de Qinghua.

Entre 1954 até a morte de Mao, em 1976, Li Zhisui cuidou da saúde de Mao, com o intervalo provocado pela hostilidade de Jiang. Ele reuniu farto material informativo do longo mandato ditatorial de Mao que resultou na festejada biografia *The Private Life of Chairman Mao (A vida privada do Presidente Mao)*, escrita quando ele emigrou para os Estados Unidos. As críticas que recebeu foram encomiásticas, saudando o seu livro como dos melhores do gênero já escritos. Li esclarece algumas questões sobre as quais constitui a única fonte, como os sentimentos secretos que Mao alimentava sobre a Rússia e os Estados Unidos; a rudeza com que tratava Krushchev e o significado da visita do Secretário de Estado americano, Kissinger, à China. As depravações de Mao escandalizaram o povo chinês, que o via como um Deus detentor de todas as virtudes. Entre outras coisas, Mao não gostava de escovar os dentes nem de tomar banho. Segundo o Dr. Li, era inexcedível a luxúria do paranoico tirano, absolutamente indiferente ao sofrimento das massas. Dessa obra, ressalta a imagem da sociedade construída por Mao, como decadente, licenciosa, egoísta, dominada por intrigas, bajulações e traições. Li morreu em 13 de fevereiro de 1995, de ataque cardíaco, na casa do filho em Illinois, nos Estados Unidos, onde viveu os últimos anos de sua vida.

Wang Hongwen (1935-1992) veio da classe trabalhadora e cresceu a ponto de se tornar o segundo vice-presidente do Partido Comunista e o mais jovem membro da Gangue dos Quatro, chegando a ser o terceiro na hierarquia do poder chinês, abaixo, apenas, do presidente Mao e do primeiro-ministro Zhou Enlai. Ao deixar sua aldeia natal, ainda adolescente, ele participou da Guerra da Coreia, finda a qual foi transferido para Xangai, onde trabalhou como chefe de segurança de uma fábrica têxtil, quando conheceu Zhang Chunqiao. Em janeiro de 1967, ele integrou a Comuna de Xangai, de onde foi lançado para a fama como um líder audaz. Um dos encarregados de investigar o Marechal Lin Biao, como traidor da causa revolucionária, na área de Xangai, Wang Hongwen se reportava diretamente a Mao. Um dos mais jovens membros do Comitê Permanente do Politburo, todos os sinais apontavam-no para vir a ser o sucessor de Mao. Na contramão de tão elevado destino, Wang foi condenado à prisão perpétua, em 1981. Morreu de câncer no fígado, em um hospital de Pequim, antes de completar 57 anos.

Yao Wenyuan (1931-2005), nascido em família culta, foi tradutor e crítico literário, como seu pai, além de político, com marcante atuação na Revolução Cultural, terminando como um dos condenados da cúpula da Gangue dos Quatro. Conquistou fama com os ataques que desferiu pela imprensa contra colegas "burgueses", iniciando, em Xangai, sua atuação como aliado do PC Chinês, quando se ligou a Zhang Chunqiao. Um artigo que publicou no dia 10 de novembro de 1965 é considerado o marco inicial da Revolução Cultural. Nele, Yao Wenyuan critica uma ópera de autoria de Wu Han, vice-prefeito de Pequim, por temer, juntamente com Jiang Qing, seu conteúdo potencialmente antirrevolucionário, em face das semelhanças entre os personagens condenados na peça e alguns líderes da Revolução. Um personagem da peça, Hai Rui, falando pelos camponeses, critica funcionários do governo, por oprimir os pobres, enquanto posam de virtuosos. Por isso, Hai Rui foi demitido. Yao Wenyuan concluiu que a peça era um ataque subliminar a Mao, ao demitir, em 1959, o então Ministro da Defesa Peng Dehuai, por haver criticado o Grande Salto.

Tomado de perplexidade, o comando do Partido, em Pequim, saiu em defesa de Wu Han, reação que provocou um revide

PARTE V – A REVOLUÇÃO CHINESA

violento de Mao. Quanto ao crítico Yao, foi promovido junto à Revolução Cultural, onde viria a colaborar, com destaque, no expurgo de intelectuais, considerados antirrevolucionários, da União dos Escritores da China, a exemplo do festejado Hu Feng (1902-1985), expressão máxima na defesa da liberdade de expressão, no período Mao. Feng cumpriu vinte anos de prisão. Em 1981, Yao Wenyuan foi condenado a vinte anos de prisão, pela sua participação nos crimes cometidos pela Gangue dos Quatro. Anistiado, em 5 de outubro de 1996, passou o resto da vida em Xangai, escrevendo a *História da China*, onde morreu de diabetes, em 23 de dezembro de 2005.

A GRANDE FOME

Os três anos da Grande Fome Chinesa, 1959, 60 e 61, provocaram dezenas de milhões de mortes por inanição. Alguns estudiosos incluem a metade final de 1958 e a primeira metade do ano de 1962. Os três anos, então, seriam na verdade quatro. Com três ou quatro anos, a Grande Fome Chinesa é considerada um dos maiores desastres provocados pelo homem, no espaço e no tempo, com uma contabilidade que oscila entre 20 e 60 milhões de mortes! Há quem eleve o teto para 100 milhões de perdas humanas, quando consideradas as vítimas posteriores das sequelas da avitaminose ou desnutrição coletiva. Como os principais fatores contributivos para essa tragédia humana são apontados o Grande Salto Adiante e as Comunas Populares.

As Comunas Populares, assim batizadas em homenagem à Comuna de Paris, durante a Revolução Francesa, foram unidades de produção rural, de caráter autônomo, criadas em 1958, encarregadas de abastecer o País e atingir o mesmo patamar de crescimento do Reino Unido. Daí sua grande importância na estrutura do governo. Cada uma delas poderia reunir até cem mil integrantes. Seu baixo desempenho levaria à sua extinção nos anos entre 1982-85, graças à ação de Deng Xiaoping.

Durante a Conferência dos Sete Mil Quadros, realizada em janeiro de 1962, Liu Shaoqi, segundo presidente da China, disse que 30% da tragédia decorreram de causas naturais e 70% de erros humanos. Essa conferência, uma das maiores realizadas pelo PC Chinês, contou com a presença de milhares de funcionários do Partido, com o propósito de avaliar o desempenho do programa o Grande Salto Adiante, que resultou na morte de milhões de chineses.

QUEDA NA PRODUÇÃO

Só em 1984, o governo chinês informou que a produção de alimentos na China caiu de duzentos milhões de toneladas, em 1958, para 143,5 milhões, em 1960. Uma queda de quase 30% em apenas dois anos, panorama que não se alterou até o encerramento do programa o Grande Salto, em 1962.

As mortes por inanição ocorreram de modo assimétrico ao largo do território chinês, observando-se grandes diferenças entre as regiões. Em Sichuan, a província mais populosa da China, com 70 milhões de habitantes, morreram sete milhões de pessoas, representando 10% da população, entre 1958 e 61. No condado de Huaibin, na província de Henan, morreram 102 mil pessoas de um total de 378 mil, no ano de 1960, ou seja: 27% da população. Uma equipe da Academia de Ciências da China concluiu, em 1989, que um mínimo de 15 milhões de pessoas sucumbiram à fome, números que o ex-ministro do Escritório Nacional da China, Li Chengrui, elevou para 22 milhões, em 1998, 5 milhões abaixo dos 27 milhões a que chegou o demógrafo americano Ansley Johnson Coale (1917-2002). A renomada demógrafa Judith Banister (1943-), diretora do Global Demographics at the Conference Board, estima essas mortes em 30 milhões, nos anos 1958-1961, enquanto para o estudioso da Grande Fome, escritor Yang Jisheng (1940-), 36 milhões pereceram de subnutrição.

PARTE V – A REVOLUÇÃO CHINESA

Yang Jisheng filiou-se ao Partido Comunista Chinês em 1964. Sua militância desmoronou-se ao testemunhar o massacre da população civil indefesa na Praça Tiananmen, em 1989. Para Liao Gailong, ex-vice diretor da Unidade de Pesquisa de História do Partido Comunista da China, 40 milhões de mortos por inanição seria o número mais próximo da verdade histórica. Número que Chen Yizi (1940-2014), ex-conselheiro de Zhao Ziyang, ex-Secretário Geral do Partido Comunista Chinês, eleva para 43 milhões. O multipremiado historiador holandês Frank Dikötter (1961-) chegou a 45 milhões de mortos, entre os quais 2,5 milhões, por espancamentos e torturas. Para encerrar esse variado panorama macabro, o historiador chinês Yu Xiguang, ex-instrutor da Escola do PC Chinês, chegou a 55 milhões de mortos, depois de vinte anos de pesquisas.

A principal causa desse grande desencontro estatístico decorre, na opinião geral, do sistemático empenho oficial de distorcer os fatos e dificultar acesso à documentação, sobretudo, até a década de 1980.

A ILUSÃO DA ABUNDÂNCIA

Para efeito propagandístico, o Partido Comunista Chinês passou a divulgar resultados da produção agrícola muito superiores à realidade, de modo a fazer crer na superioridade dos métodos de produção da Ditadura do Proletariado, no mesmo estilo de Moscou. Em toda a China, a produção rural diminuiu entre 1957 e 1961, embora as estatísticas oficiais anunciassem o contrário. O disparate foi tamanho que, enquanto o governo acreditava haver em seus celeiros 50 bilhões de uma certa unidade de grãos, a verdade era 12,7 bilhões da mesma unidade, ou seja: pouco mais do que um quarto da verdade!

O GRANDE SALTO ADIANTE

O Grande Salto Adiante, Para Frente ou simplesmente o Grande Salto, foi um arrojado programa de crescimento econômico lançado por Mao Tsé-Tung, entre 1958 e 1960. O propósito era o de fazer da China uma grande potência, em curto prazo, socialmente igualitária. No setor rural, a coletivização da produção agrícola e uma reforma agrária, consistente na expropriação de todas as terras, seriam a chave do sucesso. Nas cidades, a indústria seria a atividade prioritária. Como na União Soviética, onde programa semelhante foi lançado antes, resultando em estrepitoso fracasso, aí também não deu certo. Em comum ao fracasso de ambas as tentativas, milhões de mortos e inenarráveis sofrimentos para a grande maioria submetida ao mando da burocracia totalitária. O, até então, teoricamente festejado modelo das economias planificadas foi por água abaixo. Não se pode dizer que para sempre porque o homem é o único animal que tropeça mais de uma vez na mesma pedra. Casos como o de Cuba e Coreia do Norte aí estão para comprovar a vocação humana para repetir erros. Sem falar na Venezuela, modelo que muitos quiseram importar para o Brasil.

No caso da China, a euforia decorrente de sua participação em favor da Coreia, contra os Estados Unidos, foi acrescida do estímulo nascido do relativo êxito do Primeiro Plano Quinquenal Chinês, lançado por Mao Tsé-Tung, entre 1953 e 1957. O Grande Salto parecia uma consequência natural, como etapa necessária para a consumação do projeto comunista.

Como sabem os administradores experientes, o papel aceita tudo. Partindo da premissa certa de que os setores agrícola e industrial chineses eram muito atrasados, Mao concluiu, como preliminar, que se impunha sua modernização, do ponto de vista tecnológico, a ser realizado, gradativamente, e administrativo, consistente, sobretudo, em distribuir a gigantesca mão de obra chinesa entre unidades de produção identificáveis, contendo cerca de 20.000 pessoas cada uma delas, contingente humano

PARTE V – A REVOLUÇÃO CHINESA

correspondente a 5.000 famílias, em média. Cada comuna recebia as ferramentas agrícolas correspondentes às metas fixadas. No geral, o grande propósito anunciado para nutrir o orgulho nacional era o de suplantar o desenvolvimento do Reino Unido, em três anos. Ao longo do processo, milhões de pessoas foram deslocadas de seus pagos, ora para elevar a produção de uma área que se encontrava atrasada no seu cronograma de metas, ora do setor agrícola para o industrial, para atender necessidades de uma área que se destacava por sua produtividade e dinamismo. As ferramentas consideradas atrasadas, tecnologicamente, eram recolhidas para servir de matéria-prima na produção de aço, com que fabricar ferramentas modernas.

Como combustível para manter a chama do entusiasmo nacional, o governo passou a divulgar casos de notável produtividade, tanto no setor agrícola quanto no industrial. Um dos jornais do governo chegou a noticiar que uma cooperativa colheu 1,8 tonelada de trigo numa área cultivada de, apenas, 0,6 hectare, produção, na realidade, dez vezes maior do que a média. Outra matéria jornalística anunciava uma colheita de 70 toneladas de arroz, em área, também, de 0,6 hectare, mais de cem vezes a média nacional! Anos mais tarde, tornou-se do conhecimento geral que a maioria dos casos destacados não passou de *fake news* para manter o moral do esforço comum. Essas áreas festejadas como campeãs de desempenho foram batizadas por Mao de Sputniks, em alusão ao recente lançamento do satélite russo.

PROGRAMA INDUSTRIAL

Como meta da industrialização forçada, o Grande Salto estabeleceu, para o ano de 1958, a produção de 10,7 milhões de toneladas de aço, mais do que o dobro da produção de 1957, de 5,3 milhões de toneladas. As fornalhas de quintal, de caráter doméstico, foram estimuladas para viabilizar o alcance de tão elevado desiderato. Todas as peças de metal, para uso doméstico, incluídas as de caráter produtivo, deveriam ser destinadas a esse fim superior. Maçanetas de ferro, para abrir e fechar portas, não escaparam desse destino, bem como os grampos para segurar os cabelos das senhoras. Sobre o caráter inegociável dessa prioridade nacional, falava alto o *slogan* oficial: "Entregar uma picareta equivale a destruir um imperialista, do mesmo modo que esconder um prego é como homiziar um antirrevolucionário".

REPRESSÃO

Quando Mao percebeu que o Grande Salto estava sendo para o abismo, recorreu, desesperadamente, à repressão como meio de alterar a marcha batida desastrosa dos acontecimentos. Começou por atribuir o insucesso do programa à sabotagem de camponeses, inimigos da Revolução. A menor suspeita de desvio, do mínimo que fosse, da produção de alimentos, resultaria em execução sumária do suspeito e, eventualmente, de membros de sua família, incluídos os menores de idade, para assegurar a propagação do ambiente de terror, como mecanismo de submissão ao totalitarismo comunista. Mao passou a alimentar uma desconfiança psicopatológica contra os camponeses, a quem via como viciados servidores da burguesia imunda. Chegou a declarar numa reunião com o comando do programa, em fevereiro de 1959, que "Todas as Comunas Populares desviam alimentos para dividir entre os seus membros, escondendo-os, até, em porões profundos e secretos, com vigilância permanente". Noutra ocasião, vociferou: "Eles (os camponeses) comem folhas durante o dia e se empanturram de arroz, à noite", denunciando a reiterada prática para enganar os fiscais do governo. O pequeno crescimento alcançado na safra de 1958, relativamente ao ano anterior, de nada adiantou porque a colheita continuou no mesmo padrão.

PARTE V – A REVOLUÇÃO CHINESA

As Comunas Populares foram criadas, paralelamente à implantação da política repressora, para punir a "traição dos camponeses", em seu trabalho de sabotar o Grande Salto Adiante. O magno programa das Comunas Populares, assim denominado em homenagem à Comuna de Paris, durante a Revolução Francesa, consistiu em dividir a gigantesca população chinesa de mais de 500 milhões de habitantes em unidades operacionais, denominadas Comunas Populares, cada uma com cerca de vinte mil integrantes. Ter-se-ia, então, conforme os cálculos da época, cerca de 25 mil comunas populares. O propósito era o de controlar e tornar mais produtivo o trabalho forçado. A criação da comuna modelar, a Chayashan Sputnik, foi acompanhada pessoalmente por Mao, que classificou de 'grande tesouro' o seu estatuto, por estabelecer que todos os aspectos da vida dos seus integrantes deveriam se submeter ao comando da Comuna, a começar pela entrega total de todos os bens, sobretudo "as propriedades, como terrenos, casas, animais e plantações. Os camponeses deveriam morar em dormitórios, na área de trabalho, de modo a favorecer, ao máximo, o esforço produtivo agrícola". Se a comuna necessitasse de madeira, telhas e tijolos, as casas dos seus membros deveriam ser desmontadas para esse fim. Cada membro deveria se comportar como se estivesse servindo às forças armadas chinesas. O esforço nacional impôs que os membros das comunas fossem tratados como trabalhadores escravos. Muitos chamavam os ambientes das comunas de "campos da morte".

A Comuna foi a mais prestigiada entre as instituições da base do governo comunista, por suas atribuições de assegurar o êxito do Grande Salto, garantindo autossuficiência ao país, em seu consumo básico, e fornecendo matéria-prima e aperfeiçoamento tecnológico para o desenvolvimento industrial. Superar o Reino Unido, em dez anos, era a meta que unia a compreensão geral. No particular do conjunto de suas responsabilidades, cada comuna deveria atuar como se fosse um país independente, cujo excesso, em matéria de produção agrícola, industrial e de serviços deveria, ser repassado para compor o acervo da imaginária confederação.

No esforço desesperado para salvar o Grande Salto, o governo chinês convidou o biólogo e agrônomo ucraniano Trofim Denisovic Lysenko (1898-1976), que já havia fracassado inteiramente em suas tentativas de elevar a produtividade da agricultura soviética, apesar do completo apoio que recebeu de Stalin, que conferiu prestígio ao lysenkoismo, rejeitado pela ciência do seu tempo como da posteridade.

Os cientistas que denunciaram o charlatanismo de Lysenko perderam o emprego e foram perseguidos em suas atividades. Alguns foram condenados à morte, como inimigos do Estado, inclusive Nikolai Vavilov (1887-1943), botânico, agrônomo e geneticista russo, renomado por haver identificado os centros de diversidade das plantas cultivadas. Em razão de seu confronto com o charlatão Lysenko, acabou sendo preso e condenado à morte, em julho de 1941, condenação comutada em vinte anos de prisão, onde ele morreria de fome dois anos depois, em 1943.

Observe-se que, não obstante o indisfarçável apoio de Stalin, a teoria de Lysenko foi formalmente banida da União Soviética em 1948, embora ele tenha continuado como geneticista do governo até 1965. O governo chinês ainda recorreu aos métodos preconizados pelo agrônomo Terenty Maltsev, consistente em plantar em buracos profundos, sobre o fundamento de que a fertilidade maior estivesse entre um e dois metros abaixo da superfície, ensejando o desenvolvimento de raízes fortes. O resultado era um literal sepultamento da plantação, sob terra, areia e pedras.

Desgraçadamente, a marca predominante que ficou do Grande Salto foi a fome endêmica que matou dezenas de milhões de pessoas. O abalo na imagem de Mao foi tamanho que, para conter sua hemorragia política, o *staff* dos seus seguidores, com a primeira dama Jiang Qing à frente, concebeu a Revolução Cultural que concluiu o ciclo de maldades inimagináveis.

Como se tornou do conhecimento geral, as comunas não conseguiram alcançar o desempenho para elas imaginado. Com

PARTE V – A REVOLUÇÃO CHINESA

a morte de Mao, iniciou-se o processo do seu esvaziamento, concluindo por sua extinção nos anos de 1982-85, sob o governo de Deng Xiaoping, que deu as cartas na China, com variadas somas de poder, entre 1976-1997.

Mao Tsé-Tung assumiu parte da responsabilidade pela tragédia coletiva, episódio que marcou seu afastamento gradual do comando da nação, transferindo-o para Liu Shaoqi e Deng Xiaoping, que promoveram o "centralismo democrático" nas práticas partidárias. A começar por um certo nível de mercado livre e a produção agrícola doméstica que aliviaram as dificuldades criadas pelo Grande Salto Adiante. O preço foi o crescendo dos desentendimentos entre Liu Shaoqi e Deng Xiaoping, de um lado, e Mao, do outro, muito apegado ao princípio fundamental da luta de classes. Em 1963, preocupado com a preservação do espírito de luta de classes, Mao lançou a Campanha de Educação Socialista. No ano seguinte, em fevereiro de 1964, Mao foi fundo nas críticas que formulou contra as reformas em curso, descrevendo-as, para a China e para o Mundo, como "tentativas de sabotar o coletivismo socialista, para destruir o socialismo". Em 1966, lançou a Revolução Cultural, em reação aguda às reformas de Liu Shaoqi e Deng Xiaoping. Enquanto Deng foi afastado do poder, Liu Shaoqi foi destruído como traidor da causa proletária e lacaio do capitalismo. Além de espancado, foram-lhe negados medicamentos para tratar-se de diabetes e pneumonia. O caminho se abria para a curta ascensão de Lin Biao como sucessor de Mao, o que aconteceria em 1969, paralelamente à morte de Liu Shaoqi.

O CONSTRANGIMENTO DO TRÁGICO
FRACASSO DO GRANDE SALTO

Encontrar explicações convincentes para o reiterado fracasso do Grande Salto passou a ser prioridade nacional. Até concluir pelo abandono do projeto, o governo recorria ao falacio-

JOACI GÓES

so argumento de atribuir a causas naturais o mau desempenho da produção agrícola. A inundação do rio Amarelo que afetou 1.708 aldeias das províncias de Henan e de Shandong, em 1958, foi usada como uma vitória governamental ao evitar que dois milhões de pessoas se somassem às 741.000 vítimas do dilúvio que submergiu extensa área cultivada. Segundo o historiador holandês Frank Dikötter, a maioria das inundações verificadas durante o período da "grande fome" não decorreu de excessiva pluviometria, mas de graves erros técnicos na execução dos sistemas de irrigação. Igualmente, dados publicados pela Academia Chinesa de Ciências Meteorológicas comprovam que as estiagens do período, como a de 1960, não tiveram nada de excepcional, quando comparadas às de outros anos, ao contrário do que o governo argumentava. Novamente, os males decorreram de mau planejamento.

Yang Jisheng (1940-), dedicado especialista no estudo da Grande Fome Chinesa, depois de pesquisar os dados meteorológicos de 350 estações, espalhadas por toda a China, as secas, inundações e temperaturas de 1958 a 1961, concluiu que nada aconteceu de excepcional. A semelhante conclusão chegaram observadores estrangeiros que viram nos relatórios que apontaram irregularidades climáticas o propósito do governo de elidir sua responsabilidade pelo desastroso desempenho do Grande Salto Adiante. Na mais benéfica hipótese, a contribuição de fenômenos climáticos para o fracasso do projeto foi superavaliada.

Segundo o economista e pensador indiano Amartya Kumar Sen (1933-), professor de Harvard e ganhador do Nobel de Economia, de 1998, a maioria das fomes em massa não decorre, apenas, da escassez, como da má distribuição dos alimentos, associada à má informação sobre os modos como é processada. Ainda segundo Amartya Sen, no caso chinês, os privilégios conferidos às populações urbanas agravaram, sobremodo, o acesso a alimentos pela população rural. A explicação definitiva para o crônico desencontro entre as desculpas e os fatos está no depoimento do longevíssimo economista chinês Xue Muqiao (1904-

582

PARTE V – A REVOLUÇÃO CHINESA

2005), em 1958, então chefe do Escritório Nacional de Estatísticas da China: "Fornecemos os dados de acordo com os números que os escalões superiores desejam". Implícito o reconhecimento da necessidade de minimizar as responsabilidades oficiais. Para que se tenha uma ideia da importância de Xue Muqiao para o governo comunista chinês, ele participou, muito ativamente, de todas as etapas dos programas de desenvolvimento e de transformação da China em uma economia de mercado socialista. Em 2005, ano de sua morte aos 101 anos de idade, ele foi o primeiro a receber o Prêmio de Grandes Conquistas da Economia Chinesa.

CAMPANHA DAS QUATRO PRAGAS

A Campanha das Quatro Pragas, também conhecida como Campanha Mate um Pardal, foi uma das primeiras ações do Grande Salto Adiante, entre 1958 e 1962, em que ratos, pardais, moscas e mosquitos figuravam como inimigos do povo chinês, a serem destruídos com a maior rapidez, o que era rima, mas não era verdade, na medida em que o extermínio dos pardais, sobretudo o pardal montês da Eurásia, resultou na desmedida proliferação de insetos que destruíram as plantações. Toda a sociedade chinesa foi mobilizada para cumprir a prioridade nacional de destruir a passarada que comia a colheita. Tudo resultou num lamentável tiro no pé da coletividade.

Vejamos o que diz sobre a questão o especialista soviético Mikhail Klochko, que atuou como conselheiro do governo chinês, em seu livro de 1964, *Soviet Scientist in China*: "A campanha contra as quatro pragas começou antes de minha chegada a Pequim. Nos primeiros dias na cidade, impressionaram-me os grandes cartazes com o retrato de uma mulher em trajes militares, solene e carismática, apontando, indignada, para um rato, um pardal, uma mosca e um mosquito, todos os quatro riscados com barras vermelhas, sinalizando que o governo e o Partido clamavam pelo seu extermínio. Dias depois, fui acordado, de manhã cedo, pelos gritos lancinantes de uma mulher. Da janela, vi uma jovem correndo de um lado para outro no telhado do prédio vizinho, agitando, com fervor, uma vara de bambu com um grande lençol amarrado à ponta. Inesperadamente, a mulher parou de gritar, a jeito de recuperar o fôlego, para, em seguida, descer a rua, quando um tambor começou a soar, e ela retomou seus gritos macabros e o agitar frenético de sua improvisada bandeira. A cena se desdobrou por vários minutos, quando a bateria parou e a mulher calou-se. Notei que, nos andares superiores do hotel, mulheres vestidas de branco agitavam lençóis e toalhas para impedir que os pardais pousassem no edifício".

Os líderes chineses não deram ouvidos ao competente ornitólogo chinês, Tso-hsin Cheng (1906-1998), que os advertiu sobre a importância dos pardais para a produção agrícola, na medida em que comiam considerável quantidade de insetos. O que comiam de grãos era sensivelmente menor do que os consumidos pelos insetos. Suas observações foram consideradas criminosas porque contrárias às orientações oficiais para eliminar os pardais. A ele foi dito que Mao considerava os "pássaros, animais públicos do capitalismo", razão pela qual foi obrigado a usar um distintivo onde se lia "Reacionário". Além disso, Tso-hsin Cheng foi obrigado a se submeter a novos exames para avaliar os seus conhecimentos em ornitologia. Em complemento da punição, ele foi incumbido da faxina dos corredores e dos banheiros de sua repartição. No teste a que foi submetido, os examinadores desenharam uma ave composta de partes de distintas aves e lhe pediram para identificá-la. Como não conseguiu fazer a impossível identificação, ele sofreu uma grande redução em seu salário, já baixo. Em agosto de 1966, ele foi mantido em isolamento por seis meses, quando sua casa foi invadida pela Guarda Vermelha, que confiscou todos os seus parcos bens, inclusive o seu mais valioso instrumento de trabalho, sua máquina datilográfica. Tso-hsin Cheng só voltou a ter paz na década de 1970. Quan-

Parte V – A Revolução Chinesa

do seus trabalhos foram publicados, em 1978, depois de terem sido rejeitados no ano anterior, ele foi obrigado a cumprir duas condições: datá-los de 1976 e fazer uma grande citação de Mao, acompanhada de referências apologéticas ao ilustre morto.

Como a produção de arroz despencou, depois da caça aos pardais, Mao ordenou o encerramento da insensata e desastrada campanha. O mau uso de pesticidas e inseticidas fez o resto para comprometer, ainda mais, os pífios resultados do Grande Salto. Era a marcha batida da maior fome da história, que matou dezenas de milhões de pessoas!

Em junho de 1981, no governo de Deng Xiaoping, depois do lançamento do programa Reformas e Abertura, o Partido Comunista da China reconheceu, oficialmente, que a fome resultou dos erros do Grande Salto Adiante, como da campanha antidireitista, agravados por alguns desastres naturais e pela ruptura sino-soviética.

CAMPANHA DE EDUCAÇÃO SOCIALISTA

Foi um movimento lançado por Mao, em 1963, com o propósito de expurgar os reacionários do interior do Partido, por reputar a "governança um processo de educação socialista que purifica a economia, a política, a organização e a ideologia", processando as quatro "limpezas" fundamentais, num prazo de três anos, até 1966. Segundo pesquisadores, esse programa custou a vida de 80 mil pessoas, sem contar as que foram, apenas, perseguidas. Uma média diária, portanto, de quase 80 execuções! Segundo o psiquiatra norte-americano Donald F. Klein (1928-2019), professor da Columbia University e diretor do Instituto Psiquiátrico de Nova York, especializado em transtornos de ansiedade, em estudo publicado na *American Enciclopedy*, a Campanha de Educação Socialista resultou em rotundo fracasso, fato que levou à criação da, ainda mais desastrada, Revolução Cultural de 1966-69.

JOACI GÓES

DENG XIAOPING (1904-1997)

Nasceu a 22 de agosto de 1904 e morreu em 19 de fevereiro de 1997, aos noventa e dois anos e seis meses de idade. Uma conjunção de fatores faz com que o seu nome cada vez mais figure como a personalidade de maior relevo na construção da grandeza da China moderna, em razão do trabalho que liderou e desenvolveu durante o seu período de mando, entre 1978 e 1992, consistente, sobretudo, nas reformas que realizou para modificar critérios cultivados como dogmas no anterior período regido por Mao Tsé-Tung, entre 1949 e 1976. Por seu espírito renovador, Deng passou a ser cognominado Arquiteto Chefe da Reforma e Abertura.

Depois de concluir o curso secundário, em 1919, Deng ganhou uma bolsa de estudos na França, onde trabalhou como metalúrgico, bombeiro e chefe de cozinha, na fábrica da Renault. Seus ganhos atendiam, no limite, as necessidades básicas. O problema mais grave eram a insalubridade e os acidentes de trabalho.

Foi na França, onde estudou na década de 1920, que Deng se filiou ao Partido Comunista. Em 1926, aos 22 anos, ele seguiu para Moscou a fim de estudar as doutrinas comunistas, antes de regressar ao seu país, onde ingressou no Exército Vermelho, instituição que lhe ensejou participar, com reconhecido destaque, da guerra civil, no Sul, entre 1930 e 1934, quando foram derrotados por Chiang Kai Shek; na Longa Marcha, 1934-1935; na Segunda Guerra Sino-Japonesa, 1937-1945, e na Guerra Civil Chinesa, 1945-1949. Ao longo dessas experiências, foi se adensando o seu relacionamento com Mao Tsé-Tung, que assumiu a liderança do movimento comunista em 1935.

Foi nos oito anos de guerra contra os japoneses, 1937-1945, que Deng consolidou seu prestígio junto aos chefes militares, pavimentando sua carreira política. Em rápida sequência, a partir de 1945, ingressou no Comitê Central do Partido Comunista, passando, em seguida, a ocupar a vice-presidência do governo,

586

PARTE V – A REVOLUÇÃO CHINESA

etapa vestibular de sua ascensão como secretário-geral do Partido e membro do Politburo. Daí em diante, seu proverbial pragmatismo tornou evidente sua vocação para a liderança.

Uma vez vitoriosa a Revolução de 1949 e fundada a República Popular da China, Deng Xiaoping passou a dirigir o Movimento Antidireitista.

O Movimento ou Campanha Antidireitista desdobrou-se numa série de práticas destinadas a expurgar dos quadros partidários quem quer que resistisse ao predomínio dos valores marxistas. Eram denominados direitistas, embora não houvesse consistência ideológica no entendimento do que seria essa genérica qualificação. De um modo geral, o alvo principal eram os intelectuais que, de um modo ou de outro, defendiam a eficiência do capitalismo, em comparação com as notórias fragilidades do programa de coletivização em curso, através das comunas populares. Estima-se em 550.000 o número de pessoas expurgadas como direitistas.

ANTECEDENTES

Desde a Longa-Marcha, os revolucionários ressentiam-se dos conservadores ou direitistas, o mais marcante dos quais foi o intelectual Zhang Bojun, que viria a ocupar posições de grande destaque na admnistração Mao Tsé-Tung, até ser defenestrado por ele, em 1957, durante a Campanha Antidireitista, quando foi classificado como "o direitista número um da China". Registre-se que a Campanha Antidireitista foi uma reação à Campanha das Cem Flores ou do Desabrochar de Cem Flores, no biênio 1956-57. Repita-se: A Campanha das Cem Flores nasceu da tradição chinesa de estimular diferentes visões de um mesmo problema. A partir daí nasceu o Partido Comunista, que incentivou a liberdade de expressão das diferentes escolas de pensamento, inclusive anticomunistas, para corrigir eventuais erros e colocar todo o sistema "no rumo certo".

De início, os intelectuais mostraram-se céticos, apesar das garantias prometidas por Mao para assegurar a liberdade de expressão. Sobre o assunto, ele próprio declarou: "Só através da discussão, da crítica e do raciocínio é que podemos corrigir nossas ideias e rumos. Por isso, não podemos temê-las". Enquanto as críticas se restringiram ao baixo clero e foram pequenas e escassas, relativamente ao sistema, tudo correu bem. As coisas começaram a desandar quando as restrições atingiram os escalões políticos superiores, a partir de fins de 1956, avolumando-se e concentrando-se, especialmente, na baixa qualidade de vida da população, na corrupção, nas restrições à literatura estrangeira, no relacionamento com as mulheres, e na excessiva limitação das liberdades fundamentais. Não demorou para as críticas levarem ao esgotamento a tolerância de um regime intolerante por natureza. Os responsáveis pelas "críticas injustas", os "direitistas burgueses," logo foram identificados e expurgados. Além de pôr fim ao projeto Desabrochar de Cem Flores, os intelectuais caíram em desgraça. Ali nascia o Maoismo.

No Ocidente, cresce o número dos estudiosos que consideram o programa Desabrochar de Cem Flores uma armadilha para apanhar os direitistas que se encontravam no "armário", "prontos para atacar" quando do ensejo de oportunidades. Há, em contrapartida, os que pensam que Mao agiu com sinceridade ao propor um programa de liberdade de expressão que operaria como um instrumento promotor de automática correção de rumos, quando as coisas desandassem. O crescendo das manifestações de insatisfação, porém, país afora, levou-o a rever sua posição reformista, optando pela caça às bruxas.

PRIMEIRA ONDA

Em pleno século XXI, a discussão, na China, sobre o que foi a Campanha Antidireitista ainda é objeto de forte censura, como se viu da proibição do livro *O Passado é como Fumaça*, da histo-

Parte V – A Revolução Chinesa

riadora Zhang Yihe, filha do também escritor Zhang Bojun, denunciado como direitista no expurgo de fins da década de 1950. O Departamento Central de Propaganda do Partido Comunista Chinês (melhor seria dizer do Partido Fascista Chinês) reiteradamente censurava referências à Campanha Antidireitista.

Os ataques aos direitistas começaram logo em julho de 1957, emendando com o encerramento do programa Desabrochar de Cem Flores. Até o fim do ano, cerca de trezentas mil pessoas foram "cadastradas" como direitistas, entre as quais Ding Ling (1904-1986), uma das maiores escritoras chinesas do século XX, e Zhu Rongii (1928-), futuro prefeito de Xangai, 1988-1991, primeiro-ministro de 1998 a 2003, sob a presidência de Jiang Zemin, depois de exercer as funções de vice-primeiro-ministro (1993-1998). As punições variavam desde a transferência de local de trabalho até a pena de morte, passando por prisões e trabalhos forçados, numa média mensal superior a 50 mil pessoas atingidas. Juízes foram substituídos por policiais, reconhecidamente fiéis ao sistema.

SEGUNDA ONDA

A segunda etapa da caça às bruxas começou em meados de 1959, com a condenação do general Peng Dehuai (1898-1974), ministro da Defesa desde 1954, durante uma histórica reunião na bela cidade de Lushan, a que já nos referimos, um dos mais importantes centros espirituais da civilização chinesa, reconhecida pela Unesco, desde 1996, como Patrimônio da Humanidade. O crime de Peng Dehuai foi o de haver criticado os desastrosos resultados do Grande Salto Adiante.

REVISIONISMO PÓS-MAO

A partir da morte de Mao, em 9/9/1976, a China deu início a reformas liberalizantes, ainda que muito timidamente, em face do conflito aberto entre defensores do *status quo* opressivo e liberais moderados que acompanhavam o bom desempenho das sociedades abertas, em muitos países. Deng Xiaoping, que viria a se afirmar como o Lutero do comunismo chinês, observou que "devemos nos preocupar tanto com os desvios da direita quanto com os da esquerda". Deng tinha autoridade para falar em favor das reformas porque foi ele quem esteve à testa da Campanha Antidireitista de 1957, bem como foi o braço direito de Mao, na recuperação econômica do país, depois do fracasso do Grande Salto Adiante.

Apesar dos dois expurgos políticos que Mao lhe impôs, Deng Xiaoping sobreviveu graças ao seu talento diplomático, muito ao gosto da camaradaria partidária. Tão logo Mao cerrou os olhos, Deng lançou o programa Boluan Fanzheng, que significa "eliminar a desordem para retornar à ordem". Na prática, era um verdadeiro desmaoismo, inclusive no plano da reabilitação de inúmeras pessoas, injustamente punidas, muito no estilo do que vinte anos antes fizera Nikita Krushchev, relativamente aos excessos praticados por Stalin. Esse período, proposto por Deng Xiaoping em setembro de 1977, mas só iniciado em dezembro de 1978, é considerado de importância fundamental como fase de transição do comunismo de Mao para o fascismo que passou a viger na China. Com o sólido apoio de aliados, entre os quais Hu Yaobang (1915-1989), que viria a ser secretário-geral do Partido Comunista Chinês, Deng emergiu como o novo grande líder, quando o foco principal deixou de ser 'a luta de classes', substituída pela "construção econômica e modernização do país".

Depois que subiu ao poder, após a morte de Mao Tsé-Tung, Deng promoveu Hu a uma série de altos cargos políticos, como a Presidência da China, de 1981 a 1982, e secretário-geral de 1982 a 1987. Observe-se que Hu Yaobang fora expurgado duas vezes, pela Revolução Cultural, no período 1966-76, e duas vezes reabilitado, dentro do mesmo período. Sua morte, em Pequim, a 15 de abril de 1989, foi o estopim para as históricas manifestações na Praça Tiananmen, reprimidas com muito sangue. Durante

PARTE V – A REVOLUÇÃO CHINESA

os anos 80, Hu realizou uma série de reformas econômicas e políticas sob a direção de Deng. As reformas políticas e econômicas de Hu fizeram dele o inimigo de vários líderes poderosos do Partido, que se opunham às reformas do mercado livre e às tentativas de tornar o governo da China mais transparente. Quando os protestos estudantis generalizados ocorreram em toda a China, em 1987, os oponentes políticos de Hu culparam-no pelas rupturas resultantes, alegando que sua "frouxidão" e "liberalização burguesa" haviam levado aos protestos ou os piorado. Hu foi forçado a renunciar ao cargo de secretário-geral do Partido, em 1987, mas foi autorizado a manter um assento no Politburo (grupo de 25 pessoas que supervisionam o Partido Comunista da China).

Foi Zhao Ziyang (1919-2005) quem substituiu Hu Yiaobang, dando sequência às reformas iniciadas pelo seu antecessor. Como é comum aos regimes totalitários, o Partido Comunista Chinês não liberou, até os dias correntes, janeiro de 2022, importante documentação relativa à ominosa Revolução Cultural. A partir de 2012, em face do êxito de Xi Jinping, como secretário-geral, o governo chinês diminuiu algumas das conquistas liberalizantes de Deng Xiaoping, gerando temores do renascimento de uma versão nova da revolução cultural. É o avanço da economia chinesa, cada vez mais próxima dos padrões defendidos pelas sociedades abertas, que vem impedindo o recuo chinês para práticas de extrema violência.

A CORDA BAMBA DE DENG

É comum, a todo regime totalitário, o ambiente de suspeitas e traições em torno das personalidades que detêm o poder. Reais ou imaginárias que sejam essas suspeitas, elas põem em permanente risco o destino de seus alvos. Com Deng não foi diferente, como se viu dos ataques contra ele, a partir de setembro de 1966, à frente dos quais despontava Lin Biao, seu concor-

591

rente, como potencial substituto de Mao. Num editorial, todos identificaram, sem ser mencionado, que era Deng Xiaoping "o grande defensor, no governo chinês, do caminho capitalista". Ao lado de Liu Shaoqi e de outros, Deng foi estigmatizado, a ponto de Zhang Chunqiao liderar uma manifestação, na Universidade Qinghua, pedindo a deposição de ambos. Deng figurava, nas publicações, com cabeça de cachorro e nariz de porco, sob as manchetes "Grande Planta Venenosa" e "Principal Raiz da Restauração da Burguesia". Em julho de 1967, Deng e sua terceira e última esposa, com quem se casou, em 1939, e teve cinco filhos, Zhuo Lin, foram vilipendiados e espancados pela Guarda Vermelha, sendo, em seguida, mantidos em prisão domiciliar em Zhongnanhai, antigo jardim imperial, ao lado da Cidade Proibida, em Pequim, sede do Partido Comunista Chinês, onde chefes de estados estrangeiros são, frequentemente, recebidos. Essa regalia, que os protegia contra a continuidade das violências, foi uma conquista do seu prestígio remanescente, sobretudo com Mao e Zhou Enlai, que sabiam do quanto Deng ainda poderia ser útil à causa revolucionária e aos seus próprios interesses pessoais.

A resistência que Mao opôs ao propósito de radicais de eliminar Deng não foi suficiente para impedir que seus filhos com Zhuo Lin fossem coagidos a confessar atos inexistentes de má conduta do pai, bem como a não mais contactá-lo. Seu primogênito, Deng Pufang (1944-), "caiu da janela do terceiro andar da Universidade de Pequim", durante um interrogatório, em 1968, e ficou gravemente ferido. Os hospitais se recusaram a prestar-lhe socorro porque ele se encontrava "sob crítica". Ele ficou paraplégico, passando a dedicar sua vida à causa das pessoas com limitações físicas.

Sobre a Revolução Cultural, Deng Pufang disse: "Não é verdade, como se propala, que seja perdida a geração que sofreu com a Revolução Cultural. Pelo contrário. Todos os que passaram por aquele duro teste tornaram-se coriáceos, além de serem pessoas de bom pensamento. São leais ao que pensam, têm ini-

Parte V – A Revolução Chinesa

ciativa e representam uma grande reserva para a China e para as reformas de que precisamos".

Aos quarenta anos, em 1984, Deng Pufang criou o Fundo do Bem-Estar da China para Deficientes, bem como, em 1988, a Federação Chinesa de Pessoas com Deficiências, da qual assumiu a presidência, com base numa pesquisa que comandou, no ano anterior, 1987. Em 1990, ele liderou a criação da Associação Chinesa de Reabilitação de Deficientes Mentais, em razão da qual as doenças mentais passaram a ser reconhecidas como incapacitação, a partir de 1991. Em dezembro de 2003, o Prêmio das Nações Unidas de Direitos Humanos foi conferido a Deng Pufang em reconhecimento pelo seu trabalho em favor das pessoas com deficiências, na China. Em 2005, em Pequim, ele recebeu a Ordem Paraolímpica do Comitê Paraolímpico Internacional. Em 2008, foi o Presidente Executivo do Comitê Olímpico de Pequim.

Um dos seus galardões de que Deng Xiaoping gostava de falar era a união de sua família que, em lugar de ser esgarçada pelo sistemático jogo sujo de seus inimigos, saiu fortalecida pela resistência ao terror. Durante sua proscrição do poder, Deng Xiaoping foi submetido a todo tipo de pressão para confessar "seus crimes contra o sistema comunista". Como não tinha o costume de registrar os acontecimentos de sua vida, foi compelido a escrever sua biografia do modo mais detalhado, particularmente os relativos ao tempo em que estudou e trabalhou na França, mencionando os nomes de todas as pessoas com quem havia mantido contato, também no Kuomintang. Tudo isso submetido ao crivo de uma equipe de investigação, especialmente formada para conhecer os seus crimes. Concluída a apuração, ficou claro que ele não era o inimigo que os seus desafetos e acusadores desejavam que fosse. Deng admitiu, apenas, que sua compreensão da eficiência do capitalismo ainda não estava inteiramente erradicada, fato do conhecimento e da desaprovação de Mao, argumentou com inteligência.

Ao ser exilado, em outubro de 1969, na província de Xinjian, a maior da China, tanto do ponto de vista territorial quanto

JOACI GÓES

populacional, Deng Xiaoping manteve sua filiação partidária, diferentemente de Liu Shaoqi, apesar das inamistosas objeções de Jiang Qing, a todo-poderosa e vingativa esposa de Mao. Aí, Deng trabalhou como operário, numa oficina de manutenção de tratores, enquanto sua esposa, Zhou Lin, trabalhava como faxineira da fábrica.

Durante a ausência de Deng Xiaoping de Pequim, alguns episódios elevaram a temperatura política do país, que passou a temer um ataque soviético. Em contrabalanço, Mao estreitou as relações com o Ocidente, em razão do que a República Popular da China passou a integrar a ONU e aconteceu a surpreendente visita de Henry Kissinger à China. Depois que Lin Biao, que havia sido considerado seu possível sucessor, antes da Revolução Cultural, morreu em circunstâncias obscuras, enquanto tentava escapar para a União Soviética, Mao teve que dar ao seu primeiro-ministro, Zhou Enlai, e ao marechal Ye Jianying, mais liberdade na ausência de outros quadros administrativos competentes. Por isso, já em 1972, ocorreu a primeira reabilitação de políticos perseguidos durante a Revolução Cultural, simultaneamente com o diagnóstico de câncer que, em 1976, mataria Zhou Enlai.

REFORMA E ABERTURA

Deng Xiaoping, uma vez reabilitado, tornou-se, em fins de 1975, vice-primeiro-ministro, voltando a ser expurgado, em 1976, e mantido preso, por pouco tempo, retornando ao mando, depois da morte de Mao, naquele mesmo ano, quando empreendeu sua marcha vitoriosa para o poder, consolidando-o com as reformas que resultaram nas grandes taxas de crescimento da economia chinesa. Os pilares de sustentação desse progresso foram as reformas na agricultura, na indústria, no comércio e nas atividades tecno-científicas. O poderio militar seria uma consequência natural. A abertura diplo-

PARTE V – A REVOLUÇÃO CHINESA

mática era o grande pano de fundo dessa ação orquestrada pelo projeto de desenvolvimento. A visita que fez aos Estados Unidos, em 1979, para atrair investimentos, foi a senha para o mundo entender que a China reconhecia de tal modo o fracasso da experiência comunista, que tanto infelicitara o seu povo, que estava decidida a fazer do capitalismo o instrumento de sua prosperidade. Do Comunismo, manteria, apenas, o discurso, para preservar a coesão nacional, e o totalitarismo, muito condizente, aliás, com a tradição histórica de submissão da grande maioria da população chinesa ao mando despótico de poucos.

De modo muito inteligente, Deng criou Zonas Econômicas Especiais, onde o capital estrangeiro poderia se instalar, desde que associado com empresas chinesas. Na prática, ele legitimou o que as províncias já vinham fazendo, ao arrepio das regras legais vigentes. Aberto a sugestões, ele submeteu o programa oficial de desenvolvimento a sucessivos aperfeiçoamentos da população, em geral. O programa das quatro modernizações, por exemplo, foi uma criação de Zhou Enlai.

Essas reformas, feitas de baixo para cima, além de despertarem grande simpatia popular, permitiram que fossem experimentadas, num crescendo de pequenas, médias e grandes escalas, começando no município, na província, nas regiões e, finalmente, em todo o país. Tudo avançava, normalmente, até quando, em 1989, Deng ordenou a represália que lavou com sangue o movimento de protestos, na Praça Tiananmen, em Pequim, e manchou sua biografia. Sentindo-se enfraquecido pela opinião pública mundial, Deng renunciou ao elevado posto, vindo a ser, em 1992, o primeiro líder comunista chinês a requerer aposentadoria, saindo, em seguida, a visitar as Zonas Especiais, pregando a superioridade da Economia de Mercado Socialista. Deng Xiaoping morreu em 19 de fevereiro de 1997, vítima do mal de Parkinson.

ABERTURA ECONÔMICA

Para a compreensão da China dos séculos XX e XXI, a começar da comunização do País, em 1949, e sua consequente mudança, com armas e bagagens, para o Fascismo próspero em que hoje se encontra, é preciso um mergulho, por superficial que seja, em suas características nacionais, dominantes, pelo menos, desde meados do século XIX, com sua expansão territorial, mediante a incorporação da Manchúria, a China embrionária, e a luta para mantê-la, exclusiva e definitivamente, chinesa. A Manchúria sediou várias dinastias, entre as quais o Império Manchu que nomina a região, dominando-a durante quase quatro séculos, entre 1644 e 1911, com a dinastia Qing. Por breve período, a Manchúria foi dominada pelo Japão, antes e durante a Segunda Guerra, através de um estado títere, de fachada, denominado Manchukuo.

A China que emergiu desse multifário caldo de cultura tem como traço de marcante originalidade histórica o propósito de afirmar-se, perante o mundo, pela força da dominação econômica e tecno-científica, com o poderio militar, inevitavelmente, consequente, posto em plano secundário, diversamente do que tem prevalecido, desde tempos imemoriais. Tudo isso ajustado ao ancião propósito de tornar-se o Império do Meio, o país central do planeta, nos diferentes planos: político, econômico, tecnológico, científico e cultural, consoante o significado da palavra China, Terra do Meio, território que abriga uma civilização que já soma quatro mil anos.

Para a compreensão do ciclo evolutivo chinês, recente, vejamos um pouco de cada um dos diferentes momentos político-econômicos que regeram a região, a partir do século XX, conforme as seguintes denominações e datas: Sun Yat-sen, 1905; Chiang Kai-Shek, 1921; Mao Tsé-Tung, 1949; Deng Xiaoping, 1976; Jiang Zemin, 1997 e Hu Jintao, 2002.

PARTE V – A REVOLUÇÃO CHINESA

PERÍODO SUN YAT-SEN

Esse período sofreu grande influência das potências europeias, acentuadamente de Portugal, no século XVI, como também dos Estados Unidos e da Rússia. Desde sempre, o povo chinês se caracteriza por um nacionalismo que se confunde com xenofobia, tão intensamente expressada pela mensagem implícita às suas multicentenárias muralhas que dizem aos céus da sua determinação de não se misturar com estrangeiros. As classes rurais dominantes, de feição ainda confucionista, preocupadas em manter seus privilégios, fortaleciam, ainda mais, a vontade nacional de isolamento social. Esse ethos coletivo induziu à criação de um partido político que o representasse. Coube a Sun Yat-sen (1866-1925) liderá-lo, com o apoio dos jovens herdeiros da majoritária classe dos conservadores rurais.

Como o mais reconhecido defensor da China Republicana, Sun Yat-sen era cognominado o Pai da Nação, em razão de seu marcante papel na derrubada da longeva Dinastia Qing. Explica-se por que ele tenha sido o primeiro presidente da República da China, em 1912, bem como o único estadista chinês do século XX, festejado pelas populações dos dois países, divididos pelas forças lideradas por Chiang Kai-shek e Mao Tsé-Tung, Taiwan e a velha China. Esses títulos não o protegeram de frequentes exílios políticos, impostos pelos poderosos Senhores da Guerra, a começar pela sua defenestração pouco tempo depois de ter sido eleito presidente. Seu legado perene reside nos Três Princípios Populares ou do Povo que defendeu, consistente em: nacionalismo, democracia e garantia de bem-estar das pessoas. O Partido Nacionalista Chinês que fundou, conhecido como Kuomintang, defendia a formação de um Estado-Nação, de caráter imperialista e capitalista, aliado com os países ocidentais, para competir com o arquirrival Japão que já vinha obtendo sucesso por essa via.

Joaci Góes

Período Chiang Kai-shek

Em 1921, Chiang Kai-shek (1887-1975) rompeu com o Kuomintang, para ajudar a fundação do Partido Comunista Chinês, apesar de já dispor do seu próprio partido. Da união dos dois partidos, pensava, resultaria um governo mais sólido, para ensejar o crescimento da economia chinesa, mediante as práticas capitalistas. As conservadoras populações rurais continuavam a se rebelar porque continuavam sem acesso ao bem-estar já alcançado pelas populações urbanas. Provavelmente, em razão do deficiente sistema de distribuição dos bens essenciais a uma sobrevivência minimamente digna. Essas revoltas se adensaram em 1927, lideradas pelo jovem líder Mao Tsé-Tung, comprometendo a governabilidade do Kuomintang, situação excepcionalmente agravada pela emergência da Guerra Sino-Japonesa que resultou na perda momentânea pelos chineses da Manchúria, região rica de recursos naturais. Acabou sendo de Pirro a vitória que Chiang Kai-shek obteve contra os japoneses, uma vez que, internamente, o Partido Comunista da China aproveitou-se do momento para dar um golpe de estado, liderado por Mao, líder dos camponeses.

Período Mao Tsé-Tung

A partir de 1947-49, Mao passou a ser o comandante inconteste da República Popular da China, por ele recentemente fundada, em que o Estado passou a ser o detentor de todos os meios de produção, com a imposição do comunismo, através de uma vitoriosa guerra civil. No campo, foram criadas cerca de 25 mil Comunas Populares, com vinte mil pessoas, cada uma com a responsabilidade de prover todas as necessidades de seus membros, como se fosse uma unidade política autônoma. Paralelamente, com o apoio soviético, deu início à implantação da indústria de base, da infraestrutura física e organização militar. A baixa produtividade do novo sistema resultou em grave desabastecimento, que matou

PARTE V – A REVOLUÇÃO CHINESA

dezenas de milhões de pessoas, além de uma gritante incapacidade de competir no mercado internacional. O desenvolvimento dos meios de comunicação permitiu que a população chinesa esclarecida, particularmente os jovens estudantes, tomasse conhecimento do que acontecia no mundo exterior e compará-lo com a mediocridade do bem-estar nacional, conduzindo a protestos, cada vez mais explícitos, o que levou Mao a adotar medidas crescentemente totalitárias, reunidas no famoso *Livro Vermelho*. A Guarda Vermelha foi criada para assegurar o cumprimento dessas medidas que conduziram ao fechamento de considerável número de escolas e universidades, como meio de neutralizar o trabalho de mentalização da juventude, pelos professores "direitistas", contrários à Revolução Cultural. Como consequência, o isolamento da China foi total, inclusive perante a União Soviética, com quem disputava a hegemonia nuclear, alimentada pela Guerra Fria. Nessa disputa, a China conquistou importante vitória ao ingressar, em 1972, no Conselho de Segurança das Nações Unidas, substituindo Taiwan, para o que contou muito o apoio norte-americano, através do Presidente Richard Nixon, episódio que afastou, ainda mais, as possibilidades de entendimento entre Chiang Kai-shek, o mais longevo líder chinês no poder, entre 1928 e 1975, e Mao Tsé-Tung.

A partir desse momento, líderes chineses passaram a ver o Ocidente como potencial aliado contra o verdadeiro adversário, a União Soviética, que não abria mão de seu papel imperialista no mundo socialista. A morte de Mao, a 09 de setembro de 1976, deixou o país mais populoso do mundo com uma estrutura física e cultural muito pobre, com baixo desenvolvimento científico e tecnológico. Dificuldades que viriam a ser a plataforma de crescimento conduzido por Deng Xiaoping.

ERA DENG XIAOPING (1976-1997)

Sem abrir mão do totalitarismo, os vinte e um anos em que Deng Xiaoping liderou a China foram marcados por grande de-

JOACI GÓES

senvolvimento econômico e tecnológico. A chave do seu sucesso foi a conciliação do totalitarismo com a abertura econômica,
de olho no grande desempenho do Japão, histórico inimigo. Em
1977, Deng Xiaoping propôs o programa Boluan Fanzheng (eliminar a desordem para retornar à ordem) para corrigir os erros,
até então, praticados pela Revolução Cultural.

Um gradual e controlado programa de privatizações de atividades teve início, apresentando, invariavelmente, excelentes resultados que conduziam a mais privatizações, nas Zonas
Econômicas Especiais, sobretudo na costa leste, para facilitar o
comércio com o mundo exterior. Os setores inicialmente prio-
rizados para serem privatizados foram: agricultura; indústria de
base; indústria bélica, tecnologia e ciência.

As Comunas Populares, nas quais trabalhava setenta por
cento da população, foram abolidas, estabelecendo-se a parceria estado-produtor, com metade dos resultados para cada lado.
Foram criados ganhos adicionais por produtividade, gerando
a possibilidade de os mais engenhosos e dedicados ganharem
mais. As Zonas Econômicas Especiais, concebidas para sediar
empresas de capital nacional e estrangeiro, pela quantidade, variedade e qualidade dos produtos ofertados, transformaram-se
na meca do consumo chinês, muito mais desejadas e aplaudidas
do que as ultrapassadas e tradicionais empresas estatais. As empresas multinacionais cuidaram de elevar a qualidade da mão
de obra para baratear os produtos e aumentar sua competitividade nos mercados internacionais. Em lugar de produzir para
substituir importações, como faziam países do terceiro mundo, a
exemplo da América do Sul, inclusive o Brasil, as novas empresas instaladas nas ZEE (Zonas Econômicas Especiais) produziam
para exportar. Se é verdade que o novo modelo aumentava o
nível das desigualdades, em compensação eliminava a pobreza
e a miséria, estendendo o acesso à prosperidade a camadas da
população cada vez maiores (*A rising tide lifts all boats*!).

Outra medida de grande impacto foi a contratação de técnicos
e cientistas estrangeiros, sobretudo norte-americanos e europeus,

PARTE V – A REVOLUÇÃO CHINESA

para introduzir no país novas e avançadas práticas no campo das ciências e das tecnologias. Na dimensão militar, grandes investimentos, materiais e humanos, foram realizados para modernizar o sistema defensivo-ofensivo, a partir de armas nucleares. Ao reincorporar Hong-Kong e Macau ao seu território, respectivamente, da Inglaterra, em 1997, e de Portugal, em 1999, a China preservou a tradicional e eficiente presença de ambos no comércio internacional, adotando e aperfeiçoando os bem-sucedidos métodos que praticavam e continuam a praticar. Essa nova postura foi e continua a ser a grande causa da impressionante prosperidade chinesa.

GOVERNO JIANG ZEMIN

Já no início do século XXI, Jiang Zemin (1926-), o novo líder, sucessor de Deng Xiaoping, continuou com o "socialismo de mercado", já que a abertura avançava a passos de cágado, consoante o princípio de que o estado controla o mercado, que, por sua vez, define os preços dos produtos, em razão da concorrência entre as empresas, na parte oriental da China, já que as condições da China Ocidental, deserta e montanhosa, ocupada por populações que lutavam por se emancipar, como o Tibet, San Kiang e Mongólia, ainda não ofereciam condições que viabilizassem a abertura. Em 2001, a China entrou para a Organização Mundial do Comércio, passo fundamental para liderar as taxas de crescimento econômico que passaria a exibir, contrastando com a desaceleração experimentada, paralelamente, pelo Japão e os Tigres Asiáticos.

GOVERNO HU JINTAO

Hu Jintao (1942-), engenheiro hidroelétrico, substituiu Jiang Zemin, em março de 2003, despertando o interesse internacional sobre se daria continuidade ao processo de abertura, em curso. Com um crescimento econômico a taxas médias de 9% ao ano, entre 2000 e 2010, a China passou a ser a segunda maior economia do planeta. Reeleito em 2008, Hu Jintao continou governando a China até março de 2013. Nesse interregno, em novembro de 2010, ele foi apontado pela revista *Forbes* como a pessoa mais poderosa do globo, acima de Barack Obama, então presidente dos Estados Unidos, que vinha de derrota, recente, nas eleições parlamentares.

ERA MODERNA

A partir das medidas liberalizantes de Deng Xiaoping, a China vem avançando para se tornar a maior potência econômica, científica e tecnológica do planeta. No ano de 2011, em pesquisa e desenvolvimento, setores vitais para a consolidação desse avanço, a China investiu mais de cem bilhões de dólares. Em sintonia com esse esforço, dois anos antes, em 2009, a China graduou mais de dez mil Ph.Ds em engenharia e cerca de quinhentos mil BSCS (Biological Sciences Curriculum Study). Atualmente, quase todos os integrantes do Politburo têm graduação em um ou mais dos diferentes cursos de engenharia, com base na matemática, física, química e biologia. Nesse mesmo período, o atrasado sistema universitário brasileiro investia em estudos sociais na perspectiva, exclusivamente, marxista, na contramão do praticado pelos países europeus, Estados Unidos, Canadá, Austrália, Nova Zelândia, Japão e Coreia do Sul, considerados a serviço do capitalismo internacional pelo pensamento bolivariano dominante na universidade pública. Natural, portanto, que a China esteja nos calcanhares da liderança norte-americana na produção de trabalhos científicos.

Paralelamente a esses avanços, algumas empresas chinesas de tecnologia assumiram a liderança mundial em seus respectivos campos, como a Huawei e a Lenovo, respectivamente, em telecomunicações e computação individual, além de figurarem os seus supercomputadores entre os mais poderosos do globo.

PARTE V – A REVOLUÇÃO CHINESA

Sem falar em sua liderança mundial em investimentos no campo das energias renováveis. O mesmo acontece com o programa espacial chinês, um dos mais avançados do mundo e motivo adicional do crescente orgulho nacional. Tanto que, já em 2012, oito chineses viajaram pelo espaço, quatro anos depois de sua primeira caminhada espacial, em 2008, na Missão Shenzou 7. O pouso lunar tripulado está previsto para 2025, base para o audacioso projeto de exploração dos planetas Marte e Vênus.

É natural que tanta desenvoltura científico-tecnológica suscite generalizadas suspeitas do seu uso para conhecer o mundo secreto das demais nações.

ABERTURA CULTURAL

A postura chinesa de fechamento ao mundo exterior deita raízes profundas em sua multimilenária história. A Muralha da China e a destruição dos estaleiros chineses, no século XV, tiveram o propósito primacial de transmitir ao mundo que a sinocivilização queria viver isolada. A atual reconciliação com suas origens culturais, interrompida pela Revolução Maoista, aponta para uma gradual, lenta e receptiva mudança de perspectiva que pode resultar, no longo prazo, na integração social da China com o mundo. Gradativamente, retornam à ordem do dia chinesa, os valores tradicionais de sua criação artística, nos diferentes campos da moda, arquitetura, música, literatura, teatro, folclore e cinema.

Como é da tradição chinesa a condenação de qualquer tipo de pressa, até mesmo no ultraconservador campo da filosofia, fortemente dominado pelo confucionismo, há sinais, ainda que muito embrionários, de tolerância para conhecer como pensam outros povos. Tanto que, nos últimos anos, os ideais democráticos e o reconhecimento dos direitos humanos, valores altamente cultivados no Ocidente culto, vêm sendo considerados compatíveis com o confucionismo tradicional.

CULINÁRIA

Sem sombra de dúvida, entre todas as manifestações culturais chinesas, sua diversificada, milenária e rica culinária é, de longe, a mais conhecida e apreciada. Só recentemente a japonesa passou a se constituir sua rival, nesse campo. Sabe-se que, em grande medida, a rica diversidade da culinária chinesa resultou das motivações imperiais, para exibir força e prestígio, ao receber seus convidados, servindo-lhes uma centena de diferentes pratos, em incomparáveis festivais gastronômicos, tendo o arroz como componente de quase todos.

LITERATURA E ESPORTE

Mais do que previsível, é inevitável a retomada e o crescendo do interesse do mundo sobre a literatura chinesa, uma das mais antigas e originais. O isolamento da China, a partir da Revolução Comunista de 1949, sustou e arrefeceu esse interesse. O mesmo não acontece com o esporte, pelo seu caráter televisivo, como vimos dos retardados Jogos Olímpicos do Japão, em 2021, quando a China ocupou o segundo lugar, com os Estados Unidos à frente, com uma medalha de ouro, apenas, 39, acima da China, 38, sinal de que, doravante, os chineses dificilmente deixarão de figurar na dianteira das práticas esportivas, no seu conjunto, de que são sinais evidentes as inúmeras academias esportivas e o crescente hábito nacional de valorizar as atividades corporais como um fator relevante para a preservação e aumento da higidez física e emocional. Recorde-se que já em 2008, nos Jogos Olímpicos de Pequim, a China ficou em primeiro lugar, com 51 medalhas de ouro.

Em 2021, mais de 500 milhões de bicicletas rodavam nas cidades e nos campos da terra de Confúcio.

SEXTA PARTE

ASSASSINATOS EM MASSA SOB REGIMES COMUNISTAS, NO SÉCULO XX

Genocídio é uma palavra de origem greco-romana, formada por *genos*, que significa "tribo, coletividade, raça" em grego, e *cídio*, do latim *occidere*, que significa "matar". Genocídio, portanto, significa assassinato em massa de grupos sociais, não importando a motivação, se religiosa, política, racial ou cultural. A palavra foi cunhada, em 1943, pelo jurista judeu-polonês Raphael Lemkin (1900-1959), e usada em seu livro *Axis Rule in Occupied Europe: Laws of Occupation, Analysis of Government, Proposals for Redress*, publicado em 1944, quando ele já morava nos Estados Unidos. Antes mesmo da Grande Guerra, Raphael ou Rafal dedicava-se ao estudo do genocídio armênio, quando pressionou a Liga das Nações para acabar com as barbáries e os vandalismos existentes em diversas regiões do mundo destinados a extinguir populações e ou suas culturas. Seu nome ganhou relevo durante a Convenção da ONU, em 1948, destinada a prevenir e punir os crimes de genocídio. Pouco antes, em 1946, a Assembleia da ONU definira genocídio como "a recusa do direito à existência de inteiros grupos humanos; um delito do direito dos povos, em oposição ao espírito e aos objetivos das Nações Unidas; delito condenado pela consciência do mundo civil". O Artigo II da convenção estatui: "Na presente Convenção, entende-se por genocídio qualquer dos seguintes atos, cometidos com a intenção de destruir, no todo ou em parte, um grupo nacional, étnico, racial ou religioso, enquanto tal:

(a) assassinato de membros do grupo; ".

JOACI GÓES

Esse brutal crime, no entanto, de novo só tem o nome, uma vez que a história registra inúmeros episódios, mundo afora, de genocídio em sua dupla acepção.

Relativamente aos genocídios do século XX, o número de mortos sofre variações colossais, em razão das causas a serem consideradas. Enquanto uns consideram, apenas, as execuções imediatas, como a tiros, por esfaqueamento, afogamento, enforcamento ou outro método sumário e violento qualquer, outros incluem as causas remotas sem as quais as mortes não teriam ocorrido, como a fome, o terror psicológico-emocional contínuo e as doenças provocadas pela submissão das pessoas a viver em ambientes pestilentos, para que adoeçam e morram, como aconteceu nos campos de concentração nazistas, soviéticos, chineses, armênios e cambojanos, para ficarmos com os casos mais conhecidos e graves. Embora não haja consenso acadêmico, todas essas causas têm sido arroladas com as diferentes denominações: genocídio, democídio, politicídio, assassinato em massa, classicídio. O reiterado empenho dos responsáveis por esses atos contra a humanidade em sonegar, distorcer ou impedir acesso às fontes que os comprovem, dificulta o conhecimento preciso de sua extensão e intensidade. Acresçam-se as dificuldades oriundas da resistência nascida da compreensão do que seja um regime comunista ou a ele aderente. Induvidosamente, porém, a consciência universal repudia, como os mais bárbaros, os genocídios praticados na União Soviética, na República Popular da China e no Camboja, sob o Kmer Vermelho. Expressando a intensidade da repulsa do seu povo ao genocídio, a constituição da República Tcheca, de 1992, estabelece pena de prisão para quem aprovar, duvidar, negar ou, apenas, justificar os genocídios nazista e/ou comunista. Na prática, o marxismo político-operacional significa terrorismo sangrento, expurgos mortais. O Holocausto não é aqui mencionado porque estamos falando, apenas, dos genocídios praticados pelos regimes comunistas.

PARTE VI – ASSASSINATOS EM MASSA

OS LIVROS NEGROS DO COMUNISMO E DO CAPITALISMO

Professores e pesquisadores europeus produziram e reuniram ensaios acadêmicos sobre a violência praticada nos regimes comunistas, desde 1917, na Rússia, até 1989, no Afeganistão, aos quais denominaram de O livro negro do comunismo: crimes, terror, repressão *(Le Livre Noir de Communisme: Crimes, Terreur, Répression)*. Stéphane Courtois, prefaciador e um dos autores, diretor do Centre National de la Recherche Scientifique, afirma que "os crimes, em massa, praticados nos regimes comunistas, decorreram da ideologia reinante e não da estrutura estatal". Além de Courtois, subscrevem o livro Nicolas Werth, Jean-Louis Panné, Andrzej Paczkowski, Karel Bartosek e Jean-Louis Margolin. A obra, com 840 páginas, *best-seller* traduzido para 26 idiomas, foi lançada nos oitenta anos da Revolução Bolchevique, com o propósito de inventariar todo tipo de repressão política do regime comunista: execuções extrajudiciais, deportações, crimes de guerra e abusos dos direitos humanos, em geral. Recorde-se que, em 1946, os judeus russos Ilya Ehrenburg e Vasily Grossman publicaram *O livro negro* para registrar as atrocidades praticadas pelos nazistas, na Segunda Guerra Mundial.

É fácil compreender a polêmica maniqueísta que o livro suscitou, com entusiastas apoiadores incondicionais, de um lado, e negacionistas do outro, chocados com a irrefutável crueza dos fatos apresentados. Conquanto a violência praticada no regime comunista seja de evidência universalmente aceita, o que chocou os marxistas foi o crescente reconhecimento de que superou, em muito, o holocausto nazista. Entre os críticos da obra, encontram-se dois dos coautores, Jean-Louis Margolin e Nicolas Werth, que acusam o editor Stéphane Courtois de haver manipulado os dados.

Tão logo recobrados do choque, os marxistas contra-atacaram, trazendo a lume, em 1998, *O livro negro do Capitalismo (Le Livre Noir du Capitalisme)*, com o propósito de apontar os males do capitalismo, repetindo os mesmos argumentos usados por

Marx e Engels. A técnica adotada foi a de dar plena liberdade aos colaboradores marxistas para apontarem o que quisessem de frágil no sistema capitalista. O propósito era o de alimentar, com argumentos de alguma solidez, a militância marxista que se sentiu acuada, mundo afora. Os temas abordados variaram do comércio de escravos, ao longo dos séculos, aos males da globalização. Num apêndice que arrola os mortos por violência no século XX, o coordenador do livro, Jacques Peyroles, mais conhecido como Gilles Perrault (1931-), atribui a responsabilidade ao capitalismo inclusive pelos mortos nas duas guerras mundiais, em batalhas coloniais, em conflitos ideológicos e étnicos, e pelas vítimas da fome, atingindo um total de 100 milhões de mortes produzidas pelo capitalismo, só no século XX. Um grande número de colaboradores participou do livro, incluindo sindicalistas, economistas, historiadores, sociólogos e escritores, em geral. Como pão dormido e café requentado, o livro despertou pouco interesse.

Autor de grande aceitação popular, Gilles Perrault, na década de 1990, foi considerado traidor da pátria por setores da sociedade francesa, sendo processado pelo ministro da justiça Henri Nallet, por incitação à rebeldia militar. Em 2008, ele foi condenado por difamação praticada num dos seus livros.

O cientista político Benjamin Andrew Valentino (1971-), professor do Dartmouth College, é autor do livro *Final Solutions: Mass Killing and Genocide in the 20th Century*, de 2004. Segundo pensa, uma matança, para ser considerada assassinato em massa, deve ter um mínimo de 50 mil mortes intencionais, de não combatentes, em um espaço máximo de cinco anos. Foi a partir desse critério que ele estudou o problema na União Soviética, de Stalin, na China, de Mao Tsé-Tung, e na Kampuchea Democrática, Etiópia, sob o Khmer Vermelho, informando que não incluiu assassinatos numerosos, mas de menor monta, no leste da Europa, na Coreia do Norte, no Vietnã e no Terceiro Mundo. Outros estudiosos, como Jay Ulfelder, Atsushi Tago e Frank Wayman vão fundo nas mortes por intolerância política, independentemente do número de vítimas.

PARTE VI – ASSASSINATOS EM MASSA

Valentino separa as vítimas em duas categorias. A primeira inclui limpeza étnica, assassinatos para realizar a reforma agrária e assassinatos para realizar a expansão colonial. A segunda categoria inclui os assassinatos a título de contraguerrilha e os realizados para viabilizar conquistas imperialistas do eixo Alemanha, Itália e Japão, durante a Segunda Guerra Mundial. Para ele, os assassinatos ideológicos, apesar de sua expressividade numérica, são uma subcategoria da categoria geral. Ele avalia que o total de assassinatos nas três áreas consideradas, Rússia, China e Etiópia, variou entre 21 milhões e 70 milhões, de um total de 110 milhões de mortes atribuíveis aos regimes comunistas.

Segundo ele, os supostos adversários da revolução proletária – líderes religiosos, direitistas, camponeses abonados – foram, propositalmente, as maiores vítimas da fome de 1958-61, na China, provocada pelo *Grande Salto Adiante*. Todas as dificuldades foram criadas para que tivessem acesso a alimentos.

Não obstante esse denso, amplo e crescente repúdio universal a todas as formas de genocídio, intelectuais há, como em todos os tempos houve, dispostos a colocar seu talento e conhecimento a serviço de qualquer causa, por mais abjeta que seja, em troca de benefícios pessoais. Aos genocidas de todos os tempos não faltaram intelectuais mercenários para defendê-los, como não faltam aos assaltantes do erário, no Peru, Argentina e Brasil do século XXI. Do lado da decência, porém, há, em qualidade e quantidade, intelectuais que cumprem o seu papel central de iluminar a caminhada dos povos. O cientista político norte-americano Rudolph Joseph Rummel (1932-2014) é um deles.

Rudolph Rummel, professor das universidades de Indiana, Yale e Hawai, dedicou grande parte de sua vida acadêmica à obtenção de dados sobre violências coletivas e guerras, com o propósito de distinguir entre suas características. Foi ele quem cunhou o neologismo democídio, para exprimir o assassinato em massa pelos governos. Segundo suas conclusões, apenas no século XX, morreram seis vezes mais pessoas por democídio do que em todas as guerras somadas, no mesmo período, inclusive, obviamente, as duas grandes guerras mundiais. Daí sua inferência lógica da superioridade da democracia sobre os demais regimes, porque além de ser avessa a qualquer tipo de violência contra as pessoas, uma democracia não guerreia contra outra democracia, como dissemos em artigo, antes mesmo de conhecer o pensamento do eminente professor. Para ele, o comunismo é um fator causal dos assassinatos em massa, em razão do casamento entre o poder absoluto da ditadura do proletariado com uma ideologia absolutista como o marxismo, concluindo que "entre todas as religiões, seculares ou não, o marxismo é, com muitos corpos à frente, a mais sangrenta. Mais do que a Inquisição católica, as várias cruzadas católicas e a Guerra dos Trinta Anos, entre católicos e protestantes. Em sua prática, o marxismo significa terrorismo, expurgos mortais, campos de prisioneiros letais, assassinatos em trabalhos forçados, deportações mortais, fomes forçadamente induzidas, execuções sumárias e extra-judiciais, julgamentos de fachada, assassinatos em massa". Tais afirmações deixaram em polvorosa os acadêmicos marxistas que passaram a sustentar que tudo isso era o preço a pagar pelo enfrentamento da guerra necessária para a realização da utopia de extinguir a pobreza, a exploração do homem pelo próprio homem, o imperialismo e a desigualdade social. "Como em todas as guerras – arrematam os acadêmicos marxistas, entre um gole e outro de bom vinho ou whisky –, não combatentes, também morrem: o clero, burgueses, capitalistas, intelectuais direitistas, tiranos, ricos e proprietários em geral, todos sabotadores da grande causa operária. Esses milhões de mortos são justificados pela realização da utopia comunista".

O número de mortes a que Rummel chega é de tirar o fôlego. Segundo ele, do total de 212 milhões de mortes praticadas por todos os governos, ao longo do século XX, 148 milhões ocorreram em governos comunistas, entre 1917 e 1987, enquanto as guerras teriam matado 41 milhões de pessoas em todo o século. Em seu último livro, de um total de vinte e quatro, ele eleva sua estimativa para 272 milhões de civis não combatentes, concluindo que poderiam ser mais de 400 milhões de mortes.

PARTE VI – ASSASSINATOS EM MASSA

O professor de Ciências Econômicas, o norteamericano Steven R. Rosefielde (1942-), membro, também, da Academia Russa de Ciências Naturais, especialista em genocídios, disse, em seu livro *Red Holocaust*, que as contradições do comunismo "causaram o democídio de, aproximadamente, 60 milhões de pessoas e, possivelmente, mais dezenas de milhões". Segundo suas pesquisas, o número de mortos, por maus tratos, no gulag russo, entre 1929 e 1953, foi de, aproximadamente, 1 milhão e 600 mil pessoas, excluídos os que morreram de causas consideradas naturais. Disse, ainda, que o "holocausto vermelho deve incluir os assassinatos em massa, em tempos de paz, e outras tantas execuções, perpetrados, contra a humanidade, por líderes comunistas como Josef Stalin, Kim Il Sung, Mao Tsé-Tung, Ho Chi Minh e Pol Pot, para serem levados em conta como elementos de avaliação do que representa o comunismo". Segundo o professor Rosefielde, "esses líderes, isolada e coletivamente, são culpados de homicídio doloso em escala de holocausto, na medida em que, deparados com a necessidade de escolher entre mudar de curso ou praticar o terror, escolherem a última opção".

O professor Rosefielde apontou a *kampuchea Democrática*, nome do governo dominante no, hoje, Camboja, como o mais mortal de todos os regimes comunistas, proporcionalmente ao tamanho da população, ou *per capita*, do país. Aconteceu entre 1975 e 1979, quando o Khmer Vermelho dominou o Camboja, após derrubar o governo do General Lon Nol, presidente da então República do Quemer. Dois milhões de pessoas pereceram nas mãos do Khmer Vermelho, soma de execuções, fome e trabalhos forçados, conhecida como o Holocausto ou Genocídio Cambojano, comandado pelo novo líder, Pol Pot (1925-1998), autodeclarado marxista-leninista. Para cumprir sua meta de transformar o Camboja num país agrário, Pol Pot forçou a migração das cidades para o campo, para trabalhar nas 'fazendas coletivas'. Para chegar à completa igualdade, ele suprimiu a circulação de moedas e todas as pessoas foram forçadas a usar o mesmo traje preto. A mínima objeção era punida, sumariamente, com a morte, o que eliminou um quarto da população total do país, de 8 milhões de habitantes. Em dezembro de 1978, o Vietnam, recém-unificado, invadiu o Camboja, destituiu Pol Pot, e instalou um novo governo comunista, rival do anterior, já no ano de 1979. Pol Pot e seu Khmer Vermelho instalaram-se nas florestas, na fronteira com a Tailândia, para resistir ao novo governo. Com a saúde declinante, Pol Pot afastou-se do comando da resistência, vivendo em esconderijos, até ser preso, em 1998, e morrer, logo depois, em prisão domiciliar. Passou à história como um boçal ditador genocida. O acadêmico e marxista britânico Malcolm Caldwell, fervoroso crítico da dominação americana e incondicional admirador de Pol Pot, foi assassinado em seu quarto de hotel, no Camboja, por policiais, poucas horas depois de se encontrar com seu ídolo. Embora não se tenha chegado ao mandante, predomina a impressão de que foi o próprio Pol Pot quem autorizou a eliminação, em decorrência de sua invencível ojeriza a qualquer tipo de intelectualidade. Três dias depois da morte do sanguinário líder cambojano, as tropas do Vietnam invadiram o Camboja e depuseram o ditador.

Rosefielde destaca, também, a fome norte-coreana, que matou cerca de 1 milhão de pessoas, usada como política de terror para eliminar adversários, prática ainda persistente, como meio de garantir o governo de Kim Jong-Il, declaradamente defensor dos assassinatos em massa. O professor Steven Rosefielde acentua, além de qualquer dúvida razoável, que houve mais de 13 milhões de vítimas fatais, podendo chegar a 20 milhões, entre 1929 e 1953, produzidas pelo holocausto vermelho, sem contar os assassinatos soviéticos anteriores a 1929 e os praticados durante a Segunda Guerra Mundial, sobretudo na Alemanha, na Coreia do Norte, na Manchúria e nas Ilhas Kuril ou Curillas, entre 1946 e 1953. As 56 Ilhas Kuril, Curilas ou Curilhas formam um arquipélago vulcânico, entre a Rússia e o Japão. Apesar da disputa da soberania sobre elas, pelo Japão e a Rússia, a gestão permanece com a Rússia, desde o fim da Segunda Guerra Mundial, conforme o Tratado de São Francisco.

Parte VI – Assassinatos em massa

Argumenta Rosefielde que os assassinatos políticos ocorridos na China, antes de outubro de 1949, são também excluídos da contabilidade dos genocídios vermelhos, do mesmo modo que os praticados na Indochina, antes de 1954. Ele conclui que sem o terror, as reformas para vencer a marcha para o empobrecimento seriam realizadas com rapidez, dando visibilidade à superioridade das sociedades abertas sobre as centralizadamente planificadas para eliminar desigualdades. Era, no fundo, uma magna escolha de Sofia: desistir da utopia ou sacrificar milhões de inocentes. Venceu o desejo de permanecer no poder.

Em trabalho de 2001, Rosefielde chegou à conclusão de que, entre 1990 e 1998, houve na Rússia, 3 milhões e 400 mil mortes evitáveis, ocasionadas, em grande parte, pela terapia de choque preconizada pelo Consenso de Washington, um conjunto de dez medidas, formuladas em novembro de 1989, por economistas do Banco Mundial e do Departamento do Tesouro Americano, com base na proposição do economista britânico John Williamson (1937-2021), do International Institute for Economy, que viria a ser a base da política financeira do Fundo Monetário Internacional, a partir de 1990, para promover o ajustamento macroeconômico dos países em dificuldades ou em processo de desenvolvimento econômico. Em sua brilhante carreira como professor, John Williamson lecionou entre 1978 e 1981 # na Pontifícia Universidade Católica do Rio de Janeiro, onde foi colega do longevo ministro da Fazenda do Brasil Pedro Malan e do ex-presidente do Banco Central do Brasil Armínio Fraga. Casado com uma brasileira desde 1974, com quem teve três filhos, John Williamson era fluente na língua portuguesa. Ele foi autor da conhecida expressão "consenso de Washington".

O longevo poeta e historiador britânico (George) Robert (Acworth) Conquest (1917-2015), popularizado por suas três leis da política e grande estudioso dos problemas russos, na contramão dos adoradores de Lenin, sustentou que os expurgos praticados por Stalin foram compatíveis com as recomendações do seu líder que, em pessoa, ordenou a execução de prisioneiros, considerados, por ele, inimigos de classe social. E complementou Conquest: "Stalin iniciou pouca coisa que Lenin já não tivesse feito ou recomendado". Um dos seus muitos livros, *O grande terror: o expurgo de Stalin dos anos trinta*, foi a primeira e profunda pesquisa, a respeito do Grande Expurgo, que Stalin implantou na União Soviética, entre 1934 e 1939. O modo como ele abordou o tema inspirou autores como George Orwell que escreveu o famoso livro *1984*, e Arthur Koestler, autor de *Darkness at Noon*.

Em *O grande terror,* Conquest aponta o assassinato, em 1934, de Serguei Kirov, chefe do Partido, em Leningrado, integrante da intimidade de Stalin, como símbolo do terror que implantaria, um modo de anunciar que ninguém estava imune, reiterando essa conclusão nos livros de 1989, *Stalin: Breaker of Nations* e *O Assassinato de Kirov*. Na visão trotskista-menchevique, que impregnou o espírito dos historiadores ocidentais, o assassinato de Kirov está para os interesses de Stalin em eliminar desafetos internos, assim como o incêndio do Reichstag, para Hitler, no seu propósito de expurgar os comunistas alemães.

De uma primeira avaliação de 20 milhões de mortes realizadas pelos expurgos, Conquest evoluiu para entre 13 milhões e 15 milhões de vítimas fatais. Ele acusou de cumplicidade com Stalin importantes nomes do mundo ocidental, como George Bernard Shaw, Jean-Paul Sartre, Romain Rolland, Bertolt Brecht, Harold Larski. Até o embaixador americano Joseph Davies entrou na roda, todos acusados de colocar panos quentes nos crimes de Stalin. Quando, mais tarde, ficaram comprovadas as acusações de Conquest, um seu amigo sugeriu que a nova edição do livro *O grande terror* saísse com o título: *I Told You So, You Fucking Fools* (Eu lhes avisei, seus sacanas idiotas!). Passado o desejo de revide emocional, porém, a nova edição saiu com título adequado.

O historiador Paul Johnson, autor de alentada obra sobre o judaísmo e o cristianismo, descreveu Conquest como "o maior historiador vivo". O passar do tempo testemunhou em

PARTE VI – ASSASSINATOS EM MASSA

favor de Conquest, deixando seus velhos críticos, literalmente, pendurados na broxa. Os 98 anos que Conquest viveu deram-lhe a oportunidade de se vingar, com fatos incontestes, das acerbas críticas que intelectuais da "esquerda-caviar ocidental" lhe dirigiram, entre os quais Eric Hobsbawm, autor de uma série que termina com *Age of Extremes*. Hobsbawm, apesar de criticado, reconheceu o grande valor da obra de Conquest. Palmas para ele!

Em 2002, Conquest lamentou um certo clima, ainda existente no ambiente acadêmico, de simpatia e comiseração com Stalin. É como se dissessem: "Reconhecemos que Stalin era um cara mau, mas os americanos também eram bandidos, do mesmo modo que o Império Britânico". Não há como discutir com fundamentalistas-negacionistas!

Em várias outras obras que suscitaram acesos debates, Conquest tratou dos mais candentes problemas soviéticos, no plano da fruição da liberdade e do bem-estar do seu povo. Em 1986, ele publicou *A colheita da tristeza: coletivização soviética e a fome do terror*, que trata do problema da coletivização da atividade agrícola, na Rússia, em geral e na Ucrânia, em particular, e a fatal fome resultante, vista, por muitos historiadores, a exemplo do australiano Stephen G. Wheatcroft (1947-) e do britânico Robert William Davies (1925-), como um ato programático do stalinismo para eliminar seus "inconciliáveis" inimigos.

Whearcroft é um professor da Universidade de Melbourne dedicado ao estudo da história social, política, econômica e demográfica da Rússia pré-revolucionária e Soviética, ao lado de problemas da fome e da distribuição de alimentos no mundo moderno, e ao impacto da mídia na história recente da Rússia, sobretudo da Ucrânia. Fluente em russo, ele passou muitos anos pesquisando nos arquivos soviéticos, dos quais extraiu farto material para publicação.

Robert William Davies, o Bob Davies, mais conhecido como R. W. Davies, é professor emérito de Estudos Econômicos Soviéticos da Universidade de Birmingham. Coautor, com o his-

617

JOACI GÓES

toriador, diplomata e jornalista britânico Edward Hallett Carr (1892-1982), de 2 dos 14 volumes da obra *History of Soviet Russia*, Davies celebrizou-se por levar adiante a grande obra do seu mestre inglês, adicionando sete volumes de sua exclusiva lavra, sob o título *The Industrialization of Soviet Russia*, em que trata da História Econômica da União Soviética.

Conquest morreu pacificamente vingado dos seus ofensores.

ALGUMAS OPINIÕES SOBRE A VIOLÊNCIA COMUNISTA

Segundo a jornalista e historiadora norte-americana Anne Applebaum (1964-), "a crença de Lenin no estado de Partido único tem sido e continua a ser, sem exceção, a característica de todo regime comunista", do mesmo modo que "o uso da violência foi repetido em todas as revoluções comunistas". Applebaum, que pertenceu aos quadros de *The Economist* e do *Washington Post*, tem escrito, regularmente, sobre marxismo-leninismo, bem como sobre a evolução da sociedade civil na Europa Central e Oriental. Em abril de 2004, Anne Applebaum ganhou o Prêmio Pulitzer pela sua obra de 2003, *Gulag: uma história dos campos de prisioneiros soviéticos*. Segundo ela, frases de Lenin são repetidas por gente como Felix Dzerzhinsky (1877-1926), apelidado o Felix de Ferro, por sua absoluta indiferença pela vida das pessoas, e Mengistu Haile Mariam (1937-) que chefiou a Etiópia no período 1977-1991, a partir do Terror Vermelho e depois da queda de Haile Selassie, que pôs fim à dinastia Salomônica, no poder desde o século XIII.

Nascido na Polônia, Felix Dzerzhinsky foi o fundador da Tcheka, em 1917, versão original da futura NKVD, a assustadora polícia soviética, em cujo comando tornou-se a pessoa mais temida de toda a Rússia. Ele inaugurou a prática, durante a Guerra Civil Russa, de atirar primeiro e perguntar depois. Milhares de inocentes, alvos da mais mínima suspeita, foram mortos como passarinhos. Membros do próprio Exército Vermelho, no

PARTE VI – ASSASSINATOS EM MASSA

front, foram enviados para os gulags, como punição, quando flagrados coçando a genitália, fonte, segundo supunham, de grave infecção contagiosa. As mãos deveriam cuidar de produzir bens, o tempo todo, para abastecer uma população que não tinha, sequer, o que comer. Morreu de infarto, em 1926, quando discursava contra o movimento trotskista, que rompeu com Stalin.

Mengistu Haile Mariam, como ditador, tentou desenvolver a Etiópia, por meio da nacionalização das empresas privadas e da reforma agrária, consistente na distribuição de terras, consoante o receituário do marxismo-leninismo. O resultado foi o sangrento terror vermelho etíope, uma brutal repressão contra civis que matou entre dezenas e centenas de milhares de pessoas, como já havia ocorrido na Rússia e na China. Enquanto fervilhava em antagonismo interno, inconciável, o país era ameaçado por invasões externas. Ao escapar para o Zimbábue, em maio de 1991, Mengistu levou uma condenação, à revelia, por genocídio de entre 500 mil e 2 milhões de etíopes!

Para a historiadora francesa Françoise Thom (1951-), especialista em história da União Soviética, em Sorbonne, a tragédia do comunismo consiste na guerra que trava contra a natureza humana para criar um "novo homem", no que se iguala ao nazifascismo. A falsa ciência em que ambos se apoiam é destituída da mínima consistência, o comunismo por recorrer a uma falsa biologia, o nazifascismo, a uma sociologia, igualmente, falsa.

Segundo o crítico literário, linguista e historiador britânico nascido na Austrália George G. Watson (1927-2013), professor da Universidade de Cambridge, em sua mais conhecida obra, *The Lost Literature of Socialism*, o socialismo seria uma ideologia conservadora, em oposição ao liberalismo, na medida em que propõe o retorno às formas de vida mais primitivas e à mais hierarquizada organização social. Ele cita Engels e vários dos seus discípulos para sustentar que "a teoria marxista da história exige a prática de genocídios para corrigir o erro histórico do capitalismo, em lugar do socialismo, haver substituído o feudalismo. Povos inteiros foram prejudicados, impondo-se a correção de

JOACI GÓES

rumos através da Revolução dos Trabalhadores, para eliminar o lixo racial (ou humano, *Völkerabfälle*), representado pela burguesia e seus asseclas".

Ficou famosa a cáustica conclusão de Watson: "Eu não sei quantas pessoas sabem que, apenas, o socialismo advogou, publicamente, o genocídio, nos séculos XIX e XX. Soa muito chocante mencionar esse fato pouco conhecido, como tenho observado aqui (Universidade de Cambridge) e em outras universidades onde lecionei. Quem primeiro advogou o genocídio foi Friedrich Engels, em 1849, no *Neue Rheinische Zeitung*, dirigido por Karl Marx, nos seguintes termos: "Quando a revolução socialista acontecer, e com ela a guerra entre as classes, haverá sociedades primitivas na Europa dois estágios atrasadas, porque, sequer, são capitalistas". Engels tinha em mente os bascos, bretões, escoceses e sérvios, a quem chamava de "lixo racial"(*Völkerabfälle*). Esses povos teriam de ser exterminados, uma vez que, estando dois estágios atrasados, na luta histórica, não seria possível trazê-los ao patamar revolucionário. Marx foi, também, precursor do genocídio. Não conheço pensador europeu, antes de Marx e Engels, que tenha advogado, publicamente, um extermínio racial. Como não consigo identificar nada mais antigo, do gênero, concluo que foram eles os precursores".

O historiador Eric D. Weitz (1953-2021), professor da Universidade de Nova Iorque, em sua extensa e prestigiada obra composta por vários livros, sustenta em *A Century of Genocide: Utopias of Race and Nation* que "os assassinatos em massa no regime comunista, de qualquer país, são uma decorrência natural da inexistência do estado de direito, como se viu nas convulsões sociais do século XX. Quando há crise nos países comunistas, geradas, sempre, por erros de gestão, não se busca a solução pelo diálogo, como nas democracias, mas no recurso à força bruta para impor a vontade despótica. O resultado é a morte numerosa de meros adversários ideológicos e de seus familiares, extintos como se fossem ervas daninhas".

PARTE VI – ASSASSINATOS EM MASSA

O filósofo canadense-americano Stephen R. C. Hicks (1960-), professor da Rockford University, responsabiliza o abandono dos direitos civis pela violência, inerente a todas as malsucedidas experiências socialistas do século XX, em oposição ao capitalismo, protegido pelo ideário democrático, característico das sociedades abertas. Por isso, segundo Hicks, as violências praticadas no passado, por diferentes regimes ditatoriais, foram largamente ultrapassadas pelas incomparáveis atrocidades dos governos socialistas. Sem exceção, todos os governos socialistas atingiram patamares de violência superiores aos concebidos pelas mais audaciosas obras de ficção.

O historiador norte-americano nascido em Porto Rico John M. Thompson (1926-2017), especialista em história moderna e diplomática da Rússia, professor e um dos fundadores da Universidade de Indiana, estudou o "intrigante" terror da era Stalin, concluindo que "Muito do que ocorreu só pode ser compreendido como resultante da mente perturbada, da crueldade patológica e ilimitada paranoia do próprio Stalin, inseguro apesar da ditadura que exercia sobre o Partido e o país, hostil e defensivo diante das críticas à sua excessiva coletivização e aos sacrifícios exigidos para acelerar a atividade industrial, profundamente suspeitoso de que os passados, presentes e futuros adversários conspiraram, conspiram e conspirarão contra ele. Stalin passou a agir e reagir como uma pessoa sem saída, passando a revidar contra inimigos reais ou imaginários".

Thompson confessou sua estupefação diante da brutalidade de Stalin, em cada uma de suas múltiplas dimensões de bárbaro. Seu expurgo, por meio de deportações em grande escala, afetou, de modo expressivo, a estrutura étnica da União Soviética. Há registros de deportações realizadas em condições absolutamente sub-humanas, com milhares de mortos, caindo de carros de boi e largados para morrer à beira da estrada, sendo abatidos a tiros os parentes e amigos que tentassem socorrê-los. Alguns especialistas sustentam que um terço desses deportados morreram ao longo de sua penosa maratona, em busca da vida.

JOACI GÓES

O professor de história Amir Weiner (1961-), da Columbia University, especialista em regimes totalitários, política populacional, Segunda Guerra Mundial e violência moderna, em massa, concluiu que a praticada pela KGB se tratava de limpeza étnica. Em *Century of Genocide*, o professor Lyman H. Legters (1928-) escreve que "não podemos nos referir ao genocídio como uma experiência concluída, mas a um comportamento genocida em sua potencialidade".

Daniel Goldhagen (1959-) professor da Universidade Harvard, afirma que os regimes comunistas, em menos de um século, mataram mais pessoas do que outro regime qualquer, ao longo de sua vigência, no espaço e no tempo. Seu pai, Erich Goldhagen, também professor de Harvard, sobreviveu ao holocausto, depois de ter sido internado num gueto na Ucrânia, durante a Segunda Guerra. Em obra bastante difundida e controversa, ele abordou o holocausto e outros genocídios. A instigante questão que levantou, "Por que as pessoas executaram a ordem de Hitler para aniquilar os judeus?", continua não respondida, pairando no ar, uma vez que aqueles executores eram, em sua maioria, cidadãos comuns, derivando sua insensível conduta do *ethos* dominante, calcado no antissemitismo desenvolvido nos séculos anteriores, segundo suas conclusões. Antes, pesquisadores como Yehuda Bauer, Otto Kulka e Israel Gutman já haviam chegado a conclusões muito semelhantes. Segundo Goldhagen, a virulenta xenofobia do Khmer Vermelho foi fruto da crença de que seu povo era o único capaz de implantar o verdadeiro comunismo.

A grande repercussão da obra de Goldhagen não impediu que ele levasse a pecha de antigermânico. Ele aborda a questão dos assassinatos em massa nos livros *Hitler's Willing Executioners*, *A Moral Reckoning: the Role of the Catholic Church in the Holocaust and its Unfulfilled Duty of Repair* e *Worse Than War*.

O historiador holandês Frank Dikötter (1959-), professor da Universidade de Londres e da Universidade de Hong Kong, especialista em China moderna, é autor de três livros premiados, conjuntamente denominados *The People's Trilogy*, compreen-

622

PARTE VI – ASSASSINATOS EM MASSA

dendo *Mao's Great Famine, The Tragedy of Liberation: A History of the Chinese Revolution, 1945-1957, e Cultural Revolution: A People's History.* Ele diz que "a coação, o terror e a violência sistêmica compuseram a estrutura fundamental do Grande Salto Adiante, conduzindo a um dos maiores assassinatos em massa da história". Suas pesquisas o convenceram da morte de 45 milhões de pessoas, a ponto de afirmar que "na maioria dos casos, o Partido sabia que estava matando de fome seu próprio povo". Segundo ele, Mao Tsé-Tung, em uma reunião secreta em Xangai, em 1959, ordenou o confisco de um terço de toda a produção de grãos, justificando a medida com o seguinte raciocínio: "Quando a comida escasseia, muita gente morre de fome. É preferível, então, que metade das pessoas morra para a outra metade sobreviver". Além das que morreram de fome, mais 2,5 milhões de pessoas foram sumariamente executadas ou torturadas, antes de morrer, segundo Frank Dikötter.

Impressiona o nível de interesse acadêmico, mundo afora, para aprofundar o conhecimento sobre as mortes provocadas pelos governos totalitários, em geral, e os comunistas em particular, em face da crescente liberação do acesso às fontes documentais! Entre muitos estudiosos, podemos mencionar, ainda, os nomes dos sinólogos Roderick MacFarquhar (1930-2019), britânico, professor de Harvard, autor de *The Origins of Cultural Revolution e Mao's Last Revolution,* e o sueco Michael Schoenhals (1953-), professor da Universidade de Lund, coautor, com Roderick MacFarquhar, de *Mao's Last Revolution.*

Helen Fein (1934-), socióloga, especializada em genocídio e direitos humanos, violência coletiva e temas correlatos, autora de quatro livros, professora de Harvard e da Universidade de New York. Sua conclusão é que o xenofobismo do Khmer Vermelho torna o totalitarismo do Camboja muito mais fascista do que comunista, observação que corrobora a inevitável marcha dos ineficientes regimes comunistas para o fascismo, como aconteceu com a China e a União Soviética e começa a ocorrer com Cuba. O sociólogo britânico Martin Shaw, professor das

623

universidades de Sussex e Roehampton, especialista em genocídio e política global, descreve o genocídio cambojano como "o mais puro da Guerra Fria". O historiador norte-americano Michael Vickery (1931-2017), marxista, autor do livro *Camboja 1975-1982*, em que aborda a história do país a partir da dominação de Pol Pot, reconhece que um quarto dessa população foi dizimada pela violência do totalitarismo, constituindo uma das maiores tragédias da humanidade. Craig Etcheson (1945-), pesquisador do Centro de Documentação do Camboja, depois de cinco anos de pesquisa, em milhares de cemitérios e valas comuns, estimou entre 2 milhões e 2,5 milhões de mortos pelo Khmer Vermelho. Ele é autor, dentre outros, do livro *After the Killing Fields: Lessons from the Cambodian Genocide*.

Jean-Louis Margolin (1952-), pesquisador do Institut de Recherches Asiatiques de Marseille, autor dos livros *História da Guerra Civil Russa* e *L'Armée de l'empereur: violences et crimes du Japon en guerre, 1937-1945*, declara, em *O livro negro do comunismo*, que o genocídio praticado pelos chineses no *Tibet* foi, proporcionalmente, mais amplo do que a China admite. Daí, a necessidade de escrever genocídios na China, assim mesmo, no plural. O próprio Dalai Lama reforça a posição da Administração Central do Tibet, a esse respeito, sustentando a denúncia de que os "tibetanos, além de sumariamente executados, foram, também, espancados, crucificados, afogados, estrangulados, queimados e enterrados vivos, esquartejados, decapitados e torturados até a morte".

O cientista político Adam Jones, professor da Universidade de Colúmbia Britânica, no Canadá, eleito um dos 'Cinquenta Pensadores-Chave sobre Holocausto e Genocídio', é autor, dentre outros, do livro didático *Genocídio: uma introdução abrangente*. Diz ele que durante as "sessões de luta", organizadas pelo Partido, contra os "reacionários", depois da Revolta do Tibet, em 1959, "os comunistas denunciavam, torturavam e, com frequência, executavam 'os inimigos do povo'". Eram, portanto, sessões de execuções e humilhações públicas de numerosas vítimas, consideradas "politicamente desajustadas". Apenas,

PARTE VI – ASSASSINATOS EM MASSA

durante essas sessões, de que pouco se fala, foram executadas quase 100 mil pessoas.

O jornalista e escritor britânico Seumas Patrick Charles Milne, (1958-) levantou a questão de se poder ou não somar, nas mesmas cifras, as mortes por fome com as mortes por execução direta pelo Estado, em razão do caráter mais ou menos subjetivo de umas e objetivo de outras. Dúvida inexistente, para Daniel Goldhagen, em alguns casos, quando os dirigentes deixaram de dizer não a essas mortes, aceitando-as por omissão, com o deliberado propósito de realizá-las. E elenca essa omissão, com intensidade variável, num grande número de países, em diferentes momentos

Quando em março de 2005, a Assembleia Nacional da Polônia solicitou que a Rússia considerasse genocídio o Massacre de Katyn, em que 2 mil oficiais e intelectuais poloneses prisioneiros de guerra foram executados, recebeu como resposta, assinada pelo PGR da Rússia, Alexander Savenkov, que era sua firme convicção "não haver, absolutamente, qualquer base, por mínima que seja, para falar desse assunto em termos judiciais". Cinco anos depois, em março de 2010, diante de novo pedido, o presidente russo, Dmitri Medvedev, apoiou a Duma Federal para declarar, em 26 de novembro, que o Massacre de Katyn não só revela a escala de sua terrível tragédia, como fornece evidências de que aquele crime brutal foi cometido por ordem direta de Stalin e de outros líderes soviéticos.

GENOCÍDIO NA IUGOSLÁVIA

A repressão comandada por Tito na Iugoslávia não poupou ninguém, como o ex-aliado Milovan Djilas (1911-95) e o escritor Venko Markovski (1915-88), preso por escrever poemas considerados críticos à liderança de Tito, autor de vários massacres contra prisioneiros de guerra, depois de finda a Segunda Guerra. A Iugoslávia tinha mais prisioneiros de guerra do que todos os países da Europa Ocidental. Sua polícia secreta foi inspirada na KGB, inclusive para atuar extrajudicialmente, levando a cabo execuções sumárias, apesar de ser signatária do Pacto Internacional dos Direitos Civis.

A maioria dos assassinatos em massa, na Iugoslávia, composta pelos "retornados", aqueles que chegavam das linhas de frente do conflito e eram capturados em casa, aconteceu entre maio e julho de 1945, no rescaldo do fim da guerra. A matança, porém, estendeu-se com variável intensidade até janeiro de 1946, quando foi aprovada a nova constituição do país, e incluiu eslovenos, italianos e alemães, acusados de colaboracionismo ou anticomunismo. Os assassinatos secretos individuais obedeciam a um cronograma especial, subordinado, em último grau, ao próprio Josip Broz Tito, Comandante supremo do exército Iugoslavo.

GENOCÍDIO NA ALBÂNIA

O professor de gramática Enver Halil Hoxha (1908-1985), membro do Politburo, foi primeiro secretário do Partido do Trabalho da Albânia de 1941 até sua morte. Foi, também, comandante das forças armadas de 1944 até 1985. Entre 1944 e 1954, acumulou as funções de primeiro-ministro e, em diferentes oportunidades, as atribuições de ministro das Relações Exteriores e de ministro da Defesa. Tudo no tradicional estilo dos regimes totalitários.

A Albânia é um país montanhoso da península Balcânica, no sudeste da Europa, com área territorial equivalente à do estado de Alagoas, 27 mi km2, e população 10% menor do que a da Terra dos Marechais, com cerca de 3 milhões de habitantes. Tem como vizinhos Montenegro, Kosovo, a Macedônia do Norte, a Grécia e o mar Adriático. O idioma falado na Albânia é o albanês, língua indo-europeia, falada, também, no Kosovo, na Macedônia, na Sérvia, em Montenegro e na parte da Itália mais

PARTE VI – ASSASSINATOS EM MASSA

próxima. O total de falantes do albanês chega a 5 milhões. O povo albanês é considerado o mais antigo do sudeste europeu, descendente dos ilírios, quase contemporâneo dos lusitanos, que datam do século IV a.C. Na formação do albanês entram palavras do grego e do latim, do turco, do eslavo, do italiano e do celta. Com pouco mais da metade da população vivendo em áreas urbanas, a Albânia, apesar de ser o país menos desenvolvido da Europa, apresenta IDH superior à média brasileira, na terceira década do terceiro milênio. Tirana, a capital, com quase meio milhão de habitantes, é a maior cidade do país. O comunismo vigorou na Albânia de meados da Segunda Guerra até 1992, quando evaporou na esteira da implosão do Império Soviético. Por mais de quatro séculos, a Albânia integrou o Império Otomano. Sua independência só foi conquistada em 1912. É membro das Nações Unidas, da Unesco, do Banco Mundial, da Organização do Tratado do Atlântico Norte (Otan), da Organização Mundial do Comércio (OMC), da Organização para a Cooperação Islâmica (OCI), e da Organização para a Segurança e Cooperação na Europa (OSCE). Em 2009, a Albânia protocolou o pedido para integrar a União Europeia.

Ao longo de seus 44 anos de governo, Enver Halil Hoxha construiu a primeira linha ferroviária, eletrificou o país, elevou a taxa de alfabetização de 5% para 90%, reduziu drasticamente as epidemias e assegurou a autonomia agrícola do seu povo. Proibiu os cultos religiosos, estatizou as propriedades privadas e prendeu ou executou milhares dos resistentes ao seu mando absoluto. Outros tantos foram feitos escravos em campos de concentração. O leninismo marxista foi sua cartilha, apesar do rompimento com a União Soviética, para seguir a liderança chinesa, em 1961. Ao se afastar do maoismo, após a morte de Mao Tsé-Tung, em 1976, cresceu seu prestígio como líder mundial do comunismo, inclusive no Brasil, com a criação do PCdoB, sob a direção do baiano Haroldo Lima, dissidência do tradicional PCB, liderado pelo também baiano Fernando Santana e pelo pernambucano Roberto Freire. Enver Hoxha prometia resgatar o divórcio entre o discurso e a prática do comunismo, tanto na Rússia quanto na China. Mais um sonho de uma longa noite de verão cada vez mais breve.

Ao expressar o seu desapontamento com os rumos da Revolução Cultural Proletária Chinesa, em 1978, Enver Hoxha ironizou, dizendo que "não foi revolução, nem cultural, nem proletária". Disse mais, que "Mao nunca passara de um camponês nacionalista, um falso marxista alimentado pela velha filosofia chinesa". Afirmou, ainda, que "o PC da China era um amálgama de cliques guerreando-se à sombra da 'luta entre duas linhas'; os guardas vermelhos eram bandos de anarquistas, compostos por estudantes fanatizados. A pretensa luta entre o proletariado e a burguesia degenerou numa lamentável disputa de poder entre facções rivais da burocracia e chefias militares".

Desse modo, segundo Hoxha, foi sepultada a Revolução Cultural, como a denunciara, anos antes, a crítica marxista-leninista soviética que acusou a Revolução Cultural de ser um produto das "arbitrariedades da turbamulta instigada pela camarilha nacionalista de Mao, usando a campanha antidireitista como cortina de fumaça para consolidar o projeto de uma ditadura burocrático-militar. O maoismo não passou de uma deformação do leninismo, desembocando num entendimento com o imperialismo burguês".

O FIM DO MARXISMO-LENINISMO

De fato, a partir de Deng Xiaoping, a China avançou, sem recuos, e ultrapassou a linha divisória entre o comunismo e o fascismo, mantendo o discurso do primeiro e a crescente prática do segundo. O fracasso paralelo do comunismo na União Soviética e na China foi o epitáfio do socialismo marxista. O pensador norte-americano Immanuel Wallerstein abre o seu livro *After Liberalism*, de 1995, com as seguintes palavras: "*The destruction of the Berlin Wall and the subsequent dissolution of the U. S. S. R.*

PARTE VI – ASSASSINATOS EM MASSA

have been celebrated as the fall of the Communisms and the colapse of Marxism-Leninism as an ideological force in the modern world. This is no doubt correct." (A destruição do Muro de Berlim e a subsequente dissolução da União Soviética foram celebrados como o fim do marxismo-leninismo como uma força ideológica nos tempos modernos. Conclusão, sem dúvida, correta.) Os fatos do mundo real reescreveram a conhecida frase de Lenin segundo a qual "ninguém no mundo pode impedir a vitória do comunismo, a não ser os próprios comunistas", para "nada funciona quando se investe contra a natureza das coisas".

O MARXISMO-LENINISMO NO BRASIL

O historiador Ruy Fausto (1935-2020), falecido durante a pandemia da Covid 19, um dos mais respeitados intelectuais da esquerda brasileira, em seu livro *Caminhos da esquerda*, diz que o balanço da experiência totalitária de esquerda é o de muitas dezenas de milhões de mortos, principalmente camponeses, sendo os pontos altos desse massacre a fome stalinista dos anos 1930, que atingiu os camponeses da Ucrânia e do sul da Rússia, e o Grande Salto Para a Frente, projeto delirante de crescimento econômico e industrialização de Mao Tsé-Tung, entre 1958 e 1961. Pode-se acrescentar, ainda, o Grande Terror na União Soviética, nos anos 1930. Pol Pot, no Camboja, matou mais de 2 milhões de pessoas, cerca de um terço da população do país!

Como a realidade social é uma fonte inesgotável de ineditismos, a China comunista só recomeçou a encontrar a paz ao constatar que o desfecho do holocausto que sofreu com Mao Tsé-Tung foi a fome e a miséria. A partir de então, deu início a uma marcha batida na direção da economia de mercado, encontrando-se em avançado estágio dessa longa caminhada, desgraçadamente sob a bandeira do fascismo mais completo e acabado, como tem transcorrido sua milenária história de submissão a déspotas. Em lugar da marcha dos 10 mil km empreendida a pé, com Mao Tsé-Tung à frente, a China, a partir da morte do coveiro do seu povo, optou pela marcha da prosperidade, mantendo-se, porém, fiel às suas tradições totalitárias, aderindo, gradualmente, à sociedade de mercado. A conclusão desse processo deve demorar. Repitamos: o fascismo, o mais antigo regime político da humanidade, de novo só tem o nome.

Continua Ruy Fausto: "Entretanto, o tipo de violência de esquerda a que se tem assistido, principalmente, na USP, é lamentável. Seus efeitos são negativos; só pode beneficiar a direita, como já vem acontecendo. Grupos radicais praticam uma espécie de 'entrismo' na universidade, tanto no plano estudantil como no do funcionalismo. Como muitos funcionários são recrutados entre licenciados pela universidade, os grupos incitam militantes e simpatizantes a ingressar não só com o intuito de estudar, mas de servir à organização. Como as práticas propostas por esses grupos são, em geral, hiperpolitizadas, no pior sentido, e estranhas aos reais interesses tanto da esquerda como da universidade, estamos diante de um perigo real. Se continuar assim, a universidade acabará destruída. [...] uma parcela dos professores de esquerda, inclusive gente de gerações quase tão antigas quanto a minha, se confraterniza e apoia, de maneira irresponsável, os movimentos mais aloprados. O argumento é o de que as taras desses movimentos – taras que eles direta ou indiretamente reconhecem – seriam corrigidas ao longo do processo". Desde a experiência terrível do século XX, sabemos bem o que significa essa pseudocorreção dos horrores, ao longo do "processo"! *Mutatis mutandis*, essa era a linguagem com que se justificavam os piores frutos do stalinismo. Se passarmos da prática política ao campo do pensamento, verifica-se que o peso das ideias neototalitárias continua importante na esquerda brasileira. E avança, denunciando que os livros de autores de esquerda, do Brasil e do mundo, que contenham críticas ao leninismo são ignorados pela esquerda universitária brasileira. Como exemplo, cita a obra notável de Orlando Figes, *A tragédia de um povo: a Revolução Russa, 1891-1924,* considerado o melhor

PARTE VI – ASSASSINATOS EM MASSA

trabalho que já se escreveu sobre a Revolução Bolchevique. Ruy
Fausto conclui dizendo que enquanto persistir nesse caminho
equivocado a esquerda brasileira não sairá do fundo do poço.
O populismo de esquerda recorre a um líder carismático e autoritário, apoiado em grupos sociais que defendem interesses
de classe, predominantemente divergentes, seduzindo-os com
facilidades proporcionadas pelos cofres públicos, a começar por
Getúlio Vargas, que, apesar de não ter roubado, foi leniente com
a corrupção. No caso do PT, segundo Ruy Fausto, "o fato de ter
adotado medidas de inegável importância não pode lhe servir
como escudo para as barbaridades que cometeu com o dinheiro
público, usado em favor do Partido, de líderes e de terceiros,
mediante propina. Quem faz isso", pergunta o autor, "pode ser
chamado de populista? Os benefícios que o PT trouxe ao Brasil
justificam os crimes que praticou? Na verdade", arremata, "com
seus erros, o PT soergueu a direita brasileira que se encontrava
desarticulada, em estado de quase catalepsia".

É claro que a parcela da esquerda democrática, que nada tem
a ver com os roubos, foi lançada numa grande crise, a ponto de
ter sido fator decisivo na vitória de Bolsonaro, em quem votou
por ser a opção menos má. Entendem esses eleitores que a prática endêmica da corrupção no Brasil não pode ser usada como
argumento para expiar os pecados mortais petistas, que cresceram embalados pela generalizada crença, infundida na alma dos
brasileiros, de que seriam austeros no exercício do poder. Acreditava-se que o PT faria como as garças, na imagem construída
pelo aposentado ministro da Suprema Corte Carlos Ayres Brito,
que "nadam no pântano, comem no pântano, reproduzem-se
no pântano, mas, quando alçam voo, exibem penas imaculada-
mente brancas". Ao contrário: o partido encharcou-se no lodo
mais abundante e infecto. Outros, porém, rendidos a um fundamentalismo suicida, mesclado com pragmatismo interesseiro
e anético, argumentam que a submissão do PT à generalizada
prática da corrupção foi o "preço" a pagar para chegar ao poder e realizar os programas de distribuição de renda, como o

JOACI GÓES

Bolsa-Família criado pelo PSDB, e transformado no Auxílio Brasil, em fins de 2021, com o dobro do valor, e a gradual elevação do salário mínimo, que é de imposição constitucional. Sobre elevar o padrão educacional, nenhuma palavra, bem como silêncio total sobre a manutenção de mais da metade da população brasileira sem acesso a saneamento básico, causa da contração de um sem-número de doenças infectocontagiosas que lhes reduzem a alegria de viver, a eficiência operacional e a longevidade, de que os estudos da Fundação Trata Brasil, com Denise Kronemberger e da Oxfam, com o relatório "A diferença que nos une", são prova. Os setores íntegros da esquerda brasileira não aceitam essa explicação primária, como tão bem exposto por Ruy Fausto, porque avaliam que a pressão da opinião pública, nos três planos, municipal, estadual e federal, seria suficiente para alcançar esses desideratos, sem a necessidade de entrar num jogo baixo que só se explica pelo maior oportunismo corrupto de todos os tempos, alimentado pela busca de satisfação dos apetites inferiores de riqueza e poder que resultou, segundo é afirmado, na inesperada ressurreição de uma direita que se supunha morta. Sem falar, acrescentam, na imperiosa necessidade de esclarecimento dos homicídios que foram praticados, "por razões políticas", os mais notórios dos quais os do ex-prefeito de Santo André, Celso Daniel, em 2002, e de mais seis testemunhas. Mais uma vez, lembra Ruy Fausto, o fato de crimes semelhantes serem praticados por outras agremiações políticas não pode servir como argumento para as práticas criminosas do PT. Igualmente, quem da esquerda participou da luta armada não tem carta branca para eliminar adversários políticos em ambiente democrático. E, mais adiante: "Para além dos velhos laços de amizade e lealdades acadêmicas, seria preciso, afinal, afirmar com todas as letras: o discurso político de Marilena Chaui tem representado uma verdadeira catástrofe para a esquerda". Tanto no Mensalão quanto na Operação Lava-jato, lembra Fausto. Chaui defendeu os que foram apanhados com o furto na mão, atribuindo a fascistas burgueses as iniciativas de

PARTE VI – ASSASSINATOS EM MASSA

acusar os membros da esquerda, em geral, e do PT, em particular. Chaui chega a ponto de afirmar que o juiz Sérgio Moro foi treinado pelo FBI, para entregar o pré-sal aos norte-americanos! Autocrítica, para ela, é coisa de política totalitária, ignorando o caráter purgativo da autocrítica na história dos povos. O peso do prestígio intelectual de Marilena Chaui operou como anestésico moral da esquerda, alimentando a prática dos seus desvios de conduta, impedindo-a de fazer uma autocrítica purificadora". Ruy Fausto desqualifica os argumentos de Chaui, sustentando que, eventuais excessos à parte, as apurações tanto do Mensalão quanto da Operação Lava Jato foram necessárias, úteis e moralizadoras, ao tempo em que condenou os insustentáveis e "delirantes" clamores de inocência dos acusados e do PT, diante de evidências tão gritantes. "A ficção está aí. Marilena Chaui toma alhos por bugalhos. Pior: mistura tudo e nos oferece um mundo de cabeça para baixo. Ela é seduzida pelo aplauso dos auditórios. Ora, não há nada mais funesto, para a esquerda, do que esse tipo de sedução. Porque, para ser brutalmente claro, não há beócios somente no campo da direita. No nosso, é preciso reconhecer, eles também existem e costumam frequentar os anfiteatros. Para eles, quanto mais retórico, no mau sentido, for um discurso, e quanto mais afetado for o modo pelo qual é pronunciado, mais aplausos merecerá." Chaui "repete os mesmos chavões dos stalinistas que explicavam as condenações dos seus opositores como derivadas do propósito de entregar aos cartéis internacionais as riquezas do país. Chavões que fazem parte da arenga dos meninos semianalfabetos da UNE".

Em *O ciclo do totalitarismo*, Ruy Fausto diz que o islamismo é o mais fundamentalista e totalitário entre os movimentos religiosos. Também para ele, o século XX, como pensam vários autores, foi mais caracterizado pelo totalitarismo do que pelas guerras ou revoluções. Segundo pensa, o leninismo-stalinismo e o maoismo, em razão da extrema violência a que recorreram, representaram muito mais retrocesso do que avanços, inclusive para a esquerda, no longo prazo. Na esteira da Revolução Francesa, em

JOACI GÓES

fins do século XVIII, e durante todo o século XIX, a violência, ainda que sempre presente, arrefeceu, para retornar de modo inaudito e inédito no século XX, sobretudo como violência do aparelho estatal. Pela primeira vez na história, uma violência, sobretudo, de caráter ateu, mas com maior intensidade perversa do que a religiosa. É claro que a violência nazista foi de igual malignidade, embora seu genocídio tenha sido numericamente inferior ao russo e ao chinês. Acima do número de vítimas, a intenção é o que mais caracteriza o genocídio. Enquanto muito semelhantes no recurso à violência, o totalitarismo da esquerda é igualitarista e o da direita é meritocrático, convivendo com a desigualdade como condição natural e inevitável das coisas do Universo. Daí dizer-se que o nazismo e o comunismo são gêmeos heterozigóticos. A precipitação de ambos, quase que simultaneamente, na Rússia e na Itália, teve como causa imediata a eclosão da Primeira Grande Guerra.

O ENVELHECIMENTO PRECOCE DO MARXISMO

Apesar de as condições sociais tanto na Rússia quanto na China serem distantes das ideais, para a implantação do comunismo, segundo Marx, a ausência de um hiato, sequer, de vida democrática na multimilenária história de ambas as civilizações, foi determinante para os levantes de 1917 e 1949. A cultura dos dois países seria, em tese, receptiva ao totalitarismo comunista. Isso explica por que uma elite, a *nomenklatura*, governou a Rússia, sob a "ditadura do proletariado", *slogan* para consumo dos movimentos sociais que grassavam em toda parte, enquanto, com mão de ferro, Stalin dava sequência a um genocídio muito maior do que o de Hitler e seus sequazes. Com grande antevisão, o filósofo e historiador tcheco-austríaco Karl Kautsky (1854-1938), teórico marxista que editou o quarto volume de *O capital*, e um dos fundadores da social-democracia, escreveu, em 1918, o livro *A ditadura do proletariado*, em que acusa a Re-

PARTE VI – ASSASSINATOS EM MASSA

volução Bolchevique de estabelecer uma "ditadura sobre o proletariado", e não uma ditadura do proletariado. Apesar de o ter criticado duramente, a ponto de escrever um livro com o título de *Kautsky, o renegado*, Lenin reconheceu ser ele um "verdadeiro historiador marxista", e seus trabalhos em história serem "um patrimônio perdurável do proletariado", entre os quais *A origem do Cristianismo*, em que faz uma análise profunda de Jesus como revolucionário.

Para Ruy Fausto, o populismo de esquerda só prospera em países emergentes ou subdesenvolvidos. Do ponto de vista estrutural, há parentesco entre os populismos de esquerda e de direita com o totalitarismo. Repetindo outros autores, Ruy Fausto sustenta que a União das Repúblicas Socialistas Soviéticas não era união, nem eram repúblicas, nem socialistas nem soviéticas. Aqui o título não tem qualquer relação de identidade com o conteúdo. O mesmo ocorre com grande parte do movimento de esquerda mundo afora. Os erros cometidos pela social-democracia nem de longe podem ser equiparados aos horrores perpetrados pelo comunismo, que "conduziu a uma catástrofe histórica cujo custo para a humanidade, principalmente nas pessoas de camponeses, foi de algumas dezenas de milhões de mortos. Essa história é um livro fechado para muita gente de extrema-esquerda, inclusive especialistas, particularmente nos países emergentes", onde "o marxismo continua sendo hegemônico em grandes setores da intelectualidade". "Ora", continua Ruy Fausto, "ainda que isso possa surpreender alguns, eu diria que o marxismo está muito mal situado para entender aqueles fenômenos. E isso não só porque eles se situam num tempo bem posterior ao da morte de Marx, mas porque o autor de *O capital* pouco teorizou sobre o destino de governos pós-revoluções comunistas, e quando o fez, fez mal. Diria que, por paradoxal que possa parecer, outubro-novembro de 1917 é uma data decisiva na história do envelhecimento do marxismo. É que ela assinala o ponto de partida de uma história que o marxismo estava muito mal preparado para teorizar, diria mais, uma história (futura, eventual) cuja realidade fora simplesmente denegada por Marx." Ruy Fausto conclui dizendo que "é difícil não dar razão à esquerda e extrema esquerda não trotskista, que viam no regime russo e no regime chinês um tipo de poder opressivo e explorador, e também genocida e terrorista". No caso da China, os que morreram de fome ou pela violência do regime, segundo fontes confiáveis, passam de 60 milhões de pessoas, a esmagadora maioria entre indefesas e inocentes camponeses. Em termos relativos, porém, Pol Pot, do Camboja, é o maior genocida igualitarista, ao eliminar mais de 2 milhões de cambojanos, quase um terço da população do país.

Sobre essa brutal matança humana, Ruy Fausto pergunta: "Como a esquerda atual reagiu e reage diante do ciclo do totalitarismo? Em que medida ela foi, ou é consciente do que aconteceu e agiu, e age, em consequência disso? São perguntas a serem feitas tanto para as esquerdas europeias quanto de países emergentes como o Brasil". O próprio Ruy Fausto respondeu parte da pergunta: "A esquerda europeia tem poucas ilusões, seja com o passado stalinista ou maoista, seja com os 'remanescentes do campo socialista', do tipo da Cuba dos irmãos Castro" enquanto "a social-democracia francesa se revela, mais do que nunca, solúvel no capitalismo. O governo socialista francês não só abandonou, praticamente, todos os seus projetos e promessas, no plano da ecologia, como não faz outra coisa senão negociar vantagens oferecidas aos empresários em troca de promessas de mais empregos. Se não é um partido de patrões, é um partido com vistas aos patrões". E continua: "Quanto à extrema-esquerda, ou se dissolveu, ou continua encantada com algum adversário dos americanos, ontem Chavez, hoje o sucessor de Chavez; ontem e hoje os chineses e os irmãos Castro, e parece que até Putin". Mais adiante, Ruy Fausto leciona: "As esquerdas continuam evoluindo – isto é: planando –, no interior de um universo de confusão política que se poderia chamar de arcaico. Se aceitarmos os elementos que indiquei como exigências de uma política de esquerda consciente e eficaz – repensar a demo-

PARTE VI – ASSASSINATOS EM MASSA

cracia e sua relação com o capitalismo, reconsiderar o problema da violência, aceitar uma teoria da história não comprometida com as ilusões do progressismo político, o que significa fazer a crítica do leninismo, do trotskismo e, em grande parte, também do marxismo –, se aceitarmos isso tudo como condição, a esquerda brasileira está muito longe de ter alcançado uma atitude lúcida... Se examinarmos os partidos de esquerda dominantes no cenário brasileiro de hoje (ele escreveu em 2018), creio que lá encontraremos, entre militantes e simpatizantes, três tipos de individualidades: socialistas democratas, que querem uma evolução no sentido de uma radicalização não autoritária; ativistas que, pelo contrário, continuam acreditando, mais ou menos firmemente, se não no totalitarismo, pelo menos no pós-totalitarismo autoritário (em particular, que comungam com um poder do tipo do dos irmãos Castro); e, finalmente, oportunistas e carreiristas de toda sorte". E logo em seguida, depois de dizer que é a segunda categoria que mais lhe interessa examinar, continua Fausto: "A primeira coisa a ressaltar é a ignorância por parte dessa massa de membros ou simpatizantes de partidos da melhor literatura política, aquela que é indispensável para quem quiser entender a nossa época, incluindo os cem anos que nos precederam. É impressionante como grande parte da literatura crítica internacional de esquerda, como da literatura que não é propriamente de esquerda, mas que é indispensável para entender o nosso mundo, fica fora do alcance do público intelectual brasileiro de esquerda. Em parte, esses livros, jornais e revistas não chegam ao Brasil. Quando chegam, mais precisamente, quando estão traduzidos para o português, têm duas características: quem os publica não são, geralmente, as editoras que editam livros considerados de esquerda (às vezes, até frequentemente, é a própria direita que se encarrega da publicação deles) e, ainda, o público de esquerda não os lê. Provavelmente, são os próprios editores simpáticos à esquerda que, conhecendo os preconceitos dominantes na esquerda, evitam publicá-los. E assim se constitui um círculo vicioso, paradigmático, que não vale só para a questão das publicações. O resultado – ou isso é a causa? – é uma esquerda que não deu quase nenhum passo no sentido de repensar, a fundo, a questão da democracia, que continua mistificando o papel da violência, que não abandona suas ilusões com os governos 'socialistas' ou 'anti-imperialistas'. Um bom exemplo é a maneira pela qual são recebidos no Brasil os dissidentes cubanos (dissidentes estranhos à extrema-direita). Grupos de neoleninistas ou neostalinistas violentos simplesmente os impedem de se pronunciar, como aconteceu recentemente com uma jornalista cubana. O argumento é que os dissidentes estariam a serviço 'da direita' e a prova residiria no fato de que eles foram vistos na companhia de tais e ou quais deputados ultrarreacionários e se deixaram fotografar com eles. [...] isso não teria nenhum efeito negativo se a esquerda os reconhecesse como dissidentes, como faz a esquerda europeia".

Sobre a intolerância ao contraditório, observa Ruy Fausto que "a esquerda oficial trata de desmoralizar, o quanto pode, todo discurso que a critique, e os que praticam o discurso". Disse mais: "Não nos iludamos. Se as ortodoxias marxistas – e me refiro aqui não às direções dos partidos de esquerda e extrema-esquerda brasileiros, mas aos setores mais dogmáticos de certa intelectualidade 'marxista', estejam eles dentro ou fora dos partidos – chegassem ao poder (o que, por enquanto, ao menos, é, sem dúvida, muito improvável), não teríamos socialismo algum, mas governos burocráticos-autoritários com toda a sua carga de opressão, violência e primarismo". Em nota de rodapé, afirma também: "Uma esquerda crítica e independente é, para mim, resumindo, uma esquerda que não seja nem leninista, nem social-democrata. Aos que pensam que essa exigência é utópica ou irrealista, deve-se dizer que, mesmo se não hegemônica, tal esquerda tem uma longa história, e uma longa tradição que é preciso retomar e atualizar. ...O que ela (a extrema-esquerda) tem como perspectiva, não nos iludamos, é um governo de tipo populista-autoritário, já que um puro totalitarismo é hoje problemático, mas não é preciso chegar aí para instaurar um

PARTE VI – ASSASSINATOS EM MASSA

pequeno inferno político, um governo que não representaria progresso, mas regressão". Ruy Fausto levanta uma improvável hipótese: "Imaginemos um governo composto por algumas das figuras conhecidas, mais fanáticas de certa extrema-esquerda universitária, por exemplo. É provável que viessem a dar alguns passos em favor de parte do proletariado e dos camponeses, contingentes que logo incorporariam à burocracia do Estado; mas as vantagens concedidas – como a história comprova – não seriam duradouras. Perder-se-iam em alguns anos. Em compensação, eles acabariam com as liberdades no País, instaurariam um clima irrespirável, imporiam uma ideologia retrógrada e mentirosa, deformariam a educação universitária etc.". Para a esquerda radical, mais do que o capitalismo, o verdadeiro inimigo é a democracia, postura totalitária herdada do leninismo e do stalinismo. Tanto que fizeram, festivamente, as pazes com a China capitalista, alimentada pelo *slogan* "ser rico é glorioso". Essa mudança de posição, segundo Ruy Fausto, guarda coerência com a frequente evolução de elementos dos mais violentos e niilistas da extrema-esquerda para a extrema-direita.

Segundo Ruy Fausto: "Se neojacobinismo mais progresso dá em violência multiplicada, despotismo mais progresso tem como resultado o genocídio". Bingo! E continua: "Os camponeses que já haviam sofrido muito com Lenin – o encanto com o bolchevismo durou bem menos do que um ano –, serão massacrados por Stalin, no genocídio que atinge a Ucrânia e parte do sul da URSS, no início dos anos de 1930 [...] Do massacre dos camponeses por Stalin, nos anos de 1930, uns cinco ou sete milhões de mortos, devemos passar ao chamado 'grande salto para frente' do poder maoista, do final dos anos 1950 e começo dos 1960, com vinte ou trinta milhões de mortos. Não parece haver na história outra operação de liquidação de vidas humanas dessa amplitude, feita em nome do progresso. [...] O bolchevismo (leia-se leninismo), com a sua violência neojacobina a serviço do progresso, prepara o terreno para as práticas genocidas do despotismo stalinista e maoista".

Para Ruy Fausto, o igualitarismo é, necessariamente, coercitivo e totalitário. "A sociedade totalitária, mesmo quando é igualitarista, não é uma sociedade igualitária." Daí certa cumplicidade entre igualdade e totalitarismo ou despotismo. A fórmula combinada dos pensamentos de Engels e de Lenin concilia os conceitos de liberdade com consciência da necessidade, na medida em que identifica uma com a outra. A difícil conciliação entre igualdade e totalitarismo foi um permanente desafio na vida do pensador e revolucionário, republicano e socialista francês Louis-Auguste Blanqui (1805-1881), a quem Marx, treze anos mais jovem, tanto admirava. O blanquismo, nome de sua teoria, sustentava a igualdade dos direitos entre homens e mulheres e o fim do trabalho infantil. Por sua defesa da luta armada para chegar ao poder, Blanqui passou 37 anos na prisão, daí advindo o cognome de O Encarcerado. Seu grande inspirador foi o ultrarrevolucionário François Noël Babeuf (1760-1797), de vida exuberante, reconhecido pela posteridade como precursor do socialismo, do anarquismo e do comunismo, conceitos inexistentes em seu tempo de vida.

UMA REFLEXÃO FINAL

A DISPUTA PELA
BANDEIRA AMBIENTAL

Esquerdistas radicais sempre pugnaram para fazer da defesa do meio ambiente uma bandeira de sua luta, não obstante a contribuição negativa que as duas maiores experiências comunistas deram à causa da preservação da higidez planetária, ao lado dos Estados Unidos e de praticamente todos os países da comunidade europeia. Quando vieram a se posicionar na vanguarda do movimento, tinham, atrás de si, uma trilha de devastação abominável. Recorde-se que Joseph Stalin, além de atacar os ambientalistas e sua ciência, expulsou-os da União Soviética e deu *status* científico à pseudociência de seu aliado bolchevique Trofim Lysenko. Mao Tsé-Tung tentou ultrapassá-lo, ao sustentar que o materialismo histórico recomenda que a natureza seja usada a serviço da Revolução Proletária. Quando o estrago ambiental, produzido pelos países comunistas, despertou a reação mundial, a esquerda totalitária, a partir da década de 1970, mudou o discurso, para ajustá-lo à linha de pensamento daquele que se tornou o movimento mais consensual no tempo e no espaço, que é a higidez planetária.

A postura preservacionista do meio ambiente, sintetizada como verde, conta com o decisivo apoio de pessoas que integram, no plano político-econômico, a díade esquerda-direita. A tentativa da esquerda de se apropriar dos verdes como se fora um seu departamento resulta da antiga tática propagandística de qualificar como boas todas as suas posições, do lado de Deus ou do bem, em contraposição às posições da direita, do lado do Diabo, encarnação do mal. Da abrangente ação desse movimento não há como escapar. Daí surgiu a ideologia eco-socialista e anticapitalista que vem desenhando e propondo modelos sustentáveis de desenvolvimento que a todos compelem. Pessoalmente, considero o padrão de vida ibérico, proporcionado por Espanha e Portugal, como no topo da qualidade capaz de satisfazer os mais exigentes. Esse padrão poderia ser estendido aos quase 8 bilhões de habitantes de nosso planeta, sem o risco de exaustão dos recursos naturais, raciocício que não se aplica à generalização do padrão de vida das nações mais ricas. Basta que se diga que o desperdício evitável, praticado pelos 320 milhões de americanos, representa um PIB equivalente ao da França, segundo país mais rico da Europa, com seus quase 70 milhões de habitantes. Sem dúvida, a boa gestão dos recursos naturais permite-nos fazer do pequeno planeta Terra a sede de nossas vidas por um tempo muito longo, mas, certamente, finito. É muito grande o rol de pensadores que caminham nessa mesma direção.

Nesta fase de busca do consenso, a excessiva politização da questão ambiental, para fins de dominação, dificulta os avanços de que, como espécie animal, tanto necessitamos e dependemos. É preciso que o espírito científico, coeso e intransigente no seu dever de buscar a verdade, impeça o avacalhamento desse que é, em longo prazo, o tema mais caro à saga humana.

A atribuição de maior responsabilidade ao capitalismo pelas agressões ambientais, com base no argumento de que nele o lucro é o único deus, não encontra respaldo nas práticas dos países que integram os extremos opostos, uma vez que a China e a Rússia comunista sempre figuraram como grandes vilões da higidez ecológica do planeta. Até o momento, a preservação ambiental é forte componente ornamental do discurso da esquerda, do mesmo modo que a utilização criteriosa dos recursos públicos. Sem transparência, consectário natural das demo-

Uma reflexão final

cracias, a prática operacional, em todos os regimes totalitários, colidirá com a grandiloquência do discurso da honradez. No Brasil, Ruy Fausto, festejado intelectual da esquerda, destacou o fracasso do governo Dilma, na questão ecológica, afirmando: "há, certamente, gente de tendência totalitária no PT, mas há, também, democratas, populistas e um contingente considerável de personagens pura e simplesmente oportunistas". Observou, também, que o "rouba, mas faz", de Adhemar de Barros, na década de 1950, voltou à tona no PT, como discurso de defesa dos desmandos de Lula e Dilma.

Segundo Marco Túlio Cícero, "a cultura é uma segunda natureza". Não é de estranhar, pois, que a ecologia natural seja tão profundamente vinculada à ecologia social. A proteção contra as ameaças ao meio ambiente, no espaço e no tempo, depende muito da introjeção dessa consciência, hoje tão necessária. Daí a vinculação das instituições como fator determinante da qualidade da preservação ambiental. Do mesmo modo, nossas atitudes sobre a preservação do meio ambiente – o ar, as águas, a terra, a vegetação, os animais – influem decisivamente no conteúdo das instituições que regulam o comportamento e o relacionamento humanos. Os conflitos sobre o tema revelam que temos uma longa estrada a percorrer, antes que seja tarde. O êxito dependerá de nossa capacidade coletiva de promover uma consciência geral sobre nossa dependência comum nessa matéria ou, "nosso futuro comum" (*our common future*), como tão bem definiu a primeira-ministra da Noruega Gro Harlem Brundtland (1939), ao presidir a Comissão Mundial sobre Meio Ambiente e Desenvolvimento, em memorável trabalho com esse título, publicado em 1987. Esse importante relatório ressalta as consequências ruinosas para o futuro da humanidade advindas do uso excessivo dos recursos naturais pelo modelo industrial das nações ricas, copiadas pelos países em desenvolvimento, conduzindo à exaustão dos ecossistemas. Para que as políticas ambientais sejam sustentáveis, recomenda o documento, é indispensável que o desenvolvimento satisfaça as necessidades atuais, sem comprometer a possibilidade de satisfação das necessidades das futuras gerações. O problema é que os padrões de produção vigentes são insustentáveis num longo prazo cada vez mais reduzido.

Entre as medidas capazes de equacionar o problema, o relatório recomenda, internamente: 1) limitação do crescimento populacional; 2) garantia, no longo prazo, dos recursos básicos, como água, alimentos e energia; 3) preservação da biodiversidade e dos ecossistemas; 4) redução do consumo de energia e desenvolvimento de tecnologias com uso de energias renováveis; 5) desenvolvimento industrial dos países periféricos com o uso de tecnologias ecologicamente adaptadas; 6) controle da expansão urbana desordenada e integração entre o campo e as pequenas cidades; 7) universalização do atendimento das necessidades básicas, como saúde, educação e moradia.

No plano internacional, o relatório recomenda: 1) adoção de desenvolvimento sustentável pelos órgãos e instituições de financiamento de projetos econômicos; 2) adesão aos programas de proteção dos ecossistemas internacionais como os oceanos e a Antárctica; 3) adesão ao fim das guerras; 4) apoio aos programas de desenvolvimento sustentável, pelos organismos internacionais.

O conceito de desenvolvimento sustentável, por sua vez, deve ser parte do currículo escolar em todas as fases do ensino. Paralelamente, os atuais dirigentes de empresas públicas e privadas devem ser treinados para assimilar e disseminar entre os seus pares e subordinados os melhores métodos produtivos sem o comprometimento da higidez ambiental. Em complemento a esse corpo de medidas, o Relatório recomenda: 1) uso de novos materiais de construção, adaptados a essas recomendações; 2) revisão das zonas residenciais e industriais; 3) máximo aproveitamento de fontes renováveis de energia, como eólica, solar e geotérmica; 4) máxima reciclagem dos materiais; 5) racionalização do consumo da água e dos alimentos; 6) redução máxima de produtos químicos na produção dos alimentos.

É imperioso somar às grandes conquistas alcançadas, sobretudo pela sociedade aberta, em que a miséria caiu de 90% da

Uma reflexão final

população mundial de 2 bilhões de habitantes, em 1800, para, apenas, 10%, na segunda década do terceiro milênio, quando há grande fartura, preservação ambiental e qualidade dos alimentos, cada vez mais livres dos agrotóxicos. O Clube de Roma, por sua vez, fundado em 1968, é composto por uma diversificada plêiade de inovadores (*think tanks*), dedicados a pensar soluções para os problemas mundiais, nos mais diferentes campos, como o meio ambiente, política e economia internacionais. Dentre as tarefas do Clube de Roma, inclui-se a de oferecer soluções para os problemas constantes do relatório *Os limites do crescimento* (*The limits to growth*), apresentado por uma equipe liderada pela cientista ambiental Donella Meadows (1941-2001), coautora do best-seller com o mesmo título do relatório, traduzido para dezenas de idiomas, continuando a exercer considerável influência mundial, pela intensidade e qualidade da conscientização que despertou, relativamente ao significado do desenvolvimento sustentável. É verdade que, tanto nessa como em qualquer outra questão, nossa confiança na efetividade do conhecimento é sempre maior do que na moralidade de suas intenções. Da mesma natureza é geral a percepção do abismo que pode existir entre o peso da técnica e a expressão moral de suas conquistas. Daí, a necessidade do esforço para a busca de paridade entre o avanço da técnica e os valores, que são a alma de uma sociedade ou de um povo. O grande desafio, portanto, continua sendo o que fazer com o conhecimento, na medida em que queremos uma humanidade fraternalmente solidária. É aí que reside o significado do grande papel que cabe às instituições desempenhar para a realização desse equilíbrio.

Como encarar, por exemplo, o fato de que os Estados Unidos, com cerca de 4,5% da população global, respondam por percentual tão grande das drogas consumidas no mundo e um desproporcionalmente elevado percentual dos recursos naturais do planeta, que a Organização Mundial do Comércio (OMC) afirma, em seu relatório *World Trade Report – Natural Resources*, serem recursos naturais escassos? Em grande parte, como consequência do enorme desperdício praticado pelo tio Sam. Nesses recursos naturais não estão incluídos, apenas, petróleo, gás natural ou carvão. Alimentos também fazem parte deles, assim como a água potável, o bem mais necessário à continuidade da vida de parcela substancial do bioma terrestre.

O equacionamento de problema tão grande nunca resultará, apenas, de pregações e apelos ético-morais, mas é tarefa que só instituições internacionais, democraticamente constituídas, podem levar a cabo, com êxito. De sua ausência, resulta a crise da família, do trabalho, da política e, até, das religiões a que muitos se agarram como tábua de salvação. É verdade que a cultura americana entronizou a crença de que o único benefício público de valor aferível é o empenho dos indivíduos que atuam fortemente motivados para realizar seus desejos e projetos egoísticos ou naturais aspirações de alcançar a supremacia. Essa situação factual é um obstáculo ao cumprimento do papel que está reservado para as instituições, na medida em que a cultura individualista americana as vê como uma ameaça ao seu nutriente ideal de liberdade, ainda que exercido de parelha com outras virtudes, como cuidado e responsabilidade. O novo mundo em que passamos a viver clama por uma reformulação dessas visões impregnadas de excessivo individualismo, sobretudo nos Estados Unidos, pela relevância de sua posição hegemônica no plano tecnológico e da afluência individual e coletiva, dois dos maiores problemas em escala planetária. Esse o grande desafio olímpico com #que depara a humanidade. Seremos capazes de vencê-lo? É muito importante ter em mente que não somos prisioneiros do maniqueísmo que opõe o inferno ao céu; entre os dois, há o purgatório, onde se pode viver sem a permanente e incômoda ameaça de arder em brasa. Como um estímulo a gerar otimismo, urge reconhecer a consistência do ideal iluminista segundo o qual do mesmo modo que o presente é melhor do que o passado, o futuro será melhor do que o presente, se formos mais sábios do que estúpidos.

Uma reflexão final

UMA NOVA REALIDADE

Uma grande oportunidade para a pacificação dos ânimos, nesse campo, surgiu com o fim da Segunda Guerra, quando os Estados Unidos emergiram perante o mundo como um novo titã, apto a dar régua e compasso aos destinos da humanidade, de tal modo crescia sua importância, não apenas como guardiães da democracia, mas também como provedores das necessidades gerais, diante de uma Europa e uma Ásia aturdidas em face de sua infraestrutura demolida pelo esforço bélico. A única exceção era a tenaz do olhar de Stalin, cujos hediondos crimes a humanidade minimizava em razão da contribuição da União Soviética na derrocada de Adolf Hitler. Aparentemente, todas as condições apontavam para o déculo do homem comum, sob a égide do poder e dos ideais norte-americanos – o *American way of life* – em que a conquista das maiores ambições estava ao alcance de todos os que estivessem dispostos a persegui-las, a partir de critérios meritocráticos. Da iniciativa privada surgiram grandes organizações, com e sem fins lucrativos, compondo o que o sociólogo norte-americano Philip Selznick (1919-2010) chamou de "governo privado," que, para governar, não necessitava do endosso expresso dos governados. Os municípios, as igrejas e as universidades são as mais abrangentes da espécie. Quando William Levitt lançou o programa "casa de qualidade para todos", a opinião pública norte-americana indicava que palavra de ordem, de modo a neutralizar o prestígio soviético, seria o slogan: "Quem possui casa ou terreno estará ocupado demais para ser comunista!" De fato, as duas décadas que seguiram ao conflito mundial transformaram o povo americano em felizes proprietários do lar. A eleição presidencial de John Kennedy foi o grande desfecho, no plano político, habilitando o colosso do norte a lançar um programa de integração internacional sob o inspirador título de "Aliança para o Progresso". Mais do que no pós-Primeira Guerra Mundial dos anos 1920, a euforia dominante levava à crença de pelo menos um sécu-

649

JOACI GÓES

lo de paz e prosperidade, tornando inaudíveis os diagnósticos que denunciavam inconsistências no dominante modo de vida da classe média americana, a exemplo do historiador Lewis Mumford (1895-1990), que, na esteira das críticas do sociólogo David Riesman (1909-2002), do polímata William H. White (1917-1999) e do irrequieto sociólogo C. Wright Mills (1916-1962), autor do clássico *A elite do poder,* apontou as fragilidades do "movimento da classe média na direção dos subúrbios."

Tais críticas não levaram em conta a função catártica desse movimento da classe média, que, assim, se curava ou amenizava os ressentimentos e inveja oriundos da intensa desigualdade que sofria até o fim da Segunda Grande Guerra, como destacaram estudiosos, entre os quais o casal Robert Lynd (1879-1949), americano irlandês, e Helen Lynd (1896-1982), escritora e pensadora americana.

De fato, é inegável a sensação de nivelamento social, por cima, que aquele avanço da classe média despertava na sociedade norte-americana. É verdade que a redução da desigualdade, efetivamente ocorrida, foi menor do que sua percepção coletiva, fato que não invalida sua influência e importância. O que não se percebeu foi a embrionária emergência dos avanços tecnológicos que viriam afetar, com intensidade sem precedentes, as condições de trabalho, a vida econômica e a estrutura institucional de um planeta que se modificava com grande rapidez, ainda que se mantendo, predominantemente, conservador. Essa percepção levou Mumford a concluir pela indispensabilidade dos indivíduos se colocarem como o vínculo entre o conforto das tradições, que lhe conferem identidade, e as tensões do novo que os conscientizam do seu significado. Sem isso, fenecem os sentimentos de prazer e de liberdade, percepções que são intensamente dificultadas pela frequência e velocidade das mudanças. Ao perceber o desconforto que esse paradoxo gera, o então Presidente americano Harry Truman declarou: "Não quero submeter o povo americano a novos experimentos, depois de tantos por que passou. Descansar é o que ele mais deseja e precisa, agora".

650

Uma reflexão final

Do grau de capacidade de fazer dessas forças antagônicas o ponto de alavancagem sinérgica do seu avanço é que dependem as sociedades modernas. Como individualidade e solidariedade já rimam na sonoridade poética, basta um passo para que se integrem em favor do avanço do processo civilizatório. A motivação para enfrentar o "risco vermelho", expresso, sobretudo no macarthismo em ação, logo parcialmente convertido em "caça às bruxas", operou como permanente acicate na obsessiva busca da "superação de limites", pelos Estados Unidos, materializado na liderança econômica, política, militar, diplomática, científica e tecnológica, em escala universal, meta muitos pontos acima da ascensão do estilo Wall Street que destronou o ideal jeffersoniano de independência familiar e das pequenas comunidades, como afirmação maior do vigor da democracia americana. De uma força centrada nos valores paroquiais, a força motriz, *the driving force*, do povo norte-americano, passou a se apoiar nos valores nacionais, plataforma de lançamento do seu propósito de liderar o mundo. A conciliação entre esses ideais extremos tornou-se cada vez mais difícil. O crescente paradoxo passou a figurar como tema de reflexão de historiadores, psicólogos, romancistas e sociólogos, dedicados à busca de sua reconciliação, a exemplo do norte-americano Frederick Siegel (1926-2017) e do canadense-americano Saul Bellow (1915-2005), Nobel de Literatura de 1974.

Como bem disse John Kennedy, "*a rising tide lifts all boats!* (uma maré montante levanta todos os barcos)". Na estabilidade do desenvolvimento em ambiente democrático, as pessoas podem ter um curso de vida razoavelmente previsível, com respeitabilidade e afluência promotoras de edificante autoestima. De fato, a infraestrutura institucional do pós-guerra foi dotada de elementos aptos a prevenir uma depressão econômica, melhorar o padrão de vida e assegurar a expansão e prosperidade da bolsa de valores e o número de seus beneficiários, o treinamento permanente da mão de obra e a assistência social aos idosos e dependentes. Tudo conducente à expansão numérica e à prospe-

JOACI GÓES

ridade da classe média, vista como o fator de maior estabilidade dos povos, em face da hegemônica predominância que exerce sobre os extremos da riqueza e da pobreza, mediante o usufruto dos bens essenciais à satisfação das necessidades que habilitam as pessoas a ir em busca de maiores desafios, como Abraham Maslow desenvolveu em seu livro de 1954, *Motivation and Personality*, ao estabelecer a "hierarquia das necessidades humanas". Recorde-se que já na remota virada do século XVIII para o XIX, quando nada menos que 90% das pessoas, em escala mundial, viviam da pobreza para baixo, os Estados Unidos exibiam o perfil da sociedade menos desigual de que havia registro histórico, a contar do início da civilização sedentária, criada pelo advento da agricultura.

É a partir desse momento que as instituições são chamadas a desempenhar funções essenciais, em novas dimensões, para as quais não há substituto no plano de ações individuais ou de grupos de interesses privados. A oferta de empregos cada vez melhores, renda familiar crescente, escolaridade superior ao alcance de todos e acesso universal à casa própria são objetivos a ser alcançados por meio de instituições. Tudo isso pela concertada ação institucional, sobretudo da família e da igreja, sem prejuízo da entronização do protagonismo individual e agnóstico como valor emblemático do iluminismo e da sociedade aberta. Na prática, o exercício da cidadania plena implicava a busca do aperfeiçoamento das ações de troca e de mercado, tanto no plano individual como no de grupos de interesses. Difundia-se e fortalecia-se a crença em que o melhor, na perspectiva de cada qual, estava ao alcance de todos. Quanto mais, portanto, diversificado o leque das possibilidades de ação, quanto mais acentuado o pluralismo, melhor para a potencial satisfação das ambições gerais na nova sociedade afluente, batizada, também, como a "sociedade tecnológica", garantida, sobretudo, pelo aperfeiçoamento da competência gerencial. Tudo isso acontecendo num país em que a intervenção estatal é a menor do planeta, fato que avaliza a eficácia do liberalismo, em oposição

UMA REFLEXÃO FINAL

aos diferentes modos de dirigismo pelo Estado. É verdade que um dos temas mais presentes no interesse do público inteligente norte-americano gira em torno da definição do *quantum satis* da presença do Estado na economia, *vis-à-vis* liberdade de ação do setor privado, como Walter Lippmann (1889-1974) abordou de modo exemplar no seu *magnum opus* de 1937 *The Good Society (A boa sociedade)*. Essencialmente, o posicionamento diante dessa questão fundamental é o que distingue os dois grandes partidos norte-americanos, o Democrata e o Republicano. O mais intervencionista, o Democrata, é visto como da esquerda, relativamente ao menos intervencionista, o Republicano, apontado como da direita.

O maior desafio para assegurar o prestígio e a solidez dessa sociedade afluente consistia e consiste na erradicação da pobreza, o que, no longo prazo, só poderia ser conquistado pela universalização do acesso a educação de alta qualidade, como definiu, enfaticamente, o presidente Kennedy. Entre os diferentes grupos sociais potencialmente sujeitos à pobreza, as populações afrodescendentes despontavam, ontem como hoje, como o alvo principal. Nesse ambiente de eufórica confiança numa prosperidade ilimitada – nascida em grande medida, quem sabe, da histórica coincidência de o ano de 1776 ter abrigado a Revolução Americana e a publicação de *A riqueza das nações*, de Adam Smith –, os apelos na direção do consumismo encontravam plena receptividade na reação geral. A política da casa própria no subúrbio das cidades médias e grandes trouxe, embutida, a universalização do carro individual de modelos cada vez mais suntuários, na contramão do estilo predominantemente utilitário europeu e asiático, sob a liderança do Japão. Daí para o segundo carro foi apenas uma questão de tempo. Os americanos colocavam sua vitoriosa modernidade como se fossem, de fato, profetas do progresso. Essa olímpica autoconfiança apoiava-se numa economia inovadora e altamente produtiva, para cuja consumação contribuiu de modo expressivo a ética política reclamada pela moralidade pública dominante, cujo fundador foi o filósofo inglês John Locke (1632-1704), um dos maiores formuladores do que Karl Popper denominaria sociedade aberta. O pensamento de Locke esteve sempre impregnado de sua religiosidade e do seu severo senso de dever calvinista. É verdade que essa impregnação deixou de ser levada em conta a partir da segunda metade do século XVIII, quando seus seguidores, nos Estados Unidos, passaram a propagar que o direito à vida, à liberdade e à busca da felicidade encontra sua expressão máxima na solitária apropriação individual da riqueza extraída da natureza. A mais importante missão do governo, na visão de Locke, seria a proteção dessas riquezas ou propriedades, não havendo, assim, limites dimensionais para o enriquecimento.

Como é característico da dinâmica dos povos, os anos 1980 trouxeram incertezas sobre a segurança da estabilidade social, econômica e moral norte-americana, quando as mudanças escaparam à previsibilidade e ao controle gerencial do setor público e das instituições.

O INDIVIDUAL E O COLETIVO

No ar, sempre esteve presente se o patrocínio da plena realização dos apetites individuais deveria ou não considerar o dever de satisfazer, em alguma medida, o interesse coletivo. A grande diferença é que até uma tirania benevolente pode abrigar exclusivamente o interesse individual, enquanto a inclusão do bem-estar coletivo só é possível numa democracia digna desse nome. Para garantir a primeira, basta uma boa organização, enquanto a segunda exige grandeza coletiva. O sociólogo James Stockinger (1953-) considera o dever individual de solidariedade coletiva a lição mais fácil a transmitir, de geração a geração, bastando lembrar, como ele sustenta, que "é com as mãos de terceiros que são colhidos os primeiros frutos da mãe natureza que vêm à nossa boca. É pelas mãos dos outros que o nosso corpo é cuidado até depois da infância. Ao longo da vida, é grande

Uma reflexão final

a dependência das mãos de terceiros para assegurar nossa sobrevivência. Foram mãos de terceiros que nos trouxeram do útero para o palco da vida. Outras mãos plantam, colhem e distribuem os alimentos que chegam às nossas mesas, fazem e cosem os tecidos que nos vestem, além de construir nossos lares. São de terceiras pessoas as mãos que provocam prazeres em nossos corpos, nos momentos de amor ou de alegria, além de nos proporcionar conforto nas horas de aflições. Mãos de terceiros extraem da mãe natureza as matérias-primas com que produzir os objetos de nosso consumo individual. Por derradeiro, é pelas mãos de terceiros que somos transportados para a última morada."

Poder-se-ia acrescentar, é verdade, que, com a expansão, sem precedentes da mobilidade individual, vieram as tensões decorrentes de perturbações na esfera da privacidade e da convivência, familiar e social. A introjeção pedagógica dessa verdade palmar deve ser o mantra no trabalho de convencimento de que a aceitação da interdependência é imperativo da sobrevivência comum. Temos de acabar, por exemplo, com o erro de supor que a compreensão do significado dessa momentosa questão é privilégio de uma reduzida plêiade de iluminados. Nesse assunto é uma mera questão de tempo a constatação de que venceremos todos ou todos seremos arruinados. Não há a hipótese da salvação ser privilégio dos mais espertos. É possível, sim, a criação de uma consciência universal coesa nesta questão fundamental, objetivo prioritário da agenda humana. Nada há comparável, em importância, a esse tema para a construção de nosso futuro comum. Para alcançá-lo, não bastam as emocionadas exortações evocativas dos deveres perante a pátria humana! Essa é uma tarefa a ser concluída, sobretudo, por meio de instituições adequadas. E para criar esse ambiente, é necessário um esforço, ainda maior, do individual inspirado no coletivo, do que aquilo que vem sendo feito.

Segundo o sociólogo americano Daniel Bell (1919-2011), "o Estado-nação está ficando muito pequeno para os grandes problemas da vida, e grande demais para os pequenos problemas da vida", de tal modo está enleado na trama internacional que estabelece uma interdependência global, indispensável para a resolução desses problemas que afetam as pessoas em toda parte. Dessa interdependência, não escapa sequer a mais poderosa das nações-Estado. É nesse vazio que se agiganta o papel das instituições. A esse respeito, intensifica-se o consenso internacional que aprofunda e pacifica o entendimento de que nas democracias "a consciência precede o ser". Sem a elevação do padrão de consciência, nivelando os deveres de cidadania com os anseios individuais, as reformas institucionais oscilam entre difíceis e impossíveis, estimulando-se a excessiva polarização de posições exacerbadas, caminho conducente ao fim das democracias. É uma felicidade, porém, que esse seja um desfecho evitável e, até mesmo, reversível, como se infere de experiências conhecidas.

O PAPEL DA UNIVERSIDADE

A escola, sobretudo a universidade, é a igreja de nossa sociedade secular. Daí a importância de nos interessarmos e de nos envolvermos com o seu desempenho, dentro de um ambiente democrático, marcado pela diversidade e tolerância entre pontos de vista divergentes, particularmente políticos e religiosos, respeitadas as regras da moralidade vigente e a convivência entre distintos níveis técnicos em uso. Para tanto, importa saber que a democracia é uma sinfonia permanentemente inacabada, porque em contínuo processo de construção, durante cuja obra a sociedade aberta, que constitui sua conquista fundamental, expõe-se aos regulares ataques de seus inimigos que é imperioso derrotar.

Aprende-se em todos os domínios do conhecimento através do repetitivo ciclo da tentativa, do erro, da correção do erro, da nova tentativa, e assim por diante. A mesma atitude tem de ser pedagogicamente desenvolvida relativamente ao papel de integração social que cabe às instituições desempenhar. É pela busca

UMA REFLEXÃO FINAL

honesta da correção dos erros que as instituições se aperfeiçoam para virem a cumprir suas insubstituíveis atribuições. Condená--las sem dar a elas a oportunidade de aperfeiçoamento é ignorar o papel do erro como fator de aprimoramento do que se deseja alcançar, no plano tanto das conquistas materiais quanto espirituais. Como exercício, basta ver e comparar o crescente desempenho alcançado pelos virtuosos, dos esportes às manifestações culturais e artísticas, em todos os domínios.

A DEFESA DO *STATUS QUO*

O sistema defensivo de todo *status quo* é aparelhado com os instrumentos da máxima proteção, nos diferentes planos, indo dos interesses materiais aos afetivos. Tomemos o caso do divórcio e sua longa batalha para vencer a má reputação de ser considerado o flagelo das famílias, a mais antiga e valorizada das instituições humanas, até se afirmar como uma conquista sólida das sociedades abertas. Na prática, o divórcio resolve mais problemas do que cria, a ponto de não haver retrocesso em sua admissibilidade, remanescendo a família, para a maioria das pessoas, como o grande palco onde se desenrola o filme de suas vidas, com desempenhos variáveis, marcados por sofrimento, tédio e alegrias, em combinações infinitas, oscilando do mínimo ao máximo esplendor, entremeadas por conquistas, perdas e dores, a serviço dos gigantes da alma: amor, ódio, medo e dever, conforme a conceituação do psicólogo cubano-espanhol Emilio Mira y Lopez (1896-1964).

Mesmo continuando a ser a riqueza material o fator historicamente preponderante na construção da desigualdade interpessoal, vários outros fatores emergiram para, sobremodo, dificultar a mensuração dessa superioridade ou desigualdade, ao longo do tempo. O leitor comum, desprovido de maior capacidade analítica, orienta-se, nessa matéria, com o mesmo instinto-racional com que elege os seus partidos políticos. Apenas no domínio da percepção política, o termo esquerda tem uma conotação positiva, precisamente por significar uma posição em favor dos mais fracos. Em todos os demais domínios, J. A. Laponce encontrou associação com a negatividade. A preferência por uma tríade sobre uma díade é uma constante na convivência humana, como meio de superação de conflitos. O renascimento do fascismo poderia ter resultado do desejo de superação do maniqueísmo presente no conflito da díade liberalismo-marxismo, como o Espírito Santo, que completa a tríade do cristianismo, ao lado do Pai e do Filho, resultou, segundo Jung, da necessidade de superar o conflitante dualismo de pai e filho, do mesmo modo que a síntese, relativamente, à tese e à antítese. São três as deidades do hinduísmo: Bhahma, Vishnu e Shiva, que representam a criação, a conservação e a destruição. A tríplice concepção freudiana do *id*, do ego e do superego seria dessa mesma natureza. A tríplice concepção das fases da história, segundo Auguste Comte, a teológica, a metafísica e a positiva manaria dessa mesma fonte conciliadora. De igual modo, como pensou Pitirim Sorokin, ao dividir a história em três períodos: o teológico-intuitivo, o racional e o sensorial. As teorias psicológicas e sociológicas se apoiam, predominantemente, em três fatores: intuição, desejo e racionalidade. O panteão romano é centrado em três deuses: Júpiter, Demétrio e Marte, simbolizando a soberania, a fertilidade e a guerra. A antropologia desenvolve-se em três linhas sucessórias: a patrilinear, a matrilinear e a bilateral. Nossa identificação no mundo afirma-se num contexto tríplice: eu, ou nós, você, ou vocês, ele(ela) ou eles, enquanto dividimos o tempo em passado, presente e futuro. As casas reais só se digladiaram quando não dispuseram de uma terceira opção.

Estudos antropológicos, porém, apontam para uma mais numerosa opção pela díade do que pela tríade ou conjuntos mais complexos. Nunca chegamos a quatro ou mais opções, entre as inúmeras existentes, com a mesma espontânea velocidade com que chegamos à dualidade e triplicidade. De todo modo, as motivações para que cheguemos ao número ideal de opções são

Uma reflexão final

de natureza tríplice: biológica, social e cultural, atuando isoladamente ou em combinação com uma ou as duas outras fontes. Não é à toa que os números dois e três, mais do que quaisquer outros, têm fascinado estudiosos dos mais diferentes campos epistemológicos, para chegar às suas conclusões. Como a unicidade é associada ao caos, o dois representa a restauração da ordem, ameaçada com a emergência de uma terceira alternativa, que pode abrir espaço para uma quarta, e assim por diante, podendo as estruturas se enriquecerem com os desafios nascidos desse desequilíbrio dinâmico.

Segundo o *scholar* inglês Francis M. Cornford (1874-1943), especialista em filosofia antiga, particularmente no pensamento de Platão, Parmênides e Tucídides, a primeira ideia da dualidade surgiu quando povos primitivos perceberam a existência de opostos, como a noite e o dia, a partir das associações com a escuridão e a claridade, daí avançando para as noções do bom e do ruim, do bem e do mal, quente e frio, alto e baixo, grande e pequeno. Na mesma conexão, anos depois, o sociólogo e antropólogo francês Marcel Mauss (1872-1950), considerado o pai da antropologia francesa, sobrinho de Émile Durkheim (1858-1917), quatorze anos mais jovem do que o famoso tio, a quem sucedeu na direção da revista *L'Année sociologique*, levantou a hipótese de que as dualidades nasceram da percepção social do contraste entre o indivíduo e os outros, daí avançando para a distinção entre seu grupo e o resto da humanidade, conclusão que teria levado à díade "nós e nossos inimigos". Desde então, espraiou-se a noção da bipolaridade entre praticamente todos os valores, objetos e entidades naturais e culturais. Importa reconhecer o notável papel desempenhado pela percepção anciã das dualidades e das polaridades no desenvolvimento de nossa capacidade analítica, a tal ponto que o linguista e filósofo suíço Ferdinand de Saussure (1857-1913), de cujos estudos nasceu a linguística como ciência autônoma, de influência capital no campo da teoria da literatura e dos estudos culturais, reconheceu haver encontrado, na capacidade humana de dizer se algo é ou não é o que se examina, a base para a elaboração da teoria da linguagem. Foi Saussure quem propôs que a ciência dos signos, de que a linguística é parte essencial, fosse chamada de semiologia. Do mesmo modo, esclareceu tantas outras palavras; basta lembrar que duelo resultou da combinação de duas palavras: *duo*, "dois", e "elo" de *bellum*, "guerra". "Duelo", portanto, significa guerra entre duas pessoas. Nesse diapasão, a grande maioria das guerras foi ferida entre dois povos, apenas. Quando os litigantes exorbitaram de dois, por conflito, os excedentes foram integrados às coalizões que se formaram, ocasionando a redução para dois de praticamente todos os contendores, em 100% dos casos, como é da natureza dos duelos. A linguística serviu de base para a emergência do estruturalismo no século XX.

O ressurgimento do fascismo resultou da tentativa de quebrar a bipolaridade universal entre a esquerda e a direita, pela incorporação de alguns preceitos fundamentais de ambas, bem como da contundente rejeição de outros.

Em todas as estruturas, independentemente do viés político dominante, a magna questão continua a mesma: Como e por que o governo regula a sociedade dos homens? Sabe-se que a razão é o método, o crescimento da ciência é o caminho a seguir, e o proveito da humanidade, o fim a alcançar. Como contraponto, hipérboles, metáforas e palavras vãs, gordurosas, mas vazias de significado, são o fogo-fátuo, *ignes fatui*, usado por qualquer que seja a tendência dominante como instrumento para proscrever ou, no mínimo, afugentar o atraso.

A topografia das ideias, dos pensamentos, dos valores e dos desejos e caprichos humanos constitui uma recorrência de todos os tempos. É o recurso a percepções topográficas que torna possível a transmissão de ideias, em última análise, do conhecimento. Nessa abrangência multidimensional, fica reduzido e apequenado o dogmatismo prevalecente há pouco mais de dois séculos de situar-se os conflitos ideológicos fundamentais como compreendidos na bitola estreita da díade esquerda-direita, com pequenas variantes ou graus nas duas direções, mediados por

Uma reflexão final

uma posição central, equidistante dos extremos. A verticalidade foi ignorada pelo componente axiológico intrínseco à percepção humana, que confere às posições de cima um *status* superior às de baixo, sendo, por isso, aprioristicamente, deixadas de lado ou descartadas, para referir a valores ou categorias potencialmente iguais, enquanto na dimensão horizontal essa hierarquia não existe, aprioristicamente, tanto que a valoração das posições de esquerda-direita oscila, no tempo e no espaço. Observe-se a coincidência histórica de o sistema métrico ter nascido contemporaneamente à díade esquerda-direita, durante a Revolução Francesa, para uniformizar as diferentes medidas em uso, facilitando o comércio e o intercâmbio, em geral. Foi, portanto, uma conquista popular relevante. Desde sua criação, a díade esquerda-direita e o sistema métrico têm empreendido uma vitoriosa e paralela caminhada, mundo e conhecimento afora, não obstante os distintos fins a que servem: um primando pela precisão, e o outro, pela plasticidade exegética que tem conduzido a intermináveis, tensas e inconciliáveis discussões e, não raro, a violentas animosidades. J. A. Laponce, pensador canadense, vê a substituição da visão vertical, superior-inferior, pela horizontal, esquerda-direita, como o resultado da imposição do impreciso fator econômico-social sobre o hierárquico, explicitamente inerente à percepção vertical. A utilização da díade esquerda-direita, de caráter espacial, sem qualquer hierarquia implícita, resulta, também, da supremacia do fator econômico-social sobre os de caráter meramente geográfico ou antropológico.

ANEXO I

ALGUNS CASOS DE INVEJA ALTAMENTE DESTRUTIVA

Os casos que passamos a expor constam, de modo mais detalhado, de nosso livro de 2001, *A Inveja nossa de cada dia, como lidar com ela*. O propósito é o de evidenciar o papel da inveja como agente retardador do progresso humano. Nenhum deles, porém, tem o potencial destrutivo da inveja que está na base de toda proposta igualitária que atropela critérios meritocráticos, de que o comunismo é o exemplo máximo.

Nicolas Fouquet (1615-1680), ministro das finanças de Luís XIV (1638-1715) e protegido do cardeal Mazarino, nada sofreu enquanto confundia as contas pessoais com as do erário, apesar da antipatia que Colbert, outro magnata das finanças públicas, lhe dedicava. Morreria na prisão, porém, pela inveja que despertou no rei em consequência da realização de uma festa monumental no seu recém-construído Palácio de Vaux, nos arredores de Paris, na noite de 17 de agosto de 1661. O melhor da nobreza, inteligência, riqueza e aristocracia europeia compareceu para abrilhantar o faustoso evento. Todos porfiavam em escolher o que mais esplendia: o paisagismo dos jardins, exuberantes de vegetação e beleza? A arquitetura triunfal, os detalhes do rico acabamento, os móveis, a tapeçaria, os quadros, os vitrais? A alexandrina biblioteca de treze mil volumes, ricamente encadernados? Ou a qualidade da música produzida pelas diferentes orquestras que se distribuíam nos vários ambientes internos e externos do colossal palácio? E que lugar ocupariam os acepipes, de raro sabor, que compunham o ágape babilônico? Luís XIV, com apenas 23 anos, mas já há dezoito no poder (herdou o trono aos 5 anos de idade!), a tudo testemunhava, em surda iracúndia. Pensadores, poetas, pintores, arquitetos, escultores, músicos, príncipes, generais, diplomatas se alternavam nos elogios torrenciais prodigalizados àquele novo Petronius, espicaçando a inveja do rei. O radiante Fouquet mal disfarçava a sensação de triunfo, ao superar o futuro Rei Sol, como o centro das atenções, naquele momento glorioso.

Três semanas depois da grande festa, Luís XIV convida Nicolas Fouquet para acompanhá-lo a Nantes, onde, imediatamente após a chegada, ordena sua prisão, por desfalcar o erário. Fouquet morreu prisioneiro a 23 de março de 1680, quase dezoito anos depois de sua malsinada festa (*Enciclopédia Britânica*). Não foi o assalto ao erário o que matou Fouquet, mas a inveja que despertou no coração do monarca.

A INVEJA DE MOZART

O austríaco Wolfgang Amadeus Mozart (1756-1791) foi, certamente, o mais precoce entre os maiores compositores de todos os tempos. O garoto prodígio embasbacou a aristocracia, a nobreza e o mundo artístico europeus, com seus concertos e composições a partir dos 4 anos de idade, acompanhado da irmã Maria, cinco anos mais velha, sob a direção paterna. Além de talentosíssimo, o menino Mozart era extremamente agradável e naturalmente sedutor. Quando, em 1762, se apresentou em Paris, declarou à arquiduquesa e futura rainha Maria Antonieta, apenas um ano mais velha do que ele, que foi cumprimentá-lo: "Você é muito gentil. Quando eu crescer, vou me casar com você". Maria Antonieta, decapitada dois anos depois da morte de Mozart, morreu sem ver cumprida a promessa do jovem Amadeus! A inveja fez de Mozart uma vítima, igualmente, precoce. Aos 11 anos, em 1767, em Viena, compôs, a pedido, uma ópera

Anexo i – Alguns casos de inveja altamente destrutiva

bufa intitulada *La finta Semplice*, que a companhia contratante reputou "um trabalho inigualável". Não obstante, intrigas e manobras de compositores mais velhos, invejosos do intolerável êxito de Mozart, suprimiram-na da apresentação para a qual foi contratada. Em seguida, o arcebispo de Salszburg conferiu-lhe o título honorário de "Maestro di Capella". Aos 14 anos, Mozart ouviu, pela primeira vez, o *Miserere de Allegri*, numa Sexta-feira Santa, na Capela Sistina, no Vaticano, cumprindo uma tradição que, iniciada no século XVII, perdura até hoje. Com a restauração da capela, concluída em fins de 1999, a tradição continua com vigor renovado. A partitura desta composição era mantida, há mais de um século, como segredo religioso. A mera tentativa de aprendê-la era punida com a pena da excomunhão. Para estupefação geral, Mozart a memorizou por inteiro, sem perda de uma nota sequer.

Em 1771, a ópera *Ascanio in Alba* de Mozart, então com 15 anos, foi por ele executada, simultaneamente com a ópera *Ruggiero* do compositor alemão Johann Adolf Hasse (1699-1783). Ao fim do concerto, Hasse, aos 72 anos, declarou maravilhado: "Este garoto fará com que todos nós sejamos esquecidos". O normal é que Hasse tenha sido tomado por um forte sentimento de inveja. Sua atitude, porém, revelou um domínio maduro sobre esta "depravação natural", manifestando-a sob a forma de incontida admiração pelo jovem gênio da música.

Não é difícil compreender o ônus existencial, oriundo da inveja, que Mozart teve que arrostar paralelamente à fruição da glória. Esta é uma vicissitude inerente ao êxito. Uns mais, outros menos, todos vivemos de provocar e sentir inveja. O problema é quando a inveja escapa ao nosso controle para provocar destruição e infortúnio! Foi o que aconteceu com o compositor ítalo-austríaco Antonio Salieri (1750-1825). A verdade histórica inclina-se por não aceitar a versão de que Salieri, num dos seus muitos assomos de inveja contra Mozart, o tenha assassinado por envenenamento, conforme defendido na ópera *Mozart e Salieri*, de 1898, do russo Nicolas Rimsky-Korsakov (1844-1908).

A versão cinematográfica do húngaro Milos Forman, baseada na peça *Amadeus*, do teatrólogo inglês Peter Schaffer, retoma a tese de homicídio. O fato real, objeto do conhecimento do meio artístico da época, é que Salieri invejou tão intensamente o talento de Mozart que, se tivesse podido, tê-lo-ia matado uma centena de vezes.

Salieri, nascido em 1750, era, apenas, seis anos mais velho do que Mozart. Isto significa que Salieri teve que conviver, desde os dez anos, com a fama de um concorrente mais moço cuja extraordinária precocidade fez dele uma personalidade de escol em todo o mundo musical por onde trafegava, a partir dos 4 anos de idade. Num tal ambiente, as comparações, repetidas e cada vez mais incômodas, são inevitáveis. Salieri era um músico dotado de inegável talento, do mesmo modo que não era feito da mesma têmpera magnânima de Hasse, cuja avaliação verdadeira de Mozart não suportava admitir. Por isso, começou a sofrer, desde cedo, com as comparações que o situavam, sempre, abaixo dele. Bom compositor que era, altamente versado nos segredos da música, Salieri sabia que não era possível vencer o gênio criativo de Mozart, que não cessava de superar-se, para encanto geral. Daí nasceu a inveja obsedante e, com ela, o desejo de destruí-lo como meio de pacificação de sua alma.

Coube ao poeta russo, Alexandr Sergeyevich Pushkin (1799-1837), um século antes de Rimsky-Korsakov produzir seu libelo acusatório, gravar em versos imortais, a denúncia da inveja patológica de Salieri, pondo-lhe nos lábios este desabafo contra a injusta distribuição que Deus faz dos talentos:

"Os homens dizem: não há justiça sobre a terra.
Mas não há, igualmente, justiça nos céus!"
"Porque eu nasci com imenso amor pela arte:
"Ainda criança, escutava o órgão fazer ecoar
"Seus acordes maviosos por nossas velhas igrejas,
"Eu escutava embevecido, enquanto doces lágrimas,
"Doces e incontroláveis lágrimas banhavam meu rosto."

(Tradução do autor)

Anexo i – Alguns casos de inveja altamente destrutiva

(Men say: there is no justice upon earth.
But neither there is justice in the Heavens!
For I was born with a great love for art:
When – still a child – I heard the organ peal
Its lofty measures through our ancient church,
I listened all attention – and sweet tears,
Sweet and involuntary tears would flow.)

(Richard Smith – "Envy and the sense of justice", in *The Psychology of Jealousy and Envy*, editado por Peter Salovey, 1991.)

E Pushkin continua a emprestar voz, em versos candentes, a toda indignação de Salieri contra os excessos de talento com que a Providência mimoseou Mozart, em seu prejuízo, segundo crê. Insiste em que os grandes sacrifícios a que se submeteu pela música, a par de seu talento e bom gosto, fá-lo-iam o destinatário natural da máxima inspiração musical. A posse de tais dons, por Mozart, pensaria Salieri, representa uma injustiça intolerável que merece ser vingada com a própria morte! Apesar de Salieri vestir sua inveja, com o manto da vingança legítima, na visão poética de Pushkin, ele sabe que não há compreensão social para seu gesto inconfessável, razão por que, contrariamente à verdadeira cólera santa, que é aberta, altaneira e se expõe, escolhe o caminho da simulação e do subterfúgio, ultimando no envenenamento sorrateiro do "responsável" por sua dor. A inveja de Salieri não pararia aí. Franz Schubert (1797-1828), nascido seis anos após a morte de Mozart, foi aluno de Salieri e pôde sentir a mordida de sua inveja. Salieri, acossado por muitas críticas, uma vez que sua inveja, inicialmente de Mozart e mais tarde de Schubert, era do conhecimento geral, tentou despistar seus acusadores, mostrando-se magnânimo, ao chamar de mestre outro seu aluno famoso, Ludwig van Beethoven (1770-1827), vinte anos mais moço que ele. Esta postura, generosa na aparência, é a reação clássica do invejoso consciente de sua malícia, quando apanhado em flagrante. Pelo sim pelo não, Beethoven preferiu guardar distância do seu antigo professor.

Segundo Pushkin, enquanto Salieri chorava, copiosamente, escutando os acordes do *Requiem* de Mozart que ele reputava superior a toda sua criação musical, o infeliz compositor morria, envenenado, no ápice de seu poder criador, antes de completar 36 anos.

Triste destino o de Salieri, que continuou a sofrer de inveja ainda maior depois da morte de Mozart, cuja música superior era uma lembrança dolorosa a confirmar e a ecoar em seus ouvidos sua inapelável inferioridade.

IRINEU EVANGELISTA DE SOUZA, BARÃO DE MAUÁ (1813-1889)

"O Visconde de Mauá, desde a Maioridade até a República, acompanhando a realeza imperial com a sua realeza econômica, na ascensão e na decadência, pressentiu e tentou resolver todos ou quase todos os grandes problemas econômicos brasileiros, os problemas essenciais do período moderno de nossa história, desde os interesses do Rio Grande, que representou na Câmara, até a navegação do Amazonas. Foi um quadro assombroso de unificação nacional na cabeça de um só homem, o Caxias de nossa unidade econômica" (Tristão de Athayde).

Órfão de pai aos 9 anos, o Barão de Mauá foi o maior e o mais importante empresário brasileiro de todos os tempos. Num imaginário concurso, entre nações, para identificar qual dentre elas deu berço ao maior de todos os *self-made-men*, o Brasil, concorrendo com Mauá, teria tudo para conquistar o laurel de ouro. Nele, tudo foi original, surpreendente, forte, superlativo; do nascimento à morte; na ascensão rápida, ao primeiro posto da riqueza no continente, à falência espetacular dos negócios, e daí à reconstrução de sua fortuna, a partir dos 60 anos; da relação fraterna com os humildes à intimidade com os poderosos do Império e das finanças internacionais. Jovem, rico e poderoso, o barão construiu, com sua sobrinha-esposa, uma família nume-

Anexo I – Alguns casos de inveja altamente destrutiva

rosa e bem constituída, sendo sua devoção conjugal objeto de debates na sociedade machista de então. Mais do que um empresário, Mauá foi um grande estadista que realizava sua utopia transformadora com inovadores negócios privados. À formação de sua imagem não faltava, sequer, o charme do prestígio intelectual que desfrutava, pela sua notória competência, como autodidata, em vários domínios.

A ascensão de Irineu era tema obrigatório de todas as conversas. Seu tirocínio para negócios ganhou versões legendárias; bem como sua honradez. Ainda bem jovem, tornou-se fluente no idioma inglês, de cujo povo procurava imitar as maneiras, a fala e o modo de vestir. Era um lorde, forjado, em seu início, sob a luz do candeeiro e sobre os sacos de grãos, no armazém do português, "seu" Pereira.

O período em que Irineu desenvolveu suas atividades vai de D. Pedro I, o proclamador da independência do domínio português, até 25 dias antes da queda de D. Pedro II, quando faleceu. Curiosamente, portanto, sua atividade econômica, iniciada muito cedo, teve a precisa duração do Império. Naquele cenário, a sociedade aristocrática dominante, conservadora, tinha sua economia assentada no trabalho escravo.

A indústria era virtualmente inexistente, restrita a um ou outro pequeno equipamento de fabricação estrangeira. Irineu compreendeu que o Brasil, mais cedo ou mais tarde, teria que abrigar iniciativas modernas e vitoriosas. Sucessivamente, construiu o primeiro estaleiro para a fabricação de navios; a primeira estrada de ferro do país, a "Mauá"; iluminou a cidade do Rio de Janeiro; reabriu o Banco do Brasil que o governo fechara anos antes e, mais tarde, quando o governo retomou o controle, fundou o Banco Mauá que, rapidamente, assumiu a liderança do mercado. Fundou, no Uruguai, o Banco Mauá Y Cia, o mais importante da bacia do Prata, iluminou a cidade de Montevidéu, construiu o cabo submarino ligando o Brasil à Europa, via telegráfica; construiu a estrada de ferro Santos-Jundiaí, além de mais três outras ferrovias. Financiou, a pedido sigiloso do imperador, a guerra do Uruguai contra a Argentina; financiou a guerra contra o Paraguai; explorou, igualmente, a pedido do governo, a navegação na bacia amazônica, como meio de protegê-la contra a ameaçadora cobiça internacional. Qualquer desses empreendimentos seria suficiente para consagrar uma vida. E Irineu executou-os sozinho. Isso tudo e muito mais!

O faturamento dos seus negócios, no ano de 1867, chegou a superar em mais de dois terços o orçamento do Império. Era, de longe, antes dos 40 anos, o homem mais rico da América do Sul e um dos dez mais ricos do mundo. Saberíamos muito mais do dinamismo de Mauá se o governo imperial não tivesse autorizado a queima de sua copiosa correspondência e documentos fiscais. A inveja contra ele mobilizada originava-se, sobretudo, dos políticos e dos aristocratas, ressentidos com o brilho solar de um joão-ninguém, um mequetrefe, um badameco qualquer. Nem D. Pedro escapou da pestilência petrarquiana que se alastrou por todo o organismo nobiliárquico nacional.

Os biógrafos do barão costumam identificar o lançamento da pedra fundamental da Estrada de Ferro Mauá como o poço matriz da animosidade, transmudada em inveja, que o imperador passou a sentir contra ele. A solenidade de lançamento da pedra fundamental realizou-se às onze horas de uma manhã de sol quente. Sempre inovador e audacioso, quebrando o protocolo, o barão estendeu a D. Pedro uma pá de prata para com ela colocar um pouco de terra num carrinho de mão, conduzindo-o, em seguida, por cerca de vinte metros. Estava oficialmente iniciada a grande obra. O trabalho físico, a esta época, mais do que hoje, era destituído de dignidade, porque era restrito aos escravos, aos alforriados ou aos muito pobres. O barão, todavia, sustentava e praticava uma posição liberal, abertamente contrária à escravatura, e também mantinha uma postura tipicamente inglesa, já que a Inglaterra se outorgou a responsabilidade de assegurar o banimento do tráfico escravo em águas do Atlântico. Era, portanto, indispensável estimular o uso da mão de obra, livremente remunerada, como já se

Anexo i – Alguns casos de inveja altamente destrutiva

praticava nas nações modernas. Esta sua posição, diametralmente contrária à das poderosas forças conservadoras que sustentavam o governo imperial, aumentava, perigosamente, a animosidade ressentida a ele votada. O convite ao imperador, para realizar aquele simbólico trabalho, objetivou sinalizar à sociedade brasileira que o futuro próximo do Brasil, que ele queria ajudar a construir, seria incompatível com o trabalho escravo. O imperador que chegara a esboçar um entendimento satisfatório do episódio, acossado por áulicos intrigantes, que se aforçuravam por convencê-lo de que o propósito primordial do barão era o de ridicularizá-lo e não o de valorizá-lo, ao incumbi-lo do exercício de uma atividade intrinsecamente destituída de nobreza, mudou de ideia e passou a ser omisso ou conivente nas ações destinadas a prejudicá-lo.

Bonachão, amante das artes, da filosofia, de estudos filológicos e literatura, o imperador passou a sofrer com a presença do barão em seu território; personalidade que, na expressão maliciosa dos invejosos encastelados na corte, era um grande rei, fazendo contraponto ao próprio imperador.

O cerco em torno do barão se fechava a olhos vistos. A vastidão dos seus negócios, abrangendo um território que ia do rio da Prata ao Oiapoque, exigia mais do que a totalidade de sua atenção. A sucessão dos problemas, naturais num império dessas dimensões, era agravada pelos inúmeros obstáculos, artificialmente produzidos pela burocracia oficial, acionada pela inveja dos seus inimigos, com o propósito deliberado de destruí-lo. Desde então, o barão, que vinha crescendo graças ao aproveitamento corajoso das oportunidades que sua sensibilidade, intuição e conhecimento lhe proporcionavam, parou de dedicar suas energias criadoras à implementação dessas oportunidades e passou à condição de bombeiro, dedicando quase todo seu tempo a apagar incêndios. Daí à dolorosa, ruidosa e criminosa liquidação das suas empresas foi um passo. A inveja que não parou de persegui-lo teve uma grande vitória. Contra o desenvolvimento do Brasil.

Pergunta-se: A inveja sofrida por Mauá, interpretada à luz dos valores sociais que regiam a vida brasileira no século XIX, fortemente influenciada pelo componente religioso, não poderia ter sido derivada da visão segundo a qual o enriquecimento individual é pecado para o catolicismo e virtude para o protestantismo, conforme a interpretação de Max Weber, exposta em sua obra clássica *A ética protestante e o espírito do capitalismo*? Não teria sido, também, o reflexo parcial das teorias igualitárias que embasaram a Revolução Francesa e inspiraram o ideário socialista, tendo a fortuna individual como sua *bête noire*? Investindo contra a copiosa e laudatória biografia que Alberto de Faria escreveu sobre Mauá, 26 anos depois de sua morte, o ensaísta e historiador Edgardo de Castro Rebelo, em *Mauá e outros estudos*, faz uma avaliação restringente do significado da obra de Mauá para o desenvolvimento nacional. O tiro saiu pela culatra. Como na obra de Magalhães Júnior, de acerbas críticas contra Rui, nesta de Castro Rebelo, o leitor sairá convencido da incomparável importância histórica do barão, para o desenvolvimento do Brasil.

Foi em cenário tão adverso que Mauá enfrentou Rothschild. Exauridos os meios diplomáticos, Mauá ingressou em juízo para obter uma indenização correspondente aos prejuízos que sofrera, decorrentes da inadimplência de Rothschild, na parceria para, juntos, construírem a estrada de ferro Santos-Jundiaí. A vitória judicial era uma mera questão de tempo, na avaliação dos mais qualificados juristas. Vários mandados já a asseguravam. Todavia, graças à omissão criminosa do governo, interessado na queda de Mauá, o Tribunal voltou atrás de decisão anterior e, cedendo ao argumento de que a vitória do brasileiro poderia espantar os capitais ingleses, declarou-se incompetente para apreciar a matéria, de acordo com um tratado de constitucionalidade mais do que discutível, que conferia às cortes inglesas a competência exclusiva para dirimir pendências, no Brasil, envolvendo empresas domiciliadas na Inglaterra. Em Londres, Mauá tomou conhecimento de que, pela

Anexo I – Alguns casos de inveja altamente destrutiva

lei inglesa, seu pleito já estava prescrito. Em face disso, o controle da ferrovia foi oportunamente transferido para credores e arrematantes dos bens que Mauá arrolou para fazer face ao concurso de credores, quando da decretação de sua falência. Dois desses arrematantes e sócios do empreendimento desde o início, Cândido Gaffrée e Eduardo Guinle, realizaram o melhor negócio de suas vidas, com a exploração comercial da ferrovia, conforme originalmente projetado.

O silêncio que a longos intervalos tem pairado sobre a obra e a vida do Mauá é o reflexo da postura, às vezes reticente, às vezes agressiva, com que os intelectuais brasileiros se habituaram a refletir sobre empresários e empreendedores. É como se a restrição desabrida ou, no mínimo, o silêncio, fosse o preço a pagar para ingressar no círculo fechado dos "verdadeiros intelectuais", vale dizer: dos que alimentam uma atitude insuperavelmente preconceituosa contra os ricos, conforme denunciado por Ludwig von Mises, sobretudo em *A mentalidade anticapitalista,* livro de 1956. Desta armadilha não escapou, sequer, o respeitável e minucioso historiador cearense Capistrano de Abreu, ao nos brindar com esta joia de incoerência: "Irineu Evangelista de Souza, o Barão de Mauá, riograndense benemérito, em quem, por desgraça, o descortino não corria parelhas com o patriotismo e com a probidade, firme no prestígio acumulado nos meios indígenas, fortalecido pela confiança inspirada aos capitalistas londrinos, rasgou muitas das faixas coloniais e começou a remodelar o Brasil moderno" (Edgardo de Castro Rebelo, *Mauá e outros estudos).* Segundo este juízo, mesmo com pouco patriotismo e pequena probidade, Mauá "rasgou muitas das faixas coloniais e começou a remodelar o Brasil moderno".

Era o casamento do preconceito com a verdade histórica, imposto pelo patrulhado clube dos intelectuais. É a versão historiográfica do "samba do crioulo doido".

JOACI GÓES

O HOLOCAUSTO COMO PRODUTO
DA INVEJA DE HITLER E DO POVO ALEMÃO

O Holocausto é a terceira mais trágica consequência da inveja de que se tem notícia; as duas primeiras foram as de Stalin e de Mao Tsé Tung, e seus seguidores, respectivamente, na Rússia e na China comunistas, resultando na morte de 59 milhões e 68 milhões de pessoas, respectivamente.

O Holocausto foi um caso de inveja individual, amparada numa arraigada inveja coletiva: a inveja de Hitler e do povo alemão contra os judeus. Hitler e o povo alemão partilhavam dos mesmos sentimentos antissemíticos que conduziram ao aniquilamento dos judeus. O antissemitismo religioso começou quando Jesus, que era judeu, não foi reconhecido, pela população judaica, como o Messias prometido pela Torá livro sagrado. Por isso continuaram judeus, à diferença de outros que viram no menino Jesus o cumprimento da profecia. Quem dissentiu, judeus ou cristãos? Os judeus acham que foram os cristãos, e os cristãos acham que foram os judeus. O fato é que, para um dos dois lados estar certo, o outro tem que estar, necessariamente, errado. Desse maniqueísmo nasceu um confronto que vem varando os séculos, com os judeus pagando um elevado preço. Apoiados no que entendem ser a interpretação correta das Escrituras, os cristãos invectivaram os judeus, responsabilizando-os pela morte de Jesus, o enviado. Pior: acusaram-nos de assassinos do Cristo. Com tamanho abismo a separar os contendores, era inevitável o acirramento dos ânimos, com a escalada da violência. O rápido crescimento do cristianismo, assegurado pela pregação dos apóstolos, permitiu-lhe superar numericamente o judaísmo em, relativamente, pouco tempo. À proporção que os cristãos consolidavam sua supremacia, o combate aos judeus recrudescia, atingindo níveis inauditos de violência física e mental.

João Crisóstomo (347-407), influente teólogo cristão, deu o tom que marcaria o ritmo do antissemitismo, desde o século IV,

Anexo I – Alguns casos de inveja altamente destrutiva

quando o cristianismo já dominava o Império Romano: "Onde quer que os assassinos de Cristo se reúnam, a cruz é ridicularizada, blasfema-se contra Deus, desconhece-se o Pai, insulta-se o Filho e rejeita-se a graça do Espírito Santo... Se o rito judaico é venerável e santificado, nossa fé é falsa. Mas se certo for o nosso caminho, como de fato o é, o deles é uma fraude. Não falo das Escrituras. Longe disso, posto que ela nos leva ao Cristo! Falo da crueldade e da loucura desses judeus!" (Daniel Jonah Goldhagen, *Hitler's Willing Executioners*, 1994). É interessante notar que este mesmo Crisóstomo viu a inveja como a causa da morte de Jesus: "Que virtude sólida pode escapar à tentação da inveja, quando os homens consagrados, pela sua profissão, ao serviço do Deus de Israel, os grandes sacerdotes, os escribas e os fariseus, ungidos pela dignidade do sacerdócio, responsáveis pela administração da lei e de sua doutrina, perseguiram Jesus Cristo, movidos pela inveja de sua respeitabilidade, reputação e autoridade!". Nada poderia ser mais claro: ou um, ou o outro; não havia espaço para os dois. Os cristãos de todas as gerações amanheceram para a vida, alimentados desta crença que nunca sofreu qualquer interrupção, desde sua origem, no período de formação do cristianismo, atravessando a Idade Média – quando, em vários momentos, os judeus foram excluídos do gozo da igualdade civil –, alcançando a Idade Moderna e atingindo o ápice na Idade Contemporânea, com o Holocausto. A ferocidade contra os judeus foi, sempre, a regra. O que variava era a intensidade. Explica-se: uma vez provada a responsabilidade dos judeus na morte de Jesus, nada mais precisaria ser provado contra eles, aos olhos dos cristãos. O antissemitismo religioso, por via de consequência, nasceu como um corolário do cristianismo, uma vez que, antes de Cristo, os gregos já haviam inaugurado o antissemitismo contra os hebreus, um dos povos semitas.

Amplamente majoritários, à época do sacrifício de Jesus, os judeus foram crescendo em números absolutos, mas perdendo expressão relativa, e hoje não chegam a 15 milhões de almas (segundo o *site* da Internet, "Where the Jews are", que localiza

JOACI GÓES

os contingentes da população judia em todas as regiões do mundo), enquanto os cristãos passam de um bilhão número cerca de oitenta vezes maior. O pequeno crescimento demográfico dos judeus deveu-se, em certa medida, ao grande número dos que, em momentos de intensificação das pressões, abandonaram o credo, como ocorreu em meados do século XIX, quando cerca de dois terços da elite intelectual se converteram ao cristianismo (Jacob Katz, *From Prejudice to Destruction: Anti-Semitism, 1700-1933*, 1982).

Logo ficou claro para os judeus que eles representavam um grupo, um segmento, uma nação em alto risco de desaparecimento. Era natural, portanto, que ao longo dos séculos, aprendendo com as discriminações, injustiças, preterições e desenganos, concebessem mecanismos e estratégias capazes de assegurarem sua sobrevivência, abroquelando sua fé. Como ensinou Charles Darwin, teorizando sobre as espécies: sobrevive quem melhor se adapta. Isolados, os judeus fora aos pouco agregando competência individual à união coletiva, em torno dos interesses comuns e da firmeza de sua crença. Não havia escolha. Para sobreviver, ao judeu não bastava ser simplesmente capaz; precisava ser dobradamente capaz: aprender mais, trabalhar mais, poupar mais, ser mais disciplinado e mais vigilante, em relação a tudo e a todos. Com o passar do tempo, a observância desses princípios tornou os judeus, em média, singularmente produtivos e, por via de consequência, bem-sucedidos.

Os cientistas austríacos Konrad Lorenz e Karl von Frisch, com o holandês Nikolas Tinbergen, ganharam o Nobel de Medicina e Fisiologia, de 1973, por terem criado uma nova ciência, a Etologia, cujo campo de estudos é o comportamento comparado dos animais, seus hábitos e sua acomodação às condições ambientais, inclusive os costumes, usos e caracteres humanos. Em seu livro clássico sobre a agressão, disse Konrad Lorenz: "Sabemos que é a função de um órgão o que altera sua forma, no sentido de seu desenvolvimento funcional; e quando, em razão de uma pequena e, em si mesma, fortuita alteração hereditária, um órgão se torna um pouco melhor e mais eficiente, o porta-

ANEXO I – ALGUNS CASOS DE INVEJA ALTAMENTE DESTRUTIVA

dor desta característica e seus descendentes estabelecerão um padrão com o qual os outros membros menos talentosos de sua espécie não podem competir. [...]#O que ocasiona o desaparecimento de uma espécie ou sua transformação em outra é a utilitária 'invenção' que, incidentalmente, ocorre a um ou mais dos seus membros no sempre longo processo das alterações hereditárias. Os descendentes desses membros afortunado gradativamente superam todos os outros, até que todos os membros dessa espécie passam a possuir a nova "invenção" [...] Com a maior evolução de uma espécie animal, a significação do papel desempenhado pela experiência e pelo aprendizado individuais geralmente aumenta, enquanto o comportamento inato, ainda que sem perder importância, reduz-se a elementos mais simples, mas não menos numerosos. Com esta tendência geral da evolução, o significado agregado ao velho animal experiente torna-se cada vez maior, podendo-se dizer que a coexistência social dos mamíferos inteligentes atingiu um novo valor de sobrevivência, pela possibilidade de transmissão, aos descendentes, das informações individualmente adquiridas. Contrariamente, pode ser dito que a coexistência social exerce pressão seletiva no sentido da melhor capacidade de aprendizado, uma vez que nos animais sociais esta faculdade é benéfica tanto para o indivíduo quanto para a comunidade. [...] Os outros rituais que evoluem ao longo da civilização humana não são fixados hereditariamente, mas transmitidos por tradição, e devem ser aprendidos de novo por todos os indivíduos" (Konrad Lorenz, *On Aggression*, 1963).

Gonzalo Fernández de la Mora, por sua vez, falando da criatividade como uma fonte de desigualdade, sustentou: "O fato de a capacidade intelectual ser distribuída de modo tão desigual entre os homens, acrescido do importante papel que a hereditariedade desempenha na transmissão dessa capacidade, explica por que há indivíduos e grupos singularmente dotados [...] F. Burt publicou, em 1961, as conclusões de certos elementos, reunidos ao redor de Londres, relativamente aos cinquenta

JOACI GÓES

anos imediatamente transcorridos. O quociente de inteligência dos estudantes universitários e dos profissionais liberais, cerca de 3% da população, era de 140, enquanto o dos trabalhadores, cerca de 26% da população, era de apenas 85. Isso implica uma diferença de 55 pontos. Este paralelismo, ainda que de modo menos acentuado, é transmitido aos filhos: 121 para a classe mais alta e 93 para a mais baixa. Um estudo realizado em Madri em 1971, revelou que a aptidão geral das meninas da classe média, nas escolas particulares, era de 62 pontos, enquanto a das meninas que migraram do campo era de 39... ... Do ponto de vista dos grupos humanos, estes resultados específicos, ao invés de negar, sugerem a hereditariedade da inteligência" (op. cit.).

Friedrich Nietzsche, na segunda metade do século XIX, dizia que os sutis processos que operam na mente do ressentido são um fator de desenvolvimento de suas faculdades intelectuais, razão pela qual o milenário ressentimento dos judeus fez deles um povo dotado de inteligência superior, porque "uma raça ressentida tornar-se-á ao final, necessariamente, mais inteligente do que outra raça nobre qualquer" (*Genealogia da moral*, 1887). Inevitavelmente, os judeus passaram a ser vistos como pessoas diferentes, superiores, porque mais capazes. Brilhavam na escola como na vida. Os indivíduos sentiam-se ultrajados ao se verem batidos por uma gente "ruim", "impura", encarnação diabólica de todos os males. É verdade que na convivência diária, como regra geral, nada se percebia no comportamento do vizinho judeu que exorbitasse do comum das pessoas. Essa ausência de evidências condenatórias – supunham as pessoas – certamente, devia-se a uma percepção ilusória, porque a maldade dos judeus era de ciência consabida desde tempos imemoriais, conforme o bisavô aprendeu do trisavô dele, que aprendeu do seu tetravô. A malignidade dos judeus era o grande truísmo que impregnava o conteúdo das conversas em todos os níveis da sociedade; nada que carecesse da prova de sua existência, como o céu, o sol e o mar. A delin-

Anexo I – Alguns casos de inveja altamente destrutiva

quência dos judeus, que nunca se provou ser superior à média observada em qualquer comunidade, não era ato imputável apenas ao praticante do delito, mas a todo o povo. E assim se realimentava a crença do judeu ladrão, assassino e estuprador.

Em pouco tempo, ao conflito religioso veio juntar-se o componente da inveja despertada pelos judeus. Cada vez mais minoritários, os judeus não incomodavam como força religiosa, diante de um cristianismo que exuberava. O que passou a incomodar foi a percepção de que os judeus eram melhores. Além disso, sua organização como clã e como nação, sem base territorial, conferia-lhes um quê de exclusividade e de distinção que os fazia pairar, na percepção geral, acima do comum dos mortais, compondo uma classe social em tudo distinta de todos os outros grupamentos humanos. Até mesmo o judeu pobre cercava-se, no imaginário popular, desse toque de classe, algo mágico, algo heroico, qualquer coisa invisivelmente tangível e inalcançável. O que quer que fosse despertava uma sensação de perturbadora inferioridade que urgia destruir. Este estado de inveja latente foi logo utilizado pelas lideranças políticas em manobras diversionistas para calar ou pacificar insatisfações populares. Virou praxe açular o povo contra os judeus, como meio de desviar-lhe a atenção dos seus reais interesses.

Com o advento dos estados nacionais, o nacionalismo, como ideologia, ganhou força, sobretudo nos séculos XVIII e XIX. Nacionalismo e antissemitismo ajustavam-se como a mão à luva. Os judeus que já formavam uma nação virtual, viram-se apátridas, estrangeiros no próprio berço. Na Alemanha, mais do que em outro lugar qualquer, este processo agudizou-se, gerando intolerância e violência, apesar da pequena expressão populacional dos judeus - um por cento do total -, setenta por cento dos quais vivendo nas grandes cidades e trinta por cento no interior. Comunidades inteiras que jamais tinham convivido com judeus ou mesmo visto um, sequer, nutriam firme convicção quanto à imprestabilidade do povo de Israel. Ainda que a proximidade física, entre iguais, seja a principal matéria-prima de que se faz

JOACI GÓES

a inveja, esta pode ser substituída pela imaginação e pela memória, desde que haja um estímulo ou uma propaganda geradores da crença de que o distante tem a ver com nossa realidade existencial. No caso da inveja contra os judeus, nenhum esforço era requerido, porque a sua vilipendiação era componente milenário da cultura dos povos ocidentais. Exemplo gritante dessa postura nos dá a Inglaterra, entre o fim do século XIII e meados do século XVII, quando, apesar da ausência de judeus, em razão de anterior expurgo, persistiu forte o sentimento antissemítico. Otelo, o general negro de Shakespeare, peça de 1604, disse pouco antes de cometer haraquiri, como autopunição pelo assassinato injusto da inocente Desdêmona: "Então a alguém tereis de referir-vos que amou bastante embora sem prudência; a alguém que não sabia ser ciumento, mas, excitado cometeu excessos, e cuja mão tal como o *vil judeu*, jogou fora uma pérola mais rica do que toda sua tribo" (Ato V, Cena II).

De acordo com Bernardo Glassman: "Por quatro séculos, os ingleses nunca ou raramente tiveram ocasião de encontrar um judeu, em carne e osso. Apesar disso, eles consideravam os judeus um amaldiçoado grupo de usurários que, em comunhão com o diabo, era culpado de todos os crimes concebíveis pela imaginação popular" (Bernard Glassman, *Anti-Semitic Stereotypes Without Jews: Images of the Jews in England, 1290-1700*, 1975). O sentimento antissemítico, onde não havia judeus, foi a regra em toda a Europa medieval, porque quando viviam em comunidades cristãs, os judeus, segregados, não tinham permissão para travar relações de amizade com os cristãos. A condenação dos judeus, com efeito, não nasceu da observação da realidade objetiva dos fatos, mas da elaboração da mente, como é próprio da inveja que se nutre mais de realidades imaginárias do que de realidades reais. Na era moderna, a situação pouco diferia. O século XVIII representou um período de acentuada pobreza para os judeus. Apesar disso, o pensador inglês, Edmund Burke – festejado pela capacidade analítica que revelou em sua conhecida obra *Reflections on the French Revolution*

682

Anexo I – Alguns casos de inveja altamente destrutiva

(*Reflexões sobre a Revolução Francesa*), até hoje um clássico que se lê com gosto, escrita em fins de 1789 e inícios de 90, quando o movimento revolucionário ainda se encontrava em plena efervescência – com a maior naturalidade, refere-se aos judeus uma dúzia de vezes com as expressões do mais intenso e acrimonioso desprezo. A desvalia do judeu era um truísmo que prescindia de justificação.

OS JUDEUS E A SEGUNDA GUERRA

O extermínio dos judeus era parte do programa oficial de governo e de conquista que mobilizou o povo alemão a empreender a Segunda Grande Guerra. O povo alemão, tanto quanto Hitler, desejava a destruição dos judeus. Esta verdade palmar foi negada ou obscurecida pelo pavor psicológico produzido pela admissão da responsabilidade coletiva, de toda uma nação, pelo cometimento de um crime tão hediondo. A humanidade teve vergonha de si mesma, ao perceber do que era capaz, com o horripilante proceder do nobre povo alemão. Apoiado em dados abundantes e convincentes, o sociólogo norte-americano Daniel Jonah Goldhagen escreveu, em 1994, um livro que veio modificar inteiramente a crença predominante de que o Holocausto tivesse sido a obra macabra de um pequeno grupo de dementes, comandados por Hitler e imposta a um povo compelido a testemunhar e a, eventualmente, participar da brutal chacina. Das páginas deste grande trabalho, *Hitler's Willing Executioners*, traduzido para o português como *Os carrascos voluntários de Hitler* brota nossa convicção de que o Holocausto foi apenas o último ato de uma tragédia perpetrada em nome de preconceitos que mascaravam e racionalizavam o sentimento de inveja contra os judeus, longamente gestado e, finalmente, manifesto com a existência de requisitos favoráveis à sua extravasão. Hitler e seus sequazes não foram a bomba ejetora da inveja genocida; foram o canal de sua liberação.

JOACI GÓES

Sua responsabilidade, porém, permanece maior porque, como líderes, poderiam ter poupado a humanidade deste inextirpável labéu em sua história e honra.

As provas exibidas por Goldhagen, relativamente à adesão voluntária do povo alemão ao genocídio, são irrefutáveis e tão abrangentes que não deixam de fora nenhum segmento da sociedade alemã. Homens e mulheres, jovens, adultos e velhos, cultos e iletrados, ricos e pobres, citadinos e interioranos, comerciantes e industriais, católicos e protestantes, leigos e clérigos, quase todos eram favoráveis às hostilidades, em graus variáveis contra os judeus. Pincemos alguns exemplos ilustrativos neste mar de evidências que Goldhagen nos oferece.

As dificuldades começavam com os "liberais", amigos dos judeus, que falavam em sua defesa. Uma defesa que era, ao mesmo tempo, um libelo acusatório. A obra mais importante, em favor dos judeus, escrita em 1781, reconhecia a necessidade de sua recuperação moral e política, bem como uma mudança radical em sua prática comercial, para que lhes fossem estendidos os direitos civis plenos. Argumentava que, uma vez devolvida a liberdade aos judeus, eles se curariam das mazelas morais que contraíram ao longo de séculos de segregação, enodoando sua formação. O judeu é bom; ruim é sua crença. Os judeus serão aceitos, plenamente, como seres humanos, se deixarem de ser judeus. "Defendê-los-emos tão logo vocês deixem de ser vocês mesmos", bradavam os amigos liberais (Christian Wilhelm von Dohm, *On the Civic Improvement of the Jews,* 1781). Há quem veja nesta defesa capenga dos judeus que, surpreendentemente, resultou na elevação do seu *status* na Alemanha, em 1807, e na plenitude dos direitos civis, entre 1869 e 1871, o exercício competente de uma agenda positiva dentro da conjuntura reinante, ou seja: acima desses limites não se poderia avançar. Algo semelhante à tática de um hipotético advogado criminalista contratado para defender um réu acusado de estupro, numa cidade do interior, ao constatar que:

ANEXO I – ALGUNS CASOS DE INVEJA ALTAMENTE DESTRUTIVA

1) o réu não era responsável pelo crime de que o acusavam;
2) a população da cidade votava tal antipatia ao réu que era fácil prever sua condenação pelo corpo de jurados, naturalmente dominado por igual sentimento.

Ao sustentar a defesa, o inteligente advogado dedicou a maior parte do tempo para dizer o quanto ele também antipatizava com o seu constituinte, concluindo que, apesar de toda a antipatia que despertava, fator de seu isolamento social, ele não era o responsável por aquele crime; e os jurados, pessoas de bem que representavam a sociedade, não poderiam incorrer no erro crasso de condenar um inocente por razões alheias à sua responsabilidade penal. O réu foi absolvido.

Em fins do século XIX, os judeus perderam até mesmo este apoio canhestro dos liberais, e voltaram a ser lançados às feras. Pior: além de os considerarem incorrigíveis, como o demonstrava o fato de continuarem judeus, os liberais passaram a vê-los como uma raça, qualidade imutável e definitivamente impeditiva de sua transformação em alemães. Sintetizando o que expressaram intelectuais e mídia, nesse período, disse o escritor Klemens Felden: "As vozes que, em sintonia com o mais severo veredicto contra os judeus, clamavam por impiedosa perseguição e aniquilamento, constituíam a maioria, e sua pressão aumentava incessantemente. Em sua ótica, os judeus eram parasitas e vermes que urgia destruir. A riqueza que amealharam por meio de roubo e trapaça devia ser confiscada e eles exportados para um ponto remoto da terra, como a Guiné. Alguns advogavam a mais simples das soluções: matá-los, uma vez que o dever de defender a humanidade, a moral e a cultura impunha uma luta implacável contra o demônio. O aniquilamento dos judeus significava, para a maioria dos antissemitas, a salvação da Alemanha. Eles estavam aparentemente convencidos de que a eliminação desta minoria proporcionaria o fim de todas as misérias e devolveria ao povo alemão o comando do seu destino" (transcrito por Goldhagen, obra citada). Afinados com esta li-

685

nha de pensamento, os partidos antissemitas, seção de Hamburgo, fizeram constar do seu programa conjunto, em 1899: "Graças ao desenvolvimento dos modernos meios de comunicação, o Problema Judeu tornar-se-á, ao longo do século XX, um problema global a ser resolvido, em conjunto, pela totalidade das nações, mediante o programa de segregação e, se o sentimento de autodefesa aconselhar, com o aniquilamento do povo judeu" (Goldhagen, obra citada). O sentimento antijudaico era tão arraigado que sua verbalização passou a ser parte de todo proselitismo. Clubes, associações, empresas, escolas, lojas, bares, restaurantes e tudo o mais, crescentemente, faziam profissão de fé da proibição de judeus em seu âmbito de operações, em suas dependências ou em seus quadros. Ludwig Bamberger, líder liberal, escreveu em 1882: "Os órgãos que representam o cerne da nação, como as Forças Armadas, as escolas e a intelectualidade, estão empanturrados de antissemitismo. Não surpreende, pois, que desse antissemitismo, tornado assim tão obsedante, não escape ninguém" (Goldhagen, op. cit). Uma associação de comerciários após, orgulhosamente, autodeclarar-se "nascida do antissemitismo", abriu seu encontro nacional, em 1893, dizendo: "Não podemos escapar desta onda (antissemítica), razão pela qual é do melhor alvitre que nos deixemos levar por ela".

Goldhagen definiu o cenário antissemítico na Alemanha com estas palavras: "É incontestável que os fundamentos do antissemitismo nazista, o fermento que ensejou o alastramento de sua postura contra os judeus, tinham raízes profundas na Alemanha, sendo elemento constitutivo dos valores culturais da sociedade e da visão política alemãs. É igualmente incontestável que o antissemitismo racial era o modo de antissemitismo dominante na Alemanha, integrando o universo das verdades partilhadas pela sociedade. É também incontestável que o antissemitismo desfrutava de amplo e sólido apoio institucional e político na Alemanha, em diferentes momentos, como está evidenciado no processo eleitoral, no judiciário e na vida associativa do país. É, ainda, incontestável que este antissemitismo

Anexo I – Alguns casos de inveja altamente destrutiva

racial, inspirado na crença de que os judeus representavam uma séria ameaça à segurança dos alemães, estava prenhe de morte. A única coisa que não se pode afirmar, com precisão, é o número de alemães comprometidos com esta postura em 1900, 1920, 1933 ou 1941" (Goldhagen, obra citada).

Que os alemães eram, secularmente, antissemitas não era novidade para os judeus. O que eles ignoravam era a intensidade com que a inveja inerente a este sentimento malsão recrudesceria a partir do fim da Primeira Guerra, assumindo uma virulência superior à de qualquer outra fase nos tempos modernos. A alegação de que os judeus não se empenharam no esforço de guerra, fugindo ao serviço militar, ficando em casa e até extraindo vantagens pessoais no mercado negro, calou fundo no ânimo coletivo, naturalmente predisposto a demonizá-los, apesar do seu reiterado e, de certo modo, humilhante empenho em provar estatisticamente o contrário. Atribuir aos judeus a responsabilidade pela derrota alemã era comportamento previsível, conforme ensinava a tradição: os judeus eram responsabilizados por tudo de ruim que acontecesse, desde um revés nos negócios pessoais até a peste negra, que dizimou populações inteiras. Culpados pela derrota, os judeus eram apontados, naturalmente, como responsáveis por todo o cortejo de dificuldades que assoberbavam os alemães no pós-guerra (Primeira Guerra), quando a taxa de desemprego atingiu níveis catastróficos, ocasionando fome e miséria. A pressão foi tão imediata e tão forte, que os secretários de cultura de vários estados baixaram portaria proibindo, entre 1919 e 1922, a ostensiva propaganda antissemita conduzida por professores e alunos da rede escolar. Os resultados foram pobres. Max Wcbcr, pouco antcs dc morrer, em 1920, observou que "o meio acadêmico se tornou extremamente reacionário, além de radicalmente antissemítico". Atento a este cenário ameaçador, Albert Einstein anteviu em 1921, com acerto, que seria "forçado a deixar a Alemanha dentro de dez anos". O historiador Werner Jochmann, refletindo sobre os dez anos transcorridos a partir de 1914, concluiu "que já nos primeiros anos da

JOACI GÓES

República, a torrente antissemítica havia inundado todas as barragens da legalidade. Ainda maior foi a devastação no domínio do espírito. Até mesmo os partidos democráticos e os governos republicanos acreditavam poder fugir à pressão exercida sobre eles, impondo limitações à vida social e política dos judeus e deportando e segregando os judeus do leste europeu" (transcrito por Goldhagen, obra citada). Em tal cenário, era natural que o Partido Nazista, de Hitler, contivesse dispositivo antissemítico, compatível com as aspirações gerais da sociedade. Por isso o Ponto Quatro, aprovado em fevereiro de 1920, silogizava: "Somente os membros da Nação podem ser cidadãos do Estado. Só os que tenham sangue alemão, qualquer que seja sua crença, podem ser membros da Nação. Consequentemente, nenhum judeu pode ser membro da Nação".

Nada mais adequado ao espírito do momento. Entre o desempregado, frustrado, solitário e emocionalmente carente, Adolf Hitler e a sociedade alemã do pós-guerra, realizou-se o mais surpreendente encontro entre o homem e a oportunidade política de que se tem memória. Sobre isso declarou Carl Jung (1875-1961), o fundador da psicologia analítica, baseada no inconsciente coletivo: "Hitler é a primeira pessoa a dizer a cada alemão o que pensa e sente no seu inconsciente a respeito do destino da Alemanha, sobretudo a partir da derrota no conflito Mundial. A característica marcante, presente na alma de todo alemão é, tipicamente, o complexo de inferioridade do irmão que chega sempre um pouco tarde para a festa [...] Ele foi o demagogo que apelou para o primitivo, um eco do seu próprio passado tribal [...] Nenhuma nação tem palavra. Uma nação é um grande verme cego, seguindo o quê? O destino, talvez. A nação não tem honra, não tem palavra a manter. Por que, então, esperar que Hitler mantenha a sua, se Hitler é a nação? [...] Ele é o porta-voz que amplia os sussurros inaudíveis da alma alemã, até que possam ser escutados pelos seus ouvidos conscientes" (citado por John Toland em *Adolf Hitler*, 1976).

Anexo i – Alguns casos de inveja altamente destrutiva

A partir do instante em que se descobriu orador de massas, por acaso, ao desincumbir-se, nervosamente, da tarefa de falar a uma centena de correligionários, em outubro de 1919, a liderança de Hitler e a de seu partido não pararam de crescer. Do pequeno êxito eleitoral, nas eleições de 1925, o Partido Nazista saltou para o segundo lugar, em 1930, abocanhando 18,3% dos votos, evoluindo para a liderança, nas eleições de 1932, com 37,4% do eleitorado. Estribado em tamanha força, Hitler assumiu o posto de chanceler a 30 de janeiro de 1933. As violências institucionais que se seguiram praticadas em nome do bem-estar do povo alemão, tendo os judeus como alvo principal, ensejaram, em março de 1933, ao já ditador e abolicionista das liberdades civis, Adolf Hitler, uma vitória eleitoral ainda maior, com 43,9% dos votos apurados. Celebrando o novo triunfo de Hitler, os alemães realizaram diariamente boicote ao comércio judeu, ultimando com o grande boicote nacional de 1º de abril, fato que marcou o início da nova condição de párias a que a intolerância condenava os judeus, destituindo-os de seu *status* social, econômico, cultural e político, a exemplo de sua demissão em massa de todas as funções públicas por não atenderem à qualificação racial exigida. Nenhuma voz de oposição ao nazismo se ergueu para protestar contra mais esta ignomínia. Nem o Vaticano, cujo Secretário Geral, cardeal Eugênio Pacelli, respondeu com o silêncio aos instantes pedidos para intervir. Pacelli parecia fazer coro tácito com seus companheiros de batina que costumavam lavar as mãos de qualquer responsabilidade na perseguição movida pelo nazismo aos judeus, dizendo: "os judeus sabem tomar conta de si". No particular da discriminação dos judeus, todos estavam de acordo, inclusive o liberal Thomas Mann (1875-1955), o famoso autor da *Montanha Mágica*, largamente identificado como porta-voz do antinazismo, flagrado nesta declaração, a respeito do afastamento dos judeus do exercício de funções públicas: "Não chega a ser uma grande desgraça, na medida em que extinguiu a presença de judeus no Judiciário". Segundo o historiador Louis M. Hacker, Karl Marx também compareceu

JOACI GÓES

com sua dose de antissemitismo: "Uma das coisas mais chocantes feitas por Marx foi seu panfleto sobre os judeus, em que explicou (e implicitamente justificou) o antissemitismo, alegando que os judeus eram mercadores e agiotas capitalistas" (L. M. Hacker, "Anticapitalist Bias of American Historians", em *Capitalism and the Historians,* editado por Friedrich A. Hayek, 1963). As placas hostis aos judeus abundavam: "Não queremos judeus aqui"; "Entrada proibida aos judeus"; "Fora, judeus!"; "Os judeus são a nossa desgraça"; "Mulheres e meninas, os judeus são a desgraça de vocês". Uma adolescente judia registrou que cinco milicianos nazistas, após invadirem sua casa, sede de uma fazenda de pecuária, de propriedade da família, espancaram-na quebrando-lhe a cabeça, bateram em sua mãe e surraram seu pai, diante do testemunho passivo, divertido e chocarreiro dos vizinhos rurais.

Nos seis anos que antecederam a eclosão da Segunda Grande Guerra, aprovou-se uma pletora de medidas legais que muito contribuiu para aumentar a perseguição aos judeus que viviam na Alemanha, excepcionado o período entre 1936 e 1938. "Essas medidas foram aplicadas de tal modo desordenado que alguns historiadores têm sido levados a duvidar que Hitler estivesse no comando delas ou que ele tenha ido além de endossar a espiral anárquica das perseguições perpetradas por diferentes segmentos do regime" (Phillipe Burrin, *Hitler and the Jews,* 1997). Assassinados uns, expatriados outros, segregados e prisioneiros em campos de concentração muitos, humilhados todos, os judeus usufruíram dois anos de relativo esquecimento, entre 1936 e 1938, quebrado na data natalícia do antissemita feroz, Martinho Lutero, 10 de novembro, festejada com um dos maiores vandalismos de todos os tempos: "A Noite dos Cristais" (*Kristallnacht),* quando, numa ação antissemítica concertada em escala nacional, os alemães destruíram todas as vidraças de casas comerciais e de sinagogas que encontraram, pertencentes a judeus. As estatísticas revelaram o assassínio de cem judeus, o confinamento de 30 mil em campos de concentração e a des-

Anexo i – Alguns casos de inveja altamente destrutiva

truição de 7.500 lojas. A sociedade civil participava da desmesurada covardia em clima de festa, quebrando, aplaudindo ou com risonha indiferença. Uns poucos, lembrando do quanto os judeus eram poderosamente capazes, manifestavam o temor de uma futura represália na base do talião: dente por dente, olho por olho. De toda aquela violência, apenas a destruição de bens materiais, numa Alemanha empobrecida, chocou as pessoas. Nenhuma palavra de protesto se ouviu pelo ultrajante sofrimento imposto aos judeus! Nem do Partido Comunista, inimigo jurado do nazismo, nem da Igreja Católica, nem da Protestante. No particular da destruição dos judeus, todos estavam de acordo. Discordavam, apenas, secundariamente quanto ao processo.

Em um julgamento realizado, precisamente, dez anos depois da "Noite dos Cristais", em Kronenberg, disse o juiz: "Neste caso, nós não sabemos quem deu as ordens originais, ou mesmo se ordens foram dadas. Sabemos, apenas, que em uma noite – 9 de novembro de 1938 – sinagogas foram destruídas na Alemanha, e este tribunal reconhece que este fato conduziu à desgraça a Nação Alemã e a uma trágica interpretação do caráter alemão mundo afora" (David Moriarty, *The Stranger, A psychological Study of Adolf Hitler*, 1993).

Paradoxalmente, em inúmeras situações tópicas, alguns dos principais líderes nazistas, a começar por Hitler, apesar dessa mistura sufocante de ódio e inveja, tinham plena consciência de que não convinha ao brilho do Império de Mil Anos ostentar nos seus anais o nefando genocídio, razão pela qual, algumas poucas vezes, intervieram em favor dos judeus, evidenciando a existência de um clima favorável a manifestações em sua defesa, se houvesse motivação emocional para isso.

Em dezembro de 1938, Hitler reagiu à proposta de Reinhard Heydrich (1904-42) para que os judeus residentes na Alemanha, enquanto aguardavam sua expulsão do país, usassem no peito uma insígnia identificadora de sua condição, sob a justificativa de que, assim, ficariam expostos a violências, além de

JOACI GÓES

terem dificultado o acesso ao provimento das coisas essenciais. Igualmente, Hitler reagiu a propostas de líderes, como Göering e Goebbels, para a criação de guetos: os judeus deveriam ser agrupados em separados edifícios de apartamentos, com livre acesso aos meios de transporte e aos logradouros públicos. Os judeus licenciados continuariam a receber suas pensões, de modo a evitar que se tornassem um peso para o Estado. No início de 1939, contrariando o voto de seu *staff*, que defendia a total expropriação dos bens dos judeus antes de expulsá-los,

Hitler autorizou Schacht, ministro das finanças, a buscar junto das demais nações ocidentais, os instrumentos que viabilizassem a saída deles, da Alemanha, portando seus bens. Por sua vez, Heinrich Himmler, o todo-poderoso ministro do interior e chefe do programa de execução em massa, depois de louvar os méritos de Hitler e a nobreza da causa em que estavam empenhados, disse, dirigindo-se ao seu *staff*, em reunião realizada no dia 4 de outubro de 1943: "Eu gostaria, também, de falar pra vocês, na mais completa franqueza, sobre um assunto da maior gravidade, um assunto que só pode ser tratado entre nós, nunca em público [...] Refiro-me à evacuação dos judeus, ao aniquilamento do povo judeu [...] A maioria de vocês sabe o que significa ver cem, quinhentos, mil cadáveres jazendo, lado a lado, e conseguir manter, depois desta visão, a integridade. É isso que nos faz fortes. Esta é uma página de glória que nunca foi nem será inscrita em nossa história" (citado por Lucy S. Dawidowicz, "The Holocaust As Historical Record", em *Dimensions of the Holocaust, de* David Moriarty, obra citada). Antes, quando se discutia o que fazer com os judeus, num memorando que assinou em maio de 1940, Himmler rejeitou a execução física de um povo por ser "impossível e contrária à natureza alemã". Defendia, permanentemente, a tese de que ao invés de mortos, os judeus deveriam ser postos a trabalhar e a produzir para o Terceiro Reich. Em Minsk, a 15 de agosto de 1941, Himmler sentiu-se mal, após assistir a uma execução, a ponto de pedir ao chefe dos carrascos que encontrasse um método mais humano para os

Anexo i – Alguns casos de inveja altamente destrutiva

executores, porque os processos em curso estavam ocasionando neles sérias perturbações psicológicas, em razão do prolongado sofrimento das vítimas malferidas. Suas providências, relativamente à política de extermínio dos judeus russos, anunciada por Hitler, revelaram-se inicialmente reticentes, sendo certo que se espantou com a escalada do morticínio. "Se Himmler e Heydrich tivessem previsto, na primavera, que, dentro de poucos meses, seus homens estariam matando mulheres e crianças, em larga escala, teriam descoberto métodos menos dolorosos do que o fuzilamento" (Phillipe Burrin, obra citada).

Sobre a posição assumida pela Igreja, diante da questão judaica, Goldhagen é categórico: "A falência moral das igrejas alemãs católica e protestante, em relação aos judeus, foi tão ampla e abjeta que o seu tratamento exigiria um espaço maior do que posso dedicá-lo aqui. Já durante a República de Weimar, o antissemitismo das igrejas como instituições, dos seus clérigos, tanto locais quanto nacionais, bem como dos seus acólitos, foi geral e vergonhoso. Durante Weimar (1919-33), entre setenta e oitenta por cento dos pastores protestantes aliaram-se ao antissemítico Partido Nacional do Povo Alemão, e seu antissemitismo já havia permeado a imprensa protestante, antes mesmo que os nazistas chegassem ao poder. A imprensa protestante, com seus milhões de leitores, era extremamente influente, e nos possibilita compreender, a um só tempo, tanto o espírito e o temperamento dos pastores, quanto a doutrina que era passada aos fiéis. Na década de 1920, o volume e a intensidade da agitação antissemítica produzidos pela mídia protestante aumentaram sensivelmente. Este aumento ocorreu paralelamente à proliferação geral e à elevação do antissemitismo no clima politicamente turbulento de Weimar. Os mais importantes e influentes veículos religiosos para a difusão do sentimento antijudaico no mundo protestante eram os semanários dominicais, cuja tiragem combinada superava 1,8 milhão de cópias, estimando-se o número de leitores, conservadoramente, em três vezes esta cifra. Em razão do seu largo alcance, estes semanários exerciam papel ex-

JOACI GÓES

pressivo na formação do pensamento dos fiéis protestantes, que representavam 63% da população alemã (...) Embora houvesse mais discordância interna na cúpula da Igreja Católica alemã relativamente a alguns aspectos da doutrina nazista, acerca dos judeus e dos mecanismos de seu mortal extermínio, este desentendimento estava mais diretamente relacionado à ameaça que o avanço do nazismo representava ao poder católico. No geral, porém, a Igreja Católica, como instituição, manteve-se integral e publicamente antissemita. O cardeal Michael Faulhaber, de Munique, externou esta posição em seus sermões inaugurais, no fim do ano de 1933, falando em nome dos católicos em geral. Embora Faulhaber defendesse os judeus e a religião judaica anterior a Jesus Cristo, ele deixou claro que aqueles judeus não poderiam ser confundidos com os posteriores a Jesus, categoria que incluía os judeus contemporâneos. No ano seguinte, quando suas palavras foram interpretadas, no exterior, como uma defesa dos judeus, ele apressou-se em negar. Antes e durante o domínio nazista, as publicações católicas escritas por leigos, clérigos e teólogos divulgavam a litania antissemítica contemporânea de um modo que, frequentemente, as tornava indistinguíveis das publicações nazistas, e justificavam o desejo de eliminar os 'corpos estranhos' (*Fremdkörper*) judeus da Alemanha. A tomada de iniciativa contra os judeus era, de acordo com a linha editorial daquelas publicações, 'justificável autodefesa para prevenir contra as características e influências danosas da raça judia'. Em março de 1941, quando os alemães já haviam infligido danos tremendos aos judeus do seu país e da Europa, o arcebispo Konrad Gröber publicou uma carta pastoral repleta de antissemitismo. Justificou a violência praticada pelos alemães contra os judeus, pela sua responsabilidade na morte de Jesus: 'A maldição autoimposta aos judeus: 'O sangue Dele derramará sobre nós e sobre nossos filhos' vem se cumprindo, terrivelmente, até os dias de hoje'. Gröber não representava um caso isolado de antissemitismo nos quadros da Igreja Católica. Embora a liderança do catolicismo condenasse abertamente muitos

Anexo I – Alguns casos de inveja altamente destrutiva

aspectos da política nazista, nunca emitiu qualquer condenação oficial à encarniçada perseguição movida contra os judeus. Não protestou oficialmente, quando do boicote de 1933, nem quando do Estatuto de Nuremberg, nem quando do vandalismo da 'Noite dos Cristais', nem mesmo quando do envio dos judeus alemães para a morte" (Goldhagen, obra citada).

Aquela posição de intolerável insensibilidade da Igreja Católica contribuiu, sem dúvida, para a morte de milhões de judeus. Acredita-se mesmo que se as autoridades católicas tivessem oposto vigorosa resistência, desde o início do regime nazista, à propaganda e à violência contra os judeus, o Holocausto poderia não ter existido. Tem razão Guenter Lewy quando diz que a Igreja, parcela expressiva da opinião pública alemã, constituía uma força ponderável que muito poderia ter feito para, no mínimo, reduzir a extensão do Holocausto, como se viu do recuo nazista no assassínio em massa pela eutanásia (Guenter Lewy, *The Catholic Church and Nazi Germany*, 1991). É claro que a posição da imprensa refletia o pensamento das lideranças religiosas, muitas das quais eram assumidamente antissemitas e adeptas do extermínio dos judeus, ainda que por meios que não incluíam, sem também excluir, de modo explícito, derramamento de sangue. Em dezembro de 1941, líderes da Igreja Evangélica Protestante de vários estados alemães emitiram um comunicado oficial conjunto em que sustentavam a impossibilidade de os judeus serem salvos pelo batismo, em decorrência de sua constituição racial, de sua responsabilidade pela guerra e de terem nascido inimigos do mundo e da Alemanha. Por isso, instavam que "as mais severas medidas fossem adotadas contra os judeus e que eles fossem banidos do território alemão". O que se deveria entender por "as mais severas medidas"? O pastor protestante Martin Niemöller, conhecido e respeitado pela firmeza de sua oposição ao nazismo, elaborou e proferiu esta oração, no início do período nazista: "Quando nós falamos do judeu eterno, vem à nossa mente a imagem de um incansável viandante, sem lar e sem sossego. Vemos um povo altamente dotado, gerador de uma ideia atrás da outra em benefício do mundo, mas que envenena tudo o que toca. Tudo o que acumula é desdém e ódio, levando o mundo, de vez em quando, a vingar-se pelo modo que lhe parecer próprio".

Fato grave, destinado a comprometer a imagem das igrejas na Alemanha, durante o nazismo, foi o discurso de Hitler no Reichtag, em que, apoiado em dados estatísticos, sustentou que "as igrejas haviam recebido mais dinheiro e mais benefícios fiscais dos nazistas do que sob qualquer administração anterior" (John Cornwell, *O papa de Hitler*, 1999).

O PAPA DE HITLER

A análise do papel do papa Pio XII, diante do Holocausto, merece tratamento à parte. Herói para uns e vilão para outros, o polêmico processo de sua canonização decorre da ostensiva dubiedade de sua postura perante os judeus e o nazifascismo, tema do livro do escritor católico, John Cornwell, *O papa de Hitler, A história secreta de Pio XII*, 1999. Apoiado em farta e inédita documentação, Cornwell demonstra que Pio XII fez do silêncio e da omissão a respeito da destruição dos judeus uma decisão programática do seu apostolado, antes e durante os anos turbulentos do conflito mundial. A explicação racionalizadora daquela conduta foi sempre a mesma: qualquer interferência do papa aumentaria, ainda mais, o elevado nível de retaliação a que já se expunham judeus e católicos nos países dominados por Hitler, tido como aliado na resistência ao comunismo, o maior de todos os males, na visão de Eugênio Pacelli, o futuro Pio XII. Os críticos do comportamento de Pio XII, porém, afirmam que ele foi egoísta, burocrata e pusilânime, ao agir menos como o Vigário de Cristo, a quem caberia enfrentar, com desassombro messiânico e responsabilidade universalizadora, a truculência nazista, e mais como o titular de um poder temporal, preocupado com sua segurança pessoal, com a integridade dos seus bens e de sua

Anexo I – Alguns casos de inveja altamente destrutiva

igreja e com um anticomunismo obsessivo. A preservação de Roma, que ele colocava acima de outra comunidade qualquer, era solicitada em nome do seu significado, como berço da expansão do cristianismo e túmulo de Pedro, o primeiro dos apóstolos. O apelo público pela preservação do Vaticano dos ataques aéreos, tanto de alemães como dos Aliados, era formulado em nome da neutralidade da igreja no conflito, decorrente do tratado que o então cardeal Eugênio Pacelli assinara com Hitler em 14 de julho de 1933.

Havia séculos, a Igreja Católica lutava pela aprovação de um código canônico capaz de conferir unidade dogmática aos princípios fundamentais do catolicismo, sob o comando único do papa. O bispo Eugênio Pacelli foi o grande artífice deste importante diploma legal que veio à luz em 1917, coroando o recente empenho dos papas do século XIX, e os do século XX, como Pio IX, Leão XIII, Pio X e Benedito XV. Pio XI, o antecessor de Pacelli, eleito em 1922, quando o Código já se encontrava em vigor, consolidou no plano factual o poder centralizador do *Pontifex Maximus*. Paralelamente à preparação do Código Canônico, Eugênio Pacelli já vinha ganhando destaque como negociador diplomático, tendo sido de sua iniciativa a concordata assinada com a Sérvia, então protetorado do Império Austro-húngaro, no dia 24 de junho de 1914. Quatro dias depois, a 28 de junho, foram assassinados, em Sarajevo, o arquiduque Francisco Ferdinando da Áustria e sua mulher, fato que deflagrou a Primeira Grande Guerra. Há quem veja, na assinatura da concordata, a causa imediata do duplo assassinato, portanto, da guerra. A morte de Pio X, dois meses depois, a 20 de agosto, na sequência de uma depressão profunda, é apontada como produto do desgosto papal pelo início da beligerância.

Nos termos do tratado, a Sérvia garantia a eficácia do novo código, em elaboração, aos súditos católicos no Império Austro-húngaro. Tudo isso feito à revelia das autoridades supremas do Império, que perdiam a jurisdição sobre os católicos residentes na Sérvia, bem como o poder de nomear, como era praxe, as autoridades eclesiais no território imperial, prerrogativa que voltava a ser exclusiva do Vaticano. Em 1929, Eugênio Pacelli, já cardeal, firmou a concordata de Latrão, segundo a qual a religião católica era a única reconhecida pelo estado italiano, em troca de seu afastamento das questões políticas. Antes, em 1924 e 1928, Pacelli já coordenara as concordatas bávara e prussiana. A assinatura da concordata com o Reich seria o coroamento de um trabalho diplomático memorável, em favor do fortalecimento da autonomia da igreja e do poder do papa, se não houvesse um, mas...

Desde muito antes de Hitler assumir o poder, como chanceler, no dia 30 de janeiro de 1933, Pacelli já vinha insistindo junto do governo alemão pela imediata assinatura da concordata. Quando os dirigentes alemães ponderaram que uma concordata católica expunha a decorrente insatisfação dos protestantes à influência simultânea dos comunistas e dos nazistas, o cardeal Pacelli sugeriu que fizessem uma aliança com Hitler. Em resposta, o governo alemão, pelo seu chanceler Brüning, disse que Pacelli "não compreendia a situação política na Alemanha e, acima de tudo, não tinha a menor ideia do verdadeiro caráter dos nazistas". A cada novo encontro, Pacelli dava mostras de acreditar que tudo era secundário em relação ao seu obsessivo propósito de ampliar a influência da Igreja sob o poder centralizador da autoridade papal. A tensão entre o Vaticano e o governo alemão subiu a ponto de Brüning declarar a Pacelli, com tenebrosa e profética ironia: "Espero que o Vaticano venha a sair-se melhor com Hitler do que comigo, um católico devoto". A ascensão de Hitler ao poder deu ao poderoso cardeal Pacelli a certeza de que, agora, a tão sonhada concordata alemã seria assinada sem delongas.

O cardeal alemão Faulhaber escreveu, desolado, em março de 1933, aos bispos de sua conferência: "Depois do que constatei nos mais altos postos em Roma – e que não posso comunicar agora –, devo dispensar, apesar de tudo, mais tolerância ao novo governo, que hoje não apenas tem uma posição de poder – que

ANEXO I – ALGUNS CASOS DE INVEJA ALTAMENTE DESTRUTIVA

nossos princípios expressos não podem reverter – mas também assumiu esse poder de uma maneira legal" (Cornwell, obra citada). Faulhaber repetia o que já fora ressaltado no *L'Osservatore Romano*. Temendo uma aliança do nazismo com o Vaticano que os excluísse, os protestantes adiantaram-se em reconhecer, formalmente, o governo de Hitler, e assinaram um acordo baseado no modelo católico, em elaboração. Em seguida, veio o constrangido apoio da igreja católica alemã, imposto pelo Vaticano, mas vazado numa linguagem cuja ambivalência de significado foi ignorada pelos nazistas que o proclamaram como endosso à sua política, de nada adiantando o indignado desabafo do capelão católico, na Universidade de Berlim, padre Francisco Stratman: "As almas das pessoas bem intencionadas estão em desespero por causa da tirania dos nacional-socialistas. Apenas enuncio um fato quando digo que a autoridade dos bispos entre inúmeros católicos e acatólicos foi abalada pela aparente aprovação do movimento nacional-socialista".

No início de abril, Ludwig Kaas, o prelado alemão que já era e continuaria a ser até o fim da vida a pessoa de maior confiança de Pacelli, escreveu um artigo saudando o discurso de Hitler no Reichtag, como o desdobramento natural da união entre a Igreja e o Estado, declarando ainda "que o país se encontrava num processo evolucionário, em que as liberdades formais inegavelmente excessivas da República de Weimar dariam lugar a uma disciplina de Estado austera e autoritária, temporariamente, em todos os níveis da vida. Os políticos do Partido do Centro, ressaltou, foram obrigados a cooperar nesse processo como semeadores de futuro" (Cornwell, obra citada). Como se quisesse justificar a extraordinária facilidade com que a hierarquia católica aceitara, de repente, o regime, além de realçar a interferência de Pacelli, Faulhaber escreveu em 20 de abril que os bispos foram levados a essa trágica situação "por causa da posição de Roma". Roma, contudo, na pessoa de Eugênio Pacelli, ainda estava longe de ter concedido toda a sua aquiescência à determinação de Hitler de destruir o catolicismo político na Alema-

JOACI GÓES

nha. O cardeal Eugênio Pacelli cuidou de manter as negociações com o governo de Hitler no mais completo segredo de Estado. Os próprios bispos alemães, a quem, adredemente, se negaram informações, sabiam, por rumores, apenas sobre as negociações em curso. Ao preocupado cardeal Bertram, presidente da conferência dos bispos, que indagava ansioso, em meados de abril, sobre as propaladas negociações, Pacelli só respondeu duas semanas depois, dizendo tão somente que "possíveis negociações foram iniciadas". Em fins de maio, "Pacelli mentiu de maneira inequívoca quando informou ao cardeal Faulhaber, de Munique, que havia apenas conversas sobre a concordata, mas sem nada de concreto". Naquele panorama de insatisfações, e sem que o clero, o laicismo e o partido católicos tivessem qualquer participação, representantes do Vaticano e do Reich sentaram-se à mesa com visões distintas e até antípodas do tratado que iriam assinar. Para o cardeal Pacelli, a concordata significava a submissão dos 23 milhões de católicos alemães ao Código Canônico e o retorno da exclusiva autoridade do Vaticano para nomear o clero em território alemão. Para o astuto Hitler, que se aproveitou da ansiedade de Pacelli, o tratado afastava de sua marcha batida, para conquistar o poder absoluto, o último e grande obstáculo: os católicos arregimentados em ação organizada num partido deveriam renunciar a qualquer tipo de participação política. Sem o atendimento dessa condição, impôs Hitler, o Vaticano não teria sua tão perseguida concordata alemã. Segundo as exigências de Hitler, a cláusula 31 foi assim redigida: "Em retribuição pelas garantias oferecidas nos termos deste tratado e da legislação protegendo os direitos e liberdades da Igreja Católica no Reich e seus estados regionais, a Santa Sé proibirá que todo o clero e os membros de congregações religiosas exerçam atividades político-partidárias". Para infelicidade do clero alemão, que tudo fez para demover Pacelli da aceitação dessa cláusula suicida, a concordada foi assinada, ao cabo de seis meses de negociações secretas, entre Pacelli e o gabinete de Hitler. Para os bispos alemães, o tratado,

Anexo I – Alguns casos de inveja altamente destrutiva

nos termos em que foi assinado, abria campo para a conquista do poder absoluto pelo nazismo, caso em que "o futuro dos católicos alemães será extremamente sombrio". Mais sombrio, ainda, seria o futuro dos judeus.

Em 14 de julho de 1933, logo após a assinatura do tratado, disse Hitler a seus ministros: "Foi concedida uma grande oportunidade à Alemanha com a Concordata do Reich. Criou-se uma esfera de confiança que será especialmente significativa na luta urgente contra o judaísmo internacional". Dias depois, a 22 de julho, escreveu Hitler para o partido nazista: "O fato de o Vaticano estar concluindo um tratado com a nova Alemanha significa o reconhecimento do Estado Nacional Socialista pela Igreja Católica. Esse tratado comprova para o mundo inteiro, de maneira clara e inequívoca, que a insinuação de que o nacional-socialismo é hostil à religião não passa de uma mentira. A conclusão da concordata parece-me dar garantias suficientes para que os membros do Reich de confissão católica romana possam daqui por diante se pôr sem restrições ao serviço do novo Estado Nacional-Socialista" (Cornwell, obra citada). Pouco ou nada adiantou o desmentido dado por Pacelli a essa interpretação de Hitler, publicado nas edições de 26 e 27 de julho do jornal do Vaticano, *L'Osservatore Romano*. O futuro imediato provaria que, na prática, independentemente de suas intenções, Pacelli cometera um trágico erro. A farta documentação histórica disponível mostra a importância que o nazismo, em geral, e Hitler em particular, atribuíam à remoção do partido católico do seu caminho. Hitler sabia e temia o que Pacelli parecia ignorar ou subestimar: o indomável poder da conduta humana quando mobilizada pela fé. Como Heinrich Brünning advertira Eugênio Pacelli, o governo ditatorial de Hitler agia com mão de ferro, sem a menor atenção à concordata assinada, excedendo-se em violências contra a sociedade civil, em geral, e contra os judeus em particular. Quando a violência era dirigida contra católicos, Pacelli acionava membros do clero para protestar junto do Reich, moderadamente. A crescente onda de violências contra os judeus, todavia, encontrou sempre um Pacelli, cardeal ou papa, neutro, indiferente, distante, omisso. "Para ser mais específico: como a perseguição e eliminação dos judeus na Alemanha era agora uma política declarada, o tratado obrigava, legalmente, a Igreja Católica, na Alemanha, a silenciar-se diante das afrontas contra os judeus" (Cornwell, obra citada). Algumas vozes corajosas, ainda que pouco numerosas, ergueram-se em protesto contra a violação dos direitos humanos, em geral, e dos judeus, em particular, a exemplo do monsenhor Bernhardt Lichtenberg e do padre Rupert Mayer. O primeiro pagou com a vida; o segundo com a liberdade, diante de uma igreja leniente.

Quando criticado, Pacelli defendia-se dizendo que "o governo nazista lhe oferecera concessões e mais concessões, não podia deixar de admitir, mais amplas do que qualquer governo alemão teria concordado. Ele teve que escolher entre o acordo assinado e a virtual destruição da Igreja católica no Reich. (...) Se o governo alemão violasse a concordata, o que era quase certo que aconteceria, o Vaticano teria um tratado em que basear seu protesto. Provavelmente, os alemães não violariam todos os artigos da concordata ao mesmo tempo", arrematava com ares de sagacidade (Cornwell, op. cit.). Os quase seis anos transcorridos entre a assinatura da concordata, em julho de 1933, e a morte de Pio XI, em fevereiro de 1939, tiveram em Eugênio Pacelli uma força permanente, dissuasória de qualquer manifestação do Vaticano em defesa dos judeus. Nas várias oportunidades em que Pio XI se inclinara a ceder aos apelos para que protestasse contra as brutais ofensas aos judeus, lá estava Pacelli para apresentar razões de Estado que recomendavam a prudência do silêncio e da omissão. Num episódio bem documentado, Pacelli chegou a censurar um pronunciamento de Pio XI, favorável aos judeus, ao impedir sua publicação nos jornais católicos que controlava. Depois da elevação da hóstia, numa missa realizada a 6 de setembro de 1938, disse Pio XI, abrindo um missal antigo que lhe presenteara um grupo de peregrinos belgas: "Sempre que leio essas palavras, 'o sacrifício de nosso pai Abraão', não pos-

Anexo I – Alguns casos de inveja altamente destrutiva

so deixar de me sentir profundamente comovido. Chamamos Abraão de nosso Patriarca, nosso ancestral. O antissemitismo é irreconciliável com esse pensamento elevado, a nobre realidade que essa oração expressa. Reconhecemos que todos têm direito à legítima defesa e podem assumir os meios necessários para proteger seus legítimos interesses. Mas o antissemitismo é inadmissível. Em termos espirituais, somos todos semitas".

Não fora a iniciativa do líder católico, exilado, Dom Luigi Sturzo, que o publicou na edição do dia 15 de setembro, do jornal belga *Cité Nouvelle*, o pronunciamento papalino teria permanecido inédito. Em dissonância com esta permanente omissão e conivência, porém, Pacelli não perdia ocasião para autoproclamar sua grande coragem moral, como o fez no Congresso Eucarístico de Budapeste, em maio de 1938: "Amamos os nossos tempos, apesar do perigo e da angústia que contêm; amamos justamente por causa desse perigo, e por causa das dificuldades que a era nos impõe; estamos dispostos a nos dedicar, de maneira total e incondicional, independente de nós mesmos; se não for assim, nada de grande e decisivo poderá ser alcançado" (Cornwell, obra citada). O ex-chanceler alemão Heinrich Brüning, logo após a inauguração do papado de Pio XII, reiterou seu conhecido desalento a respeito da atitude do novo pontífice, sublinhando a convicção de que Pacelli "tentaria adular a Itália e a Alemanha para garantir a paz, mas já silenciara e entregara os católicos alemães ao poder e desígnios de Adolf Hitler" (John Cornwell, op. cit.) A partir daí, não é difícil inferir as futuras posições do papa no caso judeu.

O início do período de Pio XII coincidiu com insistentes rumores sobre um conflito iminente entre a Alemanha e a Polônia. Contra todas as evidências, Pio XII descartava a possibilidade de qualquer conflito próximo. Os sinais de que as hostilidades não tardariam aumentaram com a assinatura do tratado de ação conjunta, entre Mussolini e Hitler, em maio de 1939. Enquanto censurava as declarações da Inglaterra de apoio militar à Polônia, no caso de um ataque alemão, Pio XII

JOACI GÓES

pressionava a Polônia a fazer concessões a Hitler, de modo a contê-lo em sua propalada intenção de invadi-la. A reação inicial da diplomacia ocidental à leniência pontifícia foi a de indagar se o Papa não estaria agindo no interesse de Mussolini. Influentes diplomatas ingleses, por sua vez, especulavam sobre a deserção do Supremo Pontífice de sua autoridade moral, incompatibilizado pelo culto simultâneo de Deus e do Estado. Para outros, sua tibieza de comportamento diante do demônio, representado pelo nazismo, refletia sua impotência moral. A reação de Pio XII à brutal invasão da Polônia, pela Alemanha, foi o desconcertante silêncio, constrangedor de todo o mundo diplomático acreditado na Santa Sé, em cujo meio era corrente o sentimento de que "os pronunciamentos papais, desde o início da guerra, têm se esquivado, de maneira pusilânime, às questões morais envolvidas".

Quando Hitler, em maio de 1940, invadiu os Países Baixos, a Inglaterra e a França pressionaram o papa para condenar aquela violação do Direito Internacional e impedir a adesão da Itália à beligerância do Reich. O cardeal Domênico Tardini preparou um texto em que a Igreja deplorava "a invasão de três nações pequenas e trabalhadoras, sem qualquer provocação ou razão. Mais uma vez, levantamos nossa voz para lamentar a iniquidade e injustiça". Pio XII rechaçou o texto por temor de irritar os alemães, optando por telegrafar aos chefes de Estado da Holanda, Bélgica e Luxemburgo, exprimindo sua simpatia e afeição. Com o propósito evidente de ridicularizar o papa, em reação ao que considerava sua deserção moral, a Inglaterra pediu a Pio XII para manter as luzes do Vaticano acesas, durante a noite, de modo a não ser atingido quando dos bombardeios noturnos dirigidos a Roma. A recomendação não poderia ser atendida porque, se o fosse, o governo fascista de Mussolini prontamente inferiria que as luzes do Vaticano serviam de balizamento para os ataques inimigos a Roma.

O cruento massacre de dois terços dos judeus, de 487.000 sérvios ortodoxos e de 27.000 ciganos, entre 1941 e 1945, na

ANEXO I — ALGUNS CASOS DE INVEJA ALTAMENTE DESTRUTIVA

Sérvia e na Croácia, jamais recebeu qualquer protesto do hierático Pio XII, apesar das ligações que mantinha com e da influência que exercia sobre o ditatorial governo croata do católico Pavelic, e do conhecimento que possuía das atrocidades. Testemunhos confiáveis dão conta da participação ativa de padres franciscanos nos massacres, ateando fogo a casas, saqueando aldeias e devastando os campos, à frente de bandos sanguinários. Um deles, "um certo padre Bozidar Bralow, conhecido pela metralhadora que era sua constante companheira, foi acusado de realizar uma dança em torno dos cadáveres de 180 sérvios massacrados em Alipasin-Most" (Cornwell, obra citada).

A posição do papa no genocídio do Leste europeu variou, apenas, em razão das peculiaridades assumidas na região pelos interesses de expansão da Igreja. Nutrido por essa convicção, o cardeal Eugène Tisserant, em carta dirigida ao cardeal Emmanuel Suhardt, antecipou, acertadamente, a avaliação que a posteridade faria do papel da Igreja: "Receio que a História vá criticar a Santa Sé por ter praticado uma política de conveniência e egoísta, e quase mais nada". Além disso, não faltou quem visse a omissão do papa como fruto de sua confiança na vitória de Hitler. A mais veemente manifestação de Pio XII, em favor dos judeus, se deu no fecho do discurso natalino de 1942, quando, depois de meses de hesitação, diante da pressão para que condenasse a temida e iminente "Solução Final", referiu-se "às centenas de milhares de pessoas que, sem qualquer culpa pessoal, apenas por causa de sua nacionalidade ou raça, são marcadas para a morte ou extinção gradativa" (Cornwell, op. cit.). Era muito pouco. Virtualmente, nada. Só com extrema boa vontade é que se poderia encontrar aí a intenção de englobar os judeus, cujos milhões de vítimas foram reduzidas a centenas de milhares na avaliação reducionista de Eugênio Pacelli. Mas era o ponto máximo aonde Pio XII se dispunha a chegar, depois que os Aliados expressaram sua indignação, resumida neste trecho do diário do embaixador inglês Francis D'Arcy Osborne, horrorizado com o extermínio em massa de judeus, no Leste europeu: "Sua Santidade se apega a todo custo ao que considera ser uma política de neutralidade, mesmo diante das piores afrontas contra Deus e contra o homem, porque espera ser capaz de desempenhar um papel importante na restauração da paz. Ele não percebe que seu silêncio é altamente prejudicial à Santa Sé e destrói qualquer perspectiva de que venham a ouvi-lo". Pio XII não escapou sequer da ironia de Mussolini, que comentou depois de ouvi-lo pregando através do rádio: "O vigário de Deus, que é o representante na Terra do Soberano do Universo, nunca deveria falar; seria melhor se permanecesse nas nuvens. Seu sermão, cheio de chavões, seria melhor se feito por um padre da paróquia de Predappio" (Cornwell, op. cit.). Predappio era a aldeia natal do Duce.

Uma interpretação benevolente explicaria a atitude distante do papa como a de alguém comprometido com o reino do espírito, pairando acima do sombrio e efêmero vale de lágrimas da miséria humana, onde todos se misturam e se confundem, nivelados pelas mesmas limitações morais. Nesta ótica, nazistas e aliados não passariam de variações do mesmo tom e do mesmo tema. O único fator distintivo dos homens sendo sua submissão ao vigário de Cristo. Coerente com esta visão, e inabalável em sua decisão de não se envolver no conflito, Pio XII racionalizou sua neutralidade no bronze da encíclica *Mistici Corporis* (Do Corpo Místico), em julho de 1943: "A guerra, com seus ódios, hostilidades e sementes da discórdia, desviará os corações humanos das coisas celestiais e eternas para aquelas transitórias do mundo. Por isso, no mundo inteiro, os filhos de Cristo vão considerar o vigário de Jesus como o Pai amoroso de todos, aquele que devota suas energias, com absoluta imparcialidade e julgamento, sem preconceitos, sem se deixar influenciar pelos ventos tempestuosos da paixão humana, a promover e defender a causa da verdade, justiça e caridade".Qualquer que fosse o lado ganhador – nazistas ou aliados –, Sua Santidade ficaria bem. Atente-se para o sentido equidistante dos seus pronunciamentos, como nesta parte de sua já mencionada fala natalina de 1942:

Anexo i – Alguns casos de inveja altamente destrutiva

"A Santa Sé sempre esteve e continua bastante preocupada, com um coração repleto de constante solicitude, com o destino das populações civis, indefesas contra as agressões da guerra. Desde o início do atual conflito, que não se passou um só ano (lapso de tempo grande demais, quando se trata de uma guerra) em que não tenhamos apelado, em nossos pronunciamentos públicos, a todos os beligerantes – homens que também têm corações humanos –, moldados por um amor de mãe, a demonstrar um sentimento de compaixão e caridade para com os sofrimentos de civis, com as mulheres e crianças desamparadas, com os doentes e idosos, sobre os quais se despeja, de um céu desprovido de culpa, uma chuva de terror, fogo, destruição e devastação. Nosso apelo não tem merecido muita atenção".

Nenhuma palavra específica em favor dos judeus. Nenhuma censura aos nazistas, causadores da guerra e de seu alastramento.

A omissão de Pio XII diante do massacre dos judeus de Roma é o elo final de uma trágica cadeia de responsabilidade passiva. A comunidade judaico-romana era a mais antiga da Europa, fundada no segundo século antes de Cristo. Ao longo do tempo, a par da violência institucional mobilizada contra eles, os judeus conheceram a solidariedade e o amor de vários papas, imbuídos do verdadeiro sentimento de fraternidade cristã, como Gregório, O Grande, no século VII; Inocêncio III, no século XII e Benedito XIV, no século XVIII. Estimava-se em sete mil o número de judeus vivendo no gueto de Roma, quando da ocupação alemã, em 1943. Acossados pela dúvida entre fugir e ficar, muitos judeus tomaram a decisão de ficar, o que viria lhes custar a vida. Os nazistas sabiam o que esses judeus romanos, para sua desgraça, ignoravam: Pio XII não moveria uma palha para impedir a matança, também, dos hebreus de Roma. Entendendo que não havia uma "questão judaica" na Itália, as autoridades nazistas, responsáveis pela ocupação, resolveram suspender a projetada deportação dos judeus em troca de um resgate fixado em 50 quilos de ouro, a ser pago no curso das 36 horas seguintes. No prazo estipulado, os recursos foram levantados sem necessidade do

JOACI GÓES

empréstimo, sem juros, oferecido pelo Banco do Vaticano. Não obstante, os nazistas romperam o pacto e começaram a prender os judeus para deportá-los. Pio XII foi um dos primeiros a saber das prisões, através da jovem princesa Enza Pignatelli-Aragona, que teve imediato acesso ao gabinete pontificial. Agitado, Pacelli deu instruções ao cardeal Maglione para falar com o embaixador alemão na Santa Sé. Ernst von Weizsäcker, o embaixador, confidenciou a Maglione que se Pio XII fizesse um protesto público, as autoridades alemãs recuariam. Nesse meio tempo, alguns dos caminhões que transportavam os judeus, feitos prisioneiros, passaram em frente à Praça de São Pedro para permitir aos guardas alemães avistarem a famosa catedral. Desesperados, os judeus gritaram por socorro ao papa que não podia ouvi-los. Um jornalista italiano, que testemunhou o aziago corso, disse que "os olhos das crianças estavam dilatados, sem verem nada. Pareciam pedir uma explicação para tanto horror e sofrimento". A marquesa Fulvia Ripa de Meana descreveu assim as crianças que viu em três caminhões que tiveram que parar: "Vi em seus olhos desesperados, nos rostos pálidos, como se sentissem uma dor intensa, nas mãos trêmulas que apertavam os lados do caminhão, o medo enlouquecedor que as dominava" (Cornwell, op. cit.). Segundo o depoimento do embaixador alemão, o Vaticano sabia que inúmeras autoridades nazistas eram contra a deportação dos judeus romanos, receosos de que isso pudesse gerar um levante popular, uma vez que o antissemitismo italiano não chegava ao ponto de conviver com a eliminação de judeus. A efusiva participação de nnão judeus, no levantamento do valor do resgate, era prova disso. Se o papa intervier, insistia Weizsäcker, o Reich cede e os judeus romanos serão salvos. Depois de reiterar a decisão da Santa Sé de não interferir, o cardeal Maglione declarou ao embaixador alemão: "Eu queria lembrar que a Santa Sé já demonstrou, como o senhor reconhece, a maior prudência, não dando ao povo alemão a menor impressão de ter feito ou desejado fazer qualquer coisa contra o interesse da Alemanha, durante esta terrível guerra" (Cornwell, op. cit.). Era

Anexo I – Alguns casos de inveja altamente destrutiva

a Santa Sé trabalhando, diligentemente, para merecer atestado de boa conduta fornecido por Hitler.

Dos 1.060 judeus deportados, sob as barbas indiferentes do Vaticano, apenas 15 sobreviveram. Mais tarde, cerca de mais 2.000 judeus romanos tiveram o mesmo fim. Do mesmo modo que em relação aos judeus do mundo, Pacelli não teve uma palavra em favor dos judeus romanos, nem antes, nem depois do seu genocídio. "Não há registro de uma única oração pública, nenhuma vela votiva acesa, nenhum salmo, nenhuma lamentação, nenhuma recitação do *De Profundis*, nenhuma missa celebrada em solidariedade aos judeus de Roma durante sua terrível provação ou depois de suas mortes" (John Cornwell, op. cit.). Contrastando com essa indiferença, o cardeal-arcebispo de Berlim, Adolf Bertram, ao saber da morte de Hitler, ordenou a celebração de um réquiem solene, em todas as igrejas de sua arquidiocese, "em memória do Führer e de todos os membros da Wehrmacht que tombaram na luta por nossa pátria germânica" (Cornwell, op. cit.). Teria o cardeal Bertram agido à revelia do todo poderoso Pio XII? Se agiu, não se conhece a repreensão papalina.

Explica-se por que teólogos cristãos classificam o Holocausto como uma "catástrofe cristã". Explica-se por que um dos primeiros atos de João XXIII, o sucessor de Pio XII, foi pedir perdão aos judeus pelo milenar antijudaísmo cristão, como em outubro de 1945 já o haviam feito as igrejas evangélicas da Alemanha. Compreende-se a visita de Paulo VI a Israel como um pedido tácito de perdão aos judeus, pelas violências contra eles praticadas, bem como as duas visitas de João Paulo II a sinagogas, em 1998, em nome das "Lembranças" dessas mesmas ofensas. Explica-se por que o papa João Paulo II, na missa do Dia do Perdão, celebrada na basílica de São Pedro, no dia 12 de março de 2000, fez o *mea culpa*, reconhecendo erros passados da igreja, inclusive os cometidos contra os judeus. Na cerimônia, cinco cardeais e dois bispos mencionaram os pecados da igreja e o papa os reconhecia. Quando chegou a vez dos judeus, disse o representante da Cúria romana: "Oremos para que, recordando

JOACI GÓES

os padecimentos sofridos pelo povo de Israel, os cristãos possam reconhecer os pecados cometidos por muitos deles contra o povo da aliança, para assim purificarem seu coração". Após a oração silenciosa, seguiu-se a palavra do papa: "Deus de nossos pais, Tu elegeste Abraão e sua descendência para que Teu nome fosse dado a conhecer pelas nações: dói em nós profundamente o comportamento de quantos, no curso da história, causaram sofrimento a Teus filhos e agora que Te pedimos perdão, queremos nos comprometer em uma autêntica fraternidade com o povo da aliança. Por Cristo nosso Senhor, amém" (*O Estado de S. Paulo*, edição de 13 de março de 2000).

Os judeus estranharam a ausência de pelo menos uma palavra dedicada ao Holocausto. Mas na visita histórica que fez a Israel, uma semana depois, o papa, com aplaudida humildade, pediu perdão pela milenar perseguição imposta aos judeus pelos cristãos, e reconheceu a omissão da igreja como fator de agravamento da intensidade e da extensão do Holocausto. A confissão equivaleu, na prática, a uma merecida execração pública da pusilanimidade e do antissemitismo do papa Pio XII.

Seria interessante saber o que pensava Pio XII, na solidão do seu ministério, da destinação, por Dante, na *Divina Comédia*, do Anteinferno ou Vestíbulo, às almas dos inertes e dos neutros, recusadas ambas, igualmente, por Deus e pelo diabo, bem como da avaliação do pontificado feita pelo papa Adriano V: "Em mês e pouco tive a prova de quanto pesa o grande manto papal a quem se proponha mantê-lo sem manchas" (Purgatório, Canto XIX, versos 102-104). Temendo que a Igreja viesse a ser desviada de sua rota divina, pelas ambições materiais de alguns dos seus chefes, Dante denunciou esses novos vendilhões do templo, dizendo: "Monstros iguais, jamais se viram! Ereta, qual rocha saliente em alto monte, sentada sobre o carro, vi então nua meretriz, os lascivos olhos girando à volta" (seria, no entender de Dante, a Cúria Romana, ávida de riquezas e de poder temporal). "Como pretendendo, sozinho, possuí-la, à sua retaguarda postava-se um gigante, e os dois seguidamente se beijavam".

Anexo i – Alguns casos de inveja altamente destrutiva

O gigante é o rei Filipe, o Belo, ou toda a casa de França, ora amiga ora inimiga da Cúria Romana, à qual buscava silenciar com recursos temporais ("Purgatório", Canto XXXII, versos 147-153). Profético, Dante aconselhou os cristãos: "Não permitais que a cobiça material empane vossa virtude; sede homens e não inermes, a fim de que os judeus entre vós de vossa fé não zombem, vendo-vos irrefletidos" ("Paraíso", Canto V, versos 77-80). Temendo que, inspirado na inveja, o clero florentino pudesse substituir o estudo e a fidelidade dos textos das Sagradas Escrituras por regulamentos burocráticos, Dante denunciou: "Por ela votam-se ao abandono os Evangelhos e os ensinamentos dos Doutores, utilizando-se, ao contrário e em demasia, as páginas das Decretais – Reunião das leis canônicas que regulam a vida material do clero –, já gastas pelo uso ("Paraíso", Canto IX, versos 133-135). Alguma semelhança com a igreja de Pio XII, diante do nazismo?

A POSIÇÃO DOS INIMIGOS DE HITLER

Um irmão de Claus von Stauffenberg, o homem que quase matou Hitler, no atentado a bomba, em 20 de julho de 1944, depôs:

"No plano da política interna, esposamos a maior parte dos princípios básicos do Nacional Socialismo. O conceito racial parece-nos saudável e muito promissor" (Christof Dipper, *The German Resistance and the Jews*, 1984).
Nesta mesma linha, Count Uxküll, tio de Stauffenberger, resumiu o pensamento da mais numerosa e influente facção, conservadora e militar, oposta ao nazismo:
"Devemos, tanto quanto possível, mantermo-nos fiéis à política racial" (Christof Dipper, obra citada).
As restrições que os inimigos de Hitler opunham à sua política de violência eram direcionadas, apenas, ao que qualificavam como excessos, conceito que não incluía os judeus.

JOACI GÓES

Um dos mais importantes manifestos contra Hitler, publicado no início de 1943 e assinado pelos mais influentes teólogos protestantes e professores universitários, sob a orientação dos mais proeminentes líderes antinazistas, continha um apêndice intitulado "Propostas para a solução do problema judaico na Alemanha", que justificava a adoção de medidas destinadas a "rechaçar a calamitosa influência de uma raça na comunidade nacional".

A explícita condenação ao genocídio não retira o conteúdo eliminatório antissemítico do documento que via nos judeus uma fonte permanente de problemas para todas as nações hospedeiras, a exemplo da própria Alemanha, que não poderia continuar a sofrer os enormes danos provocados pelos judeus. "Generosamente", a proposta admitia a possibilidade de, num futuro próximo, os judeus voltarem a ser recebidos, com plenos direitos, sem perigo para o bem-estar alemão, porque "o número de judeus sobreviventes, retornando à Alemanha, não será grande a ponto de representar qualquer perigo à nação", em face de sua quase total extinção pelo nazismo (Goldhagen, obra citada). Como o genocídio estava em curso, infere-se que o documento exprimia confiança na eficácia da política de extermínio nazista.

O argumento de que o povo alemão foi obrigado a colaborar, sob a ameaça de morte, com o genocídio, não resiste à análise dos fatos, como o demonstra Goldhagen, à saciedade. A coerção imposta aos alemães para colaborarem com o genocídio não foi maior do que tantas outras destinadas ao cumprimento do ideário nazista. A mesma população que reagiu com firme e corajosa determinação a várias diretrizes de Hitler, silenciou ou aplaudiu a política de extermínio do povo judeu. A atitude dos alemães, diante da perseguição dos nazistas aos "subumanos eslavos", era incomparavelmente superior à observada em relação aos judeus. Em inúmeras ocasiões os alemães, infringindo as leis de guerra, trataram os "subumanos", como os poloneses, decentemente. Enquanto a Gestado apurava e punia milhares

712

ANEXO I – ALGUNS CASOS DE INVEJA ALTAMENTE DESTRUTIVA

de delitos oriundos da proteção que alemães dispensavam a não judeus proscritos, era quase inexistente a casuística resultante da proteção de alemães a judeus. O mesmo comportamento foi observado por membros do clero. Quando os nazistas atacavam cristãos, os alemães reagiam com altivez, forçando o recuo da intolerância. Inúmeras greves, não obstante sua ilegalidade, foram deflagradas em nome da insubmissão popular a políticas do Terceiro Reich. A cessação do Programa de Eutanásia, de há muito concebido, mas só iniciado quando um casal pediu a Hitler autorização para eliminar, por piedade, um filho que sofria de males e dores insanáveis, foi alvez o maior exemplo. Quando os médicos nazistas já haviam eliminado entre setenta e cem mil pessoas portadoras de doenças que as inabilitavam a uma vida produtiva, de acordo com os cânones nazistas, o clamor social nascido do protesto dos parentes das vítimas200 triunfou, porque os alemães: 1º) consideraram o morticínio um erro; 2º) exprimiram seu pensamento a respeito; 3º) exigiram o fim da chacina; 4º) não foram punidos nem por exprimirem seu pensamento, nem por reivindicarem o cumprimento de suas demandas; 5º) conseguiram cessar o extermínio, salvando a vida de milhares de alemães.

Tudo leva a crer que se os alemães tivessem levantado a voz contra a violência antissemítica, ter-se-ia evitado o Holocausto, como é prova o único episódio conhecido de clamor público em favor dos semitas, quando mulheres alemãs fizeram passeata, por três dias, nas ruas de Berlim, exigindo a libertação de seus maridos judeus, recém-encarcerados. O governo cedeu e os seis mil prisioneiros foram soltos, sem que as esposas sofressem qualquer tipo de retaliação (no livro de Nathan Stoltzfus, *Resistance of the Heart*, 1994, o número de maridos judeus libertados cai para dois mil). A repetição de episódios como este, ao longo dos tempos, levou o pensador e historiador escocês David Hume a insinuar com acuidade que o objeto da história se resume em demonstrar a importância da opinião pública como agente modelador da sociedade humana, porque até mesmo os mais san-

JOACI GÓES

guinários ditadores não podem prescindir dela para alimentar o ânimo dos que calam as baionetas (David Hume, *History of England*, 1771). Antes de David Hume, John Locke, o primeiro grande defensor do governo das maiorias, viu esta questão assim: "O corpo político deve caminhar na direção apontada pelo poder maior que é o consenso da maioria" (*Two "Treatises on Government*, 1690). Um pouco antes de Locke, Pascal (1623-1662) explicava que "seguimos a maioria, não porque esteja correta, mas porque tem mais poder" (Blaise Pascal, *Pensées*, 1670). A formulação clássica desse princípio coube ao jurista e orador romano, no segundo século antes de Cristo, Públio Múcio Scaevola, frequentemente citado e louvado por Cícero como um grande defensor público, ao enunciar: "O que a maioria do conselho decidir deve ser considerado como decisão de todos" (*Quod maior pars curiae effecit, pro eo habetur, ac si omnes egerint, Digesto*, Livro 1). Valendo-se dessa lição, disse Talleyrand a Napoleão: "Com as baionetas, senhor, pode-se fazer tudo, menos sentar-se sobre elas". Com essas palavras Talleyrand queria ensinar a Napoleão que o poder, mesmo despótico, só vale a pena quando exercido com tranquilidade, sentado no trono ou em outra cadeira qualquer. Isto é: com respaldo popular. "O mando é menos uma questão de punhos do que de nádegas" (Ortega y Gasset, *La Rebelion de las Masas*, 1929).

Nenhum dos vários manifestos, ou atentados frustrados contra Hitler, perpetrados por militares e por membros da sociedade civil que pagaram com a liberdade ou a vida, teve a defesa dos judeus como parte de sua motivação. Vejamos um trecho do inflamado discurso preparado para ser lido pelo general Beck, na sequência do atentado de 20 de julho de 1944, em que vários oficiais pereceram, quando um toque involuntário, com o pé, na bomba posta por Stauffenberg sob a mesa, salvou Hitler de morte certa: "Coisas monstruosas aconteceram diante de nossos olhos, nos últimos anos. Contrariando o conselho dos seus expertos, Hitler tem, inescrupulosamente, sacrificado exércitos inteiros pelo seu desejo de glória, por sua presunção de poder, por seu blasfe-

Anexo I – Alguns casos de inveja altamente destrutiva

mo delírio de considerar-se o escolhido e inspirado instrumento do que ele chama de Providência. Sem que tivesse sido eleito pelo povo alemão, mas chegando ao supremo poder a golpes de baixa intriga, tem criado confusão por meio de mentiras, ardis e de incríveis desperdícios, apresentados como benefícios populares que, na realidade, deixaram a Alemanha tremendamente endividada. Para preservar seu poder, ele estabeleceu um desembestado reinado de terror, destruiu a justiça, baniu a decência, ironizando os mandamentos divinos de pura humanidade e destruindo a felicidade de milhões. Com fatídica certeza, seu alucinado escárnio por toda a humanidade teria que ser catastrófico para o nosso povo. Sua auto-outorga do generalato teria que conduzir nossos bravos filhos, pais, esposos e irmãos ao desastre. Seu terrorismo sanguinolento contra pessoas indefesas teria que ocasionar desgraça ao nome alemão. Ilegalidades, consciências submetidas, crimes e corrupção são o que ele entronizou em nossa pátria, antes tão orgulhosa de seus foros de justiça e decência. A verdade e a honestidade (ideais que qualquer nação, por menor que seja, considera prioridade do processo educacional das crianças) são vilipendiadas e punidas. Por isso, tanto a vida pública quanto a privada estão ameaçadas de envenenamento mortal. Mas isso não pode ficar assim. Nós não podemos continuar nesta direção!" (Joachim Remak, *The Nazi Years, A Documentary History*, 1990). Sem dúvida, um belo discurso. Pena que não tenha havido uma menção, sequer, explícita ao Holocausto, que naquele momento continuava fazendo milhares de vítimas diariamente. A conclusão natural é que quanto à questão do antissemitismo todos estavam de acordo, variando apenas a natureza dos métodos, como reconheceram os já citados irmão e tio de Claus Stauffenberg, o homem que comandou o frustrado atentado do dia 20 de julho. Sob a justificativa de que a ação de Stauffenberg se originava de sua deformação sanguínea congênita, o nazismo sentenciou: "Toda a família Stauffenberg será exterminada, de mamando a caducando, até o último membro". De fato, todos os integrantes da família Stauffenberg foram executados, inclusive uma criança de 3 anos e um parente distante, de 85. Dezenas de mulheres, acima dos setenta, também foram mortas.

Os poucos casos de reação de alemães à política de extermínio dos judeus foram ditados por interesses específicos e não por oposição ao antissemitismo, como erradamente se propaga. Vamos a alguns exemplos:

1º) quando do boicote econômico antissemítico, na década de 1930, os alemães que perderiam as vantagens competitivas advindas da qualidade, da exclusividade ou do preço do fornecimento de empresários judeus, estrilaram;

2º) outra fonte de insatisfação era a explicitude excessiva da violência contra os judeus, ferindo desnecessariamente a sensibilidade de crianças, mulheres e pessoas avessas a uma selvageria tão comprometedora dos foros de civilização do povo alemão;

3º) algumas pessoas temiam a forra futura dos judeus, uma vez restaurados em seus direitos e força;

4º) muitos alemães, favoráveis em tese ao genocídio, reclamavam exceção para os judeus que integravam seu universo afetivo;

5º) alguns alemães, movidos por questões éticas ou pragmáticas, ainda que favoráveis a uma política discriminatória capaz de assegurar o desaparecimento dos judeus no médio e longo prazos, opunham-se aos aspectos de intestina crueldade dessa política.

APOIO INTERNACIONAL AO NAZISMO

Do exterior, não faltavam encômios e estímulos a Hitler e a sua política. Leon Archimbaud, conhecido nacionalista francês, crítico de muitas coisas da Alemanha de então, deu o seguinte depoimento a respeito de Hitler, transcrito com destaque na imprensa alemã: "Hitler é o líder incontrastável da Alemanha

Anexo I – Alguns casos de inveja altamente destrutiva

Grande. Suas ordens são cumpridas por 75 milhões de alemães. Na França, Hitler é apresentado como um curandeiro e um bufão de ópera, que não faz nada além de discursos longos e revistas de tropas. Isso é um erro. O povo alemão, aparentemente resignado, está ávido para acertar contas com o Führer. Outro erro. O povo alemão encara Hitler como seu Messias. Ele reúne, em sua visão, as virtudes de Frederico, o Grande, Lutero e Maomé. *Minha Luta* – livro de memórias de Hitler – substituiu a Bíblia e o Alcorão" (Otto Tolischus, *They Wanted War, Hitler's Reich*, 1940). Na sequência da vitoriosa invasão da França, um diplomata húngaro escreveu para o seu ministro dizendo que "medidas radicais, em relação à questão judaica, serão necessárias se a Hungria deseja efetivar sua aproximação com Berlim e Roma" (Phillipe Burrin, op. cit.) Essa recomendação se processava em rigorosa sintonia com o antissemitismo oficial húngaro. Quando Pacelli compareceu, em maio de 38, ao XXXIV Congresso Eucarístico em Budapeste, a Áustria já havia sido anexada à Alemanha, desde março último, e o feroz antissemita Béla Imrédy acabara de ser designado primeiro-ministro. Durante o Congresso, Imrédy defendeu que quem não pudesse provar que seus ancestrais haviam nascido na Hungria deveria ser considerado judeu, sujeito, portanto, às severas restrições ora em discussão no parlamento húngaro. Paralelamente, importantes lideranças empenhavam-se em transformar a Hungria num satélite alemão. Nenhuma palavra de desaprovação ao crescente antissemitismo húngaro se ouviu de Pacelli, no mais importante conclave católico daquele ano. Bem ao contrário. No estilo indefinido que caracteriza a linguagem diplomática do mundo secular, Pacelli declarou: "No desenvolvimento concreto de seu destino e potencialidades, cada pessoa segue, dentro da estrutura da Criação e Redenção, seu caminho particular, promovendo suas contingências e leis tácitas, de acordo com suas forças, inclinações, características, posição geral, recomendações e até compulsões". Mais adiante vergastou os judeus: "Ao contrário dos inimigos de Jesus que clamaram diante Dele: '– Crucifiquem-no!', nós entoamos hinos de lealdade e amor. Agimos desta maneira não por amargura, não por um senso de superioridade, não por arrogância, em relação àqueles cujos lábios o amaldiçoam e cujos corações o rejeitam todos os dias" (Cronwell, op. cit.). Pacelli deixou muito claro que sua noção de amor universal era excludente dos judeus assassinos. Manifestações contrárias aos judeus eram comuns em vários países europeus, alguns dos quais são aqui mencionados em modo meramente exemplificativo.

O CASO IBM

À exceção de alguns bancos internacionais, particularmente os suíços, e de algumas empresas, que têm estado sob investigação, a participação do capitalismo internacional em favor do nazismo tem sido explicada, na maioria das situações, como fruto de transações comerciais pautadas pelos habituais critérios prevalecentes no comércio exterior: não havendo impedimentos legais, vende-se a quem paga melhor. O jornalista norte-americano Edwin Black, em livro publicado em 2001, sustenta que sob a presidência de Tom Watson Sr., condecorado por Hitler, a IBM ativamente supriu o nazismo, entre 1933 e 1945, da tecnologia e *know-how* destinados a intensificar sua cruenta eficiência, mediante a identificação e localização de milhões de judeus. O autor concede a Watson e à IBM o benefício da dúvida quanto a não terem como prever os extremos a que chegaria a política racista de Hitler, mas sustenta que o papel desempenhado pela IBM foi fundamental para que tantos judeus fossem eliminados em tão curto espaço de tempo. A máquina de tabular cartões perfurados, precursora do computador, e a máquina Hollerith, da IBM, foram usadas para organizar o programa de deportações e os campos de concentração. "Quando a Alemanha queria identificar os judeus pelo nome, a IBM ensinava como. Quando a Alemanha queria usar essas informações para lançar programas de expropriação e expulsão em massa, a IBM

Anexo I – Alguns casos de inveja altamente destrutiva

fornecia os meios. Quando a pontualidade dos trens de uma cidade a outra, ou entre diferentes campos de concentração, era necessária, a IBM oferecia a solução ideal", diz Edwin Black, esclarecendo que, já naquela época, a IBM posicionava-se como uma empresa de serviço completo e personalizado, levando em conta as necessidades específicas e peculiares a cada cliente. Segundo Black, mesmo depois de devolver, publicamente, a comenda que Hitler lhe outorgara, Watson continuou a monitorar, de perto, cada passo das operações da IBM na Europa ocupada pelos nazistas (Edwin Black, *IBM and the Holocaust*, 2001). Em declaração feita à revista *Newsweek*, Erwin Black afirmou: "Sempre pensamos que a Era da Informação tinha nascido no Vale do Silício. Agora sabemos que foi em Berlim".

O ANTISSEMITISMO NO BRASIL

Desgraçadamente, o Brasil compareceu com seu quinhão de vergonhoso antissemitismo. A edição 1641 da revista *Veja*, de 22 de março de 2000, publicou matéria que comprova "como o Estado Novo perseguiu os judeus e se inspirou no nazismo para abraçar a teoria antissemita". O primeiro exemplo explorado por *Veja* refere-se à omissão do governo em conceder asilo a 500 crianças ameaçadas de serem enviadas a campos de concentração, conforme documento garimpado nos arquivos do Itamaraty pela historiadora Maria Luiza Tucci Carneiro, da Universidade de São Paulo, a mesma que em livro de 1987, *O antissemitismo na Era Vargas*, denunciou o antissemitismo de Osvaldo Aranha, posteriormente condecorado com a medalha Ben Gurion, pela sua amizade ao povo israelita. Sustenta Maria Luiza que "o governo brasileiro foi omisso e essa postura acabou colaborando para os horrores do Holocausto". O segundo exemplo, baseado na "Lei de Restrição à Imigração", de 1941, documento redigido pelo então ministro da justiça, Francisco Campos, localizado pelo pesquisador carioca Fábio Koifman,

JOACI GÓES

demonstra a preocupação e o cunho particularmente antissemíticos da política imigratória brasileira. Um dos parágrafos do
decreto, comparado por *Veja*, por sua excessiva minudência, a
uma ata de reunião de condomínio, diz textualmente: "Dessa
massa de judeus podem sair bons cidadãos, mas sai também,
com frequência, a maior parte dos números de certas estatísticas criminais". Entre os anexos ao decreto localizado por
Koifman, há uma lista dos nomes que compunham a orquestra
infantil da Escola Nacional de Música e uma outra convocató-
ria dos candidatos aprovados em concurso público para oficial
administrativo do governo. Além de assinalar todos os nomes
que supunha judeus, o ministro Francisco Campos graduava
sua certeza: na dúvida, um asterisco; na quase certeza, dois
asteriscos; na ausência de dúvidas, três asteriscos. O terceiro
exemplo mencionado por *Veja* apoia-se num documento pesquisado pelo historiador carioca Orlando de Barros. Trata-se
da resposta enviada ao ministro da educação, Gustavo Capanema, pelo diretor Fernando Raja Gabaglia, do Colégio Pedro
II, considerado modelar do ensino médio brasileiro. O documento, uma vez comprovada sua inquestionabilidade, lança
uma nódoa sobre a biografia de Capanema, reputado um dos
melhores ministros brasileiros, pela qualidade de sua gestão
como ministro da educação de Vargas, ao longo de onze anos.
Foi ele quem descobriu, estimulou ou apoiou nomes como os
do pintor Cândido Portinari e os arquitetos Lúcio Costa e Oscar
Niemeyer. Seu chefe de gabinete era nada mais nada menos do
que o poeta Carlos Drummond de Andrade. Como os judeus
sempre deram muita importância à educação, base histórica do
seu reconhecido preparo intelectual, o Colégio Pedro II, o melhor do país, contava com muitos deles no seu corpo discente.
No bojo de uma denúncia anônima que apontava dezoito irregularidades na administração do Colégio, havia a que dizia
que a direção da escola transferira a data de realização de uma
prova em respeito ao Yom Kipur, o mais importante feriado
religioso dos judeus. Segundo Orlando de Barros, este foi "o

720

Anexo I – Alguns casos de inveja altamente destrutiva

único ponto que lhe chamou a atenção". Capanema, além de questionar a transferência da prova, pediu uma lista contendo os nomes de todos os alunos judeus, bem como o percentual que representavam no alunado geral. O quarto e último exemplo da mencionada reportagem baseia-se em documento pesquisado pela já citada historiadora Maria Luiza. Por ele, o encarregado de negócios da embaixada do Brasil em Varsóvia, Jorge Latour, escreveu, em 1936, ao ministro das Relações Exteriores, José Carlos de Macedo Soares, um dos mais inflamados libelos antissemitas já encontrados no Brasil, intitulado "A emigração israelita da Polônia para o Brasil – Considerações inatuais e observações atuais a propósito deste mal". Nele se lê: "só a questão judaica é insolúvel. É o quisto irredutível no seio dos povos em evolução (...) É inegável que o judeu passou à posteridade como sinônimo de ave de rapina, ganancioso, usurário. Seria isso um simples erro de apreciação da humanidade, que ela insiste em manter gratuitamente?". Em 1937, Latour juntou ao levantamento fotográfico que mandou fazer do gueto de Varsóvia comentários como este: "esta legação é testemunha das dificuldades de ordem racial, social, econômica e higiênica que representa para a Polônia o elemento israelita".

Veja descarta a hipótese de ser o documento produto isolado de um antissemita inveterado, em razão do seu aproveitamento referencial na produção de várias peças antissemíticas do governo Vargas. Para conforto dos brasileiros refratários às odiosas políticas discriminatórias, a reportagem destaca o papel decisivo desempenhado pelo embaixador brasileiro em Paris, entre 1922 e 1943, Luís Martins de Souza Dantas, na salvação de cerca de oitocentos judeus. Segundo o historiador Fábio Koifman, Souza Dantas, cognominado o "Schindler brasileiro", agiu isoladamente, à revelia das diretrizes do governo que representava, em virtude exclusiva de suas convicções humanitárias.

A INVEJA DOS ALEMÃES

Os elementos caracterizantes da inveja que os alemães sentiam dos judeus são muito claros. Só a resistência ou o negacionismo psicológico, que já estudamos, incorporada pela quase totalidade dos cientistas sociais, em considerar a inveja como poderosa e frequente fonte de conflitos, explicaria o silêncio até hoje observado sobre o Holocausto como produto da inveja, como sobre tantos outros episódios que, melhor compreendidos, ajudariam o ser humano a elevar a qualidade de sua convivência. Seria isso ocasionado pelo desconforto sentido pelos historiadores ao se defrontarem com a irracionalidade básica subjacente a tais estudos? A esta indisposição, o notável historiador do misticismo judaico, professor Gershom Scholem, denomina "perversão racional do bom julgamento". No caso dos judeus, esta resistência é ainda maior, porque o reconhecimento da inveja implicaria a aceitação da superioridade competitiva deles, cuja discriminação é feita precisamente por um valor oposto: a arguida razão de sua inferioridade moral, instrumentada por sua diabólica competência. Por outro lado, o levantamento dessa questão por um judeu seria impensável, porque além de soar pretensiosa e arrogante, fortaleceria a posição dos que consideram o sionismo como a prática mais antiga de racismo militante, legitimando, em certa medida, o antissemitismo, porque uma vez admitida a tese da superioridade de um povo sobre os outros, terminaríamos por descambar para a construção chauvinista de novas teorias racistas, no estilo do francês Gobineau, dos alemães Von Treitschke e Richard Wagner e do genro deste, o inglês Chamberlain, racionalizadoras de políticas intolerantes, de péssima memória. "Até mesmo os historiadores judeus, reputados os mais racionais, estudam minuciosamente a história do seu povo com o propósito de encontrar falhas no seu comportamento que justifiquem o antissemitismo. Ai de nós! Eles não compreendem a versatilidade camaleônica do antissemitismo; eles não captaram seu caráter mimético que transforma suas

Anexo I – Alguns casos de inveja altamente destrutiva

teses e hipóteses, suas metas específicas e objeções, em função do papel que os judeus estejam desempenhando num dado momento. No curso de sua história, os judeus têm sido perseguidos por acreditarem no judaísmo e execrados por descrerem nele; desprezados quando pobres e odiados quando ricos; humilhados por ignorarem a cultura hospedeira e censurados por dominarem-na; denunciados como capitalistas e exprobrados como comunistas; ridicularizados pelo isolamento e escrachados pela sua assimilabilidade" (Dawidowicz, op. cit.). Tudo no melhor estilo da fábula *O lobo e o cordeiro* (*Lupus et Agnus*), de Esopo.

Esta indisposição de incorporar o irracional, opostamente ao que fizeram os gregos, como causa do sistemático agir humano, poderá ter sido a razão que impediu uma pensadora do valor intelectual de Hannah Arendt de compreender o Holocausto como produto da inveja, em vez de considerá-lo uma mera "banalização do demoníaco", como o fez no seu livro sobre Adolf Eichmann (*Eichmann in Jerusalem: A Report on the Banality of Evil*, 1994), conceito que passou a exprimir o sentido de todo o projeto nazista. A tese de Arendt, segundo a qual vários conselhos de comunidades judias colaboraram intensamente com o nazismo, é considerada por muitos como destituída de fundamento. A partir do lançamento do seu livro, em 1963, realizou-se ampla pesquisa sobre o assunto, que concluiu pela improcedência de suas conclusões (Isaiah Trunk, *Judenrat: The Jewish Councils in Eastern Europe under Nazi Occupation*, 1972; Yehudah Bauer, *A History of the Holocaust*, 1982; Lucy Dawidowicz, op. cit.). Elie Wiesel, Nobel da Paz, o maior memorialista do Holocausto, que narrou em seus livros os horrores de Auschwitz, "com o fogo dos fornos crematórios e com o sangue das vítimas", sustenta que "a questão não é saber por que todos os judeus não lutaram, mas saber por que muitos o fizeram. Atormentados, espancados e famintos, como puderam eles encontrar força – física e espiritual – para resistirem?". Tomado da mesma perplexidade de Arendt, diante da irracionalidade brutal do Holocausto, Elie Wiesel, que aos 15 anos assistiu ao extermínio de toda sua família em

Auschwitz, comenta: "Se eu quiser compreender – e eu sei que nunca compreenderei – por que meu povo se tornou vítima, uma perfeita vítima, alguém tem que explicar ou tentar explicar porque os assassinos, todos os assassinos, eram cristãos, maus cristãos, é verdade, mas cristãos. Alguém terá que explicar por que tantos assassinos eram intelectuais, acadêmicos, professores universitários, advogados, engenheiros, médicos, teólogos. Os *Einsatzkommandos*, aqueles que diretamente executaram a chacina – não me refiro às câmaras de gás – eram comandados por intelectuais. Eles não estavam protegidos pela sua cultura. Provaram que conhecimento sem moralidade pode ser destrutivo, que ciência, apenas, sem dimensão ética, pode tornar-se um instrumento de desumanidade" (Elie Wiesel, "The Holocaust as Literary Inspiration", em *Dimensions of the Holocaust,* 1994). Um irmão do chefe do serviço médico nazista em Auschwitz declarou: "É claro que já houve povos que se odiaram reciprocamente por séculos. Mas matar pessoas, de modo sistemático, com a ajuda de médicos, só porque pertencem a uma outra raça, é acontecimento inédito no mundo" (Robert Jay Lifton, *The Nazi Doctors, Medical Killing and the Psychology of Genocide,* 1994). A escritora judia norte-americana, Dorothy Rabinowitz, autora de um livro a respeito de ex-prisioneiros em campos de concentração que emigraram para os Estados Unidos, *New Lives: Survivors of the Holocaust Living in America,* 1976, sem atentar para a inveja como causa do Holocausto, diz inconformada: "Trata-se de um fato que não pode ser assimilado, ainda que já tenhamos assimilado muito. Não há como compreender que neste século tenha havido um esforço, em grande medida, bem-sucedido, para eliminar um povo. E que a realização desse esforço tenha consumido anos de planejamento, centenas de milhares de funcionários, uma montanha de papel e inúmeros comandos; que este povo tenha sido escalado em cada um dos diferentes países para viver separado, em isolamento, segregado do resto da população, deportado, embarcado à força em trens de onde será obrigado a descer. Homens, mulheres e crianças comprimidos nas filas da

Anexo i – Alguns casos de inveja altamente destrutiva

câmara de gás, a caminho da morte" ("The Holocaust as Living Memory", em *Dimensions of the Holocaust*, op. cit.).

O que dificulta e impede a compreensão do Holocausto é a exclusão da inveja como um dos maiores mobilizadores do comportamento humano. Isso explicaria o comentário de um médico da Europa Oriental, sobrevivente de campos de concentração, traduzindo a perplexidade dos estudiosos do assunto: "Os professores procuram compreender o que não tem explicação. Nós que estivemos lá, e que repetidamente nos temos feito esta pergunta, e continuaremos a fazê-la até o fim de nossos dias, nunca chegaremos a compreender o que aconteceu porque não há explicação possível" (Robert Jay Lifton, op. cit.). De fato! Como entender o comportamento de pessoas como o Doutor Professor Hans Hermann Kramer, dono de um currículo tão rico, a ponto de chefiar o departamento médico da Universidade de Munster, antes de voluntariamente juntar-se ao esforço genocida? Uma de suas primeiras missões, ao chegar a Auschwitz, foi observar o que se denominava eufemisticamente de "Ação Especial", um método de execução em massa, em que prisioneiros, especialmente mães e filhos, eram lançados no interior de grandes fossos retangulares, medindo 20 metros por 40 metros, sobre grandes pilhas de madeira lenhosa, embebidas em gasolina e outros comburentes, às quais ateava-se fogo. Dr. Kramer deixou registrado em seu diário que, após as primeiras experiências, quando achou que "não poderia suportar o inferno dantesco", acostumou-se ao novo ofício, discutindo-o e aperfeiçoando-o tranquilamente (William Shirer, op. cit.). Aparentemente alheio a esta perplexidade geral, o rabino Ovadia Yossef, 79 anos, chefe espiritual do partido ultra-ortodoxo Shass, terceira força política israelense, escandalizou o mundo ao afirmar, durante pregação semanal em uma sinagoga de Jerusalém, ao entardecer de sábado, 5 de agosto de 2000: "Os nazistas não mataram gratuitamente esses seis milhões de infortunados judeus. Eles eram a reencarnação de almas que pecaram e fizeram coisas que não deveriam ter sido feitas" (*Folha de S. Paulo*, edição de 6 de agosto de 2000).

Em todos os casos conhecidos de ação destrutiva, especialmente as guerras cruentas, matar pessoas sempre foi um meio para alcançar um fim. Jamais um fim em si mesmo. O genocídio contra os judeus europeus é a única exceção a esta regra geral, onde houve a fusão entre fins e meios. O povo alemão aniquilou os judeus em função do objetivo, puro e simples, de aniquilá-los. Esta peculiaridade confere ao Holocausto uma terrível, aberrante e lamentável singularidade que é a marca da inveja hipertrofiada. Os judeus são uma exceção porque sua milenária preterição não foi uma escolha, foi-lhes imposta. Melhorar sua competitividade no seu ambiente, o ambiente humano, foi o único meio de adaptação darwiniana, para sobreviverem, que lhes restou.

Historicamente, o antissemitismo não pode ser considerado um fenômeno unitário. Nascido das restrições que os gregos, já antes de Cristo, opunham aos povos semitas, considerados bárbaros, o termo passou a ser usado como referência exclusiva aos hebreus, que conheceram o primeiro grande exílio na Babilônia, entre os anos 597-538 a.C. A partir de Cristo, o antissemitismo assumiu feição religiosa, evoluindo para a intolerância grupal, de classe, terminando no antissemitismo racial do Holocausto. Paralelamente a cada um desses estágios, os hebreus sempre despertaram inveja pelo seu desempenho econômico, desde os tempos do antissemitismo grego, quando se identificava, com precisão, o papel de exclusiva significação econômica desempenhado por eles que, já dispersos pela perseguição, instalaram-se nos maiores centros urbanos do império persa. No século I d.C., comunidades florescentes dedicadas ao comércio, sobretudo em Roma e Alexandria, eram até protegidas pelas autoridades imperiais, que reconheciam a importância econômica do seu trabalho. Neste momento, o antissemitismo entra em recesso porque a natureza tolerante do paganismo, somada à estrutura multinacional do império, impede a manifestação de hostilidades religiosas ou raciais. As ocasionais reações contra os judeus, dedicados ao comércio, decorriam da tradicional animo-

ANEXO I – ALGUNS CASOS DE INVEJA ALTAMENTE DESTRUTIVA

sidade votada pelos agricultores aos comerciantes, vistos como atravessadores de parte substancial de sua receita. Apesar da exacerbação do antissemitismo a partir do século IV, em razão do total predomínio do cristianismo, os judeus conheceram um período de grande desenvolvimento e prosperidade porque sua reconhecida competência como operadores das atividades comerciais valorizou-os aos olhos do império decadente, cada vez mais dependente do comércio para gerar receita tributária. Tradicionais detentores de reservas líquidas, os judeus floresceram também como emprestadores de dinheiro, atividade reputada da maior importância para a vida econômica. A partir desse momento, os nobres que invejavam sua liquidez financeira, dela desejando se apropriarem, começaram a campanha de descrédito, identificando-os como usurários desalmados. Pecha fácil de pegar, porque referendava o discurso que atribuía aos judeus a responsabilidade pela queda dos falidos. Os nobres, agora com o apoio da pequena burguesia, tiveram que aguardar até o século XII para avançarem sobre as posições dos hebreus que, tendo perdido o monopólio das atividades comerciais, foram relegados a uma posição secundária. Os empréstimos, antes deferidos a reis e nobres, passaram ao pequeno comércio e à arraia miúda que, induzida a ver nos judeus a causa dos seus males, não vacilou em atribuir-lhes a culpa pela peste negra de 1348-1350, quando milhares foram perseguidos e massacrados pela acusação de haverem envenenado os poços de água potável. A fase final da Idade Média assinala o pior período de generalizada inveja e discriminação antissemítica, quando os judeus se viram alvo da hostilidade de todas as classes sociais.

Só no século XIX, quando retornam ao Ocidente, deixando a Europa oriental, onde se abrigaram no período precedente de acentuada crise, os hebreus se reorganizam criando importantes comunidades na Áustria, França, Alemanha e Estados Unidos. Emancipados juridicamente, são regularmente absorvidos, gozam de plenos direitos de cidadania e estão livres para exercerem qualquer profissão. Nada de guetos ou monopólios de atividades. Espraiam-se por todas as áreas, dos negócios à vida acadêmica, onde triunfam a olhos vistos.

O surgimento da grande indústria atraiu os pequenos empresários, que passaram a preferir o *status* de empregados do novo momento aos riscos de negócios miúdos, sazonais e instáveis. O superior desempenho dos hebreus no mercado de trabalho, apesar de seu baixo número não justificar o alegado receio de virem a bloquear os não judeus a ocuparem a maioria esmagadora dos postos, foi o suficiente para fazer ressurgir a inveja anciã, nascida do temor atávico da eficiente competitividade dos hebreus, vestida em nova roupagem. O motivo arguido agora para o antissemitismo baseava-se no binômio raça e nacionalidade: os judeus integrariam uma raça impura e pertenciam à nação dos hebreus, naturais adversários dos nacionalistas do país, particularmente dos alemães. Mais uma vez a demonização dos judeus era apresentada como justificativa das frustrações gerais, no estilo da inveja clássica. Destaque-se a colaboração dos intelectuais, ávidos por ajustarem contas com esses judeus malditos que lhes derrotavam em seu próprio território! Daí as vestes "científicas" do racismo, cortadas pelos Gobineaus, Von Treitschkes, Wagners e Chamberlains.

Foi, sem dúvida, na Alemanha onde o antissemitismo ganhou a mais intensa dimensão popular, no período compreendido entre os dois conflitos mundiais. É interessante observar que mesmo um psicanalista como Joseph Berke, autor de conhecido livro sobre a inveja, *A Tirania da Malícia,* tangencia o tema sem, contudo, colocar o dedo na ferida, ao comentar: "O rancor pessoal de Hitler pelos judeus teria sido suficiente para arruinar suas vidas a partir de sua posição de *Führer,* independemente de razões outras. A coincidência, porém, do seu ódio com o que toda a nação alemã votava aos judeus é que permitiu a materialização do genocídio. Antes de Hitler, a Alemanha já conhecia uma antiga e deformada tradição antissemítica. Em certa medita esse ódio foi um legado de Martinho Lutero, cuja aversão aos judeus era fato notório. Lutero, que era um dos gurus de Hitler, defendia a mais completa

Anexo I – Alguns casos de inveja altamente destrutiva

destruição dos judeus e de tudo a eles vinculado. Seu programa de trabalho, elaborado em 1543, começava assim: 'Primeiro, incendiar todas as sinagogas e escolas', e concluía: 'Sétimo, permitir que se atirem sobre eles enxofre e piche... e se não for bastante, expulsá-los como a cães danados'". Joseph Berke tinha tudo para explicar o ódio aos judeus como nascido da inveja, mas, como tantos outros, não o fez.

É mais do que evidente que a presença dos judeus na Alemanha nenhum mal causava aos alemães. Muito pelo contrário. Uma nação que ambicionava erigir um império para dominar o mundo, por mil anos, necessitaria do concurso de todos os cérebros disponíveis para tornar realidade seu projeto de grandeza intelectual, científica e econômica. O poderio dos alemães era tamanho que não faz sentido duvidar de sua capacidade de extrair dos judeus esta colaboração, mesmo se esses não quisessem oferecê-la voluntariamente, o que não era o caso. Consequentemente, a destruição dos judeus dar-se-ia em prejuízo dos ideais de grandeza da Alemanha, que ficaria privada da colaboração do seu segmento populacional mais capacitado, como os próprios alemães reconheciam, em seus destemperos verbais, raivosamente contraditórios.

A escravidão, segundo Ortega y Gasset, representou, por mais paradoxal que possa parecer, um grande progresso, na medida em que veio substituir o tradicional extermínio dos vencidos. Os vencedores compreenderam que seria mais proveitoso lucrar com o trabalho escravo dos inimigos do que matá-los. *"Del mismo modo, solemos (costumamos), sin más reflexión, maldecir de la esclavitud, no advertiendo el maravilloso adelanto que representó cuando fue inventada. Porque antes lo que se hacía era matar a todos los vencidos. Fue un genio bienhechor (benfeitor) de la humanidad el primero que ideó, en vez de matar a los prisioneros, conservarles la vida y aprovechar su labor"*. Ortega y Gasset observa que o pensador francês, Augusto Comte, desde muito antes, partilhava de igual entendimento. Esse raciocínio conduz à conclusão de que a brutalidade do Holocausto, além de um retrocesso, no plano do uso racional da violência, significou, também, um ato de desperdício insensato, incompatível com as tradições de um povo tão inteligente. A inveja que os alemães sentiam do que enxergavam como superioridade dos judeus era tanta que preferiram incorrer no ônus de perder a valiosa colaboração judia, contanto que ficassem livres da dor de uma presença que lhes despertava um agudo sentimento de inferioridade, causando-lhes a baixa autoestima. A caturrice de Hitler em considerar Albert Einstein, mundialmente reconhecido como o maior cientista vivo, um estrangeiro, provocando sua emigração para os Estados Unidos, corporifica o melhor exemplo do antissemitismo como produto da inveja que, como sempre, prefere a destruição do bem invejado a ter que conviver com a dor de sua presença, ainda que dela extraindo benefícios.

É necessário dizer que uma alentada minoria composta de milhões de alemães deplorava a violência perpetrada contra os judeus. Infelizmente, porém, apenas uma percentagem pequena dessa minoria exercitou sua indignação sob a forma de uma ação qualquer, protetora das vítimas.

Adolf Hitler foi um desajustado social que, por acidente, encontrou o terreno adequado em que desenvolver, de modo superlativo, sua vocação de orador de massas, guerreiro e ditador. Sem a questionada rendição da Alemanha, em 1918, e a consequente insatisfação nacional que dividiu o país, não teria havido um lampejo sequer do carismático Adolf Hitler que, ao longo de seis anos infernais, horrorizou a Alemanha e depois de mais seis anos, o mundo. Em 1919, aos 30 anos de idade, Hitler continuava um marginal, sem emprego, profissão, amigos, afetos e futuro. Salvo em passagens esparsas do seu livro *Minha luta (Mein Kampf)*, de 1925, onde falseou dados autobiográficos, era matéria reconhecidamente interdita discutir o seu passado. Hitler era filho do terceiro casamento de Alois Hitler, 48, com Klara Poelzl, 25, primos em segundo grau. Quando se casaram, Klara trabalhava como doméstica na casa do primo Alois, cuja segunda mulher, Franziska, acabara de falecer. O primeiro fi-

Anexo I – Alguns casos de inveja altamente destrutiva

lho do casal, Gustav, gerado adulterinamente, quando Franziska ainda vivia, nasceu quatro meses e dez dias após a viuvez de Alois, e não sobreviveu, o mesmo ocorrendo com Ida, nascida um ano depois. Adolf foi o terceiro rebento. Edmund, nascido em 1894, morreu aos seis anos, em 1900. A quinta e última filha do casal, Paula, nascida em 1896, sobreviveu ao famigerado irmão. Além de Paula, irmã germana, Hitler tinha dois irmãos do casamento anterior de Alois com Franziska: Angela e Alois. A bela Angela, depois que enviuvou de um agente fiscal, trabalhou em Viena como governanta e, posteriormente, como cozinheira numa instituição de caridade judia (Konrad Heiden, 'The Führer'). Em 1928, Hitler contratou-a como governanta, sendo objeto de comentários nos círculos oficiais o enorme apreço e apetite que o Führer demonstrava pelos quitutes e acepipes da lavra da irmã. Quando, em 1936, Angela deixou-o para casar-se com um professor de arquitetura, Hitler já ditador ficou tão ressentido que sequer enviou um presente de bodas. Avalia-se que a separação deve ter doído muito nele, porque Angela era, nesta fase final da sua vida, a única parente com quem ele mantinha laços estreitos. Geli, a sobrinha, filha do primeiro casamento de Angela, uma linda loira, morta em 1931, aos 23 anos, foi o seu mais intenso caso de amor, apesar da forte suspeição de que a assassinou, em represália por havê-lo abandonado, como veremos adiante. Do seu meio irmão, Alois, Hitler queria distância. Quem tivesse juízo não pronunciava este nome em sua presença. Aos 18 anos, o garçom Alois foi preso, por cinco meses, por furto, e aos 20, reincidente, por mais oito. Mais tarde, mudou-se para a Alemanha, onde, em 1924, serviu uma pena de seis meses por bigamia, numa prisão de Hamburgo. Posteriormente, ele transferiu-se para a Inglaterra, onde constituiu família, abandonando-a em seguida, para retornar à Alemanha, já sob o total domínio de Hitler. Abriu uma cervejaria nos arredores de Berlim. Beirando os 60 anos, sem qualquer semelhança física com o irmão famoso, o bonachão Alois era a encarnação visual típica do homem do povo. Seu maior receio era que Adolf mandasse cassar sua

JOACI GÓES

licença, sabido que era como o Führer se ressentia daquela incômoda presença, denunciadora da odiável modéstia de sua origem. Os frequentadores de sua cervejaria, como o futuro historiador William Shirer, curiosos de conhecerem particularidades da vida do Führer, lamentavam o silêncio sepulcral do proprietário, quando o assunto em discussão era o irmão Adolf.

Hitler continuou a ser um aluno medíocre, mesmo depois da morte do pai, Alois, em 1903, aos 65 anos, que queria vê-lo funcionário público. Em *Minha luta*, deplorou a má qualidade dos professores a quem responsabilizou por não ter avançado nos estudos o quanto seus talentos lhe teriam permitido. Deles disse: "Quando penso nos homens que foram meus professores, infiro que a maioria deles era ligeiramente louca [...] Tenho as mais desagradáveis recordações dos professores que me ensinaram. Sua aparência externa exsudava sujeira; os colarinhos, imundos e puídos [...] Quando me lembro dos meus professores, concluo que metade deles era anormal [...] Nós, alunos da velha Áustria, fomos educados no respeito aos mais velhos e às mulheres. Em relação, porém, aos nossos professores, éramos implacáveis; eles eram nossos inimigos naturais. A maioria deles era um tanto mentalmente deficiente, e muitos terminaram seus dias como lunáticos devotos de Deus! [...] Minhas relações com os professores eram particularmente azedas. Eu não demonstrava a menor aptidão pelo estudo de idiomas graças à debilidade mental congênita do meu professor. Eu não suportava vê-lo, nem de relance [...]Nossos professores eram tiranos absolutos. Não tinham a menor simpatia pela juventude; sua única preocupação era entulhar nossos cérebros e fazer de nós macacos eruditos como eles. O aluno que demonstrasse o menor sinal de originalidade era perseguido implacavelmente. Os alunos modelares que conheci revelaram-se um rotundo fracasso na vida real". Hitler morreria sem perdoar seus professores pelas notas baixas que lhe deram, inclusive o "idiota congênito" do professor de línguas, a quem ele "não suportava ver, nem de relance", Eduard Huemer, que foi a Munique, em 1923, teste-

ANEXO I – ALGUNS CASOS DE INVEJA ALTAMENTE DESTRUTIVA

munhar em favor do ex-aluno, julgado por traição. Na parte que nos interessa, para a compreensão da personalidade invejosa de Hitler, disse o professor Eduard Huemer: "Hitler era certamente dotado, ainda que para atividades específicas. Faltava-lhe, porém, autocontrole e, para dizer o mínimo, ele era considerado contumelioso, autocrático, teimoso, temperamental e incapaz de submeter-se à disciplina escolar. Tampouco era ele operoso; caso contrário teria obtido resultados muito melhores, dotado como era" (David Moriarty, op. cit.). Em seu julgamento severo, Hitler fez exceção do professor de história, Leopole Potsch, cujas aulas sobre os primitivos teutões, ilustradas com *slides* coloridos, o fascinavam: "Ainda hoje – disse em *Minha luta* – recordo-me com genuína emoção daquele homem grisalho que, pelo ardor de sua narrativa, fazia-nos esquecer das agruras do presente, transportando-nos magicamente ao passado remoto, afastando o brumoso véu milenar e transformando a aridez dos fatos históricos em realidade viva. Em tais ocasiões, frequentemente, éramos possuídos de grande entusiasmo e, não raro, chegávamos às lágrimas". Em 1936, o velho e elogiado professor Potsch deu rara demonstração de altivez ao recusar o pedido de ex-alunos, colegas de Hitler, para posar, ao lado deles, numa foto a ser enviada ao todo poderoso *Führer*, alegando um duplo motivo: as diatribes de Hitler contra sua terra natal, a Áustria, a quem, como patriota, devia lealdade e por sentir vergonha de ter sido professor "deste Hitler" que considerava um verdadeiro desastre. Quando, aos 16 anos, Hitler deixou a escola para tratar do pulmão, sua alegria foi tão grande, ao supor que nunca mais retornaria aos bancos escolares, que se embriagou pela primeira vez. Um leiteiro o recolheu, ao amanhecer, caído à beira do caminho. Seu boletim escolar, datado de setembro de 1905, exibe um desempenho escolar apenas sofrível.

Os três anos seguintes, entre os 16 e os 19, passados na casa de uma tia, foram descritos por Hitler como os melhores de sua vida. Acredita-se que esta sensação decorria da total ausência

JOACI GÓES

de obrigação a cumprir, seja com a escola, seja com o trabalho, coisa a que se recusava terminantemente, mesmo diante das dificuldades da tia em fechar as contas ao fim do mês. Sua incompatibilidade com o trabalho revelou-se inabalável, inclusive quando a fome bateu à sua porta, como ele declarou mais de uma vez nas memórias. O tempo, gastava-o subindo e descendo as ruas da cidade ou as veredas do campo, denunciando os erros do mundo e o modo de corrigi-los. À noite, quando não se entregava à leitura, ia postar-se ao fundo da casa da ópera, de onde, enlevado, ouvia as criações místicas e pagãs de Richard Wagner. Magro, desengonçado e de palidez biliática, o jovem Adolf, naturalmente introvertido e tímido, era capaz de explosões súbitas de histérica iracúndia contra os que dele dissentiam. Nessa época, fantasiou uma paixão profunda – a ponto de pensar em suicídio – por uma bonita loira, Stefanie, a quem acompanhava com o olhar, de longe, quando ela passeava com a mãe, sem que jamais lhe tivesse dirigido a palavra. Inspirado neste sentimento que durou quatro anos, escreveu inúmeros poemas de amor que lia para a audiência paciente de August Kubizek, o único amigo de sua juventude (August Kubizek, *The Young Hitler I knew*). Neste, como em vários outros episódios, preferiu manter o afeto prisioneiro das sombras de sua solidão emocional, a partilhá-lo com o ente querido. Aos 17 anos, com recursos amealhados pela mãe, foi conhecer Viena, encantando-se com as seduções da metrópole. Ao retornar, um ano mais tarde, é reprovado nos exames para ingresso na Academia de Belas Artes, passo indispensável para realizar o grande sonho de sua vida: ser pintor. No ano seguinte, o resultado foi pior: não chegou a prestar exames porque seus desenhos foram desclassificados no teste de habilitação. Sua opção alternativa, arquitetura, era igualmente inacessível por não ter o curso secundário concluído. Com a morte da mãe, Klara, em dezembro de 1908, Hitler vê-se, com quase 20 anos, tendo que pela primeira vez cuidar de si, como reconheceu mais tarde: "Deparei-me com o problema de ganhar para o meu sustento". Decidido a atraves-

Anexo i – Alguns casos de inveja altamente destrutiva

sar o Rubicão, muda-se para Viena, a charmosa, culta e competitiva capital de um império de 52 milhões de habitantes, no coração da Europa. Foram cinco anos de decepção, tristeza e sofrimento, como confessou, anos depois: "Para mim Viena representa, apenas, a memória viva do período mais triste de minha vida. Ainda hoje, esta cidade nada desperta em mim além de pensamentos lúgubres. Para mim o nome desta cidade, Feácia, representa cinco anos de dificuldades e miséria. Cinco anos em que me vi compelido a ganhar o pão, inicialmente como diarista, depois como pintor modesto; um sustento limitado, incapaz mesmo de saciar-me a fome. A fome foi, então, meu cão fiel que nunca me abandonou, partilhando de tudo que eu possuía (...) Minha vida era uma luta constante contra este amigo impiedoso" (*Minha luta*).

Os problemas de Hitler eram agravados pela sua resistência em aceitar as ofertas de emprego compatíveis com sua baixa qualificação, porque não queria integrar as fileiras do proletariado anônimo, cuja insatisfação veio a ser a matéria-prima da plataforma política que o guindou ao poder. De acordo com o amigo de infância e adolescência, August Kubizek, Hitler mentiu quando declarou que só veio a tomar conhecimento da existência dos judeus em Viena, porque, em sua terra, Linz, jamais ouvira seu pai mencionar este nome: "Quando me encontrei com Adolf Hitler, pela primeira vez, seu antissemitismo já era pronunciado [...] Hitler já era um antissemita militante quando se mudou para Viena. Embora sua experiência em Viena tenha intensificado seus sentimentos, não foi dela que nasceram" (August Kubizek, obra citada).

Lobo em pele de cordeiro, vejamos o sorrateiro discurso de Hitler, pousando de estadista, possuído dos mais profundos sentimentos humanísticos, no melhor estilo da inveja que quer surpreender a vítima: "Preocupado com o excesso de informações a digerir [...] pressionado pelas dificuldades dos meus afazeres, não tive, inicialmente, uma visão da intimidade demográfica desta gigantesca cidade. Embora houvesse duzentos mil judeus entre os dois milhões de habitantes da Viena daqueles dias, eu não os percebi [...] Os judeus eram vistos por mim apenas do ponto de vista religioso. Por isso, com base nos princípios da tolerância humana, mantive minha atitude de rejeição contra ataques religiosos, neste como em outros casos. Em razão disso, o tom de antissemitismo da imprensa vienense soava-me indigno da tradição cultural de uma grande nação" (*Minha luta*). Mais adiante, diz que só depois de mergulhar na literatura antissemítica é que compreendeu e incorporou o ódio aos judeus, a ponto de nausear-se com o cheiro de suas roupas. Descobriu que não há caso envolvendo sujeira ou devassidão morais que não tenha um judeu no meio, brilhando, eventualmente, como brilha a larva ou inseto, que se alimenta de matéria pútrida, à fugaz incidência da luz solar. Disse que um calafrio de indignação lhe perpassou a espinha quando soube que o tráfico de escravas brancas e a prostituição eram obras de judeus. A fixação de Hitler em matéria sexual, repetidamente mencionada em *Minha luta*, levou-o a atribuir aos judeus cenas grotescas de sedução e abuso sexual contra ninfetas cristãs, resultando na "deterioração do sangue delas". Segundo ùm dos contemporâneos e biógrafos de Hitler, uma das raízes do seu antissemitismo seria a torturante inveja sexual que padecia por não ter mantido, até então, já passado dos 20 anos, uma relação sexual desde sua chegada a Viena (Rudolf Olden, *Hitler, The Pawn*, 1936). Este desajustamento sexual teria sido a fonte do sofrimento que se abateu sobre as mulheres com quem se envolveu, a ponto de todas elas terem recorrido ao suicídio como meio de libertação, morrendo umas e sobrevivendo outras. Quando a irmã Angela, enviuvada em 1922, foi trabalhar com Hitler, em 1925, levou a filha, também Angela, apelidada Geli, uma bela loira de 17 anos, por quem os homens facilmente se apaixonavam. A relação paternal dos primeiros tempos, entre Hitler e a sobrinha, evoluiu para uma comentada, reprovada e ardente paixão dele por ela, manifestada ostensivamente pela sua possessividade, ciúme e superproteção. Paula, a irmã caçula de Hitler, disse anos

ANEXO I – ALGUNS CASOS DE INVEJA ALTAMENTE DESTRUTIVA

depois: "Por que não deixava a pobre menina em paz?(...) Ele estava apaixonado por ela, sua própria sobrinha. Quando eu soube disso, pedi a Angela para mandar Geli ficar comigo em Viena" (Bridget Hitler, *My Brother in Law Adolf*).

Segundo várias fontes, as perversões sexuais de Hitler incluíam o prazer de ter as amantes urinando e defecando sobre ele (Walter Langer, *The Mind of Adolf Hilter*, 1972), versão confirmada pela própria Geli a Otto Strasser, amigo do Führer: "Hitler desnudava-a; em seguida deitava-se no chão e pedia a ela para ficar de cócoras sobre o seu rosto, ensejando-lhe examiná-la de perto e demoradamente. No auge da excitação, pedia-lhe para urinar em sua cara. Era assim que Hitler chegava ao orgasmo. Geli confessava que todo o ritual lhe era profundamente desagradável, não extraindo dele o mínimo prazer" (Otto Strasser, *Hitler and I*, 1940*)*. A tumultuada relação entre Hitler e a sobrinha, marcada por uma interminável sucessão de atos de amor e ódio, terminou com a misteriosa morte dela, com um tiro no peito, aos 23 anos, no dia 18 de setembro de 1931. A versão oficial de suicídio foi questionada por várias pessoas que conviviam com o casal, inclusive por Paula, irmã de Hitler, que confessou mais tarde: "Ele a matou quando ela decidiu abandoná-lo. A única coisa que me impede de acusá-lo, publicamente, é a memória de nossa mãe. Não fora por isso, e eu o acusaria de tê-la assassinado, deliberadamente. Entendam-me. Eu não estou dizendo que ele a levou à morte, por suicídio, ou algo semelhante. Eu afirmo que ele atirou nela e a matou" (Bridget Hitler). Na versão de sua irmã, Angela, mãe de Geli, a arma estava na mão de Hitler quando disparou, acidentalmente, enquanto se engalfinhavam. O próprio Hitler teria gritado, desoladamente: "Ela está morta [...] e eu sou o seu assassino". O vegetarianismo de Hitler, fruto de sua repugnância por carnes vermelhas, teria nascido do seu testemunho da autópsia de Geli, aparentemente, a mulher a quem mais amou.

A relação de Hitler com a viúva Frau Hoffman, filha de um fotógrafo amigo, foi tão perturbada quanto a com Geli. Sua re-

JOACI GÓES

lação com a adolescente Mimi Reiter terminou com uma tentativa de suicídio dela; com Renaté Mueller, nunca se esclareceu se com assassinato ou suicídio. Suzi Liptauer tentou enforcar-se num hotel em Munique. Frau Inge Ley, esposa de um líder trabalhista, cometeu suicídio depois que teve um caso com ele. Unity Midford atirou na própria cabeça. Eva Braun, a última amante, com quem se casou horas antes do momento final, tentara, anteriormente, suicidar-se por duas vezes. A tudo isso Hitler reagia com maior ou menor indiferença. Ao fracasso escolar, seguiu-se o problema militar quando, aos 21 anos, não foi convocado por haver mudado de endereço. Em correspondência trocada com as autoridades militares, negou que estivesse fugindo do serviço obrigatório. Mas estava; não por covardia, mas por não querer servir ao lado de gente que detestava, como judeus, tchecos, poloneses, húngaros, servos, croatas e outras minorias. Ao apresentar-se, finalmente, em 1914, aos 25 anos, o antigo problema pulmonar justificou sua dispensa. A um imperador que queria ser visto como um estadista guerreiro, convinha apagar dos anais aquela controvertida omissão. Quando ocupou a Áustria, em 1938, mandou a Gestapo recolher os seus papéis. Em vão. Hitler sofreu um ataque de ira apoplética ao saber que os papéis tinham sido levados por um representante do governo local. Sua voluntária participação na Primeira Grande Guerra, em que evoluiu de soldado raso a cabo, valeu-lhe o reconhecimento de bravura, expresso na "Cruz de Ferro" que ostentou orgulhosamente na lapela até o fim da vida. A disciplina neurotizante que cobrou das tropas seria uma compensação psicológica à sua baixa patente e ao seu criticado amadorismo em estratégia militar. O caldo de cultura da inveja de Hitler contra os judeus é composto de vários ingredientes:

1º) É fato comprovado que deplorava a modéstia de sua origem familiar, bem como as precárias condições materiais do seu berço, infância, adolescência e juventude; o desconforto de onze mudanças de endereço, nos primeiros

Anexo I – Alguns casos de inveja altamente destrutiva

anos; a cansativa jornada, a pé, para frequentar a escola, acompanhado de Ângela; a tuberculose, as perdas de entes queridos, a escassez de comida e de espaço residencial, o alcoolismo e a intolerância paterna, tudo isso contribuindo para o desenvolvimento de uma personalidade violenta e iconoclástica; o seu avô presuntivo, um dentre os vários possíveis nomes que poderiam ter gerado o seu pai, só veio a reconhecer a paternidade quando Alois já estava com 39 anos. Até então, o sobrenome de Alois, ao invés de Hitler, era Schicklgruber. Hitler sentia calafrios só de pensar que, por pouco, não herdou este nome esquisito. A forte evidência de que o verdadeiro avô de Hitler era um jovem judeu de 19 anos, pertencente à única família judia que vivia em sua cidade natal, caso em que seu pai seria meio judeu e ele próprio um quarto judeu, teria contribuído para acentuar sua crueldade, como meio de demonstrar sua "isenção" em relação a "estes vermes". Verdade ou não, o que é psicologicamente relevante é que Hitler tinha certeza de sua origem judia, o que tentava desesperadamente negar, a ponto de mentir, dizendo que sua avó, morta quarenta anos antes de seu nascimento, lhe havia tranquilizado a respeito. William Shirer, o maior historiador do Terceiro Reich, especula com humor e graça sobre as grandes massas dementes ululando, em lugar do conhecido "Heil Hitler", um interminável "Heil Schicklgruber" (William Shirer, op. cit.).

2º) Hitler era um tipo frustrado: na escola, na profissão e na vida afetiva. Sua deformação de personalidade levava-o à cata de bodes expiatórios para explicar o seu fracasso perante os outros, como perante si próprio.

3º) Marginalizados e hostilizados, era natural que os judeus desejassem o fim da Primeira Grande Guerra. Em um hospital para tratar-se de um ferimento na perna, Hitler indignou-se com a quantidade de judeus exercendo funções burocráticas, o que em si mesmo já era uma prova de competência intelectual e de influência política, enquanto verbalizavam o desejo de ver precipitado o fim do conflito. Como a rendição alemã, em novembro de 1918, foi denunciada pelos nacionalistas como uma "punhalada nas costas", ficou fácil responsabilizar os judeus como os autores daquela traição.

4º) A inveja contra os judeus reflete uma atitude histórica de todas as nações que conviveram com eles, a partir dos seus feitos notáveis, em vários domínios, apesar das extremas dificuldades que sempre tiveram que vencer, para preservar sua unidade nacional. A presença de judeus na Áustria e na Alemanha de Hitler, a par de outras minorias, deu causa a um sentimento em relação a eles que oscilava entre a indiferença e a hostilidade aberta, esta gerada pela inveja típica.

5º) Aos olhos de uma personalidade desajustada e carente, dominada por exacerbado nacionalismo, como Hitler, um segmento populacional que era o oposto dele, o judaico – tradicional, rico, competente e ajustado – constituía-se no bode expiatório ideal para os seus males, com a vantagem de ser suscetível ao ataque da inveja coletiva.

6º) O reconhecimento por Hitler da superioridade dos judeus está presente em inúmeros dos seus pronunciamentos, em que ele atribui, paradoxalmente, a "estes judeus nojentos, estúpidos, satânicos, traidores, assassinos, covardes, impuros, ladrões, traficantes, mercenários, vermes" e tudo o mais que possa haver de ruim, o poder de controlar tudo e todos, em cada um dos diferentes domínios da ação humana. Os judeus teriam sido os responsáveis pela derrota da Alemanha em 1918; implantaram o bolchevismo soviético, do qual Stalin não passava de uma marionete; controlavam as finanças internacionais e estavam por trás da resistência oposta às aspirações hegemônicas da Alemanha, comandando a vontade de nações poderosas como os Estados Unidos, Inglaterra e, por último, a

ANEXO I – ALGUNS CASOS DE INVEJA ALTAMENTE DESTRUTIVA

própria União Soviética. Para combater este terrível mal, seria necessário organizar uma frente mundial. Mesmo assim, a vitória não seria certa (Phillipe Burrin, op. cit).

Como desqualificar, por inferior, um povo tão capaz? Esta postura incoerente de considerar os judeus, simultaneamente, gênios e vermes, reflete de modo muito nítido a inveja de Hitler e do povo alemão contra os judeus. A propalada megalomania de Hitler, ao se autoproclamar o escolhido por Deus para governar o mundo, escondia, na realidade, uma gigantesca necessidade de valorização, como se infere deste seu desabafo: "Estão todos errados. Subestimam-me porque eu vim de baixo, das mais baixas camadas, porque não tenho escolaridade, porque meus modos não são o que eles com seus cérebros de pardal acham que sejam os certos. Se eu fosse um deles, diria que eu sou um grande homem. Mas eu não preciso deles para confirmar minha grandeza histórica. A rebelião de minha guarda tem me custado muitos trunfos. Mas tenho outros de reserva. Não me deixo abater pelo desespero quando, vez por outra, algo de errado acontece (...) Pelas costas, ridicularizavam-me e diziam que eu não tinha mais qualquer poder e que eu havia abandonado o partido" (Joachim Fest, *Hitler*, 1992).

William Shirer sintetiza, assim, os fatores que forjaram Hitler: "Hitler só pode ser compreendido, se levarmos em conta que ele era um austríaco que atingiu a idade adulta nos dez anos que precederam o colapso do império dos Habsburg, em cuja capital civilizada não conseguiu deitar raízes, tendo abraçado todos os preconceitos e absurdos rancores dominantes entre os extremistas de língua alemã, sem que tivesse incorporado os valores da honestidade, decência e honradez comuns à vasta maioria dos seus contemporâneos, fossem eles tchecos, judeus ou germanos, ricos ou pobres, artistas ou artesãos"(op. cit.).

Um elemento final de grande peso, na liberação da inveja que resultou no Holocausto, foi o maquiavélico terrorismo físico e psicológico concebido como instrumento de dominação

JOACI GÓES

de pessoas, grupos e povos. Sobre o tema, escreveu Hitler, aludindo às práticas dos sociais-democaratas que ele incorporou à sua ação política: "Eu compreendi o infame terror espiritual que este movimento exerce, particularmente sobre a burguesia, que não merece esses ataques, nem do ponto de vista moral, nem mental; a um sinal combinado, o movimento libera uma verdadeira avalanche de mentiras e calúnias contra qualquer adversário considerado perigoso, até que seus nervos arrebentem... Esta é uma tática baseada em cálculo preciso de todas as fraquezas humanas, e seu desfecho levará ao sucesso com certeza quase matemática... Cheguei a igual entendimento sobre a importância do terror físico contra os indivíduos e contra as massas... Porque enquanto entre os vitoriosos o triunfo é atribuído à justiça da causa, o adversário derrotado não nutre a menor esperança no êxito de uma hipotética reação" (*Minha luta*).

Ao fim da Primeira Grande Guerra, as condições na Alemanha não eram nada favoráveis ao desenvolvimento de uma carreira política para alguém como Hitler: 30 anos, sem amigos, sem dinheiro, sem emprego, sem profissão definida, sem referências de trabalho anterior e sem a menor experiência política. Ele viu este momento assim: "Durante dias refleti sobre o que poderia ser feito, concluindo sempre pelo sóbrio entendimento de que, sem nome como era, não tinha eu a menor chance de vir a desenvolver qualquer plano de ação útil". Para infelicidade do mundo, Hitler estava redondamente enganado. O que foi a tragédia do Holocausto, todo mundo sabe. Hitler manteve-se fanaticamente cego em sua intolerância até o derradeiro suspiro. O último testamento que escreveu, horas antes de expirar, carregava no ódio aos judeus a quem responsabilizava pela trágica guerra que acabava, levando-o à sepultura com o sonhado Império de Mil Anos, no rastro de uma carnificina dantesca, injusta e inútil, a figurar como uma mancha inapagável na biografia da humanidade.

Anexo i – Alguns casos de inveja altamente destrutiva

UMA PALAVRA FINAL

O antissemitismo não desaparecerá enquanto persistir a inveja, ainda reinante, contra os judeus, hoje mais do que em outra época qualquer, liderando, mercê do seu talento, inúmeros nichos da atividade humana. Seria interessante comparar a renda *per capita* do povo judeu ou a sua escolaridade com a dos povos mais ricos e mais cultos. O resultado homologará o reconhecimento da superior capacitação do povo de Israel. A humanidade não se libertará da inveja que sente dos judeus enquanto não for capaz de tratar, aberta e corajosamente, este sentimento "pestilento" do qual ninguém está imune. O Holocausto foi um preço excessivamente alto para assegurar aos judeus a tranquilidade de que hoje desfrutam, em vastas regiões do globo. Uma tranquilidade, aqui e ali, empanada por surtos antissemíticos. Não estamos falando apenas do milenário fratricídio judeus x árabes (Caim x Abel), que só Deus sabe aonde nos conduzirá. De certo modo, todos já nos acostumamos ao diuturno noticiário da imprensa, falando e mostrando os efeitos desta luta sem quartel. Quem vai a Israel, ou visita as regiões dos países árabes, fronteiriças com Israel, choca-se com o espetáculo da onerosa e estressante prontidão bélica: os canhões e metralhadoras assestados, uns contra os outros, a uma distância que dá para ouvir as gargalhadas ou os impropérios da soldadesca inimiga, enquanto a juventude judia se locomove rotineiramente, nos cinemas, restaurantes, escolas, sinagogas ou na praia, portando armas de uso pessoal de elevado calibre. É impressionante a visão de um minúsculo país, com cerca de oito milhões de habitantes, distribuídos em apertados vinte mil quilômetros quadrados, cercado por 150 milhões de árabes, primos ancestrais, prontos para tomá-lo de assalto. Referimo-nos ao antissemitismo que se encontra em toda parte, em graus variados, exatamente como no passado, quando a mente mais delirante não ousava sequer conceber destempero tão trágico quanto o genocídio nazista. Há antisse-

JOACI GÓES

mitismo na Itália, França, Inglaterra, Espanha, Alemanha, em países da antiga União Soviética, no mundo árabe, nos Estados Unidos e, embrionariamente latente, na América Latina (Sandro Ortoni, "O antissemitismo hoje", em *Dicionário de política*, editado por Norberto Bobbio e outros, 1986). A recomendação geral é no sentido de não se tratar do assunto, salvo para dizer-se, com fingida ou ingênua convicção, que o antissemitismo é anomalia pertencente a um passado sepulto. Infelizmente isso não é verdade. Uma das mais nefandas modalidades de antissemitismo consiste na negação do Holocausto, a exemplo, dentre vários outros, do livro de Arthur Butz, *The Hoax of the Twentieth Century*, 1976 (O embuste do século vinte). Apesar de o Holocausto ser um dos acontecimentos históricos mais ricamente documentados, Butz, conhecido líder antissemita, argumenta que tudo não passou de uma farsa concebida e divulgada por sionistas, portadores de uma "mentalidade cabalística". O livro, rico de citações e notas, tem toda a perigosa aparência de um trabalho de investigação científica, faltando-lhe, apenas, a verdade. Jack Terpins, presidente da Conib, Confederação Israelita do Brasil, festejou, com justificável júbilo, em artigo publicado na *Folha de S. Paulo* de 13 de abril de 2000, a condenação pelo Supremo Tribunal Federal de um serôdio antissemita gaúcho, Siegfried Ellwangler, dedicado a louvar Hitler e negar o Holocausto, por meioda sua editora, sugestivamente denominada Revisão. À página 59 do livro que escreveu e editou, *Holocausto: judeu ou alemão*, diz ele: "é de lamentar que o Estado não os tenha (os judeus) perseguido como a peste da sociedade e como os maiores inimigos da felicidade da América". O Movimento de Justiça e Direitos Humanos do Rio Grande do Sul, pela palavra de Terpins, atesta que foi este o primeiro caso de condenação por antissemitismo transitado em julgado na América Latina.

O psiquiatra e filósofo alemão Karl Jaspers (1883-1969) sentenciou: "Na má vontade para conhecer, no esquecimento e na descrença reside um grande perigo. O que aconteceu é uma advertência. Esquecê-lo é atitude culposa. Por isso impõe-se

Anexo I – Alguns casos de inveja altamente destrutiva

lembrá-lo continuamente, para que não volte a acontecer de novo, a qualquer instante. Só o conhecimento dos seus males possibilitará evitá-lo" (Karl Jaspers, *The Question of German Guilt,* 2000). O conhecido teólogo e professor norte-americano Robert McAfee Brown, falando sobre o holocausto, adverte: "Temos que encarar a dolorosa realidade de que há algo dentro do ser humano que poderá permitir e desejar a repetição do Holocausto. Se contar repetidas vezes a história do Holocausto nos alerta contra o risco de sua repetição e colabora para aumentar nossa disposição de reagir, devemos contá-la e recontá-la, por mais doloroso que seja" ("The Holocaust as a Problem in Moral Choice", em *Dimensions of the Holocaust,* 1994).

Castro Alves (1847-1871), o maior gênio da poesia, em língua portuguesa, morto aos 24 anos, plangeu nas cordas do seu estro, no verdor inspirado dos seus 21 anos, esta que acreditamos ser a melhor síntese e a mais bonita página que já se escreveu, em qualquer idioma, sobre Ahasverus, o judeu errante, nos caminhos do mundo:

AHASVERUS E O GÊNIO

> Sabes quem foi Ahasverus?... – o precito,
> O mísero judeu que tinha escrito
> Na fronte o selo atroz!
> Eterno viajor de eterna senda...
> Espantado a fugir de tenda em tenda,
> Fugindo embalde à vingadora voz!
>
> Misérrimo! Correu o mundo inteiro,
> E no mundo tão grande... o forasteiro
> Não teve onde... pousar.
> Co'a mão vazia – viu a terra cheia.
> O deserto negou-lhe – o grão de areia,
> A gota d'água – rejeitou-lhe o mar.

D'Ásia as florestas – lhe negaram sombra
A savana sem fim negou-lhe alfombra,
O chão negou-lhe o pó!...
Tabas, serralhos, tendas e solares...
Ninguém lhe abriu a porta de seus lares
E o triste seguiu só.

Viu povos de mil climas, viu mil raças,
E não pôde entre tantas populaças
Beijar uma só mão...
Desde a virgem do Norte à de Sevilhas,
Desde a inglesa à crioula das Antilhas
Não teve um coração!...

E caminhou!... E as tribos se afastavam
E as mulheres tremendo murmuravam
Com respeito e pavor.
Ai! Fazia tremer do vale à serra...
Ele que só pedia sobre a terra
Silêncio, paz e amor! –

No entanto à noite, se o Hebreu passava,
Um murmúrio de inveja se elevava,
Desde a flor da campina ao colibri.
"Ele não morre", a multidão dizia...
E o precito consigo respondia:
"Ai! Mas nunca vivi!"

O Gênio é como Ahasverus... solitário
A marchar, a marchar no itinerário
Sem termo do existir.
Invejado! A invejar os invejosos,
Vendo a sombra dos álamos frondosos...
E sempre a caminhar... sempre a seguir...

ANEXO I – ALGUNS CASOS DE INVEJA ALTAMENTE DESTRUTIVA

Pede u'a mão de amigo – dão-lhe palmas;
Pede um beijo de amor – e as outras almas
Fogem pasmas de si.
E o mísero de glória em glória corre...
Mas quando a terra diz: – "Ele não morre"
Responde o desgraçado: – "Eu não vivi...".

BILL CLINTON

A tentativa do Congresso americano de fazer o *impeachment* do presidente Bill Clinton (1945-) representa a mais pública e testemunhada manifestação da inveja de que se tem notícia. A vítima era nada menos que o presidente da maior potência econômica, financeira, política, militar, científica e tecnológica do globo, num momento em que esta avassaladora liderança se afirmava com vantagem sobre as demais nações, como nunca a humanidade conhecera. Até então e desde tempos imemoriais sempre houve duas ou mais nações disputando a ponta em um ou mais domínios do engenho humano. A implosão do mundo socialista veio evidenciar a fragilidade dos pilares que o sustentavam, tornando a nação líder do sistema, a Rússia, um praticante da mendicância internacional à base de metralhadora, isto é: uma nação detentora da bomba atômica, mas incapaz de prover as necessidades fundamentais do seu povo, reclama com o cenho fechado a ajuda externa. Agora desdentado, o Leão não intimidava mais ninguém, enquanto os outros seis grandes – Japão, Alemanha, França, Itália, Inglaterra e Canadá – orientavam-se pelo aumento de sua riqueza a partir da sinergia proporcionada pela supressão de barreiras alfandegárias e pela homogeneização das práticas fiscais e mercadológicas, entre eles. Mais ainda: sob o comando do jovem presidente, os Estados Unidos reduziram a inflação a níveis baixos, a economia cresceu num momento de recessão generalizada, eliminou-se o déficit fiscal e a taxa de desemprego era a menor do planeta. Natural, portanto, que Clinton obtivesse a renovação do seu mandato. A inveja que se mantinha em banho-maria, porém, cresceu, saltou para fora de sua câmara escura e foi à luta. Recorde-se que a China era imensa, no entanto muito pobre entre 1993 e 2000, período do Governo Clinton.

Os pares de Clinton, aqueles que gravitavam no seu mundo, com quem mantinha uma relação institucional permanente, de aliança ou de oposição, eram os membros do Congresso Americano, deputados e senadores, democratas e republicanos. Desde a primeira eleição de Clinton, em 1992, levantaram-se contra ele e sua mulher, Hillary, suspeições e acusações de natureza moral e criminal. A justiça, contudo, negou suporte a essas acusações e mandou arquivá-las, não sem antes submeter o casal presidencial a todo tipo de constrangimentos, sobretudo os envolventes da vida privada do presidente, cuja saga galante, desde os tempos de Arkansas, fazia a festa dos tabloides de escândalos. Navegando meio a toda esta tempestade, Clinton foi superando um a um os desafios, enquanto novos lhe eram lançados no caminho. Para desespero dos seus inimigos, nada parecia lhe fazer mossa. Nem mesmo a possibilidade de uma ruidosa separação conjugal, calculada como o efeito mínimo das ofensivas contra ele desferidas, parecia viável. Contrariando as expectativas gerais, a permanente solidariedade de Hillary ao infortúnio do marido passava a constituir, em si mesma, objeto do interesse e da simpatia populares, dentro e fora dos Estados Unidos.

O símbolo máximo do objeto do desejo, transmudado em inveja, está composto: em jovem – relativamente à responsabilidade do posto – bonito, rico, poderoso, popular, visto como usufrutuário de regalias muçulmanas em matéria sexual, casado com uma mulher bonita, inteligente, culta e singularmente solidária. Era preciso derrubá-lo agora, já que se possuía arma de pesado calibre. A *vexata quaestio* de que mentiu, ao negar uma relação sexual com uma estagiária da Casa Branca, era o suporte fático do processo de *impeachment*, medida extrema,

Anexo i – Alguns casos de inveja altamente destrutiva

excepcional, destinada a afastar o presidente, quando irremediavelmente incompatibilizado com as exigências do elevado
posto. A tradição constitucional americana admite a possibilidade de perdão para muitas faltas cometidas pelo presidente,
exclusive mentir. Havia o precedente relativamente recente
de Richard Nixon, vinte e cinco anos antes, afastado do cargo
porque negara, contra a evidência factual, ter tido conhecimento prévio da invasão dos escritórios do Partido Democrata,
no edifício Water Gate, por agentes do governo. O assunto Mônica Lewinski era tema crescentemente obrigatório na mídia
internacional. Os institutos de pesquisa não cessavam de trazer
a opinião de cada um dos diferentes setores da população que
reagia entre curiosa e desinteressada. O segmento populacional minoritário, hostil ao presidente, obtinha grande alarido
em favor de sua postura condenatória, possivelmente estimulado pelos adversários de Clinton. Os republicanos tinham a
comodidade de escudar suas ações com a condição de oposicionistas. Alguns membros do mesmo partido do presidente que
asseguraram, com o seu voto, o quorum necessário à instauração do processo de *impeachment*, puderam vestir sua inveja
com o manto honorável da dignidade e da supremacia dos valores morais sobre interesses meramente políticos. Aristóteles
já nos ensinara, trezentos e cinquenta anos antes de Cristo, e
Hesíodo quatrocentos anos antes dele, que a inveja prospera,
preferencialmente, entre os pares, "oleiro contra oleiro, cantor
contra cantor...".

Enquanto a questão era investigada, analisada e debatida
em todas as dimensões constitucionais, morais, políticas, econômicas e sensuais, rapidamente se consolidava o entendimento entre pessoas inteligentes de que não seria possível criar-se
uma crise de tantas proporções a partir de um episódio cujo
interesse não deveria transcender os limites da vida privada da
família presidencial, porque mais alto do que o comportamento
censurável do presidente falava o conjunto dos interesses que a
estabilidade da grande nação americana representava. A análise

retrospectiva deste fato demonstra que não poderia faltar a republicanos e democratas, em matéria de tamanho relevo para a vida política da maior nação do globo, o conhecimento de que o linchamento moral a que se expunha o presidente representava, de fato, uma grande catarse psicossocial que fatalmente levaria a opinião pública a solidarizar-se com o ser humano, submetido ao calvário de ter o mais íntimo de sua vida privada exposta e enxovalhada diante das televisões de todo o mundo. E a solidariedade popular que crescia nas pesquisas desembocou nas urnas, nas eleições congressuais, punindo democratas e republicanos favoráveis ao *impeachment* de Clinton.

Se Clinton fosse partidário do pensamento de Goethe para quem "a modéstia é o refúgio dos canalhas", provavelmente teria perdido o posto e outro seria o seu lugar na História. Em verdade, a modéstia, que se somava ao conjunto dos seus atributos invejados, salvou-o. A atitude humilde de Clinton, ao longo de todo o episódio, conseguiu fazer as pessoas verem mais o ser humano, sujeito a erros como outro qualquer, do que o todo poderoso líder da maior potência mundial.

Uma comparação com o *impeachment* do presidente do Brasil, Fernando Collor, em 1992, é ilustrativa do papel que a modéstia pode desempenhar como poderoso dique de contenção da inveja. Os motivos que levaram ao *impeachment* do presidente Collor foram substancialmente diferentes dos de Clinton, e certamente muito mais graves, porque o inquérito levou à comprovação de atos de improbidade administrativa, com seus consectários de peculato e organização de quadrilha. Apesar da gravidade das acusações contra Collor, o Brasil, como os demais países da América do Sul, sempre revelou uma sensibilidade coriácea para os chamados crimes de "colarinho branco", especialmente quando praticados por titulares de postos de relevo no Poder Executivo. A inocentação de Lula pelo STF, depois do processo que o condenou, o mais público da história penal do Brasil, é prova inquestionável, completa e acabada. Não teria sido impossível, pois, para Collor obter sua absolvição, se outra

Anexo i – Alguns casos de inveja altamente destrutiva

tivesse sido sua postura ao longo do processo. Mais do que simplesmente punir os mencionados delitos, a opinião pública brasileira quis castigar a arrogância do jovem presidente ao pressionar de modo irresistível o Congresso para votar favoravelmente ao *impeachment*.

A imaturidade fatal de Collor revelou-se em dois momentos cruciais. No primeiro, ignorou o quanto de inveja efetiva ele viria a despertar. Como Clinton, possuía todos os atributos invejáveis, a que se somava uma eleição sintonizada como nunca, na história brasileira, com as aspirações populares. Era, portanto, um presidente descomprometido com as alianças paralisantes. Em termos relativos, ninguém na atualidade dispunha de poder mais efetivo do que ele. Além da estrutura convencional do Poder Executivo, Collor detinha o comando de megas empresas estatais nas mais diferentes áreas, como a bancária, petrolífera, petroquímica, telecomunicações, energética, siderúrgica, transportes, mineração etc. Era o arquétipo ideal do homem invejável. Dotado de um ego aparentemente insaciável, Collor produzia continuamente uma sequência interminável de fatos espetaculares, tendo a si próprio como figura central. Era uma verdadeira usina de inveja operando a todo vapor. Enquanto a inveja crescia, o jovem presidente parecia inebriado com a magnífica solidão do poder! Sucessivamente, humilhou o setor produtivo nacional, desafiou a imprensa, desqualificou as lideranças sindicais, subestimou o Congresso. No segundo momento, quando a voz das ruas exigia o impeachment, Collor não perdeu a pose. Sequer recorreu à súplica popular que lhe assegurou a vitória presidencial: "Não me deixem só".

Agora, era como se o presidente não precisasse de mais ninguém. Até mesmo quando veio à televisão em busca de apoio popular, percebia-se o nítido conflito existente entre o apelo das palavras e a autossuficiência arrogante da sua linguagem corporal. Quando a batalha da opinião pública já estava praticamente perdida, Collor pareceu ignorar ou subestimar o acerto de contas que teria com seus pares no Congresso, a maioria deles sem

JOACI GÓES

qualquer motivação para sustentar um aliado presunçoso que lhes negava o afago da intimidade. Sabe-se que desencorajava a quantos quisessem dispensar-lhe tratamento informal, inclusive a velhos amigos de família, mesmo em diálogos restritos a ele e aos interlocutores. Quando o aliado, numa conversa a dois, dispensando o formalismo, tratava-o simplesmente de "Fernando", ele devolvia com um "Senhor Deputado", "Senhor Senador", nitidamente desencorajando a intimidade. Os invejosos de Collor, independentemente da legitimidade das razões para votarem o seu *impeachment*, viveram, com o seu afastamento do poder, um momento de orgasmo cívico inebriante. E foi o contingente dos supostos amigos que, somado ao voto das oposições, apeou-o do poder. Azar o seu que Clinton não tivesse vindo antes para ensinar-lhe como agir num momento difícil como aquele.

Outra personalidade da política brasileira que perdeu o mandato por pura inveja dos seus pares foi o deputado pelo Rio Grande do Sul Ibsen Pinheiro. Acusado de envolvimento com o escândalo dos "anões do orçamento", Ibsen preferiu sujeitar-se ao julgamento da Câmara a renunciar ao mandato, como o fizeram outros parlamentares envolvidos. Foi cassado. É provável que a decisão de se submeter a julgamento tenha decorrido de sua subestimação do poder de dissimulação da inveja. O seu passado recente como constituinte, líder do PMDB e presidente da Câmara dos Deputados, compreendendo o processo de votação do *impeachment* de Collor, elevou-o ao patamar de presidenciável. Não seria crível que uma instituição tão corporativista quanto a Câmara, historicamente leniente com seus membros mais faltosos, viesse a condenar um dos seus mais ilustres membros por uma nonada, quando comparada a falta de que lhe acusavam com outras tantas praticadas por deputados e senadores e que continuavam ignoradas, nos arquivos das Comissões. Como líder partidário, presidente da Câmara e presidenciável, Ibsen despertou a inveja de muitos dos seus pares que a externaram, cassando-o. Benedito Valadares, o experiente político mineiro, a respeito do processo de votação secreta dizia: "Na

Anexo i – Alguns casos de inveja altamente destrutiva

hora do voto, dá uma vontade de trair!". Era a inveja a fonte do desejo de trair de que falava Valadares. Não estamos avaliando o mérito da culpa ou inocência de Ibsen. Queremos ressaltar apenas que, dificilmente, a maioria dos que o cassaram fosse isenta da responsabilidade que a ele atribuía.

No caso de Bill Clinton, a intuição popular corroborou a lição que Shakespeare nos ensinou, quando o próprio rei, disfarçado e cidadão comum, disse, dialogando com Bates e Williams, no acampamento inglês de Azincourt: "Porque, aqui entre nós, eu penso que o rei é um homem como eu; a violeta tem para ele o mesmo aroma que para mim; ele sente como eu os efeitos dos elementos; todos os seus sentidos estão sujeitos à condição humana: se lhe tirarmos as exterioridades, ele aparecerá em sua nudez como um simples homem e, conquanto suas impressões se librem mais do que as nossas, quando descem, fazem-no com o mesmo voo. Por essa razão, quando ele encontra motivos para ter medo, como se dá agora conosco, seu medo, podeis ficar certos disso, tem o mesmo sabor que o nosso. .[...] Oh dura condição! Ser gêmeo da grandeza e estar sujeito ao capricho do sopro dos estultos que só sabem sentir suas próprias dores. Quantas satisfações são proibidas aos reis para que os súditos se alegrem! Que têm os reis a mais de seus vassalos, além do rito, além das cerimônias exteriores? Que vales, rito ocioso?" (Shakespeare, *A vida do rei Henrique V,* ato IV, cena I).

Péricles não teria construído sua gloriosa biografia, a ponto de vir a ter batizado com o seu nome o século V a.C. em que viveu, se desde a juventude não estivesse alerta para os perigos da inveja, como nos diz Plutarco. Jovem, rico, aristocrata e amigo dos poderosos, os que o invejavam, não podendo atacá-lo diretamente, atacavam seus amigos mais próximos, os quais serviram de amortecedor do desejo de muitos de vê-lo vítima do ostracismo. Plutarco nos adverte, ainda, que não nos devemos surpreender com a inveja dos perdedores, sempre prontos a desferir ofensas, sarcasmos e calúnias contra os vencedores, porque assim agindo eles destilam o veneno da inveja acumu-

JOACI GÓES

lada no povo. Seriam desta natureza os rumores que atribuíam a Péricles a responsabilidade pelo assassínio de um aliado, "por ciúme e inveja de sua reputação". As inúmeras exposições de Péricles à virulenta sátira dos poetas e dos cômicos seriam produto da inveja disfarçada em trocadilhos e humor. Quando os importantes e os poderosos eram apresentados no palco como idiotas, tarados ou corruptos – correspondendo à versão popular moderna segundo a qual o vitorioso é homossexual, corno ou ladrão, ou uma combinação desses atributos –, satisfazia-se o preconceito dominante na audiência sempre disposta a acreditar no pior, independentemente de ser verdadeiro ou falso. As modernas colunas sociais, dedicadas a fofocas, mexericos e escândalos, integrantes do espectro da imprensa marrom ou dedicada a fofocas, atendem a um público sedento de morbidez e de sujeira. A presença de eventual noticiário qualificado, nessas colunas, tem o propósito de disfarçar seu caráter predominantemente fútil. Vem de longe o recurso das *fake news* para desqualificar adversários, sobretudo aqueles a quem invejamos!

O processo de *impeachment* contra Clinton morreu no Senado. A humilhação planetária a que foi submetido, além de resgatada pela opinião pública mundial, servirá como um marco no abrandamento da força da hipócrita moral vitoriana, ainda predominante na sociedade norte-americana. A Clinton restou o grande consolo de ter sido muito mais feliz do que seu pranteado antecessor, John Kennedy, para muitos, vitimado pela inveja. Se Kennedy não fosse a encarnação dos atributos invejáveis: juventude, beleza, inteligência, poder, berço, mulher bonita e tudo o mais que faltava a Lee Oswald, dificilmente teria sido assassinado.

ANEXO II

ALGUNS IDEÓLOGOS DO SOCIALISMO E DO CAPITALISMO

ORIGENS DO SOCIALISMO

O Socialismo surgiu de uma crítica ao capitalismo e ao liberalismo feita por vários pensadores como Saint-Simon (1760-1825), Robert Owen (1771-1858), Joseph Proudhon (1809-1865), Karl Marx (1818-1883), Friedrich Engels (1820-1895). A maioria defendia a abolição da propriedade privada como forma de construir uma sociedade igualitária. Gradativamente, essas ideias foram se transformando em movimentos políticos organizados, variando os métodos entre pacíficos e muito violentos, para substituir os regimes de seus respectivos países. Saint-Simon, filósofo e economista francês, é considerado um dos fundadores do socialismo e do cooperativismo, bem como vulto exponencial do chamado socialismo utópico. Robert Owen, como Saint-Simon, foi um dos fundadores do socialismo e do cooperativismo, sendo igualmente apontado como um dos nomes mais importantes do socialismo utópico. Joseph Proudhon foi um filósofo, político e economista francês, membro do Parlamento e primeiro grande ideólogo anarquista. Engels foi o grande amigo de Karl Marx, com quem formou a mais famosa parceria ideológica da História.

As conhecidas divergências entre as diferentes correntes de pensamento socialista afloraram, embrionariamente, com a eclosão da Guerra de 1914 e se aprofundaram ao longo da Revolução Bolchevique, em 1917, em razão da disputa de pontos de vista ideológicos entre Lenin e Trotsky. Essencialmente, enquanto Lenin defendia que a Revolução deveria se concentrar na área do Império Czarino, sem uma aliança com a burguesia, diferentemente do que propunha Marx, Trotsky achava que a Revolução deveria ter caráter universal, mantendo-se, na primeira fase, a aliança dos operários e camponeses com a burguesia, conforme a receita de Marx e Engels.

Segundo o marxismo, o comunismo só estaria implantado quando a propriedade privada fosse extinta e transferida para o Estado, juntamente com os meios de produção. Livres da pressão para competir, em busca da supremacia pela riqueza, as pessoas rapidamente se adaptariam a ver a realização do bem comum como foco existencial, até porque não haveria classes sociais e todos seriam iguais, tendo as mesmas oportunidades. Tampouco as pessoas ficariam prisioneiras de uma profissão, apenas; seriam estimuladas a exercer quaisquer atividades, afinadas com seu gosto. Em síntese: a partir da primeira fase do socialismo, a sociedade caminharia na direção do comunismo, sociedade perfeita ou utópica.

A diferença essencial entre o socialismo e o comunismo era tanto de método quanto de conteúdo. Do ponto de vista do método, os socialistas defendiam a conscientização das pessoas, sobretudo as camadas mais bem aquinhoadas da sociedade, a aprovar, pela via do voto, os avanços redutores das desigualdades dentro da estrutura da democracia liberal, em oposição ao recurso da violência propugnado pelos comunistas. Paralelamente e acima dessa discussão, nas primeiras décadas do século XX comunistas e socialistas uniram-se na luta contra o Fascismo, inimigo comum.

PROUDHON

Pierre-Joseph Proudhon (1809-1865), filósofo, economista e político, foi membro do Parlamento Francês. Como o primeiro grande ideólogo do Anarquismo, sua influência foi muito gran-

ANEXO II – ALGUNS IDEÓLOGOS DO SOCIALISMO E DO CAPITALISMO

de em todo o Ocidente, no século XIX. Suas ideias, rapidamente disseminadas por toda Europa, influenciaram organizações laborais e os movimentos sindicais da Rússia à França, passando por Portugal, Espanha e Itália. Autores como Emma Goldman, Errico Malatesta, Piotr Kropotkin, Mikhail Bakunin, Kevin Carson e Benjamin Tucker, entre outros, foram por ele influenciados. No Brasil, o filósofo e tradutor Mário Dias Ferreira dos Santos (1907-1968), que desenvolveu um sistema de pensamento a que deu o nome de Filosofia Concreta, cujas publicações receberam o título genérico de *Enciclopédia de Ciências Econômicas e Sociais*, foi seu mais notório influenciado. Ele integrou o "anarquismo cristão".

Marx, sucessivamente aliado e adversário de Proudhon, cognominou-o de socialista utópico. A profissão inicial de tipógrafo de Proudhon decorria da humildade de sua origem, do que se aproveitou para se aproximar de liberais e socialistas, as duas principais correntes do pensamento político de seu tempo, cativando-os pela oferta de edição dos seus livros em latim, língua que aprendeu como autodidata. Um desses intelectuais foi Charles Fourier (1772-1837), idealizador do socialismo experimental e criador dos Falanstérios, grandes associações comunais, harmônicas e descentralizadas nas quais cada pessoa se dedicaria a fazer o que lhe desse maior satisfação. Fourier era um crítico severo do estilo de vida capitalista, inclusive da família baseada no casamento e na monogamia. Como nenhum outro pensador, até o seu advento, Charles Fourier, partindo do princípio da bondade congênita dos indivíduos, elaborou um sistema organizacional de grande complexidade, visando ensejar um nicho de atuação para cada pessoa. A sociedade reinante, pensava, constituía o grande obstáculo a esse desiderato. Outro intelectual, cultivado por Fourier, foi o também famoso anarquista russo Mikhail Bakunin (1814-1876).

A fama inicial de Proudhon adveio da tempestuosa expressão que cunhou: "A propriedade é um roubo", constante do seu livro de estreia, 1840, *O que é a propriedade? Pesquisa sobre o princí-*

pio do Direito e do Governo (Qu'est-ce que la propriété? Recherche sur le principe du droit et du gouvernement). Ele disse que "a propriedade, atuando pela exclusão e transgressão, frente a uma população em crescimento, tem sido o princípio vital e a causa definitiva de todas as revoluções. Extermínios raciais, quando comparados a guerras religiosas e guerras de conquistas, têm sido, apenas, distúrbios acidentais, logo reparados pela progressão matemática da vida das nações. A queda e a morte de sociedades se dão devido ao poder de acumulação presente na propriedade".

O cerne do pensamento de Proudhon consistia em considerar um roubo a exploração da força de trabalho de uma pessoa por outra. Cada um, portanto, deveria ser o beneficiário do próprio esforço. "Aquele que puser as mãos em mim, para me governar, é um usurpador, um tirano. Eu o declaro meu inimigo". Em 1842, Proudhon foi processado e absolvido pela tese que publicou com o título *Advertência aos proprietários*, porque os juízes não encontraram base legal para enquadrar sua visão heterodoxa da magna questão.

Marx e Proudhon (nove anos mais velho), que se conheceram em Paris, influenciaram-se mutuamente, até que adveio o rompimento, quando trocaram farpas acadêmicas: em resposta ao texto de Proudhon, *Sistemas de contradições econômicas ou Filosofia da Miséria*, onde criticou o autoritarismo comunista, Marx, em represália, escreveu *Miséria da Filosofia*, criticando o anarquismo de Proudhon. A partir de então, anarquistas e marxistas deixaram de comparecer em monobloco aos encontros da Associação Internacional dos Trabalhadores. Depois de participar da Revolução de 1848, em Paris, Proudhon ficou preso entre 1849-52, em razão de suas críticas a Napoleão III. A partir de então, aderiu ao federalismo, sendo, por isso, acoimado de reacionário pelos comunistas ao propor a união entre proletários e burgueses.

No fim de uma vida relativamente breve, 56 anos, Proudhon reviu alguns dos seus conceitos na obra *Do Princípio Federativo*, de 1863, como a busca do "equilíbrio entre autoridade e liberdade", acreditando numa "teoria de Governo Federal" descen-

ANEXO II – ALGUNS IDEÓLOGOS DO SOCIALISMO E DO CAPITALISMO

tralizado. Ele disse: "Todas as minhas ideias econômicas, como foram desenvolvidas há mais de vinte e cinco anos, podem ser resumidas no termo: Federação Agrícola-Industrial. Todos os meus ideais políticos deságuam em uma fórmula similar: Federação Política ou descentralização". Modificou sua definição de anarquia para "o governo de cada qual por si próprio", querendo dizer "que funções políticas deveriam ser limitadas a funções industriais e que a ordem social deveria nascer, apenas, de transações e trocas". Seu sistema econômico passou a ser uma "federação agroindustrial" apta a "prover arranjos federais destinados a proteger os cidadãos contra o feudalismo estatista financeiro, tanto dentro como fora desse sistema", de modo a acabar com o trabalho assalariado em razão do direito político estar protegido pelo direito econômico".

Em sua obra póstuma *Teoria da Propriedade*, Proudhon disse que "a propriedade é a única força apta a atuar como contrapeso à ação coatora do Estado, de modo a assegurar as liberdades individuais". A propriedade para ele, portanto, poderia ser um roubo e/ou um contrapeso aos excessos estatais, tudo a depender do caráter do seu destino. Sua rejeição ao comunismo se apoiava no necessário mutualismo a presidir as relações sociais entre os trabalhadores que seriam os proprietários dos meios de produção, em lugar do Estado. Os trabalhadores atuariam, democraticamente, através de suas associações. O Estado, que deveria ser abolido, seria substituído por uma Federação de Comunas Livres. Proudhon considerava ilegítimos os ganhos oriundos de alugueis e juros.

Em *Confissões de um Revolucionário*, Proudhon disse que "anarquia é ordem", frase que viria a ser popularizada na Guerra Civil Espanhola, com um A maiúsculo inscrito no interior do O, também maiúsculo, marca que se espraiou mundo afora grafitada em muros e material de propaganda.

Só como exceção, Proudhon criticou Marx publicamente. Fê-lo, preferencialmente, por cartas, até porque, enquanto vivia, Marx era pouco conhecido. Críticas públicas Proudhon des-

JOACI GÓES

tinou a outros ideólogos socialistas, como o francês Louis Blanc (1811-1882), a quem censurou: "Tu não queres nem catolicismo, nem monarquia, nem nobreza. O que aspiras é um Deus, uma religião, uma ditadura, censura e hierarquia. Mas eu nego o teu Deus, a tua autoridade soberana, o teu Estado judiciário ditatorial e todas as tuas mistificações". Por "comunidade" Proudhon entende, como aliás ele mesmo o diz, o "sistema comunista" é uma "tirania mística e anônima que encara a pessoa humana como destituída de suas prerrogativas".

KARL MARX

Karl Heinrich Marx (1818-1883), filho de um advogado, de classe alta, nascido em Tréveris, na Prússia, a 5 de maio de 1818, notabilizou-se pelas obras que produziu com base em seus conhecimentos de história, economia, sociologia e filosofia, inicialmente adquiridos nas universidades de Bonn, onde começou a estudar Direito, aos 17 anos; transferiu-se, no ano seguinte, para Berlim, quando adquiriu gosto pela filosofia, daí avançando para estudar a estrutura do Estado e dos governos, desembocando na crítica social. Ao estudar a sociedade europeia do século XIX, constatou que a burguesia, detentora dos meios de produção, explorava a massa de trabalhadores, o que resultava em grande desigualdade social. Foi aí que conheceu a obra de Georg Wilhelm Friedrich Hegel, morto quatro anos antes, em 1831, cujos fundamentos serviram de base para sua produção teórica, sobretudo o conceito de dialética, que tanto o influenciou.

Ao defender tese em filosofia, em 1841, aos 23 anos de idade, Marx obteve o título de doutor. Ao contrário, porém, do que desejava, não conseguiu ingressar na carreira acadêmica. Sua forte crítica ao governo prussiano fechou-lhe as portas de ingresso como professor em todas as universidades, fato que o levou a trabalhar como jornalista por dois anos, quando a *Gazeta* Romana, em que escrevia e onde conheceu Friedrich

Anexo II – Alguns ideólogos do socialismo e do capitalismo

Engels, foi fechada pela censura oficial. Nesse mesmo ano de 1843, Marx casou-se, secretamente, com Jenny von Westphalen, mudando-se para Paris, onde conheceu vários pensadores socialistas. A dificuldade para obter emprego levou-o a uma vida de permanentes dificuldades, mitigadas quando passou a viver, modestamente, da herança que recebeu do pai. Dos sete filhos que nasceram do casamento com Jenny, quatro morreram na infância.

Em 1845, aos 27 anos, Marx foi expulso da França, retornando à Alemanha, onde passou a viver em Colônia, até ser também expulso, em 1848. Nesse mesmo ano, publicou, em parceria com Engels, o *Manifesto Comunista*, iniciando o que viria a ser conhecido como socialismo científico. No ano seguinte, Marx transferiu-se para a Inglaterra para dedicar-se em regime integral à redação de sua obra mais expressiva, *O Capital*, paralelamente a estudos no campo das ciências sociais. O intenso tabagismo comprometeu seu sistema respiratório, levando-o à morte em 14 de março de 1883, em Londres, onde viveu os últimos 34 anos de sua vida atribulada.

A vasta obra de Karl Marx se apoia na história, na filosofia, na sociologia e na economia, sendo sua crítica social a grande força mobilizadora da opinião pública mundial, a partir da denúncia de que os males da sociedade humana decorrem da exploração da grande maioria da população por uma pequena classe social, a burguesia, detentora dos meios de produção e de suas técnicas de manuseio. A análise desse processo de dominação da sociedade humana pela burguesia, ele denominou de Materialismo Histórico, âmago do Marxismo, cuja compreensão depende do entendimento do que sejam os seus componentes, como a infraestrutura, a superestrutura, alienação, burguesia, proletariado, revolução do proletariado, fim do estado e da propriedade privada, ditadura do proletariado, greves operárias e lógica do capitalismo.

Ele divide com Friedrich Engels, seu amigo e parceiro autoral desde a juventude, a paternidade do materialismo histórico,

JOACI GÓES

mais conhecido como Marxismo ou Comunismo, segundo o qual o desfecho inevitável seria um levante revolucionário da classe trabalhadora, unida contra a aviltante desigualdade reinante, resultando na redentora ditadura do proletariado. Ele expôs suas ideias matrizes na *opera magna* O Capital, em quatro volumes, o primeiro dos quais veio a lume em 1867, 16 anos antes de sua morte, sendo os três outros publicados postumamente. Ele fez estudos sobre o acúmulo de capital, concluindo que o excedente produzido pelos trabalhadores acaba sempre nas mãos dos capitalistas, às custas do empobrecimento do proletariado. Sua projeção para o mundo social-intelectual europeu ocorreu em 1848, ao lançar, em parceria com Engels, o *Manifesto Comunista*, a grande senha para a maior batalha ideológica que perdurou até a implosão da União Soviética, em 1991, soterrando a viabilidade do comunismo. Ao lado dos muitos e importantes seguidores que cuidaram de defender o seu legado, emergiram grandes dissidências, ocasionando, não raro, verdadeiros holocaustos, a exemplo do ocorrido, sobretudo na Rússia e China, onde foram chacinados dezenas de milhões de dissidentes.

Como importante componente propagandístico, Marx e seus seguidores se referiram ao Materialismo Histórico como Socialismo Científico, com o propósito de negar seu caráter ideológico. De todo modo, é inegável o excepcional esforço intelectual desenvolvido pela dupla Marx e Engels na construção daquela que passou a ser a mais imediatamente influente corrente de pensamento de todos os tempos, legitimando o aforismo de Victor Hugo ao concluir que "Nada é tão poderoso quanto uma ideia lançada em sintonia com as aspirações do seu tempo!"

Os fatos atestam que, ao combater o princípio que sustenta ser o aumento da riqueza coletiva a única maneira de melhorar a condição das classes pobres (*a rising tide lifts all boats*), o socialismo de estado, a pretexto de mudar artificialmente a distribuição da renda, destruiu a riqueza e consolidou a miséria.

A verdade é que o progresso humano, em qualquer época, dependeu sempre da contribuição de um número reduzido de

ANEXO II – ALGUNS IDEÓLOGOS DO SOCIALISMO E DO CAPITALISMO

pessoas. "Tudo o que tornou a Inglaterra rica e famosa foi obra de minorias, às vezes bem pequenas" (Henry Maine, *Popular Government*, 1886). Não é outra a tardia conclusão a que chegou Mikhail Gorbachev na *Perestroyka*. Graças a esses indivíduos especiais, a qualidade de vida da grande maioria da humanidade não para de crescer. Esta verdade elementar se exprime pela melhoria da alimentação e das condições higiênicas, pela redução da jornada de trabalho e consequente aumento do tempo destinado ao lazer, pela universalização do acesso ao progresso tecnológico, tudo isso resultando numa longevidade crescente. O próprio Engels, na sua maturidade, reconheceu, referindo-se aos trabalhadores na indústria e aos trabalhadores sindicalizados, que "Eles se encontram, sem dúvida, em melhor situação do que antes de 1848, e a melhor prova disso reside no fato de, por mais de quinze anos, patrões e empregados virem mantendo uma convivência singularmente saudável. Eles (os trabalhadores) formam uma aristocracia entre a classe obreira; conquistaram, pelos seus próprios meios, uma posição relativamente confortável que os satisfaz" (Frederick Engels, prefácio à edição inglesa, 1892, de *The Condition of the Working Class in England*, 1994). Desse crescente bem-estar das populações mais pobres, Robert Bivona (1942-2004) e Steve Pinker (1954-) nos dão detida conta em seus respectivos títulos praticamente iguais: *The New Enlightenment* (2017) e *A New Enlightenment*(2019).

A infraestrutura é o ambiente físico, material, de que a burguesia se serve para exercer o seu domínio, segundo o marxismo. A superestrutura corresponde às instituições e aos valores dominantes na sociedade, como a natureza do Estado, o conteúdo das leis que legitimam a continuidade do processo exploratório da sociedade, sobretudo de sua expressão numericamente majoritária – a classe operária –, pela burguesia, que se alimenta e se expande com a apropriação da mais-valia, a parte da produção do trabalhador por ela confiscada. A preservação desse contexto de "exploração indigna" dar-se-ia graças à alienação da classe proletária, consistente na sua incapacidade de perceber e se indignar contra a exploração de que é vítima pela burguesia, detentora dos meios de produção. A solução, segundo Marx, seria a rebelião dos trabalhadores, fazendo cessar essa exploração histórica, a que denominou de Revolução do Proletariado, pondo fim ao Estado coator, às classes sociais e à propriedade privada, e depois com a instalação do comunismo, sob cuja égide as riquezas pertenceriam, indiscriminadamente, a todas as pessoas.

A contribuição de Karl Marx para o desenvolvimento da Sociologia foi muito grande, precisamente em razão do seu propósito de querer que sua ideologia fosse recebida como de expressão científica, desejo que suscitou uma reação em cadeia, resultando numa sucessão de estudos de grande mérito acadêmico que concluem pelo insuperável antagonismo entre ciência e ideologia. É verdade que muitos dos argumentos desenvolvidos por Marx vieram alargar as bases dos estudos sociológicos, contribuindo para a solidez da ciência que teve no francês Émile Durkheim (1858-1917), com o clássico *As regras do método sociológico (Les règles de la méthode sociologique)*, seu mais importante formulador, ao lado do pensador alemão Max Weber (1864-1920). Marx deixou como obras principais, além do *Manifesto comunista*, em parceria com Engels, *O Capital, O Trabalho, A ideologia alemã, de 1845-46, Contribuição para uma crítica da economia política*, pioneira de *O Capital*.

Em sua essência, Marx sustenta que o capitalismo desapareceria vitimado por suas insuperáveis contradições, diante de um comunismo que fomentaria a fraternidade cada vez maior da classe operária. Curiosamente, muitos dos conceitos que formulou, derivados da crença no caráter irreprimível de suas teorias, podem ser tomados, na posteridade de hoje, como a consagração do oposto que vaticinou, a exemplo dos seguintes:

"Até agora os filósofos ficam preocupados com a interpretação do mundo de várias maneiras. O que importa é transformá-lo."
"As oposições teóricas só podem ser resolvidas de uma maneira

Anexo ii – Alguns ideólogos do socialismo e do capitalismo

prática pela energia prática do homem. Sua solução não é de nenhum modo tarefa exclusiva do conhecimento, mas uma tarefa real da vida que a filosofia não poderia resolver porque ela só a reconhece como uma tarefa puramente teórica."
"A religião é o ópio do povo."
"A história de todas as sociedades até hoje existentes é a história das lutas de classes."

Para grande prejuízo da higidez de suas ideias, Marx e Engels não dispuseram de dados sobre a realidade humana do passado e do seu tempo que só na posteridade foram reunidos, como destacou, de modo elegante, o economista francês Thomas Piketty em seu festejado livro de 2014, *Le capital au XXI siècle*! O próprio Engels já vivera essa experiência ao publicar, em 1845, aos 25 anos de idade, seu conhecido livro de estreia *The Condition of the Working Class in England*, como revelou ao escrever o prefácio da terceira edição do livro, em 1892, três anos antes de morrer, em 1895, e que citamos em *A inveja nossa de cada dia*: "No texto original, ao denunciar a precariedade das medidas de proteção aos trabalhadores, então reinantes, Engels nos fornece dados que demonstram o quanto as pessoas, em geral, e os trabalhadores, em particular, vêm ganhando em qualidade de vida e em sua expressão síntese: a longevidade. Disse ele: "[...] O relatório das condições sanitárias dos trabalhadores contém informações que atestam o mesmo fato. Em Liverpool, em 1840, a média da expectativa de vida das classes superiores, pequena nobreza e profissionais liberais, era de 35 anos; a dos comerciantes e dos artesãos mais qualificados era de 22 anos, enquanto a dos trabalhadores não passava de 15 anos [...] De acordo com este mesmo relatório, mais de 57% dos filhos dos trabalhadores morrem antes de completar cinco anos, percentagem que cai para 20% para as classes mais altas, ficando a média do país, como um todo, em 32%" (Ob. cit.). Que enorme salto desde então, quando se sabe que hoje, no seu conjunto, aquelas categorias profissionais aludidas por Engels têm uma expectati-

JOACI GÓES

va de vida ao redor dos oitenta anos e a mortalidade infantil, em muitos países, caiu em, até, 98%!!!"

FREDERICK ENGELS

Frederick Engels (1820-1895), por motivos equivocados, acertou em cheio ao prever, no verdor dos seus vinte e quatro anos, o mar de sangue que seria derramado pela ira social desembestada, afirmando, profético: "Por isso, também, a cólera profunda de toda a classe trabalhadora, de Glasgow a Londres, contra os ricos, por quem eles são sistematicamente pilhados e impiedosamente entregues à própria sorte, uma cólera que, não demorará muito, ainda no horizonte existencial de uma pessoa, arrebentará numa revolução, diante da qual a Revolução Francesa e o ano de 1794 parecerão brinquedos de criança" (Frederick Engels, em "Introdução" a *The condition of the Working Class in England*). A Revolução Russa, de 1917, e seu desdobramento, no período Stalin, vieram confirmar o cassandrismo de Engels.

Apesar de muito jovem quando escreveu esse livro razão das inúmeras inconsistências por ele mesmo reconhecidas, ao fim da vida, Engels intuiu o papel da inveja no movimento obreiro sem, contudo, nominá-la, como era da tradição silenciar sobre este sentimento inconfessável. Vejamos o que diz neste trecho: "Competição é a mais completa expressão da luta de todos contra todos que campeia na sociedade civil moderna. Esta luta, pela vida, pela existência, por tudo, uma luta de vida ou de morte, em casos de necessidade, não é travada, apenas, entre as diferentes classes, mas também entre os indivíduos integrantes dessas classes. Cada qual se põe no caminho do outro, para tomar o seu lugar, ao tempo em que procura afastar quem se puser no seu. Os trabalhadores estão em competição permanente entre si, do mesmo modo que os burgueses entre eles" (Ob. cit.).

Anexo ii – Alguns ideólogos do socialismo e do capitalismo

JOHN LOCKE

O celibatário John Locke (1632-1704), estudioso de medicina, ciências sociais e filosofia, especializado no pensamento de Francis Bacon e René Descartes, fundador do empirismo, de que foi expoente, ao lado de David Hume e George Berkeley, e um dos grandes teóricos do "contrato social", é reconhecido como "o pai do liberalismo", ao defender, de modo intransigente, a liberdade política e religiosa, razão por que o seu nome é tão solidamente associado à tolerância, um dos mais importantes atributos do Iluminismo, do qual ele é visto como patrono. O contrato social, por sua vez, consistiria na transferência de poder das pessoas para os dirigentes das instituições criadas para representar os seus direitos e interesses. Em apertada síntese, o contrato social é a relação entre as pessoas e seus governantes.

Para Locke, ao nascer a mente humana é uma folha em branco sobre a qual as experiências vão imprimindo conteúdos, discordando da teoria de Platão para quem o destino e as emoções são valores natos, independentes da experiência, teoria que desenvolveu no clássico *Essay on the human understanding (Ensaio sobre o entendimento humano)*, apesar de reconhecer que "o homem vive livre e em paz no seu estado de natureza". O seu propósito essencial foi robustecer a necessidade do Estado e do contrato social para a boa convivência humana. Confrontou Thomas Hobbes, ao negar que em seu estado natural o Homem seja primitivamente bárbaro, embora haja pontos de identidade no pensamento de ambos. Foi grande sua influência na Revolução Inglesa, contra o absolutismo, ao negar o tradicional direito divino da realeza, porque a vida política é criação humana, nada tendo de divina, bem como sobre a Revolução Americana, e, também, sobre a fase inicial da Revolução Francesa. Segundo pensa, todos são iguais e a cada um deve ser permitido agir livremente desde que não prejudique o próximo. Como cientista político, Locke é considerado jusnaturalista. Segundo pensa, todas as pessoas são titulares de direitos naturais desde o nascimento, incluindo, além do óbvio direito à vida, o direito à liberdade e à propriedade. Daí, segundo ele, o direito à Revolução de todo aquele a quem esses direitos forem negados. A partir desse princípio, reconhece o Legislativo como o poder supremo. Considera o mundo natural propriedade comum, mas que qualquer indivíduo pode apropriar-se de uma parte dele, como meio de cuidar e de acrescentar valor aos recursos naturais. Os indivíduos têm direito de se apropriar da terra em que trabalham desde que isso não cause prejuízo a terceiros. O indivíduo, portanto, não pode se apropriar dos recursos naturais, comprometendo o bem comum.

O empirismo consiste no princípio segundo o qual a experiência constrói o conteúdo da mente: *Nihil est in intellectu quod prius non fuerit in sensu*. Esse princípio é, em essência, paradoxalmente, o cerne do pensamento marxista segundo o qual a infraestrutura material condiciona toda a superestrutura espiritual. Em outras palavras: as ideias. É, também, o conceito definidor da Sociologia do Conhecimento. O empirismo, portanto, de um modo metodológico, crítico e sistemático, busca a compreensão do que acontece ou está no mundo. Do mesmo modo como Maquiavel buscava *La verità effetuale*, a essência das coisas. Em sua obra de 1690, aos 58 anos, *Ensaio acerca do entendimento humano (An essay concerning the human understanding)*, ele sustenta que a experiência é a principal fonte do conhecimento, aperfeiçoado pela razão. Três anos mais tarde, em 1693, ele publicou seu livro *Pensamentos sobre a educação*, em que, como de resto, ao longo de toda sua vida intelectual, se apoia no *nominalismo escolástico* do filósofo e padre francês Nicolas Malebranche (1638-1715) e no *racionalismo* de René Descartes (1596-1650).

Como pensador político, Locke foi o precursor da democracia liberal, da qual a liberdade e a tolerância são os suportes fáticos. É verdade que a tolerância que ele tinha em mente era a religiosa, como meio de enfrentamento dos excessos do *absolutismo*. A ideia de liberdade e tolerância, presente nas constituições modernas, deriva de conceitos elaborados por ele. Ao desenvolver sua teoria da tolerância, em razão das guerras religiosas que pu-

Anexo II – Alguns ideólogos do socialismo e do capitalismo

lulavam na Europa, Locke chegou a uma conclusão definitiva sobre a tolerância religiosa, apoiada em três argumentos:

1) Os juízes da terra, o Estado, em particular, e os seres humanos, em geral, não têm capacidade de distinguir entre o que é e não é verdade, em opiniões divergentes;
2) Mesmo que pudessem, não alcançariam o resultado desejado, porque a fé não pode ser conquistada mediante violência;
3) A imposição da uniformidade religiosa resultaria em distúrbios sociais mais graves do que os potencialmente produzíveis pela diversidade.

Numa medida que serviria de inspiração para o desprezo de silvícolas de diferentes partes do mundo, Locke excluiu do usufruto dessa liberdade religiosa o homem primitivo, por não estar em condições de utilizar-se do dinheiro e de outros meios próprios do homem urbano. Excluiu também os papistas católicos pelo seu excessivo radicalismo, intolerante com a mínima divergência. É verdade que essa culpabilidade lançada sobre os ombros de Locke, três séculos e meio depois que externou seu pensamento, representa inaceitável anacronismo exegético, uma vez que Locke se expressou de acordo com os valores correntes e consagrados em seu tempo. É verdade, também, que pensadores anteriores a Locke, como Bartolomeu de las Casas e Montaigne expressaram-se de modo bem distinto a respeito dos povos autóctones. Montaigne, por exemplo, ao se referir às populações não europeias, concluiu que "Não há nesses povos nada de bárbaro ou de selvagem, como me disseram. Penso que os homens consideram bárbaro tudo que difere dos seus costumes." Parece que a intolerância é a mesma em todas as épocas.

Algumas prescrições de Locke, hoje, soam chocantes, entre outras: Sugerir que passassem a trabalhar, a partir dos três anos de idade, as crianças cujos pais não dispusessem de meios para prové-las; Obrigar os mendigos a carregar um distintivo para vigiá-los, por meio de um corpo de fiscais ou espantadores de mendigos, e impedi-los de exercer sua mendicância fora das áreas e horários estabelecidos; os que fossem flagrados mendigando fora de sua área e nas proximidades de um porto de mar deveriam ser incorporados à marinha militar ou internados em uma casa de trabalhos forçados, cujo diretor não teria qualquer remuneração além da proporcionada pelo trabalho dos internos; os fugitivos das casas de trabalho forçado deveriam perder uma orelha e os reincidentes deportados para as plantações e tratados como criminosos.

Explica-se porque Locke seja considerado, ignominiosamente, "o último grande filósofo que procurou justificar a escravidão absoluta e perpétua". A escravidão, para ele, só poderia ser aplicada aos derrotados na guerra que preferissem o ônus de viver servindo aos vitoriosos, a morrer. Assim, justificou sua posição no *Segundo Tratado sobre Governo Civil:* "Ele (o homem) não pode separar-se dela (da liberdade), exceto por aquilo que o faça perder, ao mesmo tempo, sua preservação e sua vida, pois um homem, não tendo poder sobre sua própria vida, não pode, por um tratado ou por seu próprio consentimento, escravizar-se a quem quer que seja, nem se sujeitar ao domínio arbitrário e absoluto exercido por outra pessoa, ou mesmo dar cabo de sua vida quando tiver vontade. Ninguém pode outorgar mais poder do que possui; e aquele que não pode dar fim à própria vida não pode outorgar tal poder a qualquer outra pessoa. Em verdade, se o homem dá fim à própria vida, por algum ato que clame por morte, aquele por quem ele perde a vida (no caso da pessoa que o tem em seu poder) pode demorar a tirá-la e usá-la em serviço próprio, não o prejudicando por isso; pois, no momento em que considerar que a provação de ser escravo excede o valor de sua vida, ao resistir à vontade de seu amo, irá sentir-se atraído a ocasionar a si mesmo a morte que deseja." Com esse raciocínio, Locke quis dizer que só os que foram vencidos em batalha, e têm as suas vidas à disposição dos vencedores, podem ser legitimamente escravizados." Para agravar, ainda mais, a imagem

Anexo ii – Alguns ideólogos do socialismo e do capitalismo

de Locke aos olhos da posteridade, na colaboração que deu à Constituição da Província da Carolina, consta a seguinte norma: "Todo homem livre da Carolina deve ter poder absoluto e autoridade sobre os escravos negros, seja qual for sua opinião ou religião". Pedra sobre pedra, seus críticos sustentam que ele era acionista da Royal African Company, empresa traficante de escravos. Este mesmo John Locke elaborou pensamentos que colidem com seus conceitos sobre a escravidão e seus interesses comerciais, ao dizer que "A necessidade de procurar a verdadeira felicidade é o fundamento da nossa liberdade", e "A verdadeira liberdade consiste em não estar sujeito à vontade inconstante, incerta, desconhecida e arbitrária de um outro ser humano!". Segundo Aristóteles, em suas reflexões sobre a política, a humanidade se dividia em senhores e escravos, os que têm poder de mando e os que nasceram para obedecer, desde que respeitado o conselho do seu mestre Platão, que recomendava a abstinência do uso de escravos helenos nas cidades gregas, de modo a evitar ódios internos. A esse tempo, metade da população de Atenas era escravizada. Essa postura de dois dos maiores pensadores da humanidade demonstra como a escravatura era considerada algo tão natural como outra instituição qualquer, com plena aprovação legal e consuetudinária. Registre-se, em abono de sua excepcional visão e precedência humanística, a postura do filósofo Alcidamas (séculos V-IV a. C.), discípulo de Górgias e contemporâneo de Platão, ao dizer que "Deus criou todos os homens livres; nenhuma pessoa é escrava por natureza". Eurípides e Hípias também foram pelo mesmo caminho.

Por essas e outras, a sabedoria popular africana ensina que "Até que as caças aprendam a falar, o mundo só conhecerá a versão do caçador". A dolorosa verdade é que qualquer pessoa podia ter escravos, inclusive os próprios escravos que os adquiriam nas feiras livres, uma espécie de liquidação, destinadas a vender o estoque de escravos que não encontravam compradores, por serem doentes ou portadores de defeitos físicos. Quase tudo que a humanidade construiu, dos seus albores, até os sé-

JOACI GÓES

culos que imediatamente precederam o fim da escravidão, resultou de mão de obra escrava, desde as joias mais preciosas até as pirâmides do Egito. A partir do século VII, com a fundação do Islamismo por Maomé, a escravidão recebeu grande impulso. Até o século XVIII, quando a escravização de negros passou a ser majoritária, todas as etnias eram susceptíveis de serem escravizadas, independentemente de classes sociais, culturas ou religiões. A própria origem da palavra escravo, do latim *slavus*, que significa montanha, em turco, é prova disso, por se referir aos povos eslavos, habitantes dos Balcãs, ou península balcânica, no sudeste da Europa, englobando a Albânia, Bósnia e Herzegovina, Bulgária, Grécia, Macedônia, Montenegro, Sérvia, Kosovo, partes da Turquia, da Romênia e da Eslovênia, até o Mar Negro. Todos os escravos oriundos dos Balcãs eram loiros de olhos azuis.

Segundo Laurentino Gomes (*Escravidão*, Volume I), nos duzentos anos compreendidos entre os séculos XV e XVII, os tártaros da Crimeia escravizaram mais de dois milhões de poloneses, russos e ucranianos. No mesmo período, os otomanos de Istambul, a partir da queda de Constantinopla, importaram da região dos Balcãs, igualmente, mais de dois milhões de pessoas que foram escravizadas. Nesse mesmo momento histórico, estima-se em cerca de 10% o percentual da população russa escravizada. Em fins do Século XVI, mesclados com os africanos, foram encontrados escravos alemães, franceses e eslavos trabalhando nas plantações de cana da Colômbia e da América Central. A mais importante distinção entre as formas anteriores de escravização africana é que a diferença da cor da pele entre senhores e escravos fez nascer a discriminação racial ou ideologia racista, pela associação dos trabalhos mais sofridos à atividade escrava. Para que não se deixe de reconhecer pelo menos uma vantagem relativamente à de outros povos, a escravização de africanos estava imune da castração, de preceito para fazer eunucos, sobretudo aos que serviam nos haréns. Os europeus e os africanos contaminaram as populações autóc-

Anexo ii – Alguns ideólogos do socialismo e do capitalismo

tones das Américas com seus males endêmicos como gripes, varíola, lepra, tuberculose, sarampo, malária, febre amarela, sem falar nas doenças venéreas, como gonorreia, blenorragia e sífilis. Em meados do século XVI, em apenas três anos mais de metade das populações indígenas ao redor de Salvador, Bahia, foi dizimada, totalizando 30.000 mortos. Proporcionalmente ao momento pandêmico de começo de 2022, quando escrevemos estas linhas, é como se a covid-19 levasse mais de um milhão e meio da população atual da Região Metropolitana de Salvador. E assim foi, ao longo de anos subsequentes.

BERNARD DE MANDEVILLE (1670-1733) E A FORÇA DO EGOÍSMO

O médico de formação, pensador, político, economista e satirista Bernard de Mandeville, de origem huguenote francesa, nasceu na Holanda, mas, ainda jovem, mudou-se com armas e bagagem para a Inglaterra, onde publicou sua obra que tão grande influência viria a exercer nos destinos da humanidade. O seu livro que ainda hoje desperta grande interesse dos estudiosos, *Fábula das abelhas, vícios privados, benefícios públicos (The fable of the bees: Private Vices, Publick Benefits)* é um dos mais editados do gênero no mundo. A partir de sua publicação, Mandeville tornou-se, simultaneamente, famoso e maldito, admirado e odiado. A verdade é que o mais importante livro de economia de todos os tempos, aquele que é considerado a matriz da ciência econômica, *A riqueza das nações (The wealth of Nations)*, de Adam Smith, foi, em grande medida, decorrência dele.

Com notável acuidade intelectual e capacidade de libertar-se de condicionamentos e preconceitos sociais e religiosos dominantes, Mandeville, em 1714, aos 44 anos de idade, concluiu que do ponto de vista das consequências econômicas, é um erro distinguir entre baixas e elevadas, boas e más ações. A atribuição de virtudes ou vícios às ações humanas é uma ficção criada por pessoas influentes, no campo do poder ou da inteligência, como mecanismo de controle de outras pessoas, em sua vida social. Ao contrário do que se sustenta, disse Mandeville, a prática da virtude, como concebida socialmente, resulta em prejuízo e não em benefício para a sociedade, seu comércio e progresso material e intelectual. Isso porque a noção corrente de virtude significa o desenvolvimento da capacidade de sofrear os impulsos naturais e espontâneos, cuja satisfação, aí sim, geraria grandes benefícios para o meio social como um todo, porque inspiraria outras pessoas a encontrar mecanismos capazes de satisfazer esses novos desejos e apetites, promovendo a circulação de riquezas naturais e de capitais, gerando progresso. Diferentemente das virtudes, os vícios são necessários para a prosperidade econômica dos povos, concluiu Bernard de Mandeville.

Ao longo das seis décadas entre a publicação da *Fábula das abelhas* e *A Riqueza das Nações*, a opinião crítica europeia se dividiu entre aplaudir e demonizar o pequeno-grande livro de Mandeville. É provável que a relutância de Adam Smith em adotar integral e explicitamente os pontos de vista de Mandeville tenha resultado do propósito de desviar-se de uma rota tempestuosa que alternava louvor e danação. É como se, diplomaticamente, Smith tivesse optado por contornar a hipocrisia social considerando como virtude o que, liberto do patrulhamento moral, Mandeville julgava como vício: a incessante busca humana de satisfação dos seus apetites. A verdade é que Mandeville considerava que quanto mais ambiciosa e egoística a postura humana na perseguição da riqueza e do bem estar, maior a felicidade coletiva. Smith chamou esse apetite de "mão invisível". Com sua posição, Mandeville chancelou o direito à conquista da mais plena liberdade, geratriz, simultaneamente, de crescentes benefícios públicos. Na contramão do politicamente correto, Mandeville sustentava que os atos humanos "abençoados com o contentamento e a honestidade" conduzem a sociedade a decair num estado de apatia paralisante. Para ele, as propaladas "virtudes morais" não passam de meras hipocrisias e a invocação

Anexo II – Alguns ideólogos do socialismo e do capitalismo

de sua prática resulta do desejo de parecer superior aos "bruta-montes". Daí a abstinência do amor próprio conduzir à morte do progresso. "As virtudes morais são a descendência política da autobajulação em cima de orgulho", disse Mandeville. Por isso, a busca da satisfação dos próprios apetities ou vícios conduz à prosperidade, razão pela qual "os vícios privados são benefícios públicos", porque os mais depravados e vilipendiados comportamentos geram efeitos econômicos positivos. Um libertino, por exemplo, na ótica convencional, é um cidadão vicioso; acontece que, mesmo assim, é capaz, graças ao seu desregramento moral, de gerar empregos para alfaiates, serviçais, cozinheiros, prostitutas, perfumistas e outros. Uma vez empregadas, essas pessoas podem empregar, no todo ou em parte, outras, como padeiros, carpinteiros e muito mais. É inegável, portanto – sustentou –, que a ganância e a violência das paixões de um libertino contribuem para construir as bases benéficas da sociedade em geral.

É inegável a fôrça dos argumentos de Mandeville, na contramão da hipocrisia, não raro, inerente ao politicamente correto. Pairando acima dessa discussão, o papel das instituições é insubstituível, desde que seja adequada a definição de sua natureza. A diferença entre uma e outra situação é do mesmo naipe da que existe entre economia, como a ciência que estuda os recursos escassos, e a economia política, significando a indissociabilidade entre economia e os apetites e valores humanos. Dessa percepção resultaram o título e o conteúdo da *opera magna* de Ludwig Von Mises (1881-1973), *Human Action (Ação Humana)*, de 1949, um dos mais notáveis tratados de Economia de todos os tempos.

ALEXANDER HAMILTON

Já para o federalista Alexander Hamilton (1755-1804), lockeano, o progresso era uma ideia carregada de moralidade. Ele foi um dos primeiros a prever um futuro industrial para os Es-

JOACI GÓES

tados Unidos. É considerado, por alguns, como o patrono da filosofia econômica que por mais tempo dominou as práticas norte-americanas, desde Abraham Lincoln. Órfão aos 13 e morto aos 49 anos, num duelo com o vice-presidente dos Estados Unidos Aaron Burr, Alexander Hamilton teve uma das biografias mais rocambolescas da história, a começar por sua condição de filho adulterino, impedido, por isso, de professar a religião anglicana e de estudar em suas escolas, tendo sido instruído no ambiente doméstico e se tornado ávido autodidata, fato, aliás, muito comum até fins do século XIX conhecido e admirado a partir do relato que fez, aos dezessete anos, de um furacão que devastou a região em que residia. O episódio valeu-lhe o financiamento dos estudos superiores. O primogênito de Elizabeth Schuyler e Alexander Hamilton, Philip (1782-1801), morreria aos dezenove anos, também num duelo, três anos antes da morte do pai.

LUDWIG VON MISES (1881-1973)

É grande o conjunto da notável contribuição ao progresso humano do longevo economista, historiador e pensador Ludwig Heinrich Edler von Mises, de origem judaica, nascido em Lemberg, capital da Galitzia, no antigo Império Austro-húngaro, depois Áustria, atualmente Ucrânia, e nacionalizado americano. Inteligente e muito estudioso, aos 12 anos o menino Ludwig falava, além de alemão, polonês e francês, lia em latim e compreendia o ucraniano. Judeu que era, Mises sabia-se em permanente perigo. Por isso, já autor de obra marcante, fugiu em 1934 para a Suíça, passando a ensinar em Genebra. Seu prodigioso trabalho se realizou no campo da praxeologia, que consiste no estudo dedutivo das escolhas e ações do homem. Seu irmão caçula Richard von Mises, amigo de infância do famoso jurista Hans Kelsen, foi um grande físico. A leitura que Ludwig fez, em 1903, do livro *Princípios de Economia Política* de Carl Menger, tex-

Anexo II – Alguns ideólogos do socialismo e do capitalismo

to fundador da Escola Econômica Austríaca, mudaria o curso de sua vida. Nele, Ludwig von Mises encontrou a motivação para aprofundar seus estudos da teoria econômica, sobretudo ao frequentar o seminário conduzido por Eugen von Böhm-Bawerk, ex-ministro das finanças e nome de proa da Escola Austríaca. A praxeologia, palavra de origem grega, *praxis*, que significa prática, é uma metodologia que busca explicar a estrutura lógica da atividade humana.

A praxeologia é, para Mises, um método para estudar as ciências sociais, equivalendo ao estudo das ciências experimentais, sem a possibilidade, porém, de realizar experimentos. Não obstante ser esse entendimento de curso universal, a praxeologia é, de modo geral, associada à obra liberal de Mises e de seus discípulos na chamada escola austríaca de economia. Segundo Von Mises, a praxeologia é o estudo dos fatores que induzem as pessoas a perseguir seus objetivos. No entendimento da praxeologia, as ações humanas são constituídas por todos os atos intencionais que visam atingir um propósito de alcance duradouro, daí porque a praxeologia restringir-se às ações conscientes, propositais, diferentemente das práticas inconscientes ou involuntárias. Ainda segundo Mises, a praxeologia seria uma ciência formal porque o conhecimento humano é condicionado pela estrutura da mente. Como a praxeologia estuda o modo como a mente estrutura o pensamento, o conhecimento dessa estrutura possibilita a dedução apriorística dos postulados que comandam as decisões dos indivíduos. Esse processo ou método é semelhante ao utilizado pela matemática e pela lógica. Seu estudo experimental apriorístico só não é possível porque as variáveis humanas são irrepetíveis, posto que são carregadas de inesgotável ineditismo. Embora o conteúdo do homem primitivo seja distinto do pensamento do homem moderno, a estrutura formal de ambos é a mesma.

A praxeologia é neutra relativamente aos julgamentos de valor bem como às escolhas dos propósitos finais. A finalidade da praxeologia não é a de aprovar ou não, mas a de identificar do

JOACI GÓES

que se trata. Para Mises, só há "manifestação da vontade se houver uma intenção!". Em estado de plenitude de contentamento, o ser humano ficaria inativo. Suas ações nascem do desejo de remover o que o desagrada e de melhorar o que já existe, ou quando se deseja passar de um estado, mesmo que satisfatório, para outro, considerado melhor. Em estado de satisfação plena, o ser humano fica inativo porque conformista. Um estado, portanto, com algum desconforto é necessário para fomentar mudanças no comportamento das pessoas, com reflexos no meio social. A ação humana decorre da incessante busca da felicidade. Por isso, a distinção entre o bom e o ruim varia de modo quase ilimitado; varia não apenas entre distintas pessoas no lugar e no tempo, como também em uma mesma pessoa, apenas, em diferentes momentos ou circunstâncias de sua vida. Daí porque ninguém é capaz de dizer, de modo infalível, o que é bom para o outro. Por isso, a busca ou escolha da ação não pode resultar do confronto entre egoísmo e altruísmo, materialismo e idealismo, ateísmo e fé. As circunstâncias podem ser igual ou desigualmente úteis à sociedade, benéficas ou maléficas às pessoas cujo propósito predominante seja o de satisfazer os apetites do seu ego e outras que atuam na perspectiva de ajudar o próximo. A listagem das possibilidades nos dois sentidos é quase infinita.

Cada uma dessas diferentes posturas pode ser a causa de uma ação humana, legítima do ponto de vista existencial. Ludwig von Mises foi intransigente defensor da liberdade econômica como o fundamento essencial para a liberdade individual, tese detalhada e longamente desenvolvida em seu *magnum opus, Ação Humana*, de 1949, em consonância com os princípios metodológicos e epistemológicos defendidos pela Escola Austríaca, de acordo com a concepção subjetiva de valor, individualismo metodológico e praxeológico. Nele, Mises critica o método matemático e a utilização dos dados como instrumento de estudo da Economia, válidos, apenas, para conhecer o passado, mas impróprios à extrapolação para o futuro, porque incapazes de prever o comportamento humano. Essa impro-

Anexo ii – Alguns ideólogos do socialismo e do capitalismo

priedade decorre do acentuado ineditismo do agir humano. A economia não cuida, apenas, das ações humanas de consequências mensuráveis, como daquel´outras insusceptíveis de mensuração em termos monetários, compondo fenômenos de grande complexidade que se situam no plano das aspirações individuais. No seu conjunto, esses fenômenos interessam a todas as ciências sociais, particularmente à sociologia, sem o seu caráter historicista.

Na perspectiva praxeológica, as hipóteses levantadas sobre as possibilidades do agir humano estão associadas a fatores tais como o valor subjetivo e objetivo da operação desejada, as condições da troca, os preços e os custos correntes, abundância ou escassez do objeto desejado, tudo variando em consonância com os anseios de cada agente econômico. Mises considera que as ações humanas, na visão praxeológica, criam leis imutáveis, independentes, no tempo e no espaço, observáveis, e dependentes, apenas, da complexidade dos diferentes fenômenos que as condicionam. Além disso, Mises se afirmou como um dos mais exigentes críticos da concepção econômica do socialismo, cuja inviabilidade decorre de sua incapacidade ou indisponiblidade de mecanismos de fixação de preço pelo mercado livre. Ele foi um crítico permanente e implacável das intervenções do Estado nas atividades econômicas, considerando-as, predominantemente, prejudiciais, por produzirem, como regra, resultados de efeitos benéficos apenas imediatos, mas maléficos no médio e longo prazos, porque contrários às intenções das pessoas, no conhecido efeito bumerangue. Só a partir de meados do século XX, sua obra passou a ganhar crescente reconhecimento, ainda que sob a acusação de ser ele uma espécie de iluminista tardio, inspirado no liberalismo clássico. Entre suas obras, destacam-se: *A teoria do dinheiro e do crédito*, obra de 1912, em que aplicou a tese do valor de Carl Menger ao dinheiro e apresentou uma nova teoria da conjuntura econômica, em que explicou as crises como o resultado da inadequada distribuição dos recursos, provocada pela inflação. Demonstrou a influência negativa da excessiva injeção de dinheiro na econo-

JOACI GÓES

mia. A confiança no dinheiro (moeda circulante) como meio de troca ou de compra e venda reside no grau de constância do seu valor. Quanto maior, portanto, a estabilidade da moeda, maior a confiança em seu papel como meio de troca, porque mais confiável a continuidade do seu valor futuro. A introdução do padrão ouro como meio de ensejar o conhecimento do real valor das moedas, resultou da percepção do caráter subjetivo predominante, frágil, como elemento basilar da confiança coletiva. A Escola Austríaca não aceita, também, que haja um mecanismo capaz de explicar o sistema geral dos preços, porque esses podem se manifestar através de um sem-número de relações de troca, bem como através dos valores que os diferentes indivíduos outorguem aos seus bens postos à venda no mercado. Daí a impossibilidade de reduzi-los a um valor fixo, apriorístico e previsível com segurança máxima.

Em 1919, Mises escreveu *Nação, Estado e Economia*, em que explicou as razões do colapso do Império Austro-Húngaro. Para ele, o imperialismo germânico decorreu da utilização do poder do Estado para solucionar os problemas das comunidades multiculturais da Alemanha e da Áustria. Em 1922, publicou *Socialismo: uma análise econômica e sociológica*, em que sustentou que o regime comunista estava condenado ao fracasso por incapacidade de dar ao mercado os meios para fixar os preços, de modo a realizar a distribuição dos bens e serviços produzidos de forma adequada, como ocorre no sistema capitalista. O colapso da União Soviética foi descrito por Mises com 68 anos de antecedência. Ali, ele repudiou a sugestão para a criação de uma terceira via. Dessa sua postura liberal resultou o livreto de 1927, *O liberalismo,* em que demonstra a superioridade do capitalismo. A partir de então, escreveu inúmeros textos para detalhar o conteúdo epistemológico da Praxeologia, ciência de maior amplitude do que a Economia. Em 1940, fugiu do nazismo e foi viver nos Estados Unidos, onde, em 1946, naturalizou-se norteamericano. Publicou também *A mentalidade anticapitalista,* em 1956, e, postumamente, *As seis lições,* em 1979.

ANEXO II – ALGUNS IDEÓLOGOS DO SOCIALISMO E DO CAPITALISMO

Um dos maiores nomes da Escola Austríaca e entre defensores do liberalismo, Mises exerceu grande influência sobre alguns dos intelectuais de maior expressão no século XX, entre eles muitos de origem austríaca, como: Friedrich Hayek, Murray Rothbard, Hans Sennholz, Ralph Raico, Tibor Machan, Peter Boetke, George Reisman, Leonard Liggio, Roger Garrison, Joseph Keckkeissen, Manuel Ayau. Fora da Áustria, muitos ganhadores do Nobel e pertencentes a escolas distintas, dentre os quais: Max Weber, Joseph Schumpeter, Oskar Lange, Henry Simon, Henry Hazlitt, Lionel Robbins, Maurice Allais, Milton Friedman, John Hicks, Israel Kirzner, até os nossos dias, onde despontam o economista experimental Vernon Smith, o poeta Max Eastman, a pensadora e dramaturga Ayn Rand e Leonard Edward Read, fundador da ONG Foundation for Economic Education. Depois do colapso da União Soviética, é cada vez maior a influência de Ludwig von Mises na condução econômica dos povos.

TEORIA AUSTRÍACA DO CICLO ECONÔMICO

Segundo a Teoria austríaca do ciclo econômico, do mesmo modo que toda produção requer tempo, um tempo também transcorre entre a produção e o consumo, razão pela qual os investidores averiguam o tempo requerido para o retorno do capital, como fator de importância fundamental na tomada de decisão sobre investir ou não. A inversão de origem privada será feita no projeto que assegure o mais rápido retorno do capital investido. Até aqui, a conclusão é acaciana. Do ponto de vista do interesse público, cabe às autoridades monetárias adotar medidas para tornar atraentes investimentos, de modo a lhes assegurar retorno compensador. Por isso, a redução das taxas de juros é uma das conquistas mais importantes, uma vez que ninguém faz investimento de risco se não houver a expectativa de rendimentos superiores à taxa de juros vigente. Por outro lado, quando excessivamente baixas as taxas de juros, mais rapidamente minguarão os recursos disponíveis para empréstimos, por falta de estímulo financeiro para os depositantes poupadores. Na permanente busca do equilíbrio, portanto, reside o sucesso dessas operações, de modo a evitar os extremos da inflação ou deflação.

O CÁLCULO ECONÔMICO

Quando o Estado é o agente produtor, o cálculo do custo de produção dos bens e serviços não é possível, diferentemente do que ocorre nas economias submetidas às regras do mercado, em que os produtores disputam, palmo a palmo, o terreno sobre o qual pelejam para vencer a concorrência. Por isso, como regra, o produtor privado é eficiente, enquanto o público é ineficaz. Quem desejar fazer o teste pergunte a qualquer gestor público da área educacional, federal, estadual ou municipal quanto custa ao mês ou ao ano cada aluno da entidade. Não saberão responder, calando ou respondendo erradamente, quando não recorrem a circunlóquios do tipo besteirol que exclui atividade tão espiritualmente nobre como o aprendizado das bitolas estreitas das coisas materiais. Como se houvesse sobre a terra algo cuja produção seja insusceptível de ter seus custos mensurados. Peter Drucker já demonstrou que até as coisas do espírito como as orações, a catequese ou a caridade são susceptíveis de mensuração para efeito de avaliar desempenhos. É por negar essas evidências que o Estado gestor, só como exceção, consegue ser produtivo.

ADEPTOS E CRÍTICOS DE MISES

Ao longo de sua longeva e fecunda existência, Mises produziu mais de duas centenas de estudos para demonstrar a superioridade da economia de mercado, ou sociedade aberta, sobre

ANEXO II – ALGUNS IDEÓLOGOS DO SOCIALISMO E DO CAPITALISMO

os regimes que tenham o Estado como produtor econômico, exclusivo ou parcial. O empreendedor só sobrevive se conseguir produzir bens e serviços por preços que o mercado se dispõe a pagar. Caso contrário, irá à falência, se não preferir, tempestivamente, sair de cena, abrindo espaço para os agentes produtivos e inovadores. A busca permanente desse equilíbrio resulta em benefício para toda a sociedade cujos membros terão ampliadas suas alternativas e possibilidades de consumo com contínuas reduções de custo. Simplesmente porque a oferta está sob a constante disputa entre os agentes produtores que, como imperativo de sobrevivência, se esmeram para atrair a clientela que só guarda fidelidade à satisfação dos seus desejos e atendimento dos seus interesses. Nas economias de mercado, como os soldados em terreno gelado, vale a advertência de Napoleão Bonaparte: "Quem para esfria; e quem esfria morre!"

Ao falar em Chicago, em 1955, em nome da Universidade austríaca onde Mises se graduou em 1905, na homenagem prestada a ele nos 50 anos de sua graduação, seu discípulo, Friedrich Hayek (1899-1992), um dos seus mais notáveis seguidores e Nobel de Economia de 1974, prêmio dividido com o sueco Gunnar Myrdal, seu opositor, declarou: "O professor Ludwig Von Mises é um dos mais educados e informados homens que eu já conheci [...] Se John Mainard Keynes (1883-1946) soubesse mais alemão do que sabia ao ler o livro de Mises, de 1912, *A teoria do dinheiro e do crédito*, certamente não teria escrito o seu livro mais famoso *A Teoria Geral do Emprego, do Juro e da Moeda (General Theory of Employment, Interest and Money)*. Paul Samuelson (1915-2009), por sua vez, incluiu Mises em sua lista dos que mereceriam ganhar, como ele ganhou, o Nobel de Economia, se a concessão do prêmio tivesse se iniciado antes de 1969.

Sempre muito afirmativo e pragmático, disse Mises: "O único fato a respeito da Rússia sob o regime soviético com que todas as pessoas concordam é que a qualidade de vida do povo Russo é muito menor do que o do país que é universalmente considerado o paradigma do capitalismo, os Estados Unidos. Se fôssemos considerar o regime soviético um experimento científico, poderíamos dizer que a experiência demonstrou claramente a superioridade do capitalismo e a inferioridade do socialismo." Em *ntervencionismo, uma Análise Econômica*, de 1940, Ludwig von Mises escreveu: "A terminologia usual da linguagem política é estúpida. O que é esquerda e o que é direita? Por que Hitler é de 'direita' e Stalin, seu amigo e contemporâneo, de 'esquerda'? Quem é 'reacionário' e quem é progressista'? Reação contra políticas pouco inteligentes não deve ser condenada. E progresso em direção ao caos não deve ser elogiado. Nada deve ser aceito, apenas, por ser novo, radical e estar na moda. 'Ortodoxia' não é um mal se a doutrina em que o ortodoxo se baseia é válida. Quem é antitrabalhista, aqueles que querem rebaixar o trabalho ao nível da Rússia, ou aqueles que querem para o trabalho o padrão de vida capitalista dos Estados Unidos? Quem é 'nacionalista', aqueles que querem colocar seu país sob os calcanhares dos nazistas ou os que querem preservar sua independência?".

Dotado de personalidade afirmativa por excelência, Mises possuiu muitos admiradores e críticos ferozes. A revista *The Economist*, por exemplo, disse dele: "O professor Von Mises tem uma mente analítica esplêndida e uma admirável paixão pela liberdade; mas como estudante da natureza humana está abaixo de zero. E, como debatedor, é de baixo padrão". Friedrich Hayek, ao comentar o livro *Socialismo*, de 1922, afirmou: "Nós sabíamos que ele era tremendamente exagerado e mesmo ofensivo. Ele feria os nossos sentimentos mais profundos, mas gradualmente ele nos ganhava por aí, embora eu tenha aprendido que ele estava sempre certo em suas conclusões – mesmo quando eu não estivesse completamente satisfeito com seus argumentos". Milton Friedman, também ganhador do Nobel de Economia de 1976, disse: "o melhor caso de que me lembro aconteceu em uma reunião em Mont Pelerin quando Mises se levantou e disse, 'vocês são um bando de socialistas'. Estávamos discutindo se deveríamos ter ou não imposto de renda progressivo". Fritz Machlup, ex-aluno e um dos mais fiéis discípulos de Mises, questio-

Anexo II – Alguns ideólogos do socialismo e do capitalismo

nou, numa palestra que proferiu, a adoção de um padrão para a cotação do ouro, preferindo as taxas de câmbio flutuante. Mises passou três anos sem falar com ele. O economista, historiador e filósofo político americano, Murray Newton Rothbard, um dos formuladores do moderno conceito de libertarianismo segundo o qual o Estado "é a organização do roubo sistematizado e em larga escala", era adepto incondicional da Praxeologia e seguidor de von Mises. Foi ele o fundador do Instituto Ludwig von Mises, no Alabama, em 1982, nove anos depois da morte do Mestre, a quem reputava intransigente, embora "incrivelmente doce, ajudando nas pesquisas de seus alunos, sempre cortês e sem amarguras". O excelente livro de 1927, *Liberalismo*, de von Mises, só é lembrado pelo que ele escreveu sobre o fascismo: "Não se pode negar que o fascismo e movimentos semelhantes, visando o estabelecimento de ditaduras, são carregados de boas intenções e que sua intervenção, em dado momento, salvou a civilização europeia. Esse inegável mérito do fascismo viverá eternamente na história. Mas apesar da sua política ter sido a salvação do momento, ela não é do tipo que possa garantir um sucesso contínuo. O fascismo foi uma solução improvisada para corresponder a uma emergência. Entendê-lo como algo mais que isso seria um erro fatal". Essa reiterada citação parcial, isolada do contexto em que foi escrita, foi denunciada como desonesta por Jörg Guido Hülsmann, biógrafo de Von Mises, por omitir a sua conclusão de que o fascismo era perigoso, considerando-o "um erro fatal", sua defesa, fora daquele contexto de luta contra o comunismo soviético.

Ludwig von Mises se opôs aos sindicatos, aos direitos trabalhistas, aos partidos políticos, como a todo tipo de intervenção, direta, indireta ou disfarçada do Estado na economia. Segundo seguidores, suas teorias se comprovaram eficazes durante a crise de 1929, prevista por ele com dois anos de antecedência, a ponto de haver recusado uma oferta para trabalhar no banco austríaco Kreditanstalt, para contrariedade de sua noiva, com base no argumento de que uma grande crise estava a caminho

JOACI GÓES

e ele não queria o seu nome associado ao iminente desastre a acontecer, como, de fato, aconteceu.

HANNAH ARENDT

Pouco antes de morrer, a filósofa política alemã de origem judaica, Hannah Arendt (1906-1975), batizada Johanna Arendt, uma das mais influentes pensadoras do Século XX, disse que não foram poucos os intelectuais alemães que se deram mal ao se comprometerem com o nacional-socialismo, ou nazismo, quando só o silêncio bastaria para preservar seus compromissos antitotalitários sem os riscos de afrontar a intolerância do sistema. Dentre esses, o caso mais notável foi o de Martin Heidegger (1889-1976) que, depois da Segunda Guerra, chegou a ser afastado do magistério, na Alemanha, por seu envolvimento ostensivo com o nazismo. Heidegger, escritor, pensador e reitor, considerado um dos mais importantes e originais filósofos do século XX, foi professor, mentor e amante de Hannah desde quando ela tinha 18 anos e ele, já casado, 35. Seu sistema de análise, influenciado por Heidegger, tornou-a uma pensadora original, com marcante incursão em diferentes searas epistemológicas. Impressiona a muitos a harmonia existente entre sua biografia e as linhas centrais do seu pensamento.

Sua tempestuosa relação com Heidegger foi interrompida, várias vezes, inclusive por três casamentos dela, sendo dois com o mesmo cônjuge, e retomada na fase final de suas vidas. Dessa relação resultou um livro que correu mundo, *Lettres et autres documents, 1925-1975, Hannah Atendt – Martin Heidegger*. Esse envolvimento cobrou-lhe pesado tributo de natureza moral – imposto pelos costumes conservadores –, e política, por suas intervenções em favor do mestre e amante, sobretudo advindas das associações judaicas dos Estados Unidos, país onde ela se exilou das perseguições nazistas, graças à ajuda que recebeu do economista e historiador das ideias Albert Hirschman que lhe

Anexo ii – Alguns ideólogos do socialismo e do capitalismo

forneceu documentos de identidade falsificados. Em 1937, o nazismo tornara-a apátrida ao retirar-lhe a nacionalidade, estado em que permaneceu até 1951, ao obter a cidadania estadunidense. Sobre a experiência da fuga e do exílio ela escreveu o livro *Nós refugiados*, em 1943, onde disse que a cidadania é o mais fundamental dos direitos, porque é "o direito de ter direitos", percepção que está na base de seu pensamento sobre os direitos humanos.

Sua precocidade levou-a a ler, aos 14 anos de idade, a *Crítica da Razão Pura*, de Kant, e a *Psicologia das Concepções do Mundo*, de Karl Jaspers, mais tarde, em 1928, seu tutor na graduação em Filosofia, com a dissertação *O conceito de amor em Santo Agostinho*. Do mestre Jaspers seria amiga por toda a vida. Transferida para Berlim por problemas disciplinares aos 17 anos, Hannah conheceu a obra do dinamarquês Soren Kierkegaard (1813-1855), o menos longevo de todos os grandes pensadores. Edmund Husserl foi também seu professor. Em 1929, aos 23 anos, reencontra em Berlin, o ex-colega Günther Stern, mais tarde Günther Anders, a quem se juntou, passando a viver em Frankfurt. Cedendo à censura social, casa-se com ele, relação que durou até 1937. Em Frankfurt, ela frequentou os seminários do filósofo alemão-americano Paul Tillich (1886-1965) e do sociólogo húngaro-britânico Karl Mannheim (1893-1947), de cuja notável *opera magna, Ideologia e Utopia*, fez uma resenha crítica. Que notável plêiade de mestres! Paralelamente, HA estudava a obra de Rahel Varnhagen (1771-1833), uma escritora judia-alemã que se converteu ao cristianismo. Rahel regeu um dos salões intelectuais mais festejados do seu tempo. Sobre ela, a quem considerava a "amiga mais próxima", apesar dos 73 anos entre a morte de uma e o nascimento da outra, Hannah Arendt escreveu, em 1957, uma biografia que ficou famosa: *Rahel Varnhagen: The Life of a Jewess!* Hannah foi impedida de escrever uma tese sobre Rahel em face da ascensão de Hitler ao poder, em 1933, por ser judia, interdição que a impediu de ensinar nas universidades alemãs.

789

JOACI GÓES

Em 1932, H. A. faz uma crítica do livro *O problema da mulher na atualidade*, de Alice Rühle-Gerstel, reconhecendo os avanços e discutindo as limitações femininas na vida pública, concluindo pela sua ineficácia prática nas lutas políticas. Hannah não aceitou os conselhos de Karl Jaspers de lutar pelo reconhecimento de sua cidadania um pouco antes de Hitler empolgar o poder. Ela disse que o importante para o seu mister era o domínio da língua alemã, para entender e escrever sobre poesia e filosofia. A cidadania alemã era-lhe indiferente, no que sua visão colidia com a de Jaspers. A ela repugnava a crescente subserviência de intelectuais ao mandonismo de Hitler, acadêmicos a quem denominou de oportunistas "eruditos de manada". O filósofo político teuto-americano Leo Strauss (1899-1973), como vários outros, figura entre seus desafetos intelectuais pelas mesmas razões que a levaram a romper relações com Heidegger até 1950. H.A. compreendia o risco de morte de afrontar o nacional-socialismo hitleriano. Para ela bastava que os intelectuais alemães guardassem decoroso silêncio, como demonstração de recusa ao totalitarismo nazista. Na sua marcha sinuosa, H. A. passou por Praga e Genebra antes de chegar a Paris onde trabalhou, por seis anos, com crianças judias expatriadas, quando se tornou amiga do marxista, ensaísta, crítico literário, filósofo, tradutor e sociólogo alemão Walter Benjamin (1892-1940). Com a instalação do governo de Vichy, na França, Hannah foi presa com o segundo marido, o pensador marxista Heinrich Blücher, com quem se casara pela segunda vez, sendo internada no campo de concentração de Gurs, nos Pirineus Atlânticos, o mais importante da França. Em 1941, ela escapou e fugiu para os Estados Unidos com o marido e a mãe, através da Espanha e de Portugal. A ajuda do jornalista americano Varian Mackey Fry (1907-67) foi fundamental. Fry liderou uma rede de resgate que ajudou entre dois a quatro mil judeus e antinazistas a escapar das tenazes do hitlerismo e do holocausto. Ele foi o primeiro dos cinco americanos considerados *Justos entre as Nações*, comenda conferida pelo Governo de Israel a não judeus que colocaram em risco suas vidas para salvar judeus da morte.

Anexo II – Alguns ideólogos do socialismo e do capitalismo

Hannah Arendt chegou a Lisboa em janeiro de 1941, ficando inconsolável ao saber do suicídio do amigo Walter Benjamin pelo temor, não confirmado, de que não seria autorizado a atravessar as fronteiras entre França e Espanha na direção de Lisboa. Hannah e o marido traziam cópia dos originais do manuscrito *Teses sobre a filosofia da história*, de Walter Benjamim, que ele temia se perdessem em sua vida atribulada. Após a imediata leitura que fez do manuscrito, Hannah assumiu, *in pectore*, o compromisso de editá-lo nos Estados Unidos.

Nós, Refugiados, de 1943, é o livro em que H.A. reflete os sentimentos que assoberbam a alma de apátridas, refugiados e imigrantes, dessa experiência extraindo a magna lição de que "a cidadania é o primeiro dos direitos, por constituir o direito de ter direitos", base de sua filosofia dos direitos humanos.

Reconhecida como uma das mais respeitáveis fontes no estudo do totalitarismo de direita, já que pouco se refere ao totalitarismo de esquerda, uma frase, "a banalização do mal", compreensiva de um conceito mais amplo que gerou muita polêmica, constante do seu livro *Eichmann em Jerusalém*, resultado da cobertura jornalística que fez, em 1961, do julgamento de ex-policiais nazistas, tornou-a um dos autores mais populares em sua área de estudos. Hannah usou a frase "banalidade do mal" para explicar a onda de atrocidades contidas no Holocausto, como um "desenraizamento" das pessoas da realidade humana. Esse comportamento acrítico dos alemães, de amoralidade patológica, resultou de incondicional obediência a ordens brutais, como ela já havia teorizado em sua obra *As origens do Totalitarismo*, ao sustentar que "os membros fanatizados são insensíveis à experiência e aos argumentos da sensatez. A identificação com os movimentos e o conformismo cego parecem destruir a capacidade de sentir, mesmo diante de algo tão extremado como a tortura ou o medo da morte".

O conceito da banalidade do mal, desenvolvido no final da obra *Eichmann em Jerusalém*, gerou grande alvoroço junto aos meios intelectuais em face do envolvimento de judeus, através de conselhos judaicos, colaborando com as práticas nazistas que conduziram ao Holocausto. A "banalidade do mal", segundo Hannah Arendt, resultaria num "colapso moral" dos perseguidores e de suas vítimas. Nessa ótica, o próprio Eichmann, em tese, uma pessoa normal, um burocrata clássico treinado para cumprir ordens sem a obrigação de distinguir se seus atos são para o bem ou para o mal, seria tanto algoz quanto vítima, pela esterilização a que foi submetida sua sensibilidade moral, como de toda a coletividade, porque as ideologias têm o poder de emancipar as pessoas das realidades em que estão imersas, passando o racionalismo a prevalecer sobre o empirismo. A partir do instante em que a pessoa entra nessa engrenagem, sua experiência anterior é anulada, esquecimento abordado por ela em várias de suas obras. Hannah Arendt concluiu seu raciocínio especulando sobre a "possibilidade de que a percepção do mal dependesse do grau de juízo crítico dos atores". O vilão seria o totalitarismo que a todos submete, desvinculando-os do mundo real, levando-os ao esquecimento e a uma verdadeira metanoia moral. Daí a ideia de que a Ideologia estaria ligada a uma prática de esquecimento, descrita por ela em outras obras.

O Totalitarismo ou Tirania, para ela, como para Karl Popper e para tantos outros pensadores, foi um legado d'*A República*, de Platão, que exercita tiranos a colocar as massas, destituídas de qualquer poder, a seu serviço. Ao descrever o poder piramidal que tem o tirano na cúpula, Hannah Arendt recorre, paradoxalmente, à metáfora da cebola, em cujo centro, um espaço vazio, e não nas camadas externas superiores, encontra-se também o tirano. Em ambas as imagens, de cima para baixo ou de dentro para fora, o tirano comanda as massas acima das leis que emanam de sua vontade.

Para Arendt, a autoridade não depende do uso da força, apanágio dos tiranos ao recorrer, sistematicamente à violência do aparelho policial, mas da indução ao cumprimento do dever moral. O mesmo ocorre com a propaganda política que adultera a verdade para fanatizar a vontade dos súditos que, por vícios,

Anexo ii – Alguns ideólogos do socialismo e do capitalismo

desertam da verdade, como fez a propaganda nazista de Joseph Goebbels que, pela massificação de mentiras, as tão badaladas *fake news* dos dias correntes, vestidas com a dignidade persuasiva da ciência, induziu a erro o povo alemão. A autoridade, portanto, não pode se valer da falsificação dos fatos. Não houve, por isso, adesão consciente a um programa político, inteiramente adulterado, a ponto de viciar a vontade coletiva.

ERIC HOBSBAWM (1917-2012)

Em *The Age of Extremes*, livro de 1994, o historiador marxista Eric Hobsbawm, inglês nascido em Alexandria – Egito –, analisa o breve século XX, que transcorreu, segundo sua visão, entre o início da Primeira Grande Guerra, em 1914, e o fim do Império Soviético, em 1991. Para ele, esse foi um período marcado por catástrofes, incertezas e crises que desfizeram as conquistas do século XIX. Reconheceu que por maior que fosse o seu empenho em se desvincular de sua arraigada formação marxista, seria difícil a tarefa de refletir sobre um período tão singular da história que, por coincidência, correspondia ao seu lapso de tempo existencial, em que passado e futuro se entrelaçaram para formar o presente de um modo que dificulta a percepção de cada momento em sua imperecível singularidade. Essa desafiadora tarefa só foi possível graças à sua decisão intelectual, servida por reconhecido poder de síntese e uma vasta erudição, a que não faltou o concurso das quatro línguas que dominava com grande fluência. Por notável coincidência, os 77 anos do breve século XX, iniciam-se em Sarajevo, com o assassinato do arquiduque austríaco Francisco Ferdinando, e termina em Sarajevo, com suas guerras étnicas e separatistas. Em seu viés ideológico, conclui: "com a reposição selvagem da desigualdade contemporânea", sem levar em conta o fato de, como nunca na história humana haver-se reduzido, tão drasticamente, o percentual da população global vivendo da pobreza para baixo, como Steven

JOACI GÓES

Pinker deixa claro no livro de 2019, *The new enlightenment*. O breve século, para ele, dividiu-se em três períodos a que denominou de eras: A primeira, a Era da Catástrofe, compreendendo o espaço entre as duas Grandes Guerras, em que predominaram revoluções globais, como o nazi-fascismo e, por último, a Revolução Chinesa, figurando o comunismo soviético como alternativa para o capitalismo, muito abalado pelo *crash* de 1929. A segunda foi a Era dos Anos Dourados, caracterizada pela restauração do prestígio do Capitalismo, que passou por marcante prosperidade econômica. A última foi a Terceira Era, segundo Hobsbawm, transcorrida entre 1970 e 1991, em que ocorreu o "desmoronamento" dos sistemas institucionais que previniam e limitavam o barbarismo contemporâneo, abrindo-se as portas para um futuro incerto pela "brutalização e a irresponsabilidade da ortodoxia econômica".

Em *The Age of Revolution, Europe: 1789-1848*, originalmente publicado em 1962, o primeiro de uma série de três volumes sobre "o longo século XIX", Hobsbawm analisou a primeira metade desse século e todo o processo de modernização daí em diante, recorrendo ao que denominou a "tese da revolução gêmea", através da qual reconheceu a importância tanto da Revolução Francesa quanto da Revolução Industrial como parteiras da moderna história europeia, fazendo a conexão entre o colonialismo e o imperialismo.

Em 1975, Hobsbawm lançou *The Age of Capital: 1848-1875*, segundo volume da trilogia sobre *The Long 19th Century*, em que interpreta os grandes acontecimentos ocorridos na Europa, entre 1848 (Primavera dos Povos), e 1875, início da Grande Depressão, que, obviamente, nada tem a ver com a famosa Grande Depressão de 1929, iniciada com a quebra da Bolsa de Valores de Nova York. Trata-se da história de uma sociedade em busca da consolidação de sua passagem do feudalismo para o capitalismo ou liberalismo, tendo como parâmetro a liberdade econômica, apoiada no princípio da livre iniciativa, considerada a mais eficaz para elevar a qualidade da distribuição da renda. No final,

794

Anexo II – Alguns ideólogos do socialismo e do capitalismo

fica evidenciado como o crescente processo de industrialização modificou esse plano, a ponto de transformar o pensamento das pessoas. Em paralelo, Hobsbawm acentua as mudanças supreendentes que ocorreram na moral dominante, os avanços no campo científico, na racionalidade da economia, no processo de industrialização e nas operações militares.

Finalmente, em 1987, um quarto de século depois do lançamento do primeiro volume da trilogia, *The Age of Revolution*, sobre o tema central do "longo Século XIX", Hobsbawm lançou o último da série *The Age of Empire: 1875-1914*, período de 39 anos que se iniciou com uma profunda depressão econômica na Europa que rapidamente se recuperou, apesar da sabotagem contra a dominante economia britânica pela ação conjunta da Alemanha e dos Estados Unidos, graças ao aumento da produtividade que proporcionou sensível elevação da oferta de bens e do padrão de vida, apesar do aumento das desigualdades na vida de todos os povos. No plano cultural vivia-se o esplendor da Belle Époque e o canto de cisne da aristocracia, cada vez mais acossada pelo prestígio crescente da burguesia, sem dúvida, a classe que mais se beneficiou das mudanças no período. Por outro lado, e como fonte de alimentação e inspiração da Belle Époque, respirava-se um clima de paz inédita, enrugada, apenas, vez por outra, por pequenos e inexpressivos conflitos, tanto na Europa quanto no Mundo Ocidental, em geral. Essa calmaria conduziu à crença popular de que o mundo estaria livre de contingências bélicas, em razão do generalizado otimismo. Paralelamente a essa edênica quietude, o complexo industrial-militar das diferentes nações operava febrilmente na fabricação de armamentos, prevenindo-se contra qualquer contingência bélica. No dia a dia, porém, a crença no progresso e nas ciências colidia com o tradicionalismo da fé religiosa. O Ocidente, que dominava o mundo através de seu sistema colonial, mantinha vivo interesse em culturas estrangeiras. Foram essas contradições e tensões que definiram esse período, na visão de Hobsbawm, trazendo no seu bojo o próprio fim. Hobsbawm identificava o imperialismo com o capitalismo, agentes causadores da Primeira Grande Guerra, segundo pensava. Tendo aprendido com o erro do marxismo ao prever o fim do capitalismo, destino que Lenin supunha estar selado com a implantação da Revolução Soviética, Hobsbawm teve a lucidez de reconhecer que o Capitalismo sobreviveu e sobreviverá graças às lições que aprendeu com o socialismo, a exemplo da manutenção de um piso de dignidade cidadã para os segmentos mais pobres da sociedade, que recebe o batismo genérico de Wellfare State.

BIBLIOGRAFIA

ALEKSEEVA, Lyudmila M. *The diversity of Soviet dissent:* ideologies, goals and direction, 1965-1980. USA: 1980.

ALMEIDA, Alberto Carlos. *O voto do brasileiro.* Rio de Janeiro: Record, 2018.

AMADO, Jorge. *O Cavaleiro da Esperança* [1942]. São Paulo: Companhia das Letras, 2011.

APPLEBAUM, Anne. *Gulag:* a history. Nova York: Anchor Books, 2003.

ARAÚJO, Taurino. *Hermenêutica da desigualdade.* Belo Horizonte: Del Rey, 2015.

ARENDT, Hanna. *A condição humana.* Rio de Janeiro: Forense Universitária, 2000.

_____. *As origens do totalitarismo.* São Paulo: Companhia das Letras, 1989.

_____. *Eichmann in Jerusalem:* a report on the banality of evil. São Paulo: Companhia das Letras, 1998.

_____. *Sobre a Revolução.* São Paulo: Companhia das Letras, 2011.

ARENDT, Hannah; HEIDEGGER, Martin. *Lettres et autres documents, 1925-1975.* Paris: Gallimard, 2001.

BACON, Francis. *Ensaios.* Lisboa: Guimarães Editores, 1972.

BACUNIN, Mikhail. *Deus e o Estado.* São Paulo: Hedra, 2008.

_____. *Estatismo y anarquía.* Madri: Editorial Verbum, 2016.

_____. *Revolução e liberdade.* São Paulo: Hedra, 2010.

BARROSO, Gustavo. *Brasil: colônia de banqueiros* [1936]. Porto Alegre: Editora Revisão, 1989.

BAUER, Yehudah. *A history of the Holocaust* [1982]. Reino Unido: Franklin Watts, 2002.

BELL, Daniel. *The coming of Post-Industrial society*. Nova York: Ed Conroy Bookseller, 1974.

BENJAMIN, Walter. *Selected writings*. Cambridge: Belknap Press, 2004.

BERKE, Joseph H. *The tiranny of malice:* exploring the dark side of character and culture. Filipinas: Summit Books, 1988.

BERLIN, Isaiah. *Two concepts of liberty* [1958]. Reino Unido: Oxford Press, 1961.

BIVONA, Robert. *The new enlightenment*. Nova Jersey: BookBaby, 2017.

BLACK, Edwin. *IBM and the Holocaust*. Twickenhan: Dialog Press, 2001.

BOBBIO, Norberto. *Direita e esquerda*. São Paulo: Unesp, 1994.

BRINTON, Crane. *The anatomy of Revolution*. Nova York: Vintage Books, 1965.

BRUNDTLAND, Gro Harlem. *Our Common Future*. Reino Unido: Oxford University Press, 1987.

BRUYÈRE, Jean M. de La. Les *caractères* [1688]. Paris: Teathre Full, 1824.

BURKE, Edmund. *Reflexions on the French Revolution*. Londres: J. Dodsley, 1790.

BURRIN, Phillip. *Hitler and the jews*. Londres: Hodder Education, 1997.

BUTZ, Arthur. *The hoax of the Twentieth Century*. Reino Unido: Historical Review Press, 1976.

CALDEIRA, Jorge. *Mauá*: empresário do Império. São Paulo: Companhia das Letras, 1995.

CARNEIRO, Maria Luiza Tucci. *O antissemitismo na Era Vargas*. São Paulo: Brasiliense, 1987.

CASTRO ALVES. "Meu segredo". *In*: ALVES, Castro. *Espumas flutuantes*. Bahia: Francisco Olivieri, 1880.

BIBLIOGRAFIA

CHÂTELAIN, U. V. *The surintendant Nicolas Foucquet*. Paris: Librarie Académique Didier, 1905.

CÍCERO, Marco Túlio. *De Oratore* (43 a.C.). Huntington Beach: Wentworth, 2019.

CONQUEST, George Robert Ackworth. *O grande terror:* o expurgo de Stalin dos Anos Trinta [1968]. Rio de Janeiro: Editora Expressão e Cultura, 1975.

_____. *Stalin and the Kirov murder*. Reino Unido: Oxford University Press, 1989.

_____. *Stalin:* breaker of nations. Londres: Peguin, 1991.

_____. *The harvest of sorrow*. Reino Unido: Oxford University Press, 1986.

CORNFORD, Francis M. et al. *Fundamentos de la ciencia moderna*. Barcelona: Lauro, 1945.

COURTOIS, Stéphane *et al. O Livro Negro do Comunismo:* crimes, terror repressão. Rio de Janeiro: Bertrand Brasil, 1999.

COVEY, Stephen. *Os sete hábitos das pessoas realmente eficazes* [1998]. 6ª ed. Rio de Janeiro: Best-Seller, 2017.

DAHRENDORF, Ralf. *Após 1989*: moral, revolução e sociedade civil. São Paulo: Paz & Terra, 1995.

_____. *Class and class conflict in industrial society*. Londres: Routledge & Kegan Paul, 1959.

_____. *Essays in the Theory of Society*. Londres: Routledge & Kegan Paul, 1968.

_____. *The modern social conflict* [1967]. Londres: Routledge, 2017.

DAVIDSON, William. *Encyclopedia of religion and ethics*, 1912.

DAWIDOWICZ, Lucy. *The war against the jews*. Londres: Holt, Rinehart and Winston, 1975.

DE LA MORA, Gonzalo. *La Invídia Igualitária*. Madri: Ediciones Altera, 1984.

DE MAN, Henry. *Après coup*. Ramatuelle: Ed. De La Toison d'Or, 1941.

_____. *Au-delà du marxism* [1926]. Paris: *Éditions* du Seuil, 1974.

799

DÉAT, Marcel. *Perspectives socialistes*. Quebec: Librarie Valois, 1952.

DIKÖTTER, Frank. *Mao's great famine*: the history of China's most devastation catastrophe, 1958-1962. Londres: Bloomsbury, 2010.

_____. *The Cultural Revolution*, a People's history 1962-1976. Londres: Bloomsbury, 2017.

_____. *The tragedy of liberation*: a history of the Chinese Revolution 1945-1957. Londres: Bloomsbury, 2018.

DJILAS, Milovan. *The new class: an analysis of the communist system*. Irving: Haverst Books, 1957.

DRUZHNIKOV, Yuri Ilyich. *Informer 001*: the mith of Pavlik Morozov [1988]. Londres: Routledge, 2017.

DUDINTSEV, Vladimir. *Nem só de pão vive o homem*. Rio de Janeiro: Andes, [19--].

DUGUET, Raymond. *Un bagne en Russie rouge*. Paris: Jules Tallandier, 1927.

DUMONT, Louis. *O individualismo:* uma perspectiva antropológica da ideologia moderna. Rio de Janeiro: Rocco, 1985.

DWORKIN, Ronald. *O império do direito*. São Paulo: Quartier Latin, 2018.

ECKERMANN, Johan Peter. *Conversações com Goethe nos últimos anos de sua vida*: 1823-1832. São Paulo: Editora da Unesp,2016.

EHRENBURG, Ilya. *O degelo*. Rio de Janeiro: Civilização Brasileira, 1959.

_____. GROSSMAN, Vasily. *The Black Book*: the ruthless murder of jews by german-fascist invaders troughout the temporarily-occupied regions of the Soviet Union and in the death camps of 1942-1945 [1946]. Londres: Holocaust Library, 1986.

ELLIS, Robert Richmond. *The tragic pursuit of beeing:* Unamuno and Sartre. Tuscaloosa: University of Alabama Press, 1988.

ELLWANGLER, Siegfried. *Holocausto:* judeu ou alemão. Porto Alegre: Revisão, 2015.

ENGELS, Friedrich. *As origens da família, do estado e da propriedade privada* [1896]. São Paulo: Editora Lafonte, 2020.

Bibliografia

_____. *The condition of the working-class in England in 1844 with a Preface written in 1892*. Alemanha: Tredition, 2012.

ÉSQUILO. *Agamenon* [século V a.C.]. Brasília: UNB, 1997. (Clássicos Gregos).

ETCHESON, Craig. *After the killing fields:* lessons from the cambodian genocide. Lubbock: Texas Tech University Press, 2006.

EURÍPIDES. *Medeia* [século V a.C.]. Cotia: Ateliê Editorial, 2013.

FALCÃO, João da Costa. *O Brasil e a Segunda Guerra Mundial*. Bahia: UnB, 2009.

FARBER, Samuel. *The origins of the Cuban Revolution reconsidered*. Chapell Hill: University North Carolina Press, 2007.

FARIA, Alberto de. *Mauá*. São Paulo: Companhia Editora Nacional, 1971.

FAUSTO, Ruy. *Caminhos da Esquerda*: elementos para uma reconstrução. São Paulo: Companhia das Letras, 2016.

_____. *O ciclo do totalitarismo*. São Paulo: Perspectiva, 2018.

FEST, Joachim. *Hitler*: una biografia. São Paulo: Planeta, 2005.

_____. *The face of the Third Reich:* portrait of the nazi leadership. Nova York: Pantheon, 1970.

FIGES Orlando. *A people's tragedy*: the Russian Revolution, 1891-1924. Londres: Penguin, 1998.

_____. *Revolutionary Russia*: 1891-1991, a history. Toronto: Picador, 2015.

FINOCHIARO, M. A. *The Galileo affair*. Oakland: University of California Press, 1989.

FIRTH, Raymond William. *Primitive polynesian economy*. Londres: George Routledge & Sons, 1939.

FORSTER, Edward Morgan. *Aspects of the Novel*. New Orleans: Pellcan, 1962.

FOSTER, George McClelland. *A primitive mexican economy*. Connecticut: Greenwood Pub Group, 1982.

FOUCAULT, Michel. *Les mots et les choses*. Paris: Gallimard, 1990.

FRIEDMAN, Milton and Rose. *The tyranny of the status quo*. New Orleans: Pelican, 1984.

FROMM, Erich. *Marx's concept of man*. Nova York: Frederic Ungar Publishing, 1961.

FUKUYAMA, Francis. *O fim da história e o último homem*. Rio de Janeiro: Rocco, 1992.

GAIARSA, José Ângelo. FALTA TÍTULO DO ARTIGO. *Você S. A.*, São Paulo, 2000.

GASSET, José Ortega y. *La rebelión de las masas*. Barcelona: Espasa, 1901.

GEFTER, Mikhail. The Echo of the Holocaust and the Russian-Jewish Question. Moscou: [*S. l.*], 1995.

GENTILE, Emilio. *Chi è fascista*. Bari: Editori Laterza, 2019.

GILLMAN, Mark. *Envy as a retarding force in science*. Nevada: Avebury, 1996.

GÓES, Joaci. *A inveja nossa de cada dia*. Rio de Janeiro: Topbooks Editora, 2ª edição, 2004.

GOETHE, Johann Wolfgang von. *Early and miscellaneous letters of Johann Wolfgang Goethe*. Londres: Jorge Bell & Sons, 1884.

GOLDHAGEN, Daniel. *A moral reckoning:* the role of the catholic churh in the holocaust and his unfulfilled duty of repair. Boston: Little Brown, 2002.

_____. *Hitler's willing executioners*. Reino Unido: Abacus, 2017.

_____. *Worse than War*. Nova York: PublicAffair Books, 2018.

GOLDMAN, Emma. *My further disillusionment*. Nova York: Doubleday, 1924.

GOMES, Laurentino. *Escravidão*. Rio de Janeiro: Globo Livros, 2019. v. 1.

GORBACHEV, Mikhail. *Perestroika*: novas ideias para meu país e o mundo. Rio de Janeiro: Best-Seller, 1987.

GORDON Flávio. Metacapitalismo. *Gazeta do Povo*, Curitiba, 6 jan. 2021.

GORKI, Maximo. *Untimely thoughts:* essays on revolution, culture and the bolsheviks [1917-1918]. New haven: Yale University Press, 1995.

GROMIKO, Andrei. *Memoirs*. Nova York: Doubledays, 1989.

HABERMAS, Jürgen. *A inclusão do outro*. São Paulo: Editora da Unesp, 2018.

BIBLIOGRAFIA

HACKER, Louis M. Anticapitalist bias of american historians. *In*: HAYEK, F. A. *Capitalism and historians*. Londres: Routledge & Kegan Paul, 1963.

HARTLEY, Leslie Pole. *Facial justice*. Londres: Hamish Hamilton, 1960.

HASLAM, Jonathan. *Russia's Cold War*. New Haven: Yale University Press, 2011.

HAYEK, Friedrich. *Law, legislation and liberty*. Londres: Routledge, 1981.

HEIDEN, Konrad. *The Führer*. Nova York: Skyhorse Publishing, 2012.

HELLER, Hermann. *Teoria del Estado*. México: Fundo de Cultura Económica, 1971.

HESÍODO. *Os trabalhos e os dias* [século VIII a.C.]. São Paulo: Iluminuras, 2020.

HICKS, Stephen R. C. *Explaining postmodernism:* skepticism and socialism from Rousseau to Foucault. Cleveland (AU): Connor Court Publishing, 2013.

HITLER, Adolf. *Minha Luta* [1925]. Joinville: Clube de Autores, 2022.

HITLER, Bridget Dowling. *My brother in law Adolf*. Nova York: [Editora desconhecida], [194-]. [Livro virtual depositado no New York Public Library System].

_____. *The memoirs of Bridget Hitler*. Londres: Duckworth, 1979.

HOBBES, Thomas. *O leviatã* [1651]. [*S. l.*], Le Books, 2019.

HOBSBAWM, Eric. *The Age of Capital:* 1848-1875. Londres: Weindenfeld & Nicolson, 1975.

_____. *The Age of Empire:* 1875 1914. Nova York: Vintage, 1995.

_____. *The Age of Extremes*: a history of the World, 1914-1991. Nova York: Vintage, 1994.

_____. *The Age of Revolution:* 1789-1848. Nova York: Vintage, 1962.

HOLMBERG, Allan. *Nomads of the long bow*: the siriono of Eastern Bolivia [1985]. Londres: Forgotten Books, 2018.

HOMERO. *Ilíada* [século IX a.C.]. Londrina: Principis, 2020.

HOWE, Frederick. *The confessions of a monopolist* [1906]. Nova York: Nabu Press, 2012.

HUGO, Victor. *Os miseráveis* [1862]. Londrina: Principis, 2020.

HUNTINGTON, Samuel. *The clash of civilizations* [1996]. Nova York: Simon & Schuster, 2011.

JAMES, William. *Principles of Psychology* [1890]. [*S. l.*], Dover Publications, 1950.

JASPERS, Karl. *The question of german guilt*. Nova York. Fordhan University Press, 2001.

JONES, Adam. *Genocide:* a comprehensive introduction. Londres: Routledge, 2016.

JOUVENEL, Bertrand de. *As origens do Estado Moderno*: uma história das ideias políticas no século XIX. Rio de Janeiro: Zahar Editores, 1985.

_____. *O Poder*: história natural do seu crescimento. São Paulo: Editora Peixoto Neto, 1990.

KAFKA, Franz. *O Processo* [1925]. São Paulo: Companhia de Bolso, 2005.

KANT, Emanuel. *Metafísica dos costumes* [1785]. São Paulo: Edipro, 2019.

KAUSTKY, Karl. *La ditatura del proletariado*. Milão: Sugarco, 1918.

KELLY, Catriona. *Comrade Pavlik*: the rise and fall of soviet boy hero. Londres: Granta Books, 2005.

KENNEDY, Paul. *The rise and fall of the great powers*. Londres: Harper Collins, 1988.

KEYNES, John Maynard. *Teoria geral do emprego, do juro e do dinheiro* [1936]. São Paulo: Fundo de Cultura, 1957.

KIERKEGAARD, Sören. *The sickness unto death* [1840]. Nova Jersey: A&D Books, 2015.

KILPATRICK, Andrew. *Of permanent value:* the story of Warren Buffet. Alabama: AKPE, 1996.

KLEIN, Melanie. *Inveja e gratidão e outros trabalhos* (1943-1963). Rio de Janeiro: Imago, 1991.

KLOCHKO, Mikhail. *Soviet scientist in China*. Nova York: Frederick A. Praeger, 1964.

BIBLIOGRAFIA

KLUCKHOHN, Clyde. *The Navaho*. Brington: Harvard Business Publishing, 1946.

KNIGHT, Frank H. *Inteligência & ação democrática*. Rio de Janeiro: Instituto Liberal, 1989.

KOLAKOWSKI, Leszek. *Main currents of marxism*: the founders, the golden age, the breakdown. Nova York: W. W. Norton & Company, 2008.

KUBIZEK, August. *The young Hitler I knew*. Boston: Houghton Mifflin, 1955.

LANGER, Walter. *The mind of Adolf Hilter*. Nova York: Basic Books, 1972.

LAPONCE, J. A. *Left and right:* the topography of political perceptions. Toronto: University of Toronto, 1981.

LEGTERS, Lyman H. *Century of genocide*, 2017.

_____. *Western society after the Holocaust*. Londres: Routledge, 2019.

LEMKIN, Raphael. *Axis rule in occupied europe:* laws of occupation, analysis of government, proposals for redress. Nova Jersey: Lawbook Exchange, 2005.

Lenin, Vladimir Illich. *A Revolução Proletária e o renegado kautsky* [1918]. Coimbra: Centelha, 1971.

_____. *O Estado e a Revolução* [1917]. São Paulo: Expressão Popular, 2007.

LI, Zhisui. *The private life of chairman Mao*. London: Chatto & Windus, 1994.

LIFTON, Robert Jay. *The nazi doctors*: medical killing and the psychology of genocide. Nova York: Basic Books, 2017.

LING, Ding. *Diário da Senhora Sophie e outras histórias*, 1974.

LIPPMAN, Walter. *The good society*. Oxfordshire: Taylor & Francis, 2004.

LIPSET, Seymour Martin. Political parties: a sociological study of the oligarchial tendencies of modern democracy. Connecticut: Martino Fine Books, 2016.

LISPECTOR, Clarice. *A legião estrangeira*. Rio de Janeiro: Editora do Autor, 1964.

LOCKART, Robert Hamilton Bruce. *Memoirs of a british agent*. Toronto: McClelland & Stewart, 1932.

LOCKE, John. *Ensaio sobre o entendimento humano* [1689]. São Paulo: Martins Fontes, 2012.

LÓPEZ, Emilio Mira y. *Cuatro gigantes del alma:* el miedo, la ira, el amor y el deber. Buenos Aires: Libréria El Ateneo Editorial, 1947.

LUXEMBURGO, Rosa. *Reforma ou revolução?* [1900]. São Paulo: Expressão Popular, 2004.

MACFARQUHAR, Roderick. *The origins of Cultural Revolution*. Reino Unido: Oxford University Press, 2019. 3 v.

MACFARQUHAR, Roderick; SCHOENHALS, Michael. *Mao's Last Revolution*, Brington: Belknap Press, 2008.

MACINTYRE, Alasdair. *Depois da virtude*: um estudo sobre teoria moral. Campinas: Vide Editorial, 2021.

MAGALHÃES JÚNIOR, Raimundo. *Ruy Barbosa*: o homem e o mito. São Paulo: Civilização Brasileira, 1965.

MANDEVILLE, Bernard de. *A fábula das abelhas:* vícios privados, benefícios públicos [1714]. São Paulo: Editora Unesp, 2018.

MANNHEIM, Karl. *Ideology and utopia, an introduction to the sociology of knowledge*. Eastford: Martino Fine Books, 2015.

MAQUIAVEL, Nicolau. *O Príncipe* [1513]. Londrina: Principis, 2021.

MARCHANT, Anyda. *Viscount of Mauá and the Empire of Brazil*. San Diego: University of California, 1965.

MARGOLIN, Jean-Louis. *História da Guerra Civil Russa, 2012.*

MARX, Karl. *A miséria da Filosofia* [1847]. São Paulo: Boitempo, 2017.

_____. *Grundrisse*. São Paulo: Boitempo; Rio de Janeiro: Editora da UFRJ, 2011.

_____. *O Manifesto Comunista* [1848]. São Paulo: Boitempo, 1998.

MASLOW, Abraham. *Motivation and personality*. New York: Harper & Row, 1954.

MAUSS, Marcel. *Ensaio sobre a dádiva*: forma e razão da troca nas sociedades arcaicas [1925]. São Paulo: Edições 70, 2008.

MEADOWS, Donella. *The limits to growth*. Londres: Signet, 1972.

MEDVEDEV, Roy A. *Krushchev*. Nova York: Anchor Books, 1984.

_____. *On Socialist Democracy*. Nova York: Knopf/Random House, 1975.

BIBLIOGRAFIA

MENGER, Carl. *Principios de Economía Politica*. Madri: Unión Editorial, 1900.

MILL, John Stuart. *On liberty* [1859]. Nova York: Dover Publications, 2012.

MISES, Ludwig von. *A mentalidade anticapitalista* [1956]. Campinas: Vide Editorial, 2015.

_____. *Human action* (1949). Whitefish: Kessinger Publishing, 2010.

MONTAIGNE, Michel de. *Ensaios* [1588]. São Paulo: Editora 34, 2016.

MONTESQUIEU, Charles-Louis de Secondat. *L'esprit des lois* [1748]. Huntington Beach: Wentworth Press, 2018. 6 v.

MORAIS, Antônio Ermírio. *Folha de S. Paulo*, São Paulo, 29 nov. 1999.

MORIARTY, David. *A psychological study of Adolf Hitler*. Saint Louis: Warren H. Green, 1993.

MOUNIER, Emmanuel. *Le Personnalisme*. Paris: Presses Universitaires de France, 1962.

MUMFORD, Lewis. *Technics and contemporary society*. Londres: Routledge & Kegan Paul, 1934.

_____. *The human prospect*. Reino Unido: Secker & Warburg, 1956.

NAGEL, Thomas. *Equality and partiality*. Oxford: Oxford University Press, 2005.

NIETZSCHE, Friedrich. *Além do bem e do mal* [1886]. São Paulo: Vozes, 2014.

_____. *Assim falou Zaratustra* [1883-1887]. São Paulo: Edipro, 2020.

_____. *Ecce Homo* [1888]. São Paulo: Martin Claret, 2015.

_____. *Genealogia da moral* [1887]. São Paulo: Companhia de Bolso, 2009.

NIKITA, Khrushchev. *Memoirs of Nikita Khrushchev*. Pensilvânia: Penn University Press, 1970. v. 3.

NOLTE, Ernst. *Il fascismo nella sua epoca*: i ter volti desl fascismo [1966]. Milão: Sugarco, 1996.

_____. *The three faces of fascism*. Irlanda: MWBooks, 1963.

807

NOZICK, Robert. *Anarquia, Estado e utopia*. São Paulo: WMF Martins Fontes, 2018.

OLDEN, Rudolf. *Hitler, the pawn*. Londres: V. Gollancz, 1936.

OVERMANS Rüdiger. *Perdas militares alemãs na Segunda Guerra Mundial*, 2018.

PAGLIA, Camille. *Sexual personae*: art and decadence from Nefertiti to Emily Dickinson. Nova York: Vintage, 1990.

PASSOS, J. J. Calmon de. *Direito, Poder, Justiça e Processo:* julgando os que nos julgam. Rio de Janeiro: Forense, 2000.

PAZ, Octávio. *O Ogro filantrópico*. São Paulo: Editora Guanabara, 1988.

PERRAULT, Gilles. *O livro negro do capitalismo*. Rio de Janeiro: Record, 1999.

PINKER, Steven. *O novo iluminismo*. São Paulo: Companhia das Letras, 2018.

PIPES, Edgar. *Russia under the Bolshevik Regime*. Nova York: Vintage, 1998.

_____. *Russia under the Old Regime*. Londres: Penguin Books, 1997.

_____. *The Russian Revolution*. Nova York: Vintage Books, 2011.

PIPES, Richard. *Russia under the Bolshevik Regime*. Países Baixos: Fontana Press, 1995.

_____. *Russia under the Old Regime*. Londres: Penguin Books, 1997.

_____. *The Russian Revolution*. Nova York: Vintage, 2002.

PLATÃO. *Diálogos* [século IV a.C.]. São Paulo: Edipro, 2007-2017. 7 v.

_____. *Leis* [século IV a.C.]. Edições 70, 2017-2019. 3 v.

PLUTARCO. *Obras morais* [século II]. São Paulo: Annablume, 2011.

POPPER, Karl. *A sociedade aberta e seus inimigos* [1945]. São Paulo: Edições 70, 2012;

PROUDHON, Pierre-Joseph. *Confissões de um revolucionário* [1851].

_____. *Do princípio federativo* [1863]. São Paulo: Editora Nu Sol, 2001.

PROUDHON, Pierre-Joseph. *Qu'est-ce que la propriété? Recherche sur le principe du droit et du gouvernement)*. Paris: A La Librarie de Prévot, 1841.

BIBLIOGRAFIA

_____. *Sistemas de contradições econômicas ou Filosofia da Miséria* [1846]. São Paulo: Ícone, 1917.

QUARESMA, Henry Uliano. *O fator China e o novo normal*. São Paulo: Edições Aduaneiras, 2021.

QUIGLEY, Carroll. *The evolution of civilizations: an introduction to historical analysis*. Carmel: Liberty Fund, 1979.

RABINOWITZ, Dorothy. *New lives:* survivors of the holocaust living in America. Nova York: Alfred A. Knopf, 1976.

RAIGA, Eugène. *L'envie, son rôle social*. Paris: Librairie Félix Alcan, 1932.

RAMOS, Alberto Guerreiro. *A redução sociológica*. Rio de Janeiro: UFRJ, 1960.

RAWLS, John. *A theory of justice*. Brington: Harvard University Press, 1999.

REED, John. *Dez dias que abalaram o mundo*. São Paulo: Nova Fronteira, 2012.

REMAK, Joachim. *The nazi years*: a documentary history. Long Grove: Waveland, 1990.

RISÉRIO, Antonio. *Sobre o relativismo pós-moderno e a fantasia fascista da esquerda identitária*. Rio de Janeiro: Topbooks, 2020.

RORTY, Richard. *A filosofia e o espelho da natureza*. Rio de Janeiro: Relume Dumará, 1995.

_____. *Against bosses, against oligarchies:* a conversation with Richard Rorty. Chicago: Prickly Paradigm Press, 2002.

_____. *Truth and progress:* philosophical papers. Cambridge: Cambridge University Press, 1998.

ROSEFIELDE, Steven. *Red Holocaust*. Londres: Routledge, 2010.

ROUSSEAU, Jean-Jacques. *Do Contrato Social* [1762]. São Paulo: Martin Claret, 2013.

RUFFOLO, Giogio. *Il capitalismo há i secoli contati*. Turim: Einaudi, 2009.

RUMMEL, Rudolph Joseph. *China's bloody century:* genocide and mass murder since 1900. Londres: Rotuledge, 2007.

_____. *Death by government*. Londres: Routledge, 1997.

_____. *Democide:* nazi genocide and mass murder. Londres: Routledge, 2020.

JOACI GÓES

_____. Genocide: never again. Londres: Aeon Publishing, 2005.

_____. *Lethal politics:* soviet genocide and mass murder since 1917. Londres: Routledge, 1990.

_____. *Power kills:* democracy as a method of nonviolence. Londres: Routledge, 2002.

_____. *Red terror:* never again. Fort Lauderdale: Lumina Pr, 2004.

_____. *Statistics of democide:* genocide and mass murder since 1900. Berlim: LIT Verlag, 1999.

RUSSEL, Bertrand. *The conquest of happiness.* Londres: Routledge, 1978.

SAMPAIO, Nelson de Sousa. *Ideologia e ciência política.* Bahia: Editora Progresso, 1953.

SANDRO, Ortoni. O anti-semitismo hoje. *In*: BOBBIO, Norberto *et al. Dicionário de Política.* Brasília, DF: Editora da UNB, 2008.

SAUSSURE, Ferdinand de. *Curso de Linguística Geral.* São Paulo: Cultrix, 2006.

SCHELLER, Max. *On ressentiment and the moral judgement of values,* 1912.

SCHOECK, Helmut. *Envy:* a theory of social behavior. Carmel: Liberty Fund, 1987.

SCHOENHALS, Michael; MACFARQUHAR, Roderick. *Mao's last revolution.* Brington: Belknap Press, 2006.

SCHOPENHAUER, Arthur. *O mundo como vontade e como representação* [1819]. Rio de Janeiro: Contraponto, 2007.

_____. *Parerga e paralipomena* [1851]. Porto Alegre: Zouk, 2016.

_____. *Sobre os fundamentos da moral.* [Edição original: *Os fundamentos da moralidade,* 1841]. São Paulo: Martins Fontes, 1995.

SELZNICK Philip. *The moral commonwealth:* social theory and the promise of community. San Diego: University of California Press, 1992.

SHIRER, William. *The rise and fall of the Third Reich* [1960]. Nova York: Rosetta Books, 2011.

BIBLIOGRAFIA

SIEGFRIED, André. *Aspects de la societé Française*. Paris: Librarie Generale de Droit et de Jurisprudence, 1954.

SIMIS, Konstantin. *USSR:* the corrupt society the secret world of soviet capitalism. Nova York: Simon & Schuster, 1982.

SMITH, Adam. *A riqueza das nações* [edição original: 1776]. Rio de Janeiro: Zahar, 2016.

SNOW, Edgar. *Red star over China*. Nova York: Garden City Publisher, 1937.

SOLJENÍTISIN, Alexander. *Um dia na vida de Ivan Denisovich*. São Paulo: Siciliano, 1995.

_____. *Arquipélago Gulag*. Lisboa: Bertrand, 1975.

SOREL, Georges. *Reflexions sur la violence* [1908]. Paris: Éditions Du Trident, 1987.

STANLEY, Jason. *How fascism works*: the politics of us and them. Huntington Beach: Random House, 2018.

STERNHELL, Zeev. *Neither Right, Nor Left, Fascist Ideology in France*. Nova Jersey: Princeton University Press 1996.

_____; SZNAJDER, Mario; ASHERI, Maia. *Naissance de l'idéologie Fasciste*. Paris: Fayard, 2016.

STOLTZFUS, Nathan. *Resistance of the heart*. Nova Jersey: Rutgers University Press, 2001.

STRASSER, Otto. *Hitler and I*. Boston: Houghton Mifflin, 1940.

TALMON, Jacob Leib. *The origins of totalitarian democracy* [1952]. EUA: Hassel Street Press, 2021.

THOMPSON, John M. *Revolutionary Russia*: 1917. Nova York: Scribner Books Company, 1981.

_____ *Russia and the Soviet Union: a historical introduction from the Kievan State to the present*. Londres: Taylor & Francis, 2013.

THÜRNVALD, Richard. *Preto e branco na África Oriental*. o tecido de uma nova civilização, 1935.

TIMASHEFF, Nicholas. *The great retreat*. Boston: E. P. Duton, 1946.

TOCQUEVILLE, Alexis de. *De la démocratie en Amérique* [1835]. Paris: Pagnerre Éditor, 1850.

TOFFLER, Alvin. *O choque do futuro*. Rio de Janeiro: Record, 1971.

_____. *Powershift*. Rio de Janeiro: Record, 1990.

TOLEDO, Roberto Pompeu de. *Veja*, São Paulo, n. 1.643, abr. 2000.

TOLISCHUS, Otto. *They wanted War:* Hitler's reich. Nova York: Reynal & Hitchcock, 1940.

TOMÁS DE AQUINO. *Suma Teológica* [1266-1273]. São Paulo: Forte Editorial, 2021. 5 v.

TOMEI, Patrícia Amélia. *Inveja nas organizações.* São Paulo: Makron Books, 1994.

TORRES, Alberto. *A organização nacional.* Rio de Janeiro: Imprensa Nacional, 1914.

_____. *O problema nacional brasileiro*: introdução a um programa de organização nacional. Rio de Janeiro: Imprensa Nacional, 1914.

TROTSKY, Leon. *A revolução traída.* São Paulo: Editora Delfos, 1976.

_____. *My Life.* Nova Zelândia: Pathfinder, 1986.

_____. *Oú va l'Angleterre.* Paris: Librarie L' Humanité, 1926.

_____. *Terrorismo e comunismo:* uma resposta a Kautsky [1920]. Coimbra: BookBuilders, 2018.

TRUNK, Isaiah. *Judenrat: the jewish councils in Eastern Europe under nazi occupation.* Nebraska: Bison, 1972.

UNAMUNO, Miguel de. *Abel Sanchez.* Madri: Renacimiento, 1917.

_____. *La agonia del cristianismo.* Madri: Renacimiento, 1930.

_____. *La invidia hispánica,* 1909.

VALENTINO, Benjamin Andrew. *Final solutions:* mass killing and genocide in the 20th century. Nova York: Cornell University Press, 2004.

VALOIS, Georges. *1917-1941: fin du bolchevisme, conséquences européennes de l'événement.* Point Claire: Librairie Valois, 1941.

VASCONCELLOS, Sérgio. *Integralismo:* um novo paradigma. [*S. l.*]: AgBook, 2015. 2 v.

VEBLEN, Thorstein. *The theory of the leisure class* [1899]. Oxford: Oxford University Press, 2009.

VICKERY, Michael. *Cambodia 1975-1982.* Tailândia: Silkworm Books, 2000.

WALLERSTEIN, Immanuel. *After liberalism.* Nova York: New Press, 1995.

BIBLIOGRAFIA

WATSON, George G. *The lost literature of Socialism.* Cambridge: Lutherworth, 2010.

WEBER, Max. *A ética protestante e o espírito do capitalismo* [1904]. São Paulo: Companhia das Letras, 2004.

WEINER, Amir. *Making sense of war:* The Second World War and the fate of the Bolshevik Revolution. Princeton: Princeton University Press, 2012.

WEITZ, Eric D. *A century of genocide:* utopias of race and nation. Princeton: Princeton University Press, 2016.

WIEZEL, Elie *et al. Dimensions of the Holocaust.* Evanston: Northwestern University Press, 1994.

YIHE, Zhang. *O passado é como fumaça,* 2007.

YUTANG, Lin. *A importância de viver.* Rio de Janeiro: Globo, 1997.

ZAKARIA, Fareed Rafiq. *From wealth to power.* Princeton: Princeton University, 1998.

ZAKARIA, Fareed Rafiq. *The future of freedom.* Gurgaon: Peguin India, 2015.

ZAKARIA, Fareed Rafiq. *The post-american world.* Nova York: W. W. Norton & Company, 2012.

Para saber mais sobre os títulos e autores
da Editora Topbooks, acesse o QR Code.

topbooks.com.br

Estamos também nas redes sociais